夏加尔，《死者》，1908 年，布面油画，68.5cm×87.7cm。"怎样才能把一条街道画得如同尸体一般黑暗，而又不用到象征主义的手法呢？"夏加尔问自己。他将这幅画视为职业生涯的开端

夏加尔，《俄罗斯婚礼》，1909 年，布面油画，68cm×97cm。这是夏加尔售出的第一幅画，买主是他的赞助人马克西姆·维纳弗——"一位著名律师，一位国会议员，他依然会爱我画中那些跟新娘、新郎和乐手们一起往下走着的穷苦犹太人。"

夏加尔，《红色裸女》，1909年，布面油画，84cm×116cm。此画的模特儿是夏加尔当时的女友泰雅·布拉赫曼

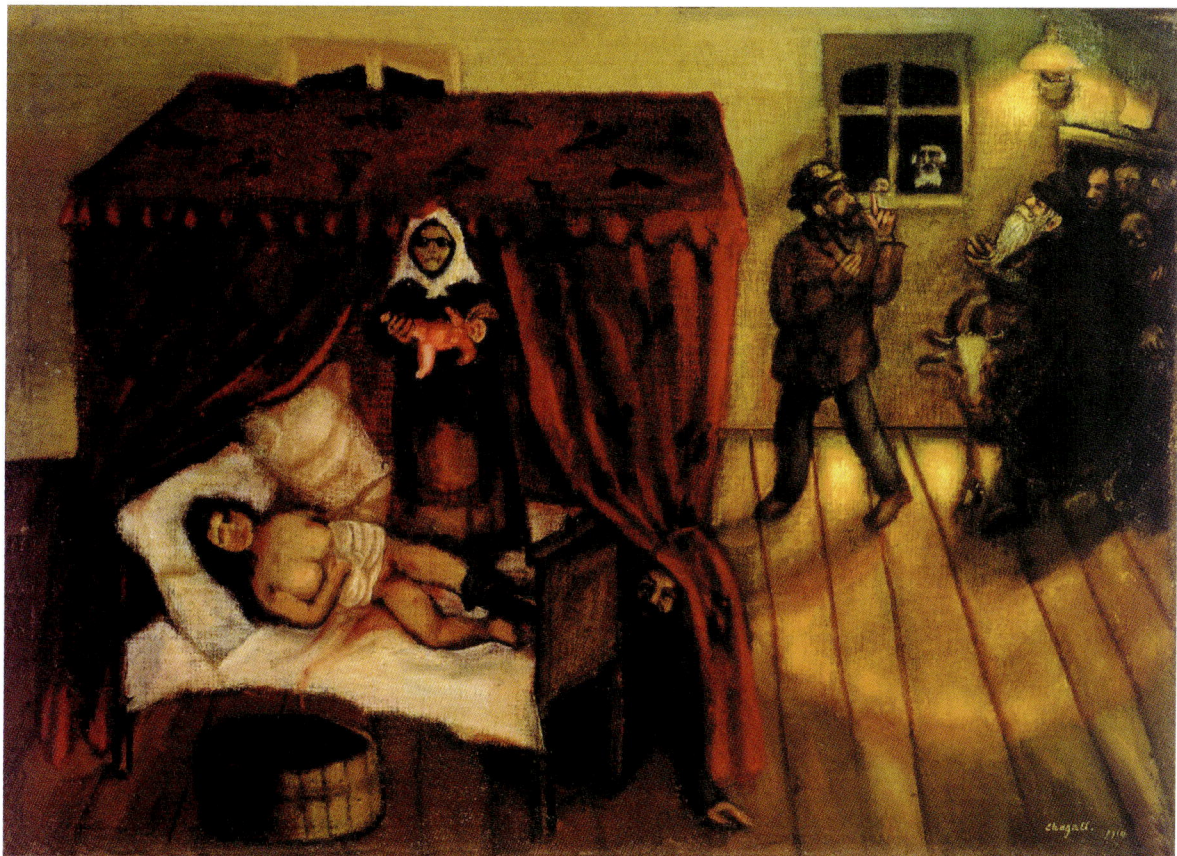

夏加尔，《诞生》，1910 年，布面油画，65cm×89.5cm

夏加尔，《诞生》，1911 年，布面油画，112.9cm×194.3cm。《诞生》的第一个版本是在维捷布斯克完成的；第二个版本于一年后在巴黎完成，折射了立体主义对早期的夏加尔带来的影响

夏加尔，《献给我的未婚妻》，1911 年，布面油画，196cm×114.5cm。"这幅画曾惹恼了警方，但在违规的灯上涂上一些金色的颜料后，一切都没问题了。"艺术评论家阿波利奈尔写道。1912 年巴黎春季沙龙开幕的几个小时前，曾有审查员威胁要将这幅画没收——阿波利奈尔目睹了这一幕

夏加尔，《致俄罗斯、驴及其他》，1912 年，布面油画，157cm×122cm

夏加尔，《我与村庄》，1912年，布面油画，192.1cm×151.4cm。这幅画的名字和《致俄罗斯、驴及其他》的画名都参考了夏加尔的朋友布莱斯·桑德拉尔的建议

夏加尔,《各各他》,
1912年, 布面油画,
74.6cm×192.4cm。
这幅画于1913年在
柏林的狂飙画廊展
出后, 被德国表现
主义的支持者伯纳
德·凯勒买走。这是
夏加尔在俄罗斯之
外卖出的第一幅画

夏加尔,《牲口贩子》, 1912年, 布面油画, 87cm×200.5cm。这是德国表现主义者们喜欢的另一幅夏加尔的作品。关于画面
上那位肩上扛着一头牲畜的农妇, 德国评论家特奥多尔·多伯勒写道:"她将永存于大地之上, 因为她直视着黑夜的尽头。"

夏加尔，《小提琴手》，1913 年，布面油画，188cm×158cm

夏加尔，《红色犹太人》，
1914 年，布面油画，
100cm×80.5cm

夏加尔，《祈祷的犹太人》
（又名《黑白犹太人》），
1914 年，布面油画，
100cm×81cm。这一系
列肖像画的模特儿为游
荡进夏加尔母亲的商店
的乞丐们。"有时候，有
一个人会为我当模特儿，
他有一张充满了悲伤而
又苍老的脸，同时这又
是张天使般的面孔。但
我坚持不了多久……最
多半个小时……他身上
的臭味太刺鼻了。"

夏加尔，《绿色恋人》，1915 年，纸板油彩、水粉，48cm×45.5cm。这是"恋人系列"中夏加尔为妻子创作的作品中的一幅，绘于夏加尔与贝拉结婚的第一年

夏加尔，《粉色恋人》，1916 年，布面油画，69cm×55cm

夏加尔，《墓地大门》，1917年，布面油画，87cm×68.5cm。"我的城市已经'死'了。维捷布斯克的道路已走到了尽头！"这幅画动态而抽象的形式，表明夏加尔吸收了他的对手马列维奇的至上主义风格。刻在大门上的铭文，是希伯来语的以西结神圣预言："我的百姓啊，我必开你们的坟墓，使你们从坟墓里出来，领你们到以色列去。"

夏加尔，《幻影》，1917—1918 年，布面油画，157cm×140cm。"突然，天花板打开了，在一片巨大的声响之中，一个长着翅膀的生灵降落下来，整个房间里充满了滚滚的云彩。双翅一阵扇动。我想：天使！我睁不开眼睛，太耀眼了，太夺目了。"这幅画是埃尔·格列柯的《天使报喜》的世俗版本，反映了在俄国革命初期，艺术家们被赋予的救世主角色

夏加尔，《犹太剧院壁画：音乐》，1920 年，布面蛋彩、水粉，213cm×104cm

夏加尔，《犹太剧院壁画：舞蹈》，1920 年，布面蛋彩、水粉，214cm×108.5cm

夏加尔，《犹太剧院壁画：戏剧》，1920 年，布面蛋彩、水粉，212.6cm×107.2cm

夏加尔，《犹太剧院壁画：文学》，1920 年，布面蛋彩、水粉，216cm×81.3cm。"外面，革命的浪潮汹涌澎湃……在这个世界沉没、破碎并变成新的世界时，一个奇迹发生了——也许很小，但对我们犹太人来说意义重大：犹太剧院诞生了。"该剧院的首席演员所罗门·米霍埃尔斯回忆道。夏加尔认为这一系列壁画是自己最好的作品

夏加尔，《维捷布斯克之上》，1915—1920 年，布面油画，66cm×91cm

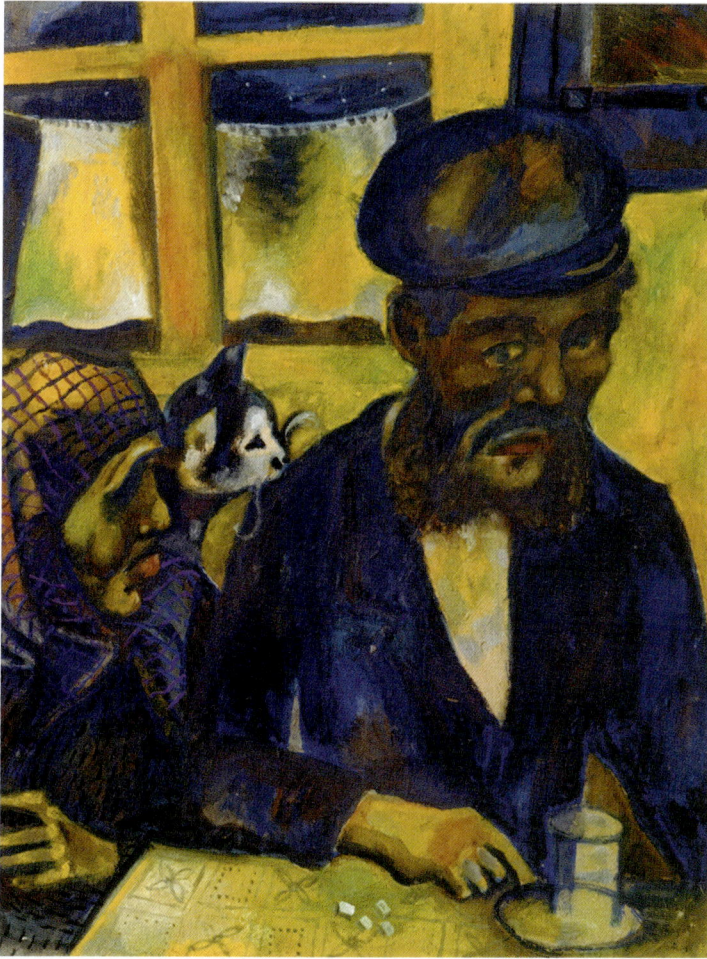

夏加尔,《父亲和祖母》,
1914 年, 纸 板 蛋 彩,
49.4cm×36.8cm。哈兹
克尔·沙加尔的肖像画。
他的儿子说:"有一种犹
如烛火一闪即灭的感觉,
似乎可以闻到一种沉睡
的气味……我非得来谈
谈我的父亲吗? 一个乏
善可陈的人, 一个微不
足道的人, 我还能谈什
么呢?"

夏加尔,《我的母亲》,
1914 年, 卡纸水粉、铅
笔, 25.6cm×21.6cm。
"艺术家会极度依赖他的
母亲, 会不自觉地沉迷
于同她的亲密关系。"这
幅费加-伊塔·沙加尔
的肖像画, 作于她去世
前不久, 曾作为遗产由
夏加尔的女儿伊达继承
并藏于巴黎。晚年的伊
达非常害怕见到这幅画。
为了将这幅画送到一个
尽可能远的地方, 她将
之捐赠给了莫斯科的普
希金博物馆

夏加尔，《拿画笔的自画像》，1909 年，布面油画，57cm×48cm

夏加尔，《戴黑手套的我的未婚妻》，1909 年，布面油画，88cm×65cm。这两幅肖像画均作于夏加尔和贝拉·罗森菲尔德认识后不久。她对 17 世纪绘画的热爱，为他们自己的这两幅肖像画带来了一丝古典风格

夏加尔，《有七根手指的自画像》，1913 年，布面油画，126cm×107cm。这是夏加尔在巴黎所作的第一幅自画像。"那时我的状态很好。我确信我会在一周之内完成我的作品……为什么有七根手指？这样就形成了一种新结构，让奇幻元素出现在了真实元素旁。"以希伯来字母写着的"巴黎"和"俄罗斯"，折射着夏加尔的三重自我认知：俄罗斯艺术家，欧洲艺术家，同时也是犹太艺术家

夏加尔,《自画像》, 1914 年, 布面油画, 54cm×38cm。夏加尔于 1914 年创作的众多自画像中的一幅。第一次世界大战爆发前不久, 夏加尔回到俄罗斯, 27 岁的他产生了强烈的身份认同危机

夏加尔，《生日》，1915 年，布面油画，80.5cm×99.5cm。夏加尔为他和贝拉的婚礼所作的肖像画。创作始于 1915 年 7 月 25 日，他们举办婚礼的几个星期前

夏加尔,《白领贝拉》,1917 年,布 面 油 画,149cm×72cm。作为已婚妇女的贝拉履行着自己的职责,成为丈夫生活的基石,并守护着维捷布斯克的圣母玛利亚。画面底部两个小小的身影,是夏加尔和一岁的小伊达

夏加尔，《干杯双人像》，
1918 年，布面油画，
235cm×137cm。夏加尔
创作的诸多海报般的双人
像中的一幅，他以此表达
了他和贝拉对俄罗斯革命
所怀有的美好希望

夏加尔，《窗边的伊达》，1924 年，布面油画，105cm×75cm。夏加尔在布列塔尼的布雷阿岛度假时所作，此时的他处于流亡生涯的第一年。这幅作品具有微妙的纹理和柔和的色调，标志着他将自己定性为法国艺术家的开始

夏加尔，《拿康乃馨的贝拉》，1925年，布面油画，100cm×80.5cm。这幅不朽的、阴沉的肖像画针对他们的朋友罗伯特·德劳内绘制的一幅贝拉画像而作，那幅画像引起了夏加尔的嫉妒。这幅画也是夏加尔在20世纪20年代回归古典风格的作品之一

夏加尔，《马术》，1931 年，布面油画，100cm×80.9cm。"对我来说，马戏表演是所有戏剧表演中最悲惨的。"

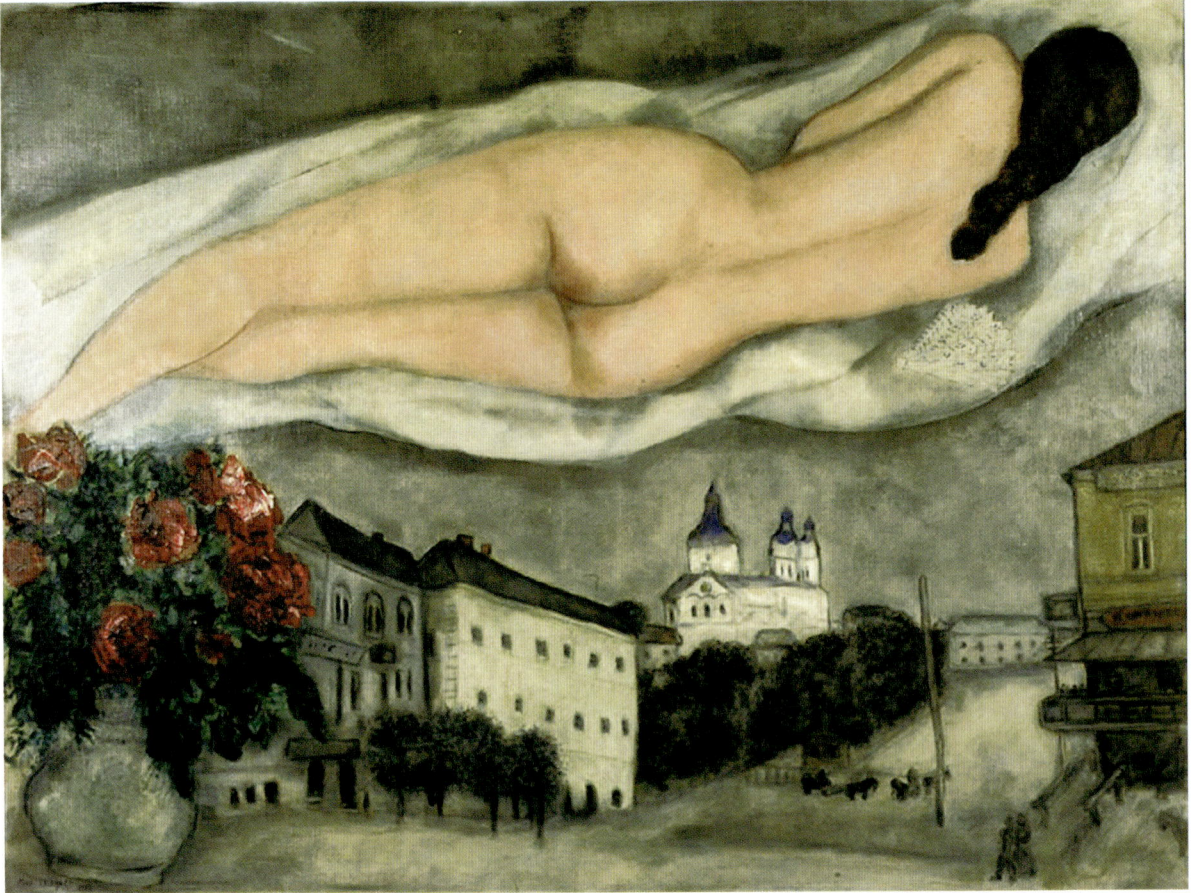

夏加尔，《维捷布斯克上空的裸体》，1933 年，布面油画，87cm×113cm。这幅画的模特儿是夏加尔的女儿——年届 17 岁的伊达。这是夏加尔最接近超现实主义的一幅画，这幅画也被他对欧洲危机的预感蒙上了阴影

夏加尔，《白色十字架》，1938 年，布面油画，154.3cm×139.7cm。"由于目前的战争，一直令他对他的人民感到怜悯的那些情形，已经成为全人类的灾难景象。"夏加尔的艺评家朋友廖内洛·文丘里写道

夏加尔，《西缅支派》，1961 年，耶路撒冷哈达萨犹太教堂彩色玻璃窗画

夏加尔，英格兰都德利万圣彩色玻璃窗画，安装于 1967—1985 年。由德阿维格多 - 戈德斯米德夫人委托制作，以纪念她在一次航行事故中溺水身亡的 24 岁的女儿。夏加尔在先期完成的东边的大窗上描绘了这个被海水吞没的女孩。她骑着心爱的马从一道十字架前凯旋而过，仿佛到了天堂

夏加尔,《夜晚的小丑》,
1957 年, 布 面 油 画,
95cm×95cm。"绘画是
一种悲剧的语言。"夏加
尔在谈到这幅画时说

夏 加 尔,《 先 知 耶 利
米》,1968 年,布面油
画,114cm×146.3cm

除了野蛮国家，整个世界都被书统治着。

爱与流亡 夏加尔

Chagall
Love and Exile

[英] 杰姬·伍施拉格 (Jackie Wullschlager) 著

黄异辉 译

人民东方出版传媒

东方出版社

图书在版编目（CIP）数据

夏加尔 ：爱与流亡 ／（英）杰姬·伍施拉格
（Jackie Wullschlager）著 ；黄异辉译 . -- 北京 ：东
方出版社，2021.8
书名原文：Chagall, Love and Exile
ISBN 978-7-5207-1169-2

Ⅰ . ①夏… Ⅱ . ①杰… ②黄… Ⅲ . ①夏加尔（
Chagall, Marc 1887-1985）—传记 Ⅳ . ① K835.655.72

中国版本图书馆 CIP 数据核字（2019）第 186317 号

夏加尔：爱与流亡
（XIAJIAER：AI YU LIUWANG）

作　　者：［英］杰姬·伍施拉格（Jackie Wullschlager）
译　　者：黄异辉
策　　划：姚　恋
责任编辑：姚　恋　王家欢
出　　版：东方出版社
发　　行：人民东方出版传媒有限公司
地　　址：北京市西城区北三环中路 6 号
邮　　编：100029
印　　刷：北京联兴盛业印刷股份有限公司
版　　次：2021 年 11 月第 1 版
印　　次：2021 年 11 月第 1 次印刷
开　　本：787 毫米 ×1092 毫米 1/16
印　　张：38.5
字　　数：500 千字
书　　号：978-7-5207-1169-2
定　　价：138.00 元
发行电话：（010）85924663 85924644 85924641

目 录

第二部分　流亡

前　言

　　1943 年，一个闷热的六月天，四名俄国犹太人聚集在美国纽约曼哈顿东 74 号街上的一间小公寓里：一位画家，画家的作家妻子，一位演员以及一位诗人。其中两位刚刚从莫斯科抵达纽约，来进行史无前例的外交访问；另外两位，也在不久前从被占领的法国流亡至此。他们都出生在 19 世纪末沙皇帝国的边远乡村，是一群亲密的老朋友。20 世纪 20 年代他们在俄国曾做过的艺术合作让他们记忆犹新，此刻，他们正在一起分享着这些回忆。他们一边喝着带甜味的果酱茶，一边急切地谈论着纳粹对东欧的吞并及他们对红军将之阻止的希望、他们那些失踪了的或是躲起来了的家人、谁可能还活着或是谁可能已经丧生，以及绘画、戏剧和文学等。有时候，他们谈着谈着，甚至会跳起舞，或是开起玩笑来。但他们并不能做到完全放松。因为，他们四个都知道，在他们之中，至少有一个是间谍。但是，没人知道间谍是谁。甚至就连间谍自己，都在担心自己或许被暗中监视着。当他们在试图解开真相的时候，所有的人都在生存和艺术诉求之间摇摆不定地寻找着平衡：他们的艺术诉求，是忠于彼此、忠于自己犹太人的根、忠于俄国。当然，他们中的每一个人，同样也处于美国联邦调查局的监视之下。

　　在战时被困在纽约、又拒绝学习英语，此时，夏加尔漫长的一生刚刚过半。在美国这穷困潦倒的日子里，我们在这位巴黎蒙帕纳斯区现代艺术的先驱和革命的俄国先锋派领袖的身上，看不到任何过去遗留下的狂热，也看不到未来那位著名而富有、最为长寿的"巴黎画派"成员的影子。1943 年，尽管夏加尔在纽约有一位合作的画商，但他并没卖出多少画。这时他正在画的，是一幅以雪白的月光为背景的双人肖像画，略有些超现实，充满了危险的气氛，名为《狗与狼之间的时间》[1]。在这幅画里，夏加尔的脸蓝得像一个面具；他的妻子围着一个红色披肩，脸白得如同鬼魅。这幅画的颜色，呼应着法国的国旗"三色旗"，表现出了他们对回到法国生活的渴望。

逼仄的客厅里的其他人们都焦虑不安，都在担心着自己的性命，他们在想，没人能活得过这十年。优雅帅气的诗人伊特兹克·费弗（Itzik Feffer）戴着一副大眼镜，常年笑容灿烂，是一位军事记者、苏联红军的一名中校，公众眼里的英雄。但他刚刚加入了内务人民委员会——斯大林的秘密警察部队，现在，他正在监视着他的朋友所罗门·米霍埃尔斯（Solomon Mikhoels）的一举一动。米霍埃尔斯来自莫斯科，是一位魅力超凡的演员，嗓音优美、身形矫健，是夏加尔最亲密的朋友。表面上，他在纽约是为苏联筹措战争资金；实际上，他有一个秘密任务：调查一位俄国物理学家关于原子结构理论的报告。但他自己，也受到了斯大林的怀疑。他明白，是战争本身，以及他作为宣传者和间谍的作用，在延长着自己的寿命。然而，对夏加尔来说，米霍埃尔斯和费弗，代表了他所不能选择的犹太人生活：留在俄国，不用饱受流放的煎熬。

公寓的女主人贝拉·夏加尔如饥似渴地吸收着来自家乡的消息。她正在努力完成《燃烧的灯火》，一本关于她的俄国童年的意第绪语回忆录；现在，她正急于向来自莫斯科的客人们打听关于她和夏加尔已落入纳粹之手的故乡——维捷布斯克的只言片语。直到一年后的 1944 年 6 月，他们才等到了维捷布斯克被解放的消息。那里所经历的战斗是如此的惨烈，城市被夷为平地。还未倒下的建筑只有 15 栋；17 万的人口之中，只有 118 名幸存者从地窖中爬了出来。

***

马克·夏加尔，现代艺术的先驱和最伟大的具象画家之一，用其发明的视觉语言记录下 20 世纪令人毛骨悚然又惨绝人寰的景象。在他的油画中，我们看到了现代主义的胜利、艺术的突破，以及人的内在的一种表达。他的贡献与普鲁斯特、卡夫卡、乔伊斯等在文学上对人的内在的描述，以及弗洛伊德的精神分析学相当，成为 20 世纪的标志性文化遗产之一。与此同时，在 1914—1945 年，夏加尔本人也被卷进了欧洲历史中的各种恐怖事件：世界大战、革命、种族迫害、数百万人被杀害、数百万人在流亡。在一个许多大艺术家都在逃离现实、选择抽象的时代，他把自己经历过的痛苦和悲剧提炼成直接、简单的象征性画面，让每一个人都能读懂。

夏加尔突破了自己童年时代贫穷而单调的生活氛围，那些永远与他血脉相连的场景——19 世纪末俄国犹太小镇的木屋、犹太教堂、小提琴手和拉比，他创造出了一个全新的世界。他毫不费力地吸收了那个时代每一次美学革新的成果，形成了一种激进而独创的风格——他画面上的犹太乡村是将日常现实与想象世界融为一体的，既传达了失去的遗憾，又展现了幸存的奇迹。他从东走向西，在沙皇及苏联的压迫中走向柏林和巴黎，又从纳粹欧洲走向美国。在这漫长的旅程中，他通过一系列的自我调整来适应流亡生涯。每一个来之不易的变化，都引起了他的艺术共鸣，促成了他的艺术更新；然而，俄国这个国度，仍然是他艺术的根源。"在我的想象中，俄国就像是一个挂在降落伞上的纸气球。那个扁平的梨形气球变得越来越冰冷，在多年的过程中慢慢分崩离析。"最终，在他有关维捷布斯克——一个被 20 世纪中叶的恐怖笼罩着的地方——的作品中，他对之所怀的担忧和乡愁，变成了回忆的标记。

很少有画家能把艺术和生活如此紧密地联系在一起。夏加尔的作品，以及夏加尔的日常生活，都指向三个固定的方向：犹太教、俄国和爱。——或者可归纳为，是人类对宗教、社会存在感、情感归属及性的永恒关注。然而，推动着其艺术成长的那一段段亲密关系，却一再伤害着他最亲近的人。他的母亲、女朋友泰雅（Thea）、女儿伊达（Ida）、妻子贝拉（Bella），还有伴侣弗吉尼娅（Virginia），都在以不同的方式做着牺牲。只有他的第二任妻子瓦瓦（Vava），跟他一样刁钻而强硬，一切发生了逆转——他的确遇到了对手；而他的艺术，也输给了安逸的生活。

他的妻子贝拉扮演着特殊的角色。他们之间的信件，揭示了一种艰难的、苦乐参半的关系；这种关系，常常被她一贯的"缪斯女神"形象所掩盖。对贝拉来说，适应妻子的角色是与 20 世纪的另一场革命交织在一起的，即妇女争取独立创造和职业生存的斗争。夏加尔的许多肖像画，极有说服力地描述了一个富有想象力、饱含智慧和自信的女人为过上理想生活而做过的斗争：1909年《戴黑手套的我的未婚妻》，大胆而充满希望；在创作于俄国革命将要爆发之际的《白领贝拉》中，这种追求已经实现；1925 年《拿康乃馨的贝拉》，在进行着身份认同的抗争；1934 年的《绿衣贝拉》，则是一种绝望。然而，对夏加尔来说，她总是代表着犹太俄国的存在："谁能与她相比？她跟别人不一样。她在山上跟云彩、树木和房屋一起倒映在德维纳河里，她是维捷布斯克的巴什卡 - 贝洛恰（Bashenka-Bellochka）。"1923 年 8 月，当时他在巴黎，而她在柏林。在这个风雨飘摇的时期，他在一封信中担心自己索求得太多——他想要她，他用一句俄国谚语说道，他"在自己的残留物中醒来"。她的存在，让他与俄国产生了活生生的联系，让他在流亡中仍然保持着艺术家的本色；相比之下，大多数流亡在外的俄国艺术家们，一旦离开祖国，他们的作品就枯萎了。但就在这个时候，这种联系突然中断了。伟大的艺术家、自大狂夏加尔，疯狂地四处游荡，去回忆"我在维捷布斯克的一幕幕，我走过一条条街道、走过一个个屋顶和烟囱的时候，觉得我是这座城里唯一的人，所有的女孩们都在等着我的到来，那些坟墓在古老的公墓里倾听着我的声音，月亮和云彩在路上跟着我，和我一起拐过街角，走入另一条街道……"

注释

【1】　狗与狼之间的时间（Entre Chien et loup）：当太阳落下、天色昏沉的时候，人们并不能分辨出眼前的动物究竟是狗还是狼。在法国，这段时间就被称为"狗与狼之间的时间"。

致谢

　　我最需要感谢的人，是夏加尔的外孙女梅列特·迈耶·格雷伯（Meret Meyer Graber）女士。没有她的帮助，这本书根本无法完成。首先，我要感谢她给予我莫大的慷慨和信任，赋予了我查阅"马克·夏加尔暨伊达·夏加尔档案馆（the Archives Marc et Ida Chagall）"中资料的权限，包括大量迄今为止还未向学术界披露过的夏加尔信件和文件；而且她还声明，在不影响我自身的观点的前提下，我可以自由引用这些资料。她还向我提供了在她们家族档案中大量未发表过而鲜为人知的素描、油画、调查资料和照片，引导我在其中来选择本书的插图。我们在复制这些资料的时候应付的费用本来会高昂得令人咋舌，而她以一种非凡的气度，宽宏大量地减免了我们绝大部分的费用。对于梅列特女士的感激之情，我无以言表。同时，从她身上我亦受益匪浅：从她对她外祖父的回忆中，从她敏锐而深刻的家族认同感中，从她作为艺术史学家的见解中……还有，从她对我们热情而无微不至的款待中——这让我们生动地体会到了夏加尔在巴黎的生活状态。

　　从这些家族档案中，我们得到了一个启示：夏加尔的第一任妻子贝拉，对他的艺术构成，尤其是对于在流亡的岁月中仍在他身边保持着鲜活的俄国生活氛围，起到了决定性的作用。在追溯贝拉这个角色的时候，我通过与她的侄女贝拉·泽尔特（Bella Zelter）的谈话，以及从她遗留下的信件中，得到了许多补充性信息。我要感谢贝拉·泽尔特女士莫大的善意，感谢她对往事的回忆，让我查阅她保存的资料和照片，还向我提供了关于维捷布斯克城中罗森菲尔德家族的宝贵背景资料。

我曾多次和已故的弗吉尼娅·哈格德-莱伦斯（Virginia Haggard-Leirens）交谈，从中了解到夏加尔后半生的诸多细节。能得到这么多与她谈话的机会，我感到不胜荣幸。弗吉尼娅慷慨地向我展示了她所收藏的信件、照片以及素描等，同我一起倾谈那些年她陪伴着夏加尔的生活。关于夏加尔的这段时期，她的女儿琼·麦克尼尔（Jean McNeil）也给了我很多帮助，为我带来了极大的启发。

任何研究夏加尔的人，都会从两部开创性的著作中受益无穷；这两部著作，仍在不断地影响着人们理解夏加尔画作的方式。第一部，由他的朋友亚伯拉罕·埃弗罗斯（Abraham Efros）和雅科夫·图仁霍德（Yakov Tugendhold）合著，1918 年出版于莫斯科。另一部，是一部无与伦比的艺术史学研究著作，由夏加尔的女婿弗朗兹·迈耶（Franz Meyer）所著，1962 年首版于德国；在这部书的编著过程中，夏加尔本人也有深度的参与。我还借鉴了夏加尔本人在 1931 年以法语出版的回忆录《我的生活》（My Life）。出版于 2004 年、本杰明·哈沙夫（Benjamin Harshav）所著的《马克·夏加尔与他的时代：详情实录》（Marc Chagall and His Times: A Documentary Narrative），开创性地收集了他大部分的意第绪语来往信件，是我重要的资料来源。2005 年，莫斯科特列季亚科夫画廊举行了一场具有里程碑意义的夏加尔展览。该画廊的档案管理员雅科夫·布鲁克（Yakov Bruk）对早期夏加尔的研究刊登于此次展览的目录上，同样是我重要的资料来源。

我要特别感谢巴黎马克·夏加尔委员会知识渊博又待人友好的米尔蒂·吉劳德（Myrtille Giraud），几乎所有的插图都是她寻找和提供给我的；我还要特别感谢委员会的主席、梅格基金会前理事让-路易斯·普拉特（Jean-Louis Prat），他同我分享了他对夏加尔深长久远的记忆，还在圣保罗德旺斯对我进行了热情的款待。我还特别感激希拉里·斯珀林（Hilary Spurling）的热情和慷慨，她是一位最让人受启发的传记作家；还有《金融时报》的艺术编辑简·达利（Jan Dalley），她一直是我书稿的忠实爱好者，饱含洞察地审读着我各部书稿的全部或部分，从始至终地向我提供着宝贵的建议。

德米特里·斯米尔诺夫（Dmitri Smirnov）、埃琳娜·费尔索娃（Elena Firsova）和菲利普·菲尔索夫（Philip Firsov）为我做了大量的翻译工作，他们关于俄罗斯文化的知识非常渊博，对我的成书不可或缺。杰拉德（Gerard）和艾莉森·麦克伯尼（Alison McBurney），是所有志在研究俄罗斯文化的学者们的灯塔，正是他们为我带来了创作本书的满腔热情，让我感到振奋而笃定。当我在创作的过程中对自己产生质疑的时候，伊丽莎白·麦克凯拉（Elizabeth McKellar）为我增添了勇气和信心。阿拉斯泰尔·麦考利（Alastair Macaulay）对我给予了持续的支持，无论他身在大西洋的哪一个岸边，他都会中肯地回复我的疑问，让本书在各个方面受益无穷；而洛娜·多兰（Lorna Dolan）对我充满信心的姿态，让我拥有了莫大的自信。

在各个阶段，世界各地的学者、美术馆馆长、画廊主人和图书管理员们，都慷慨地提供着帮助和资料，或分享着他们对夏加尔的回忆：纽约犹太博物馆的鲁思·比西（Ruth Beesch）；柏林贝格鲁恩博物馆已故的创始人海因茨·贝格鲁恩（Heinz Berggruen）；圣保罗德旺斯的梅格基金会前成员瓦伦丁·多拉（Valentine Dolla）；法国尼斯的国立马克·夏加尔圣经讯息美术馆的前馆长让-米歇尔·弗雷（Jean-Michel Foray）；伦敦皇家艺术学院的詹妮弗·弗朗西斯（Jennifer Francis）；米里亚姆·黑费尔（Miriam Haefele）慷慨地为我提供了保存在马尔巴赫的德意志文学档案馆中尚未发表过的夏加尔和他的女儿之间的书信的复印件；明斯克美术博物馆馆长塔玛拉·卡兰达舍娃（Tamara Karandacheva）；维捷布斯克马克·夏加尔博物馆馆长卢德米拉·利尼茨基（Ludmila Khmelnitskaya）；莫斯科俄罗斯和东欧犹太文化国际研究中心的玛丽亚·利伯曼（Maria Liberman）；巴黎国立博物馆联合会的佛罗伦斯·乐蒙（Florence le Moing）；圣彼得堡欧洲大学的维拉·莫里基纳（Vera Moriakhina）；伦敦皇家艺术学院的前展览秘书诺曼·罗森塔尔（Norman Rosenthal）；圣彼得堡俄罗斯国家博物馆的尤金妮亚·佩卓娃（Eugenia Petrova）；伦敦弗朗西斯·斯卡里纳白俄罗斯图书馆的盖伊·皮卡尔达（Guy Picarda）；莫斯科国立特列季亚科夫画廊的叶卡捷琳娜·塞尔雷斯内瓦（EkaterinaSeleznyova）；纽约古根海姆博物馆的瑞力·索莱马

8

尼（Leily Soleimani）；海德堡犹太研究学院的犹太艺术史教授安妮特·韦伯（Annette Weber）；得克萨斯州奥斯汀大学的犹太文化研究教授塞思·沃尔茨（Seth Wolitz）。大英图书馆的全体工作人员也为我在寻找和订购俄语资料文献上，做出了巨大的努力。

我的出版人们——企鹅出版社的斯图尔特·普罗菲特（Stuart Proffitt）和诺夫出版社的查尔斯·埃利奥特（Charles Elliott），以及我的经纪人、朋友卡罗尔·希顿（Carol Heaton），为我提供着坚定不移的支持、理解和细致的关注，也是我亲密的伙伴；创作这本书所花费的时间远远超过了原来的预期，而他们大方地接受了出版的延迟。我也非常感谢企鹅出版社的佩内洛普·福格勒（Penelope Vogler）、塞西莉亚·麦凯（Cecilia Mackay）和菲利普·伯奇（Philip Birch），诺夫出版社的莱斯利·莱文（Leslie Levine）、韦斯利·戈特（Wesley Gott）和安德鲁·多尔科（Andrew Dorko）。

其他许多朋友和同事为我带来的建议、帮助或见解，我以同样的热忱致以感谢：莫尼卡·阿科斯塔（Monica Acosta）；阿林德·比耶夫尔（Aline de Bievre）；克里斯托弗·康奈尔（Christopher Cannell）；黛娜·康奈尔（Dinah Cannell）；特雷莎·奇卡诺（Theresa Chiccano）；乔安娜（Joanna）和苏·弗里曼（Sue Freeman）；路易斯·盖尔（Louise Gale）；罗伯特·格雷斯科维奇（Robert Greskovic）；马克（Mark）和莎拉·霍尔福德（Sarah Holford）在费拉角对我充满热情的款待；霍华德·霍奇金（Howard Hodgkin）；罗伯特·休斯（Robert Hughes）；伊恩·杰克（Ian Jack）；拉胡尔·雅各布（Rahul Jacob）；尼科莱特·琼斯（Nicolette Jones）；内拉·洛多拉（Nella Lodola）；已故的海厄姆·麦科比（HyamMaccoby）和辛西娅·麦科比（Cynthia Maccoby）；维罗妮卡·马里斯（Veronica Marris）；德国美因茨市圣史蒂芬大教堂的蒙西尼奥雷·克劳斯·迈耶（Monsignore Klaus Mayer）；沃纳·默茨巴赫（Werner Merzbacher）；理查德·纳桑森（Richard Nathanson）；山姆（Sam）和泰斯·尼曼（Tess Neaman）；在图德利为我介绍众圣徒的马丁（Martin）和凯瑟琳·罗杰（Catherine Rodger）；丽贝卡·罗斯（Rebecca Rose）；娜塔莎·塞梅诺娃（NatashaSemenova）；米兰达·西摩（Miranda Seymour）；林迪·夏普（Lindy Sharpe）；娜塔莎·施塔勒（Natasha Staller）；

德博拉·斯坦纳（Deborah Steiner）；安迪·斯特恩（Andy Stern）；丹尼尔（Daniel）和泽瓦·托布（Zehava Taub）；还有戴维·沃恩（David Vaughan）。

我对夏加尔的兴趣，已经持续了数十年。许多想法，都在我的父亲冈特·沃尔施拉格（Gunter Wullschlager）去世前同他谈过——也和我的母亲玛丽亚·沃尔施拉格（Maria Wullschlager）谈过，她对我的创作的不懈支持和在家务事上不知疲倦的帮助，对我至关重要。我要向她和我的孩子们致以最大的感谢：在研究夏加尔的诸多历程中，娜奥米·康奈尔（Naomi Cannell）都是我快乐的同伴，她的镇定和老练帮我铺平了原本坎坷的道路；我和佐薇·康奈尔（Zoe Cannell）进行过若干次关于艺术和人物的长谈，丰富了我对这一切的看法；而拉斐尔·康奈尔（Raphael Cannell）将夏加尔作为他眼中艺术的基石，为我们的母子之情增添了光彩。

但是，如果没有我的丈夫威廉·康奈尔（William Cannell），我对这本书的写作就无法开始，无法持续，也无法完成。在我写这本书的时候，我的每一个想法，都有他的参与；我泛起的每一个希望，都离不开他的鼓励；我走过的每一处困境，都能看见他帮助的身影。是他帮我打消疑虑，并一直在我身边支持着我：爱能驱动日月和星辰。

第一部分
俄国

第1章

"我的悲伤之城，我的快乐之城"

维捷布斯克，1887—1900

"每一位画家都有自己的故乡，"20世纪40年代，流亡美国的夏加尔沉吟道，"即便他后来的创作反映的是别的生活环境对他带来的影响，某种精髓——他的出生地的某种独特芬芳，总会依附在他的作品之中……这些早期影响留下的重要标记，就如同艺术家的手迹一样。对我们来说这很清楚，根据塞尚作品中那些树和打牌的人的特质，我们可以分辨出，他出生在法国；凡·高作品中那些扭曲蜿蜒的地平线和人物，暗示他出生在荷兰；毕加索作品中那近乎阿拉伯风格的纹饰，暗示他出生在西班牙；而莫迪里阿尼作品中那种文艺复兴时期的线条感，则暗示他出生在意大利。我希望，我也以这种形式将童年印记保留到了作品之中。"

夏加尔于1887年7月7日出生于维捷布斯克——"我的悲伤之城，我的快乐之城"。当时，维捷布斯克作为辽阔的俄罗斯帝国版图上一个坚实的地方军事据点，正要达到其发展的鼎盛时期。这里有巴洛克风格绿白相间的乌斯别斯基大教堂，30座光鲜亮丽的洋葱形圆顶教堂和60座犹太教堂矗立在山巅的城市天际线上，到处是乱七八糟的木头房子群落，还有诸如《维捷布斯克之上》等油画所描绘的那些浪迹天涯的犹太人们，林林总总，形成了一种历史悠久而包罗万象的文化传承。艺术家伊利亚·列宾（Ilya Repin）称维捷布斯克为"俄国的托莱多【1】"，因为这里就像埃尔·格列柯（El Greco）笔下的城市：基督教教堂和犹太教教堂群的尖顶、塔楼和圆顶，以及历史可追溯至 12 世纪的圣母领报堂，共同勾勒出这个城市参差的轮廓。坐落于遍布着蓝色湖泊和松林、到处是广阔的平原和丘陵的地区，这个风景如画的老白俄罗斯城市高高耸立在宽阔的德维纳河两岸。维特巴河和卢切萨河也在此地款款交汇流入德维纳河。无论是在冰雪覆盖长达六个月的冬天，还是在短暂闷热、河边换衣小屋昙花一现的夏天，这里的生活总是很艰难：纵观其整个历史，维捷布斯克一直是一个饱受蹂躏的城市。自 10 世纪起，她就已经成为基辅、诺夫哥罗德、拜占庭和波罗的海之间的繁荣贸易线上的要塞。中世纪时她隶属于立陶宛，后又归入波兰，其间还经常被入侵的俄国人纵火焚烧。18 世纪时，她被俄国吞并，处于犹太人"栅栏居住区"的东北边缘地带。这个"栅栏居住区"包括今天白俄罗斯、立陶宛、波兰的部分地区，以及拉脱维亚和乌克兰，是当时凯瑟琳大帝限定的其帝国所有的犹太人的生活范围。

维捷布斯克与德维纳河，约 1900 年

到 1890 年时，"栅栏居住区"的人口达到 500 万，占全世界犹太人总人口的 40%，主要聚居在像维捷布斯克和与之相邻的德文斯克（现在的道加皮尔斯）这样中等规模的城市里。19 世纪 60 年代，新修的铁路"莫斯科—里加"线和"基辅—圣彼得堡"线在维捷布斯克交会，促使大量人口从农村涌入这座城市，这里也第一次开始出现城市无产阶级。1860—1890 年，维捷布斯克的人口翻了一番，达到 6.6 万人。其中一半以上是犹太人，大都做着小本生意，经营着与纸张、石油、钢铁、皮毛、面粉、白糖、鲱鱼等相关的生意，这座城市也因这些贸易而兴盛。除了犹太人外，这里还有俄国人、白俄罗斯人和波兰人，但城市的商业贸易主要由犹太人把控。一个当地人回忆道：

> 如果我不是维捷布斯克人而是个外地人，在看过了那些商店的招牌、住所和机构的名称，看过了城中每个院子里的住户名单记录后，我会说，维捷布斯克是一座纯粹的犹太城市。这座城市，是犹太人凭着他们的开创精神、活力和金钱而建造起来的，这样的感觉在安息日[2]和犹太假日的时候尤其明显：所有的商店、办公室和工厂都会关闭，整座城市会陷入沉寂。就算是政府部门，如公立银行、公证处、法院、邮政局和电报局等等，也一样不会开放。

这里跟整个"栅栏居住区"的其他地区一样，几乎所有犹太人的母语都是意第绪语，他们之中有一半人只会说这种语言。这让维捷布斯克这样的犹太城市的文明程度，与环绕在其周边的那些众多的、野蛮落后的斯拉夫村落产生了差距。这些村落里的农民，在夏加尔父辈的时候，都还是农奴。意第绪语是夏加尔青春期前的主要语言，也是他们的家族语言。意第绪语的使用，承载着一种安全感和归属感，一种隶属于一种独立价值体系、宗教传统体系和法律体系的独特感觉，这种感觉是 19 世纪的犹太人在其他任何地方都找不到的。

因此，从"栅栏居住区"里其他较小的聚居点来到维捷布斯克的犹太人们，很快就有了回到家的感觉。1886 年，一位芳龄 20 的清瘦姑娘费加 - 伊塔·切尼娜（Feiga-Ita Tchernina）来到了维捷布斯克。她是家中的长女，其父是东边 40 英里的乡村小镇利奥兹诺的犹太肉贩和屠夫。其母加纳（Chana）刚刚去世，把她丢在了这个麻痹的世界里：她的父亲"有一半的时间躺在炕

夏加尔，《维捷布斯克》，素描，1914 年

上，四分之一的时间待在犹太教堂，剩下的时间会待在肉铺"；围绕在他身边的，是他那些没能进得了城的懒散子女。后来，他那著名的外孙充满热情地描绘了母亲的兄妹们，夸张而诙谐地表现了俄国乡下的慵懒：莱巴（Leiba）舅舅成日坐在房子外面的一张长椅上，"他的女儿们如同一群红色的母牛一样四处游荡"；苍白的玛丽亚莎加（Mariassaja）姨妈"躺在沙发上……她的身体被拉得老长，有气无力，双乳下垂"；朱达（Judah）舅舅"仍躺在炕上，他很少出门"；伊斯雷尔（Israel）舅舅"仍坐在他炉前的老地方……烤着火，双目紧闭"；只有在一幅名为《牲口贩子》的画中，纳什（Neuch）舅舅赶着他的马车，是唯一在干活儿的人，令人印象极为深刻。这是让圣彼得堡的官僚和学究们感到绝望的俄国乡村——"在欧洲的其他任何地方，都不会像这里这般缺乏稳定、节制和分寸。"19 世纪的历史学家瓦西里·克留切夫斯基（Vasilii Kliuchevskii）这样写道——但这个地方仍然充满了动人的色彩和生命。

维捷布斯克郊外的佩斯科瓦迪克，夏加尔出生的地方。摄于 20 世纪初

　　费加 - 伊塔来到维捷布斯克，是为了嫁给 23 岁的哈兹克尔·夏加尔（Khatskel Shagal）（"哈兹克尔"在意第绪语中是"以西结"【3】的意思），一个她以前从未见过的远房表兄。作为那时正统犹太教徒的惯例，这是一桩包办婚姻。不久前，哈兹克尔带着他的父母戴维（David）和巴谢娃（Basheva）离开利奥兹诺，来到了这个新兴的城市。他在贾科耐（Jachnine）先生位于德维纳河岸边的鲱鱼仓库里当工人，住在新来的人们聚居的佩斯科瓦迪克区的北郊，离城市监狱不远，距那座已有 1700 年历史、人称"黑色三位一体"的圣三一教堂很近。他的父亲已经 60 多岁，以给本地的穷孩子们当无足轻重的宗教老师为生计。他那年幼体弱的弟弟祖西（Zussy）还留在利奥兹诺，在理发店当学徒，是个不思进取而又自视甚高的人，后来成了这个大家庭里唯一一个对他侄子的画感兴趣的人——虽然他曾拒收侄子为他画的肖像画，因为他觉得那幅画里的自己不够光彩照人。

"佩斯科瓦迪克"的意思是"在沙地上"。因此，费加 - 伊塔通过和哈兹克尔结合而加入的这个家庭所在的地方，跟她刚刚离开的乡村小镇并没多大差别。这里的道路是未铺过的土路，冬天会冻成一团，夏天则满是泥泞的水洼；沿路随意修建着一些木头棚屋，带着小小的后院，鸡群和山羊群在院子里面四处抓刨；牛儿们在尘土飞扬的路上晃晃荡荡，又钻进房子、闯入商铺，让人觉得这里完全就是一幅乡下的景象。费加 - 伊塔会在院子里给山羊挤奶。但即使富裕如罗森菲尔德夫妇——贝拉的父母，也会在公寓楼下的院子里养牲口和家禽：一头奶牛、几匹马，还有一群鸡，他们坚持让仆人们给孩子们喂新鲜的牛奶。夏天，当他们去别墅避暑的时候，奶牛就会被拴在一根绳子头上，走在装着补给和床上用品的马车群后面。所以即使在维捷布斯克较为富裕的区域，似乎跟乡下也差不多。

费加 - 伊塔和哈兹克尔·夏加尔，摄于 1886 年二人的结婚日

不过，费加 - 伊塔和哈兹克尔可无心在佩斯科瓦迪克长待。从结婚照可以看出，他们是那个年代典型的刚从乡下进城、正在蒸蒸日上的犹太人夫妇。费加 - 伊塔穿着一件饰有丝带的紧身长袖丝绸黑褶高领裙；她用坚定而活泼的目光凝视着镜头，手上还攥着一本书——虽然她几乎不识字。她看起来精明而干练。到结婚的时候，她已经在给娘家的妹妹们扮演母亲的角色了。结完婚，她会到邻近的城镇上为她们挑选未婚夫，在街头巷尾听取闲言碎语、透过窗子一探究竟，从而确保自己比别人领先一步。

哈兹克尔坐在她身旁，身穿阿拉伯长袍式大衣，头戴大檐帽，显得肩宽背阔、孔武有力。在镜头中，这位年轻的工人显得沉默寡言，同时让人觉得他性格温和又满怀忧郁。没过多久，他就被繁重的工作和一大家子的重担压得弓腰驼背、筋疲力尽。然而，关于他结婚时的状况，他的儿子后来声明道："父亲年轻时并不贫穷。他年轻时的照片，还有我对我们家的衣橱的记忆，都证明了他在娶我母亲的时候不但体格健壮，而且拥有一定的财力。他曾给他的未婚妻……送了一条华丽的披肩。婚后，他不再将薪水交给自己的父亲，转而开始负担自己的小家庭。"

那条豪华的蕾丝披肩，在后来的照片中数度出现。然而，充满了生机而雄心勃勃的费加 - 伊塔很快就发现，尽管她和哈兹克尔有着共同的抱负，也毫无疑问地一起接受了传统的宗教生活方式，但哈兹克尔并不是那个与她有共同语言的人。费加 - 伊塔还有更多让他无法理解的远大希望和梦想，她总是不遗余力地寻找着新的出路。作为一位年轻的母亲，她的紧张、她在婚姻中的孤独，以及她与生俱来热情和善良的天性，都激发出了她对第一个孩子摩耶西（Moyshe）的热爱。他们两口子都叫他摩西加（Moshka），虽然在孩子的出生证明上写的是：摩武沙·哈兹卡洛夫（Movsha Khatskelev，"Movsha"即俄语中的"摩西"【4】），哈兹克尔的儿子。在父母结婚一年后，夏加尔出生了。自此以后，费加 - 伊塔一直对他关爱得无以复加，直到 1915 年她去世为止。后来，夏加尔将维捷布斯克视作自己的"母亲之城"，他的作品也根植于费加 - 伊塔与他亲密无间的母子之情。"我之所以会画画，是因为我对我母亲的记忆。她用她温暖的乳房哺育滋润着我，让我得到了升华，我觉得我可以在月亮上荡秋千。"他在 79 岁的时候如是回忆道。他这样向女婿弗朗兹·迈耶解释他的画作："艺术需要一种归属感。艺术家会极度依赖于他的母亲，会自觉不自觉地沉迷于同她的亲密关系。追根究源，艺术来自这种归属感，而非来自学院的教条。"他知道，充斥在他的作品中、照亮了他的艺术前行之路的那些梦幻，来源于他的母亲费加 - 伊塔。"梦想，我是个梦想家，——我的梦想是从母亲那里遗传而来的，真的。而你们，我亲爱的你们，却不知道我是一个怎样的爸爸。"在 1912 年 24 岁的时候，他在给妹妹们的一封信中这样写道，"在我们家中，再没有一个人像我这样想弄明白一切的一切——我不是在自夸……我对各种微不足道的小东西都感兴趣。不要因为我是个男人就觉得我不该这样"。母子间的亲密关系和彼此的认同感给了夏加尔勇气和最基本的乐观精神，这让他安然度过了余生中的风浪；同时，这也为他带来一个弱点，那就是对女性的极度依赖。小时候的他长着一头鬈发，有着一双蓝色的大眼睛，是个非常漂亮的小男孩。在费加 - 伊塔的 9 个孩子中，他是最受宠爱的。夏加尔也非常享受这种超然的地位——于是自觉或不自觉地，这样的情况在他未来的亲密关系中总是重复出现。他有一个以外婆的名字"加纳"命名的妹妹，出生于比他晚一年的 1888 年。然而妹妹的出生，并未对他们母子之间的亲密程度产生丝毫影响。虽然当时家庭的经济状况刚刚够糊口，费加 - 伊塔仍然会经常给她的长子开小灶，让他吃些额外的东西。这让他的身体发育得更好，也让他们母子之间的深情更加醇厚。后来，他比他的弟弟妹妹们都要长寿：在他们 8 个之中，只有 2 个是寿终正寝的。

如同众多出身卑微、而后成名的名人一样，夏加尔也将自己的童年生活涂上了神话般的色彩。在他 35 岁准备永远离开俄国时写的回忆录《我的生活》中，记录了他在俄国的个人经历，详细叙述了他早年在维捷布斯克的生活历程。虽然其中有些部分由于被过度浪漫化而显得不够切实可信，但根据现存的历史记录、信件和照片，以及其他人的回忆中所描述的那一时期犹太乡村的大体状况，其中的许多细节得到了印证。他以一种戏剧式的描写开头："我的母亲告诉我，我是在一场大火中来到这个世界的。人们把我们躺着的那张床不断地挪来挪去，从而救了我们的性命。或许这就是为什么我总是那么激动。"那时候，在俄国像维捷布斯克这样的城市里，房屋大多为木质结构，常常会发生火灾，一片一片地被烧得精光。通常，人们会逃到河里去求生。根据记录，在他出生的那天，维捷布斯克的确发生过火灾。夏加尔将他自己坐立不安的特质，归咎于他出生那天发生的这些事件：作为一个新生儿，他一睁眼，看见的就是冲天的烟雾、燃烧的屋顶，以及人群混乱而慌张地冲入德维纳河的场景。在他的画作中，那些燃烧着的木头房子是他生动的回忆——例如，1904 年，他见过发生他家附近那古老的伊林斯克教堂的巨大的火灾。后来在他的画作中，这种熊熊燃烧的木头房子成了犹太人遭受迫害的象征。

然而，在 1887 年的那场火灾中，他出生的那座房子却安然无恙。"在佩斯科瓦迪克路边的那栋小房子没有遭灾，"1922 年他写道，"这地方让我想起我画过的那个绿色拉比 [5] 头上的疙瘩，或是一个被扔在桶里、和鲱鱼一起腌泡在卤水里的土豆。从我现在所在的高处往下看着这个小棚屋时，我不禁倒抽一口凉气并问自己：'我真的是出生在这里的吗？在这样的地方，怎么透得过气来呢？'"

夏加尔说,他生下来就死了——"我不想活着"——然后,他被扔到一个水槽里,复活了过来。就是在他后来所作的几幅名为《诞生》的画里,放在床脚的那种水槽。这个故事暗示了他与他父亲所共有的特质:沮丧,消极,屈服于命运。这样的特质在他身上,与他从母亲费加-伊塔那里遗传而来的求生本能和充满活力的希望,同样地深入骨髓。小时候,夏加尔是一个身材瘦弱、五官清秀的男孩,讲话细声细气,并终日沉浸在自己的世界里。他是在维捷布斯克那封闭而排外的犹太人社区氛围的包裹中长大的。一直到 13 岁,他都生活在正统东欧犹太人的传统环境中。这种传统环境强调家庭和社区的紧密联结,适度而彻底的宗教教育,但同时也笼罩着贫穷和猜疑——每当基督教的世界逼近时。比如,当警察从窗口经过,他都会被吓得躲到床底下去。就算是在"栅栏居住区"内,犹太人也未能享有充分的公民权利,官方的政策已为康斯坦丁·波佩多诺斯切夫(Konstantin Pobedonostsev)这样的皇家顾问们所左右。此人是亚历山大三世统领的"圣公会"的检察官,他曾建议如此解决"犹太人问题":改造三分之一,驱逐三分之一,再杀掉三分之一。进入俄国学校学习的犹太人受配额限制;犹太人被禁止进入行政部门和司法部门工作;犹太人还经常会遭受劫掠,经常都会发生针对犹太人的集体暴力迫害、大屠杀事件。夏加尔后来在巴黎认识的犹太人朋友蕾伊莎·马利坦(Raissa Maritain)也成长于同一时期。她当时生活在"栅栏居住区"的南部,后来跟随家人改信了天主教。"那些头上顶着十字架经过门口的暴徒们",她回忆道,解释了母亲为何"在很长时间里都无法改变信仰"。作为回应,东欧的犹太人们凭借自己的信仰和宗教礼法,在这儿建立起了一个独立自主而充满活力的世界。这个世界很少受非犹太人世界的影响,也很少被同化。俄罗斯帝国的权力中心圣彼得堡和莫斯科山高水远,已与此地隔绝,跟这儿几乎没有什么关系。维捷布斯克的犹太人们,都将维尔纳(现在的立陶宛首都维尔纽斯)看作他们的首都。立陶宛这个"东方的耶路撒冷",在前立陶宛帝国时期便是犹太人认同的老根据地,在意第绪语中被称为"Litah",是一个让犹太人有归属感的国家。

维捷布斯克城里富有的犹太人们——如住在最古老城区的贝拉的父母,离标志着基督教在此地站稳脚跟的代表建筑"总督宫"不远。1812 年,拿破仑在进军莫斯科的途中曾在里面短住过。这座一层粉红、一层奶白堆叠而成

20 世纪初的维捷布斯克，右边是珍妮 - 艾伯特蛋糕咖啡店，以及夏加尔的岳父所有的挂着"尚·恩·罗森菲尔德"招牌的珠宝店

的新古典主义风格建筑，是当时的市政厅所在地。维捷布斯克城里最好的地段当数两条长街：斯摩棱斯克大街和波德文斯克大街（现在的列宁大街和托尔斯泰大街）。在这两条街上，房屋前面都有 19 世纪中叶就建好了的平台，当街的一面都被粉刷得富丽堂皇。两条街交会于涓涓细流维特巴河的岸边。瑞士甜品商克里斯蒂安·布罗齐（Christian Brozi）的宅邸便坐落在这个街角，带观景平台的二楼是卖时下流行甜点的珍妮 - 艾伯特（Jeanne-Albert）蛋糕咖啡店，一楼则是挂着"尚·恩·罗森菲尔德（Sh N Rosenfeld）"招牌的珠宝店。这个地方总是熙熙攘攘，挤满了购物的顾客和游人，到处都是马车。1898 年后，本地的第一条有轨电车也通到了这里。冬天的时候，在罗森菲尔德家房子对面的出租车站，会有很多马拉雪橇等待着主顾们。维特巴河上横跨着一座桥，桥的一端隐约可见亚历山大大教堂，另一端则是气势恢宏的地方法院。在这里，文化和知识相关产业蓬勃发展。到了 19 世纪末，维捷布斯克已组建起了可引以为傲的交响乐团，该交响乐团曾赴维尔纳和里加演出；此外还建起了几座剧院，以及一所在"栅栏居住区"内独一无二的艺术学校。

维特巴河汇入雄壮的德维纳河的入河口是本城的中心区域。这里有许多犬牙交错的街道和广场，人们称之为本城的"主城"。一座巨大的木桥横跨过德维纳河，桥上的栏杆制作得十分精美。德维纳河上密密麻麻地挤满了渡船以及装载着原木的驳船，这些原木是运往那些当时效益很好的造纸厂和造船厂的。这座桥通往相对贫穷的"附城"，夏加尔就在那里长大。在那里，大多数贫穷的犹太人都住在拥挤的小木屋里，或是住在被称之为"伊兹巴"（Izba）的木头房子里。沿着河岸还排列着一些小棚屋，河水常常会溢到这些棚户人家的门口。1911 年的《大不列颠百科全书》是这样描述维捷布斯克的：

> 一座古老的城镇，里面有些贵族们破旧的公馆，到处都是犹太人肮脏的房舍。犹太人口占本地居民的一半。这里有两座大教堂，分别建于 1664 年和 1777 年（作者注：根本没提到那 60 座犹太教堂）……这里的制造业极不发达，贫困阶层通过园艺、造船和亚麻贸易来养活自己。然而，这里的商人跟里加城的生意却做得较为繁荣，涉及玉米、亚麻、麻、烟草、糖和木材等。

西德维纳河是这座城市的命脉，其往西北方向蜿蜒流淌 400 公里，最后抵达波罗的海的港口城市里加。春暖花开的时候，会有许多运送木材的竹筏顺流而下。有时候它们会在大桥的石桩上撞裂开来，船夫们便会爬到一株大树上，奋力挥舞手中的长竿来拦住那些要漂走的木头。夏天，人们会到河里游泳，孩子们也会下河玩水——夏加尔还记得，当他扭扭捏捏地下水的时候，其他男孩子们冲他大叫："看哪！他那玩意儿好小啊！"冬天的德维纳河会冻结，在大桥附近会形成一个天然的溜冰场，就算是像贝拉这样家风严厉、被管教得一丝不苟的女孩，都能被允许到这儿来玩。"对我们来说，这座桥就是天堂。"她这样写道。

> 我们从逼仄又拥挤的住房里逃到这里。在桥上，我们可以看见天空。在那些狭窄的街道上，视线被众多的房屋和尖顶教堂群挡得什么都看不见。但在桥上，这儿的河水平流如镜，水天之间的空气清澈通透。从公园吹来的微风会带来扑面的花香。这座桥连接着这座城市的两边，白天的时候人满为患。在街上的时候，人们总是走

得小心翼翼；而在桥上，从桥面木板的缝隙间会透来凉爽之气，感受到清风流水的人们意气昂扬。每个人都希望能永远待在桥上，不必再回到地面，走在那些硬邦邦的路上。

在"附城"区域，向外辐射出许多仓库和商店的火车站是商业中心，距离老城区大约 1 英里远。夏加尔曾这样形容，这里"房子歪歪扭扭地立着，有一条通往墓地的路"。附近是伊林斯克教堂和 19 世纪时兴建的斯巴索 - 普列奥布拉任斯基（Spaso-Preobrazhensky）教堂（主显圣容教堂），其绿色的圆顶在夏加尔的作品中出现的频率很高。从第二波克洛夫斯克街（后来这条街改名为"大波克洛夫斯克街"）29 号的阁楼上放眼往下望，就会看到这座教堂和一片矮小的房舍。1890 年，夏加尔夫妇带着 3 岁的摩耶西和小加纳搬进了这座小木屋（在小木屋的顶层有几个额外搭出来的房间）。那一年，哈兹克尔的父亲去世了。他的母亲巴谢娃时年 48 岁，回到利奥兹诺嫁给了夏加尔的屠夫外公，亲上加亲。两大家人一起凑了一小笔钱，才让生活在城里的夏加尔夫妇买下了这个新家。

在第二波克洛夫斯克大街上，这个家庭开始添丁增员、开枝散叶。1891 年 5 月，摩耶西的弟弟戴维在一个充满了霉味、糊着蓝色墙纸的阁楼里出生了，他的名字是为了纪念刚去世不久的祖父。从此以后，摩耶西和戴维两兄弟同睡一张床，夜夜抵足而眠。在戴维出生的前几天，摩耶西被一条疯狗咬了，他的一位舅舅带他去圣彼得堡的巴斯德研究所进行了治疗，以防染上狂犬病。他喜欢作为中心被人关注的感觉，也梦想着能在街上见到沙皇陛下。回到家的时候，他发现房子里挤满了身着盛装的女人；母亲半裸着身子，满面泛红地躺在床上，房间里传出阵阵新生儿刺耳的哭声。后来，他一次又一次地重绘这个对他来说已经司空见惯的场景：加纳和戴维出生后，1894—1905 年，还有 6 个女儿降生到了夏加尔家里。其中包括吉娜（Zina）、莉萨（Lisa）、玛妮娅（Mania）、罗莎（Roza）、玛丽亚斯佳（Mariaska），以及后来还在蹒跚学步的时候就夭折了的雷切尔（Rachel，根据家族传言，她是因误食木炭中毒而亡）。

精力旺盛的费加 - 伊塔在波克洛夫斯克街上开了一间杂货店，挂着一个带拼写错误的招牌。后来，这间杂货店常常被夏加尔描绘到画作中。在开这间杂

1890—1921 年，夏加尔一家人在第二波克洛夫斯克大街上的家。照片摄于 20 世纪 70 年代

货店的时候，她"没有钱，完全靠赊账运来了一整车货物"，以卖鲱鱼、糖、面粉等的微薄利润，辛苦补贴着家用。在 1914 年所作的《维捷布斯克的铺子》中，夏加尔将杂货铺稀松平常的内部构造描绘成孩子的百宝箱：磅秤上的鱼鳞片熠熠生辉，密密麻麻的盒子如珠宝般闪耀——对他来说，这是一个平静而又丰富的港湾。夏加尔还记得在家里、在家旁边的铺子里，他的母亲在如何经营着这个家、如何支使着他的父亲。早上，当他们离开家的时候，她会站在门口；晚上，她会让每一个孩子都到铺子里去，揪着鱼尾巴抓一条鲱鱼回家。他们的晚餐总是鲱鱼，通常会配上面包和奶酪，还有黑乎乎的糙荞麦粥。安息日的时候，在孩子们艳羡的目光中，哈兹克尔会独自一人享用烤肉。在夏加尔的回忆录中，他曾以一种几乎是自卫的姿态一再声明，他们家的人从来没有挨过饿，无论他到哪儿去，手上都会拿着一块涂了黄油的面包。但许多后来认识他的人都曾质疑，由于童年的贫苦生活，或许在他的潜意识里，对缺吃少粮的惧怕从来都没有真正远离。"当他走进小酒馆的时候，他都会不由自主地从柜台上拿一个煮熟了的鸡蛋敲开来吃。这让我形成了这样一种印象，那就是他的童年是在贫困之中度过的，虽已成年，他童年时代的饥饿感仍未被填平。"立陶宛的摄影师伊捷斯（Izis）这样回忆道，他是在 20 世纪 40 年代认识夏加尔的。他那些年的伴侣弗吉尼娅·哈格德对他的第一印象，其中一项就是"马克吃起东西来总是狼吞虎咽，从来不会有什么过分的优雅"。

　　虽然夏加尔对弗洛伊德不屑一顾，但他对生他养他的原生家庭的记忆，

夏加尔，《母亲和儿子》，版画，收录于
《我的生活》

强烈地塑造着他的自我形象。这样一个富有想象力、内心充满了恐惧的孩子，加上天生口吃、经常会晕倒——后来，他会下意识地向外界展示自己的这些弱点，以避免同任何人发生额外的纠纷——在他的世界里，母亲那充满了安全感的怀抱为他带来的先期影响，绝对是压倒一切的："我只是个小男孩，而我的妈妈是个女王。"他记得，在他的少年时代"我仍然是那么的胆小，只要离开我们家稍远一点，我就会紧紧抓着妈妈的裙角，就好像我还是个害怕在人群中跟妈妈走散的小孩"。就算是在家里，

　　当我害怕的时候，妈妈会把我叫到身旁——那是最好的避难所。在那里，毛巾不会变成公羊和老头儿，坟墓里的鬼影也不会透过结冰的玻璃窗溜进来……无论是吊灯还是沙发都吓不到我，只要我钻进妈妈的被窝……她是那么胖，肉滚滚的胸脯如同一对枕头。我感受着她因上了年纪和生养孩子而柔软的身体，她因作为母亲而遭受的种种磨难，她在日夜操劳中的甜蜜梦想，还有她肥胖而坚韧的大腿。

　　在《炉边的母亲》这幅画里，正将面包放入烤箱的家庭主妇已化身为家庭统治女神：举止挺拔而自豪，脸颊被炉火的深红色光晕笼罩。画面的左下角有一个留着小胡子、挂着拐杖的男人，那是夏加尔的父亲，他那矮小的身形更加衬托出他妈妈的伟岸。在俄罗斯圣像画[6]中，人物相对尺寸的大小是具有象征意义的。这幅画切实地反映了夏加尔对自己父母的感受：他的母亲是不朽的，鲜活的，如同她身旁那座历史悠久的大火炉一般散发出热量；而他的父亲则显得很虚弱，是一个附属品。

　　"事实上，我的母亲是不是很矮小呢？"后来，夏加尔自己也在犯嘀咕。

　　在我们的眼中，母亲有一种罕有的习惯，对于处在她那种日常工作环境的人来说极其罕见……她很爱与人聊天。她很会遣词造句，

非常善于表达，常常说得别人插不上嘴，只能尴尬地笑。她就像个女王一般一动不动地昂然挺立在那里，尖尖的发髻打理得井井有条。她在问话的时候，闭着的嘴唇几乎没动过……我不知道用什么语言、以什么样的方法才能展现她的笑容。她会在门前或是桌子前一坐几个小时，等着某位邻居或是随便哪个她可以向之倾诉、排遣苦恼的人的到来……啊，那笑容，也是我的笑容！……我想说，其实我所具有的才华一直都藏在她身上的某个地方，上帝是通过她把这一切传递到我身上的。所有的一切，除了她的灵魂。

《炉边的母亲》以黑白为主色调，这是人物肖像画最基本、最经典的色彩。然而，他在同一时期所作的《父亲的肖像》却正好相反，画中有大量淡黄色纹路、深蓝色和棕色暗影，这些起伏不平的表面和模糊不清的线条反映出夏加尔对父亲的矛盾心理。画面中的哈兹克尔·夏加尔显得局促不安，用逃生猎物般的眼神盯着外面的世界，充满警觉。他的背后是一扇窗，旁边是一只猫和他戴头巾的母亲巴谢娃的小小身影，"无论这位小老太太在哪里出现，她的头上都围着一个头巾，穿着一条小裙子，满脸都是皱纹……在内心深处，她全部的爱都已奉献给了几个最爱的孩子和祈祷书"。一切看起来都是凄凉、惨淡而陈旧的。然而，夏加尔仍把父亲描绘得如同一个疲倦沉思的古代犹太人，正在品味着人生和生活中的苦痛。夏加尔笔下的费加-伊塔鲜活又机灵，哈兹克尔则虔信而深沉。除了引述一些宗教典籍，他很少管教孩子们，他也以这种方式引导妻子：在每年于教堂中举行的赎罪日典礼上，她都苦于应付需要用到女性祈祷书的宗教仪式。哈兹克尔会在她的书上标记"从这儿开始""这里要哭""听唱诗班唱"之类的字眼。即便她跟不上祈祷的节奏，"妈妈到教堂去时，心里也特别有底，知道自己的泪水不会白流，会流到需要流的地方"。另一方面，无论春夏秋冬，哈兹克尔都会在早上6点准时起床去祈祷，再回家泡茶，喝茶，去上班，然后筋疲力尽地回家，卷一大堆第二天要抽的烟，吃完晚饭后睡觉。

"你是否曾在佛罗伦萨画派的作品中见过那种形象，那种留着一大把从来没剃过的胡子，眼睛的颜色说褐像褐、说灰像灰，脸色焦黄，满面皱纹和褶子的男人形象？"夏加尔在《我的生活》中这样写道，"那就是我父亲的样子。"

在他为父亲画的肖像上

　　有一种犹如烛火一闪即灭的感觉，似乎可以闻到一种沉睡的气味……我非得谈我的父亲吗？如果一个人乏善可陈，我能谈什么呢？他是不是无足轻重？我父亲不是个坐办公室的职员，整整 32 年他都只是个普通工人。他提起沉重的木桶，用他冻僵了的双手搅动着那些腌鲱鱼——看着这一切、看着他处在如此的重负之下，我的心会像个土耳其面包圈一样蜷缩成一团。他那肥大的老板站在一旁，像个动物标本一般纹丝不动。腌鲱鱼的卤水会溅在我父亲的衣服上，有时候，会在他的衣服上闪出亮光。对我来说，我父亲的一切，似乎都是谜题和悲伤。经过一天繁重的工作，他会穿着一身油腻肮脏的衣服回家，身形消瘦而修长。他总是踏着夜色跨进家门。

　　这是夏加尔 1922 年时在莫斯科写的，那时候，无产阶级的出身还是一种财富。实际上，从 1905—1918 年，哈兹克尔都是维捷布斯克商店经理联盟的成员；接着，俄国革命后，他在一家合作社里上班。然而夏加尔的父亲，用夏加尔女婿的话说，是"夏加尔永远无法忘记的、一生劳累的反面教材"。这位工人父亲，对他家庭中各种事态的走向无能为力：在每周一次的安息日洗礼中，当费加-伊塔提着一壶水往他黝黑的双手和身上倒的时候，他会不停咕哝"什么都乱七八糟的，洗涤碱也用完了"；他给孩子们清理粪便的次数越来越少，因为据夏加尔的回忆，"我们特别喜欢……晚上到院子里去拉。我需要因为我的粗鄙而道歉吗？我粗鄙吗？这是很自然就会发生的事情：半夜的时候，作为孩子的我们根本不敢走远，我们几乎无法动弹，我们的腿迈不开。第二天早上，我们会因为这可耻的行为受到父亲的责骂"。在夏加尔关于他的家乡的几幅饱含浪漫情怀的画中，如《维捷布斯克之上》，就有一个正在院子里大便的孩子的形象。

　　自 1922 年夏加尔离开俄国后，他同他的父母就没有了实际的接触，他对他父母的回忆也被思乡之情涂上了色彩，并因之得到强化；因此，回忆他们令人敬重的点滴也自然而然地变成了一种感伤。在面对俄国犹太人以外的世界的时候，夏加尔和父母非常团结，他曾告诉弗吉尼娅·哈格德："我从来不会跟父母争吵。对我来说，他们是神圣的。这世上没有什么可以让我违背父母的意愿。"1973 年，他用如下声明安慰自己，如"精神上我一直在这里……无论别人对我如何评价，说我是个伟大的画家与否，但我一直忠于我维捷布斯克的父母"。而其女伊达对此的态度却截然相反。伊达是在巴黎受教育长大的，当她在 1959 年回到俄国见到她的亲戚们的时候，她震惊于夏加尔家族的人教养缺乏的程度，且她觉得这种缺失是和政治体制无关的。相比之下，伊达非常喜欢她母系家族的亲戚们（她曾用"恬静、聪明、可爱……同他们的接触，舒服得让人出乎意料"来形容），而他们当时的境况并不比夏加尔一家人好。"我跟家人们在一起待了很长时间，"伊达这样简单地写道，"父亲的家人让我很难评说。

哈兹克尔和费加 - 伊塔，摄于 20 世纪初

当然，毫无疑问，他是一位伟大的艺术家。但要从那样的家庭中走出来，的确需要极高的天分。"

　　然而，根据他妹妹和外甥女们的回忆，夏加尔一家人的形象却并非如此。玛丽亚斯佳是夏加尔在世时间最长的妹妹，自 20 世纪之初起，她就再也没见过夏加尔。在严酷政治环境的笼罩下，经过 70 年的沉默后，她回忆道，"全家人都很开朗，富有音乐细胞……大家互相开着玩笑，弹奏着音乐，唱着歌……"她特别记得摩耶西，因为他那些"奇谈怪论和天马行空的想法"和过人的音乐天赋。晚上的时候，他会跟住在他们院子里的一位卖五金的小贩学拉小提琴。（"那时候，我也会去拉一拉小提琴。无论我拉的是什么音乐，或者不管我拉得怎么样，他都会用他的脚打着节拍，高声欢呼'拉得真好！'"）他有一副很好的童声高音嗓子，虽然他很讨厌在圣日的时候被早早叫醒，但还是被推举给了教堂的领唱，去唱和声。（"为什么天都还没亮，就要那样东奔西跑呢？我宁愿待在被窝里，这样要舒服得多。"）他一生都十分热爱音乐，在他工作的画室里常常都会放着唱片，尤其是莫扎特的作品。

　　这个家族对大姐加纳的记忆，是"大气，自信，性格稳重"，像岩石一样可靠，务实而明智；从《安纽塔的肖像》（"安纽塔"是加纳的俄文名字）上可以看出，她是一位稳重而坚定的年轻女子。第二个妹妹吉娜刚好相反，她的艺术美感极为灵敏，热爱画画。从一张家庭合影上可以看出，她是一位容貌俊俏又富有活力的女孩，似乎对自己备受束缚的处境感到不满。在所有的姐妹中，她的个性最有问题。"她的心里藏着些什么东西……行事也不怎么光彩。她和你有些共同之处，但她比你更可怜。"在写给夏加尔的信中，贝拉是这么说当时快满 20 岁的吉娜的。吉娜是唯一一个夏加尔身处遥远的巴黎时，也常常会跟朋友们谈到的妹妹，她还曾出现在夏加尔某位朋友的一首诗中。

姐妹们都称戴维是"一个天才……是家庭的支柱和希望……他的诗作常常发表在维捷布斯克本地的报纸上，曼陀林琴弹得出神入化，歌声美妙卓绝"，他还会教她们唱歌剧的咏叹调。夏加尔跟他这唯一的兄弟——也是他的家庭地位的潜在竞争对手——的关系，比起和其他家庭成员的关系，要更加矛盾。他对弟弟的描绘充满温情，还用他弟弟的名字来命名他唯一的儿子。然而，他对他弟弟也很苛刻。1912 年，在戴维 20 岁的时候，他告诉妹妹们，他也很想帮戴维，但"有一个条件，他必须学会像个正常人一样去生活（他现在的德行根本没法见人）。在这之前，我不可能带他出去"。

从另一方面来说，他的妹妹们完全没法和他竞争。她们几乎总是在无休无止地帮妈妈应对那些做不完的家务事。夏加尔的继女琼·麦克尼尔（Jean McNeil）指出，他认为年轻女孩就该做这样的事。虽然他喜欢妹妹们，但有时也觉得她们很讨厌。"我的妹妹们笑着，哭着／她们一起站在门口／一起看着橱窗里的东西／她们总是在寻找幸福。"他在自传体诗《我以前的家》中这样写道。他最喜欢的妹妹莉萨，出生在 1896 年。"她是一个才华横溢、性格开朗的人，总是容光焕发。"她的家人们如是评价道，"她将美保持了一生。她开朗、亲切，很喜欢笑。"在《莉萨和曼陀林琴》和《窗边的莉萨》中，她的轻盈被夏加尔描绘得淋漓尽致。

在火车站附近的这片区域，住在他们家周围的，几乎全是犹太人。对于一个小男孩来说，这是一个繁忙而安定的世界。"在我周围来来去去、东游西荡或是健步如飞的，是各种各样的犹太人……有老的，有年轻的……贾维奇家的，贝吉耐家的。一个乞丐向他家跑去，一个富人回家了。一个学童跑回家

夏加尔家庭合影，摄于 20 世纪初。从左至右，后排：夏加尔，吉娜，纳什舅舅，莉萨，玛妮娅；前排：加纳，玛丽亚斯佳，费加－伊塔，哈兹克尔，罗莎

了。爸爸回家了。那时候没有电影院，人们只能去商店逛逛，或是回家。"跟多数贫困家庭出身的孩子们一样，摩耶西每天大部分的时间都在街上游荡。他还记得，他当时迷上了那些小棚屋、尖屋顶、高房梁和大院子，以及隐藏在它们背后的世界。住在大波克洛夫斯克街和小波克洛夫斯克街上的居民们吵吵闹闹地生活在一起，相互之间没太多隐私可言：一个马车夫喝得醉醺醺的，牵着马跟跟跄跄地走在路上，跟他的妻子一起沿街非法出售着伏特加；坦吉卡（Tanjka）是个洗衣女工，也是个窃贼，常常惹麻烦；一个烟囱清扫工在跟他老婆互相高声叫骂；一个男人跟一名侏儒一起贩卖马匹和偷来的鸽子。面包店老板和他妻子的家在这条街上最有名望，男孩子们都喜欢到这里来。他们家的灯光早上 5 点钟就会亮起，与这个街区背后另一个吸引人的地方遥遥相对：俄国第 41 步兵师和第 41 炮兵旅的大兵营，自 19 世纪末起他们就一直驻扎在维捷布斯克。夏加尔还记得这些细节：他的画《喝酒的士兵》《士兵和农家姑娘》《士兵们》里的那些士兵，在他们的肩带上，常常都会有数字"41"的标记。

　　漫长的冬天里，从三四岁到 13 岁的男孩，都会去上犹太学堂（cheder）。夏加尔 3 岁时，一位年迈的学堂老师出现在家里，"我们甚至没去请，他自己就来了，就像媒婆或是上门扛尸体的老人一般不请自来。然后，他就跟我的母亲开始说'一个学期，两个学期……'了"。"cheder"的字面意思是"房间"。对小孩子们来说，那里的"老师"们不过是被美化了的保育员。他们一般在自家的客厅里开课，一人带着 8 个左右的本地孩子，教他们读一读希伯来语版本的《圣经》中的祷文和一些故事，收费很低。这样的课程实在是太无聊了，无论是老师还是孩子们，都经常会打瞌睡。比如有一次，在老师和他的妻子都在睡午觉的时候，摩耶西就被老师家的狗咬了。随着年龄的增长，每个孩子都会转到一个更高级的老师那里去上课。在遇到极具才能又跟得上时代的贾克因（Djatkine）拉比之前，夏加尔有过两位几乎没怎么上过学的老师。正是贾克因拉比向夏加尔灌输了他对《圣经》的热爱，后来，也正是他为夏加尔准备了成人礼。然而，在这冰雪漫天的冬季，日子在黑暗中开始，又在黑暗中结束，似乎永无止境。夏加尔已经等不及从学堂里解脱，然后沉浸在自己的白日梦里了："我甜美的星辰呵……它们天天陪着我去学校，又在街上等着我回来……每天晚上，我都会提着一盏灯回家。"

　　夏天，费加 - 伊塔会把孩子们送回利奥兹诺，送到既是他们的祖父母又是他们的外祖父母的家——哈兹克尔的母亲和她自己的屠夫父亲的家。虽然那座她离开还没多久的房子已破烂不堪，但对孩子们来说，那就是天堂。到处都是像晾挂亚麻一般挂着的牛皮和羊皮。马厩里关满了劫数难逃的待宰牲畜。几只狗跟在屠夫的身后窸窸窣窣，一群鸡也在那儿咯咯叫唤，等待着主人大发慈悲，喂它们吃上一丁点儿肉。随汩汩的鲜血和喷涌的内脏一同流淌着的，是她那派头十足的懒惰父亲宰杀动物前喋喋不休的祷告。他的祷告具有狂热的宗教意味。（"嗯，听着！把腿抬起来。我得把你绑起来。我得拿你去换东西，还需要你的肉，明白吗？"）不久之后，刚烤好的肚子、脖子和肋骨就出现在餐桌上。那香气，那美味，总会让孩子们垂涎欲滴。夏加尔童年时代的乐事之一，就是坐在当牛贩子的纳什舅舅的马车上出去，来到集市上。在那里，他的莫西娅（Moussia）姨妈、古特贾阿（Gouttja）姨妈和查亚（Chaja）姨妈，如同蝴蝶飞舞般忙碌在摆着一篮篮草莓、梨和醋栗的摊位上。

夏加尔，《屠夫》，牛皮纸、水粉，1910 年。这是夏加尔居
住于利奥兹诺的外公的画像

　　"栅栏居住区"的夏天短暂、甜美、热闹、丰富，这为流亡中的夏加尔留下了对俄国人民的深刻印象。"我们那儿的冬天有多冷，夏天就有多热，"蕾伊莎·马利坦在巴黎生活了数十年后回忆道，"五六月的时候，到处都是玫瑰和樱桃……那香味让人心醉神迷。夏天的时候，甜瓜和西瓜多不胜数，李子和杏其甜如蜜……好像在离开俄国后，我就从来没吃过那么好吃的水果了。"生活中既拥有艰苦的城市环境所提供的各种机会，又能体验农村里朴实而自由自在的生活方式，感受到人和动物的和谐共处、相互依存——对夏加尔来说，这样的成长环境是费加-伊塔给予的最珍贵的、影响最深远的礼物之一。在他的作品，如 1911 年第一次离开俄国后画的《我与村庄》《致俄罗斯、驴及其他》等

夏加尔，《利奥兹诺》，草稿，1911 年

之中，充斥着各种各样的动物形象，这些动物形象都来自他母亲赋予的世界，是他的乡愁情节在画布上的梦幻展现。

　　无论是在城里还是乡下，夏天还是冬天，影响着他们、渗透进夏加尔童年生活的方方面面的，是随犹太宗教历法而来的各种规矩和仪式，是节日和斋戒日，是神话故事和祷告，是对奇迹和超自然力量的信仰，以及对与之相伴的神的拣选的信念。显而易见，这是他们日常生活核心的另一重现实。这可以立即给艰难生活以安慰，并激励人们直面命运，这是犹太民族所特有的坚韧精神和承受苦难的力量。1944 年，在谈到维捷布斯克的时候，夏加尔写道，"我的每一幅画，都呼吸着你的灵魂和精神"。他将维捷布斯克喻为童年时代的精神家园。

　　夏加尔说："对我的父母来说，他们的存在所围绕着的核心，是宗教。"贝拉·夏加尔在她关于维捷布斯克的回忆录中这样写道："每一个圣日，都有其独特的氛围。"每一个圣日都有自己特别的习俗，都有自己的传说，还需要配备特定的食物。敬畏十日总是让人焦虑不安，常常需要祈祷到很晚；当一身黑衣、手捧待宰的公鸡和母鸡的屠夫出现时，就说明沉重而压抑的赎罪日要到了；在"我们祈求宽恕的那些严肃夜晚之后"，"清新又纯净，就像雨后的空气一样"的犹太新年就要来了；光明节，那是孩子们冬天的灯饰节；普林节期间，人们洋溢着即将被春天朦胧的阳光照耀的喜悦心情，家家户户都会互赠一篮一篮的礼物，各个小剧团以及节日表演者们会在全城四处唱歌跳舞、表演节目。夏加尔尤其记得在逾越节的时候，他曾注视着爸爸杯子中紫色的葡萄酒液，幻想着自己从中穿过去，来到炎热的阿拉伯沙漠，穿行在流浪的犹太人们的帐篷之中……然后，他冲过去打开家门——看到的现实世界，却是维捷布斯克那寒冷的街道，天鹅绒一般的天空中挂满了明亮的星星……当时，他在想，"以利亚[7]和白色的战车在哪里？他扮成了一个背上背着口袋、手里拄着拐杖，弓腰驼背的病态老乞丐吗？他已经在院子里，就要进屋来了吗？"蕾伊莎·马利坦同样记得一个等待以利亚的逾越节夜晚，"充满了崇敬之情，又很害怕"。逾越节时，所有人都会互相祝福着"明年耶路撒冷见"。在这样的氛围中，你在街道的任何一个角落里都有可能遇上奇迹；呼吸之间，你就会见到《旧约》犹太民族传说中的人物，它们早就融入孩子们的日常生活中。因此，那些生活状况比乞丐好不了多少的流浪犹太人，会得到各种高贵而超凡脱俗的称呼，如"翁德-拉比"（创造奇迹的人）、"勒夫特-门什"（住在空中的人）

夏加尔，《普林节上的表演者》，选自《初次见面》作品集

等。这样的犹太人，在整个"栅栏居住区"人口中所占的比例虽然不高，但绝对数量绝不容忽视。在夏加尔的画中常常出现的身上背着个口袋、在屋顶上飞翔的人物形象，正是来源于日常生活中这些永世流浪的犹太人。

在各个节日之间的生活，在贝拉的笔下，是"一段段平常的日子——寂静无声，毫无光彩，平淡乏味而又一片灰暗。雨不停地下啊下，就好像永不会停。窗户似乎在哭。即使在白天，房子里面也是一片漆黑。一天天的时光似乎还没开始，就已经结束"。各个接踵而至的节日和一周一度的安息日仪式，打破了这种沉闷的生活，给每一种味道和每一个传说都蒙上了一层强烈的普鲁斯特式回忆【8】之光；这些节日，还把那个闪闪发光、之前仅存于想象之中的耶路撒冷城，宛若实质般地叠加到了原本平淡乏味的维捷布斯克城上。自然而然，这座城市就成了童年的夏加尔的心灵之城。对他的未来影响最大的是，虽然这些庆典仪式充满了幻想、诗歌和音乐——但几乎没有艺术家为它们做过视觉上的艺术呈现：这座文化宝库，还在等待着属于它自己的艺术家。

犹太教中的哈西迪派教徒生性情感丰富，自欧洲启蒙运动起便跟被同化的西欧犹太人在文化上产生了分化，而传到夏加尔和贝拉这一代，已经过了一个世纪，经历了数代人。自18世纪起，哈西迪派运动便受到一大群文化程度不高的东欧犹太人的追捧。他们主张用唱歌跳舞表达奉献精神，用一种颇具神秘色彩的方式强调"万物合一"的观点，并强调要用对动物和人的爱跟神做快乐而直接的交流。我们可以从夏加尔每个艺术阶段的作品中发现哈西迪派倡导的人与自然和谐相处的理念。他尤其喜欢在作品中描绘奶牛的形象，甚至曾一度考虑在名片上也印一个奶牛的图案；鱼是与他父亲相关的文化符号，因为他的父亲曾是一名鲱鱼仓库的工人；公鸡代表赋予生命的能量，同时也跟山羊一样，跟赎罪日有所关联。在他那些重要的具有自传痕迹的作品中，这些动物的形象出现得尤其频繁。他所有自画像中最快乐的一幅，是作于1915年的《躺着的诗人》，现存于伦敦泰特现代美术馆。这幅画上所展现的场景，是正在度蜜月的夏加尔本人躺在田野里，旁边还有一匹马和一只山羊。在作于1920年的《犹太剧院的序曲》中，一群家畜同演员和乐手们相处得其乐融融。这是夏加尔对俄国犹太人的形象进行实质描绘的开端，由此衍生出了数个系列的作品。《剥皮的牛》是画家在1929年处于焦虑期时所画的一幅自画像；1947年，画家又画了一幅同名的悲剧作品。

在哈西迪派精神的引导下，贫困阶层所关注的不再只是日常生活基本所需的衣食住行，他们形成了一种充满反抗生命力和乐观人道主义的世界观。由此，夏加尔也在作品中将他童年时代那些拥挤而沉闷的小巷，描绘成了一个个充满了美丽与和谐的场景。那些在日复一日的丑陋生活中反复见证着这些地方的俄国人，在看见这些画的时候最为惊讶。"这种'犹太人的洞穴'又脏又臭，街道弯弯曲曲，到处是黑洞洞的房子和丑陋的人，大家都穷得抬不起头来……这样的地方，在经过画家艺术眼光的审视后，都可以被描绘得这么富有魅力、充满了诗意和美感——这才是让我们既觉得心醉又感到惊讶的地方。"艺术家、艺术评论家亚历山大·贝诺伊斯（Alexandre Benois）如是写道。只有在这样封闭而保守的世界里生活过的人，才能感受到这样的环境对人造成的影响是多么强大、多么顽固。当时，如果上帝没有创造出伟大的艺术家夏加尔，而是一个像夏加尔的父亲一般不会对人生产生怀疑、不会去寻求自我改变的人，犹太文明深邃的文化依然会流淌在历史的长河中，其丰富多彩的神话故事依然可以为那些冲破牢笼的罕见的艺术天才们提供滋养。1859 年出生于乌克兰的意第绪语作家肖洛姆·阿莱赫姆（Sholem Aleichem），1863 年出生于维捷布斯克的剧作家、《恶灵》的作者安斯基（S. Ansky），1904 年出生于波兰的艾萨克·巴什维斯·辛格（Isaac Bashevis Singer），1893 年出生于立陶宛的画家柴姆·苏丁（Chaim Soutine）——他们每一个人的作品中，都带有这些神话故事奇幻的魅力和古老的忧伤，带有一种与生俱来的哀婉之情。正是出于这样的感情，贝拉在回忆录《燃烧的灯火》的第一部分写下了这样的结语："这座城市是多么孤单！快乐是否永不复还？"

亘古不变的贫穷一方面让俄国犹太人变成了狂热的极端哈西迪派，另一方面也让他们接纳了马克思主义的绝对论或犹太复国主义。1891—1910 年，有将近 100 万犹太人离开了"栅栏居住区"。然而在此期间，精明能干的费加-伊塔把这个家经营得红红火火，使他们家跻身于波克洛夫斯克颇受尊重的中等收入家庭。铺子的生意很好。1897 年，她用赚来的钱在院子里建起了第二座木房子；接着在 1902 年，又建起了一座一层楼的方形砖房。这座小楼长、宽均约 8 米，高约 4 米，临街有 3 个窗户。这标志着他们家的生活状况得到了提升。1905 年时，夏加尔家拥有了一个长约 28 米、宽约 21 米的院子。屹立其中的除了一座砖房外，还有 4 座用来出租的木头房子。院子的两旁掩映着树木，有一个小小的前庭花园，一个带小侧门的木制大门是那 4 座木头房子共用的入口。因为这些房子同属一个主人，所以按惯例，这个院子只有一个门牌号码。其中一座门前带着三级台阶的房子，便是费加 - 伊塔的铺子所在的地方。夏加尔一家人住在砖房里，日常生活中很重要的厨房和火炉也在这里。除了他们家自用外，厨房和火炉也会对朋友、顾客，以及从利奥兹诺来的亲戚们开放使用，甚至是路过的乞丐们和云游四方的传教士们。

从夏加尔的画作《我们的餐厅》《桌上的茶炊》《在灯旁》，以及《安息日》中，我们可以知道这个房间的布局：地板由厚木板铺成；家具均为木制品，显得很笨重；一盏锥形吊灯将灯光投射到桌子上。还有一件家族的珍宝：墙上那座巨大的挂钟。挂钟的钟摆显得很沉重，钟壳上还刻有异国情调的法语铭文"Le Roi à Paris"（巴黎国王）。除了挂钟外，四壁上再无别的装饰之物。"我们家人只认识些小生意人和手艺人，完全不知道'艺术家'意味着什么。在家乡我们没看过哪怕是一幅画，印刷出来的或是临摹出来的都没见过，顶多见过几张我们家人的照

夏加尔，《我的父母，母亲的铺子》，素描，约 1910 年

夏加尔，《桌上的茶炊》，素描，1910 年

片……在维捷布斯克，我从来没有机会看到绘画这种东西。"夏加尔回忆道。可以这么说，诸如《安息日》这样的画作，其中的场景沐浴在一片柔和的黄色雾霭之中，传达出了革命前俄国犹太小镇的独特氛围：昏昏欲睡的人们，静止地、听天由命地坐在一种舒适的安逸中，坐在钟表嘀嗒而过的时间、传统和彼此共享的历史中。夏加尔最早的支持者之一、俄国犹太艺术评论家雅科夫·图仁霍德（Yakov Tugendhold）一针见血地指出了《时钟》所营造的氛围。"这黑色的夜，这充满了誓言和奇迹的夜，在窗口极力张望着，"他写道，"沉重的钟摆计算着瞬时万年的乏味人生；渺小笨拙的人们在神秘夜的虚空中寻寻觅觅。"

　　童年的夏加尔初步脱离了那个逼仄而舒服的世界，早于其性格温和的弟弟和缺乏动力的妹妹们。"一座没有窗户的老房子／里面漆黑如夜／我第一个走了出来／然后伸出我的手"，在自传体诗《我以前的家》中所描写的，正是他的回忆。20 世纪 60 年代，当被问及其艺术受到的最本质影响为何时，他提到了哈西迪派教义的奥秘、创造的意愿以及圣像画的神秘。其中的前两项，是他父母的世界的核心组成部分，自他上完学堂以及完成了成人礼后就已成形不变。他的父亲披着祷告巾粗声大气地念着"祈祷道德责任，能转移到我 13 岁的儿子身上"，设想他的儿子立马就会找到一个当学徒的工作，不再继续成为他的负担。然而成天做着白日梦的夏加尔，根本不想长大：

> 我害怕成年，害怕那些成年男人的生理特征依次出现在我身上，包括长胡子。在那些悲伤而孤单的日子里，那样的害怕总是让我泪流不止……有时候，我会站在那里若有所思地凝视自己：我的青春有什么意义呢？只不过是在徒然地长大……在家里，从来没有人问我想学什么、想干什么……此外，在那个时候，我几乎无法想象，我能在一生中做点有用的事。

然后，他那虔诚、雄心勃勃又深爱着他的母亲，开始着手解决这些问题。她拉着夏加尔，头也不回地翻过那座桥，来到这座城市的"主城"，向老师行贿 50 卢布以绕过中学对犹太学生的入学配额限制，从而将她的第一个孩子，送上了走出维捷布斯克的道路。

维捷布斯克，摄于 20 世纪初

注释

【1】托莱多：此处指西班牙古城托莱多。历史上，基督教、伊斯兰教和犹太教曾在此共容并存，托莱多由此成为"三种文化之都"。不同的民族和文化为托莱多留下了弥足珍贵的艺术和历史遗产，也让托莱多成了西班牙民族融合的缩影。

【2】安息日：在《圣经》中，上帝六日创造世界，第七日休息，并赐福给第七日，定为圣日。犹太人谨守犹太历每周的第七日为安息日（圣日），不许工作，还有许多禁忌。

【3】以西结：以色列的先知，被称为犹太教之父。著有《以西结书》。"以西结"一词希伯来文的含义是"上帝加力量"。

【4】摩西：公元前13世纪时犹太人的民族领袖。史学界认为他是犹太教的创始者。摩西在犹太教、基督教、伊斯兰教和巴哈伊信仰等宗教里都被认为是极为重要的先知。

【5】拉比：犹太人中的一个特别阶层，是老师，也是智者的象征，指接受过正规犹太教育、系统学习过犹太教经典，担任犹太人社团或犹太教教会精神领袖，或在犹太经学院中传授犹太教义的学者。

【6】圣像画：古俄罗斯绘画中最盛行的绘画形式，指基督教产生后，教会为了表达信仰或帮助信徒们祈祷默想而在礼拜堂等地方描绘的有关基督教圣灵、圣父、圣子的画像。

【7】以利亚：据《圣经》记载，他是以色列伟大的先知，曾行过许多大神迹，在犹太人心中的地位非常重要。犹太人给孩童行割礼的时候，总要设个位子给他；每年过逾越节的时候，家家都要给他预备一个酒杯。

【8】普鲁斯特式回忆：法国著名作家马赛尔·普鲁斯特，代表作《追忆逝水年华》。普鲁斯特认为人会从味觉、嗅觉、听觉、触觉等肢体感官出发，常常会由一个不起眼的东西或一件微不足道的小事引起一种无意识的回忆，这种无意识回忆会在人的内心世界里充分地复活过去的时光。

第 2 章

佩恩的学校

维捷布斯克，1900—1907

　　新世纪伊始，13 岁的摩耶西·夏加尔穿着黑制服、戴着漂亮的帽子，离开波克洛夫斯克街，走进了另一个世界。"那帽章很诱人。我不禁想，要是有个军官从我身边走过，我是不是得向他敬礼？官员、士兵、警察、学生——我们的身份差不多吧？……头戴着校帽，我开始更大胆地瞄向女子学校那些敞开的窗户。"夏加尔那富有传奇色彩而跌宕起伏的人生故事，自此开端。

　　这是一所老式的、军事化风格的俄国学校，在组织形式和层级上类似于当时德国的大学预科学校。校舍是一栋毫无特色的白色房子，窗户大小一致，窗格排列整齐。学校的宗旨，是向沙皇帝国未来的官员、律师、军官和商人们灌输一系列经典，对他们进行俄语教育。最重要的，是培养他们对帝国政权的忠诚——夏加尔进入这所学校的时候，正是圣彼得堡那场未遂的革命发生的 5 年前。后来，在 1904—1905 年爆发了日俄战争，沙皇尼古拉斯曾到维捷布斯克视察就要开赴前线的兵团。在此期间，该校的学生们曾被组织去觐见沙皇。这群睡眼蒙眬又兴奋无比的孩子们天还未亮就出发，踩在齐脚踝深的积雪中穿过原野，到公路上排列成队等候了好几个小时，才终于见到了皇家车队。那些王子、大臣、制服和勋章闪闪发光的将军，以及那些高声欢呼的士兵们，都给孩子们留下了极为深刻的印象。当时的军乐队不停地演奏着国歌，乐声飘扬在寒冷的空气中，使得那旋律听起来充满了哀伤。

这是一个与波克洛夫斯克街的犹太人圈子相去甚远的世界。对夏加尔来说，这所学校，无异于一座监狱。"当时，在学校外面看着这所学校的时候，我在想，'待在这里我肯定会恶心得不行，教授们也不会放我出来'。"他极不情愿地上了三年级，进入了他妈妈之前贿赂过的老师尼古拉斯·埃菲莫维奇（Nicolas Efimowitc）所教的班级。这里上课，用的是一种陌生的语言：俄语。俄语所使用的西里尔字母，他也是第一次见（意第绪语使用的是希伯来字母）。学校那种灌输沙皇帝国思想的教学手法，也让他觉得很反感。这样的学校生活为他带来的压力是如此之大——他开始口吃，虽然心中知道课程讲的是什么，却紧张得什么也背不出来。当被问及鞑靼人占领时期的相关问题时，他只会结结巴巴地说："鞑、鞑、鞑……"

> 让一切都见鬼去吧！……我开始痛苦地颤抖。每当老师让我到黑板前答题的时候，我的脸便会一会儿黑得像锅底的烟灰，一会儿红得像煮熟的龙虾……我们学的这些课程，有什么用？一百页、两百页、三百页，我要无情地将这些书页全部撕碎，让它们随风飘散。让他们用俄语去说这些鬼话吧……别来烦我！

学校的社会关系令人窒息：人山人海的教室里坐着一排排的俄国孩子、白俄罗斯孩子和波兰孩子——只有少数几个来自犹太人家庭的孩子。在这里，夏加尔开始直面在沙俄帝国内部旷日持久的阶级歧视与种族偏见。奥西普·扎德金（Ossip Zadkine）是为数不多的犹太男孩中的一个，他比夏加尔小 3 岁，家境比较殷实，父亲是一位教授犹太经典的老师，母亲是苏格兰人，后来，他成了一位著名的雕塑家；有一位是夏加尔父亲的老板——鲱鱼商人贾科耐的儿子；还有一个名叫阿维格多·梅克勒（Avigdor Mekler）的男孩（后更名为维克多 [Viktor]），他的父亲西玛尼亚胡·梅克勒（Shmaryahu Mekler）是维捷布斯克最富有的造纸厂商。贾科耐和西玛尼亚胡都是"第一商人行会"的成员，1900 年都曾跻身本城犹太人精英之列。虽然扎德金和小梅克勒都具有一定的艺术情趣，但他们"显赫"

的家世背景让夏加尔感到不好亲近，以至于后来他与他们俩的交往也不多。在这两个光鲜亮丽的少年面前，相比之下，他只是个胆小而口吃的弱者。他开始用 40 磅的哑铃进行锻炼，并期待自己的肌肉可以像父亲的一样发达。

　　成天神游太虚的气质让他无法成为一个勤奋的学生：他很懒，总是心不在焉，不愿集中精力，而且一直声称理解全靠直觉。早上，他总是赖在床上，直到父亲威胁拿皮带抽他才会起来；晚上，母亲总是抱怨他老是假装晚上学习，点着煤油灯让她一直睡不着。只有两个科目让他真正感兴趣：对于几何学是"我学得好得无人能及。线条、角度、三角形、正方形……这些几何元素把我带入了一个令人陶醉的世界"；而在绘画课上，他至高无上的地位也已经达到"我只差一个宝座了"的地步。与此同时，他每天都会不停地盯着对面女子学校的窗口看，一旦看见了些女孩他就会面红耳赤。一天中的大部分时间，他都坐立不安地想要匍匐得离窗户更近以便取得最佳视角，还会向那些遥远的窈窕身影不停飞吻——直到被他的同学们发现，然后遭受无尽的嘲笑。夏加尔学习得极不专心，以至于四年级的期末考试成绩不及格，不得不留级重读了一年。最终，他在 1905 年完成了学业，但是没能取得毕业文凭。

　　然而，这些年对俄罗斯文化的学习，在他身上产生了潜移默化的影响：他开始用俄语写诗；他还开始朦胧地意识到，应该以艺术这条路作为途径，来逃离父母对自己的束缚。由于颇具音乐天赋，他想过去音乐学院接受培训，成为一名歌手，或是小提琴手。他和妹妹们一起跳过的舞，曾让他的亲戚们都入了迷；他曾写的诗，也受到过家人们热烈的赞扬。因此，他还梦想过成为一名舞蹈演员，或是一位诗人。13 岁的时候，他抛弃了自己的宗教信仰——那一年赎罪日的时候，他大口大口地吃着一个偷来的苹果，享受着冲破禁忌的快感——而根据宗教传统，这一天应该禁食。做出这样的选择并非难事："你是愿意早也祷告、晚也祷告，去任何地方都祷告，无论吃了什么还是听了什么立马就念祷告词，还是扔掉祈祷书和圣衣，从教堂里逃出来，到河边的街道上徜徉？"信仰上的中断，并没有引发他精神上的危机：夏加尔从未对自己的犹太人属性产生过质疑。他们家同样会举行各种各样的犹太仪式，但他的父母并不会坚持要求孩子们恪守宗教礼仪。

20 世纪伊始，类似的代沟成为整个"栅栏居住区"的普遍现象，这源于人们已经感受到的世俗社会呼唤变革的压力，这压力最终导向了革命。对夏加尔及他的兄弟姐妹来说，尽管父母依旧用意第绪语称呼自己，但他们在对外时会用相应的俄语名字。大姐的名字"加纳"变成了"安娜"，"吉丝丽娅"成了"吉娜"，"丽雅"成了"莉萨"；同样，"阿维格多"很快就变成了"维克多"。夏加尔的名字在他父母口中是"摩西加"，但在外面大家都叫他俄语化了的"摩伊西"。夏加尔和贝拉的父母们不反对这种改变，但他们的祖辈们反对。贝拉家中，她那虔诚的祖父会一个房间一个房间地搜出俄语书籍，一边将之扔进火炉烧掉，一边满腹牢骚地抱怨说，他的孙辈们应该学习意第绪语，而不是俄语。年轻人们"如果不放弃旧的东西，放弃他们独特的个性，放弃他们最珍贵的财产，就无法接受新的、外来的事物，"来自博布鲁伊斯克（维捷布斯克南边不远的一座白俄罗斯城市）的老太太保琳·温格诺夫（Pauline Wengeroff）哀叹道，"这些所谓的现代思潮，把年轻的俄国犹太人的脑子搅得多么混乱！"

很快，这种新潮流便显现在街头的年轻人身上。溜冰场上的奥尔加，德维纳河畔的阿纽塔，利奥兹诺乡间小路上的尼娜……这些女孩子都喜欢生着一头鬈发又温文尔雅的摩伊西。他会给自己化妆，涂上眼影、抹红嘴唇，让自己显得更有魅力。在利奥兹诺一个炎热的夏夜，他曾和尼娜一起在外面待到了黎明，但是"我对做爱的实质一无所知"。他在被她的家人们抓住，成为一个体面的女婿之前赶紧逃走了。在维捷布斯克，"我成功了，但我从未从那次成功中获得什么好处"。在追求了阿纽塔四年后，"我敢做的——还是在她主动的情况下——只是给了她一个蜻蜓点水般的吻……我一下子就晕了，说不出话来，头脑一片空白。但我控制住自己，故意让自己表现得很自在……那时候，我的心思可真复杂"。过了几天，阿纽塔病了，脸上冒出了许多痘痘。夏加尔去看她，焦虑不安地坐在床头，问她"是不是那天晚上我亲了一下（你）的原因"。

这一代人仍然小心拘谨，会本能地将滥交和性病联系在一起。终其一生，夏加尔都是这样的人。那时候在维捷布斯克，清教徒式的禁欲思想影响还十分深远。在革命的一年后，夏加尔画了一幅壁画，画面上的贝拉漂浮在夏加尔的头顶上。那时候，那些虔诚的女人们会尽量避免上街，因为她们觉得露腿穿裙上街很尴尬。夏加尔喜欢调情，但这种行为仅限于一小撮年轻的犹太人。

他们刚刚从父辈包办婚姻的束缚中挣脱出来。夏加尔的大妹妹安纽塔还很年轻的时候，就被父母安排了一桩婚姻。"一次晚餐的时候，我听见妈妈对爸爸说，'哈沙，你是不是得安排一下安嘉（Hanka）的事情了呢？'——安嘉是我们家人对安纽塔的称呼——'什么事情都要我来操心！她多大了？天哪，马上就要满十七了。你去找媒人说一下吧——你正好可以顺路去他家。'"

个人的抱负，自我保护的本能，对未来世界的真切感知，在学校里低人一等的感觉——所有这一切，都促使年轻的夏加尔放弃意第绪语，转而去学俄语。中学为他带来了根本性转变：他跻身于俄国社会阶层的上层之中。因为根据1897

夏加尔，《在门前》，版画，收录于《我的生活》

年俄国第一次现代人口普查的数据，当时沙俄帝国全国的人口中，上过或是正在上中学的，不到1%——其中，有将近一半的人是贵族出身。甚至迟至1904年，也仅有27%的学龄儿童接受过初等教育。

因此，上中学，对于夏加尔这样的家庭背景的孩子来说，是一个非常难得的机会。这让他踏进一种用现用语言构成的文明的大门，从而接触到欧洲主流社会的思想、文学和历史，并走进维捷布斯克那些讲俄语的犹太知识分子的世界。这一切，都是意第绪语的世界永远给不了的。在20世纪初，意第绪语仅应用于犹太人们的商业交往和日常生活，人们一旦学会了一种"更文明"的语言，就会将之抛弃；希伯来语仅用于学术研究，是一种"死掉了"的语言——很显然，对于第一次世界大战前的东欧犹太人来说，这样的状况是他们的文化走入了死胡同的象征。俄语，夏加尔的第一种文化语言，使他逃离了那个死胡同。也正是通过俄语和相关文化的连接，他第一次对视觉艺术有了认识。

他常常会说起一个发生在1902—1903年的故事，虽然每次所讲述的细节和日期总会有些出入。那时候他十四五岁，正在学校上五年级。当时，在一节绘画课上，他在班上的死对头、一个经常欺负他的家伙突然在他面前拿出一张

画在手纸上的素描：从《田野》杂志[1]上临摹的《抽烟的人》。

　　其他的我记得不太清楚了，但那样的画，居然不是我画出来的，而是这个呆头鹅画的！这让我火冒三丈。这件事带给我极大的冲击……

　　画这幅画的男孩，恰好是我在班上最大的敌人。他是班上最优秀的学生，也是嘲笑我嘲笑得最无情的人。因为那时候我太笨了，似乎无法从学校里学到什么东西。我看着他的画，完全惊呆了。当时的情形，时刻都能清晰地展现在我眼前，犹如一出播放的黑白纪录片。我问他是如何创造出这样一个奇迹的。"别这么蠢，"他回答，"你只需到公共图书馆去借本书，然后选一幅画出来临摹，就像我现在正在做的这样。临摹得好不好，就看你的运气了。"

　　这是我成为一个艺术家的开始。我到公共图书馆去，随便选了一本带插图的《田野》杂志合订本，带回了家。我选择的第一个临摹对象，是一张作曲家安东·鲁宾斯坦（Anton Rubinstein）的肖像。他脸上的皱纹很多，看起来似乎在颤动，似乎整个人会在我眼前活过来……我对这一切入了迷。

这个故事，有另一个更有名的传奇故事的影子：在25年前法国佛兰德斯的穷乡僻壤，马蒂斯幡然觉醒开始画画的故事。跟夏加尔一样，年轻时的马蒂斯看起来就是一个毫无可取之处的废物。他与务实的家人们产生了激烈的冲突，以至于精神崩溃，不得不住院治疗。在病房里，他看见邻床的病人在临摹一幅瑞士的风景画。"在康复期间看见的这一幕，成了我的心里的一个结。有朋友建议我也去尝试一下，以资消遣逸情。我父亲对这个主意并不感冒，但我母亲却亲自给我买了一个颜料盒，盖子上有两张小小的彩色石印画片，一张上面画的是一个水车磨坊，另一张上面是一个村子入口处的风光。"马蒂斯的邻床向他解释说，这种消遣不仅可以让自己得到放松，而且还很划算："最后，看吧，你会得到一些值得挂到墙上的东西。"就这样，马蒂斯开始临摹那个水车磨坊："在那之前，我对任何事情都不感兴趣。我对他们想让我做的一切，都感到极度的冷漠。从我把那盒颜料握在手中的那一刻起，我知道了，这就是我的生活。就像一头嗅到了猎物的野兽一样，我猛冲了过去。"

这两则逸事，反映的都是 20 世纪伊始，在欧洲乡下的日常生活与视觉艺术之间间隔着的巨大鸿沟。在 21 世纪的今天，我们的文化中充斥着的各种各样的图像、艺术复制品以及广告品，这些都属于视觉艺术的范畴。20 世纪的那种鸿沟，在今天的我们看来，几乎不可理解。对于马蒂斯或是夏加尔这样的小镇男孩来说，"艺术家"这个词显得陌生而遥远。"街上的那些脏话我都认识——当然，也包括那些端庄得体的话语。"夏加尔回忆道。

但这样一个奇妙的、书面化的词语，这么一个不真实的词汇 "khudozhnik"（艺术家），我从来没听说过。或者说我听说过，但在我们的城市里，这个词语从来未被使用过。直到我的某个同学到我房间里来过几次后，看着满墙挂着的我的画，他脱口而出："嘿，听着！你是个真正的艺术家！"这时，我才第一次听人说到这个词语。

"艺术家？什么意思？谁是艺术家？我真的是……那个？"

他不置一词地离开了。然后，我想起来了，在维捷布斯克的某个门口，我的确见过一个巨大的招牌，上面写着："艺术家佩恩的油画和素描培训学校。"于是我想：这就是我的命运之路。

几个月后，夏加尔拖着她的母亲穿越这座城市，来到这位艺术老师那座带白色阳台的大公寓前。电车爬上大教堂广场后面的山丘，当费加－伊塔·夏加尔看到果戈理大街上那个分外引人注目的蓝白相间的招牌时，她略感一丝安慰。"'古列维奇面包和糕饼店''烟草店，各种各样的烟草''水果和蔬菜''华沙裁缝店''艺术家佩恩的油画和素描培训学校'——从外表看起来，这些行当的生意都还不错。"夏加尔记得当时她是这么说的。当夏加尔向她宣称他找到了自己的职业方向的时候，他自己都还不知道"艺术家"是什么意思；然而，经过咨询夏加尔的舅老爷皮沙洛夫斯基（Pissarevsky），"一个喜欢读报纸的人，是我们家族中深具名望的、有文化的人"，母亲同意了。那时候，虽然虔诚的父母不介意他挂在墙上的那些素描（"我们谁也不曾想过，这些小纸片，后来会成为那样严厉地被禁止的对象"），但他在利奥兹诺的迷信舅舅伊斯雷尔却很害怕，不敢握他那只画过人物肖像的手。

舅老爷皮沙洛夫斯基赞许地提到了一些俄国著名艺术家的名字，"但他也补充道，像列宾和韦列夏金（Vereshchagin）这样的人，是具有艺术天赋的，这种天赋，是我们这种凡人想都不敢想的东西。然而，我的母亲相信佩恩教授是专业的。她决定，只要佩恩教授表明我有天赋，她就会让我去学艺术"。哈兹克尔丢了5个卢布出来——那是跟佩恩学习一个月的学费。于是，夏加尔和费加 - 伊塔出门了。

年轻的夏加尔紧紧抓着他的那一包素描，走上了通往佩恩画室的楼梯。颜料的味道，石膏的触感，维捷布斯克城里士绅们的肖像，金灿灿的胸章，戴着珠宝的丰满乳房——所有的一切，都深深地吸引着他。费加 - 伊塔瞪大眼睛惊愕地扫视着这座房子里的每一个角落，目光扫过墙上那些油画，掠过那些希腊石膏头像、各种饰品、地上成堆的画纸……突然间，她转过身，对她的儿子说道，"几乎是在哀求，但她的嗓音坚定而明确……'好了，儿子……你知道的：这样的事你永远无法做到。我们回家吧。'"夏加尔（"就我而言，我已经决定了，我永远不会画这样的东西。非得这样画才行吗？"）默默地站在那里，但心里充满了决绝（"做好准备吧，无论妈妈支持还是不支持！"）。佩恩不在这里，画室里只有一个他的学生，叉腿坐在一把椅子上，正在画素描。当费加 - 伊塔发表质疑说他们学这个没什么前途的时候，他轻描淡写地回答道："艺术这个职业，跟开店卖东西的生意不一样。"

过了一会儿，佩恩回来了。他对他们随意地点了一下头，但用意第绪语做了一个友好的问候。一个腼腆的年轻人、一位拿不定主意的母亲——这样的场景，立马让佩恩想起了25年前站在圣彼得堡艺术学院门前的自己。那时候，他还很年轻，很穷，穿得很土，是个虔诚的犹太教徒，也不会讲俄语。费加 - 伊塔用意第绪语问候了他，然后，向他讲出了那个奇怪的俄语词汇：

> "就是这个孩子。我自己也搞不懂。他满脑子想着成为一个什么……艺术家，多半是疯了。看看吧，这是他画的。如果还有点价值，我就让他学；如果没有……我们就回家！"

佩恩眼睛都没眨一下……他拿过我从《田野》杂志上临摹的素描，出于习惯般机械地咕哝着"有——他有天赋"……对我来说，这样的评价已经足够。

还在上中学的夏加尔，当场就注册成为佩恩的学生。上完中学后，他一边跟着佩恩学画画，一边跟着一名摄影师当学徒。这是他与母亲达成的协议：在他追寻自己成为一名艺术家的梦想的时候，也得学一门手艺。他讨厌在照相馆当学徒，总是做不好事情，跟那个心高气傲、自命不凡的摄影师的关系也不好。照相馆挂着"艺术摄影"的招牌，跻身在繁华的闹市区，与罗森菲尔德珠宝店相距不远。关于艺术，这位摄影师曾经说过，"是个好东西，但是一旦沾上了，你就永远摆脱不了！另外，艺术又有什么好呢？瞧瞧，我现在的处境多么好！漂亮的公寓，精美的家具，源源不断的客户，有老婆，有孩子，受人尊重——所有的这一切，将来你也会有的。你最好还是留在我这里。"对夏加尔来说，身处这个"彻头彻尾追名逐利的人"和他那些无知的家人之间，佩恩就像是一盏明灯。

***

这位"艺术家"尤里·莫伊西维奇·佩恩（Yuri Moyseevich Pen），当时大约50岁，是个短小精悍的人，总是穿着一件长外套，怀表链闪闪发光，留着一撮直挺挺的金黄色山羊胡子。他出生于诺沃-亚历山大罗夫斯克（现为立陶宛的扎拉赛）一个贫困的大家庭，4岁的时候父亲就去世了。年轻的时候，他在德文斯克跟着一位哈西迪派的油漆工人当学徒。他母亲在他很小的时候就注意到了他喜欢画画。佩恩因画画被那个油漆工痛打过，他告诉他不要做白日梦了，因为"艺术家都是酒鬼和乞丐，不是死于肺病，就是疯了"。但是，佩恩在一位颇具文化修养的邻居家里，遇到了一位来自圣彼得堡的艺术学生，他鼓励佩恩去参加圣彼得堡艺术学院的入学考试。第一次考试，他没有通过。然后，他在俄国的首都继续非法停留了一年，通过给门房行贿以免遭揭发。他

尤里·佩恩，《自画像》，1905 年

常常去游览冬宫，继续准备着自己的第二次考试——1880 年，他通过了。他是犹太人中走上艺术探索之路的先驱：一年后，报纸《俄国犹太人》才第一次公开讨论那个根深蒂固的论调"犹太人的整个历史，都证明了在他们之中无法产生真正的艺术"的合理性。

佩恩对传统的艺术技法掌握得无可挑剔，但他缺乏创造性，也丝毫没有让自己的作品变得更顺应时代的欲望。他的风格来源于伦勃朗以及俄国巡回展览画派那种细致的写实主义。伦勃朗的画作被大量收藏在冬宫，他对之进行了无休无止的临摹，对伦勃朗的画风十分忠诚，又忠诚得无比艰辛。19 世纪 60 年代和 70 年代的众多艺术家，包括伊利亚·列宾（Ilya Repin）和阿历克塞·萨夫拉索夫（Alexei Savrasov），让以俄国田园风光和真实的地方风景为主的风景画得到了长足的发展，并以此来对抗学院派那落后的新古典主义。巡回展览画派——得名于他们独创性地在莫斯科和圣彼得堡之外的许多地方做过许多巡回展览——创立了一种现实主义的叙事手法，专注于反映民族风情和社会不公等问题（如列宾作品《伏尔加河上的纤夫》），成了 19 世纪后期俄国艺术创作的主导模式。他们得到了富有的商业收藏家帕维尔·特列季亚科夫（Pavel Tretyakov）的资助，现在的莫斯科特列季亚科夫画廊的主要收藏便是他们的大量作品。"我既不需要什么丰富的特性，也不需要什么宏伟的构图、迷人的光感，或是各种各样的奇幻仙境。是个肮脏的水洼，就画个肮脏的水洼。我只需要真实的表达。"特列季亚科夫这样说过。他最喜欢的作品，是萨夫拉索夫的《白嘴鸦归巢》，这幅画描绘的是初春冰雪融化后裸露的泥土，以及那些光秃秃的树枝上的新芽——一个颇为邈远的乡村景象。到了 19 世纪 80 年代和 90 年代，在瓦伦丁·谢罗夫（Valentin Serov）和艾萨克·列维坦（Isaac Levitan）的作品中，人们开始感受到印象派对他们的风格的影响。但他们在作品中强调的重点，仍然是于平凡中见伟大的写实主义。列维坦的《村庄》是契诃夫最喜欢的作品，他对这幅作品的评价，比他在西方看到过的莫奈和塞尚的作品还要高。契诃夫说，这幅画所展示的是"一个沉闷、痛苦、荒凉而毫无生气的村庄。但这幅画展现出一种令人无法形容的魅力，让你看着它就移不开眼睛。没有人达到过列维坦那种简单而纯净的境界……我不知道有没有其他人能达到"。

"那时候，我们都觉得列维坦很伟大。"这是夏加尔在20世纪初的记忆。列维坦逝世于1900年。列宾出生于1844年，1861年俄国农奴得到解放时他已经十几岁了。他在列维坦死后继续闯荡画坛，作品时而入流，时而不入流。直到1930年，作为社会主义现实主义[2]的先驱，他登上了神坛。佩恩特别仰慕他，并且在19世纪90年代和20世纪初，满怀敬意地到他在维捷布斯克附近的避暑庄园拜访他。佩恩对俄国和西方的艺术新动向一无所知，他将巡回展览画派对俄国日常生活的浪漫化描绘，转变为对"栅栏居住区"犹太人的琐碎生活的记录。犹太人住的木头房子、拉比、犹太法典学者、安息日的宴席、媒人，尤其是钟匠和表匠——所有的这一切，都是他迷恋的对象。他精细而一成不变地描绘着他们在作坊里劳作，制造时间仪器时的景象：画面里的人物同他的作品一样不合时宜，同他一样在意细枝末节，死守旧传统而不愿改变。他给维捷布斯克城里的中产阶级画过许多"高档"画像，由此赚到了很多钱，让自己的日子过得不错。但即使是在这样的画像中，在他从圣彼得堡学会的所谓"高雅"的粉饰下，仍然能让人隐隐闻到一种他与生俱来的泥土气息。

佩恩是个非常勤奋的人，一心一意地专注于自己的工作。他没有结过婚。因为意识到在"栅栏居住区"的犹太人们对艺术的认识还十分落后，所以他在维捷布斯克开设了这所学校，给像他这种出身的男孩子们——甚至是女孩子们——提供艺术培训。这样的培训机会，是他年轻的时候费尽心机才能获得的。"我写那些关于艺术的文章的总体目标，是为了唤醒大众对美术的热爱，让大家了解什么是真正的艺术。在看待任何事物的时候，我们一贯首先考虑的是这个东西会不会带来物质上的利益，尤其是国家层面的利益。然而，我们却忘记了每个犹太人都是人类的一员，都应该热爱艺术和真知——即使这些艺术和真知并非产生于我们犹太民族本身。"记者莫迪凯·兹维·梅因（Mordecai Zvi Maine）在1897年用希伯来语苦口婆心地写下这段话。就在这一年，佩恩在维捷布斯克开设了他的学校。在那些年里，这所学校是"栅栏居住区"内唯一的艺术学校。学校的墙壁上挂满了他和学生们的作品。不仅如此，他还建起了维捷布斯克唯一的博物馆。他的学生主要是犹太人，但也有来自其他民族的，年龄范围很广：下至 10 岁小孩，上至中产阶级主妇。每节课的学费是 1 个卢布，现学现付。但出身贫困又有天赋的孩子们，可以免费学习。

虽然在 19 世纪末期的时候，一些俄国犹太人成了知名的艺术家——列维坦是立陶宛犹太人，犹太雕刻家马克·安托可斯基（Marc Antokolsky，1843—1902 年）成了圣彼得堡名流——但他们能有这样的成绩，靠的是融入俄国主流社会的核心阶层，并将整个俄国作为创作的基本主题。安托可斯基跟列宾、穆索尔斯基（Mussorgsky）形成了一个艺术家的小圈子，而列维坦是契诃夫的密友。契诃夫笔下的《樱桃园》和《三姐妹》等故事发生的环境，正是在列维坦笔下的典型乡村场景中获得的灵感。这类上层犹太人的生活和艺术，跟偏远的维捷布斯克相去甚远。另一方面，佩恩一直生活在家乡。他是一个恪守戒律和传统的犹太人，遵从洁食的教规，在安息日会关闭学校，而且跟学生们只讲意第绪语。在维捷布斯克，他是一个受人爱戴、激励人心的人物。尽管在犹太文化里，视觉艺术出现的历史还非常短暂，其宗教传统也禁止形象塑造，但佩恩的出现证明了这样一种可能性：一个人既可以是犹太人，又可以是艺术家。此外，他作品中的场景，也初次将犹太人的日常生活升华为具有艺术价值的描绘题材。这两点，都被夏加尔看在了眼里。

夏加尔在佩恩的画室里得到了扎实的古典艺术教育，接受了系统的学院训练——画石膏像，临摹，画模特，写生——而卡济米尔·马列维奇和瓦西里·康定斯基等一众俄国现代主义者，也是以此为基础才踏上独特的艺术之路的。对自然的精确再现，对绘画技法的掌握，对画面的节奏和比例的把控——从耐心热情而乐于奉献的佩恩身上，夏加尔轻松而迅速地学会了基础技法，这也是佩恩一再强调的。在 1910 年的一张照片上，正值壮年的佩恩和 6 个女学生在一起，显得喜气洋洋又充满慈爱之情。在 20 世纪 20 年代的一张照片上，他坐在一群后革命主义艺术家们中间，显得同样的慈祥又备受尊敬。他的内心充满了平静，在自己的世界里怡然自得。虽然他的艺术属于一个被遗忘的年代，但下一代艺术家们仍然十分尊重这位老人。佩恩很乐意跟所有的学生分享自己的创作经验，去了解每个学生的独特个性。他常常为他们画肖像。

佩恩最后为这个卓越出众、焦躁不安的得意门生付出了生命的代价，但这都是后话了。在夏加尔刚入学的 1903—1904 年，一切都还显得宁静而祥和。他跟另外两个学生米哈伊尔·利巴科夫（Mikhail Libakov）和伊利亚·马瑟尔（Ilya Masel）成了朋友，他们回忆道："我们常常拿着画册走在城里的街道上，去画贫穷的犹太人们的房子；夏加尔到班上来后，我们就常常三人一起出动，去画维捷布斯克城里的小巷子的素描。"马瑟尔比夏加尔小 3 岁，9 岁起就在跟佩恩学画画。还有夏加尔在高中就认识了的同学维克多·梅克勒、奥西普·扎德金，以及同样比他小 3 岁的埃尔·利西茨基（El Lissitzky）。利西茨基来自附近的波奇诺克村，祖父是斯摩棱斯克的手艺人，他在那里上学。暑假的时候，他会来维捷布斯克跟佩恩学画画。从利西茨基的经历我们也可看出，作为在"栅栏居住区"接受艺术教育的唯一途径，佩恩的重要性不言而喻。

学生时代的夏加尔，约摄于 1905 年

佩恩大部分的教学都在室外进行，陪着他的学生们走在街道上、走进乡村里，向他们传达他对维捷布斯克的爱。"你们知道的，我喜欢城市那种肖像画般的特质，"他常说，"每个城市都有自己的肖像。像我们这儿的维捷布斯克，形象就跟其他城市大不一样。举个例子，比如马尔可夫斯其那，那是一个非常美妙的地方。在那里，你可以呼吸到满满的新鲜空气，让你的血液都得到净化。第二天，你自然就可以画出一幅非常欢快的风景画。那里的空气，我跟你说，会自己跑到你的画布上去。"30 年后，当夏加尔追忆起他的老师时，他说："我童年时代的那些小屋，现在都怎么样了呢？尤其是，我们曾一起画过的那座？如果还能跟你一起在门廊坐上个把小时，再画一幅习作……我会多么快乐啊！"

佩恩那些户外写生的主题，就是俄国现实主义派画家们所钟爱的相应题材的犹太版本：《洗马》《监狱旁的水塔》《维特巴河上的谷仓》中的乡村生活琐事；《我出生的房子》中那些摇摇欲坠的小屋；还有挑水的人，提着篮子行走在空旷原野上的老太婆们，等等。因而，他的学生们初次接触品味到的绘画风格，是在佩恩的模仿中被弱化了的现实主义叙事风格。这种叙事风格在 19 世纪 70 年代时发展到了全盛时期，那时候巡回展览画派已经在各个乡村做过许多巡回展览，提高了公众对艺术的认识。"他们来展览的时候，"伊利亚·明琴科夫（Ilya Minchenkov）回忆道，"沉睡的乡村小镇便会短暂地活跃一段时间。之前，他们只会玩纸牌、聊八卦，生活无聊至极；而那时候，镇上的人们呼吸到了自由艺术的空气，讨论着一些以前从来没有想过的艺术话题，甚至开始辩论或争吵。"在 40 年后的穷乡僻壤维捷布斯克，佩恩带来的影响也是如此，即便这种风格已经落伍了。佩恩默默坚守着这种画风许多年，在这些年里，现代主义、抽象主义、至上主义以及构成主义都已经初现端倪——而这一切，都未对佩恩产生过什么影响。直到 20 世纪 30 年代，他那种简单形象的艺术表达形式，又跟社会主义现实主义有了些共通之处。

夏加尔拒绝了佩恩那阴郁的自然主义的每一种技术元素，但吸收了他艺术的叙事手段和他对犹太世界的专注。他跟佩恩学习一个月时的画挂在妈妈的床头，描绘的是"运水的车，小房子，灯笼，山上的宗教游行"。通过柏林一个犹太复国主义组织出版的杂志《东方和西方》，佩恩让学生们保持着对犹太艺术的兴趣。作为一个风俗画家，他与本·阿米（Ben Ami）这样的犹太作家有着共同的愿望。本·阿米在 1898 年写道："我在竭力重现……尽我所能地，去重现我们大部分人民的生活。或者更准确地说，是去重现这种生活里我最熟悉的那些方面，去重现我所了解的生活方式。在重塑他们的形象的时候，我的角色是一个有着同样的经历、遭受过同样不幸的人，而非一个冷眼旁观的外人。"

虽然夏加尔跟佩恩一样——他们的艺术创作都根植于维捷布斯克的犹太人世界，但夏加尔选择从现代主义的视角来彻底颠覆眼前的世界。这样的创作手法是佩恩根本无法理解的。从一开始，他便在绘画中反叛性地使用了紫色，以此来与他的老师做斗争。后来，他公开表明自己要坚持这种奇特的绘画方式——这个大胆的举动深深地打动了佩恩，从而免掉了他的学费。在他作于佩恩画室的《挎篮子的妇人》（1906—1907 年）中，紫色、淡紫色的色调和灰色的阴影完美地融合到了一起。夏加尔已经完全脱离了佩恩那种老套刻板的现实主义模式，通过大面积的阴影和大片围绕在人物周围的色块——妇人那扭曲残缺的双手，布满皱纹的脸，披肩上的饰物——突出了其独特的个性，使得画面富有生命力。类似不安而神秘的氛围同样出现在作于佩恩画室的《老头儿》中，也出现在一幅灰白色调的水彩画《音乐家们》（1907 年）中。后者的背景为冬日的维捷布斯克，那些蹒跚的木头房子似乎在随着音乐跳动；人物形象昏暗而模糊，显得笨拙而又扭曲，与明亮的雪色形成了鲜明的对比；音乐家们双脚朝内，僵硬地站在画面中心。半个世纪后，夏加尔告诉他的女婿，"这些画首先是一种挑衅"，是对当时佩恩所提倡的"现实主义的强烈拒绝"。在他早期的一些铅笔素描中，那种漫画式的讽刺笔触，如《爱》中长着动物鼻子的怪异流浪夫妇，还有《长椅上的夫妇》中畸形得滑稽的冷漠夫妇，以及《舞会》里面别扭而疯狂的舞者，这些形象都跟图卢兹·罗特列克笔下的人物极为相似——尽管那时候夏加尔还没见过他的作品。他们所抨击的，都是乡下人那种

夏加尔，《音乐家们》，纸上水彩，1907 年

夏加尔，《长椅上的夫妇》，素描，1906—1907 年

坐井观天的自鸣得意和故步自封。

夏加尔那强大的艺术创造力初现端倪，虽然没怎么引起佩恩的重视，却引起了维克多·梅克勒的钦佩和着迷。"我们的家庭背景处于两个完全不同世界。对我来说，一头黑发、脸色苍白的他，显得同样陌生。当他在桥上遇到我的时候，每次都会红着脸把我拦下来，问我天空或是云彩的颜色……'你不觉得，'他对我说，'那边，在河下游的那些云，是非常蓝的蓝色吗？但倒映在水里后，就变成了紫色。跟我一样，你也喜欢紫色，不是吗？'"

年长一岁的维克多感受到了夏加尔那超凡的才华，"完全没觉得自己是在纡尊降贵"，真诚地请求夏加尔教他画画。夏加尔拒绝维克多向自己支付报酬，他们两个成了亲密无间的好朋友，一起投身于那让一切都黯然失色的艺术之中。夏加尔太害羞了，并且因想和女孩子们认真交往而心事重重，这样是没用的。他还记得和第一个女朋友安纽塔的交往，"有一次我去城外的朱尔斯山画画的时候，她跟我一起去的。无论是附近寂静的森林，还是荒凉的山谷、辽阔的原野，都没能让我鼓足战胜怯懦的勇气"。他的情绪能量因此涌向了梅克勒。对于男性的美，他的感知也很迟钝——包括对自己的形象。他曾一直给自己化妆，"在我的青春期，我那张早熟的脸上混合着逾越节的酒、象牙白的面粉和褪色的玫瑰花瓣……那时候，我是多么的自恋。"他欣赏维克多那脆弱的外表和柔美的魅力，这跟波克洛夫斯克大街上那些行为粗野、着装破烂的人们太不一样了。

　　然而，对夏加尔来说，梅克勒最主要的吸引力在于，他打开了一扇通往他们这代人的文化中心的门。和佩恩不同，他的眼光看向了维捷布斯克这个犹太人世界之外的地方，想实现他们俩都有的野心。"通过俄罗斯文化，我们认识了俄国人，"犹太复国主义者弗拉基米尔·贾伯廷斯基（Vladimir Jabotinsky）在 1903 年评论道，"我们有许多人，本是犹太知识分子的后代，却疯狂而可耻地爱上了俄罗斯文化，从而爱上了整个俄罗斯世界。这样的人太多了。"梅克勒的父亲西玛尼亚胡是一位造纸商以及数间文具店的老板，作为第一商会的成员，他可以带着儿子自由出入圣彼得堡。梅克勒正是在圣彼得堡，看到了远远还未波及维捷布斯克的新潮流。虽然西玛尼亚胡是一个犹太社区的领袖，他们家却很开明，平时在家也是用俄语讲话。他们家位于"主城"，隔壁是罗森菲尔德家。他们对夏加尔表示欢迎，并成了他进入富裕的俄国犹太人知识分子圈的领路人。在未来的 5 年里，夏加尔都生活在这个圈子里。因此，他离家在外待在维克多的别墅里的时间越来越多，"在那里，我们徜徉在艺术的世界里无法自拔。我为什么写这个？因为只有在大城市里开过眼界的朋友们才能意识到，我的人生价值，不只是混迹在波克洛夫斯克街头的那个'摩西加'"。一种在社会地位上低人一等的感觉，以及觉得自己更够格被称为艺术家的信念，让他与梅克勒的友谊变得复杂。梅克勒从来不会欠缺绘画的用具材料，而夏加尔连买颜料的钱都难于负担。令他大为光火的是，他的妹妹们会把他的作品随便拢成一堆，拣那些厚实些的画布当地毯用。渐渐地，家人们对文化的无知和缺乏上进，迫使着他到维捷布斯克之外去寻求出路。在夏加尔战战兢兢地通往更大世界的路上，有一系列人物对他产生过实质影响，佩恩和维克多是最早的两位。越往后的人，对他在世俗上所取得的成功贡献越大。

佩恩是一个类似父亲的形象，让他在心理上分外矛盾。夏加尔如同一个叛逆的儿子，但在情感上又极度眷念这个自己青春的代表人物。他在一封1912年从巴黎寄回的信中，气冲冲地指出这位以前的老师给孩子们纯净的思想带来的坏影响："他既可悲又缺乏见识。他会的东西毫无价值，而他又不愿意像大画家一样去学习新的东西……我可怜的老师，一点儿天赋都没有……在佩恩的学校里所接受的教育很差劲，我很难过。在他那儿学到的东西，现在我要非常困难地、像排毒一般地排出去，将之从我的身体中挤出去。"但到了1921年，在他更为自信的时候，他给佩恩写信说道："即使我所选择的道路与您不同，但我仍然记得您是多么勤奋踏实的一个人，您是我的第一位老师，我也因此而爱您。"1927年，被永久放逐于巴黎时，他又满怀乡愁地写道："如果说我会嫉妒谁的话——那就是仍然生活在维捷布斯克的佩恩。无论我们所走的艺术道路多么不同，我都会一辈子记得他颤巍巍的身影。记忆中的他就像父亲。常常，当我想起那座城市废弃的街道时，他总是会出现在这里或那里。我情不自禁地请求你们：记住他的名字。"夏加尔的艺术，正是被这种既在逃避又在铭记的双向引擎驱动着。他对佩恩的矛盾心理正体现了这种游离。

如果说佩恩是另一个父亲，那么，维克多就是夏加尔喜欢描绘的另一个自我的原型：在艺术之路上摸爬滚打时的同伴。结婚之前，无论是在圣彼得堡还是在巴黎，夏加尔身边都出现过维克多这样的同伴，他们之间的关系太过密切，过于互相依赖以致不能长久。夏加尔，一个向上爬的人，在榨干他们后骄傲地转身而去。但在1906年时，无论是情感上还是现实中，维克多对他都至关重要。那一年的初冬时节，佩恩的学校对他们二人来说，已变得"没什么特别"，维捷布斯克已让人感到窒息。维克多鼓动他的朋友和他来一次激进的冒险——到圣彼得堡去学艺术。夏加尔的胆子很小，不愿长途旅行。老于世故又游历甚广的梅克勒劝说他，佩恩的学校已经满足不了他们，到圣彼得堡去学习是自然而然的事情。正是在维克多的影响下，他的恐惧慢慢打消了。

维克多·梅克勒与夏加尔，摄于 1906 年

除却少许特例，犹太人进入圣彼得堡需要带上特殊证件，并且，不能合法长期停留。然而，自 19 世纪中叶以来，圣彼得堡的犹太人口却一直在持续增长，从 1869 年的大约 6000 人增至 1900 年的超过 20000 人，占到了总人口的 1.6%。不过，第一商会的犹太商人是不受限制的，因此，圣彼得堡的大门对西玛尼亚胡·梅克勒和他的儿子总是敞开着的。西玛尼亚胡为夏加尔提供了一个商人证书，说明夏加尔是在为他打理生意，从而让他取得了进入首都的许可。夏加尔的父亲给了他 27 个卢布——相当于圣彼得堡贫民区一个月的房租——然后警告他不能再多了。佩恩为夏加尔加油打气；由于夏加尔在维捷布斯克的照相馆干过，佩恩还给圣彼得堡的摄影师贾菲（Jaffe）写了一封推荐信，推荐他去那儿干修片的工作。

1906 年的最后几个星期，在他们离开家乡之前，梅克勒和夏加尔照了一张合影：这对亲密对手，满怀到新城市生活的期待。养尊处优的梅克勒的五官显得更为优雅和精致，然而看起来显得心神不宁又自以为是，细长的眼睛不确定地躲闪着。贝拉在遇到夏加尔之前就认识他，她还记得"他有一张少女般的脸，长得非常好看。但如同苦味的巧克力，也如同他所作的画一般，总有些让人排斥"。实际上，夏加尔对于即将走上的路更为忧心忡忡，但他透露出的则是一种内在的自信和决绝，这让梅克勒更显脆弱。夏加尔那强壮的下巴、坚实的额头、明亮又坚定的眼神以及满怀主见的表情，都表明了他的决心和干劲。"我选择了绘画。对我来说，这就像食物一样不可或缺。"夏加尔在生命的最后阶段这样说道。1906 年这张照片上的两位冒险家，一位让人联想到正在失去力量的旧日特权阶层，另一位则代表着势不可当的新思潮以及俄国的新阶层——这正是俄国的革命必然发生的一种象征。现代艺术的开创，当时的人们还无从想象。19 岁的夏加尔，已经做好了塑造自己角色的准备。

注释

【1】《田野》杂志：19 世纪末俄国最受欢迎的杂志，从 1870 年持续到 1918 年，其自定义为"文学，政治和现代生活的插图周刊"。

【2】社会主义现实主义：尤指斯大林时期的苏联等一些共产党执政的国家所实践的理论，即艺术、音乐和文学应当以表现和支持社会主义为目的。

第 3 章

禁忌之城

圣彼得堡，1907—1908

在狭窄的三等车厢里颠簸了 10 个小时后，这两位出自佩恩门下的艺术先锋终于抵达位于圣彼得堡东南部的维特比斯基火车站，挤在了月台上潮水般涌出的人流中。维特比斯基火车站是俄国最早的火车站，为便于皇室成员前往位于沙克西罗的乡村宫殿而修建，在 1904 年被翻修成了现代风格（moderne，相当于俄国的新艺术派风格 [1]）的大教堂。其白色的大理石楼梯，精美的铁制品，华丽的彩色玻璃画，以及那富丽堂皇的餐厅，都在向世人宣称：这儿是通往一个自豪、时尚的欧洲之都的门户。建筑的气势让两位来自乡下的年轻犹太人望而生畏，感受到了自己同这座城市的格格不入。"我陷入了恐惧之中，"夏加尔回忆道，"除了画画之外，大概我什么都不会了。我要怎样才能养活自己呢？"

车站台阶的下面是宽阔的扎戈罗尼大街，对面是庄严的匹奥涅尔斯克花园广场。然而要到圣彼得堡的市中心去的话，夏加尔和梅克勒不得不穿越这座首都不那么华丽的区域。他们往北走着，很快就到达了原本是牲口市场的"先纳亚·布罗切德"（Sennaya Ploschad，意为"干草市场"）：一个污糟邋遢的地方，那里"空气沉闷，一片喧嚣，搭满了脚手架，到处都是灰浆、砖块，灰尘

20 世纪初的圣彼得堡

漫天……还有圣彼得堡特有的那种恶臭……以及一大群喝得醉醺醺的人", 一如陀思妥耶夫斯基在《罪与罚》中的描述。20 世纪初, 先纳亚·布罗切德挤满了这座城市的新移民, 他们跟夏加尔一样迷茫而充满希望: 在那 10 年间, 圣彼得堡的 200 万人口中, 有近 3/4 的人是刚从乡下进城的。用托洛茨基的话说, 就是"抄起犁头并把它们直接丢进工厂的熔炉"。在这里, 夏加尔成了众多无名移民的一员。他的艺术探险也包括寻找工作和住处。

"大大小小可以租来栖身的房子多不胜数, 广告打得铺天盖地、无孔不入。"他在笔记本上这样写道。根据 1904 年的一项调查统计, 一间典型的圣彼得堡公寓由 6 个房间组成, 平均会住 16 个人。机关算尽的房东们甚至会将地下室、走廊以及厨房都独立划分、单独出租。新移民潮让房东们牟取了无尽的暴利。夏加尔来到佩恩的朋友贾菲家中, 做了自我介绍。贾菲把他带到摄影工作室里, 让他干消除照片上人物的皱纹和鱼尾纹的乏味工作, 并以给他买画板作为报酬; 同时也为他提供了住处, 让他和一位年轻的雕塑家住在一起。

12 月和 1 月的圣彼得堡日光很少，几乎没有白天。待在这里的头几个星期，夏加尔发现自己如同 19 世纪小说中被监禁的某个角色，整日待在漆黑的工作室里，每天在黑夜的笼罩下往返于贾菲的家。此外，首都的每一栋建筑尖叫着告诉他的视野、奢华和历史感，都让他觉得无法招架。夏加尔说，起初的时候，他对这一切都没有“热情”，“我很难确定自己到底想要什么。如果要我坦白说，是因为当时我太没见过世面了”。

初次踏上冒险历程，一座与维捷布斯克截然不同的城市便在考验着他。离先纳亚·布罗切德仅几步之遥，便是坐落在蜿蜒的格里博多瓦运河边的俄罗斯文化中心——马林斯基剧院，其新文艺复兴风格的立面刚被重新装修过；圣彼得堡音乐学院，一座“世纪末”风格[2]的新古典主义建筑，其外是 1906 年竖起的崭新闪亮的格林卡那雕像。当时，年轻的普罗科菲耶夫和斯特拉文斯基正在这里上学，他们的老师里姆斯基 - 科萨科夫（Rimsky-Kovsakov）正在创作最后的作品——讽刺独裁统治的《金鸡》，就在当年晚些时候，这部作品被沙皇禁止了；广场对面是一座蓝白相间的巴洛克风格建筑——圣尼古拉斯大教堂，其 5 个镀金的圆顶和钟楼的尖顶，在冬日的天空中分外耀眼。黄色柱廊的尤苏波夫宫，巍然矗立在莫伊卡运河旁。当时的尤苏波夫家族，是欧洲最富有的家族之一，甚至比他们所从属的罗曼诺夫家族还要富有。家族未来的继承人费利克斯·尤苏波夫（Felix Yusupov）亲王（与夏加尔同年出生），在没有乘坐他的私人列车去视察他的各个庄园的时候，会带着一大群金刚鹦鹉和斗牛犬，以及数百名来自俄罗斯帝国各地的仆人住在这里。他把仆人们打扮成奴隶，在镶嵌着马赛克图案的摩尔式建筑的房间里，拿着匕首假装去杀他们。隔河相望，在莫伊卡运河北岸的布尔什亚·莫尔斯卡亚大街 47 号，另一个养尊处优的人——7 岁的弗拉基米尔·纳博科夫正在这里成长。这是一座当时最前卫的新艺术派风格的时尚豪宅，饰以精心雕刻的花瓣，还有粉红色的掐丝花卉图案。他的父亲是个自由主义者——至少把他的儿子送到了学校去上学，而不是请家庭教师在家授课。尽管孩子那带有民主倾向的老师苦苦劝告纳博科夫应自己坐电车去上学，但这孩子仍然坚持让他父亲的两位司机之一，用家里崭新的灰色奔驰车来接送自己。“俄罗斯民族的绝大多数，”纳博科夫在谈到这一时期时写道，“被遗忘在琥珀般明亮的窗户外面，停留在纷纷扬扬的冰雪那寒

《涅瓦河畔的冬宫》，卡尔·布拉摄影工作室作品，摄于 20 世纪初，圣彼得堡

冷的面纱之下。这是一个悲剧的结果，因为那些分外精致的欧洲文化来得太快了，这个国家以其不幸而闻名，以其无数卑微民众的苦难生活而闻名。"当从牢笼般的贾菲家解脱出来时，外面明亮的窗户引得夏加尔驻足凝望。19 岁的夏加尔不名一文，他就这样开始了在陌生首都街头的夜游生涯。

那时候的圣彼得堡，仍然是果戈理和陀思妥耶夫斯基笔下对比鲜明的 19 世纪城市：繁华奢靡和底层窘境并存，官僚政治错综复杂，社会地位等级分明。卡尔·布拉（Karl Bulla）拍摄于 20 世纪初的一张照片，其背景是拉斯特雷利（Rastrelli）设计的巴洛克风格建筑冬宫（其外立面当时被漆成了暗红色），拥挤的人潮在其肃穆的光辉前显得相形见绌。在结了冰的涅瓦河的对照之下，人们只是画面上的一些斑点。尤苏波夫的回忆录记录了 2000 余次在莫伊卡宫举行过的宴会，客厅里装饰着法贝热【3】的银天鹅，挂着伦勃朗和华托的作品。在这样的繁华背后，到处都是肮脏、潮湿的贫民窟，大量的工厂将恶臭的工业废水排入一条条运河之中。这里的卫生条件十分糟糕——带有厕所或是用上自来水的公寓不到 1/3，粪便就在各家各户的后院里堆积着，直到每天晚上清理粪便的木车将之运走。这里的旅行指南会提醒旅客们随身携带除蚤粉以防臭虫，不要喝生水（后一点直到现在仍然适用）。在所有欧洲国家的首都中，这儿的死亡率最高。

根据那些把圣彼得堡神化了的作家们所作的描述，这种两极分化的情况，使得"疯狂"成了社会不可分割的一部分。20世纪初，一些满怀希望从乡下各地赶来的艺术家和知识分子们的确疯了。例如象征主义画家米卡纽斯·什乌里翁内斯（Mikalojus Ciurlionis），他于1908年从维尔纳来到这里，比夏加尔晚到两年。在圣彼得堡，他想家想到绝望，觉得自己已深陷"这锅200万人熬成的粥"里。他写道："某种诡异而又沉重的幽灵占据了我的身心，如此巨大，还长着黑色的翅膀。这非常糟糕。"他住在一个肮脏不堪的地方，没有画架，只能把纸钉在墙上。偶尔会有来访者来买画，一幅画1戈比。1911年，他死于精神病。正如陀思妥耶夫斯基笔下的拉斯柯尔尼科夫（Raskolnikov）所体现的那样，在圣彼得堡，某种同样古老的东西会促使人精神分裂。陀思妥耶夫斯基曾称圣彼得堡为"半疯城市"，其"低矮的天花板和逼仄的房间，扭曲了人们的思想和灵魂"。果戈理的小说，如《涅夫斯基大街》和《一个疯子的故事》，描绘的是一个虚幻的地方，在那里你看到的一切都是假的。在他的小说《外套》中，一个失意小职员的亡魂在街上徘徊、从过往行人的背上扒着外套的场景，是对专制的一种苦涩的讽刺。属于沙皇和官僚的这座冷冰冰的首都，不同情任何人，也不会保护任何人。更有甚者，在普希金的《黑桃皇后》中，生活在这个城市的那个着了魔的男主角，会因一个所谓赌博制胜的秘诀就彻底丧失理智。1907年，在夏加尔第一次落脚的地方，这些幽灵般的角色还在破旧街巷的角落里徘徊。当时，陀思妥耶夫斯基刚逝去25年；普希金1836年的葬礼，也仍然还有人记在心底。

正是圣彼得堡的作家们，用他们的热情塑造了这座光彩夺目的城市。对于夏加尔、梅克勒，以及在革命前10年中从"栅栏居住区"涌到这里来的乡下年轻人们来说，到文化的中心地来，是他们逃离乡村的唯一途径。"我爱你，彼得兴建的城，/我爱你严肃整齐的面容，/涅瓦河的水流多么庄严，/花岗岩铺在它的两岸；/我爱你铁栏杆的花纹，/你沉思的夜晚，/那透明而又闪耀的幽暗。"在普希金的笔下，星罗棋布的露天广场、笔直而宽阔的街道以及曲折绵延的运河，成了这座水上之都的核心。在宽阔的涅瓦河支离破碎地流入波罗的海的入海口，在一座座沼泽密布的岛屿之上，奴隶劳工们在彼得大帝疯狂命令的驱使下，从零开始，一砖一瓦地建起了这座城。圣彼得堡的存在宣示了皇权高于自然，也高于劳苦大众人权的地位，因为它的严峻和钢铁般的魅力正是建立在劳工们奉献的骨血之上的。陀思妥耶夫斯基称其为"整个世界最抽象、最刻意的城市"。自 1703 年建城以来，彼得大帝便舍弃了落后的莫斯科，使这里成为俄国面向欧洲的窗户。外国人对这座金碧辉煌的城市赞叹不已，纵横交错的河流和运河中反射出来的变幻无穷的北极光，让这座城市看起来充满了梦幻，美得让人觉得不够真实。

对于生在这个帝国，在普希金、果戈理以及陀思妥耶夫斯基的光华中沐浴过的任何一个人来说，到 20 世纪为止，俄罗斯艺术中所有的绝美、颓废、痛苦与疯狂，都在这里凝结。在文学和绘画领域，俄国已经接受了蓬勃发展的象征主义和新艺术主义，而现在我们定义为"白银时代"的那个时期始于 19 世纪 90 年代，虽然到了 1907 年已经逐步式微，但仍还未被先锋派彻底取代。在 1904—1908 年，象征主义诗人亚历山大·布洛克用旋律华丽的诗《那座城》剖析了圣彼得堡。在这首怪诞的诗中，他将圣彼得堡描绘成一座虚幻的大都市，是一个黑暗而凋零的世界。在布洛克和古典派诗人维亚切斯拉夫·伊万诺夫（Vyacheslav Ivanov）的周围，俄国白银时代的诗人们和艺术家们聚集在一起。他们当时的心情既满怀着凄凉，又闪烁着希望。1909 年，布洛克在给他母亲的信中写道：

> 我比以往任何时候都更明白，到我死的那一天为止，我都不会接受或屈从于当代生活中的任何东西。其可耻的形式只会让我感到恶心。没有什么可以改变这样的现状——革命也改变不了……我只爱艺术、儿童和死亡。对我来说，跟以前一样，俄国只是一种抒情的力量。事实上，她并不真正存在，从来没有，也永远不会。很长一段时间里，我一直在读《战争与和平》，几乎重读了普希金所有的散文。这些才是真正的存在。

在画家中，与白银时代的诗人们对应的，是 1898 年起始于圣彼得堡的

"艺术世界"学派。其主要发起人为谢尔盖·迪亚吉列夫（Sergei Diaghilev），以及新艺术派的装饰大师亚历山大·贝诺伊斯（Alexander Benois）和列昂·巴克斯特（Léon Bakst）。如同远在西方的"世纪末"艺术家们一样——如维也纳的古斯塔夫·克里姆特（Gustav Klimt），布拉格的阿方斯·穆夏（Alphonse Mucha），伦敦的奥伯利·比亚兹莱（Aubrey Beardsley）——"艺术世界"学派的艺术家们强烈推崇慵懒的美，并以此来对抗资产阶级的功利主义以及由工业革命所带来的机械化。而在俄国，艺术家们更强调洛可可和古典风格，他们推崇童话、木偶和狂欢节等，以此来逃避身边丑陋的现实。主要发言人贝诺伊斯知道，他们的作品代表了世纪末"阴柔、精神痛苦、歇斯底里的时刻"。这是一种轻型艺术，适宜于水彩画和水粉画那种轻飘飘的质感，也适宜于作为戏剧的布景和装饰，但不适宜于创作宏大的油画。"艺术世界"学派的成员们心里都清楚，他们只是在勉力维持——1905 年，迪亚吉列夫在塔夫利宫举办了一场当代俄国艺术的大型展览。在其中一场宴会的演讲中，他将这个学派介绍给了沙皇，预期着"一种新的、未知的文化浪潮将由我们创造出来，也会将我们席卷进去"。此时的夏加尔和梅克勒，才刚刚开始接触这座城市的古典遗产和现代艺术的各种潮流。像他们这种初来圣彼得堡的有抱负的年轻人，没有一个不会眼花缭乱。他们如同跳进了一阵旋风，过去和未来在那里交汇，碰撞，又如同乘上了果戈理笔下俄国历史那势不可当的三驾马车一般，冲向了未知的命运。

然而，对犹太人来说，这座城市仍然是一座禁忌之城，尤其拒绝他们去追随传统的浪漫梦想。俄罗斯帝国通过将所有犹太人限定在"栅栏居住区"的苛刻条例，以期让他们远离圣彼得堡和莫斯科。但这些限定条例被系统性地忽视了，于是显得像个笑话。圣彼得堡超过一半的牙医是犹太人；在医生和律师中，犹太人也占有相当可观的比例；而在音乐、艺术以及戏剧领域，犹太人则是十分强大的存在。出身"栅栏居住区"的犹太人巴克斯特，如同列维坦在印象派风景画中的地位一样，是个大画家。大学和学院都会通过配额来限定犹太学生的数量，但沙皇的财政部长柯克夫瑟夫（V. N. Kokovtsev）在 1906 年哀叹道，犹太人太聪明了，用法律来限制他们根本不可能。往前推上一代，波佩多诺斯切夫（Pobedonostsev）曾在 1879 年写过跟陀思妥耶夫斯基类似的话，说"他们破坏了一切，但他们的做法符合这个世纪的潮流"。他的意思是，随着 19 世纪末期资本主义的兴起，整个俄国的银行业、航运业和矿业已被犹太人领头，大多数的铁路网络建设也已为犹太人把控——犹太人已经逐渐深入俄国大众的生活。在圣彼得堡，生活着一些地位超卓、十分富有的犹太人；他们的下一个层级，是一些从乡下来的较为富有的商人，如西玛尼亚胡·梅克勒和他的儿子，他们可以自由出入这座城市，在这里做生意；除此之外，在底层还有许多心怀抱负、逃离乡村来到这里的非法移民，瑟缩在贫穷和恐惧之中——佩恩就曾是这个层级的代表。1879 年，来到此地的佩恩是个极端正统的犹太人，他穿着犹太人传统的服饰，被迫不断地向他所在公寓大楼的看门人行贿，让他不要向警方告发自己。虽然他最终被美术学院录取并完成了学业，但他直到 17 年后的 1896 年才设法取得了居留许可。

在 1907 年的圣彼得堡，对于贫穷无助、胆小怕事的夏加尔来说，要想突破这样的重重壁垒可谓比登天还难。1905 年的那场革命失败后不久，圣彼得堡一月大屠杀的血腥味还未散去，紧接着又是持续了一年的骚乱和罢工。在这个地方，任何一丝镇压、审查及种族迫害的风吹草动，都会让夏加尔感到惴惴不安。与缓慢落后、波澜不惊的维捷布斯克相比——那里的生活节奏，取决于犹太教历上的节庆分布，取决于犹太教堂里举行的宗教仪式，取决于满城的商铺及那些用意第绪语书写的招牌，取决于街道上成千上万穿着传统服饰的犹太人——圣彼得堡带给夏加尔的感觉，是艰难的，是排外的，充满了机会、威胁，以及矛盾和冲突。不仅其欧式的建筑风格会让人感到难以亲近，这座华而不实的东正教城市本身就让他心中充满隔阂。滴血大教堂完工于夏加尔抵达的那一年，这是一座俄国复兴风格的建筑，其 5 个洋葱形的圆顶上覆满了珠宝工人打造的珐琅，外面装饰着数千平方米的马赛克嵌板。这座教堂是为了纪念 1881 年遇刺的沙皇亚历山大二世，钟楼里的 144 面盾徽代表着帝国所有的省份，旨在传达全体俄国人对他们已故领袖的哀思，也象征着这个国家对教会和皇帝一致的忠诚。这样的环境，夏加尔如何能适应？虽然知道圣彼得堡是自己成为一名艺术家的必经之城，但他始终对它无法热情起来。"我停留在彼得堡的日子里，既没有得到居留许可，也没有属于自己的立锥之地：没有床，没有钱。"他写道。

我不止一次艳羡不已地盯着桌上燃烧的煤油灯，看着它燃烧得那么自在，我想，那是因为它喝饱了油，可我呢……？我几乎不

是坐在这把椅子上的，只不过贴了一个边。连这把椅子都不属于
我……此外，街上的岗亭里有警察在站岗，各个大门口都有看门人
在盘查，而我没有居留许可证。

在这样的焦虑气氛中，夏加尔变得空前地紧张，而他的雕塑家室友"咆
哮得像只野兽，疯狂地摆弄着自己的黏土块，赶着在其干燥前塑成形"。

这跟我有什么关系？

我们都一样，我也是人。我不能老是被他的哼哼声吵得睡不着。
有一天，我把那盏灯向他的脑袋扔去。

"滚出去，"我告诉他……"我想一个人待着。"

他离开了贾菲家，在街上游荡，又单薄又害羞。接着，他的积蓄花光了，
然后"有好些日子，我又累又饿，几乎晕倒。我连 10 戈比一盘的肉丸子都买不
起了"。他搬到了一个比原来更拥挤的地方，住进了一个公共单元房。这儿不
仅只有一间房，而且只有一张床，跟一个工人挤在一起，那位工人"是个天使，
睡觉的时候甚至会把自己贴在墙上，以给我腾出更多空间"。很快，他又搬家
了，搬到了潘特莱门斯克街区丰坦卡河旁两个教堂间的街上，离夏日花园不远。
他跟一位排字工人合租一间房，在房中挂个帘子隔开。那位排字工人睡觉的时
候鼾声震天，晚上的时候会去花园里拉手风琴，然后喝得醉醺醺地回来，

用卷心菜把自己填饱后，他会坚持要求和妻子做爱。她把他推
开，躲到我这半边来，然后只穿着睡衣就溜到走廊里去。他便去追
她，手里拿着刀……由此我意识到，在俄国，不是只有犹太人没有
生存的权利，还有许多俄国人，也像蝼蚁一般苟活于世。

与此同时，他也在努力寻找踏入艺术学校的阶梯。他没有高中毕业文凭，
而要进入当时保守的圣彼得堡艺术学院，这是必备的条件之一。相比之下，斯
蒂格里兹（Stieglitz）男爵的那所实用艺术学校不那么排外，若能入学，也可
取得在这座城市的居留许可。于是，他打算参加这所学校的入学考试。"但那
里的学习方式，临摹那些长长的石膏装饰图案——那些玩意儿，在我看来跟商

场里的商品没什么两样。这一切，都让我心怀忧虑。我想：让我们临摹这样的设计，是为了故意吓唬我们这些犹太学生，为难我们，让我们拿不到居留许可。唉！我的预感是正确的。我没能通过入学考试。"

于是，他进入了名望低一些的艺术促进会开办的绘画学校。学校坐落在莫伊卡运河旁一栋雅致的楼房里。身处圣彼得堡的俄国人群之间，他感到一种彻头彻尾的格格不入。作为一名犹太人，他觉得，身边的人看自己的眼光充满了猎奇意味。教室里总是很冷，而且"总会闻到潮湿的，混杂着黏土、颜料、酸白菜的气味，其中还包括从莫伊卡运河飘来的死水的气味。太多的气味，已经分不清哪些是真实的，哪些是想象出来的"。校长尼古拉·雷里赫（Nikolai Roerich）是一位博学又慈祥的画家，也是一名考古学家。他出身于圣彼得堡一个精英家庭，喜欢让学生们大声朗诵他创作的浮夸诗歌。虽然他自己的画主要受新艺术风格的影响，和迪亚吉列夫和贝诺伊斯关系紧密，但他的梦想却是将高更在"塔希提系列"中的原始表达方式（他在巴黎刚看过）转化成一种能够表现俄罗斯历史的艺术。于是他这样期待，至少在理论上，自己会开创出俄国先锋派中的新原始主义。或许就是在他的影响下，夏加尔在圣彼得堡的头一年里听说了"高更"这个名字，并被其原始主义的风格深深吸引——这将是他自己的艺术中的一个重要潮流。除此之外，雷里赫对他几乎没有产生过影响。他只会温和地说上一句"艺术面前人人平等"，然后让别的老师指导学生。学校遵循的是一种旧式的教学体系——画静物，画石膏人物模型，然后画活体模特儿——大都由一些二流老师带领。

夏加尔很快开始厌烦，感到不满。这所学校并非毫无可取之处，图形艺术大师多布金斯基（Dobuzhinsky）在这里上过学，从而吸引到了各种背景的学生——如夏加尔在佩恩处认识的朋友伊利亚·马瑟尔，也在1907年进入了这所学校。但夏加尔是这里最具才华的学生，他感到这所学校层次太低——他感到心烦意乱，并对身边的俄国同学们感到轻蔑。他经常单独和梅克勒待在一起。在跟维捷布斯克的犹太女孩们简单地调过几次情后，他也有了一种性挫败感——他没有足够的信心跟学校里这些思想更开放的女孩们交朋友，又太拘谨、太胆小，放不开心中的浪漫情节，所以他也无法到圣彼得堡城里为数众多的妓女们的身上寻找安慰。这所学校以及一切与之相关的东西，在他的感觉中都是沉重的负担。

> 我在那里做过什么呢？我真不知道该怎么说。无数希腊人和罗马人的石膏头像从角落里冒出来，而我，一个可怜的乡下小伙子，却要从亚历山大大帝或别的蠢货那可怜的石膏鼻孔去彻底了解自己。有时候我会走到某个鼻子面前伸出拳头。要么，就站在房间的后面，久久凝视着维纳斯那落满灰尘的胸部。

这段时期他画过些什么呢？他没有留下任何这一时期的相关作品。在学校里很胆怯，住的地方挤成一团，在为了生存而挣扎，又为这壮丽的城市所震慑——他待在首都的头半年里，没做过什么有成效的事。"在那些公共休息区，有为邻居们提供服务的工人和推着手推车的小贩。而我，除了躺在床沿胡思乱想，什么也做不了。还能做什么呢？然后，各种梦将我淹没：一间空荡荡的、四四方方的卧室，房间的角落里有一张单人床，我躺在上面。"

但这些经历也促进了他想象力的形成。"有没有可能会有某个人，在某个地方，递给我一杯茶？"关于这段时期，他写道，"有没有可能，我再也不会在长椅或邮筒上找到一块面包？经常有人留下一片用纸包好的面包。最重要的是艺术，是绘画，一幅跟别的所有人的作品都不一样的画。但那是什么样的呢？"这是圣彼得堡会帮他解答的问题，这个问题的紧迫性让他克服困难留在了那里，因为他知道，他无法在"栅栏居住区"的家乡找到问题的答案。1906—1907 年的圣彼得堡，还不能与巴黎同日而语。那时候，巴黎的毕加索已经在画《亚维农少女》了。夏加尔还是第一次来到一个欧洲主要国家的首都，这是通向现代思潮和俄罗斯艺术遗产的通道。

和所有圣彼得堡的艺术新生一样，他也迫不及待地冲到冬宫，去参观他在佩恩那儿曾反复临摹过的大师的真迹。几年中，他曾多次来到米哈伊洛夫斯基宫里的亚历山大三世俄国艺术博物馆，参观安德烈·鲁勃廖夫（Andrei Rublev）的圣像画——这也是 1911 年马蒂斯访问俄国时唯一吸引到他的俄国作品。"看着那些圣像画，我的心分外宁静。"夏加尔写道。另一个为他带来启示的，是冬宫里那无比丰富的伦勃朗藏品，其中包括许多《圣经》题材的画，最为重要的是《老年犹太人肖像》和《红衣老人肖像》。夏加尔在思考这两幅作品将近 10 年后，才开始创作自己的犹太老人肖像。那时候，在冬宫悬挂着天鹅绒、墙面镶嵌着镀金装饰物的画廊里，没有像今天这样成群结队、喧闹不堪的观光客。那时候的冬宫安静而厚重，能让人静静地思考，让人能感受到文化和古典带来的愉悦。夏加尔热爱这些丰富多彩的文化宝藏，爱这种随意的展示方式，也爱绘画的三个层次——这些油画大都是 19 世纪之前的作品，被一幅接一幅紧挨着放在一起，一路延伸到房梁之上。人们在椅子上一坐就是几个小时，细细地品味着这些艺术瑰宝，有的还带着双筒望远镜。

然而，跟未来艺术的形成因素一样，夏加尔的第一次爆发不是得益于画廊，而是得益于戏院。一次偶然的机会，他在维拉·科米萨尔热夫斯卡娅的剧院观看了一出戏。他第一次在圣彼得堡看戏看的就是创造历史的作品，它开创了俄国象征主义戏剧的先河——这就是梅耶荷德（Meyerhold）执导的亚历山大·布洛克作品《露天市场摊位》。这部戏首演于 1906 年 12 月 30 日，当时跟梅特林克（Maeterlinck）的一部戏连场。这部戏的上演，宣告着梅耶荷德告别了 19 世纪的浪漫主义，开始了对实验模式的探索。在戏中，梅耶荷德表演一位小丑，穿着一身带红纽扣的白色戏服躺在舞台上，在他周围，是隐身在硬纸板后的各种神秘角色。这种表现主义风格效果怪诞，十分激进。在那个冬天，还有一部梅耶荷德执导的作品——安德烈耶夫（Andreyer）创作的《人的一生》，对 19 岁的夏加尔产生了巨大影响。在作于 1908 年的《乡村节日》中，夏加尔直接引用了梅耶荷德执导的戏剧中的玩偶造型，画面就像一个舞台。他一生都对滑稽角色和小丑角色充满兴趣，这种兴趣也源于布洛克的戏。

梅耶荷德向他展示了一种原始主义的美学，这跟他以前在佩恩那里接受的完全不一样。对这种美学的接受，让他脑子里浮现出了高更的作品——虽然他只见过高更作品的黑白复制品。白银时代的诗人们和高更有一种共识，那就是世纪更替至 20 世纪后，这个世界需要一种全新的审美方式。布洛克还是一位著名的诗人，夏加尔特别喜欢布洛克的诗。那时，他胡乱地写了些有关底层生活的诗，梦想着有一天能把这些诗寄给布洛克看一看。这是一个标志：在他的艺术生涯的每一个阶段，他都更认可同时代的作家，而不是艺术家。是对文学的探索，帮他从现代主义中找到了自己的路；而戏剧，也是他的作品极其重要的底蕴。圣彼得堡教会了他放开思维，甚至是把这座城市当作舞台。

　　然而，在 1907 年年初，萦绕在他脑中的这些理念还只是半成品，是一些将信将疑的想法和模糊的概念。他写道，他天性"摇摆不定"，无法对艺术中任何明确的东西产生兴趣。"估计你们会将那时候的我称为现实主义印象派。"他在 20 世纪 60 年代回忆道。1907 年时，列宾、列维坦，以及印象派肖像画家谢罗夫，在俄国的地位如神一般。谢罗夫和列宾还在世，巡回展览画派仍然在各地展览。此时的俄国，在艺术上已经落后了西欧数十年。直到 19 世纪 90 年代，第一批法国印象派画家的作品才进入这个国家。而第一幅高更的作品，也是在 1906 年才抵达，那就是大收藏家谢尔盖·希楚金（Sergei Shchukin）在那时候获得并收藏的《国王的妻子》。他将其藏在特鲁别茨柯依宫中，因为对大多数人来说，这幅画都太令人震惊了。"我要给你看点东西，"他一边带着一贯的口吃对画家利奥尼德·帕斯捷尔纳克（Leonid Pasternak）说话，一边拉开了幕布，"看看有个傻瓜画了什么，以及另一个傻瓜买了什么！"不久后成为莫斯科先锋派领军人物的卡济米尔·马列维奇（Kazimir Malevich）和米哈伊尔·拉里欧诺夫（Mikhail Larionov），在 1906—1907 年时还在以一种派生的方式创作，其中混杂着印象派、新艺术主义和象征主义的风格。

　　跟其他的俄国现代派一样，夏加尔正是出于对旧事物的不满，才不断寻求新东西。有了在佩恩那里学习的经验后，他凭直觉就拒绝了"艺术世界"学派那种女性化的美学，因为这跟他想要的完全搭不上边，他立刻就看出了"巴克斯特和他的朋友们，总体上忠于一种非常贵族化的、高雅的，甚至是有些颓废的艺术观念。而列维坦，甚至列宾，主张一种具有一定社会主义含义的民粹主义艺术，倡导回归自然，回归俄国人民的现实生活。我被这种民粹主义的印象派吸引到了"。他还被俄国伟大的象征主义者米哈伊尔·弗鲁贝尔（Mikhail Vrubel）的忧郁、狂热和马赛克风格所吸引。弗鲁贝尔最著名的作品《沮丧的恶魔》在 1902 年首次展出，后来他曾用夸张的手法重画过这幅画——将恶魔的嘴唇扭曲得狂喜而痛苦，将那双邪恶的眼睛夸张地放大。他不停地重画着这幅画，直到自己精神崩溃。20 世纪初，这幅画深深地迷倒了夏加尔那一代人。其险恶的画面氛围和破碎的颜料碎片，似乎预示着现代主义的剧变和帝国秩序的崩溃。

　　待在这座城市的第一年里，夏加尔努力吸收着一切。他摇摆不定，不知道该走向何方。然而，到了 1907 年 4 月，他在学校表现得很好，受到了学校董事会的表彰，每个月能领到 6 卢布的津贴；从 9 月起，他还获得了每个月 10 卢布的年度奖学金。对于一个身无分文的非法移民来说，这是一笔不小的财富。此时他能付得起饭钱了，几乎每天都会去佐科夫斯卡娅街上的一家小餐馆吃饭。1907 年 9 月，他穿着学校那颇具特色的制服——披着斗篷，戴着帽子——照了一张相，显得轻松快活、充满了渴望，然而表情仍显紧张。穿着那身衣服，他就像是个穿着戏服、对于如何扮演角色不甚明了的演员。但学校的课程，还是一如既往的枯燥乏味，学生们在同一个班上一待好几年，却没什么进步；对于看他不顺眼的绘画老师——列宾的学生格里高利·博布罗夫斯基（Grigory Bobrovsky）——来说，他的素描看起来就是毫无意义的涂鸦。而且，获得了奖学金，对于取得在这座城市的居留许可也无济于事，这就像是笼罩在他头上的一朵乌云：1907 年的夏天，他回了一趟维捷布斯克的家，而商人临时通行证已经过期，在返回圣彼得堡的时候，由于他太过天真，不懂得向底层警务人员行贿，就因无证被关进了监狱，一直关了两个星期。

被关进监狱，他用一种浪漫的腔调表示，是逃避圣彼得堡公寓楼的喧嚣的一次度假。因为"至少我有住在那里的权利"。照他自己的说法，他大部分的时间都待在监狱的厕所里看涂鸦，或者坐在长餐桌旁，面对着一碗水。每天晚上 9 点断电后，这种惬意的群居生活便告一段落，他会在睡着后又记起自己的梦想。

有个他记录下来的梦，是他融入主流社会的幻想：他和几位兄弟在海边，包括曾经被投入牢笼中又被放出来的画家弗鲁贝尔。弗鲁贝尔第一个下水，他金黄色的双腿像剪刀似的在波浪中伸展，但他又退到视线之后，一只胳膊伸出水面，接着就消失了。其他孩子们开始哀号，然后一个父亲——一只手中拿着一条鞭子的大猩猩——以厚重低沉的嗓音告诉夏加尔："他淹死了，

穿着圣彼得堡艺术促进会美术学校制服的夏加尔，照片摄于 1907 年 9 月 12 日，当时他已被授予年度奖学金

我们的儿子，弗鲁贝尔。我们只剩下一个画家儿子了，那就是你，我的儿子。"

1907 年，才华横溢、行为反复无常的弗鲁贝尔，被关进了乌索列夫 (Usoltev) 医生在莫斯科的精神病院；1910 年，他在那里去世。如果夏加尔记录的这个梦是真的，这反映出他在年轻时有一种"天才必然遭受折磨"的偏执认识，也说明他深深地理解困在笼中的那位 50 岁的象征主义大师的痛苦，并对此深表同情，除此之外，这还揭示出他藏在胆怯外表下的无畏精神：作为一个不起眼的 20 岁的艺术学生，他在冒昧地假设，自己会继承这位著名的俄国现代绘画先驱的角色。当然，在他写回忆录的 1922 年，他极有可能做这样的梦。那时候，他的幻想已经破灭，正要逃离共产主义莫斯科。那只大猩猩，便是野蛮的祖国俄国的化身。弗鲁贝尔当时已经去世，并被公认为 19 世纪艺术和先锋派之间的桥梁。夏加尔把自己和弗鲁贝尔放在一起，是在巧妙地尝试着将自己置身于艺术的世界。不管怎么说，与弗鲁贝尔产生联系的愿望，显示出他对俄国象征主义的一种忠诚，以及他对这种忠诚的不安。这样的愿望反映出的，是整个 20 世纪初期他自身的焦虑和不安全感。

出狱后，他有了去做招牌画家的学徒的想法，因为有手艺的人比较容易取得居留许可。但是，他没有通过专业考试。他认为犹太人的身份再一次让自己吃了亏。因为他的字写不好——这儿的招牌需要使用俄文字母，而不是意第绪语字母。因此，他仍然是个站在俄国文化门口的乡下犹太人，仍然在渴望着获得首都的居留许可。

在生活已经跌到谷底的时候，他被迫跟佩恩的一位朋友——一位名叫伊利亚·金兹伯格 (Ilya Ginzburg) 的雕塑家取得了联系。这是一个来自维尔纳的犹太人，曾跟安托可斯基 (Antokolsky) 共事，跟托尔斯泰、列宾和高尔基都认识。佩恩可能在 1907 夏天，夏加尔回到维捷布斯克的时候，跟他提到过这个人。所以当年冬天，夏加尔带着紧张的心情来到金兹伯格位于圣彼得堡艺术学院的画室。画室里堆满了安托可斯基的纪念品，以及金兹伯格塑造的当代名人的半身像。对夏加尔来说，金兹伯格的这个地方，就是一个艺术精英的中心，与自己非法停留、身无分文的形象相比，简直有天壤之别。

金兹伯格常会写推荐信给戴维·金兹伯格 (David Günzburg) 男爵，将有天赋的犹太男孩子们推荐给他。贡兹伯格男爵是一位非常富有的银行家和慈善家，是帝国内仅有的几个可以要求觐见沙皇的犹太人之一。德国裔的贡兹伯格男爵出生于乌克兰（他的贵族头衔是德国的，但得到了俄国的承认），是圣彼得堡犹太群体的领头人，也是犹太艺术的赞助人。他最钟爱的是东方古代典籍，拥有大量相关收藏，也是个著述颇丰的学者。他还是圣彼得堡考古学会成员，巴黎亚洲学会会员。在参加这两个学会的会议时，他会提着同一个公文包，里面装着相同的东西——一本希伯来语《圣经》，一本"法语—阿拉伯语"词典和一本托尔斯泰的书。他曾经在非洲、叙利亚和也门出版过关于犹太装饰艺术研究的书；他的藏书有 5.2 万册，其中包括古希伯来文手稿。这些书稿保存于欧洲最大的私人图书馆之一——他在圣彼得堡的宫殿中，并被装在带有巴黎制造的玻璃门的特制橡木书柜里。1908 年，夏加尔正是在这座宫殿里见到了他。

51 岁的贡兹伯格男爵梦想从前来寻求帮助的男孩子中找到一个未来的安托可斯基。然而他对夏加尔展示出的同情，却显得很苛刻。他给夏加尔提供了惯例中最少的补贴，每个月 10 个卢布，刚刚够夏加尔活下来而已：什乌里翁内斯（CiurLionis）曾做过一个计算，在 1908—1909 年的圣彼得堡，在精打细算的情况下，5 个卢布可以让他填补 10 天的饥饿。但同时，他也给了夏加尔一个进入他的朋友圈的机会——一个富有的、已被同化的、只讲俄语的犹太人圈子。1908 年，贡兹伯格男爵和自由宪政民主党领袖、国家杜马成员马克西姆·维纳弗（Maxim Vinaver）成立了圣彼得堡犹太人历史和名族志学会，他们对俄罗斯帝国内犹太人的未来寄予了颇高希望。对这位乡村出身、默默无闻的天才夏加尔的扶持，便是这种希望的体现。他们的圈子，还包括维纳弗的姐夫利奥波德·塞夫（Leopold Sev），一位名叫格里高利·戈德堡（Grigory Goldberg）的律师，评论家纳赫曼·希尔金（Nachman Syrkin）和作家亚历山大·波兹纳（Alexander Pozner）。他们都看出了夏加尔必非池中之鱼，都对他进行过鼓励。

作为一名律师，戈德堡有雇用犹太仆人的权利。于是，他邀请夏加尔假扮成仆人住在他家里，从而解决了夏加尔在圣彼得堡的居留许可问题。在好几个月的时间里，夏加尔都住在戈德堡家那狭窄的楼梯间里，但吃饭的时候会跟他们一家人坐在一起。1908 年春天，夏加尔作为客人，陪同他们来到濒临芬兰湾的纳尔瓦。戈德堡的岳父——锯木厂老板瑙姆·格尔蒙特（Naum Germonte）在这儿的海边有一座绿树成荫的庄园。这是夏加尔第一次品尝到俄国"美好时代风格"（belle époque）[4]的美妙，虽然在那时候，美好时代已时日不多。这里如此豪华的家居布置——仿"督政府风格"[5]的家具，满是花纹的地毯，挂着的诸多画以及放在架子上的海绿色新艺术风格雕塑——和他曾在圣彼得堡纳杰日辛斯基街上住过的房子里的摆设相比，无论是价值还是感官上的落差，都让没见过什么世面的夏加尔感到震惊。那是夏加尔对俄国"美好时代"那逝去的日子的第一次品尝；他早期的两幅作为色彩对比探索实验品的作品，《戈德堡的书房》和《戈德堡的客厅》，则是对这种震惊的记录。

从纳尔瓦回来后，夏加尔接受维纳弗的邀请，搬出戈德堡家的楼梯间，住进了犹太杂志《黎明》的编辑部办公室，维纳弗曾在此任编辑。《黎明》杂志在 1906 年已经停刊，直到 1910 年才复刊。但在此期间，杂志社的编辑们仍然常常在这里开会。公寓现在既是编辑部的办公室，又是夏加尔的画室和宿舍。他在沙发上睡觉，在成堆未售出的杂志间画画。维纳弗和他的朋友、同事们从房间里经过时，他便躲到他们后面。他在这儿画的第一幅画，是临摹挂在墙上的一幅列维坦作品，因为他很喜欢这幅画上的月光，就像是有许多蜡烛在画布后面闪闪发光。他爬到椅子上去临摹这幅画，因为他不敢把它从高高的墙上取下来。慢慢地，扎克涅夫斯克大街 25 号的这座大公寓不再让他那么害怕，而是越来越像一个家。很快，编辑部的办公室里就堆满了他的油画和素描，看起来更像一个画室，而相关的编辑讨论成了他创作的氛围。维纳弗就住在附近，一直为他提供着坚定而慷慨的支持。

夏加尔后来回忆到，在这些将要改变其命运的人的画室里，他感到非常紧张，总是觉得自己好像刚刚洗完澡一般，脸上又红又热。在一张 1908 年的照片上，他看起来还是那个笨拙的乡下犹太人：一个信心不足的年轻人，穿着一件不合身的双排扣外套，拘谨不安地站在那里，双手紧紧地背在背后，发型扁平而呆板，丝毫没有他随后培养出的那种波西米亚式的魅力。当罗莎·乔治叶弗娜·维纳弗（Roza Georgyevna Vinaver）邀请他去参加逾越节晚宴的时候，她"看起来就像是从委罗内塞[6]的壁画中走出来的……一片摇曳不定的烛光，把房间照得亮堂堂的，蜡烛的光辉和气味，跟维纳弗脸上的深赭色交织在一起，相映生辉……我不敢把我的画拿给他看，担心他会不喜欢"。奇怪的是，跟这位男爵的初次接触让他感到非常轻松。1908年写给贡兹伯格男爵的信是夏加尔现存最早的信件。他告诉男爵，他是一个"小得可怜的人物"，有一种"保持怀疑"的天性和一颗"痛苦的心"，一个很难"把话说得恰当得体"的结巴的年轻人，他深受自己"个人缺陷"和"悲伤思考"的折磨，而且常常对自己的未来感到绝望。"哦，告诉我，亲爱的男爵，这样的状态真的无法结束吗？"在这封信中，这样的感叹通篇皆是，折射出的是夏加尔那脆弱、自我怀疑的气质。

"主要是，"他在信中请求贡兹伯格男爵，"我有了很多小小的素描和草图，现在我想画一些更大的东西，但我没有水粉、水彩、油画的颜料，或是画布。"绘画材料的确昂贵，但他的心理窒息感，一种在圣彼得堡没有足够的自由去画画的感觉，也正在上升。这座无情的城市，正在摧残在这儿挣扎着活下去的乡下人。许多拥有天赋的年轻人被击败了，如什乌里翁内斯；除此之外，诸多别的以失败而告终的人，大都面目模糊，没有留下任何记录。对于那些出身富裕家庭，定期往返于首都和家之间的人，如梅克勒，画画只是个业余爱好，他们从来没有体会过在这座城市里生活的艰辛。更为专注的人，如佩恩，会花数十年去努力获得认可。夏加尔也一样，尽管他得到了贡兹伯格男爵、戈德堡以及维纳弗的帮助和支持，但到1908年时仍危机不断。这一切，都是他在这座城市里的矛盾地位造成的。

究其此时期的作品未得到保留的原因，是在他搬进《黎明》杂志编辑部后不久，他"想克服（自己）天生的怯懦"，于是带着50幅油画和素描来到画框制作商安涅可夫的店里，"问问他是否可以卖出些去"。这家店在扎克涅夫斯克大街上，他每天都会经过。之前他已经将他在维纳弗的办公室里临摹的印象派月光风景画以10卢布的价格卖给了安涅可夫。后来，他惊奇地发现那幅画摆在这家店的橱窗里待售，被署上了"列维坦"的名字。这可是夏加尔的作品，安涅可夫可真大胆！

他让我把我的画留下，过几天再回来，给他点时间让他考虑一下。一个星期后我回去的时候，所发生的事情就像是卡夫卡小说中的一幕。（安涅可夫）表现得好像他从未见过我，还说我从来没有给

过他任何画。至于我，我当然是忘了问他要
一张收据。我甚至还记得当时他问我的样子：
"你谁呀？"……我无法到法庭起诉他，因为
我是个滞留在俄国首都的非法移民。

身份问题使得即便是他那些社会关系颇多
的朋友们，也无法对这个画框制造商采取任何措
施。在这场盗窃性的欺骗中，这个人多半也获利
不多。因为后来，夏加尔这个时期（截至 1908
年上半年）的作品也从未被发现。有没有可能这
个故事是夏加尔自己编造的，以此来解释他在艺
术上并无进展的一年时间呢？

夏加尔在圣彼得堡，1908 年

搬到维纳弗这里之后不久，一个新的危机降
临了：6 月，夏加尔原籍所属的奥尔沙省送来了
他的入伍令，因为他即将在 1908 年 7 月 7 日年满 21 周岁，需要去沙皇的军队
服 3 年兵役，作为一个二等公民为这个帝国服务。只有手眼通天的人才能救
他。贡兹伯格男爵、维纳弗以及戈德堡律师，都向皇室请求延迟他的兵役；夏
加尔给艺术促进会的绘画学校的校长雷里赫写了一封言辞浮夸、情绪激动的
信，以请求得到他的帮助：

> 也许您认识我吧？我是获得过您的奖学金的学生，我被这种无
> 法解决的问题折磨着，被迫留在这令人窒息的花岗石彼得（圣彼得
> 堡）。而太阳在吸引着我，在叫喊着我——叫我走向纯粹的自然，去
> 画画！……我是如此深爱艺术，我已经失去了太多时间，如果接受
> 安排去服兵役、再浪费 3 年时间的话，我会失去更多。推迟我的兵
> 役是绝对必要的，因为在学校这么久以来，我还没能为艺术打下坚
> 实的基础，还没能为艺术做好真正的准备。

虽然这是一封比较正式的信，但却是在他的不满情绪达到临界点时写
的。雷里赫在给内政部的一封信中担保，他这位获得过奖学金的学生至少要到
1910 年才能完成艺术教育，并且已经取得了辉煌的成就。然而事实上，夏加

尔并没有取得那么大的成就。他告诉雷里赫他是"心痛的……被我的命运击败了";他感到不满,痛苦,不知道该走向何方。

"令人窒息的花岗石彼得"变得让人难以忍受。1908 年夏天,圣彼得堡有3 万人死于霍乱;在贵族群体中和艺术界,死亡的气息也在空中飘荡。7 月爆发了一桩宫廷丑闻:尼古拉斯·尤苏波夫亲王在一次决斗中被杀死了。这位25 岁的亲王刻意以身试险,明目张胆地与一名已婚妇女保持不正当关系,并以此来挑衅她的丈夫,最终自取灭亡地丢掉了性命。同一年,巴黎传来消息,富有的莫斯科艺术品收藏家谢尔盖·希楚金最小的弟弟开枪自杀了。希楚金的儿子 3 年前也死于自杀。而 1909 年,收藏家族莫罗佐夫(Morozov)年轻的弟弟阿森尼(Arseny),在等待莫里斯·丹尼斯(Maurice Denis)前来指导他的收藏作品如何悬挂的时候,随手拿起一把左轮手枪,问道:"假如我要自杀,又会怎样?"然后就崩掉了自己的脑袋。"我清楚地记得在 1910 年,我们是如何等待世界末日的:根据预测,哈雷彗星的尾巴会扫到地球,顷刻间致命的气体就会充满整个大气层。"共产主义作家阿列克谢·托尔斯泰回忆那些年的时候说道,"整个俄国艺术界,从上到下都充满了枯燥无味的毁灭预感,都是临死之前令人厌烦的哭喊。"夏加尔向贡兹伯格男爵哀叹道,他是一个拥有一颗"感受不到快乐的心"的人,沉浸在 1907—1908 年间出版的"不道德"的作品——费奥多·索洛古布(Fyodor Sologub)的虚无象征主义小说《小恶魔》中。他既迷上了小说中的男主角——一个被日常挫败逼成了偏执狂、又被一个小恶魔的无形化身折磨着的乡村教师,也迷上了索洛古布这个"死亡吟游诗人"——他的母亲是圣彼得堡一位不识字的洗衣女工,有报道说他一生都未见过她笑。

然后,在假期到来之前,他的绘画老师博布罗夫斯基(Bobrovsky),故意在全班同学面前对他的作品进行了特别恶毒的攻击,最后总结道:"你是有什么样的背景呀?这样的水准,还拿奖学金!"这让夏加尔忍无可忍。他索性走出了这间莫伊卡运河边的潮湿教室,连当月的奖学金都没领,就逃回维捷布斯克的家中。他在维捷布斯克写信给贡兹伯格男爵,说他试图"脱下我在圣彼得堡失败的外衣,将自己沉浸在宁静乡村的诗情画意中",独自"沿着河岸、田野和村庄"游荡,并主要在晚上画画——当"万物的轮廓都变得模糊""月亮的金属光芒"唤起他"对神的高度的模糊理解"的时候。博布罗夫斯基苛责的话语仍然在他的耳边回响，怒火和骄傲让他激愤异常——但一旦他回到这个可靠而亲切的家乡小镇，所有的不安就消失了。在母亲和妹妹们的环绕之中，他开始了自认为在走向成熟的创作。那幅名为《死者》的画，标志着夏加尔不再是一名乡下学生，而是一名一流的画家。他的作品风格极具个性，非常独特，永远不会被人误认为是他人的作品。

注释

【1】 新艺术派风格：指 19 世纪末至 20 世纪初流行于欧洲和美国的装饰艺术和建筑风格，会大量采用基于花、叶等自然形状的复杂设计和曲线图案。

【2】 "世纪末"风格：被用来形容具有典型的 19 世纪末特点的艺术、文化等，尤其是当被形容的对象具有雅致和浮夸的特点时。

【3】 法贝热：俄国著名金匠、珠宝首饰匠人、工艺美术设计家。其制作的"俄国彩蛋"尤为有名，俄国和其他国家的皇室都将之视为珍品。

【4】 美好时代：西方历史的一个时期，通常指从 1871 年普法战争结束到 1914 年第一次世界大战爆发的这个时期。这个时期的西方地区和平，经济繁荣，许多文学、音乐、戏剧和视觉艺术杰作都获得了广泛的认可。特别是在巴黎，艺术得到了蓬勃的发展。

【5】 督政府风格：指 1795—1799 年在法国督政府执政期间产生的一种装饰艺术风格，尤指家具设计风格。

【6】 委罗内塞：全名保罗·委罗内塞（Paolo Veronese，1528—1588 年），意大利文艺复兴时期的著名画家。

第 4 章

泰雅

维捷布斯克和圣彼得堡，1908—1909

维捷布斯克的一个清晨，天刚蒙蒙亮，四下仍然一片漆黑。在波克洛夫斯克街上的家里，还在睡梦中的夏加尔听见下面的街道上传来尖叫声。

借着街灯那昏暗的灯光，我总算辨别出一个女人的身影，正独自跑在空旷无人的街道上。她挥舞着双臂，泣不成声，哀求着还处于睡梦中的人们来救救她的丈夫……她不停地跑着。她害怕自己孤零零地和丈夫待在一起。被惊动的人们从四面八方跑来……他们往她丈夫身上喷洒樟脑油、酒精和醋。大家都在叹息，抹着眼泪。见惯了悲欢离合、最冷静的人，把这个女人拉到一旁，平静地点起蜡烛，在一片寂静中，开始在死者的头上大声地祈祷。

几个小时后，"死者静静地躺在地板上，他那肃穆而忧伤的面容被 6 支蜡烛照亮"，然后来了一匹黑马，"是唯一不动声色地履行职责的角色"，将那具棺材拖向墓地。

正是这个场景激发夏加尔创作了《死者》。这是夏加尔童年时代的故事，当他于 1908 年夏天回到维捷布斯克时，回忆起了这个故事。那时候，他在家里应邀教授上门的学生画画。在给一位名叫伽罗希尼（Galoschine）的年轻人上课的时候，他瞥了一眼窗外，为街道的空荡苍凉所震撼。"要怎样，"他问自己，"才能摒弃文学色彩，用一种直达心灵的方式来表现一条街道呢？怎样才能把街道画得如同尸体一般黑暗，而又不用到象征主义的手法呢？"

他的答案就是，把《死者》的画面呈现得像舞台布景。在小镇的一条街道的中央，在矮小的木房子和扭曲的窗棂之间，一具尸体平躺在地上，周围环绕着 6 支蜡烛。一个女人——受苦受难的人类的象征——哭喊着，悲伤地高举着双手。画面的正中，一位冷漠的道路清扫工用扫帚打扫着街道：他代表冷酷无情的死神，只专注于自己的工作，对所发生的事情置若罔闻——如同荒诞戏中的主角。在一座房子的屋顶上，一位狂放不羁的、似乎不属于这个世界的小提琴手演奏着——"出现得正合时宜"，夏加尔早期的支持者、艺术评论家亚伯拉罕·埃弗罗斯写道，"阴沉的天空下，怒号的寒风撕裂着云层，摇晃着树叶，以及挂在屋上的招牌般的鞋子和袜子"。画面上的一切都摇晃而无常，仿佛只存在于片刻之间，会无可避免地走向灭亡。然而那舞台布景般的画面构成，那种似梦似幻的光感，以及如同戏剧的画面情节，都让人想到安德烈耶夫戏剧《人的一生》中的一个场景的剪影——夏加尔曾在圣彼得堡看过这出戏。"一切都像梦一样，"安德烈耶夫曾如此描述这部作品，戏里面的角色必须具有"木讷的声音，木讷的姿势，木讷的愚蠢和傲慢。他们要荒诞得活灵活现、可笑得登峰造极，让每个人物，以特定的形象长时间停留在观众的脑海中。"

夏加尔一直将这幅 1908 年的《死者》看作自己职业生涯的开端。这幅画是他早期的巅峰之作，并预示了他成熟期作品的许多特征：俄国犹太小镇的背景，画面中和谐的反差，荒诞戏般的生活场景，扭曲而无指向、隐喻着精神世界的视觉形象。在接下来的十多年中，夏加尔学会了把两个要素——华丽的非自然色彩的表达可能性，对现代主义表现手法的熟练掌控——注入作品中，并将这些元素有机融合，以自己特有的创作方式记录下 20 世纪的经验。而早在 20 世纪初，夏加尔这幅早期杰作对人类无意识生活的剖析及其所表现出来的对死亡的迷恋，便具有一种预见性。弗洛伊德那些影响深远的著作与《死者》产生于同一时代——《梦的解析》出版于 1900 年，《性学三论》出版于 1905

年——夏加尔从来没有读过，然而弗朗兹·迈耶（Franz Meyer）却这样报道过："谈到《死者》时，夏加尔说，精神分析法是他早期作品在科学领域的平行线……两者都见证了精神生活的比较史，都对迄今未知的精神领域造成突破。"

但若稍加深思，从其内在而直接的特质上看，《死者》是一幅典型的年轻人作品：这是夏加尔刚过 20 岁时心路历程的写照。一种令人头皮发紧的感觉充斥着整个画面，就好像夏加尔正在凝视着棺材一般。画面或许跟 1908 年他最小的妹妹雷切尔的去世有关：

> 看见她床头的蜡烛被点燃，我仍然没怎么流眼泪……我想着，再过几个小时，这具小小的躯体就要被埋葬入土，人们的脚就会踩在上面！……我不明白，一个活人怎么突然就死了。我常常出席葬礼，但我只见过棺材，从未看见过人在棺材里的样子。对此我也很害怕。

象征主义，也加剧了夏加尔青春期时对死亡的迷恋。根据当时的报道，他被"俄国的象征主义迷住了。索洛古布那些幽灵式的哀歌，他的《小恶魔》，以及他的悲观主义和对现实世界的排斥，都与夏加尔的画有着直接的相通之处。在他的画中，日常生活与梦幻般的甜蜜爱情相交织，与对现实的粗暴谴责相交织"。"对我来说，死亡是什么，毒药还是绞刑架？"这一时期，夏加尔在写给贡兹伯格男爵的信上这样夸张地写道。死亡，是他在维捷布斯克的那个夏天完成的诸多作品的主题：色调淡棕和浅灰的《坟墓》，素描《犹太公墓》和《有马车的葬礼》。

在《乡村节日》里，父亲和母亲扛着孩子那小小的白色棺材，走在暮色苍茫的送葬队伍之中——或许这是关于雷切尔葬礼的记忆。舞台般的阴暗背景、充满病态的黄色天空的灵感，来自梅耶荷德执导的戏剧《露天市场摊位》。当夏加尔返回圣彼得堡时，这部戏给了他极大震动。画中充满了与这部戏相关的人物和场景：一个杂技演员；一个撑着雨伞的滑稽角色；一个小剧院；还有一个穿着带红纽扣的白色戏服的小丑，他躺在空荡荡的舞台上。夏加尔还在画面上添加了些原创的荒诞内容——一个女人倚在阳台上，正将便盆栽到一名送葬者头上。小丑拿着一盏油灯，照亮了整个送葬的队伍，日落时分的光线与人造的灯光混合在一起，使画面呈现出一种梦幻般的色调。这是人类真实生存状况的集会，滑稽而悲伤，而个人的生与死恰吻合了一句俄罗斯谚语："半个世界在呜咽，半个世界在雀跃。"小丑拿灯的姿势很奇怪，看上去摇摇晃晃的，如同舞台脚光一般照亮夏加尔所说的"现实中的不现实"。这也预示着马戏团会成为一个流行的现代主义主题，一个夏加尔到老都反复描绘的主题。"当然，我并没有看不起毕加索笔下的滑稽角色和小丑，事实正好相反。我也不会否定他为这些角色带来的奇特感。能将一切呈现成这样，说明他的绘画技艺真是无与伦比！但是，夏加尔描绘的小丑更加奇特、更加邪恶！更让人振奋，又更让人沮丧！"第一个收藏夏加尔作品的法国收藏家古斯塔夫·科奎奥（Gustave Coquiot）在评论《乡村节日》时写道，"他穿的那件带蓝红条纹的白色紧身衣，就像一面旗帜；那副醉酒狂欢的面具，那张惊奇而愚蠢的脸，一伸一曲的两条长腿——这一切都是奇迹。"

《死者》和《乡村节日》让夏加尔明白，有了这双在圣彼得堡得到训练、发现了高更和梅耶荷德的原始主义戏剧的眼睛，即便是在维捷布斯克也可以找到奇迹。从在佩恩处完成学业时画的粗糙画作《音乐家》到如今奇幻而沉着自信的作品，这巨大的飞跃表明，在圣彼得堡18个月的学习，让他在绘画技巧和对现代风格的理解方面取得了长足的进步。但如果他是一直待在圣彼得堡的，也无法完成这样的作品。回到维捷布斯克，发现那座沙皇城市带来的疏离感，反而加强了他与自己家乡的亲密。现在，他已经无法摆脱这座小城，它已经成为他无法逃离的创作主体。维捷布斯克已经成了他独有的艺术天地，它的外观已经变成了精神现实。当年夏天，他画了很多温和的作品，主要是家人肖像，比如《沙发上的女孩玛丽森佳》（玛丽森佳是玛丽亚斯佳的昵称）。画面中是家中最小的、年仅6岁的妹妹，她盘腿坐着，戴着夏加尔硕大的黑色贝雷帽，形象稚嫩而动人，带有一种令人感到愉快的造作。这些作品显示出他对伦勃朗的吸收，当然，更显示出他被温暖的家庭氛围所笼罩。

"如果我不是犹太人（以我对这个词语的理解），我不会成为艺术家，更别说是一个特别的艺术家。"夏加尔说。夏加尔的创举在于，在1908年那个年代，这位渴望拥有国际化视野的现代主义艺术家，就是在这样一个犹太小镇开始艺术创作的——任何一个有文化野心的人都会尽力逃离这样的环境，因为这里完全没有绘画的传统。除了他之外，没有人觉得这样的世界值得记录：如以意第绪语作家摩耶西·利特瓦科夫（Moyshe Litvakov）为代表的"进步"犹太人，对"犹太村落破旧的小巷，弓着腰、鲱鱼一般的居民，年轻的犹太人，那些只会说'感谢上帝，你长大了，长壮了！'的叔叔阿姨们"都感到绝望；而生活在大都市里的俄国人，对这片土地根本不屑一顾。

正是圣彼得堡给了夏加尔一个颇富距离感的视角，让他看见了这个仍在哺育他的社会环境在文化上的废退，他才可以把这座犹太小城呈现为他画笔下的样子。为了在画布上展现这片土地，他充满激情地运用着 20 世纪早期艺术的各种激进潮流，即便出现某些不和谐的错位。然而，这种推动他成为前卫艺术家的创造力，也预示着传统犹太乡村生活的坍塌，预示着对追求自由的现代潮流的归属。正是在历史的惊鸿一瞥间——从 1905 年第一次俄国革命到 1917 年列宁的到来——在这文化价值观念产生剧变的短短十来年间，正统犹太人们的时代代言人才得以出现：一个流亡的犹太人，一只脚踏在犹太乡村，另一只脚踏在圣彼得堡。

在《死者》《乡村节日》以及延续着这一风格的《宗教游行》中，那些粗犷而夸张的人物形象以及故作笨拙的表现手法，让人联想到俄国原始主义、表现主义和象征主义的潮流，以及高更对之带来的影响。同时，19 世纪俄罗斯艺术的表现手法也被囊括其中：叙事性动机，平民主义视角，游行队列主题。这些都是对俄罗斯经典艺术的升华。比如，在列宾的《库尔斯克的复活节游行》中，所描绘的人物从农民到绅士、从旧教徒到士兵，犹如一幅俄国社会的全景；瓦西里·佩洛夫（Vasily Perov）在《最后的旅程》中描绘了一个送葬队伍；列维坦在《弗拉迪米尔卡之路》中描绘了一条通往西伯利亚的路途。朝圣、旅行、道路的选择或放弃，相关问题萦绕在绘画界和文学界——这些问题在果戈理的《死魂灵》、托尔斯泰的《战争与和平》中都有表现。这个国家的艺术，一直植根于其民族特性。正因为接受了这种引起他强烈共鸣、富有承载感的作品，夏加尔才得以成为一名"俄国艺术家"；同时，通过将创作主题从沙俄帝国的未来转移到犹太人的危机上，他向世界宣称了自己犹太人的身份。

《死者》和《乡村节日》的突破性意义在于，夏加尔丢弃了现实主义传

夏加尔，《宗教游行》，纸上铅笔、墨水、水彩、水粉，1909 年

统，由内而外地将这个世界的戏剧性表现了出来。亚伯拉罕·埃弗罗斯在
1918 年出版的第一本关于夏加尔的书中写道："他画中的现实主义生活，充满
了一种由不同的奇迹组成的秩序。"佩恩仍然用古老的风俗画来表现犹太小镇；
夏加尔则让他们在作品中生动起来，犹如一出上演的表现主义戏剧。他"能意
识到现代剧院里最需要的东西：心灵装饰。在这样的舞台上，那些平凡的生活
方式会变得活灵活现，充满启发。"俄国犹太人、艺术评论家雅科夫·图仁霍
德写道，"他笔下的小教堂、磨坊和市场摊位、多彩小屋，就像孩子们的玩具；
婚礼和葬礼上笨拙的小人儿，就像一群木偶。"

对于 20 世纪初的年轻艺术家来说，这种原始主义是最伟大的能量。在前
卫艺术界的每一个角落——无论是巴黎、慕尼黑还是莫斯科，沙龙艺术都已让
人感到厌烦，因其过于精致和学术化而遭到普遍的拒绝。人们呼唤的，是原始
的、非欧洲的民间艺术的新鲜血液。正是在这样的背景下，高更把目光投向了

塔希提，而毕加索、马蒂斯和安德烈·德兰（André Derain）把目光投向了非洲雕塑。《亚维农少女》是毕加索于1907年参观过民族博物馆后最终定稿的；年轻的俄国先锋派艺术家们，如米哈伊尔·拉里欧诺夫和娜塔利亚·冈查洛娃（Natalia Goncharova），开始在这个时候访问巴黎，并将新的艺术思维带回莫斯科。巴黎的现代主义一来到俄国这片土壤，就立即被俄国新原始主义那鲜明而野蛮的风格折服了。这种新原始主义的灵感来源于廉价的流行版画，以及斯基泰人的古老雕塑——如在黑海和西伯利亚南部之间的草原上发现的石碑。"我跺掉脚上的尘土，离开了西方，那里的文化庸俗而微不足道，"冈查洛娃说道，"我将脚步迈向了所有艺术的源头——东方。"俄国的农民文化和亚洲的文化遗产，在莫斯科的家门口提供着本土的原始主义源泉，吸引了高端艺术界的目光。然而，出身高贵的艺术家们与农民的生活相去甚远，他们对樵夫或收割者等农民题材的热忱，仍然包含着做作的因素——冈查洛娃是建筑师的女儿，普希金的妻子家族的后裔；拉里欧诺夫则是医生的儿子。作为具有现代主义诉求的犹太乡村艺术家，夏加尔的身份地位明显与他们不同。在他的家族和犹太故乡里，他已经做好了随时将新美学思想和原始主义无缝连接的准备。并且他那从永恒的犹太小城维捷布斯克培养起的创作现代艺术的直觉，即便在进入现代主义艺术的圈子之前，都已经同欧洲的时代精神分毫不差了。

1908年秋，当他返回圣彼得堡时，俄国先锋派艺术的各种潮流已经开始相互碰撞了。1907年12月，莫斯科的"花冠"展将拉里欧诺夫、冈查洛娃及他们的朋友们首次介绍给更多大众；他们的作品尚未到达圣彼得堡，但诸如《金羊毛》等众多杂志已经热烈地报道了俄国的新艺术，夏加尔和他周围的同学们也对之进行了大量的吸收和讨论。《金羊毛》杂志社在1909年组织了多次先锋派的展览，将俄国艺术家的作品与德兰和乔治·布拉克（Georges Braque）的作品一并展出。另一巨大的推动力则来自希楚金，他在周日向公众开放了莫斯科的豪宅，展出了8幅塞尚、16幅高更的作品，还在独立展室中展览了马蒂斯和毕加索的作品。戴维·伯柳克（David Burliuk）、卡济米尔·马列维奇、罗伯特·法尔克（Robert Falk）、阿里斯塔赫·连图洛夫（Aristarkh Lentulov）、伊利亚·马什科夫（Ilya Mashkov）、皮奥特·康查洛夫斯基（Pyotr Konchalovsky）等当代的年轻艺术家们，都因眼前的作品而激动不已。

在希楚金和另一位商人收藏家伊凡·莫罗佐夫（Ivan Morozov）的藏品的影响下，莫斯科成了仅次于巴黎的现代艺术中心。"每天的神都不一样，"当时的一位艺术评论家抱怨道，"塞尚、高更、凡·高、马蒂斯、毕加索正在毫无怜悯且不加节制地对一切展开掠夺。这是一个混乱的世界，一切都颠倒了过来。每个人都想叫得最大声，以显得自己最现代。"一位莫斯科的教授提议禁止学生参观希楚金家的展览，因为"现代主义的传染病正在渗透进每一个班级，甚至是谢罗夫的画室"。俄国印象派泰斗谢罗夫还活着，他曾教导过莫斯科先锋派的许多年轻人，如帕维尔·库兹涅佐夫（Pavel Kuznetsov）、伊利亚·马什科夫、塞尔吉·苏迪金（Serge Sudeikin）。现在，他又依次向他们每个人学习，让所有人都大感惊讶。1910 年，在画一幅马蒂斯风格的静物画之前，他画了一幅大胆而鲜艳、画面呈几何块状的伊凡·莫罗佐夫肖像，这似乎是他的前卫主义宣言。这种情形让人觉得，即便是谢罗夫，也未能坚守 19 世纪俄罗斯传统的堡垒。在他去世的前一年里，"尽管年纪大了，他却仍然在努力成为当前生活的主人"，夏加尔在给妹妹们的一封信中如是赞许他。

现代主义的潮流在圣彼得堡蔓延得更为缓慢，但夏加尔尽可能地跟随着莫斯科的趋势。然而，从一开始他就敏锐地觉察到，自己与俄国的原始主义者和革命前的中产阶级自由主义者们格格不入。

他的艺术作品滋生于他的成长环境，其主题吸收的是一种完全不同的情感，这种直接的生活体验让他和别人区分开来。此时吸引着他的俄国画家，是两个与当前潮流无关的人：立陶宛象征主义画家什乌里翁内斯，"慕尼黑的俄国人"阿列克谢·贾伦斯基（Alexei Jawlensky），后者的兴趣主要在于探索色彩的神秘力量。1909 年 1 月，在什乌里翁内斯的神经永久失常之前，两人的作品出现在门什科夫宫的俄国艺术展览上。而比夏加尔年长一代的贾伦斯基，成了他艺术的最早支持者之一。1909 年，他刚刚与康定斯基创立了"慕尼黑新艺术家协会"，后来很快发展成了"蓝骑士社"。他出身于俄国的一个军人家庭，曾在帝国军校上过学，还跟列宾学习过，但从 1896 年起他便开始在欧洲旅行，受高更和马蒂斯影响颇深。作为一个超世俗的人，他相信"艺术家必须用形式和色彩来表达他的神性……艺术作品是一个可视性上帝，艺术表达的则是对上帝的渴望"。他几乎是同时代俄国画家中唯一被夏加尔称赞过的人——多年后夏加尔提及他时的满腔热情，在他对自己青年时代的艺术界的一系列负面回忆中，显得分外引人注目。"贾伦斯基！那可真是一位了不起的画家！"他叫道，"他是我在圣彼得堡度过的艰难时光中，为我带来过最大的鼓励的人之一。"贾伦斯基从慕尼黑给他写过几次信，一定程度上减轻了他的孤立感和焦虑感。夏加尔当时正在首都度过第三个冬天，处于一种隐居状态。彼时，犹太人仍然被禁止在圣彼得堡或莫斯科停留，他对自己与俄国的关系充满了矛盾的心理。

1908 年年底，夏加尔离开了雷里赫创办的绘画学校，来到一所私人艺术学校，并在此度过了 1909 年的上半年。这所私人艺术学校的创办人萨弗尔·赛登伯格（Savel Saidenberg）也是列宾的追随者，不过更加保守。这段时间，他唯一为人所知的作品是一张 3/4 侧面的自画像，画面上他的表情阴暗又犹豫不决，显示出高更的影响——头部的姿势，盖着耳朵和挂在后颈的头发，与高更的《带神像的自画像》一模一样。

那段时期，夏加尔的一切都很糟糕：沉闷而短暂的圣彼得堡的白天，令人不满的学校，毫无把握的艺术发展之路，还有，12 月第一位赞助人贡兹伯格男爵的拒绝。这些都是夏加尔在回忆录中记载的（但最后一点并不可靠，因为回忆录是在革命后写的，在那时如果说与自己有过关联的有钱人的坏话，会给他的处境带来好处），他还写到，贡兹伯格男爵在毫无征兆的情况下终止了他的津贴：

> 有一天，我前去领取那 10 个卢布的时候，那位神气活现的仆人把钱交给我的时候对我说道："拿着吧，这是最后一次了。"

> 男爵和他的家人们是否想过，当我离开他们家那金碧辉煌的楼梯之后，会是什么样的状况？我能用我的素描去谋生吗？或许他们只是想：你自己去想法子吧，去卖报纸吧。

> 那么，当初他们为什么又要对我表示青睐，在言谈中对我的艺术才能充满信心？

> 我不明白。事实上，也没什么需要弄明白的。

唯一感到痛苦的人是我，不是别人……再见了，男爵！

第二年，贡兹伯格男爵去世了。因此，夏加尔可以尽情地将他丑化成一个冷漠的上层阶级范例。但他充满痛苦的叙述表明，他仍为这段关系感到心痛。贡兹伯格男爵是他的赞助人，同时也一直是他的知己，是他充满孤独和自我怀疑的信件的收件人。他终止资助的原因，或许是他已失去了耐心，不堪忍受夏加尔那满怀自恋的滔滔不绝。

那年冬天，夏加尔画了《俄罗斯婚礼》，灵感来自妹妹安纽塔的婚礼。这是他在圣彼得堡完成的第一幅大型油画：维捷布斯克那一棵树都没有的街道和摇摇欲坠的房屋显得忧郁不堪，昏黄的街灯照亮了画面的灰褐色调。这个充满悲凉和孤寂的乡下结婚队伍虽然是俄国现实的典型写照，但也会让人联想到勃鲁盖尔的画作——夏加尔曾在冬宫见过他的作品，对他钦佩有加，并称他为"农民勃鲁盖尔"。然而，新郎和新娘是犹太人，因此在俄国的农民们和舞者间还有几个不一样的角色——挑水的人披着祷告巾，小丑戴着小圆帽，而在婚礼中常常出现的犹太小提琴手则穿得像俄国士兵。这幅画暗示着身为挣扎在沙皇俄国的圣彼得堡的犹太画家，夏加尔的身份非常具有戏剧性，游离在俄罗斯传统之外。这是夏加尔售出的第一幅画，买主是他的赞助人维纳弗——一位被俄国化了的犹太人、国家杜马的成员，他的目标是建立一个民主的俄国，让犹太人在其中能拥有一席之地。"一位著名律师，一位国会议员，但依然爱我画中那些跟新娘、新郎和乐手们一起往山下走的穷苦犹太人。"夏加尔写道。但犹太艺术评论家图仁霍德在画中看到了"当代'栅栏居住区'的犹太人身上的一种不健康的稚气和紧张的忧虑。就像是对血腥的大屠杀的恐惧毒害了他的童年；而他的幻想经常如同烧糊涂了的孩子的乱梦。"在他的自传中，夏加尔承认，每当他离开维捷布斯克时，"走得越远，就越感到害怕。当我要穿越'边境'，或发现自己靠近军营时，我害怕到连颜色都会变得黯淡，画面都会变得酸腐"。他的女婿迈耶通过与他谈论这段时期，得出了结论：在这个时候"夏加尔的幻想仍然需要这种黑暗色调的保护——那种现在他称为'北方的精神之光'的东西"。

因此，在 1908—1909 年，他的画布上充斥着棕色、黑色和泥泞的绿色。在俄国原始主义者或流亡的贾伦斯基和康定斯基的大胆色彩中，他还未能感

夏加尔，《婚礼》，草稿，1909 年

到足够的自由；甚至在运用艺术世界学派那水晶般的色调时，也无法做到得心应手。伦勃朗在他身上留下的影响依然强大，但即便考虑到这一点，《死者》和《俄罗斯婚礼》中的阴暗，也折射了他在圣彼得堡促狭而沮丧的生活。"我讨厌俄国或中欧的颜色，"夏加尔于 1967 年告诉皮埃尔·施耐德（Pierre Schneider），"他们的颜色就像他们的鞋子。苏丁、我自己——都因那种颜色离开。当我抵达巴黎时，我的颜色仍然非常阴暗。那是土豆的颜色。"

在夏加尔那被神话般演绎的人生传说中，是巴黎，为他的作品注入了光线和明度。然而，这个传说忽略了 1909 年发生在圣彼得堡的重要事件：当时，他绘制了两幅裸体画：一幅是深红色的，一幅是玫瑰红色的。这是他画过的最危险、最狂热的两幅裸体画。这表明，虽然在很多方面，这座禁忌之城如同一座监狱，但他却让一个害羞的犹太乡村男孩得到了性解放。

在《红色裸女》和《坐着的红色裸女》中，夏加尔均采用单一的色彩：

炽热的深红色，来塑造人物的身体。高光部分的颜色略浅，加上黑色的背景，创造出一种生动的光影效果。在《坐着的红色裸女》中，人物是一个暗色剪影。画面上的女人面对我们，身体直立，双臂伸展，双眼上方的头部处于画面之外，身旁直立着的盆栽突显了其挺直的坐姿。当时看过这幅画的人们如是评论这幅画："犹如一个阴沉黑暗的梦，所描绘的对象有一种很奇怪的特性，充满了嘲讽的意味。"

内容更为丰富的《红色裸女》是上一幅画的横向版本，画面的主体是一个侧坐的女人体，双腿伸展开来，乳房、躯干和头部以强烈的动态反抗着观众并支配着画面。桌布上将倒未倒的花瓶让平衡感更加缺失。画面上的静物和粉红色的人体，都同深绿色的背景形成了鲜明对比。显然，夏加尔对这种鲜明的对比色感到很满意，因为在第二年的《安拉（一个女人的肖像）》中，他再次使用了此种手法。这幅画描绘的是一位裹着红围巾的俄国农妇，与绿色的植物形成了鲜明的对比。

两个红色裸体近距离地表现了模特儿，画面充满了毫无相关经验的年轻画家对女性身体的兴奋，这种野性的能量非常惊人。最大的影响仍是高更——夏加尔在 1909 年的《金羊毛》杂志中看到了《塔希提的女人》。但画面的强烈张力和富有声色的观感，源于夏加尔与这位模特儿，20 岁的泰雅·布拉赫曼（Thea Brachmann）的关系。在她那儿，他第一次见到女性裸体，极具诱惑力和威胁性的裸体。她毫不掩饰的性感是对他脆弱自我的挑战。"可怜的泰雅！夏加尔没能领会她年轻身体的美，只是将她画得通红。他定是以此来表达内心燃烧的火焰。"一位朋友后来透露道。然而，她的影响在于打翻了他柔和的调色板，让他在到巴黎去之前很久，就已成为一位激进的色彩大师。

纵观历史，画女性的裸体的人总会被叫作色情狂。但在 21 世纪的今天，我们很难想象那些刚开始画女性裸体的经验，对 19 世纪 90 年代和 20 世纪初那些矜持的、未经人事的年轻男人来说，会产生什么样的影响。1891 年，当 21 岁的马蒂斯在巴黎朱利安美术学院第一次见到裸体女孩时，他感到非常激动，以至于将最初的人体写生画得乱七八糟。当时他的老师告诉他："你的画非常糟糕，糟糕到我几乎不敢告诉你有多糟糕。"俄国比法国更为守旧，将其艺术史追溯至18世纪，除了圣像画以外，几乎没有画裸体的先例。在夏加尔绘制泰雅裸体的第二年，谢尔盖·希楚金写信给马蒂斯，以主题不雅为由，取消其之前为特鲁别茨柯依宫订购的两幅大型裸体画。接着，他又推翻了这个决定，告诉马蒂斯："我发现你的画《舞蹈》是如此的高尚，我决心鼓起我们资产阶级的勇气，在我的楼梯上挂一幅带有裸体的画。"在这样的背景下，一位犹太医生的女儿，正在圣彼得堡大学学习文学的泰雅，在扎克涅夫斯克大街上的编辑部办公室里脱下了身上的衣服，为21岁的马克·夏加尔当裸体模特儿。他和她都觉得，他们正在进行一场危险之旅。

夏加尔称，他与泰雅的相遇，是"我生命中的转折点"。这是他的"第三次浪漫"，在经历了与维捷布斯克的阿纽塔和奥尔加的羞怯畏缩之后，他确定这次将会不同："我变得越来越大胆。我亲了左边，又亲右边。我再也不会有一丝退缩。"泰雅也是一个大胆的女孩。她认为自己是一位有知识的现代女性，致力于前卫的思想。她写诗，热爱艺术，富有同情心，弹钢琴的技艺也十分高超。她在面容英俊、头发卷曲的夏加尔身上，看到了一位贫寒而富有天才、不被人理解的艺术家的身影，藏在她脑中的那种波西米亚式的幻想成真了。泰雅也来自维捷布斯克，出身于一个颇有教养的家庭，曾在女子学校念书。她聪明上进，在学校里表现突出，成了少数可以到圣彼得堡和莫斯科上大学的犹太学生。同夏加尔比起来，她更加富有，拥有居留许可，在圣彼得堡生活得更自在，正在享受着这个刚刚为她开启的新天地。她说，她是为了艺术、为了帮助贫穷的前卫画家而裸露自己的身体，但真实的原因可能是她爱上了夏加尔，以及爱上了追寻新艺术的理想。

夏加尔是通过维克多·梅克勒认识她的，那时候梅克勒的家搬到了她家附近。作为医生的办公室，泰雅在维捷布斯克的家对周围的中产阶级和乡村农民来说颇具名望。他们挤进去征求她父亲的意见，以鸡或鸡蛋为礼物，期待被早些问诊。邻居们也常会在她家门口停留，听泰雅的三位哥哥用钢琴和小提琴演奏莫扎特和贝多芬的奏鸣曲。他们家的房间里总是布满了鲜花、植物，还有叽叽喳喳的鸟儿们。布拉赫曼医生待人亲切，颇受爱戴，常常会在他朋友的家中留下来喝一杯白兰地，打一局纸牌，从而打乱自己的行程。泰雅的母亲活泼而友好，是个不加拘束的人。泰雅自己，作为家中唯一的女孩，是个假小子，无论走到哪里都带着她的大狗"侯爵"。在家中，她毫不拘谨而满怀同情，父亲做手术时常有她帮忙的身影。

夏加尔和泰雅·布拉赫曼，摄于 1909 年

她的肩膀很宽，骨架很大，手长脚长，嘴唇红润好动，是活泼外向的人。她常在头发或裙子上佩戴鲜花。从一张 1909 年的照片，以及同年夏加尔所作的一些素描上，我们可以看出她坚定而强烈的外貌特质：额头和颧骨高耸，下巴突出，表情自信。她在学校最好的朋友写道："她的歌声非常迷人，而且她非常机智活泼，令人笑口常开。所以，她很受欢迎。"然而，她也有沉重不安的一面。

泰雅有时候会自己上演一些戏码。当一切显得太安静、太平和时，她会感到无聊……她喜欢和男孩们待在一起，并且会毫不掩饰地亲他们的唇。她也喜欢和他们打架。和女孩子们在一起的时候……她很温柔，可能会花好几个小时凝视着人家的长脖子和美丽的手。总的说来，她活泼而安宁。但她也容易突然变得沮丧，将自己裹进一条黑披肩里，用沙哑的嗓子唱悲伤的歌曲……当她陷入那种忧郁之中时，人们会充满畏惧。

在那两幅裸体画和其他几幅作品中，夏加尔捕捉到了她反复无常的气质。当时的她刚刚感受到身体的自由，感受到在首都独立生活的自由，但也因背负过去而沉重，感到无法摆脱家庭的要求和社会的责任。在《桌边的夫妻》（又名《戒指》）中，她坐在桌旁，对面是一个顺从地低着头的丧气男青年，一束暗示主题的粉红色花束隔在两人中间；画面上的两个年轻人各怀心事，而背景中的老年犹太夫妇则亲密地坐在一起。这幅画寓意着时间的流逝，也暗示着这位年轻的女孩（那个男人是一个被边缘化了的存在）在理智和情感的对弈中难于找到平衡。夏加尔记得他与泰雅和她的朋友对此进行的无休无止的争论。她对文学的象征主义的兴趣，解释了画作的表面含义——戒指代表着忠诚，苹果代表着女人对男人的诱惑。

　　《桌边的夫妻》显示了夏加尔作品中反复出现的主题：情侣、花朵、强大而占据主导地位的女性。在同一类型的画《夫妻》中，画面上的男人显得更加边缘化。画中的母亲——原型为泰雅——是一个坚实可靠的存在，其强大的力量充满了整个画面。她抱着一个婴儿，以一种似乎预见到婴儿的悲剧命运的目光看着孩子；她身后的时钟标志着时间的流逝。《夫妻》是一幅洋溢着青春和热情的作品，充满了讽刺意味。这种讽刺尤其体现在棱角分明的父亲身上，他在画面边缘的身体被切掉半边。约瑟对自己私下的角色充满怀疑，担心自己被戴了绿帽：在他朴实坚定的妻子面前显得颇为可笑。这是夏加尔第一次涉足基督教圣像画，他对圣家族的形象进行了改造，将之描绘成一对不安的现代俄国年轻夫妻。女人身上的力量来自自信而有主见的泰雅；而畏畏缩缩的男人则

夏加尔，《夫妻》，布面油画，1909 年。画面中女人的原型为泰雅·布拉赫曼

折射出了夏加尔自己的怯懦。他在 1909 年创作了第三幅以夫妻为主题的画作《家庭》（有时亦被称为《割礼》），画面也包含了圣家族的三个核心人物：圣母玛利亚、圣子和约瑟。同样，画中的女人穿着一条带有图案的长袍、膝盖上坐着孩子，是画面的主角。通过泰雅和这些画作，夏加尔探索着自己对爱情和家庭的那些不确定的感受，也在寻找着走入宗教艺术的途径。

夏加尔在生活中总会选择和泰雅这类女人在一起，并无情地将之描绘进艺术之中：她们意志坚定，感情强烈，待人接物大方得体（夏加尔向上攀爬的本能并不会让他缺失爱情），富有才智，且有抑郁倾向。能让夏加尔将女性的形象和处境描绘得如此生动、如此现代的一个重要原因，是他喜欢那些复杂的女人。他的母亲是一个富有活力的人，充满希望和忧伤。他对母亲有一种强烈的依赖。自泰雅起，他和数个女人之间建立了多段类似的依赖关系。这些女人力量强大，对他既是挑战，又是养料和后盾。

应该说，是泰雅，而不是更有竞争力的维克多为他真正打开了进入有上等中产阶级文化圈的大门。维纳弗、塞夫和戈德堡是成熟开明的犹太人，但他们是夏加尔的上代人，年轻的夏加尔在他们面前从来不能做到完全放松。而且，对于这些男人来说，他也是一个潜在的竞争者；但对女人来说，他不是。另一方面，泰雅出生于他所熟识的维捷布斯克，她的背景令人放心。除此之外，她还是一个迷人的新物种——现代摩登女郎。不仅是裸体画，她出现的其他作品都有一种通过色彩体现出来的摩登氛围：在《桌边的夫妻》中，金属的冷灰与花朵的粉红形成了对比；在《夫妻》中，赭色占据了主导地位。跟佩恩和维克多一样，泰雅也是夏加尔在维捷布斯克时期的关键人物。通过他们，偏僻乡下出身的夏加尔，才能向外面的世界走得更远。当他在画她的裸体的时候，他的祖父"无意中看到了一张裸体女人素描……连忙转过了身子，好像跟他没什么关系，或者好像那是个在集市上出现的陌生人，人们对此毫不关心。于是，我明白了，我的祖父也好，我满脸皱纹、瘦小的祖母也好，以及我所有的家人，都完全无视我的艺术（这算什么艺术啊，一点儿都不逼真！），而是将肉看得更加重要"。

夏加尔的"泰雅时期"很短暂，但很重要。1909 年夏天，泰雅和夏加尔一起回到了家乡维捷布斯克，她仍然在做他的模特儿。奥西普·扎德金是夏加尔在佩恩画室的同学，他在那年夏天也回到了家乡。他记得"夏加尔房间的四壁挂满了画，画布堆得到处都是。那些画看起来就像是裁缝店、理发店或者烟草店的招牌。但那些画上，也有一些原始的、自然的东西，既引人入胜，又感人至深，能够让你泛起笑容"。那个夏天，费加-伊塔在他们家后院一个房客贾维奇（Javitch）的房子里为夏加尔留了一个房间，一直到 1911 年，这都是他在维捷布斯克的画室。"要到那儿去必须穿过厨房、租客的餐厅，那个大胡子老头——一个皮革商人——坐在桌旁喝茶……我的房间被透过那扇孤独的窗户的深蓝色光线照亮。光线从遥远的地方传来：在窗口远处的山上，屹立着一座教堂。"在《窗户》里，夏加尔画出了后院墙外的景观：一片空旷的田野绵延向上至一座小山，山上层层叠叠地坐落着许多小木屋，昏暗的天空下耸立着一座白色圆顶的教堂。教堂，这个夏加尔童年时代代表安全的母题，在他的作品中反复出现。他有时候会和佩恩一起到户外写生，也会为他的家人们画像。有两幅他十几岁为妹妹们画的温情肖像：《玛妮娅》浮动的背景图案，让人联想起马蒂斯的风格；《莉萨》，一幅画在粗糙画布上的暗色作品，前景中有盛开的玫瑰花。这两幅画暗示着从首都回到家的第二个夏天，夏加尔的快乐中夹杂着不安。画面中的两个妹妹都在读书，夏加尔以一种不经意的亲密捕捉到了她们内心世界的平静。

相比之下，在他画的关于泰雅的作品中，总有一种若有若无的紧张和悲伤。那个夏天，当夏加尔来到她父母的家里时，他们还保持着恋爱关系。他们躺在一张铺着黑色马毛布的破旧沙发上，"有好几个窟窿。毫无疑问，布拉赫曼医生就是在这张沙发上检查孕妇和病人的。"泰雅的家中很乱，很吵。客厅里立着一架三角钢琴，鸟儿们会俯冲到你身上，泰雅的狗"侯爵"会向每一个人咆哮，而泰雅那满面笑容的母亲则在女儿的朋友间飞来飞去。夏加尔无所事事地在这个通风的房间里度过了许多时光，他还记得那个懒散的夏天：

> 我躺在那张沙发上，头枕着胳膊，做着白日梦，眼睛盯着天花板、房门，以及泰雅经常坐着的地方。我在等着她。她正在忙碌。她在做晚餐——鱼、面包和黄油——而她那条又大又重的狗，一直在她的腿边转来转去。我故意躺在那个地方，好让泰雅来到我身边吻我。我伸出胳膊，做好了拥抱的准备。门铃响了。是谁来了？如

果是她的父亲，我就得从沙发上站起来走开。

但来的人不是布拉赫曼医生。1909 年 9 月的那个傍晚，来到这儿的是泰雅以前在学校的朋友贝尔塔·罗森菲尔德（Berta Rosenfeld），她刚从马里昂巴德避暑回来，穿着一件她在那里新买的绿色套裙。泰雅打开门，双眼盈满了泪水。经过一个长长的沉默后，她把恋人介绍给了她的朋友。"'这就是那位艺术家，'待自己心情平复过来后泰雅说道，'我跟你提过他的。'"

来客没待多久就离开了。但接着，夏加尔、泰雅和"侯爵"紧随其后，在桥上赶上了她。在那儿，"突然，泰雅的双肩好像沉了下去，好像她开始难过，她湿润的嘴唇微微弯曲，勉强笑了一笑。（她）似乎觉得呼吸困难。她的眼中闪烁着泪光。怎么了，亲爱的泰雅？……我从你那里拿走了什么吗？"

就在这次邂逅之前不久，这两位女孩还在一起拍过照片。二人看起来都很庄重，都充满了思想：体格强健、精神饱满的泰雅直视前方，眼神中充满了对抗；她那更引人注目的朋友半掩在她身后，精致而温柔，一张鹅蛋脸，一头浓密的黑发，一双漆黑的大眼睛让她显得温暖而又深沉。正是这双眼睛，让她获得了"沉默女王"的称号。在桥上的时候，她几乎没怎么说话。但至少在被浪漫化的回忆中，夏加尔认为他和泰雅都已明白，游戏结束了：

突然间，我觉得我不应该和泰雅在一起，而应该和她在一起。

她的沉默，就是我的沉默；她的眼睛，就是我的眼睛。我觉得，

泰雅·布拉赫曼和贝拉·罗森菲尔德，约摄于 1909 年

她一直都懂我。她懂我的童年，我的现在，以及我的未来。尽管我是第一次见到她，但我仿佛觉得她一直在守候着我，我的内心世界对她来说完全透明。

我知道这就是她，我的妻子。

她的脸色苍白，她的双目炯炯有神。那双圆圆的眼睛，是多么的大、多么的黑！这双眼睛就是我的眼睛，我的灵魂。

我知道，从这一刻起，泰雅已与我毫不相干，是个陌生人。

在他们数十年后编写的回忆录中，贝尔塔——那时候已更名为贝拉——和夏加尔那一触即发的恋情，实际上花了数个星期甚至数个月后才走向明晰；他们的恋情也并非一帆风顺，如同 1909 年的一张照片所示：夏加尔被夹在两个女人之间。然而，对当时的夏加尔来说，泰雅已经完成了她的使命。他再也没有画过她。1909 年秋天，他所作的下一幅巨大的肖像画的主角，是贝拉。这幅画名为《戴黑手套的我的未婚妻》。

在贝拉和泰雅之间的夏加尔，摄于 1909 年

第 5 章

贝拉

维捷布斯克，1909

1939 年，当希特勒正扫荡欧洲的时候，贝拉·夏加尔藏身在法国南部，开始使用生疏的意第绪语撰写她的回忆录。她已经 25 年没用过她的母语——意第绪语了。她父母的家被毁了，她的父亲死了，她的母亲"待在一个被亵渎了的陌生城市里，只有上帝知道她是否还活着"。这个"被亵渎了的陌生城市"，指的是处于斯大林统治下的莫斯科。她和哥哥们四散远离维捷布斯克，但"每个人都带着仅有的一点点家产，如同父亲裹尸布的一角，带有家的气息"。

我打开我的那部分家产，立刻就闻到了老房子的味道。我的耳朵里开始响起店内的喧嚣，响起圣日里拉比轻快的圣歌……我希望能有一天，一个小时，一刻，让我从黑暗中逃脱，回到我以前的家里。但是……这样的时刻一去不复返。在枯败的残骸中，又怎么会变换出生命？然后，我想起了你，我亲爱的朋友，在你不了解我之前，你经常让我给你讲讲我的人生。

贝拉·夏加尔

商店、圣日、黑暗、裹尸布——贝拉生动地描写出现实和回忆中的维捷布斯克的荒凉；贝拉对维捷布斯克的回忆，被夏加尔创造成了自己的记忆。在贝拉和夏加尔相遇的 5 年前，另一位现代主义艺术家——22 岁的詹姆斯·乔伊斯——与诺拉·巴纳克尔（Nora Barnacle）一起离开了爱尔兰。他深信在这个女人身上，能找到他所需的祖国爱尔兰的一切："无论身在何方，你都是我的爱尔兰。"贝拉以同样的方式，成为夏加尔的维捷布斯克，时刻将俄国的犹太人世界保持在身居海外的夏加尔身旁。

贝拉出生于 1889 年 12 月 2 日，时值孩子们的节日——光明节，是穆埃尔·诺厄·罗森菲尔德（Shmuel Noah Rosenfeld）和他原名为阿尔塔·黎凡特（Alta Levant）的妻子最小的孩子。在家里，她总是被称作"小矮人巴莎"或"巴什卡"；在学校和朋友们口中，她被称为"贝尔塔"；"贝拉"是她在 20 世纪 20 年代成为这位"法国艺术家"的妻子后，重新为自己起的名字。她有 7 个哥哥——艾萨克（Isaac）、雅科夫（Yakov）、伊斯雷尔（Israel）、孟德尔（Mendel）、亚伦（Aaron）、本杰明（Benjamin）以及人称"阿布拉斯克"（Abraske）的亚伯拉罕（Abraham），还有一个名为加纳（Chana）的姐姐，在她刚刚记事的时候就出嫁了。她是在父母的珠宝店上面那座阴暗的大公寓里长大的。她的童年跟夏加尔一样，被圈囿在宗教信仰和商店之间。然而虽然所受到的束缚有相似之处，他们的家庭背景却天差地别。

罗森菲尔德夫妇身居维捷布斯克最富有的犹太人之列，是有名的慈善家。他们信仰虔诚，是备受尊敬的社会楷模。他们的财富继承自老黎凡特（Levant）夫妇——阿尔塔的父母巴鲁克·亚伦（Baruch Aaron）和艾加（Aiga）。正是因为拥有这样的家庭财富，阿尔塔才得以在19世纪70年代末嫁给穆埃尔·诺厄——一位可敬的犹太法典学者，他毕业于神学院，拥有令人称羡的学识，且拥有相当于犹太中产阶级水准的财富。"我那信仰虔诚、沉默寡言的父亲"穆埃尔·诺厄，是一个身材高大、浓眉大眼的人，有一双梦幻般的蓝色眼睛，神色谨慎，留着哈西迪派人典型的那种大胡子，常常处于沉思之中，"琢磨着他早上刚学过的犹太律法中的一段……或沉思着在他的想象中潜伏于四面八方的灾祸"。在照片中，他看起来很真诚，自成一格，不苟言笑；而阿尔塔则是一个庄重而威严、精力旺盛的女主人，造型超级正统，似乎已被囚禁在她那件双排扣的大衣中，连一个多余的微笑都无法容纳。她的衣服，是在城里最好的裁缝——一位波兰将军的遗孀那里定制的。节庆的时候，她会让贝拉穿上粉红色的丝绸连衣裙和漆皮皮鞋，和她的哥哥阿布拉斯克一起跳马祖卡舞。她的朋友们会交口称赞，"他们伸出手，把我们拉到他们面前，问道：'你几岁了，小姑娘？哦，是阿尔塔的小女儿！……真是些好孩子。愿你们免受邪恶之眼的侵害。'"然而，只有在每周四晚上，当她和女儿一起到小维特巴河幽暗的河岸边那座传统犹太澡堂时，阿尔塔才能摆脱商店和家庭琐事的束缚，得到真正的放松。在路上，母亲会抱着贝拉坐在疾驰的雪橇上，在贝拉的记忆里，这几乎是她们之间仅有的亲密时刻。其余的时候，"她整天在铺子里忙碌，完全没有时间去想那些正在家中成长的孩子们，也根本不会想到这些孩子也会有自己的生活。她一生都在铺子里，因此她认为儿女们也定会一样。"贝拉尝试过与她交谈，但毫无用处，因为她"从来没有时间听多余的话：'快点，我很忙！直接跟我说重点！'"。

　　在东欧的犹太人中，即便是上层资产阶级，女性也是商业活动中的主要角色——19 世纪时流行于西方的"家里的女主人应该悠闲自在"的思想，在这里从未有人理会。尽管更富有、生活更优越，但本质上，阿尔塔仍然跟费加 - 伊塔一样，只是个零售店的店主，文化程度也差不多。跟夏加尔一样，贝拉在回忆录中也提及了一个小插曲：她的父亲也会在《圣经》的某些特别之处做标记，这样她的母亲就可以在正确的地方哭泣。阿尔塔与丈夫一起负责珠宝店总店的经营，分工明确：她负责接待日常客户；而穆埃尔·诺厄则每天早上与住在家中的拉比一起祷告或研究犹太法典，直到上午 11 点，"不会被普通客户打断。如果不是真正重要、需要他去接待和招呼的人，进店的时候他连身都不会起。但当某些商人从很远的地方赶来购买珠宝时，他会破例和他们谈论一下时势"。他一直是一位典型的哈西迪教徒，和颜悦色、一本正经，慎重又可靠，然而做起生意来却狡猾而谨慎：对顾客而言，他既有精神追求而又精于世俗，是一个让人觉得舒服的存在。他讨厌店里的嘈杂和喧嚣，不屑于做炫耀式的展示："'你放这么多东西在橱窗里做什么呢？'他会对我的哥哥们说，'这只会激发起人们的想象。每个一无所有的人都会以为这家店里堆满了黄金和钻石，都会想闯进来一探究竟。'"当然，他说得对——而事实上，"真正贵重的东西，除了父亲自己外，其他人都无法插手。只有他知道每个神秘的包裹里面都包着啥。只需要摸一摸包裹外面，他就知道里面有什么，就好像他的手指长

穆埃尔·诺厄·罗森菲尔德和阿尔塔·罗森菲尔德，贝拉的父母，摄于 20 世纪初

着眼睛一样。他摸每个包裹的方式都不一样，他的眼睛会随珠宝色泽的变化而变化"。

他的手下有一群收银员和店员，需要他没完没了地管教；还有善于察言观色的厨师蔡雅（Chaya）、非犹太人女仆莎夏（Sasha）和搬运工伊万（Ivan），也需要他操心。他们每一个人，都很害怕家中的男孩们的宗教老师———一位常年昏昏欲睡而又暴躁无比的拉比。安息日时，店里会挤满游客，通常是途经维捷布斯克的陌生人——他们是在犹太教堂的礼拜结束后被邀请回来吃圣餐的。安息日开始前的每个星期五下午，维捷布斯克的乞丐们会聚集在店门口寻求施舍。在每个节日里，从普林节的表演者到每年为逾越节重新粉刷整个餐厅的工人，都有罗森菲尔德家雇员们的身影。贝拉从小就意识到，整个城里的人对她的称呼"阿尔塔的小女儿"，带有一种尊重的意味。然而，她需要维持外貌的体面、表现得大方得体，还要参与各种宗教事务……受尽了约束，让她觉得生活很无趣。"在我们家里，没有钢琴或小提琴。傍

贝拉和她的母亲，摄于 20 世纪初

晚，在我觉得不快的时候，我会赶紧去泰雅家。她们家总是挤满了人，充满了快乐和欢笑。我多么希望生活在这样的家里。"相比之下，在昏暗的罗森菲尔德家中，却满是阿尔塔的泪水。"她抱怨的声音充满了阴暗的房间。空气中飘着一层薄雾，模糊了她的镜子。她左右摇晃着脑袋，在那儿哭泣……在沉闷地回荡着的哭声中，祖母和祖父的身影似乎浮现了出来。他们的身影摇摇晃晃，变得像线一样长。我不敢转身，害怕身后会站着一个人，等着将我抓走。"如果说夏加尔在笃信宗教的维捷布斯克的主要收获，是一份幸福安康的生活和一种原始部落般的生存本能，那么贝拉得到的则是悲哀的潜流：圣日里，父母在教堂里洒下的悲伤泪水中，除了混杂着《圣经》中提过数次的犹太人的古老罪孽，还混杂着一种恐惧——被沙皇帝国歧视和迫害的恐惧。

"你想想，阿尔塔！这有什么意思呢？我们可以做什么？你在奋斗，可是

会给你带来什么呢？很快，我们就会孤独终老。然后呢？"一位顾客向贝拉的母亲抽泣道。在贝拉的记忆中，她的父母最有活力的时候，是在珠宝店里。在她的回忆录中有一个小插曲描写道，她的父亲曾和颜悦色地为物质上富有、精神上空虚而又生活得满怀悲伤的毕休斯卡亚（Bishowskaya）夫人摆出一堆绿宝石、钻石和蓝宝石，而她则像倒落珍珠似的向他吐露自己的人生故事，后来，她买了一套精致的珠宝，"压在心底的话得到了倾诉，她像长了翅膀一般飞出了珠宝店"。相应地，在罗森菲尔德家一次大型家庭聚会上，夏加尔与在场的其他家庭成员彼此完全陌生——阿尔塔坚定地为他们矮胖的女儿和她那脸色苍白、战战兢兢的新郎站台，巧舌如簧地消除了大家的疑虑，说着让大家感到身心舒畅的话，谈笑间将这场普通的家庭聚会，变成了为他们争取结婚礼物的讨价还价。

> 一见到涌入店门的人群，我们的店员就赶紧溜开了。对付这一家人，起码得花上四五个小时……妈妈从保险柜后面缓缓地站起来，坐在高高的凳子上，冷眼扫视了一下人群。在白色衣领的衬托下，她脸上闪耀着一种特别的光芒。这样的气场，似乎让这家人的激动情绪得到了点儿克制。她还没开口，所有人就已围到她的身旁……有人递给（她）一把黑白珠子的算盘。妈妈的手指，像弹钢琴似的在算盘上翻飞……"阿尔塔，你肯定有一副拉比一般睿智的脑子！"

与此同时，还是个孩子的贝拉"徘徊在母亲的高脚凳旁……那些讨厌的顾客们怎么还不走？当顾客们终于走了的时候，她又开始把东西包起来再放回去。现在，我敢不敢走到她身边？但是，随时可能会来一位新顾客，她又得跟人讨价还价，争论不休"。

因此，虽然成长在一个富足的世界里，贝拉却孤单而内向。当夏加尔的小家每年都在随着另一位兄弟姐妹的到来而变得更加拥挤的时候，她的家却在随着哥哥们一个个地离开维捷布斯克，去上学或工作而变得空空荡荡。她这个孤独的孩子却一直留在家里，成日蜷缩在靠窗的座位上，读书或陷入睡梦之中；或者蹑手蹑脚地穿过诸多冰冷的房间，如父亲那陈设着花卉植物、专用于祈祷的巨大房间，或走过父母房间里那两张令人望而生畏的狭窄铁制单人床。

夏加尔,《项链》,草稿,选自《初次见面》作品集,背景为罗森菲尔德珠宝店及楼上的咖啡店

与她低微的家庭地位相反,夏加尔的家庭地位则十分超然:当他在一个有着 7 个妹妹(其中一个夭折了)的家庭中享有尊贵的长子的身份时,最小的她却在 7 个哥哥(其中也有一个夭折了)的笼罩下被忽视了,因为她"只不过是个女孩"。

她的活动场所被限定在家庭的范围之内。她人生最初的记忆之一,是被布罗齐酒店的首席甜品商邀请试吃美味的糕点新品——罗森菲尔德的公寓及珍妮-艾伯特咖啡店均位于该酒店的大楼里。小时候,她总是被要求去挑选糕点。夏加尔曾经开玩笑说,他的妻子"主要靠吃蛋糕长大"。1922 年,他在为革命读者写的文章中,嘲笑了他的资产阶级姻亲们:

> 试想一下,他们在我们城里拥有 3 家珠宝店。在他们的橱窗里,

各式各样的戒指、胸针和手镯闪闪发光，折射出五颜六色的光芒。座钟和闹钟环绕四面，每一个小时都会有钟报时。对各种室内陈设见怪不怪的我，在这里却感到了惊奇。每周3次的餐会，他们会在家里堆满巨大的蛋糕、苹果、奶酪和罂粟籽[1]等，多得让我只看一眼就会晕倒。早餐时，他们会吃掉那些成堆的蛋糕，每个人都疯狂地暴饮暴食，如同一群饕餮……他们的父亲吃的是葡萄，而我的父亲吃的是洋葱。

贝拉的哥哥们中，只有温和沉稳的亚伦跟着父母在珠宝店里工作。在贝拉的童年时期，她的大哥——出生于1880年的艾萨克——大部分时间都在瑞士学医，在众多的兄弟们之中，只有他还保持着虔诚的宗教信仰。其他的兄弟都明确地脱离了犹太教，还常常对之表示出轻蔑的态度。在事业上，他们都取得了极高的成就：温和的孟德尔，成了一位医生；聪明的雅科夫——贝拉最喜欢的哥哥，成了一名杰出的经济学家和律师。姐姐加纳则是一位革命的社会主义者，在沙皇时代，她曾在父母的保释下才得以出狱；有时候，在夏天的午夜，她和她那些斗志昂扬的朋友们会出现在罗森菲尔德家的豪宅里，大肆地进

贝拉和她的5个哥哥。从左到右：阿布拉斯克，常常欺负她、年龄与她最接近的哥哥；安静的亚伦；雅科夫，她最喜欢的哥哥；伊斯雷尔；孟德尔。20世纪初摄于维捷布斯克

行破坏，然后欢笑着没入漆黑的夜里。

贝拉在十几岁的时候也摈弃了宗教信仰，但她的回忆录中，却充斥着犹太宗教仪式和犹太节日。对夏加尔来说，"她拥有一个浸润着哈西迪派教义的崇高灵魂，为她编织出满怀浪漫情怀的心灵，塑造出难能可贵的品质"，那是因为她所受到的潜移默化的影响。他们相遇时，她已将对哈西迪派教义的热情和迷恋转移到了新的宗教上：艺术。1907 年，她从维捷布斯克的阿列克谢耶夫斯基女子高中毕业，取得了到莫斯科的居里埃女子学院学习文学、历史和哲学的入学资格——这对当时的犹太女孩来说是了不起的成就。当时在圣彼得堡和莫斯科，大学对犹太学生的配额仅为 3%。在莫斯科，她追随着潮流：到特鲁别茨柯依宫见识过谢尔盖·希楚金的收藏，也参观过马列维奇、拉里欧诺夫和冈查洛娃最新的前卫艺术展览。在遇到夏加尔的时候，她对情感和文化的敏感度已远远超越了父母。

孩提时代，贝拉曾热衷于装扮游戏；现在，在父母视线之外的地方，她上过斯坦尼斯拉夫斯基（Stanislavsky）——莫斯科艺术剧院的创始人及契诃夫戏剧的导演——的戏剧课程，且在表演中欣喜地发现自己可以丢开羞怯和忸怩。斯坦尼斯拉夫斯基彻底摈弃了 19 世纪那种夸夸其谈的风格，转而追求心理现实主义，由此他对演员的情绪自律提出了极高的要求。他认为，与其说演员们应该热爱自己的艺术，不如说应该热爱艺术中的自己。这种美学严谨使贝拉得到了精神满足，恰如其父母在宗教中找到的那样。"现在，我在舞台上感到非常自信，"她在学习期间写道，"在那里，各种情感传递得多么平静、多么亲切、多么平稳，它们四处飞舞旋转，像空中的蛛网般将我们笼罩；它们各自伸展，又相互交织。表演结束后，我坐在舞台上，哪儿也不想去。在这样的情感升华之后，只剩下一片空虚，就像演员死后的感觉一般——这是艺术忘恩负义的一面。"尽管她文学兴趣广泛又聪颖勤奋，且在写作上颇具天赋，但她决心成为一名演员。她的大学论文，是关于陀思妥耶夫斯基的；同时，她也特别热爱法国文学。最重要的是，在莫斯科那席卷一切的文化洪流中，她在莫斯科找到了自己想要的生活：一种世俗的知识生活，一种与艺术有关的生活。此时她的思想，已与在乡下做生意、思想落后的犹太母亲的生活相去甚远。

当年轻的俄国犹太人们决心将自己的人生投入民族艺术的时候，在父母和子女之间就会产生本质的分歧。贝拉的经历，就代表着这种分歧的典型。她肯定能理解另一位俄国犹太人——利昂·托洛茨基（Leon Trotsky），在谈及父亲时，他写道："贪得无厌的本能，小资产阶级的观点和生活方式——我猛烈地推开这一切，逃到天涯海角，永不回头。"她姐姐离开父母所走的那种猛烈的社会主义之路，并没有引起文静的贝拉的兴趣。对她来说，跟夏加尔一样：艺术，是她走出维捷布斯克的道路。

***

1909 年 9 月的一个下午，当这个 19 岁的女孩看见一位英俊的青年躺在布拉赫曼医生家的沙发上时，她发现，这个人就是她的希望和梦想。她回忆道，他有着"一头卷曲的头发，簇拥在他的眉毛上，垂在他的眼帘上"——一副狂野而叛逆的艺术家的形象，"他的牙齿又白又尖，我不知道他是想跟我说话，还是想咬我"。在桥上的邂逅之后，贝拉逃回家中，拿着一本书窝进了自己靠窗的座位里。但第二天晚上，在安息日的晚餐后，她叫上哥哥孟德尔一起出门，去了一家在车站附近的酒吧，离泰雅和夏加尔的家都不远。就在他们离开酒吧时，"一束光线落在一张瘦削苍白的脸上，一双细长的眼睛，还有一张张着的嘴，又白又尖的牙齿……是他！……我在期待着遇见他吗？我出门是为了寻找他吗？……我能感觉到孟德尔正在离我越来越远，仿佛我已是个陌生人"。后来，夏加尔静候在桥上，等着和她搭话。她注意到他走在她身旁，"像个农民一样结实"，他的手"柔软、温暖而坚定"。秋天的日子越来越短，他们走在维捷布斯克的"附城"里，走在昏暗的德维纳河畔。"桥墩已消失在水中，只看得见孤零零的木桥的桥身，通体白色。桥下原本蓝色的河水，现在已变成了钢铁般的灰色，水面像被犁过的地一样满是沟痕。河水流动，传来潺潺水声。"

在这次会面的 30 年后，贝拉写下了怀旧的短文《初次见面》。这时候，她和夏加尔已在法国将自己精心打造成了俄国移民的时髦代表。1910 年的那些照片，表明夏加尔的这种形象初现端倪：在遇到贝拉后不久，他身上大部分的乡下习气和不体面举止都消失了，穿着打扮变得讲究起来，身形显得更为潇洒，开始显现出东方波西米亚式的文雅气质。因此，尽管他们的记忆有美化的成分，但相恋于 1909 年——这件二人回忆录均描述过的核心事件却毋庸置疑。当年秋天，夏加尔在维捷布斯克所作的两幅主要画作均是对此事的注解，那就是充满古典肖像的严肃庄重感的《戴黑手套的我的未婚妻》和《拿画笔的自画像》。

在前一幅作品中，贝拉占据了整个画面。她身形纤细柔软，陷入沉思却充满自信，头部略歪向一旁。画面中的许多元素：黑色的背景，她的紧身白色连衣裙，与贝雷帽的边沿呼应的于项链坠上聚集的淡紫色色调，黑色的手套，都让人想起从委拉斯贵支到戈雅的西班牙传统肖像。然而，正如俄国艺术史学家亚历山大·卡门斯基（Alexander Kamensky）所指出的，对贝拉的第一次描绘，

> 毫无疑问是一件现代作品，与 20 世纪初俄国知识分子的生活状态有着千丝万缕的渊源。这种彻底的解放、这种大胆的表情、这种敏锐的思想让人物与契诃夫的主角产生了关联，在某种程度上，也让人想起了布洛克的诗歌。面部轻微的不对称，双手的姿势和头部的举止，都有现代的特征。

画家和模特儿在心灵上的共通，使得夏加尔所作的所有贝拉肖像都拥有了独特的魅力。而这幅画还蕴含着一种神秘，一种强烈的精神力量，以及画家心中为他所爱的人饱含着的自豪。"我写信给你，"贝拉在他们订婚期间告诉夏加尔，"是因为我们的灵魂交织在一起，有时候我们的灵魂可以相通，有时候则会有所不同。有一点很有趣，那就是当命运把我们联系在一起之前，我们都打算独自面对人生。"

《拿画笔的自画像》的色彩构成极为朴实、明确而传统：黑色的束腰外衣与闪亮的白色衣领和夏加尔金棕色的脸部都形成了鲜明的对比，强烈地衬托出了下巴、鼻子和浓密的眉毛——那些坚定有力的面貌特征。夏加尔紧握着他的画笔，摆出 17 世纪荷兰或意大利样式主义画家的那种矫揉造作的姿势。夏加尔将自己表现为一个艺术大师，然而，卡门斯基指出，这还有"一种别

扭的不自然……一种自我标榜的优雅，一种艺术性的缺失。这个可怜的犹太人，正在为自己自命不凡的贵族形象沾沾自喜。"艺术史学家亚历山大·罗姆（Alexander Romm）是在夏加尔画完这幅作品后不久成为他的朋友的。他注意到夏加尔是如何与早期的艺术大师们对话的，在他的信件"狡猾的克拉纳赫（Cranach）"和"轻率的弗拉·安杰利科（Fra Angelico）"中就可看出。罗姆钦佩地认为，他能够深入到"塞尚、埃尔·格列柯、雷诺阿以及任何他喜欢的艺术家"的内心，吸收其中的奥秘并"融入自己的天赋之中"。在这两幅肖像画的勃勃生机中，都带有某种玩闹的意味：一种打扮成大人模样的孩童的玩闹。这种强烈的戏剧性在这些画和其他 1909 — 1911 年创作于维捷布斯克和圣彼得堡的夏加尔画作中都能找到。迈耶指出，正是贝拉对 17 世纪绘画和戏剧的热爱推动了这种戏剧性的发展。

这些肖像画是他们恋情的公开声明。但私底下，这份恋情却充满了不确定和痛苦，战线也拉得更长，远非这些画作和回忆录所描述的那样。在夏加尔创作《戴黑手套的我的未婚妻》的同时，他还用钢笔和墨水为这位新朋友画了几幅试验性素描，虽然不是太用心，但也表明了他在寻求着对她的理解。其中一幅仅仅勾画出了大体轮廓，画面中的贝拉面对着一个植物盆栽，将近未近、将退未退，犹如一只在飞的鸟儿——他捕捉到了她战战兢兢、躲躲闪闪而又纤巧脆弱的特质。他说，她的嗓音"像一只来自另一个世界的鸟儿的叫声"。《贝尔塔的漫画像》将她嘲笑为一个耽于幻想、装作有学问的女人，折射出更多的矛盾情绪。后来，这幅画被加上了一个另一个标题：《贝拉》。素描和油画中的贝拉带着同样认真的表情，有着同样明确的姿势，双手放在臀部上方。她站在她父母的珠宝店前，腰带上插着一朵玫瑰花，头发里插着一把叉子和一把勺子——可能是在取笑她对蛋糕的热爱——胳膊下面还夹着一本亚历山大·布洛克的《一位美丽女士的诗歌》。夏加尔在早期的信中写到她时，这种讽刺性的赞美语调再度出现："过去和现在的大量努力并没有白费，她爱上了文学（这么形容也不为过……总之至少是'文章'）、哲学及其他门类的艺术。"这也表明，虽然当时他对她产生了一定的兴趣，但还没有到达倾心的程度。

贝拉则一头扎进了一条充满激情而又严肃的路，去理解和支持他的创作。她之前没有过男朋友，出于对他的忠诚，她认为他的艺术如同自己的表演，几

夏加尔，《贝拉》，草稿，1909 年

乎可说是神圣的。"我真的很想把你的画对我所说的一切都告诉你，"她在订婚
期间的一封信中大胆地写道，用优雅圆润、流畅自信的笔调展现了她的决心和
才华。

> 我会对你非常严格，非常苛刻，因为就像我对自己的要求一
> 样，我想让你变得更好。最重要的是，从你身上，我感受到一种真
> 诚的渴望，那就是为艺术而奋斗。这一点尤为重要。你站在他们面
> 前，近得不能再近，那种活生生的真实，不仅充满了平静，而且充
> 满了令人担忧的力量。在拥有了那个无所不能的送葬队伍（《死者》）
> 之后，再度离开那种狂野的力量是痛苦的。这幅作品中，是否有些
> 什么因为你对什乌里翁内斯的作品的惊叹带来的影响，还是没有？
> 还有，请跟我解释一件事。我已经坚定地认为，谈论这个是很自然

的。我完全拒绝认同拉里欧诺夫、马什科夫（Mashkov）、古兹诺夫（Kuzenov）、冈查洛娃等人。我不明白。他们在想什么？一种做作的态度骗得了谁？他们会让我相信我正在看的是某种艺术，某种生活，甚至是某种想象的生活吗？当我看到一些由纸板或面包制成的对象时，那些能让我感觉到生命的手工艺术去了哪里？任何一种活力，都需要声音的丰满。要创造这样的活力，血液必须流过所有的毛细血管，这是必须的。我不是在说现实主义。我不需要打破常规。我需要一种对其自身的特性非常谨慎的艺术，但是艺术又必须基于自身的特性，否则我不会相信。或者给我你的幻想，星光灿烂又充满回响，不同寻常又令人惊讶的幻想，就像独一无二的什乌里翁内斯创造的那样。你知道，我对你有一种特别的印象。我不会假装已完全理解，因为我连一根线条都画不出来。但无论如何，我觉得这非常鲜明而锐利。

作为一个出身正统家庭的女孩，她为维持这份情谊冒了更多的风险。第一次见面后不久，她不得不返回莫斯科开始新学年，夏加尔则回到圣彼得堡。但在新年的头几个月里，她到圣彼得堡去看了夏加尔。她的父母大概对此并不知情。在1910年作于首都的一张素描上，她的头低垂在一张桌子上；而素描《格卡瓦雅的房间》（格卡瓦雅是圣彼得堡的一条主干道，就在维特比斯基车站后面）则表现了一对紧紧相拥的情侣，他们和衣躺在狭窄房间里的一张单人床上——可能是他们恋爱初期的双人像。

这些私密的素描表明了恋爱初期的急躁、不确定性和约会的匆忙。夏加尔在这个时候写过"一个沮丧的年轻人心中的爱"这样的句子，试图在画布上画下"徒劳无益的约会的苦涩"。罗姆回忆说："他会带着苦笑悲伤地谈起爱情，谈起他对爱情的设想。"他也会写诗，抱怨自己艰难的生活，把自己描绘成"受到残酷压迫的""一早起来就受到命运惩罚的"人，并注定要"在十字架上早亡"。在一种自怜和幼稚的过度自信的共同作用下，他在这个时期把自己与基督联系在一起，认为自己是一个受迫害的犹太人，拥有一种被误解的、意义深远的创造精神。此时期的自画像有诸如"我，无事可做"、"我在做梦"和"我疯了"等标题。

　　与泰雅或与贝拉之间的两性之爱，可能为夏加尔的作品增添了些张力和色彩，但并没有解决他如何在俄国成为一名画家的问题。他需要找到一位能够帮助他的老师，解决他在圣彼得堡的经济问题和法律地位问题。与贝拉相遇不久的 1909 年秋天，他仍然忧心忡忡，直到他迎来一次对其艺术生涯起决定作用的转机。利奥波德·塞夫参观了夏加尔在扎克涅夫斯克大街的画室后，非常欣赏他的作品，不久就买走了《死者》，并留言告诉他已经将他介绍给了自己的朋友列昂·巴克斯特。夏加尔知道这意味着什么。在回忆录中，他写下三个词："巴克斯特。欧洲。巴黎。"

注释

【1】罂粟籽：即罂粟的种子，无毒，曾作为调味料使用。未灭活的罂粟籽仍可成功种植出罂粟，因此，我国禁止任何单位和个人进口罂粟籽和罂粟籽调味品。

第 6 章

列昂·巴克斯特

圣彼得堡，1909—1911

一个深秋的下午，当列昂·巴克斯特仍处在睡梦之中的时候，夏加尔带着一捆习作和塞夫的介绍信，出现在他位于奇洛纳亚街 25 号的公寓里。"都下午一点了，还躺在床上。"夏加尔一边紧张地走进寂静的雅致门厅，一边暗暗想着。"没有孩子的喊叫声，没有女人的香水味。四壁上悬挂着希腊诸神的画像，还有一块犹太教堂祭坛的挂帘——镶着银边的黑色天鹅绒。奇怪！"然后，大师出现了，"微微笑着，露出一排闪亮的牙齿，粉红色的，金黄色的。"巴克斯特是个十分讲究衣着和外表的人，"总是打扮得整整齐齐，穿着一件粉红色条纹的白衬衫，系着深粉色的领结，当然，胸前的扣眼里总会插着鲜花，"舞蹈家布罗尼斯拉娃·尼金斯卡（Bronislava Nijinska）回忆道，"他那迷人的蓝灰色眼睛透过很少摘下的夹鼻眼镜看过来，精心梳理的红色头发盖在小小、圆圆的秃头上，高高隆起的大鼻子下面留着浮夸的八字胡：说不上英俊，但在迷人的个性下人们能感受到一种艺术家特质。"夏加尔的感受却有所不同："我觉得，他穿欧式服装的时候不多。他是个犹太人。他的耳朵上有一绺一绺的红色鬈发。他就像是我的舅舅，我的哥哥。"

当时，巴克斯特是全世界最有名的俄国艺术家。他刚刚从迪亚吉列夫领导的俄国芭蕾舞团的首场演出季回来，该演出于 1909 年 5 月在巴黎拉开帷幕。这次演出大获成功，向法国观众介绍了舞蹈表演的新活力，让整个西欧世界对演出和制作的期望大大改观。俄国芭蕾舞团的声名鹊起，标志着巴黎人对俄罗斯文化热烈追捧的真正开始。人们在舞台上那些狂热、大胆又鲜艳的色彩中，看到了满满的异国情调和极度原生态的内涵。这样的热烈追捧，一直持续到了 20 世纪 20 年代。1909 年，作为舞剧《埃及艳后》华丽布景和服饰的设计师，巴克斯特做出了开创性贡献。因此，身上笼罩着"在欧洲取得巨大成功"光环的他，以一种悠闲的姿态（10 月还在维也纳享受了一番）回到了家。

列昂·巴克斯特

巴克斯特热爱伦勃朗和委拉斯贵支。他本质上是一位古典主义者——悬挂在走廊里的希腊诸神画像，是他精挑细选的。而他将古典的优雅和东方的意象完美地糅合在一起，顺理成章地在法国艺术界扬名立万。凭借着自己深厚的艺术造诣，基于新艺术主义的审美观，巴克斯特为俄国芭蕾舞团做出了富有活力、形象生动的装饰设计，让迪亚吉列夫作品的生命力更为饱满。俄国人的剧场里所拥有的刺激感官的能量，让巴黎的观众们欣喜不已。巴克斯特不满足于传统芭蕾舞剧古板的舞台背景，于是通过色彩鲜艳、充满异国情调的布景加深了观众对舞台背景的印象，使之成为舞台表演不可分割的一部分。他将纵向的空间与舞台上的动态融为一体，从而使舞台设计在表演中所起到的作用产生了革命性剧变。糅合了东方文化和希腊文化，包含着丰富的几何形状（圆形、锯齿状、条纹状）以及马赛克、风格化的植物图案——他为埃及戏剧《埃及艳后》所做的设计非常奢华。对于 19 世纪末以来就对神秘的东方文明极感兴趣的西方观众们来说，这样的奢华极具诱惑力，对当时的时尚潮流和室内装饰都产生了影响。"真是令人着迷，让人一直眼花缭乱，"瑞士《时代报》如是报道，"俄国画家巴克斯特先生，运用他那令人惊羡的色彩设计了舞台和服装，从而创造出这幅美妙的画卷。他的确是一位伟大的艺术家。"一位俄国艺术家震惊了西方，这还是头一遭。俄国的年轻艺术评论家们也欣喜若狂，感到扬眉吐气。阿纳托利·卢那察尔斯基（Anatoly Lunacharsky）指出，"巴黎的知识界、艺术界和创意界……都在向这来自东北方向的充满活力、五彩缤纷的狂欢盛会致敬。"而艺术期刊《阿波罗》驻巴黎的记者雅科夫·图仁霍德告诉俄国读者们说，在接下来的一年里"就像是触电一般，整个法国突然明白了，在过去几年里，'剧场'这个词对我们俄国人来说，意味着狂热的兴奋；而巴黎那原本昏昏欲睡的戏剧表演，也从某种程度上开始醒来"。

夏加尔记得，巴克斯特"在俄国芭蕾舞团回国后的名气，引起了我的注意"，但是当这位著名的艺术家开始说话时，他听到了格罗德诺（"栅栏居住区"的一个城市，距离维捷布斯克不远）口音，那种让他不安的亲切感变得更加强烈。

他会理解我的。他会理解我为什么会结巴，为什么会脸色苍白，为什么会如此频繁地郁郁寡欢，甚至理解我为什么用淡紫色作画。

他站在我的面前……

"我能为你做些什么？"他说道。他的口音有一种特别的腔调，某些词会被拖成怪怪的长音……

我把我堆在地板上的习作拿起来，他一边逐张翻阅着，一边用高贵的拖腔对我说：

"是……的……是……的！有天赋。但是，这份天赋已经被破坏了，你误入歧途……被破坏了"……

被破坏了，但还有救……如果是别人对我说这些，我可能会毫不在意。但对我来说，巴克斯特实在是太权威了，我无法忽略他的意见。我站在那里听着，深深地觉得感动。我相信他所说的每一个字。在窘迫中，我卷起了我的油画和素描。

事情立即得到了安排：巴克斯特在圣彼得堡一所富有创新精神的学校——

兹万采娃学校任教，夏加尔将作为他的学生进入这所学校；每个月所需的 30 卢布的费用，将由一位名为艾丽西亚·伯森（Alicia Berson）的捐助者提供。

夏加尔被巴克斯特迷住了。凭着那拉长的语调和极度精致的衣着与举止，巴克斯特吸引了所有人。但作为和他有着相同背景、又同样渴望脱离其中的人，夏加尔是以一种特殊的角度审视他的。"他很奇特，具有天马行空的想象力。既具有东方的情趣和阴郁，又具有古典的宁静和超然。"舞蹈家塔玛拉·卡莎维娜（Tamara Karsavina）回忆道。巴克斯特原名列夫·萨莫罗维奇·罗森伯格（Lev Samoilovich Rosenberg），1866 年出生在一个中下阶层的犹太人家庭。比佩恩小 10 岁的巴克斯特（1889 年，他开始以祖母的名字为自己命名），以自己所能达到的最快速度，闯出了一条直达俄罗斯文化中心的道路。跟夏加尔一样，他曾作为一名年轻的艺术家在圣彼得堡挣扎，以给商店绘制招牌和给儿童书店画手绘字母为生。1886 年，他与契诃夫相识；1890 年，他在贝诺伊斯家族位于圣彼得堡郊外的奥拉宁鲍姆的乡村别墅中度过盛夏。19 世纪 90 年代，他前往巴黎和北非，将装饰艺术、书籍插画艺术、马林斯基剧院华丽的东方风格配景绘图法、新艺术主义的雍容优雅以及俄罗斯民间艺术中色彩丰富的原始主义结合到了一起。1898 年，他与亚历山大·贝诺伊斯一起创立了"艺术世界"学派，从此，他写道，"开始为我所崇拜的艺术展开顽强的斗争。我决定献身艺术，不惜一切代价为艺术而战，维护艺术至高无上以及独立于其他一切利益的地位"。

1906 年，在进入兹万采娃学校之前，他为朋友迪亚吉列夫所作的那幅著名的肖像画，折射了特权世界的主体及处在这个世界中的艺术家的处境。在当年完成的这幅画中，这位舞团团长大胆地正对观众，但画面的心理驱动力会驱使观众越过迪亚吉列夫，看向坐在角落黑色帷幕旁的一个瘦小的灰色身影：保姆顿尼亚（Dunya）。在艺术世界学派的那些会议上，是她为大家提供着茶饮，在多头龙形的吊灯下为主人的朋友们端上茶和果酱。在生命即将走向终结、被人问起他是否伤害过谁的时候，迪亚吉列夫哀叹道：他有一次没有亲吻保姆的手并请求得到她的祝福，就跑出了公寓。这幅暗示童年伤痕的画作让迪亚吉列夫成了一个彼得·潘式的人物 [1]，似乎在说他是浮于事物表面的花花公子，但也证明他对自己童年经历的痛苦依旧历历在目。1903 年，在一路高

巴克斯特，《埃及艳后》，服装设计草图，1909 年

歌猛进、向俄国上流社会攀爬的过程中，巴克斯特向旁边迈出了歪斜的一步，这一步很小，但却影响了他整个人生：他爱上了柳博夫·格里琴科（Liubov Gritzenko）——大富豪、艺术收藏家及莫斯科大博物馆的创始人帕维尔·特列季亚科夫的丧夫之女。由于俄国法律禁止犹太人和东正教信徒结婚，为了娶她，他在芬兰皈依了基督教新教路德宗。

"如果没有鲜花和音乐，我们便丧失了一半的幸福和快乐。"在他们订婚期间，巴克斯特给柳博夫写信风轻云淡地说道。他认为自己是一个纯粹的唯美主义者，但改变宗教信仰却成了他的灾难。他没有意识到，自己的犹太人属性有多强烈。从 1903 年起，在很长的时期里，他一直饱受抑郁症的折磨。他很快就和妻子分居，并开始质疑自己取得的所有成就。到了 1908 年，他写信给柳博夫（他与她一直保持着良好的关系），"我的艺术生涯的衰落，枯竭和错误"很快就会为大众知晓，甚至"我的学生们都再也不会认同我"。在夏加尔造访他那显得很颓废的单身公寓的一年后，沙皇亲自签署了巴克斯特的离婚协议。1910 年，巴克斯特重新信仰了犹太教。在巴黎时，处在成功顶点的巴克斯特写信给柳博夫，"奇怪的是，我有一种非常冷漠的感觉，几乎有些沮丧"。这样的经历，既让他变得局限——其作品总是充满了高雅的矜持，又让他形成了一种遵守欧式服装和举止规则的人格：装模作样，吹毛求疵，还有一些小小的虚荣（如跑到刚结束表演、还穿着舞裙的芭蕾舞者们身边，等着被她们恭维）——所有的一切，都是他努力将已支离破碎的人格重新融合、赋予已失去信念的生活以意义的表现。夏加尔在他们初次见面时，看见的是一个披着虚伪的外衣、受着信仰改变的折磨的犹太人。这种印象一直影响着夏加尔看待巴克斯特的态度。1924 年，巴克斯特在巴黎去世时，他指出："我想去把所有在大厅里远远站着、表示哀悼的异教徒都赶出去，甚至包括伊达·鲁宾斯坦（Ida Rubinstein，巴克斯特的舞蹈家朋友），他们并未真正感到悲伤。躺在这里的，是一位真正的犹太人。他只是假装戴着黑色领结在名利场中进行过追逐。"

那时候，夏加尔已经意识到，巴克斯特并没有真正改变信仰，也没人相信他真的改变了信仰。让·科克托（Jean Cocteau）称他为"一只巨大的、行走于人世的长尾鹦鹉，头上戴着安格尔的小提琴【2】，一个表里不一的犹太怪物……他到处自吹自擂，从不会落到实处"。迪亚吉列夫抱怨过他那"缓慢的、充满嘲讽的腔调"和散布在他"红彤彤的脸蛋"上的"扭曲的、满是痛苦的微笑"。贝诺伊斯更甚，他有些嫉妒地告诉谢罗夫："我从来没有鄙视过犹太人，相反，我对他们有一种特别的感情，但我清楚他们身上一样有着我所憎恨的某些缺点。在巴克斯特身上，犹太人那种贪婪、温和而顺从的特性尤其明显——这种复杂的性格特质，让他显得有点油滑又充满了贪欲，像条蛇一样，令人反感。"只有慈悲为怀的犹太艺术评论家图仁霍德，在巴克斯特的艺术中看到了一种文化的融合，他将之定义为"希腊风格的犹太文化"。巴克斯特的人生经历与夏加尔相去甚远。夏加尔的艺术来源于真实的生活体验，父母的哈西迪世界也对他影响深远。正是这样的差异，使得巴克斯特成为一个融入了欧洲主流文化世界的榜样，让夏加尔既震惊又着迷。他对即将进入的学校也感到既兴奋又忐忑。

依托巴克斯特的崇高威望，当时的兹万采娃学校被称为"（俄国）唯一具有欧洲气息的学校"。学校位于塔维切斯科街的拐角处，建筑设施光彩夺目——一座婚礼蛋糕式的五层圆形大楼，每层楼的房间都带有一个以新艺术主义风格的铁艺装饰过的圆形露台。象征主义诗人维亚切斯拉夫·伊万诺夫的家占据了这栋楼的顶层，他的家也被称为"伊万诺夫塔"。白银时代的主要诗人们，如亚历山大·布洛克，每周都会聚集在他家中举行文学沙龙。在这所学校，象征主义的潮流有迹可循——在某个圆形教室的正中有个纪念物，一个挂着棕色天鹅绒的画架，那是弗鲁贝尔曾使用过的；而且，无论是在巴克斯特的作品中，还是在他的同事——图形艺术家多布金斯基（Dobuzhinsky）的作品中，象征主义都拥有一席之地。但是，兹万采娃学校并不是象征主义的滋生地。1899 年，这所学校在由俄国画家伊利莎维塔·兹万采娃（Elisaveta Zvantseva）创建于莫斯科。19 世纪 90 年代，该画家曾在巴黎生活过，因其支持的反学院派主义艺术而受到自由主义学生们的追捧。画家谢罗夫和柯洛文（Korovin）曾在那里教过书，但在 1905 年左右，他们对这所学校的兴趣减弱了。1906 年，兹万采娃把学校搬到了圣彼得堡，并邀请巴克斯特来当校长，努力为当代艺术教育注入新的动力。巴克斯特把他在巴黎的丰富见闻带进学校，让学校对新潮流敞开怀抱。他还出人意料地鼓励学生们接受那些自己作品中没有的艺术原则。

人们普遍认为，正如谢罗夫所写的那样，巴克斯特是一位"才华横溢的教授"：激情，火热，为他自己精心挑选的将近 30 名学生（其中许多是女学生）鞠躬尽瘁，并沉迷于他们对自己的英雄式崇拜。与夏加尔同时代的朱莉娅·奥博伦斯卡娅（Julia Obolenskaya）在一本关于学校生活的回忆录中写道，他会称赞某个学生作品上的暴乱色彩和即时性，但绝对不会提供某个范例供大家去模仿，也不会质疑每个学生所持的艺术倾向。他宣称"与其说是为了教导"，不如说是为了保护"年轻人探索的眼睛免受谬误和教条的伤害"，他认为"未来的绘画需要一种优雅的风格，因为新艺术无法忍受精致——那样的玩意儿已经够多的了"。像许多天才老师一样，他意识到了他所教授的内容和他的创作之间的差距，前者被他看作艺术的未来，而后者在他看来只是一条羊肠小道。学生们问为什么他的作品与他对他们所要求的不同，他回答说："我是在教你们按你们应有的方式去画画，而不是教你们以我的方式去画画。"他旨在把他们领上被"人类的努力和微笑"温暖着的艺术之路，而不是他自己的那条让人的灵魂精疲力竭的路。这样的苦心孤诣，顷刻间让他在人们心目中成了一个极具感染力的悲剧式人物。

学校的课程从上午十点半到下午三点。每周先上两天素描写生课，接着上一天凭记忆作画的素描课，然后是两天油画写生课，接着是一天凭记忆作画的油画课。每个星期三，多布金斯基都会来检查绘画课的情况。但每周的重点，是巴克斯特所谓的"战斗日"——他会在每个星期五对学生们的油画习作进行检查指导。奥博伦斯卡娅回忆道，在那天，大家别的什么都不干，所有人都等待着巴克斯特的出现。衣着得体、泰然自若的巴克斯特总是很准时。然后，他会走到第一幅画前，叫大家过来。面对这位不幸的作者，他"开始无情而精确地批评他所有的构思和缺陷……同学们围着巴克斯特、作品和被批评的学生，形成一个圆圈。被批评的学生刚开始右耳变得通红，在长篇大论的批评结束时左耳也变得通红；批评结束后，他旋即加入这个圆圈，开始围观对别的同学作品的批评"。

对这种运作程序毫不知情的夏加尔，在他入学的第一个星期，就成了被批评的对象。

习作完成了。巴克斯特每周五会来批改。他一个星期只来一次。然后，所有的同学都放下了手头的事。画架排列成一行一行的。我们在等着他。他来了。

他一幅接一幅地看过去，并不确切知道哪幅画是谁画的。

只在看完之后，他才会问道："这是谁画的？"他的话很少，就那么一两个词。但他的名望、他的履历，以及他那副欧洲人的派头，就已经够了。

他朝我走来。我有些惶恐不安。他在对我说话；或者更确切地说，他是在谈论我的习作，而他并不知道（或是假装不知道）那是我画的。他对我说了几个不痛不痒的词，像是在跟人很有礼貌地交谈一般。

所有的同学都同情地看着我。"这幅画是谁画的？"他终于问道。"我画的。"

"我猜也是。当然是你的。"他补了一句。

一瞬间，往日所有那些我曾住过的逼仄角落、阴暗房间便在我的记忆里泛起。但它们远没有我今日接受到的批评让我难过。

吝于称赞而重在批评，巴克斯特会从各个方面对学生进行敲打。在奥博伦斯卡娅的记忆里，他经常使用粗言秽语，但非但没有人会感到生气，他们还认为这种苛刻的评判会对自己下个星期的作品很有帮助。然而，过于敏感的夏加尔可不这样认为。接下来的星期五也一样：没有得到丝毫赞扬。夏加尔逃离了教室。后来，他声称 3 个月没回学校——这可能是种夸大，或是他记错了。看起来，更有可能是 3 周，因为他在这所学校，总共只待了 6 个月左右的时间。在这几个星期里，他独自一人作着画，决心不放弃，誓要赢得巴克斯特的认可。当他回来的时候，他的新习作被巴克斯特作为荣誉的标志挂到了教室的墙上。

这种认可让夏加尔勉强赢得了同学们的尊重，但并没有让他变得合群。他又一次被吓倒了：巴克斯特和他的小团体，那些经常来造访他的人——贝诺伊斯、弗谢沃洛德·梅耶荷德（Vsevolod Meyerhold）、阿列克谢·托尔斯泰——都是些见多识广的人，他们组成了一个紧密而排外的小团体，看起来与夏加尔的距离非常遥远。那些女生们，大部分来自圣彼得堡的富裕家庭，包括伯爵夫人索菲娅·托尔斯塔亚（Sofia Tolstaya）和一群崇拜巴克斯特并自称"阿波罗的学徒"的"女才子"们。在男生中，巴克斯特的侄子亚历山大·西洛蒂（Alexander Ziloti）是著名钢琴家的儿子；瓦斯拉夫·尼金斯基（Vaslav Nijinsky）是迪亚吉列夫的同性情人——夏加尔还记得，他画起画来像个小孩一样笨拙。最具天赋的，是少数几个来自外省的学生，包括来自库班的哥萨克人尼古拉·特尔萨（Nikolai Tyrsa）和另一名犹太乡村男孩迈耶·谢赫尔（Meier Sheikhel）。这儿的大多数学生形成了一个紧密的社交圈，经常作为一个群体聚集在一起，去参观展览，去看梅耶荷德的新剧和芭蕾舞表演，一起写诗，一起画漫画以及一起阅读——根据奥博伦斯卡娅和她一位朋友之间的来往信件，"常读普希金，哈姆生（Hamsun）读得更多"。哈姆生出版于 1899 年的激进小说《饥饿》，在当时是前卫小说的代表。在这些人中，很少有人对夏加尔这个巴克斯特的新学生感兴趣，只有一个例外——亚历山大·罗姆。罗姆比夏加尔年长 1 岁，是一位在圣彼得堡大学受过良好教育的优雅学生。他一眼便看出了夏加尔身上过人的才华，热烈地与夏加尔结成好友。

1909 年起，23 岁的罗姆取代梅克勒，成了夏加尔身边不可或缺的朋友：成熟而老于世故的资产阶级朋友。这些人对他的支持，以及他们之间的亲密关系，对于夏加尔在陌生的环境中开创事业所起到的作用至关重要：在结婚前他依赖这些人物，直到贝拉将这一角色融入妻子的角色中。早期的一张照片让他俩显得不像一个世界里的人：夏加尔矮小瘦削，面带菜色，不够坚定；而罗姆自信，结实，一套漂亮的白西装让其显得衣冠楚楚。罗姆能流利地讲多门欧洲语言，非常受女人欢迎且战果累累，兹万采娃学校的同学们对此惊羡不已，这更让这个新来的、穿得破破烂烂又口吃的犹太乡村男孩显得无足轻重。

罗姆在其回忆录中——由于艺术上的失败给他带来的痛苦，这部回忆录中的叙述或不能尽信——记录道，别的同学之所以不喜欢夏加尔，是因为他表现得"虚伪"又"傲慢"，他把羞怯和自尊搅和到了一起，给人一种过度自信又一无

在巴黎的夏加尔与亚历山大·罗姆，摄于 1911 年

是处的乡下人印象。夏加尔与谢赫尔没有交朋友的基石——"这两个巴克斯特最喜欢的学生相互讨厌。夏加尔牙尖嘴利，看起来不成熟又多愁善感，其表达方式又让常人难以理解，与谢赫尔的信仰单纯、简单和宁静格格不入"。也只有罗姆赞赏夏加尔梦游般的性格特质，他还记得夏加尔在刚入学时给他留下的印象："这个人似乎刚刚来到这个世界，刚从月亮上掉下来……最为稀松平常的事物，有时也会引起他尖酸刻薄的评论，或是让他惊愕不已。"然而，巴克斯特仍然看重他，说起夏加尔和特尔萨时，他说："我有两个学生，一个用头走路，另一个用脚走路，但我不知道哪一个更好。"奥博伦斯卡娅在她的回忆

录中指出，尽管夏加尔在学校所作的画看起来并不出彩，但全班同学都会饶有兴趣地等待着欣赏他从家中拿来的习作。

就夏加尔而言，在经受了之前学校的低劣后，他认可这里同学们的严肃——"巴克斯特的学生，或多或少都有些天赋，至少知道自己在干什么"——并赞赏他所处的这个环境，称之为"一个微型的欧洲"。巴克斯特宣布高更、马蒂斯和莫里斯·丹尼斯（Maurice Denis）是未来的艺术家，引领他的学生们走向现代的国际潮流，这个潮流可以让他们在自主的人文精神中找到自己的表现形式。简化形式、增强色彩和解放笔法是他的目标：静物是由简单粗糙的物体组成的；只为独特的轮廓选择模特儿，漂亮的不予考虑。学生们以满是颗粒的粗麻布为画布，用木匠们使用的胶水打底，用宽大的画笔（窄的、精细的画笔被抛弃了）作画，以达到笔触清晰和色彩厚重的目的。为保持印象的新鲜感，打底色和预备画稿的方式不受鼓励，注重的是色彩的组合。这样的做法具有一定的纪念碑气质：巴克斯特曾在巴黎做布景设计师，那时候的他对架上绘画的未来持怀疑态度，梦想着找到一种能与建筑物本身达成协调的艺术风格。特尔萨在一所教堂里画过许多壁画；谢赫尔绘制过 5 米长的表现犹太人日常生活的壁画作品，名为《哈西迪的舞会》和《犹太婚礼》。

但巴克斯特最强调的，是色彩的重要性。他在巴黎写道："我本身对色彩是非常看重的，我不想听见关于黑白的字眼。""艺术只是对比，"他曾经说过，"我喜欢浓烈的色彩，而且我曾用对比强烈的色彩以达到和谐的效果，而不是把各种颜色堆积在一起……明亮、纯净的色彩，那是自然的味道。"对于自然主义所着重的精准，他丝毫不感兴趣。他只会根据色彩的纹理、质地、张力和融合来评判一幅画作的好坏。他提倡使用简单的技巧，杜绝显眼的轮廓，因为这会阻断色彩之间的互动。夏加尔立即响应了他的这些理念。奥博伦斯卡娅指出，夏加尔第一个展示了他的习作：画面主体为粉红色，背景为绿色。她所说的这幅习作，有可能是《小客厅》，画的是夏加尔的祖父在利奥兹诺的房子里的一个房间。椅背的双重弯曲和桌子破损的一角，给人一种流动和通透的感觉。夏加尔听从了巴克斯特的建议，减少了色彩的种类，将色彩驾驭得更好。占主导地位的玫瑰粉色和淡绿的背景色的呼应让整个画面变得生动。然而，在《小客厅》的画面中，充斥着一种焦虑不安的意味。这样的艺术效果，更多地应归功于高更的影响，而非其他。

夏加尔到底从巴克斯特那儿学到了多少？跟巴克斯特一样，他一生都很重视画作的色彩和戏剧性。但他在兹万采娃学校只待了 6 个月时间，而且声称自己没学到什么东西。"装模作样，有些什么用呢？在他的艺术中，总有些东西让我觉得格格不入，"他写道，与他在 3 年前对佩恩的感觉类似，"事实是，我无法学习。或者说，没人能教我……上学，对我来说更多的是获取信息和产生交流的手段，而不是为了得到适当的教导。"跟巴克斯特的交流是一个转折点：巴克斯特为他打开了一扇通往欧洲的门。"我的命运，是由巴克斯特和多布金斯基的学校决定的。巴克斯特改变了我的人生。我永远不会忘记这个人。"夏加尔在 1921 年写道。

巴克斯特自己，正逐渐从俄国转移向巴黎。1910 年春天，他组织兹万采娃学校的学生在圣彼得堡举办了首次大型展览，举办地点在艺术杂志《阿波罗》的编辑部办公室。这是夏加尔首次得到公开展出作品的机会。虽然巴克斯特坚持让上百幅作品以匿名的形式展出，但其中一名学生玛格达林娜·纳克曼（Magdalina Nakhman）的漫画表明，夏加尔的作品仍旧脱颖而出。

《死者》是展览的头号作品；《俄罗斯婚礼》和淡紫色的巨幅油画《吃东西的农民》（现已失传）也很引人注目。但是，这次展览却以惨淡收场——他们发出了 1000 份邀请，但来的人却寥寥无几。在纳克曼的漫画中，只有两位不以为然、面带不满的参观者；奥博伦斯卡娅悲伤地写道："开幕日对我们来说应该是一场盛事，然而事实却并非如此。"真正让学生们感到气馁的，是巴克斯特本人也没来参观这次展览。当时的他已经离婚，在 4 月 20 日展览开幕的前几天便离开了圣彼得堡，与迪亚吉列夫和俄国芭蕾舞团一起去了巴黎，且无意再返回俄国。见到巴克斯特已经动身去了欧洲，夏加尔感到分外沮丧。他们曾谈过他陪老师一起去欧洲的可能性，如今这一计划已经落空，他感到心烦意乱。4 月底，他写信给身在巴黎的巴克斯特，迫切希望能被邀请到法国去，加入老师的团队。但"他没有回复，"他在 5 月告诉罗姆，"处于芭蕾舞演员迅疾的舞动和旋转的双腿之间，他已经忘记了他的学生（这样一个无法回避的词语），忘记了那个小人物……这就是我感到难过的原因。"

　　巴克斯特把他的学生们丢到了一旁，因为他知道，他无法实现那些曾托付在自己身上的希望。他离开后不久，圣彼得堡举办了一场大型的先锋派展览——囊括了900多件作品的"伊兹德布斯基沙龙"从敖德萨抵达这里，参展作品来自马蒂斯、德兰、凡·东根（Van Dongen）和康定斯基，以及年轻的俄国艺术家拉里欧诺夫、冈查洛娃、连图洛夫和亚历山德拉·埃克斯特（Alexandra Exter）等。巴克斯特的影响力已无法与新兴的俄国先锋派匹敌。他认为先锋派"被否定之毒摧残"，但最终会穿过"低级粗糙"，让俄罗斯艺术"像一棵纯净而辉煌的树一般开花，载满光辉灿烂的成熟果实"——虽然他自己并不认同他们的艺术理念。巴黎，以及迪亚吉列夫的俄国芭蕾舞团，是颇具吸引力的可供他逃避的出口。

　　夏加尔觉得，他无法从巴克斯特在兹万采娃学校的继任者库兹马·彼得罗夫 - 沃德金（Kuzma Petrov-Vodkin）的身上学到任何东西。这个人身上的新学院派绘画风格，追根究源来自于圣像画的影响；而且，他没有给学校带来任何国际性的思潮。在巴克斯特离开几周后，夏加尔也离开了圣彼得堡。他舔着自己的伤口，在格尔蒙特家位于纳尔瓦的舒适别墅里度过了5月和6月。接着，他短暂地返回首都，与戈德堡待在一起。然后，在7月7日生日那天，他回到了维捷布斯克。有了与巴克斯特相处的经历、呼吸过了欧洲的气息之后，他对维捷布斯克的落后已无法忍受。"我对你们都很满意，"他告诉他的家乡，"但是，你们有没有听说过文化的传承，有没有听说过艾克斯（Aix），有没有听说过耳朵被割掉的画家，还有立方体、正方形，以及巴黎呢？"一想到巴克斯特在法国的首都生活和工作，而他自己却被困在"栅栏居住区"，他就觉得痛苦不堪。他告诉罗姆，如果他命中注定要"孤独地融化"，他将永远留在维捷布斯克，因为比起勉强待在没有巴克斯特为他点燃火把、引领他前行的圣彼得堡，"把我埋葬在这片乏味而坚硬的土地下会更好"。现在，先锋派在俄国境内迅速发展——拉里欧诺夫于1910年在莫斯科发起的首次"钻石杰克[3]"展，正是这种迅猛发展的标志。共同参加"钻石杰克"展的年轻艺术家包括伊利亚·马什科夫、阿里斯塔赫·连图洛夫、皮奥特·康查洛夫斯基以及罗伯特·法尔克。他们基于鲜明的装饰色彩、流行艺术和民间艺术的元素，强调对塞尚和立体主义的传承，开创了一种原始主义风格。他们的展览得到了马克西姆·高尔基的称赞。然而，这个展览丝毫没有引起夏加尔的关注。从巴克斯特离开的那一刻起，他就设想，自己的未来只能在巴黎。

巴克斯特曾告诉学生们要刻苦，"就算没有达到精疲力竭的程度，那么双手至少应该打满水泡"。而这句话的每一个字，都被夏加尔听了进去。1910年的夏天，他在父母院子中的画室里疯狂地画着画。《安纽塔的肖像》描绘的是他坚定顽强的最年长的已婚妹妹，他遵从巴克斯特的建议，用耀眼的色彩塑造出鲜明的人物形象，画面上抢眼的人物轮廓与轻盈的背景形成了一种反差。《屠夫》描绘的是他的祖父，这位凶恶的屠夫处在蓝色和赭石色的暗影之中，手里拿着斧头，如同一位来自远古时代的巨人。梦想着去巴黎的夏加尔，如同告别一般感受着家人的脉搏，描绘着他们的画像。他还用钢笔和墨水将觉得有意义的地方画下来：墙上挂着他一幅作品的父母的卧室，卧室里有两张沉重的单人床，母亲在其中一张上睡着了；用黑色墨水和水彩颜料绘就的祖父在利奥兹诺的家；他还画过一幅石墨素描，描绘的是他初次见到贝拉的地方——泰雅家繁忙的客厅，画面上有巨大的钢琴和各种乐器，而他则半掩在窗帘后面。

1908年，在创作《死者》时，他开启了描绘"俄国犹太小镇生活"的艺术系列；1910年夏天，当他在创作杰作《诞生》时，他有意识地终止了这个系列。这两幅关于诞生和死亡的作品形成一条弧线，横跨了他艺术人生的第一个"俄国时期"。期间，《俄罗斯婚礼》、泰雅的裸体画以及贝拉的画像等作品填补了空白，让他勾勒出俄国的犹太人世界在第一次世界大战前所经历的出生、结合和死亡的全景。《诞生》与《死者》相得益彰，均包含着象征主义、写实主义和原始主义的表现手法。这两幅作品都是艺术家精神世界的自我表达，它们被一种戏剧性的表述所强化。然而，充斥在《死者》中的是恐惧；《诞生》则充满了期待、不确定和兴奋。

如同舞台上被拉开的幕布，一张四柱床的深红色帷幔显示出一个抱着婴儿的接生婆，母亲则躺在床垫上，面无血色，仍然流血不止。那张床以及母亲的轮廓，让人想起伦勃朗的《达娜厄》，夏加尔曾在冬宫见过这幅画，伦勃朗在画这幅画时，事先画过底稿，突出了画面人物形象的古典主义风格。但是分开的窗帘，受到的是以诞生为主题的拜占庭圣像画的影响，且暗示着母性的

夏加尔，《诞生》，1908 年，素描

神秘；还有，接生婆那正面直立的姿势，也让人想起某幅圣像画上的模糊形象。罗姆坚持认为，《诞生》受到了布洛克和安德烈·比利（Andrey Bely）的象征主义诗歌的启发，他评论道，夏加尔当时正痴迷于诞生和死亡的主题，"无穷尽的世世代代的生命只不过是数年的寻觅"。"我不知道现在是什么时间，"他会神情恍惚地对罗姆说，"这可能很糟糕，非常糟糕。"夏加尔身上那种神秘性和物质性的混合来自他对哈西迪派教义的吸收和维捷布斯克的日常生活。因此，虽然结合了东西方潮流，《诞生》仍是典型的 1910 年的俄国先锋派作品。费加－伊塔是看着儿子完成这幅作品的，她建议他在产妇的肚子上绑上一条白色布带，"我立即满足了她的愿望。这样做是对的！身体立即显得生动起来！"跟泰雅做模特儿的那些画一样，画中的女人处于核心地位；与她的庄严肃穆相反，她的丈夫正笨拙地从床下的藏身之处向外爬——在画面中处于次要地位；金色的灯光下，一群低声耳语着的犹太男人在等待着诞生的消息。这些触动人心却怪诞无比的人物形象，让人想起受哈西迪派教义影响的当代意第绪语文学作品中的人物，如艾萨克·佩雷兹（Isaac Peretz）出版于 1908 年的《弥赛亚的时代》——在这部幽默的现实主义作品中，出生是一种奇迹、一种预知，一种对重大变故的预测。这就是佩雷兹作品中的场景，而《诞生》仿佛作品的插画：

我走进那间旅店。一个大大的房间被一张旧窗帘分成两半。三名男子坐在门边。他们没有注意到我，但我可以清楚地看到他们。一家三代。老人问道：

"怎么了？是女孩，还是？""不，"老妇人回答，"一个男孩……""他死了吗？"

"不，他还活着。"老妇人毫无喜乐地说。"是个怪物吗？"

"他的肩上有些奇怪的痕迹。""什么样的痕迹？"

"翅膀。清晰的翅膀痕迹。""翅膀！"

老人陷入了担忧之中；他的儿子惊呆了；只有孙子，高兴得跳了起来。

"好极了！他的翅膀一定会长出来，长成巨大有力的翅膀。不是很棒吗？他将不再被束缚在地面上，不用再行走在泥泞里，他将生活在天空之中。难道天空不是更美好、比地面更美丽吗？"

然而，在现实生活中，夏加尔的生活状况并未得到多少改变，他所向往的一切似乎仍然遥不可及，这让他感到心灰意冷。1910年，维克多·梅克勒前往巴黎，他寄回的那些小巧优雅同时流露出忧虑的信件，对夏加尔来说远远不算安慰。维克多在巴黎挣扎，在夏加尔的进步面前踉跄前行。"就我个人来说，我不喜欢绘画的空气感，也不喜欢文字中的真理，"他抱怨道。

哦，多少次我不得不说些什么的时候，却无法表达出自己的心声……我在绝望中开始寻找其他的流亡者，但我找到了吗？……他们不是你。我仍然没有失去你，仍然依赖着你。我们的分离变得沉重，尽管有时候生活中没有比跟最好的朋友分离更好的了。因此，我接受了这种沉默……因为友谊的感觉是在沉默中培育出来的，而友谊的增进却是通过升华形成的！我们不会详述这种升华的实质——这种迸发是我们之间的秘密……我已经一如既往地开始讨厌自己。如果有可能真正认识自我，我甚至可以自杀。写信给我，你的维克多。我生活得很无趣。

然而，夏加尔已与他渐行渐远。夏加尔已从他那儿得到了他所需要的东西，现在，他要将他无情地抛弃。最开始，他丢失了维克多的信和地址；后来，他拖了很久才回信。"对我来说（作者注：我并没有那么重要），"他写道，"过去，你和我很亲密（作者注：那时候你对我很重要）。但现在，你已是个过客，已几乎不存在。"然而，他却不放过任何有关巴黎的消息。"那里的移民遭受了如此多的不幸，这已经让我感到害怕，"他写道，"你过得怎么样？住的地方好不好，舒不舒适？是不是真的有一个玻璃屋顶——光线充足吗？我很高兴（作者注：上帝知道我是为了什么而高兴）。部分原因是，我一定会来巴黎。这很快就会明晰。"

但是，"这"一点儿也没有变得明晰。与家境富有而缺乏才华的维克多不同，对夏加尔来说，去巴黎不是那么容易的事儿。因为没有收到回信，夏加尔请佩恩以他的名义向巴克斯特发出询问；1910 年 9 月，夏加尔再次写信给巴克斯特。"我从来没写过这样的信，这样一封愤怒的信，"他告诉罗姆，"如果他还不回复，我就完了。甚至如果他不给个肯定的回复，我也无法保持冷静。我不能就这个样子去彼得（圣彼得堡）。这样不行，（没有巴克斯特）让人无法忍受。我无法忍受这一点。"

贝拉在维捷布斯克度长假，看着夏加尔拼命努力地计划着离开俄国。他们两人对落后的家乡都感到沮丧，于是浪漫之情得到了爆发。大部分时间，贝拉都待在夏加尔的画室里。以前，当泰雅向她吹嘘自己做裸体模特儿的时候，她感到大为震惊；现在，她自己也这样做了。夏加尔为她作画的第二天，费加 - 伊塔走进画室，看见了儿子挂在墙上的作品。

"这是什么？"

一个裸体女人，乳房，深色的乳头。

我很尴尬，她也很尴尬。

"把那幅画收起来！"她说。

"好妈妈！我非常爱您。但是……您难道从来没有见过不穿衣服的自己吗？至于我，我只是看着她，把她画下来。仅此而已。"

然而，我还是遵从了妈妈的吩咐。我把那幅裸体画收了起来，并在原来挂这幅画的地方，挂上了一幅宗教游行队伍的画。

这个时期夏加尔所作的素描《坐着的裸女》，展示了一个害羞的年轻女孩的侧影，一只手臂保护性地搭在匀称的身体上。夏加尔保持着尊重，以一种温情的态度刻画了她的形象；画面的角落里有一个他自己的粗略轮廓，只有头部和一只拿着铅笔的手。这是艺术家和他的缪斯女神一起脱离了躯体的描绘，没有泰雅的裸体画所呈现出的情色意味。在同时期所作的一幅棕色调的水墨和水粉画《干草棚》上，夏加尔和贝拉合衣拥抱在一起，庇护着彼此，一只黑猫静悄悄地爬行在他们上方，画面氛围柔和而欢快。

比起费加-伊塔的不快，贝拉的家人们对这段恋情更为不满：一个来自贫民窟、前途渺茫的穷艺术家——这样的人，是他们最不想要的女婿。他们已经失去了一个女儿——她已投身社会主义的革命浪潮中；现在，另一个女儿，正在为艺术摈弃着犹太信仰。在她的母亲面前，贝拉"小心翼翼。我不想她为我生气。哥哥们给她带来的麻烦已经够多了，他们做事都只会依照自己的性情，不会为她着想"。贝拉沉浸在自己的爱情中，但也会感到困惑和惊慌。"我害怕这种激情，在它面前我总是感到羞愧，它的一切都让我无从猜测或了解——它非常强大，也非常丰富，而且我会因自己的愚昧无知而感到羞耻，"她告诉她的爱人，"我需要净化自己，我需要真理——我们害怕破坏一切，所以让一切变得过于艰难。这个真理在艺术中，在生活中，是生命的终点和起点。"

在夏加尔还只是个学生的时候，她的父母是不可能同意这门亲事的。此时的夏加尔认为，为稳固他和贝拉的关系着想，去巴黎也是极其重要的：他将在那里学习，并以他的成就赢得罗森菲尔德家族的认可。他和贝拉在广大的艺术和戏剧世界中看到了他们的未来，这让双方的父母都无法理解。"他们是那么诚实，他们有那么多问题，他们是那么傻，但非常爱我，而我叛逆的翅膀……已经伤了他们的心。我生命的激情，对他们来说只是个滑稽的悲剧，"贝拉在给夏加尔的信中写到她的父母，"我能深深地感受到母亲的幼稚和粗鲁的直率。我一直是他们的仆人，听从他们的吩咐。对我狭隘的父母，我的态度甚至有点反感。"几年后，诗人爱德华·巴格里茨基（Eduard Bagritsky）写道：

> 他们的爱？
>
> 但他们被虱子撕咬着的发辫，
>
> 他们弯曲突出的锁骨，
>
> 他们脸上的痘痘，他们沾满了鲱鱼的嘴巴，
>
> 他们颈项弯曲得像马脖子。
>
> 我的父母？

莫斯科和巴黎，没有宗教束缚的世界的吸引力，让他们无法抗拒。

夏加尔和贝拉于 1910 年 9 月订婚，然后她动身前往莫斯科开始新学年。夏加尔在她离开的那天给了她一张照片，然后，继续独自等待着巴克斯特的消息。他感到未来悬而未决，已陷入了危机。"我觉得，如果继续在维捷布斯克待下去，我的身上会长满毛和苔藓。"他后来写道。在维捷布斯克的秋天完成的《静物与灯》，内容和构图深受马蒂斯和谐构图方法的影响——山高水远的夏加尔，正在尽可能地研究法国的新艺术。与此同时，巴克斯特租下了马蒂斯本人的画室，为初次见到心目中的当代大师而深感荣幸。10 月的时候，巴克斯特写信回家，谈起那两幅轰动一时、正在运往莫斯科希楚金宫的画《舞蹈》和《音乐》，说这两幅画让"每个人都感到困惑"。巴克斯特酸溜溜地声称自己曾影响过马蒂斯的创作，为自己将来在历史上的地位做着铺垫："马蒂斯的新作……完全是照着《埃及艳后》（他最近的剧场布景）的基调来的，尽管他并不掩饰他对我的作品的钦佩。不要跟别人说。"他告诉他的前妻。

11 月 18 日，他终于给夏加尔回了信。"你看不起你所处的环境是不对的，"他告诉他的学生，"在你的作品中我最喜欢的是围绕着你的乡村生活。你只用去创作，不用期待得到身边的人的赞同，画出符合你的理念的、真诚的画就行。这种素材以后会派上用场的。"

这个建议是诚恳的，也是具有前瞻性的——这些关于俄国人日常生活的习作，将成为夏加尔在巴黎的创作基石；同时，这个建议也是带着防御性的。巴克斯特等了很长时间才回信，是因为他已经将夏加尔视为竞争对手：另一位潜在的东方魔术师。1910 年 6 月，他在巴黎加尼叶歌剧院为里姆斯基-科萨科夫的《天方夜谭》做了舞台装饰和服装的设计，让他饱受赞誉，甚至毕加索和马塞尔·普鲁斯特都对他表示钦佩。普鲁斯特寻求介绍认识了巴克斯特，还会跟人吹嘘道："当然，他对所有人都很有风度，但我发现他对我还是有一点儿特别。"然而对巴克斯特而言，名声的显赫却引发了一种自信危机。几个月后，他把自己所有的作品从俄国运到法国，作品一到达便引起了轰动。他不希望夏加尔到巴黎来破坏他那岌岌可危的心理平衡。"你太着急了，过于任性。请记住，你是很焦虑，但我更焦虑。我可不想还要替你解决焦虑。"他烦躁地对夏加尔说道。但在信中，夏加尔看到的只有巴克斯特正在回家的路上，俄国芭蕾舞团将在圣彼得堡的马林斯基歌剧院演出。夏加尔立即动身前往圣彼得堡，与戈德堡待在一起，并向亚历山大·罗姆倾诉了他对重逢的希望。那次决定性的会面，发生在 1911 年 1 月。

> 我结结巴巴地说：

> "列昂·萨姆艾尔维奇[4]，我能不能……你知道的，列昂·萨姆艾尔维奇，我想……想……想……去……想去巴黎。"

> "啊！……如果你愿意。告诉我，你知道怎么画舞台布景吗？"

> "太会了。"（其实我对此毫无概念！）

> "那好，这是 100 法郎。把这门技艺学好，我会带你去的。"

法国的钱到了他手中，但带他去法国的承诺却落了空：巴克斯特对夏加尔的努力并不满意。而且，他那时候的心情很不好：在马林斯基歌剧院为沙皇的皇后所做的一场表演中，尼金斯基穿着一件非常暴露的束腰紧身衣。这件衣服是巴克斯特为在巴黎的表演而设计的，但对于更为保守拘谨的俄国观众来说，这样的着装是无法接受的。可尼金斯基坚持要穿这件衣服，皇后觉得受到了冒犯，把尼金斯基赶下了台。于是，巴克斯特、迪亚吉列夫和俄国芭蕾舞团匆忙离开圣彼得堡，赶往巴黎。4月，他们在巴黎首演了《玫瑰花魂》。

夏加尔再次被丢在了圣彼得堡，身无分文，仍然疯狂地梦想着去巴黎。他再次恳求巴克斯特，而这次，他得到一个更令人沮丧的回答。"我可爱的夏加尔！"巴克斯特在遥远的地方，以挖苦的语气开始了回复（即便是在熟人之间，通常来说，在信件中的称呼也应该是"马克·夏加尔"）。巴克斯特以他那华丽的笔迹，在勃艮第酒店的信纸上写下了这封信，明明白白地告诉他的学生，这座他所期待的法国首都，是个什么样的竞争丛林：

> 身上只有25个卢布就要来巴黎？你真是疯透了。这真是太疯狂了，我完全不会理会这种疯狂的想法。我不会给你一分钱。我不能。原因很简单，我没有钱，也没有工作。我是一个非常害怕的人，我的神经很紧张，如果你来了，我会给你带来很多麻烦。跟我在一起，你的心情会很不好。这里有很多俄国人正在死于饥饿。我要给你一个忠告：你不会从我这儿得到钱，也不会从我这儿得到任何道义上的支持。我们绝对不是一对好搭档——我们的差别太大了——如果你来了，为了自我保护，我会尽力在巴黎避开你——你必须知道这一点。

夏加尔与巴克斯特的关系终结了：他们都太脆弱，无法理解对方。对巴克斯特而言，他的学生朝气蓬勃又充满自信，颇有成功的迹象；而他自己，却陷入了自信危机，担忧着自己的历史地位。对夏加尔来说，巴克斯特代表着世界性的艺术世界，现在，他的导师切断了他们之间的联系，将他抛到了九霄云外。

俄国的前景也很暗淡。4月，夏加尔的包括《戴黑手套的我的未婚妻》在内的几幅作品，被纳入圣彼得堡的"青年联盟"展览。这是他首次参加大型展览，其他参展画家包括谢罗夫、拉里欧诺夫和巴克斯特。但夏加尔的作品被挂在尽头一个昏暗的房间里。在另外一场"艺术世界"学派的展览上，他所提交的几幅画作根本没有被展出。他将自己的不被接纳归咎于这个世界对犹太艺术家的偏见。1911年春天，一名犹太职员孟德尔·贝利斯（Mendel Beiliss）被诬陷谋杀了一名儿童，一场新的反犹太主义和大屠杀的浪潮席卷了俄国。在这样的背景下，夏加尔更为坚信这一观点。右翼媒体指控犹太人进行宗教摧残，喝基督教徒的血。1913 年，托马斯·曼（Thomas Mann）、阿纳托尔·法朗士（Anatole France）和赫伯特·乔治·韦尔斯（H. G. Wells）等签署国际诉讼状后，贝利斯被宣告无罪，成了俄国的德雷福斯（Dreyfus）[5]。不同的是，法国在 1906 年赦免了德雷福斯，推翻了 19 世纪对德雷福斯的判决。相比之下，贝利斯案显示了俄国极度落后和腐化堕落的一面，许多犹太人开始考虑移民。偶然间，夏加尔得到了走出俄国的机会。马克西姆·维纳弗看中了夏加尔的《俄罗斯婚礼》和一幅素描——之前从夏加尔那里得到的《死者》已归其姐夫利奥波德·塞夫所有。作为交换，维纳弗支付了夏加尔前往巴黎的旅费，且每个月为他提供 125 法郎的学习费用。"在我的脚下，故乡的土地已越来越远。湍急的河水轰鸣流动着，发出刺耳的声音，不是我在河畔拥抱过你的那条河……我看见了山顶的乌斯宾教堂和上面的圆顶。远处的德维纳河变得越来越小……维捷布斯克，我要将你抛弃。你就跟你的鲱鱼待在一起吧！"

在他离开前不久拍的贝拉和夏加尔的一张合照显示，当时的他们，是一对颇具魅力、富有自我意识的年轻情侣。他们相对而坐的姿态引人注目且别具一格，是一种非常摩登的姿势，两人都大胆地面朝前方、看向未来。贝拉的告别礼物是一块绣着鲜花的锦缎桌布，代表着她曾为他送来的一束束鲜花，也是家庭生活的一种象征。很快，这块桌布就遭到了他的破坏：手头拮据又缺少画布的他，在这块桌布上画下了《小提琴手》。虽然根据安排罗姆很快就会去找他，然而，没有了贝拉的陪伴，他变得彷徨无依。他回忆道："我独自一人离开俄国，满怀疑虑。"1911 年 5 月，他带着自己的所有作品登上火车，开始了为期 4 天的到巴黎的旅程。这是他第一次离开俄国。他看起来很穷，穿着又不够光鲜，以至于"连德国边境的检察官们登上火车检查我们的护照和行李时，都会狐疑地看着我，问我'Haben sie Lause（你身上有虱子吗）？'"。

回到维捷布斯克的贝拉，整个夏天每个傍晚都会给夏加尔写一张小明信片。她用陌生的罗马字体随性地表达着，传递着她每天的情绪，然后寄给"夏加洛夫先生，邮局代取"。"刚才，我坐在你的房间里——我真难过。我多么想感受到你的体温，"她写道，"我真的好想见到你，和你共呼吸。我在等你。有了新地址后马上给我写信。我全身心地希望你能万事如意。"

夏加尔和贝拉，摄于 1910 年

注释

【1】彼得·潘式的人物:《彼得·潘》是苏格兰小说家及剧作家詹姆斯·马修·巴利（James Matthew Barrie, 1860—1937 年）创作的长篇小说。彼得·潘式的人物指的是行为像孩子的成人。

【2】安格尔的小提琴：一句欧洲的谚语，说的是大画家安格尔认为自己的小提琴比自己的画更好。这句谚语的隐含意义是一个人对自己的认识就算不为旁人所认可，但只要自己坚持这样认为，就是一件好事。

【3】钻石杰克（Jack of Diamonds）：塞尚去世一年后，一批追随塞尚的俄国艺术家所成立的艺术团体。

【4】列昂·萨姆艾尔维奇（Léon Samuelevitch）：巴克斯特的本名。

【5】德雷福斯（Dreyfus）：1894 年，法国陆军参谋部犹太籍的上尉军官德雷福斯被诬陷犯有叛国罪，被革职并被处终身流放，法国右翼势力乘机掀起反犹浪潮。此后不久即真相大白，但法国政府却坚持不愿承认错误。直至 1906 年，德雷福斯才被判无罪。

第7章

"超现实！"

巴黎，1911—1912

"若非巴黎和我的家乡隔着山重水复的距离，我会立刻回去，或者最多待一个星期、一个月。"这是夏加尔来到法国首都最初的反应，"我甚至想编造一些节日，作为回家的借口。"然而，在巴黎那陌生的光辉中，他本能地感到，"我似乎第一次发现了光明、色彩、自由、阳光，以及生活的乐趣"。他的乡愁，和他称之为法国的"lumière-liberté"（自由之光）所带来的狂喜，并存于他生活在巴黎的最初几年里，也是对他的创作影响颇深的两大因素。

他回忆道："我带着想法和梦想来到了巴黎，而那些想法和梦想，只能存在于20岁的人的头脑之中。"他不再是沙皇帝国的二等公民，他已经23岁了，终于摆脱了政治、公民、宗教、性等他在俄国时的一切束缚。但他也很害怕。他不会讲法语，在巴黎认识的人很少。而对于他在这里所认识的大部分俄国人，他也几乎没有什么好话可说：这里还有不欢迎他的巴克斯特（"难以沟通……极其紧张"）；佩恩学校的同学雕塑家奥西普·扎德金（"认为自己非常重要……他知道我讨厌他，因为他不真诚"）；佩恩的另一个已经在商业上取得了成功的学生，他娶了一个有钱的美国女人莱昂·舒尔曼（Leon

Shulman）（"我跟他走得很远，因为他的艺术空无一物，他所做的一切都是耻辱"）。

当夏加尔走出巴黎火车北站时，维克多·梅克勒在那儿等着他。最初的几天里，他住在这位老朋友位于家乐福德奥德昂酒店的房间里。但是他们的友情很快就破裂了：时隔一年之后，他们都对对方的绘画成就感到害怕。梅克勒颇为不解地站在夏加尔那些生机勃勃、鲜艳动人的近作面前；而夏加尔则满怀阴郁地盯着梅克勒的那些精致的，受到著名"世纪末"艺术家约翰·辛格·萨金特（John Singer Sargent）和西班牙画家伊格纳西奥·苏洛阿加（Ignacio Zuloaga）影响的肖像画。不久之后，夏加尔和梅克勒在圣米歇尔大道的一家咖啡馆里发生了争执，夏加尔生气地离开了。一两个月后，梅克勒回到了俄国。

起初，夏加尔完全依赖着俄国犹太人与这个世界产生接触。梅克勒之后，他求助于雅科夫·图仁霍德：《阿波罗》杂志驻巴黎记者，一位见多识广的艺术评论家，对毕加索、马蒂斯以及俄国艺术都很熟悉。"我在巴黎不认识任何人，也没有人认识我。"夏加尔写道。

> 离开火车站的时候，我望着屋顶，望着灰色的地平线，想到了我在这个城市的未来。第四天，我就想回家了。我想念我的维捷布斯克，想念我的篱笆墙。但图仁霍德把我的画拿在手中。他开始四处跟人打电话，请我到这里去、到那里去。我问过他无数次，我该如何去创作；在他面前，我也不知抱怨过多少次！而他，总是在安慰我。

夏加尔一生都保存着一个纪念品——一张精致的、褪色了的小卡片，上面印着"雅克·图仁霍德，我的朋友，夏加洛夫先生"的字样。

作家伊利亚·埃伦伯格（Ilya Ehrenburg）的堂兄——俄国画家埃伦伯格要暂别巴黎，他邀请夏加尔租下他的工作室。该工作室地处巴黎的东南部，位于第14区新开发的蒙帕纳斯区的一个狭窄的死胡同——缅因胡同里。这座隐蔽的小房子很难找，以至于在有些写给夏加尔的信上必须写明"胡同尽头的那座房子"。刚刚建成的贯通南北的地铁12号线，将巴黎的这个地区与时尚前卫的蒙马特区连接了起来。夏加尔发现自己身处时尚的前沿阵地：在接下来的几年里，蒙帕纳斯区逐渐取代蒙马特区，成为艺术家们的活动中心。1912年，毕加索搬到了这里；很快，蒙帕纳斯大道上的咖啡馆们，如"圆亭咖啡馆"、"劳特尔多咖啡馆"以及"圆顶咖啡馆"等，挤满了讲着形形色色语言的客人。在这些客人里，有来自俄国、东欧、美国和德国的艺术家，也有混迹于艺术界的各色人物。这些咖啡馆成了首都最时髦的地方。伊利亚·埃伦伯格于1908年来到这座城市，在他的记忆中，劳特尔多咖啡馆是一个破旧而热闹的地方，晚上在咖啡店的里屋，会挤满争吵不休的俄国人。埃伦伯格对巴黎的第一印象，跟从迂腐守旧的沙皇俄国到来的人一样——感觉到一种自由。年轻人们在街上无拘无束地游来荡去，那种漫不经心和自由自在让他感到惊讶；"恋人们在咖啡厅的露台上泰然自若地亲吻——让我挪不开眼"；而那里的灯光下"到处都是鲜艳的海报，总是让我觉得在剧院里一样"。

夏加尔的第一个住处很舒服。"一套有3个房间的公寓，大的一间是我的画室，另一间用来出租，第三间供其他用途……我有一个厨房……但我打算搬出去，因为这（座公寓）对我来说太豪华了。"他告诉妹妹们。夏加尔曾作过

巴黎圆顶咖啡馆，摄于1910年

一幅马蒂斯风格的油画《画室》，房间的大部分地方都被涂上了亮绿色，家具和帷幔的构成杂乱无章。从画面可以看出，这是一个陈设优良的公寓：精致的椅子和法国上层阶级风格的地毯，墙上挂着《戴黑手套的我的未婚妻》。跟夏加尔在巴黎初期的许多画一样，《画室》作于他从蒙帕纳斯的一家商店买来的旧画上，因为买旧画比买新的空白画布更便宜。

夏加尔将其中一个房间转租给临摹画师马利克（Malik），开始过上节俭的独居生活。那时候汇聚在巴黎的大多数东欧艺术家，均处于赤贫状态。而每个月夏加尔可以从蒙帕纳斯大道上的里昂信贷银行取出维纳弗给他提供的费用（银行的柜员总是会问他想要黄金还是纸币），这使得他在 1914 年以前，比这些艺术家的日子要好过一点。但他花钱很节约，他拘谨地保持着俄国的饮食习

夏加尔，摄于 1911 年 6 月；夏加尔从巴黎寄给父亲的第一张照片

惯，通常会从市场上买一根黄瓜和一条鲱鱼，第一天吃鱼头，第二天吃鱼尾。"这里的食物一点儿也不便宜，想在这儿吃得跟俄国一样好是不可能的。"他从世界美食之都写回维捷布斯克的信上这样说道。

> 比如说，肉非常昂贵，在餐馆吃饭的话，他们只会给你一丁点儿肉；鸡蛋和牛奶也一样。这里根本就没有我们的那种黑面包，他们的白面包和所谓的黑面包很差劲——让我看一眼就想吐。如果你进一家餐厅吃晚餐，他们会立即给你端上酒来——红葡萄酒或白葡萄酒——但我永远都不会喝，因为我的胃无法承受。但即便如此，你也得付小费——就算不喝也得付！

跟无数初来乍到的人一样，头几个星期夏加尔整日在城市的街道上游走，深深陶醉在法式的优雅和巴黎的光辉之中。他给父亲寄去了一张用自己的照片做的明信片，照片上的他穿着一件长外套，戴着一顶草帽，双手插在口袋里，在天文台的喷泉前摆出一副悠然自得的姿态：一名冉冉升起的法国艺术家。他在这张照片上的表情，以及那张在卢森堡花园与风度翩翩的罗姆（他于 6 月抵达巴黎）所拍的合影上的表情，均显得犹疑不定，面容警惕，尽力让自己不显得格格不入。"现在，我要体面起来，"他告诉他的妹妹们，"因为之前我很少在意外形……我刚买了一些白衬衫和新衣服。在巴黎，你必须打扮得漂漂亮亮的——每个人都穿得很光鲜，而且并没那么贵，只要 30 ~ 40 法郎（15 ~ 20 卢布）。与俄国相比，这里的衣服和帽子很便宜。"

"我从在这座城市中所走的每一步、在任何事物中，都能学到很多。它们就在每周一次的露天市场的小商贩们的身上，在咖啡馆侍者们的身上，在门房、农民和工人们的身上，"他回忆道，"他们周围闪耀的是惊人的自由之光，我从未在别的地方见过那种光芒。而这种光芒，会在艺术中重生，自然而然地展现在法国大师们的画布上……一切都表现出一种井井有条，毫不含糊，形式感极为精确，就算是稍逊一筹的艺术家的作品也极具艺术性。"最重要的是卢浮宫，在关于去留问题的考虑上，"结束了我所有的犹豫"。"当我参观了委罗内塞的展厅，以及挂着马奈、德拉克洛瓦、库尔贝画作的展厅后，我已别无所求。"那时候的卢浮宫，跟沙皇治下的冬宫一样，大量的收藏杂乱地堆积着。"我喜欢过去把所有油画排成列、一路挂上房顶的展出方式。所有的画都是平等的，让人感到很亲切。"他回忆道。拉菲特街上密密麻麻的商业画廊也让他流连忘返。这些画廊的经销商们通过力推印象派和后印象派的作品，赚得盆满钵满。现在，被层层叠叠挂在墙上、装在大金画框里的油画围绕在他们身边，让他们如同帝王一般志得意满：杜兰德·鲁埃尔（Durand Ruel）有"数以百计的雷诺阿、毕沙罗、莫奈"的作品；玛德莱娜广场上，伯恩海姆（Bernheim）家族所拥有的凡·高、高更和马蒂斯的作品，让那里"橱窗都被照亮，如同在举行一场婚礼一样"；还有充满了传奇色彩的安布罗伊斯·沃拉尔（Ambroise Vollard），夏加尔胆小得不敢跨进他的门槛："在黑暗中，透过布满灰尘的橱窗玻璃……我热切地搜寻着塞尚的作品。这些作品被挂在后面的墙上，没有装框。我紧贴着玻璃，鼻子都压扁了，突然间，我看见了沃拉尔本人。他独自一人待在商店中央，穿着一件大衣。我犹豫了，没敢走进去。他看起来脾气很坏，我不敢走进去。"

法国的艺术让夏加尔猝不及防。"当然，"他在20世纪40年代回忆道，

> 在遥远的故乡，和我的朋友们待在一起时，我也可以很好地呈现出自己。但我想要亲眼看看我曾遥远地听闻过的那些东西：那种视觉革命，那种色彩流转，像塞尚那样自然而巧妙地融为一片成熟的线条的色彩，或如马蒂斯那样随心所欲支配着一切的色彩。我在家乡无法看到这一切，那里的艺术之光并不那么灿烂……我当时觉得（现在仍然觉得），没有比我观察到的更伟大、更革命性的"吸引眼球"的事物了……当我到了巴黎后。这里有塞尚、马奈、莫奈、修拉、雷诺阿、凡·高以及野兽派和其他许多令我着迷的人物。如同自然现象一般，他们将我吸引到了巴黎。

对于一个即将在艺术界安身立命的年轻画家来说，世上没有比来到巴黎更激动人心的事了。"我通过巴黎的展览、通过这儿的橱窗和博物馆在自己身上所挖掘到的一切，是任何一个学校都给不了的。"他写道。现代主义已经成形：从马蒂斯和野兽派身上，继高更和修拉之后，色彩已经从现实主义的束缚中获得了爆炸性的解放；现代主义，还来自于毕加索和布拉克对塞尚的风格

的演变，来自于他们所创造出的那些扁平的几何形状、破碎的空间平面，以及他们对立体主义的视角的改变。旧有艺术的确定性，已经被打碎为齑粉。然而，在一片破碎之中，却蕴含着无限的可能：新的绘画语言就要产生；新的描绘手法就要出现；以前那些无法被表达的情感，就要有得到直观展现的可能。为现代主义带来这一切的，是数以百计来自于欧洲各地的、贫困的青年艺术家们。在第一次世界大战前的 5 年里，他们聚集到了巴黎。他们多元化的出身和形形色色的文化背景，极大地丰富了现代主义的实践。

这些艺术家中许多都是俄国人，其中包括大量犹太人——扎德金、内森·奥尔特曼（Nathan Altman）、舒林姆·沃尔夫（Shulim Wolf）、罗西诺（Rossiné）等。夏加尔还遇到了他在圣彼得堡各个艺术学校里的同学，大家背景各异，却同是天涯沦落人：兹万采娃学校出身的贵族小姐索菲娅·托尔斯塔亚；赛登伯格私人艺术学校的同学尤里·安涅可夫（Yuri Annenkov），他的父亲曾是一位暴力革命者，被流放到了西伯利亚；雷里赫的艺术促进会绘画学校的同学亚历山德拉·谢克提基那-波多兹卡（Alexandra Schekatikhina-Pototzkaya），他来自一个乌克兰旧派信徒家庭。这里的女性艺术家们，表现得跟男同行们一样有才能、富有创新精神，立刻就得到了艺术界的普遍认可，在俄国的先锋艺术中占据着独特的地位。她们大多出身优越，有能力负担巴黎的旅居和学习费用。她们的出现，在一个习惯了女人只能做模特儿或情妇的艺术环境中，产生了惊人的影响。艺术家亚历山德拉·埃克斯特（Alexandra Exter）于 1907 年抵达巴黎，并投身于前卫艺术圈。图仁霍德将之描述为"渴望得到属于她的时代"。这位艺术评论家从他所有旅居巴黎的俄国同行的身上，看到了想要与时俱进和吸收艺术养分的渴望。这些艺术养分，广泛地蕴藏于巴黎的艺术氛围之中，蕴藏于那些博物馆、展览会、画室和书籍之中。

"我不知道是否有人比我更清楚地认识到，在 1914 年以前，其他国家的绘画与法国绘画之间存在着几乎不可逾越的鸿沟。就我来说，我从未停止过对这一点的思考。"夏加尔在 1922 年写道。他到巴黎的时机简直完美：他于 1911 年春天独立艺术沙龙（Salon des Indépendants）开幕几天后抵达巴黎——在这次沙龙上，一群法国艺术家首次向大众展示了立体主义的精髓，引起了巨大的轰动。这些艺术家，包括亨利·勒·福柯尼尔（Henri Le Fauconnier）、让·梅青格尔（Jean Metzinger）和艾伯特·格莱兹（Albert Gleizes）；罗伯特·德劳内（Robert Delaunay）也带着他的"埃菲尔铁塔系列画"参加了展出，这些画的画面构成可用"支离破碎"来形容；除此之外，展品还包括费尔南德·莱热（Fernand Léger）的"管体主义（tubist）"作品：《森林中的裸体》。每个人都在谈论立体主义。根据夏加尔的回忆，在他到达的第二天，"我立刻赶到了独立艺术沙龙。我迅速走到了位于尽头的现代艺术品面前，那里有许多立体派画家的作品：德劳内、格莱兹、莱热"。

1908 年，当马蒂斯看到布拉克的风景画时，不由得惊叹"这不过是一些立方体呀"。同年，艺术评论家路易斯·沃克塞尔（Louis Vauxcelles）为了回应马蒂斯的评论，创造出了"立体主义"这个术语。创作于 1907 年《亚维农少女》，预示了"现代艺术中的第一个全新词汇"——立体主义的到来，也预示着一场新的艺术运动的降临。1908—1910 年，立体主义在毕加索和布拉克的作品中得到了长足的发展。这些作品（尽管不是《亚维农少女》）在沃拉尔、威廉·伍德（Wilhelm Uhde）和丹尼尔·亨利·康维勒（Daniel-Henri Kahnweiler）等人的前卫画廊举办的小型展览中不断出现。康维勒与毕加索和布拉克签下了合作协议，在 1920 年出版的一部关于立体主义运动的编年史中，他将 1910 年记录为毕加索"打破封闭的形式"的开始。虽然这些早期的展览得到了艺术界的关注，但他们既不打算得到也无法吸引到更广泛的公众的青睐，当时的公众也并没有意识到这些展览作品的重要性。如同约翰·戈尔丁（John Golding）后来写到的，这是"最重要的，当然，也是文艺复兴以来最彻底、最激进的艺术革命……雷诺阿的肖像画跟拉斐尔的肖像画并非天差地别，但毕加索的立体主义肖像画却是一种彻底的颠覆"。

毕加索和布拉克则置身事外，独自进行着实验——毕加索传记的作家约翰·理查森（John Richardson）说，"思想上的孤立是立体主义在实际操作中的一个重大风险"——他们的作品那四分五裂的表象，很快便被梅青格尔、格莱兹、勒·福柯尼尔和其他稍逊一筹的艺术家模仿并加以发挥，从而形成了现在仍为人所知的、所谓的"沙龙立体派"。1910 年，艺术评论家阿波利奈尔将他们的作品批驳得体无完肤，称之为"披着孔雀羽毛的松鸡……对某些作品毫无活力、卑躬屈膝的模仿……这些被模仿的作品来自于一位个性刚强的艺术家，还没有向任何人透露过他的奥秘。这位伟大的艺术家的名字，叫作巴勃罗·毕加索"。然而，在一年后某个艺术沙龙狭小而拥挤的 41 号房里，正是通过这些模仿者，立体主义才首次对公众产生了重大的影响。夏加尔一到巴黎，参观的就是这个沙龙——1911 年的春季沙龙。

这次沙龙的核心作品是《丰富》——勒·福柯尼尔所作的一幅 10 英尺高、6 英尺宽的肖像画，画的是他的俄国妻子玛露西亚（Maroussia），她挎着一篮水果，有小天使相伴。这幅画，曾一度成为全世界最著名的立体主义作品。很快，毕加索便认定，这是一个荒唐而夸张的跟风抄袭作品。他不屑与这些乌合之众一同参展。而他对沙龙上那些艺术家的评价，最终都得到了历史的印证——除莱热之外，他将这些人均视作"可怕的散兵游勇"。康维勒也一样，除了将莱热一人纳入自己的阵营之外，将其他人均视为虚弱无力的空谈家。

然而，几乎对其他所有人来说，沙龙立体派在激进主义中起到的影响作用更大。就连阿波利奈尔也随波逐流，宣称在 41 号房间"你会发现……比其他任何地方都更多的力量——我所说的不仅仅局限于这个沙龙，而是在全世界范围内作比较——这是我们的时代来临的标志，是我们每个人都……在找寻的那种现代风格"。佐菲娅·邓内斯（Zsófia Dénes）是一位来自匈牙利布达佩斯的年轻人，出身艺术世家。在这次沙龙开幕的几天后，她被立体派艺术家艾尔弗雷德·雷斯（Alfred Reth）带到了这里。她对这次沙龙的反应，在当时颇具代表性。"他拖着我的胳膊穿过了几个房间，当时我还在抱怨，因为我想停下来看看。"她回忆道。

> 墙上贴满了鲁阿尔（Rouault）、马蒂斯、马尔凯（Marquet）、德兰的作品……都是我熟悉的名字。"当然，稍后你肯定也得回来看看这些，"雷斯说道，"但首先，我想给你来点头脑风暴。"他把我直接拖到了 41 号房……去看立体主义……悬挂在墙上的画作所体现出来的，是我从未见过的，甚至是我从未想象过的。1911 年，位于塞纳河畔这个展馆里的 41 号房间，简直让人难以置信，犹如一片幻境。

"一夜之间，我们就成名了。就在前一天，我们还几近无名；现在，人人嘴里谈论的都是我们的名字。不只是在巴黎，在全国各地，甚至是在全世界各地，都是如此。"格莱兹自夸道。当时，刚刚接触法国绘画界的夏加尔，被席卷入人潮之中。关于这个沙龙，他写道："我直奔 1910 年法国绘画界的核心地带，在那里流连忘返。"在 20 世纪 60 年代，他告诉皮埃尔·施耐德（Pierre Schneider），"自 1910 年以来，我很少犯错。"——例外的是，他小看了鲁阿尔（"他让我觉得无聊"），还有"我太看得起格莱兹了。在他身上，我看到了一种立体主义风格的库尔贝"。

对于一个 23 岁的俄国年轻人来说，这是一个可以理解的错误。跟 1914 年前所有的严肃画家一样，夏加尔本能地懂得，他必须通过立体主义找到自己的路。勒·福柯尼尔是一个较易着手的起点。当罗姆于 6 月抵达巴黎后，他们一起到蒙帕纳斯的调色板艺术学校学习。授课的是身材高大、留着大红胡子、态度严肃而又目光短浅的勒·福柯尼尔和其好友梅青格尔。两个人都很和善，福柯尼尔的夫人玛露西亚待人也很友好。因此，他们吸引了许多俄国人慕名前来。通过 1911 年在此与夏加尔为伴的阿里斯塔赫·连图洛夫、柳博夫·波波娃（Liubov Popova）、娜杰日达·尤达索娃（Nadezhda Udaltsova）和其他返回莫斯科的年轻画家，调色板艺术学校对俄国的立体未来主义——动态而有节奏地综合了法国立体主义、意大利未来主义，以及作为 1914 年前俄国先锋派艺术主要特色的俄国本土新原始主义——产生了决定性的影响。

然而，夏加尔从未对他的俄国同僚们的立体未来主义路径产生兴趣。在上勒·福柯尼尔所教授的课程的同时，他还会跟罗姆一起，到位于苏米耶大街 14 号的大茅屋艺术学院上课，选择到这里学习，是因为这所学校可以提供画裸体模特儿的机会。莱热也在这里学习。当时夏加尔所作的水粉画《斜倚的裸体》，主体是一个躺在床上的裸女，画面上有西方古典风格的深色帷幔，但画面上的人体和四肢由扭曲的形状组成，带着效仿的痕迹。这幅画的风格与莱热在同一天所作的素描《裸女》非常相似。夏加尔在 1911 年所作的裸体画《拿扇子的裸女》《拿梳子的裸女》《裸女与鲜花》《床上的情侣》，均是他对立体主义的实践，以及对粗野而原始的人体的研究和尝试。这些粗野和原始的人体并没有泰雅裸体那强烈的性意味，而是充满了这个未经人事的年轻人的情感距离，他正在这所外国艺术学校里找寻着出路。毫无疑问，大茅屋艺术学院是奉行沙文主义 [1] 的。当数十年后夏加尔听说贾科梅蒂曾在此遭冷遇时，他咕噜

夏加尔，《斜倚的裸体》，纸上水粉，1911 年

道："他还想怎么样呢？这是学校，不是谈论个人情感的地方。我在大茅屋艺术学院还受到过双重冷遇：我不仅是个外国佬，还是个犹太人。"

跟在圣彼得堡一样，夏加尔在学校时无法正常作画，身边陌生的眼睛太多了。只有单独在家、在缅因胡同的画室完成的作品里，他才不得不面对法国艺术对他的家国情怀带来的冲击。在这种迫切的追求面前，别的一切都被忽视了。"你为什么没有提及我们共同的朋友——还是你没有时间去看他们？"佩恩在来信上抱怨道。但是夏加尔非常专注地投入了创作，很长一段时间内几乎没去见任何人。当时他写给亚历山大·贝诺伊斯的一封短信，揭示了他有多努力。"我在巴黎奋斗，"夏加尔写道，"时时刻刻，我的头脑中都牢牢记着一件事，这儿的确有许多极其重要的东西，一些本质的、永恒的真相，而且，现在我已经失去了一切（感谢上帝，它们自动消失了），我在尽力保持这种状态，更重要的是，不满足于此。总之，我正在奋斗。"与巴克斯特的重逢让他讳莫如深——"'所以，你最终还是来了？'巴克斯特突然朝我丢来一句话"——在一个剧院里，但"说实话，那一刻对我来说，巴克斯特是否来看我，已毫不重要"。

相反，在蒙帕纳斯的房间里，夏加尔开始了一轮新的艺术实践。在这轮实践中，他沉迷于以立体主义的惯用手法，一幅接一幅地重绘他在俄国的主要画作。这就像是记忆中的维捷布斯克在回答巴黎提出的问题：他曾希望看见一个崭新的世界，而"仿佛作为回答，这个城市似乎在开裂，如同一把小提琴的琴弦一般断裂开来；所有的居民都离开了他们通常待的地方，开始行走在大地之上。我所熟悉的那些人蹲在屋顶上，在那里歇息。所有的色彩都颠倒过来，溶解成葡萄酒，在我的画布上喷涌而出"。

在对 1908—1910 年俄国犹太岁月的回顾中，他从自己最近的主要作品《诞生》开始，将之重新进行描绘，让画面充满了强劲的张力。画面上，那个熟悉的俄国世界在接缝处撕裂，又重新以耀眼的几何色块的形式拼凑在一起。只有赤裸的母亲和浑身血红的婴儿能让人想起一年前的同名画作。画面上的母亲，躺在房间前方一张简易的、毫无遮挡的床上；整个房间看起来似乎在旋转，如同舞台一般向观众的方向倾覆。一切都让人觉得极不稳定：红色地板上飞镖状的蓝色碎片；聚集在一起的三角形条块，将旋转着的图形指向观众。新生的婴儿就要脱离冷漠的接生婆的臂弯，坠入空中；一个大胡子犹太人和一个老太婆高举着双手，正在哀号；其他人瑟缩在一张摇摇欲坠的桌子旁；一个杂耍艺人倒立着用手走路。头顶，发亮的蓝色屋顶上镶嵌着如同星星般的圆环——仿佛这个房间突然向外界敞开，暴风雨正在其中肆虐。这便是心理学现实的诞生：生与死不可分割；而对每个女人来说，诞生既是一种奇迹、一种希望的象征，也是一种可怕的肉体磨难。值得注意的是，后来，这幅画流传到俄国后，其名字不叫《诞生》，而是一个表明其日常生活渊源的名字：《家里发生的事》。

如同亚伯拉罕·埃弗罗斯写的那样，"一些可怕的灾难摧毁了夏加尔的原生犹太世界"。夏加尔的世界观在离开俄国的头几个月里彻底粉碎。他抛弃了旧有的绘画风格，寻求着新的道路。就在他的艺术正在传统表现形式的各个方向寻找突破的时候，他到达了巴黎。"从那时起，"夏加尔说道，

我终于能够在我的作品中表达，那些在俄国经历的哀伤或迷乱的喜悦了，这种喜悦偶尔会在维捷布斯克的童年记忆中显现。但我

从未想过要像别的画家那样画画。我一直梦想着某种全新的、与众不同的艺术。在巴黎，我终于看见了我真正想创造的艺术形象。那是一种对绘画的心灵维度的直觉。

夏加尔之所以能发展出这种视觉语言，在很大程度上要归功于立体主义的混乱和分裂。在这样的背景下，以及德劳内那半透明的色块的影响下，1911年的《诞生》开始表达心理层面的内容，同时回顾了夏加尔早期在俄国的精神轨迹。图仁霍德写道，1911年的《诞生》描绘了"一个拥挤的犹太房间，人们在吃饭、祈祷、分娩，而这一切如同幻梦，飞舞着的人影仿佛从裂开的天空中降落……恒久不变的世俗生活，与在它上面盘旋着的奇幻世界合二为一"。

这幅强烈的现代主义风格作品，既延续了他在1910年创作于俄国的《诞生》，又为他在1912年创作的奇幻作品拉开了序幕。许多年里，这种对往事的回应成了一个独特的适应过程：每一次，当夏加尔移居新国家或新大陆时，他最初的作品都是对前一时期重要作品的重绘。他的重绘，与重复无关，而是借此演变创作风格：每一次，他都会以将新理念运用到他已经掌握的构图和主题的方式，来掌握这种理念并使之为他所用。

"到处是灰白石头的巴黎景观带给他的对物体的感知能力，远比那些乡下彩房子的弯曲墙壁带给他的多。"图仁霍德写道，他是唯一一个观察着夏加尔、了解夏加尔1911年状况的人。巴黎"通过对空间的感知，让他的作品更加浓缩……他保留了自己的风格，但获得了他原本所缺乏的东西——形式"。1911年，夏加尔创作了两个新版本的《诞生》；他还重新绘制了在圣彼得堡出售的《婚礼》和《死者》；并于此时开始创作第四幅大型俄国主题油画：《葬礼》。所有的作品都是以立体主义风格创作的。在他的每一幅作品中，原本只存在于他的俄国主题作品中的那些饱含民族风情的叙事性基调，都作为一种形式要素——呈几何形状的透明平面色块——以一种现代的动感节奏，融合在其中。

如同19世纪80年代出生的、在塞尚的影响下长大的整整一代画家们——布拉克、毕加索、德劳内、莱热、德兰、莫迪里阿尼——夏加尔也属于他自己所谓的"建构时代"。在接下来的10年里，他将立体主义元素融入自己的作品中，同时又与立体主义保持着一定的距离。"夏加尔对抗着立体主义的一切，而属于他自己的艺术正在从他的身体里破茧而出。"1918年，埃弗罗斯写道。

从本质上来说，立体主义那冷酷的感官冲击力，与夏加尔那炽热的直接是风马牛不相及的。而最终的结果是，一路高歌的立体主义，恰恰给夏加尔带来了他所需要的东西……立体主义，摧毁了对任何对象的"日常"层面进行再现的价值；对任何对象强制性的、必不可少的"变形"成了明确的艺术基本原则。正因为如此，艺术世界才对夏加尔的奇思妙想敞开了大门。

"我钦佩那些伟大的立体主义艺术家，从立体主义中也获益匪浅"，夏加尔在20世纪40年代说过，但是"我讨厌现实主义者和自然主义者，甚至对立体主义风格的现实主义者和自然主义者也感到厌恶"，他们"似乎正在将他们所描绘的一切，都简化为纯粹的几何形状。这是一种新的奴役，而我正在寻求真正的解放……他们拥有一种不合常理的病态逻辑"。然而，在1911年的巴黎，"处于一个梦想不被认可的时代。那时候的画家们专注于纯技术性的研究。没有人大声说出这样的梦想"。

但他可以把这些梦想画出来。随着将立体主义融入自己的艺术词汇，1911年秋，他开始以几何形状为基础，用无方向感的透视和不协调的图像来描绘奇幻的房间——在《黄色的房间》中，有一头牛和一个坐在旋转的歪斜桌子旁的头颅上下颠倒的女人；在《室内 II》中，一个女孩扑向一个大胡子男人，强迫他张开着嘴巴，而一头牛和一盏正在倒下的灯，向这两个人猛冲而去。这些画充满了暴力和肉欲的意味，没人能够理解。可想而知，巴黎的秋季沙龙拒绝了这两幅画；夏加尔打算将这些画送回家，去参加1912年1月在圣彼得堡举行的"世界艺术"学派的展览，但又遭到了评审团的拒绝。他写给贝诺伊斯的那封笨拙、冒失而希望得到接纳的信，表明了他在面对俄国当权派那些出身名门的人物时的根深蒂固的自卑。"我写了几句话，然后又停了下来。就好像我在问自己，我怎么敢给您写信呢？"他这样开了头。

此外，我与您的关系，也从心理上让我难以启齿。对于我来说，如果要以更轻松的心情给您写信，我就必须得能做到才行，而这对我来说是一个很大的问题，一个复杂而痛苦的问题。这就是为什么在很多情况下，我会被人指为羞于见人，尤其羞于见您，特别是在目前的情况下。我想请求您的 1000 次谅解……但是，一个人必须……向别人展示他在做什么（而我的确想要并且也能做到）。我不是在说我在道义上对那些人的责任，那些不幸的、我在道义上对之仍然负有责任的人，而他们可能甚至都不知道为什么必须支持我，这种感觉让我很痛苦。此时在巴黎，我的作品……尚未得到认可……无论出于何种原因，我曾经的经历让我感到震惊……我确信对我来说，一切都在向错误的方向发展……原谅我的打扰，非常感谢您。尽管我的房间里冷得要命，但这似乎让这封信写得轻松了些。

您忠诚的，

夏加尔

孤独而充满自我怀疑，夏加尔整个冬天都在努力创作，新年伊始时完成了 3 幅大型油画：《献给我的未婚妻》、《致俄罗斯、驴及其他》和《酒鬼》。那些关于维捷布斯克的梦被法国的现代主义转换为作品，他做好了参加巴黎年度展览——1912 年 3 月的巴黎春季沙龙的准备。"我记得有一位年轻的画家，胆怯地把几幅画带到了独立艺术沙龙上，而他认不得几个法语单词。那就是夏加尔。"艺术评论家安德烈·沃诺德（André Warnod）回忆道。夏加尔推着一个手推车，朝着阿尔玛广场上的木棚走去。他看起来或许有些胆怯，但他的新作品已经得到了突破，形成了一种大胆而狂热的新风格，与以前的作品不可同日而语。在开幕的前几个小时，其中一幅含有较多情欲元素的作品，差点被一位审查员从墙上扯下来——他宣称，这幅画是淫秽的。直到夏加尔在俄国画家尼古拉·塔科夫（Nikolai Tarkov）的帮助下，用金色的颜料修饰了画中的某些部位，这位审查员的怒火才得到平息。当天，巴黎最有影响力的艺术评论家纪尧姆·阿波利奈尔徘徊在迷宫般的画廊中，查看了整个展出的情况。第二天，他发表了自己的观察结论。

"15 号房间，"他在 3 月 20 日宣布，"那些赶时间的人最好从这个房间开始参观沙龙，因为这里有真正的、最具意义的作品。俄国人夏加尔，正在这里展出一幅一只抽鸦片的金色驴子的画。这幅画曾惹恼了警方，但在违规的灯上涂上一点金色的颜料后，一切都没问题了。"这幅画的名字叫作《灯和两个人》。后来，这幅画的名字在夏加尔的朋友布莱斯·桑德拉尔（Blaise Cendrars）的建议下做了更改，变成了著名的《献给我的未婚妻》。阿波利奈尔对那头驴的理解是错误的。"两个人"，指的是一头用手撑着长角的头、面容和善却心事重重的公牛，和一个将朱红色双腿缠绕在牛的红色身体上的女人。这个女人扭曲的脑袋倒挂在画的一角，飘浮着；她空洞的眼窝凝视着这头野兽，同时将一股唾沫吐向它的嘴里。还有一些错位的人体部位，一盏正在跌落的灯和一个正在翻滚的调色板绕着这头野兽旋转，紊乱的节奏支配着整个画面。炽热的中心散发出强烈的光芒，画面中点缀着金色、黑色和蓝色的阴影；绿色和蓝色的碎片划过闪亮的表面。这是一个狂热的情色场景。夏加尔声称，这幅画一气呵成：那个晚上，他画得非常专注，以至于当油灯燃尽他都没有停下来重新点燃，因为他害怕打断了自己的思绪；他在黑暗中，完全凭借触觉完成了画作。这幅画的尺寸很大，超过了 6 英尺高、4 英尺宽。展出的时候，夏加尔将之装进一个被漆成黄色和黑色的平木框里，以增强压缩的夜间视觉效果。这幅在沙龙上编号为 652 的作品，在开幕日便产生了巨大的影响。

《献给我的未婚妻》挂在 15 号房中靠门的一侧；对面挂的是画在质地优良的纸上的《致俄罗斯、驴及其他》。宇宙本身即这个夜晚幻想的背景。点缀在画面上的各种由正方形和对角线组成的平面层次，如同一个力场，控制着整个画面的张力。一位挤奶女工像信使一样从天而降，去给一头亮粉色的母牛挤奶；在夜空炫目的彩色灯光里，她在迷醉中将自己的头颅留在了身后；她脚下是一头站在屋顶上的奶牛，它正在给一头小牛和一个孩子喂奶，旁边是一座东正教教堂的铜制圆顶。画这幅油画之前，夏加尔作了一幅预备性的草图：一位挤奶女工正在从牧场的小山上往下走，一头奶牛正在哺育它的幼崽，表明这是一个朴素的俄国乡村景象。而在这幅油画中，夏加尔重新梳理了日常生活中的基本元素，将现实转化成了无边的梦境：滋养着人类的奶牛成了慈爱的象征，也许象征着俄国母亲；而画中的挤奶女工代表的农民，成了一个充满精神力量的神秘存在。

在这幅画中，首度出现了夏加尔画作中的代表形象——飞行在空中的人物，高度拟人化的家畜——这将成为夏加尔作品中最著名的、最引人注目的、

夏加尔，《裸女与鲜花》，纸上水粉，1911 年

最与众不同的形象之一。它们神话般的能量和感染力，取决于夏加尔对形式和颜色的转换。这就是为什么他终其一生大力否认这些形象的叙事性内涵，坚称这些形象只是起点，这些作品是抽象的："我所说的抽象，是通过各种反差自发产生的，是一种精神上的塑造……就那个拿着牛奶桶的无头女人来说，将她的头从身体上分离出来的首要原因，是我需要（去填充）那里的空白。"

《献给我的未婚妻》和《致俄罗斯、驴及其他》挂在 15 号房入口处，在漆面墙的背景中如同圣像一般闪耀着珠宝般五彩斑斓的光芒，像是闯入巴黎艺术界的外来入侵者一般，陌生而满怀异国情调。接着，是夏加尔的《我与村庄》，另一件圣像画般的作品，画面光泽如镜，中央红色的圆盘闪烁着强烈的光芒。圆盘象征着太阳；在它周围，大地和天空的碎片在观众眼前旋转。一个巨大的白色母牛的头颅，在中间的大地上形成一道弧线，它用悲哀的眼神凝视着一名青年面具般的绿脸；两者几乎形成了一条对角线，四周点缀着乡村生活的各种场景——一个圆顶教堂；一些正常或颠倒的彩色房屋；一个首尾颠倒、正在逃离死神的农妇；一个肩上扛着大镰刀的收割者。一朵精致的花形成了圆盘下部的弧线，如同蜡烛一般照亮了整个画面：生命以此回应了死亡。

《我与村庄》跟人与动物、白天与黑夜、大地与天空，有着种种神秘的关联；此外，这幅画还跟哈西迪派的宗教庆典、夏加尔的乡愁情怀，以及维捷布斯克的自然风光与人们的生活有着千丝万缕的联系。在立体主义的启发下，夏加尔找到了灵感，于1911—1912年创作了一系列作品，《我与村庄》便是其中的登峰造极之作。在这一系列作品中，夏加尔将俄国变成了一个梦幻世界，并将之冻结于时间中，变作记忆。法国的现代主义为他提供了新的绘画语言，夏加尔用其丰满了自己那些富于想象的主题。这些看不见、摸不着的主题，源于他在俄国的经历，源于他的记忆和梦。无论是在俄国还是法国，他都是独一无二的存在。随着迅速的自我发掘，以及永不抛弃他的模仿本能，在不到一年的时间里，夏加尔就在巴黎得到了他需要的东西。与立体主义的直接接触让他受到了震撼，他立即认识到了这场艺术运动的重要性；同时，他又在立体主义的浪潮中，坚守了自己独特的表现形式。正是在这种调和与反抗间的紧张关系中，他才能创作出自己最伟大、最具创新性的作品——在巴黎如此，后来到了俄国亦如此。

在1912年的巴黎，夏加尔创造了一个充满奇幻、色彩斑斓的世界。在这个世界里，有飞在天空中的无头人，有充满色情意味的公牛，有一群群飘浮在俄国村庄屋顶之上的牲畜……即使在经历了超现实主义的盛行、走过了被精神分析法彻底渗透的20世纪，现在的我们，也难于对他创造出的世界说出较为根源的理解。与之相比，大多数的颜色更柔和的立体主义作品则更容易理解。图仁霍德找不到风格与夏加尔相近的同代画家，他说，有些人暗示夏加尔的作品"含有来自索多玛[2]的色情意味，有博斯[3]和戈雅[4]的影子"。他是最早在缅因胡同看到过这种"绘画热量大爆发"的人之一，他对此震惊无比。"夏加尔的幻想和主色调似乎过于密集、不健康而神志不清，但其真诚毋庸置疑，"他气哼哼地说道，"当法国人的作品结构令人疑惑、散发出冰冷的理智主义和分析思考的逻辑时，夏加尔的作品却以幼稚的灵感、潜意识、本能、无拘无束和色彩吸引了人们的眼球。"这就是夏加尔为现代主义带来的富于表现力的、神秘的情感，以此挑战着西方艺术的形式理性主义。"超现实！"阿波利奈尔在参观夏加尔的画室时小声咕哝道。后来，安德烈·布勒东（André Breton）宣称，夏加尔是超现实主义之父："这种积极的抒情性爆发可以追溯至 1911 年。当时，在他单枪匹马的推动之下，隐喻手法成功地进入了现代绘画的领域。"

毕加索的《亚维农少女》、马蒂斯的原始裸体人物系列画《舞蹈》和《音乐》，均与弗洛伊德的学说相关；而夏加尔对潜意识和梦想世界的强调与其不谋而合。现代主义和精神分析学都诞生于 20 世纪初，均出现于浪漫主义对内心世界的挖掘。而浪漫主义者们痴迷于起源、原始、幻想和记忆，影响了整个 19 世纪的文化思维。毕加索和马蒂斯的作品，虽然让巴黎的观众们感到不

夏加尔，《拿梳子的裸女》，纸上钢笔、黑墨水、水粉，1911 年

安又不解，但至少他们的画面主体——人物、静物——是从西方的传统中汲取的；而夏加尔的梦幻，则与之毫不相干。毕竟，他不是在西方艺术史的熏陶中长大的。"我不愿再去想大卫[5]和安格尔[6]的新古典主义，德拉克洛瓦的浪漫主义，或是去重现塞尚和立体主义追随者们的早期作品。我觉得，我们仍然浮于表面；我们都害怕陷入混乱，害怕碎裂，害怕把熟悉的地面翻过来踩在脚下。"他写道，"印象主义和立体主义对我来说是陌生的。在我看来，艺术，首先是一种灵魂的表达。"

圣彼得堡的疏离，让夏加尔变成了一位纯犹太画家——他那些年的代表作，如《死者》和《诞生》，主题和色调都充满了浓重的犹太特色；而巴黎，则在某种程度上，让他表现出了自己的俄国人属性。创作于距莫斯科和圣彼得堡数千英里之外的地方，欢欣而无序的《致俄罗斯、驴及其他》和《我与村庄》均是俄国卷入第一次世界大战前作品中的典型。而夏加尔对于艺术"一种灵魂的表达"的定义，与当时俄国所有有影响的艺术家们——从他早期的老师雷里赫，到莫斯科艺术界的新秀卡济米尔·马列维奇——都取得了共鸣。"我们想要预示未知，重新安排生活，把人类的多重灵魂带到现实的上游。"拉里欧诺夫于1913年写道。而诗人弗拉基米尔·基里洛夫（Vladimir Kirillov）则梦想着"我们要将星星排列成行，将缰绳放在月亮之上"。1912年，康定斯基在慕尼黑创作了《黑场》。他解释说，这暗示着一个觉醒中的灵魂，它的存在犹如黑暗中的一个闪光点。而此时的马列维奇，正在莫斯科展出他那些拙朴的、让人联想到圣像画的农民题材画。画面由立体未来主义风格的管道和方块组成，不久就会演变成至上主义的抽象形式。三大抽象艺术先驱中，有两位是俄国人——这并不是巧合。康定斯基和马列维奇都认为，这一运动是现代艺术中最为激进的第二信仰体系。就俄国人的精神感受性而言，其对宇宙和全景的强调，可以追溯至19世纪的俄罗斯艺术和文学。

夏加尔也受到了这种知觉的影响。但他是一位犹太人文主义者，植根于具象传统；他所关注的是人的精神生活，而不是宇宙体系或信仰体系。自1912年起，他与在俄罗斯艺术界愈演愈烈的抽象艺术运动越来越远。1912年3月，在阿波利奈尔为他拍手叫好的时候，夏加尔也将自己立体主义风格版本的《死者》送到莫斯科，参加拉里欧诺夫组织的"驴尾巴"艺术展。在这个展览上，这幅画被丢在一个小房间的角落里，在拉里欧诺夫和冈查洛娃每人 50 幅油画以及马列维奇 23 幅油画的包围之中，几乎没有引起任何人的注意。拉里欧诺夫意欲使"驴尾巴"成为第一个脱离欧洲的展览，并主张建立一所独立的俄罗斯艺术学校，那儿既不欢迎"巴黎的走狗"，也不欢迎"堕落的慕尼黑追随者"（指的是康定斯基和贾伦斯基）。虽然对法国人来说，夏加尔身上的异国情调看起来陌生得不可思议，但俄国人认为他已经显得过于西化、过于犹太化，以及过于个人主义了。

在他的艺术中，夏加尔独特的天才之处，是将俄国、犹太人和法国传统融合到一起。但在他的一生中，这种持续不断的自我分裂，也是一种痛苦的折磨。在 1912 年年初写给已经回家的罗姆的信中，他描述自己孤身一人坐在缅因胡同那寒冷的房间里，读着俄国象征主义诗人尼古拉·克柳耶夫（Nikolai Klyuev）的诗：

> 有时在巴黎很无聊，我经常想要离开，去更美丽、更温柔、更令人愉快的地方。我知道有那样的地方，有钱就可以去。最糟糕的沙龙已经开幕了，毫无疑问，你一定可以看到超过 1000 张画——所有的画家都非常差劲；但在这里，你还是可以看到一些漂亮的作品，一些具有塞尚风格的作品。马蒂斯的肖像画非常好……总体上，我讨厌巴黎和所有当代艺术，尽管我已经是半个法国人，唉！我想对我们来说，融入西方是不可能的……我不知道未来会怎样，然而毫无疑问，真理和纯粹，存在于我们东方。

在莫斯科，冈查洛娃宣称"西方向我表明了一件事：它所拥有的一切，都来源于东方"，拉里欧诺夫也在叫嚣着同样的论调；在慕尼黑，康定斯基也发表了那些"拥有独立情感能力"的人能感受到"从东方得到救赎的坚定信念"的评论。夏加尔的立场从未如此明确过。作为一名俄国籍艺术生，在给罗姆写信的时候，他表达了对俄国的情感。但实际上，他比同时代的任何俄国人更受法国艺术的诱惑。"在卢浮宫，在马奈、米勒和其他人的作品面前，我明白了为什么我无法融入俄国和俄罗斯艺术，"他写道，"明白了为什么我的艺术语言对他们来说很陌生，明白了为什么他们不信任我、为什么艺术家的圈子无视我、为什么在俄国我只是马车的第五个轮子。我也明白了，为什么我所做的一切对他们来说都很古怪，以及为什么对我而言他们所做的一切都很多余。但这一切，是为什么？我无法多说。我爱俄国。"但他所说的"俄国"，指的并不是圣彼得堡或莫斯科，而是犹太小城维捷布斯克。在他写信给罗姆的同时，他也给妹妹吉娜和莉萨写了一封长长的思乡之信，并请她们大声地读给全家人听——他的母亲是个文盲，看不懂这封信；就连他的父亲，也不怎么会写俄语。"我无法想象家里的状况如何，"夏加尔感慨地说：

> 让我们来向上帝祈祷，让所有的犹太人，让你们，让我都活得轻松一点……相信我，我在全心全意地祝福，有时候甚至会在梦中哭泣。有时候我会做那样的梦，梦中我获得了一笔财富，有了很多钱。那时候我想做的，就是让父母过上轻松的生活。我希望他们每天都可以坐下来，可以一连睡上几个小时——这样父亲就可以休息了，因为我知道得很清楚，在他可以休息的节日里，他看起来是多么的健康和快乐。在我的童年时代，我梦想着每天都是节日，父亲，还有母亲，所有人过得很平静。他们随时都可以去教堂，去散步，或是去喝果酱茶。而我的妹妹们，我至少会给她们每人 2000 卢布，我想让她们幸福地生活……

> 这只是个梦。但是当你在做梦时，感觉像是现实，你会相信这真的会发生。现在，还是来说说我的情况吧——或许把父母接到这里来会更好（是的，这里更好）……我甚至想把家里的所有人都接来……我最好不要吐露得更多。你们可以笑，但在某些情况下笑是一种罪过。我无法解释，因为这对我来说很蠢。我仍然觉得，我可以超越所有人。

信心的激增来自他的新作品。这些作品根植于他对俄国的回忆，但却与现在——从艺术世界到"驴尾巴"——所有俄罗斯艺术的道路格格不入。令人惋惜的是，这些作品，也让他和贝拉的距离更遥远。那一年，他站在一生中最激动人心的艺术冒险的边缘，她先是在维捷布斯克，然后在莫斯科，等待着那些从未来过的信。"我亲爱的，我完全不明白发生了什么，"她在回莫斯科上学之后写道，"你没有收到我的信吗？你病了吗？还是全神贯注于创作？我无法想象为什么。我设想过一切原因。如果发生了什么大事，我肯定会收到一封信。请你给我写点什么。等了那么久，却没有消息——这是不允许的。我的地址——莫斯科库兹涅茨克街 38 号 6 单元。愿万事如意，贝拉。"

但在 1911 年的大部分时间里，她仍在等待。"亲爱的，你好，"在考试的间歇，她从莫斯科再次写信过来，"你的身体如何？我有好一段时间没有收到你的消息了。创作情况如何？你在哪里参展？有什么被挂起来的作品吗？大体上进展如何，创作的激情是否在你身上增长？你的激情饱满吗？我最亲爱的，一无所知让我痛苦，这意味着与我的交流无法带给你任何有用的东西。而你还是孤身一人。有时候我会有些别的想法。"

她可能是对的。有人说，夏加尔曾跟一个来自利奥兹诺、途经巴黎的远房亲戚，一起待过好多个夜晚；还有传言说，他与来自波兰罗兹市的一个犹太女人费拉·波兹南斯卡（Fela Poznanska）有染，这个女人曾在瑞士留学，学的是哲学。但是这两个传言——就算是真的发生过——都不会对贝拉构成任何威胁。夏加尔在情感上是孤独的——他只钟情于画画。贝拉曾如此强烈地认同过他的作品，却从未想过，他的画会成为她的竞争对手。而夏加尔被卷入了创作的旋涡之中，极少回信，常常对她不管不顾。后来困扰了贝拉一生的抑郁症，此时在她所写的信中已可见端倪。"我亲爱的，"她写道，

> 你是如此的遥远，当我觉得你是如此地爱我时，我犹豫了，开始不相信我自己。现在我离你那么远，我在害怕，我们要为此付出彼此灵魂的代价。这不仅仅是废话、空话。如果你懂我，你就会懂得这种感觉有多悲伤、有多疯狂。但你要明白，我不是在抱怨。相隔太远真是太不容易了。如此遥远的距离，我已经被拉得太长，有个地方已经被拉得太细，就要断裂。断了的话，我也就活不下去了。所有的这一切都太难懂了，这种难懂会产生混乱，从而让我活不下去，我知道我自己。能让我活下去的，只有这灵魂般的结。

夏加尔对这封信的回复——如果有的话——没有被保留下来。但是贝拉的信是他持续的动力，对他来说意义非常重大。因为即便是贝拉寄给他的最为

夏加尔在巴黎，摄于 1911 年

简略的明信片，他都终生保留在身边。"不要以为我出了什么事。我永远不会停止爱你，我永远不会爱上别的任何人，也没有别人会爱我。恰恰相反。我比任何时候都更孤独，每分每秒"，当他感到痛苦和担忧时，她这样安慰他。她本能地理解，要想赢得他那颗多疑而尖锐的心，靠的是长久的耐心和忠诚，而非操纵或戏弄。但在 1911—1912 年，夏加尔也需要摆脱守旧的忠诚——对她的，对犹太教的，对维捷布斯克的，对俄国的——然后用他自己新的、充满激情的艺术语言，充分地表达自己。

"要屈从于本能，一个人必须保持年轻，不受环境和生活的干扰。"后来他写道。当他在 1912 年 3 月被列入独立艺术沙龙作品展览目录时，他的名字已被确定为法式的拼写：马克·夏加尔。贝拉和家人们写信给他时，仍然称他为摩伊西或摩西。但是从到达巴黎起，他所用的名字就是"马克"，这是在巴黎的俄国犹太人之间的惯例，他们都会采用一种让法国人更易拼读的名字：如此一来，平修·克里曼尼（Pinchus Kremegne）成了保罗，哈伊姆·里普希兹（Chaim Lipchitz）成了雅克。俄国人的名字以"名＋父名"组成，所以从那时起他被称为"马克·扎哈尔诺维奇（Marc Zakharovich）——马克，扎哈尔（Zakhar，他父亲的名字的俄文版本）之子。然而，直到1911年和1912年初，夏加尔仍然能收到许多来自俄国的信件，这些信件上的"夏加尔"，拼写方式丰富多彩。每一种拼写，比他最终选择的拼写都更有犹太人的味道。他的弟弟戴维已在普鲁士的柯尼斯堡为鲱鱼商人雷特纳（Rattner）工作，给他写信的时候喜欢使用他名字的德式音译，包括"沙加洛夫"（Schagalov）、"沙加罗夫"和"夏加尔"（Schagal）；罗姆开始的时候使用"沙加罗夫"（Schagaloff，1个"l"），当他在巴黎逗留之后，他使用"夏加尔"；贝拉也用过"沙加罗夫"（Schagalloff，两个"l"）。关于夏加尔的1911年，还包括一段尝试着用罗马字母书写名字的练习历史。最终选择"夏加尔"这个名字的原因，大概是这个名字看起来带有法式优雅。不过，他也曾开玩笑说，他选择两个"l"，是因为这个字母的读音"aile"在法语中是"翅膀"的意思。有两只翅膀，让他感到高兴；而且，他补充道，这的确寓意着那种兴奋——在他到达巴黎后感受到的，飞入未知世界的兴奋。

注释

【1】沙文主义：原指极端的、不合理的、过分的爱国主义（因此也是一种极端民族主义）。如今的含义也囊括了其他领域，主要指盲目热爱自己所处的团体，并经常对其他团体怀有恶意与仇恨，是一种有偏见的情绪。

【2】索多玛：《圣经》中的城市，在神的眼里是一座罪恶深重的城市。

【3】博斯：全名为耶罗尼米斯·博斯（Hieronymus Bosch），1450—1516年，荷兰画家，被认为是20世纪超现实主义的启发者之一。

【4】戈雅：全名为弗朗西斯科·何塞·德·戈雅-卢西恩特斯（Francisco José de Goya y Lucientes），1746—1828年，西班牙著名的浪漫主义画派画家。

【5】大卫：全名为雅克·路易·大卫（Jacques Louis David），1748—1825年，法国新古典主义的领导者。

【6】安格尔：全名为让·奥古斯特·多米尼克·安格尔（Jean Auguste Dominique Ingres），1780—1867年，法国画家，19世纪新古典主义的代表人物。

第 8 章

布莱斯·桑德拉尔

巴黎，1912—1913

在 1912 年的春季独立艺术沙龙上崭露头角的夏加尔，结束一年孤独的创作后，开始品味巴黎的生活和艺术。首先，他搬进了位于蒙帕纳斯的"蜂巢"里的一个房间。蜂巢是艺术家们画室的集中地，从 1902 年起直到 20 世纪 20 年代，这座充满了传奇的破败大楼，一直住着一大群画家和雕塑家。他们大部分是来自东欧的犹太人，生活拮据。吸引他们的是这里低廉的租金———一年只需 100 法郎，还很少有人来收取，也从未强制执行过———以及聚集在这里的流亡艺术家们形成的家一般的氛围。这座蜂巢般的建筑由雕塑家兼慈善家阿尔弗雷德·鲍彻（Alfred Boucher）设计。当时，他在距这座城市的屠宰场不远，偏僻的沃日拉尔地区的但泽街上，买下了一块空置的廉价土地；1900 年巴黎世博会结束后，他又买下了世博会上的一些重要建筑，并在这块土地上将之重新组装了起来。这座大楼的主体，是古斯塔夫·埃菲尔（Gustave Eiffel）为世博会设计的金属结构：梅多克（Médoc）葡萄酒馆。此外，来自世博会妇女展馆的两道华丽铸铁门，成了这栋楼的主入口；通道两侧立着的石柱女神像，来自世博会的英属东印度群岛展馆。这座两层楼的建筑中央是一道楼梯，从这里开始向外辐射出总共大约 100 个三角楔形的画室，每间画室靠外的一侧都带有巨大的窗户。在奥西普·扎德金称为"不祥的奶酪块"的每一间画室里，都有一位艺术家在生活和创作，有的还有妻子或情人的陪伴。雕塑家们大多在底楼，画家们则大多在二楼。"蜂巢"也吸引了作家们的到来，如曾坐在咖啡桌前充当夏加尔的模特儿的诗人马津（Mazin），还有华沙和圣彼得堡的意第绪语报纸的文化评论家利奥·柯尼格（Leo Koenig）。同时，还有少数俄国革命者和无政府主义者住在这里，从严肃的阿纳托利·卢那察尔斯基（后来苏联艺术委员会的成员，夏加尔的一位朋友），到快活的画家米歇尔·基科恩（Michel Kikoine）——他总会穿着两只颜色不一的鞋子四处溜达，连法国警方都称之为"不危险的布尔什维克"。

这里的卫生设施很糟糕——水从厕所里溢出来，一直流进到处是乱七八糟的雕塑和垃圾的小花园。这里气味难闻，常年为臭虫侵扰，而且年久失修，

巴黎"蜂巢"

变得越来越旧。"我用 90 度的酒精冲洗墙壁，在家具上涂抹杀虫剂，但根本无法阻挡这些小怪物。把所有的地方都打扫干净后，我看见臭虫们又从天花板上掉了下来。除了保持镇定，我别无他法。"维拉·多布林斯基（Vera Dobrinsky）回忆道。她的丈夫艾萨克（Isaac）是一个为了"理解创世的奥秘"而绘画的人，一个每天都会去教堂的虔诚犹太教徒。他们来自乌克兰，与夏加尔同年来到"蜂巢"。不过这里的画室宽敞而明亮，天花板很高；每间画室都有一个睡起来很舒服的小阁楼，用来工作的地方可以兼作起居室和厨房。这里有许多热心肠的人，对这些吃了上顿没下顿的人很友好：装裱匠奥斯特罗姆（Oustrom）和他瘦小善良的妻子住在楼后面的一座小房子里，在那里开了一家廉价的餐厅，随时为艺术家们供应茶水——夏加尔是这里的常客；近视的门房塞贡代特（Segondet）夫人是大家的朋友，大家都当她是祖母；来自圣彼得堡的玛丽·瓦西里耶夫（Marie Vasiliev）个性坚强而体贴入

"蜂巢"中典型的画室

微，她在缅因街的拐角处开了一家餐厅兼俄语学校，夏加尔曾在费尔南德·莱热教授的主持下，在这里举办了他的首次小型个展。

"这些画室里生活着来自各国的波西米亚式艺术家，"夏加尔回忆道，"俄国人的画室常常传出被欺侮的女模特儿的呜咽声；意大利人的画室常常传出歌声和吉他的旋律；犹太人的画室传出的常常是辩论声和争吵声。而我，独自坐在画室里，只有一盏孤独的油灯与我相伴。"这儿的艺术家邻居们中，让他印象最深刻的，是另一位刚来不久的犹太人阿美迪奥·莫迪里阿尼（Amedeo Modigliani）。他身形苗条，形容俊俏，备受大家喜欢，夏加尔称之为"波堤切利般的意大利人"。当时的莫迪里阿尼专注于雕塑，常常在晚上高声朗诵彼得拉克和但丁的诗歌。费尔南德·莱热刚离开这里不久。第二年，迭戈·里维拉（Diego Rivera）来到这里，常常跟托洛茨基一起在劳特尔多的咖啡馆喝酒。在这里，有来自法国、意大利、俄国以及美国等国家的艺术家。"蜂巢"

是第一次世界大战前的巴黎融合全球的缩影。夏加尔是这里的第一位俄国画家，其他的俄国人都是雕塑家——来自基辅的亚历山大·阿契本科（Alexander Archipenko），来自维尔纳的雅克·里普希兹和奥西普·扎德金（夏加尔在维捷布斯克时就已认识），他们都是立体派雕塑家；还有来自波兰罗兹市的莫里斯·利普西（Moret Lipsi），以及两位两年前与维克多·梅克勒一起来到巴黎的维捷布斯克同乡莱昂·因登鲍姆（Léon Indenbaum）和奥斯卡·米斯查尼诺夫（Oscar Miestchaninoff）。在因登鲍姆的记忆中，夏加尔"作为'名片'，在他的窗户上画下一朵红花。他非常多疑。他总是把门关上，用一根绳子把门捆住，很少开门"。他害怕那些"来借东西的人（即那些可能会窃取他的创意的人）。没有人敢打扰他。他一个人离群索居，生活在群体的边缘"。

同样，在夏加尔的记忆中，"我是一个被边缘化了的人……他们常常以往我亮着灯的窗户上丢鞋子的方式来嘲弄我，因为其他人都在做爱或是大吵大闹，而我却在通宵达旦地画画"。他回忆起他在"蜂巢"的第一个夏天，"在架子上，摆着一些埃尔·格列柯和塞尚的作品的复制品，旁边是吃剩的鲱鱼"；而且那时候，似乎总是在"凌晨两三点"：

> 天空是蓝色的，已经露出了曙光。在下面不远的地方，已经有人在宰牛，传来牛低沉的叫声。我把这些都画了下来。我常常这样彻夜不眠。画室已经有一个星期没有打扫过了。地上一片狼藉，乱七八糟地散落着画框、鸡蛋壳、空罐头盒子等。

> 我的油灯燃烧着，我与它为伴。

> 它一直燃烧着，直到自己发出的光芒凝固在清晨的蓝光中。

> 到了这时，我才会爬进我的小阁楼。我本该到街上买些热乎乎的羊角面包吃的……但我却爬上床去睡觉。过了一会儿，清洁女工来了。我不确定她来是为了整理画室……还是想爬上阁楼和我待在一起。

当贝拉将夏加尔的回忆录翻译成法语首次出版的时候，她将下面的句子删除了；然而在俄语版的手稿中，这些句子仍然存在："我热爱法国人的血统。当我啃着法国的油画、努力将之征服的同时，也想品尝一下法国女人身体的味道。"当夏加尔在誊抄贝拉翻译的法文译稿时，他在被她处理过的文本处做了一点小小的反叛：他在这里添加了一张素描，画面上的自己张开双臂，心醉神迷地闭着眼睛，在埃菲尔铁塔下被一个的女孩亲吻着，而这个女孩，看上去可完全不像贝拉。

在性和社交方面，他正急切地摆脱自己的犹太属性：当清洁女工温顺地向他表达渴望的时候，当他正忙着将自己从"俄国画家"转变为"欧洲画家"的时候，他又怎么能坚守对贝拉的忠贞？他变得更加老练。而且，得益于维纳弗的资助，在 1912—1913 年，他的经济状况比这里的大多数东欧画家们要好。他最不希望的，就是在巴黎重新陷入跟在维捷布斯克时一样的贫穷境地。"要创造美丽，必死于饥饿！"罗姆的一位朋友平修·克里曼尼回忆道。他声称，自己在走出巴黎火车东站的时候，只认识 3 个法语单词：Passage de Danzig（但泽街）；他整夜在沃日拉尔屠宰场做搬运肉的工作，以得到 5 个法郎的工资。罗莎·基科恩（Rosa Kikoine）在布奇科医院生下她和米歇尔·基科恩的儿子后，付不起回家的出租车费，于是，她怀抱着婴儿雅科夫（Yankel）走回"蜂巢"。有传言说，某位画家的妻子，只会在星期天允许他使用一种特别昂贵的蓝色颜料；还有传言说，某位画家的妻子会带着丈夫的作品到巴黎的集市上出售，每天都能凯旋——事实上，那些钱不过是她在街上出卖自己的身体得到的，而那些画，都被她当垃圾丢掉了。"我们很饿，"维拉·多布林斯基回忆道，"那个衣衫褴褛的人的驴子伸出了舌头。我们本想给它一块面包皮，但我们自己都吃不够。在贫穷和肮脏之中，毫无浪漫可言。我告诉所有生活在那里的艺术家，只有无视'蜂巢'而不是依靠'蜂巢'，才能通过生存考验。"

较为成功的艺术家们，如莫依斯·基斯林（Moise Kisling），只在这儿待了几年；而有的艺术家则一直在"蜂巢"待到了 20 世纪 30 年代。继夏加尔之后，出现在这里的最伟大的俄国画家，是历尽了苦难的个人主义者柴姆·苏丁。夏加尔觉得他很可怜，认为他是"一个病态的表现主义者"，从不与他来往。苏丁从不洗澡，有人曾在他的耳朵里发现了一窝臭虫。他从维尔纳来

"蜂巢"的艺术家们，摄于 1914 年

到"蜂巢"，经历过许多故事，比如因为画画而被拉比的儿子们围殴。他的画室常常散发出令人难以忍受的恶臭，因为他常从屠宰场弄来牲畜的死尸，用厚厚的油膏来描绘这些动物的尸体，然而他作画的时间太长了，在他将之扔掉之前，这些动物尸体就已腐烂。有一个关于"蜂巢"的传说，说的是某天晚上，夏加尔看见了从他的画室里流出的血，于是冲出来尖叫"有人杀了苏丁"，而这些血，其实是从他挂在墙边的一具动物尸体上流下来的。

老牌艺术家总会与这些声名狼藉的新移民保持距离。极力否认自己犹太人身份的扎德金（曾经有人递给他一份意第绪语报纸，他立即勃然大怒，叫道："我不是犹太人，不是！"）认为"蜂巢"是一个让人感到窒息的贫民窟的缩影，不得不从"这个忧郁的小世界"逃到了巴黎市中心。夏加尔那敏锐的竞争心态，意味着他几乎不可能与别的画家建立起友谊。终其一生，他所曾有过的朋友都来自于文学界，而非艺术界。此时的他，开始与在"蜂巢"中生活或到这儿来溜达的外国作家们建立友谊。这些作家当然都是会讲俄语的人，夏加尔正是跟他们认识后才开始学法语的。他最早认识的人之一，是诗人路德维格·鲁比纳（Ludwig Rubiner），一位温和而严肃的德国人。这位诗人出身西班牙加利西亚的犹太家庭；1909 年，出于对托尔斯泰的崇拜，他曾到俄国旅行过；他还曾将夏加尔钟爱的两位俄国作家——象征主义作家果戈理和索洛古布的作品翻译成法语。他和他的妻子弗里达（Frieda）成了夏加尔"美好而忠诚的朋友"，"孜孜不倦地宣传着现代艺术"，后来，还为夏加尔打开了通往德国的大门。但在巴黎，他们的影响力是有限的。真正将夏加尔推到法国艺术世界的核心地带的，是即将到来的这位朋友。

1912 年夏天，夏加尔在罗姆离开后感到分外孤独。同时代的巴黎历史学家雅克·查皮罗（Jacques Chapiro）将罗姆称为"夏加尔灵魂的诠释者"。夏加尔渴求融入巴黎的本能，引导他同一位瑞士诗人交上了朋友。这位诗人刚刚从国外回到巴黎，恰好对俄罗斯文化入迷。许多年后，当被问及一生中经历过的最重要的事件是什么时，夏加尔不假思索地回答："我与布莱斯·桑德拉尔的相遇，以及俄国革命。"

***

布莱斯·桑德拉尔于 1887 年出生于瑞士拉绍德封的一个小村庄，与夏加尔同年，原名叫弗雷德里克·苏瑟（Frédéric Sauser）。1912 年的桑德拉尔，待在位于巴黎第 6 区萨瓦街 4 号的家里，编辑着一本名为《新人类》的法德双语杂志。杂志上那些文章的作者署名都很引人注目——第欧根尼、杰克·李、布莱斯·桑德拉尔——所有这些名字，都是苏瑟的化名。他丰富多彩的一生留下了许多故事。其中有个故事说的是，他的未婚妻海伦娜·克莱门（Hélène Kleinman）在圣彼得堡一场油灯引起的火灾中丧生，而这一事件，是让桑德拉尔建议夏加尔将那幅受到色情指控的《灯和两个人》改名为《献给我的未婚妻》的原因。苏瑟对火的迷恋——超过了夏加尔对火的迷恋——在他那个向公众使用的名字中，也有所体现："布莱斯"有"余烬重生"的意思，"桑德拉尔"有"灰烬"的意思，正因如此他才以这两个词为名；桑德拉尔

（Cendrars）中的拉丁字母"ars"，还寓意着从旧世界的灰烬中如凤凰般浴火重生的艺术。桑德拉尔将艺术创作视为激进的变革。而在这位充满异国情调的俄国人夏加尔身上，他觉得自己终于找到了一直在寻觅的那种"新人类"——一个以已经落伍的 19 世纪的描绘手法创造前卫艺术的人。夏加尔由此获得了一位保护者，一位支持者和一位领路人。"他眼中的光芒足以安慰我。"他写道。桑德拉尔是"夏加尔后盾青年三人组"中的第三个——现在他已取代了罗姆的位置，就像罗姆取代过梅克勒的位置一样——为依赖、胆小而热切的夏加尔，打开了一个新的环境，直到他结婚后才退出角色。

没有人比桑德拉尔更适合带夏加尔去认识巴黎那世俗的一面了。桑德拉尔身材高挑，一张脸又瘦又长，头发蓬松，外表粗犷而放荡不羁。他宣称："我的志向不是去写作，而是去生活。"他将自己的回忆录起名为"Bourlinguer"，意为"周游世界，过冒险的生活"。25 岁的桑德拉尔的确可以宣称做到了这一点。在四处游历的童年时代，他的父亲是个失败的生意人，把他们一家拖到了埃及、意大利、巴黎和伦敦。"我父亲常说'钱就是拿来花的！'。有时候家里有很多钱，有时候又不够花。这样的状况，把我母亲逼疯了。这就是我鄙视金钱的原因。生命的意义远非于此。"他在伯尔尼上医学院，然后又退了学；16 岁的时候，他逃去做船员（这是他在瑞士的壮举）。他流浪到俄国，在那里目睹了圣彼得堡 1905 年的革命；接着，他在下诺夫哥罗德为一位旧教徒珠宝商罗戈文（Rogovine）工作了 3 年，并随罗戈文到达波斯，然后与之分道扬镳。他的俄语讲得非常好。由于祖上三代都是瑞士钟表匠，他对珠宝业有深刻的了解——这是他与夏加尔走近的契机：贝拉家也是做珠宝生意的，谈起这个，颇让夏加尔有一种释放了对维捷布斯克的思乡之情的

布莱斯·桑德拉尔

感觉。桑德拉尔夸口说，他与克里米亚的一位犹太女子有过一段恋情，她"皮肤像牛奶一样白，慵懒而又狂热"，在清洁和分拣珍珠上有一种远近闻名的"魔法般的手法"。他一直放不下已去世的初恋情人——圣彼得堡的海伦娜，尽管他也曾有过别的俄国情人，其中一位也叫"贝拉"。海伦娜是他现在的未婚妻费拉·波兹南斯卡（Fela Poznanska）最好的朋友，他在瑞士遇到了费拉，在她的陪伴下做过一些旅行。桑德拉尔说，自己拥有一个"丰富而过于混乱的脑子"，并因此让他对俄国和令他着迷的俄国人有一种天生的亲近感。

费拉本身也是个冒险家。1911 年夏天，她在巴黎遇到了夏加尔，也许开始了某种关系。然后，她于 1911 年 11 月前往美国，并给桑德拉尔寄去了一张从圣彼得堡到纽约的船票。1912 年 7 月，桑德拉尔从纽约回到巴黎，但她没有回来。桑德拉尔曾在西伯利亚的列车上有过许多同俄国人打交道的经历，他想写一本与之相关的书——这个念头充斥在他的脑子里，"他们日日夜夜地互相讲着故事……或是在那无休无止的跨西伯利亚旅程上，或是在沿伏尔加河缓缓而下的蒸汽船那枯燥乏味的旅行中。为了释放悲伤，他们谈论着上帝、宇宙、爱和生命。对于一个外国人来说，著名的《空话连篇》将俄国广袤的土地变成了一个临时营地、一场令人不安的辩论，在那里一切都受到质疑。"他一直在寻找一位能够表现出他对俄国的幻想的艺术家。这时，在费拉的介绍下，他把目光投向了夏加尔。

"他是第一个到'蜂巢'来看我的人，"夏加尔说，"他给我读他的诗，看向敞开的窗户外面，或是看着我的眼睛；他朝我的画布微笑着，于是我们两个便大笑起来。"桑德拉尔看到的，是一个"完全混乱"的房间，到处摆着素描、油画和空瓶子，还有一盏破灯、一双破旧的鞋子、一罐巧克力，以及刚刚醒来的夏加尔——他将之形容为"一个像桃子一样裂开的天才"。他们立即成了亲密的伙伴，每天都会见面。表面看来，两个人迥然不同：夏加尔害羞、谨慎、多疑而单纯；桑德拉尔自负、鲁莽、外向而见多识广。但他们两个都是生活在这个新世纪的年轻人，都富有创造力，都对俄国入了迷。"一本讲述前来征服巴黎、把星星缝进巴黎天空的初生牛犊们的书该有多好。"桑德拉尔沉吟着。神话和现实，都让他们陶醉不已。

桑德拉尔注意到夏加尔作品中充斥着的"犹太小镇污秽的欲望"和"俄国乡下泛滥的性行为"，极具情欲和淫乱的味道。也许，他曾带这位新朋友去过马泽街上那家他常去的妓院，他说，那里"只有一个女人，名叫'剪刀'马德琳，一个像西班牙的维纳斯[1]一样身躯残破的犹太女人。她总是草草地结束服务，因为她只有一个人，在一个接一个的客人之间没有多余的时间来浪费。当地的画家们会在门外排起长队，然而说实话，'剪刀'马德琳跟戈雅笔下的女人[2]一样臃肿而笨拙"。他当然带夏加尔去过他最喜欢的酒吧，圣米歇尔大道旁巴黎索邦大学背后古乍斯街上的"伪币制造者"酒吧。正是在这里，"一战"前流浪在巴黎街头的形形色色的人物，在他的脑海中留下了难忘的印象。吵闹不休的无政府主义者、出租车司机、学生、救世军传教士，以及成群结队卖节育手册的人……

晚上游荡在圣米歇尔大道上的人们沉默、肮脏而迷醉，满身都是苦艾酒的味道。幸运儿们正在吃着泡菜、三明治、贻贝、洋葱浓汤、热香肠，1个铜币买来的用纸筒装着的炸薯条或是田螺……而极度饥饿的流浪汉比这样的幸运儿要多得多，他们疯狂地咀嚼着花生壳，以此抵御旷日持久的饥饿感。乞丐们站在抽烟的人的下风向，吸着从烟斗里飘出来的烟雾。还有一些可怜的流浪汉，因为日夜在巴黎无尽的街道上淋雨而精疲力竭，一旦走进热得过分的酒吧，他们就立即瘫软下来。他们坐在那里，身上滴着水……

卢森堡公园的鸽子们突然间冲进广场，然后又飞走了。这时，开往雷阿尔区的小火车经过了这里。

黎明是蓝色的。

在夏加尔的记忆中，桑德拉尔是"阳光、贫穷、韵律的波浪。彩色的线。燃烧的艺术源泉。刚刚孕育出的绘画激情。头颅与四肢分离的、飞翔着的奶牛"。他们的现代主义语言非常相似：桑德拉尔那撕裂的诗歌风格，与夏加尔在巴黎最初那些年里充满奇幻的画风、瞬息万变的节奏和上下颠倒的构图产生了共鸣。在桑德拉尔看来，"生活是一场闹剧，一场喜剧，一场普遍的悲剧"，他懂得夏加尔身上宿命论和荒谬感的纠缠不清。

　　作为钟表匠的儿子，桑德拉尔对时间非常着迷；同样，他对时间的相对性、时间对现代通信和科技——电报、电话、汽车——的影响，也非常感兴趣。"我们每一个人，都是时间的一个钟点，"他在关于速度和运动的散文诗《深邃的今天》中写道，"为了控制你兽性的急躁，你冲进火车站的动物园／它们走开／它们四散／欧洲的首都循着他们惯性的轨迹／一阵可怕的汽笛声让整个大陆布满皱纹／一辆电车撞上你的后背／一个陷阱在你的脚下打开／你的眼中有一条隧道／你被揪着头发拉到楼的十五层。"他吹嘘道，在1910—1911年，"罗伯特·德劳内和我，也许是仅有的两个……谈到过机器与艺术的关系的人、隐约意识到了现代社会的巨大变迁的人。"——可笑之处在于，当时无论是毕加索，还是意大利如菲利波·马里内蒂（Filippo Marinetti）和翁贝托·薄丘尼（Umberto Boccioni）等未来主义艺术家们，都在做着同样的事情。然而，他的确把准了那个时代的文化脉搏，成为现代派诗歌中的一股重要力量。他打破了诗句的界限，倡导参差的表达，让诗歌的叙事性和艺术性共存。这样的文学成就，等同于在绘画艺术中立体主义所带来的多重维度和视角。在无尽的夜晚，他和夏加尔一起讨论着最新的潮流；他还写了几首关于夏加尔的诗，意在唤起夏加尔作品中的风格和意象：

　　　　他睡着了

　　　　他醒了

　　　　突然，他开始画画

　　　　他梦见一座教堂，就画一座教堂

　　　　他梦见一头奶牛，就画一头奶牛

　　　　……

　　　　突然，他画的是你的画像，是在阅读的你

　　　　是我，是他

　　　　是他的未婚妻

是街角的杂货铺

是挤牛奶的女孩

是接生婆

是血迹斑斑的浴盆

他们在那里面给新生儿洗澡

是疯狂的天空

是现代的嘴巴

……

他每一天都在自杀

突然，他不画了

他醒了

现在，他又睡着了

他被自己的领带勒死了

夏加尔吃惊地发现，自己依然活着

夏加尔接受了桑德拉尔为自己作品起的名字——《献给我的未婚妻》《致俄罗斯、驴及其他》《我与村庄》——表明桑德拉尔与这位新朋友的作品颇有关联。桑德拉尔非常认同他的创作手法，熟悉他的艺术思维、灵感来源以及他年轻时的故事。在艺术层面，对于夏加尔来说，除了贝拉之外，没有人曾如桑德拉尔一般接近过他。

桑德拉尔不仅是夏加尔的心灵伴侣，而且具有庞大的人脉——德劳内、阿波利奈尔、莫迪里阿尼和莱热都是他的朋友，跟毕加索也有合作——他热情地将夏加尔带入了自己的圈子。从国外回来后，桑德拉尔很快就意识到，一直为巴黎先锋艺术界的集体想象力提供着养分的，是来自世界各地的艺术思潮，特别是自 1909 年以来，这种养分主要源自存在于斯拉夫人的原始野性中的无边无际的想象力。具体说来，这种想象力是由迪亚吉列夫的俄国芭蕾舞团带来的。由此，巴黎才产生了一系列广受欢迎的演出，如斯特拉文斯基的《火鸟》；里姆斯基-科萨科夫 1910 年的《天方夜谭》；尼金斯基在 1912 年为德彪西《牧神的午后》设计的独具魅力的性感舞蹈，它就像一幅在阳光明媚的阁楼上被展开的画卷。这三个演出的舞台设计都由巴克斯特完成。夏加尔痛苦地感觉到，这是被以"艺术世界"学派的风格加以提炼和过滤，"以一种刺激而复杂的风格呈现出来"的俄国。然而，现在俄国对西方艺术产生的影响有目共睹。在回顾 1909 年维也纳的一个国际展览时，一位艺术评论家指出：

> 不久之前还有句谚语说，抓住一个俄国人意味着发现了一个野蛮人。现在，我们更加正确地认识这一点：在这个野蛮人身上，我们发现了伟大的艺术闪光点……我们……羡慕他们设法保留下来的野性的残余。西方已经成为一个泛泛之地，就像罗马帝国的末日时代一样，经受着从远方来的外国人的入侵。虽然他们的想法是来向我们学习，但结果证明，他们是我们的老师。野蛮人与现代主义者中最优雅的人拥抱在一起，彼此融会贯通。

处于法国和俄国之间的维也纳——这座曾经的哈布斯堡帝国首都，在一两年之前就已经意识到了这种融会贯通。在 1911—1914 年，巴黎也被这种俄国热笼罩，夏加尔和桑德拉尔从中获益匪浅。

这些年最时尚的艺术沙龙，是由俄国贵族塞尔吉·贾斯特布佐夫（Serge Jastrebzoff）和男爵夫人伊莲娜·奥廷根（Hélène d'Oettingen）举办的，他们会在自己的油画上署上假名"让·赛内斯（Jean Cérusse；'Cérusse'是个双关语，又指'cesrusses'：这些俄国人）"；俄语字母也开始出现在毕加索的画作中；而索尼娅·德劳内（Sonia Delaunay）为每年一度的俄国舞会"巴尔比耶尔"（Bal Bullier）所设计的五光十色的服装，为巴黎时尚界定下了基调。索尼娅还为桑德拉尔的《跨西伯利亚列车上的散文》画了插图。德劳内夫妇在 1913 年大胆地宣称，这是第一本同步出版的书。这本书（由桑德拉尔自己的出版社出版）被印在一张近两米长的单张纸上，插画和文字交织在一起，让读者能同时阅读文字、观看插画。这种方式，以及德劳内所做过的那些色彩实验——将色彩作为主体来捕捉现代世界的五彩缤纷，都是源于立体主义思潮的艺术尝试。事实上，桑德拉尔是否真的坐过跨西伯利亚的火车并无定论，正如一位评论家所言，重要的是"他让我们都相信了"。这部作品被誉为现代主义美学的一个里程碑，其主要的魅力，源于将俄国展现到了巴黎读者们的眼前。

索尼娅·德劳内带领夏加尔向巴黎艺术圈子的核心地带更进了一步。她生着一头浓密的黑发、一张椭圆形的脸、立体的五官，是蒙帕纳斯的俄国人中优雅的典范。她1885年出生于乌克兰的萨拉斯特恩，5岁时被一位富有的叔叔收养，并更名为索尼娅·特尔克（Sonia Terk）；1909—1910年，她有过一段短暂的和德国同性恋艺术评论家、毕加索早期作品的收藏家威廉（Wilhelm）的婚姻，并更名为索尼娅·伍德（Sonia Uhde）；1911年，德劳内向她求婚。跟桑德拉尔和夏加尔一样，她不断变化的名字是满腔抱负和现代国际意识的体现。正是通过索尼娅——一位富有的、讲俄语的、在圣彼得堡受过良好教育的犹太人，夏加尔才能于1912年与罗伯特·德劳内建立密切关系。由此，他开始了人生中唯一一段与一位画家的友谊。让他大为惊叹的，是德劳内家族的富足程度：德劳内与索尼娅住在格兰德·奥古斯丁大街上一座巨大的奢华公寓里。夏加尔成了他们星期日沙龙的常客；1913年，他还与他们一起，在他们位于路维希安的乡间别墅里住过一段时间。

德劳内身材高大，风度翩翩，声音洪亮，喜欢自吹自擂但心地善良。性情上的差异，奠定了他们友谊的基石。然而这段友情得以维持，或许是因为经过多年的历练后，夏加尔对德劳内作品的看法，已经没那么尖锐了。这位法国艺术家喜欢运用对比鲜明的通透色彩打破画面空间的沉闷，夏加尔在研究立体主义的时候对此颇感兴趣。但夏加尔可能从一开始就意识到了：德劳内尽管野心勃勃，却永远不会成为伟大的画家，对

罗伯特·德劳内

夏加尔，《阿波利奈尔像》，素描，1912—1913 年

夏加尔自己的艺术地位不会构成任何威胁。"那时候的德劳内还很富有激情，没有后来那么狂妄，我对他的评价要高一些。他常常指点我，'夏加尔，你不懂这个行业的诀窍'，他觉得自己懂。然而，今天，我注意到，他的作品已分崩离析。"1941 年，在这位朋友去世多年后，夏加尔对他的评价显得颇为刻薄。德劳内则是被夏加尔革命性的新思维所吸引。作为一股新鲜的血液，夏加尔为他的沙龙增添了风采，并在一开始就表现出一副讨人喜欢的模样，愿意接受着他的意见——最具代表性的表现，是受他影响创作的，以柠檬黄和绿为主色调的《摩天轮》。夏加尔第一次在这幅画上使用巴黎意象，包括埃菲尔铁塔。他是在德劳内创作有摩天轮和埃菲尔铁塔的《加迪夫的队伍》时创作此画的。写在画面底部的"Pari"是个双关语，既指"巴黎"（Paris），又有"下赌注"的意思，隐喻了"摩天轮"即"财富之轮"。德劳内的作品同样有"Magic Pari"的字样，而桑德拉尔在《跨西伯利亚列车上的散文》中也使用过这个双关语。这个双关语，夏加尔可能是在他们二人之

中的某一位的建议下添加到作品上去的，因为以当时夏加尔的法语水平，应还不足以产生这样的想法。

和桑德拉尔一样，德劳内对自己当时地位的自信令人印象深刻——"我走在了毕加索和布拉克的前头。我不只是在分析几何形态，我正在努力掌握现代生活的节奏"。透过他画室的窗户，可以看见埃菲尔铁塔。1910 年的"埃菲尔铁塔系列"让他与同时代的艺术家一样有名，画面上巨大的钢铁结构是其现代性的标志。尽管如此，在 1912—1913 年间，他无法自拔地陷入对毕加索的嫉恨之中。根据格特鲁德·斯坦因（Gertrude Stein，他将德劳内的作品定义为"大而空"或"小而空"）的说法，他"总是询问毕加索创作出某幅画时的年龄。当被告知时，他总是说，'哦，我还没有那么老。等我到了那个年龄，我也能行'"（他只比毕加索小 4 岁）。当夏加尔于 1912 年遇见他时，他正忙于向阿波利奈尔献殷勤。阿波利奈尔与未婚妻玛丽·罗兰桑（Marie Laurencin）分手后状态很糟糕，被德劳内夫妇邀请到家中长住，为表感谢，他对德劳内作品的评价终于从嘲讽转向了赞美。但很快，他和德劳内就吵了起来，因为阿波利奈尔真正打心底里欣赏的，是毕加索。但他在春季沙龙的时候就对《献给我的未婚妻》这幅画很感兴趣，所以他并不反对多了解一下夏加尔。

跟这个神出鬼没、雄心勃勃，他称之为"温柔的宙斯"的挑刺鬼待在一起的时候，夏加尔从不能感到完全放松。纪尧姆·阿波利奈尔本名为威廉·科斯特洛维茨基（Wilhelm Kostrowitzky），他是一位白俄罗斯贵族冒险家的私生子。他从来不知道父亲的确切身份，只知道他既不是意大利军官，也不是梵蒂冈主教——尽管阿波利奈尔有时候也会为自己罩上一层来自俄国的优雅，声称自己出生于圣彼得堡，甚至声称自己是俄国王子。阿波利奈尔给夏加尔的感觉，是一个受过法式教育、拥有法式世界观的人，这种向夏加尔暗示他们有着共同背景的说辞，从来没有真正缩小过夏加尔对他的距离感。他在摩纳哥由赌鬼母亲抚养长大，并在尼斯和戛纳的学校上学，然后在巴黎成为有名的艺术评论家。夏加尔画了几幅他的素描，其中有一张温和而轻松的紫罗兰色调的水彩画，捕捉到了阿波利奈尔那善良温柔、脆弱以及气宇轩昂的气质。这幅画，被夏加尔一直所称的"在他宽阔的脸庞上慢慢蔓延开来"的笑容点亮,而"他捧着肚子,就像是捧着一大堆作品,双腿跟胳膊一样舞动不已"。

有一天,阿波利奈尔带着夏加尔到蒙帕纳斯的巴蒂餐厅吃午餐。夏加尔看着他展现出他那出了名的好胃口,坐在一旁目瞪口呆:

也许,他需要吃很多来滋养脑子。

也许人可以吃出才华。能吃,尤其是能喝,其他的一切或许会水到渠成。

葡萄酒在他的杯子里叮当作响,肉在他的牙齿间咕噜有声。在吃喝的同时,他还跟前后左右的人们打招呼。到处都有他的熟人!

噢!噢!噢!啊!啊!啊!

一眨眼工夫,他就喝干了杯中的酒,用巨大的餐巾擦着嘴巴,光彩照人。

午饭结束后,我们舔着嘴唇,摇摇晃晃地走回"蜂巢"……我不敢向阿波利奈尔展示我的作品。

我们沿着黑暗的走廊走着,那里不停地滴着水,到处是成堆的垃圾。

一个圆形的平台上,十来个编了号的门。

我打开了我的门。

阿波利奈尔小心翼翼地走了进去……坐了下来。他满脸通红,大口地喘着气,微笑着喃喃说道:"超现实!"

第二天,他派人向"蜂巢"送来了一首写在餐巾纸上的诗,一首献给夏加尔的诗:《罗特索格》。这便是那场在众多巴黎传说中,让夏加尔成为超现实主义先驱的著名相遇。后来,阿波利奈尔创造了"超现实主义"这个词语,并用之形容自己于1917年首演的戏剧《蒂利希阿斯的乳房》,这部戏中一位叫蒂利希阿斯的家庭主妇改变了性别，让她的乳房像气球一样飘向空中；安德烈·布勒东沿用了这个词语，并于 1924 年发表了他的《超现实主义宣言》，使这个词语流行开来。20 世纪 20 年代的夏加尔，小心翼翼地与"超现实主义"保持着距离，但他也对阿波利奈尔的先见之明表示欣赏。"在我的作品中，从一开始就可以看到这些超现实主义元素，这些元素的特色，在 1912 年得到了纪尧姆·阿波利奈尔的明确界定。"他这样回忆道。然而他也承认，当阿波利奈尔第一次使用这个词语时，他并不懂得这个词的意思。但是，这次邂逅是一个里程碑：一位处于法国现代主义思想核心地带的艺术评论家、立体主义的首席卫道士，认可他那充满了梦幻而不合逻辑的作品。从 1912 年开始，阿波利奈尔忠实地记录着夏加尔在各个沙龙上的表现，尽管他的身上没有图仁霍德对夏加尔的那种彻底理解，或是桑德拉尔对夏加尔的那种本能理解。"这个沙龙中最优秀的色彩大师之一"和"令人印象深刻的色彩，一个大胆的天才，一个古怪而痛苦的灵魂"，已经成了他评论夏加尔的惯用语；而他对夏加尔的总结，也揭示了法国艺术界刚开始时对夏加尔有多困惑："一名非常不一样的艺术家，他能绘出不朽的图画，而且不受任何系统的约束。"

夏加尔第一次沐浴在一群主流作家、艺术家和评论家无尽的支持中，处在这种新环境里的他有点受宠若惊。由此他充了活力，创作激情高涨。在 1912—1913 年，他的作品迅速产生了蜕变，他创作了大量高或宽达到 6 英尺的巨幅作品。这一切表明了他在当时的环境中如鱼得水，自信得到了极大的释放。关于俄国的回忆仍是他最主要的艺术源泉。但是，在《我与村庄》和《致俄罗斯、驴及其他》中那种如镜面一样光滑的画面，那种能够让人进入他记忆中封闭而孤独的世界的、如同幻觉一般混乱的图形对象，已经消失不见。这一时期，他创作的是一些带有纪念意义的主题。显然，此时的他更愿意画人物肖像。而且，这是自到巴黎以来，夏加尔第一次敢画自画像。

《有七根手指的自画像》热情洋溢地描绘了创作中的夏加尔本人，画面上的年轻人自豪而庄重，俏皮而充满活力。在意第绪语中，用 7 根手指做事意味着尽一个人所能达到的最大努力。在这幅画中，夏加尔是用松散而非僵硬的几何形状塑造了自己的身体，上面点缀着鲜花——如同他在"蜂巢"的画室窗户上画下的鲜花标记。满头卷曲的头发，代表花朵；紫红色的领结；带斑点的围巾；一件金色纽扣的黄背心，为画面平添了生动的装饰效果；稳稳别在衣领上的三角形画纸，是对立体主义拼贴艺术的致敬。立体简约的面部给人一种充满力量的观感：一双杏仁般的大眼，坚定的鼻梁和嘴巴。一只手握着像珐琅一样闪闪发光的调色板，另一只长着7根手指的手，伸向画架上的画：《致俄罗斯、驴及其他》。飘浮于其上的，是维捷布斯克景观。透过夏加尔本人背对着的窗户，可以发现，这里是巴黎。"通过参加法国艺术领域这场独特的技术革命，我回归了我的思想、我的灵魂、我的国家。我的生活就像是背对着前方一样。"他回忆道。以希伯来字母写着"巴黎"和"俄国"的胭脂红墙面，折射了夏加尔的三重身份。"当时我住在'蜂巢'。那时我的状态很好。我确信会在一周之内完成这幅作品，"夏加尔写道，"虽然我受到了立体派的影响，但我并没有否定之前的灵感。为什么有7根手指？这样就形成了一种新结构，让奇幻元素出现在真实元素旁。"

《有七根手指的自画像》是1912年一系列大型人物画中的一件。除此之外，还有《亚当与夏娃》、《三点半》（又名《诗人》）、《喝酒的士兵》等。在这些作品中，夏加尔继续探索着立体主义的可能性和巴黎带给他的新体会。他这一年的代表作是《各各他》[3]，在这幅画上，他勇敢地首次以立体派的错位手法展现基督教传统中的主要形象。画面上的基督是一个小孩，由数个半透明的蓝色片段组成，缠带上缀着大卫之星[4]，漂浮在由各种绿色圆环组成的画面中。画面中的十字架已经消失——他被钉于大地之上，整个世界都是他受难的舞台。悲伤的圣约翰和玛丽穿着东方服饰，是一对犹太夫妻，他们的形象源于夏加尔那身材高大、留着大胡子的父亲和矮小的母亲。一只带有火焰般的蓝色风帆的小船正在驶向死亡之地，那里闪烁着梦幻之光。"当我在巴黎画这幅画的时候，我努力从心理上摆脱圣像画的画法，就像摆脱俄罗斯艺术一样。"夏加尔说道。但是对西方人来说，这幅画看起来仍然是拜占庭风格的犹太作品。"基督的象征性形象我一直非常熟悉，我决心用年轻的心赋予其新的形式。我想让基督变成一个无辜的孩子。"夏加尔解释道。"基督就是那个孩子／他在十字架上度过了童年。"桑德拉尔写道。那时候，夏加尔常常说自己同基督在一起。这幅画还暗示了犹太人的命运，以及艺术家在当时世界的角色。"对我来说，基督是一位伟大的诗人，他的诗的奥义已被现代世界遗忘。"夏加尔说道。

从此以后，"基督受难"成了夏加尔终生着迷的主题。就当时而言，《各各他》标志着一位年轻的俄国犹太人，大胆开创了将自己的艺术融入西方主流的先河。他带着这幅画，以及立体主义风格版本的《死者》和《牧马人》（现已失传），受邀参加了1912年的巴黎秋季艺术沙龙。"我还记得在秋季沙龙上，这些画在福柯尼尔和德劳内的'立体主义'作品中带来了什么样的影响，"图仁霍德写道，"在那些成人化或过于成人化的作品旁边，错误般地放着某个孩子的作品，朝气蓬勃，'野蛮'而新奇。"

在夏加尔通过立体主义找寻出路的时候，他于1912—1913年创作出了许多更为流畅、更具活力的大型人物肖像。在这些作品之中，《各各他》以其蕴含的传说和象征特色而最为引人注目。其他作品中的人物形象同样令人印象深刻：《一撮鼻烟》中生着一头螺旋鬈发的大眼睛拉比；《祈祷的犹太人》中身体呈绿色和淡紫色调、弯曲成一条弧线忘我祈祷的犹太人；《清道夫》中靠在维捷布斯克的栅栏上的一位道路清洁工弓腰驼背的剪影。在《牲口贩子》壁画般精心绘制的红色色调中，常带夏加尔乘车外出的纳什舅舅是一个扬着鞭子的普通农村人，引领着一个旨在颂扬人与动物和谐相处的队伍——怀孕的母马、温顺的母牛、肩上扛着一头牲畜的农妇，而对于后者，评价过夏加尔早期作品的德国评论家特奥多尔·多伯勒（Theodor Däubler）写道："她将永存于大地之上，因为她直视着黑夜的尽头。"每个个体在画面中都非常引人注目。而且，通过夏加尔从立体主义中学到的对形式的强调，这些形象在结构组成和画面的稳定性上，都起到了极为重要的作用。然而，作品的俄国犹太特色也意味着，夏加尔离开俄国的时间越长，他就越是会深入挖掘记忆，使之成为自己艺术的源泉。1913年，在《从窗口看巴黎》中，夏加尔画了一个自己的双面画像，既面对、又背对光彩夺目的埃菲尔铁塔和这座虚幻的城市：一对情侣横向飘浮在空中，一列倒过来的火车向下喷着烟。到底他是该看向东方，还是看向西方？正是这种两难的境地，让"牲口贩子"这样的普罗大众如此鲜活，成为1914年前的10年里西方艺术中最引人注目的原创角色之一。"夏加尔的幻想中，充斥着立陶宛犹太人的恐惧和迷信，"图仁霍德写道，"从那些无家可归和飞翔的人物身上，我能够感觉到，他们对神秘主义，对脱离当前'腐臭、潮湿而肮脏'的贫民窟痛苦生活的强烈渴望。"

　　然而，对于任何处在他的生活圈子之外的俄国人，夏加尔根本不会尝试去解释他的作品。他太害羞了，也太骄傲了。数十年后，当被问及是否曾将《献给我的未婚妻》作为礼物送给贝拉时，他大笑着说道，当时他太缺乏自信，不敢将作品送给任何人。在 1912 年的秋季沙龙之后，利奥·柯尼格在圣彼得堡的意第绪语报纸 *Freind* 上，写了一篇善意但又对夏加尔不得要领的评论。针对某首桑德拉尔写的关于夏加尔的诗，他还写了一篇充满敌意的批评，发表在某期报纸上——以至于桑德拉尔试图将巴黎所有意第绪书报亭上的这一期报纸都买下来。另一位曾在"蜂巢"住过的人，共产主义者卢那察尔斯基，在基辅的一份报纸上名为"俄国青年在巴黎"的专栏中，写了一篇让人摸不着头脑的文章，将夏加尔描述为"一个来自维捷布斯克附近贫民窟的年轻土著……一颗有趣的灵魂，虽然其喜悦和忧郁都无疑是病态的"。他曾尝试过质问夏加尔，"你为什么要这样或那样？——当你这样问的时候，这位艺术家赶紧嘀咕，'对我而言，你知道的，是必须这样做的。'乍一看，是无拘无束的任性。但实际上，他是走火入魔了……他为自己选择的表达方式——是疯狂。"

　　夏加尔认为，无论是俄国的保守派，还是俄国或法国的先锋派，都不理解他。1912 年冬天，他又向圣彼得堡的艺术世界展览寄去了一些作品，并附上了一个写给多布金斯基的便条——"我给你们送来了一些我在巴黎的作品，这些作品出于我对俄国的思乡之情。这些并不是我最典型的作品，而是为俄国的展览选出的最适合的作品"——但他再次遭到了拒绝。在巴黎的生活圈，大家对他报以更多的是同情，而不是理解。对于"一战"前的法国来说，他是一个充满了异国情调和色彩的存在。"真正的俄国人！"安德烈·萨尔蒙（André Salmon）对他赞不绝口，说他是"斯拉夫那些忧郁的、自我毁灭的和健康的灵魂"的化身。但对于收藏家们来说，买他的作品太冒险，太难以预期了。1913 年夏天，当在巴黎待了两年后，他在法国或俄国仍未售出过任何重要作品。何处才能觅得知音？他迷茫着。

注释

【1】西班牙的维纳斯：西班牙画家迪亚哥·委拉斯盖茨所作的《镜前的维纳斯》在伦敦国家美术馆展出时，被一位观众连砍 7 刀，画面上的维纳斯的裸体遭到了彻底的破坏。

【2】戈雅笔下的女人：指的是西班牙画家戈雅的代表作《裸体的玛哈》，有人认为玛哈的头略大了些，与整个身体不太协调；臀部也过于臃肿，不符合一般的审美标准；并且她的脚尖也不合乎人体结构。

【3】各各他 (Golgatha)：地名。据《圣经·新约》中的四福音书记载，耶稣基督就是在各各他被钉在十字架上的。

【4】大卫之星：即六芒星，又名大卫之盾、所罗门封印、犹太星，是犹太教和犹太文化的标志。

第 9 章

"我凶猛的天才"

巴黎，1913—1914

然而，在俄国，的确有一个人在如饥似渴地等待着夏加尔来自巴黎的油画。在将近两年没有见过夏加尔的新作后，贝拉从莫斯科前往圣彼得堡，去参观艺术世界的展览，急切地想看到夏加尔那些被拒绝展出的作品。展览的负责人是夏加尔在巴克斯特门下时的一位同学。贝拉的描述强调了他的非犹太人外貌，"又高又瘦，满头金发，圆圆的小鼻子，以及一双同样圆的眼睛，轻飘得好像不光不吃东西，甚至是只有完成作品后才吃——尤其是当这幅作品被卖掉了以后"。这证明她和夏加尔都怀疑，"反犹太主义"才是他的作品被拒绝的根本原因。"如果将你的作品和展览上的其他作品挂在一起，我会觉得很受伤——请原谅我的坦率，"她在给夏加尔的信中忠诚地表达着自己的看法，"挂在那儿的那些作品，来自傲慢无礼的、以自我为中心的拉里欧诺夫和马什科夫、库兹涅佐夫，甚至还有——我最看不上眼的冈查洛娃。"尽管她赞叹于"你画每一笔时的笃定"，然而，他从巴黎寄来的作品炽热而混乱的扭曲画面依然让她感到震惊，让她的这封信写得充满了困惑，几近语无伦次：

> 你还很年轻，你急于去表达你所知道的……一切，不只是表面

现象，而且是崇高、不朽的一切。给人的印象是，你觉得你会用自己对最神圣的、对人类最根源的认知让人们感到震惊，打碎他们的固有认知，刺穿他们的心。（原谅我，或许我有些夸大其词，但请让我说完。）结果如何？过多的对象和事实毫无关联，在现实世界中并不存在。你急于证明太多东西了，这全都是因为（我敢这么说）这并不是你真正经历过的，一切只存在于你的心中、你的想象中。我一直觉得你脑中有许多极其重要的想法，你感到痛苦的原因，是你无法真正替他们去受苦受难……你没考虑到，一个人必须饱含敬畏。你不能吓唬人，用恐惧和指责去打碎他们固有的认知。这是诚实的——原谅我的粗鲁和过度孩子气——你的初衷是对的，但你透露出来的是一种尚未完成的自我……你在无法抑制地进行自我吹捧。你不能向人们叫嚣，这是不允许的——这不是艺术。艺术家不能对生活持这样的态度。他必须热爱并享受自己的痛苦，必须热爱描绘对象。只有这样，观众才会跟他一起感受痛苦和爱。尤其是，你需要让你画面的构成不那么扭曲，你需要多表现出一点谦逊……如果不这么苦大仇深，而是带着同样的宏伟，将你的整个灵魂充盈在内，不是会好得多吗？看看库斯托基耶夫（Kustodiev），他只展出了一幅关于一个小女孩的画，但人们都看得目不转睛……那么微妙，那么直率，充满光影的律动。波提切利和鲁本斯是如何巧妙地描绘人群，又让每一个人各有特色的？你已经懂得了那么多，为何却让每个角色都丢失人性，让整个作品都没有了人间烟火的味道呢？这并不是说你不适合做这件事，但你的态度让我害怕，因为你是抬起头、睁大眼睛做这件事的，是有意识的。"这不是重点。"你会这么说。然而，如果不在那些角色身上植入活的思想的话，整幅画的思想也就死了，变得胡搅蛮缠又惹人生厌。我对你谴责了太多。尽管如此，我希望你能从朋友和同行的角度向我做出回复。

这封信充满了爱意和痛苦，同时也很直白。夏加尔在"蜂巢"拆开这封信后发现，自己必须要面对横亘在自己和贝拉之间的巨大鸿沟。他的前景很渺茫，没有任何收藏家或是艺术商对他的作品感兴趣。围绕在他身边的，是已经成名的画家和作家们，如德劳内和桑德拉尔。而现在，贝拉因他的卖弄而谴责他。他本可以忽视这股从落后的俄国吹来的风，然而从他的作品可以看出，他非常看重她的想法。颇具意义的是，他开始在贝拉于分别时送他的礼物——一张桌布上创作 1913 年最重要的作品：《小提琴手》。桌布的织纹增添了画面的质感，让他的画面变得更为厚重，这是他将她的想法融入自己的画面的实际行动。一个绿色面孔的小提琴手用巨大的脚在小屋的木屋顶上踏着节拍，唱响着人类的命运和生命的轮回。小提琴手是他在巴黎创作的所有人物中最具纪念碑气质的——后来，通过这场夏加尔并不喜欢的音乐会，他成为其创造出的最著名的人物形象：屋顶上的小提琴手。贝拉在信中透露，《小提琴手》不仅是夏加尔的巴黎梦幻时期的结束，也是其 1914 年更加持重的俄国肖像系列的开始。图仁霍德在 1918 年写到回归俄国对夏加尔产生的影响时，所用到的措辞与贝拉信中的极为相近。"在不失神秘的情况下，夏加尔的整个世界变得更为有形：夏加尔学会了在清醒的日子里审视梦境。"图仁霍德说道，"回到家乡也让夏加尔看待世界的方式变得温和了，柔化了画面中颇具讽刺意味的边缘线和锐利的色彩。"

从贝拉的角度来看，这些信件包含着一丝绝望：与夏加尔保持亲密的绝望，帮他维持他的艺术与俄国之间的纽带的绝望。自夏加尔在"蜂巢"开始新生活起，表面上她一直在莫斯科继续学业，而实际上大部分时间却在演戏。当时流行的是《哈姆雷特》和由诺贝尔文学奖 1911 年的得主莫里斯·梅特林克（Maurice Maeterlinck）创作的象征主义戏剧《阿格拉凡和塞莉塞特》。贝拉在她的信中特别提到了这两部剧作。谈到后者时，她写道："这是我在童年的梦中梦见过的最美丽的戏，让我欲罢不能，美好得令人难以置信。"尽管如此，她仍然把大量时间都消耗在对夏加尔的痛苦等待中，因为他的信总是稀稀拉拉、时有时无。"祝福你，我凶猛的天才！我非常感激你的来信，尽管只是一张明信片。"当他回信后，她在一次偶然的情形下写道。

> 我在这里一直没有收到你的来信。陌生人要么欺骗，要么索取，与人相处真是太难了。我受了很多苦。吻我，亲爱的吻我，为我注入温暖、信念、光明和欢乐。拥抱我，爱我——我需要一生一世的爱……可是，你离我那么远，你的心听不见。愿上帝赐予你力

量！我会帮你，爱你，相信你。你呢？！我们可以做朋友。我不想离开你。尽管有很多人假装成我的朋友，但我仍然觉得很冷，很孤独。

　　1912年夏天，她陪伴母亲去了当时在奥匈帝国境内的马里昂巴德——在维捷布斯克到巴黎一半路程还多的位置，她也渴望继续往前，去看夏加尔。但最终，他们没能见面。在莫斯科，她过着"一战"前现代自由女性的生活，各种机会让她应接不暇，忙得不可开交。"我向上帝发誓，这是我的错，我这么久没写信了。你不知道我有多忙！"她写道，"不仅整天没有时间，

　　　　我的身体和灵魂也被填满。我无法找到一点儿属于自己的空闲。这个人、那个人——每个人都需要我做些什么，每个人都有自己的理由和原因，都在等着让我给些什么。而我，已经开始听不见心中的声音！他们又给了我一个另外的身份，一个古怪的男孩，有天分、有魅力，有看得见的罪孽和明确的思想。过几天我一定会写信。没什么新鲜事。最主要的是，导演提出了关于作品中我的个人风格问题，以及角色和作品走向的问题。我不知道该听自己的，还是该听他的。稍后我会更详细地说说这个问题。你现在怎么样？我在生活，将自己的一切投入到工作中。每当我回到住处，总有一种头晕目眩的感觉。白天，我几乎不在家，这就是为什么我没有时间写信，但无论如何，我会写的。吻你。写信给我，我也会写的。

　　分离的压力在她身上变得越来越沉重。"亲爱的，你为什么不给我写信？为什么不回复？发生了什么事吗？尽快回复我，求求你。我非常想见你，我想抚摸我可怜的被抛弃的小男孩。吻你，拥抱你。我等着你的消息。"2月的时候，她恳求道。她在寄出的卡片的底部潦草地写道："但是马上寄信给我！"这种急切促使夏加尔做出回复。之后，贝拉回信写道，

　　　　我很高兴收到你的明信片。这非常艰难，你是如此善良、如此可爱，我无法摆脱与你在一起的渴望。我的宝贝，你在哪里？我甚至以为你已经离开，不知道该把信寄往哪里。在我的想象中，我以为我写了很多，但实际表现出来的，不是愚蠢就是粗鲁。你有些什

么计划？参加些什么展览？……我就不写我的琐事了，因为排练太多了。热烈地吻你。

她曾谈到过到苏黎世探亲的计划——去看哥哥艾萨克；但后来计划泡汤了。她写了一封凄凉的信：

> 我还在等你的来信。我不知道你是否存在。这里非常寒冷，总是在下雨。不巧的是，我们不会去苏黎世了……所以我们没机会见面了。今天早上，我突然看到一个年轻人穿过我家门廊，我差点以为那是你。现在，我在我们的家乡等你的消息。你会写信给我吗？……我怎么才能知道，你过得好不好呢？愿你快乐健康。再见。我已离你越来越远。

贝拉与她的哥哥雅科夫·罗森菲尔德

之后，她又继续做梦："亲爱的，你明天会回家吗？第三个年头已经开始了，我未能在生活中问候你，碰不到你的手或是你的食物。当然还有可能，我们在又一个三年里也见不到对方，但我们需要见面，然后再去感受。"回到维捷布斯克后，她变得非常忧伤：

> 我不知道……也许你写给我的信已经到了莫斯科，但我却离开了——除了悲伤之外，我一无所有。你为什么不给我写信，你收到我写给你的那些信了吗？我已经回到维捷布斯克4天了……我想去看看你的家人，但我不知道你为何跟我说不要去。我想去看他们，但又害怕他们有什么想法。他们写给你的信上提到过我吗？好了，亲爱的，写信给我，不要生气。不要！或者，只要你愿意，把你的痛苦全部倾泻到我身上吧，但求你自己不要伤心。

经过了两年的分离后，误解无可避免。贝拉年轻漂亮，追求者众多，包括夏加尔以前的一位朋友。但她对谁也没有兴趣。正是她这份坚定不移的忠贞，才能让他们的爱得以维持。那时的夏加尔一直没什么音信，或是将给贝拉写信作为挫折、怀疑和猜忌的出口——这样的做法，使他们分别的时间显得更长。贝拉从未在意过他的猜忌。每次痛苦的交流之后，她都会充满悔恨，默默自责，从而对他用情更深。"最近，我寄出了很多信件和明信片，"她写道，

> 你没有回复。你没有收到吗？你毫无回应，也不写信。你生气了，不能对这种冒犯视而不见。然而，上帝知道，我并不是故意要冒犯你。这仅仅是由于我性格愚钝、不成熟和缺乏自制力。不要悲伤，不要用任何不好的想法来毒害自己。对你，我不会是个陌生人，永远不会。只要我还活着，我会永远理解你、感受你。多给我写点儿信，勿忘我们的青春。

之后又写道：

> 我甚至不知道该怎么想了，只觉得有什么东西挡在了我们之间，一种沉重的、像树一般无法移动的东西。你生气了。我有什么罪过，

或是你的错？你病了吗？（好吧，如果一切正常，那么我们就该正常通信。）无论如何，你都知道，拥有人类之魂并不简单。我真诚地请求你，立即写信跟我解释。我的灵魂宁愿承受各种痛苦，也不愿意原地踏步。愿上帝帮助你。吻你，贝拉。

夏加尔回了信，然而充满了怨恨。她规劝道：

给我回信的，是一个刻薄的、心机深重的男孩。你在咕哝，"我什么时候才能收到？""你写信给我了吗？""你寄出来了吗？"你"爱我"。扇你一耳光都不为过。你像斗鸡一样固执。男性的自尊让你膨胀……关于自己的事，如果你没自视甚高，一切都会简单起来……顺便说一下，今天是我的命名日，请给我最好的祝福。毕竟，我还得回到生活中去，去工作，去思考。一次又一次地，一切又归于平静，就像是我已经忘了我自己。但当我用冷静的双眼回望过去，一切又变得让人无法忍受……无论如何，太遗憾了，你缺乏善良。我所说的，还不是心怀怜悯的善良，而是最简单的、最朴素的善良。而最糟糕的，是我比你还要缺乏善良。

夏加尔拥有一种非常敏锐的自我保护本能。他自己也承认，"我的第四段也是最后一段恋情，已经在苟延残喘……剩下的，只有一堆信件。再过一年，我们之间的一切就会烟消云散"。他知道，如果想赢回自己的未婚妻，必须马上回家。自1910年以来，他开始将依赖从温暖宽容的母亲身上转移到贝拉身上。没有一个女人让他做情感寄托，他就活不下去。1911—1914年间，表现母性的各个意象——《诞生》，《致俄罗斯、驴及其他》中哺育小孩的母牛，《牲口贩子》中马肚子里的小马驹，《一匙牛奶》中喂着丈夫的妻子——反复在他的作品中出现。1913年5月，费拉·波兹南斯卡回到巴黎，夏天的时候，她怀上了桑德拉尔的第一个孩子。1912年秋天，他的另一位俄国裔犹太女性朋友索尼娅·德劳内，生下了儿子查尔斯。1913年，夏加尔创作了两幅巨大的圣像画风格的作品：水粉画《俄国》和用热烈的黄色与红色绘成的油画《怀孕的女人》。两幅画均表现了一个怀孕的女人，她站在一个俄国村庄前面，肚里的孩子肉眼可见。一个月后，《怀孕的女人》在荷兰阿姆斯特丹以《费拉》为名参加了展出。而他的朋友费拉，于 1914 年 4 月生下一个叫奥迪隆（Odilon）的男孩，其名取自画家奥迪隆·雷东（Odilon Redon）[1]。《怀孕的女人》灵感来自拜占庭风格的俄罗斯圣像画中圣母玛丽亚的造型，这样的画面构成，重现了压抑在夏加尔心中的对家人和俄国的思念。这时候，他给一直被他忘在脑后的佩恩写信，请他到"我这里来，看看我身边的人"，并补充道"不要以为我会永远年轻，我也有了白发"。然而，当身在俄国的图仁霍德敦促他为拉里欧诺夫在莫斯科发起的著名的"目标"展提交作品时，夏加尔并未回信（"你是怎么回事，一句话都不说？"这位赞助者愤怒地写道）；后来，他又拖延寄出作品，最终作品只在 4 月展览结束之前展出了四天。就好像他无法强迫自己与俄国重新建立联系一般：他告诉佩恩，那个夏天"我希望能去一下别的地方"，而就在贝拉希望能在家门口看见他的时候，他却在与图仁霍德商讨让维纳弗资助他去意大利的事情。"我真为你很感到高兴，我亲爱的朋友。维纳弗非常看重你，"图仁霍德在 6 月写道，"他让我在谈话后写信给你，他会再为你提供一年的费用，并同意你去意大利！虽然我有点不好意思提到车票，但我今天给他写了信，希望他能追加 100 法郎。"

然而，夏加尔既没有去意大利，也没有打算立刻回俄国。"亲爱的，你明天会回家吗？"贝拉继续做着梦，"但是，如果你想留下，那就留下。你更清楚该怎么做。虽然这样很乏味，但我们会接受你的方式。今天，我收到了你的信——你似乎并不想写这封信……无论如何，我希望你会来，向我大喊大叫——一切都会好起来的……来提亲吧。"她很懂他：两年过去了，他不想两手空空地回来——跟罗森费尔德夫妇提亲，求他们把贝拉嫁给他。然而，到了1913 年年底，他在西方的命运开始逐渐改变：当他有机会做弄潮儿时，他就离不开巴黎了。

1913 年他以最大的激情创作的作品之一，是难以理解的巨幅作品《向阿波利奈尔致敬》。这幅画描绘的是一个雌雄同体的金色人物，他笔直地站在一个巨大的中心圆盘里，上半身分身而成的亚当和夏娃如同时钟的两个指针。圆盘被对角线交叉分成若干不同的色段，如同巨大的天体般慢慢旋转。这个圆盘也象征着色轮和永恒的时钟，在左上角四分之一扇面的位置，记录着入夜渐深的钟点——9、0（10 点钟位置）和 1（11 点钟位置）。画面上除了以罗马字

夏加尔，《向阿波利奈尔致敬》的习作，纸上水粉，1913—1914 年

母和希伯来字母书写的夏加尔的名字之外，还有一个被一支箭头穿过的黑色心形图案，周围题有他最重要的支持者的名字——桑德拉尔、阿波利奈尔，还有两个新粉丝的名字：卡努杜（Canudo）和瓦尔登（Walden）。

欢快奔放、热情洋溢的乔托·卡努杜（Ricciotto Canudo）是先锋派杂志《蒙特乔依》的编辑。他每周五都会主持一个艺术沙龙，夏加尔每次都来参加。1913 年，他在杂志社的办公室里为夏加尔组织了一个小型个展，作品就铺放在桌子上、椅子上。而且，他还在《巴黎日报》上撰文，将夏加尔描述为"最令人惊叹的当代色彩大师"。更重要的是，他在 1913 年春向一位戴着眼镜的、矮小苍白的德裔犹太人介绍了夏加尔。这个人当时坐在阿波利奈尔阁楼的角落里，用猫头鹰一般的眼睛在法国寻觅着人才。他的名字叫赫尔瓦特·瓦尔登（Herwarth Walden），一位银行家的儿子。他是柏林前卫艺术界的"守护神"，一个见多识广、高瞻远瞩的人。在他的狂飙画廊里，陈列着德国表现主义、法国立体主义、意大利未来主义，以及年轻的俄国艺术家的作品。伊利亚·埃伦伯格回忆道，瓦尔登有"一张瘦弱的鸟一般的面孔，一头蓬乱的长发。他喜欢谈论幽灵、意识能力，以及文明的终结。在挂满激荡人心的作品的画廊里，他完全像在家里一样，请我喝咖啡、吃奶油蛋糕"。瓦尔登乐于与人争论——柏林的媒体称，他所追捧的艺术家不过是"一群咆哮着挥洒颜料的猴子"。他如同得了强迫症般地寻找着新艺术家。他这样描述夏加尔："这位年轻人生着一头鬈发，有一双非常明亮的眼睛，被他巴黎的朋友们尊为奇才——毕竟，他的确是。"他邀请夏加尔参加 1913 年 9 月他在柏林组织的"第一届德国秋季艺术沙龙"。夏加尔送去的 3 件精心挑选的作品《致俄罗斯、驴及其他》《献给我的未婚妻》《各各他》，

赫尔瓦特·瓦尔登

与德国表现主义那扭曲的视角和狂野的色彩有着共通之处，立即在柏林引起了巨大反响。慕尼黑表现主义组织"蓝骑士"的赞助人伯纳德·凯勒（Bernard Koehler）买下了《各各他》。凯勒是德国青年艺术家奥古斯特·麦克（August Macke）和弗朗兹·马尔克（Franz Marc），以及年长的俄国艺术家康定斯基和约尔恩斯基的中心人物。这是夏加尔在俄国境外卖出的第一幅主要作品。由此，夏加尔在德国声名逐显。

此时，瓦尔登计划 1914 年春为夏加尔在柏林举办一次大型个人展览，巴黎也开始慢慢把注意力投向他。在 1914 年 3 月的巴黎独立艺术沙龙上，夏加尔展出了《小提琴手》《怀孕的女人》，以及《有七根手指的自画像》。桑德拉尔告诉夏加尔："砍掉所有男人和女人的双腿和胳膊，制成一只筏，然后，我们沿着伏尔加河顺流而下……我想哭。你的《小提琴手》，是今年独立艺术沙龙上最漂亮的一幅画。"当这场展览从巴黎巡回到阿姆斯特丹时，这 3 幅油画被收藏家雷格尔特（P. Regnault）以 900 法郎买走。（夏加尔什么也没得到，因为画廊的收银员卷着钱去了美国。这些作品现在被收藏在阿姆斯特丹的斯特德里克博物馆。）与

此同时，瓦尔登的《狂飙》杂志在 1914 年的 2 月刊和 5 月刊中，发表了桑德拉尔和阿波利奈尔献给夏加尔的未来主义诗歌，为他将于 6 月在狂飙画廊举办的个展精心地塑造着形象。

拥有了一些国际影响力后，桑德拉尔说服了巴黎蒙泰涅街上的艺术品经销商查尔斯·马尔佩尔（Charles Malpel），与夏加尔签下作品经销合同。从 1914 年 4 月起，在每个月交出 6 张小画（大画则为 2 张）的前提下，夏加尔每个月能够获得 250 法郎的报酬——平均每幅画只有 40 法郎多点儿，这价格并不高，但也不是最低的。康维勒于 1912 年与布拉克签订的合同中规定，根据画的尺寸，每幅画的价格是 60 ~ 400 法郎；德兰画的价格与之相差无几；而毕加索的作品，价格是每幅 250 ~ 3000 法郎。

卡努杜将夏加尔称作"未来的大师"之一，对他的预期更高：他向纺织巨头、收藏家雅克·杜塞特（Jacques Doucet，《亚维农少女》未来的主人）写了一封介绍信，希望夏加尔的油画能在去柏林参展之前引起他的兴趣。5 月，夏加尔带着作品集去见他。15 分钟后，杜塞特的仆人将这些画拿了回来，并转达了"我们不需要'当今最好的色彩大师'的作品"的话。此时，在卡努杜的劝导下变得冲劲十足的夏加尔感到非常尴尬，并急匆匆地写信给杜塞特以表谦逊。

这样的遭遇表明他对自己在法国艺术界的地位仍感不安。1912 年，市议员皮埃尔·朗皮埃（Pierre Lampué）向法国艺术部抱怨道，大量的外国艺术家正在让秋季艺术沙龙声誉扫地，社会党的代表朱尔斯 - 路易斯·布列塔尼（Jules-Louis Breton）在众议院也提出了同样的申诉。这并不是什么新鲜事：法国的先锋艺术一直在鲜明地反对官方的保守主义。但到了 1914 年，德国——这个刚刚年满 40 岁的年轻国家，显然更热衷于接受现代潮流。这样的情况主要归功于一批富有而开放的犹太收藏家，他们建立了一个比法国更敏锐的艺术品交易市场——就连毕加索的作品，也是在这里卖得更好。阿波利奈尔在 1914 年 7 月写道："毫无疑问，目前德国是我们法国艺术最大的启发源泉。"当自己的作品就要去柏林参展的时候，夏加尔开始将自己的注意力放到德国，其次是俄国。

他希望刚回到圣彼得堡的图仁霍德写一篇文章，以便在狂飙画廊的作品目录中能够有自己的作品介绍，并期望着：

我不知道他们是否一定会把我当俄国人看。这大概得他们自己决定。如果您能介绍一下的话，我将不胜感激。您是第一个，也是迄今为止唯一的一个，能够保护我远离邪恶和不被信任的人。不幸的是，我仍然不怎么被人信任。我觉得我好像已经 60 岁了，而不是二三十岁。再见，请给我写信，我在等着您的回音……有时候我会遇见一些我们的共同好友，但我很少去拜访他们。这样不好。我会弥补的。

您忠诚的夏加尔

图仁霍德的离开，在夏加尔的生活中留下了一个缺口。1914 年，在他给这位评论家的信中，浮现出了紧张而悲伤的一面："亲爱的雅科夫·亚历山德诺维奇（Yakov Alexandrovich），为什么我没有收到您的回信呢？您还好吗？我非常想知道。我希望您没有忘记我！尽管身边有一些朋友，但我常常感到非常难过。创作有时候能使我平静下来，但当然也很少能够让我完全平静。"没有了在巴黎最亲密的俄国朋友，他的思乡之情变得更加迫切。夏加尔开始让自己再次忆起贝拉，并画了《恋人》。这幅画的色彩和构成，将记忆中他们的一个拥抱融合在内。那是在维捷布斯克的房间里，窗外的山丘上，隐隐可见一座教堂。现年 24 岁的贝拉，已于 2 月在莫斯科完成学业，现在正在维捷布斯克等他。随着柏林个展的即将举行，以及与马尔佩尔达成的交易，他终于有足够的资本凯旋了。

1914 年 5 月，俄国领事馆给了他一本有效期为 3 个月的护照。他用绳索将位于"蜂巢"的画室的门绑紧，拒绝了苏丁暂时租用其画室的请求，离开巴黎前往柏林。在接下来的 3 个月中，他打算出席自己在狂飙画廊的个展，然后前往维捷布斯克，参加妹妹吉娜将在夏天举行的婚礼。然后，如果一切顺利的话，迎娶贝拉，和她一起到柏林收取瓦尔登卖出他的作品得到的钱，最后回到巴黎。

在波茨坦大街 134A 号狂飙画廊的墙上，40 幅油画——几乎是夏加尔在巴黎创作的全部作品——幅紧挨着一幅挂在一起；几张桌子上分散着他的一些水彩画和素描。诸多于巴黎创作的大型作品在此得到了公开首展的机会，包括《向阿波利奈尔致敬》《牲口贩子》，以及《一撮鼻烟》。这也是首次他有这么多主要作品同时展出。展览的效果非常令人振奋，尤其得到了年轻的德国表现主义者们，如奥古斯特·麦克和弗朗兹·马尔克的支持。这次展览是夏加尔一生中最重要的一次展览，是他在全世界范围内成名的基石。自此之后的 20 年里，德国的收藏家们成了其行情不错的艺术市场的主要收藏者。

尽管桑德拉尔因展品目录采纳了阿波利奈尔的诗而非自己的而颇为失望，但他更警觉于狡猾的瓦尔登对夏加尔的利益的侵占。"你给瓦尔登的信，写得太不灵光了！"出于一种保护，他批评了夏加尔。而面对这位画商，他坚持道："在任何情况下，夏加尔先生的作品价格都不能改变。"就在展览开始后不久，他替"巴黎"与"柏林"抗辩，用法语写道："夏加尔先生的作品的价格，在任何情况下都不能改变。如果'德国的现状'买不起这些画，那么'德国的现状'就只能放弃，我真的很抱歉。'夏加尔'已不是无名小卒，瓦尔登先生。而且，这不是你的作品，是他的。他在巴黎很有名。"

在当时的情形下，这并不重要。夏加尔只在柏林参加了他的个展的开幕式，然后看了藏在国家艺术馆的前辈大师的作品和保罗·卡西尔（Paul Cassirer）组织的凡·高大型回顾展，因此，他没有见证他的作品在此地的后续销售情况。他在巴黎最后的作品，表现维捷布斯克火灾场景的《燃烧的房子》和《飞翔的马车》，常常被解读为灾难的预兆。事后回顾，人们可以看见"一战"前现代主义绘画整个潮流及其基调的剧变，折射了欧洲社会和政治的分裂，预示着 19 世纪长治久安的破灭。夏加尔在 1922 年的回忆录中写道："很明显，在那个时代，是母牛主导着世界政治。立体主义将她肢解成碎片，表现主义将她扭曲得畸形……如果我们只通过画布和绘画材料来看待世界大事，能够改变这些吗？这些材料像有毒气体一样变得黏稠而颤动。"埃伦伯格回忆起喜欢在咖啡馆聊政治的俄国人时说："战争之前，劳特尔多咖啡馆在为每位顾客上咖啡时，也一同将战争的气息端了上来。"1915 年 11 月，阿波利奈尔指出："如果有更多的立体主义，也就是更多的现代思想，那么战争就不会发生。"而柏林艺术家们的感受则大不一样。弗朗兹·马尔克认为，艺术的目标是"将我们所有的碎片式情感融入其中……打碎生活的镜子，让我们由内而外看待自己的存在"，他相信，对于已经腐坏的欧洲文明来说，战争是一次必要的净化。

夏加尔在他的回忆录中写道:"我的画在波茨坦大街上越来越受关注,而就在附近,士兵们架起大炮。"但他从来没有想到,几个月后,他再也无法途经这座城市回到巴黎了。后来,他收到了马尔佩尔的来信,问他什么时候回去;还有来自费拉和布莱斯·桑德拉尔的信,信中写道:"我非常想见你。回巴黎来!吻你。"那时候,夏加尔的心情阳光明媚。6月15日,在登上火车前往维捷布斯克的几个小时之前,他给巴黎的罗伯特·德劳内和索尼娅·德劳内寄出了一张充满欢欣的明信片,狂飙画廊将他的《牲口贩子》印在正面。"天气很暖和,下着雨,空气里都是泡菜的味道,"他写道,"德国女孩非常不漂亮。今天,我就要离开:我要回到维捷布斯克的波克洛夫斯克大街去了。"

夏加尔,《祈祷的犹太人》,布面油画,1912—1913 年

注释

【1】奥迪隆·雷东(1840—1916 年),法国著名象征主义画家、版画家。

第 10 章

回家

维捷布斯克，1914—1915

"看吧，这就是俄国！看看吧！"当从柏林开出的火车越过边界进入俄罗斯帝国的领土时，夏加尔轻蔑地说道。他与一位迷茫的法国女家庭教师待在同一包厢里，她在沙克西罗宫取得了一个职位，正在上任的途中。但是在立陶宛，火车做了一次史无前例的长久停留，因为当时沙皇"突然心血来潮要去敖德萨参观，并在维尔纳火车站接见代表团"。从车厢窗口看出去，是过去与现在的碰撞：一边，是 19 世纪等级森严的俄国——这位女家庭教师的向往；另一边，是为 20 世纪的战争做着的准备——沙皇尼古拉斯二世正在全国各地征召军队。

然后，在既狂喜又有些泄气的复杂情绪中，夏加尔回到了维捷布斯克——"一个跟别处不一样的地方。一座陌生的小城，一座不幸的小城，一座无聊的小城……这就是俄国吗？这只是我的小城，我的，我又重新见到了它。我感慨万千地回来了"。这儿有贝拉，有他的父母，还有他的妹妹们。他再次回到了父母的身边，住在母亲一个房客的外屋里；他参加了吉娜的婚礼；他再次和贝拉形影不离；他画下窗口那些和以前一样的风景。木窗框外的窗台上还

夏加尔，《贝拉的窗台》，素描，1914 年

挂着冬天最后的冰凌，窗格上垂着窗帘，栅栏后面有几只母鸡和一头小牛；在淡淡的北极光的光线中，还可以看见绿色圆顶的教堂群——《窗口，维捷布斯克》是一幅宁静而精湛的画，清晰地描绘出了夏加尔重新回到的家乡的风景。"我画我所看到的一切，"他说，"每一片篱笆、每一个路标、每一块地板、每一把椅子，都让我感到满足。"不久，他在附近一个身材高大、蓄着一把胡子的警察的房子里租下了一个属于自己的房间。房间位于伊林斯克教堂对面，贝拉可以随意来访。半夜的时候，由于前门已被锁上，她会敲一敲百叶窗，从窗口爬进爬出——当然这也引起了流言蜚语。她还记得，这位警察的"白色小屋带着红色的百叶窗，就像一顶带有红色饰物的遮阳帽。小屋在一个角落上，旁边是一个由长长的围墙围起来的大花园，里面有一个修道院"。夏加尔整天半掩着百叶窗，这样既能软化光线，又可保持清净。

　　对于任何一个归家的游子来说，发现哪些东西变了、哪些东西没变是一项趣事。毫无变化的东西很多，比如维捷布斯克的教堂、"莫斯科银行"、药房，以及母亲商店里的磅秤和货架。突然间，这些东西都成了他描绘的对象。《维捷布斯克的街道》描绘的是一条通往乡间的小路，绿树成荫的小路旁林立着许多木头房子，折射出了他心头刚刚获得的平静与温情。道路消失在远方，但并不会将观众的视线带得更远：一切都在这个自我封闭的淳朴小镇中生长和湮灭。这些房屋在画面上的构造缺乏平衡，如同《死者》中的那些房子。这种场景突显了维捷布斯克日常生活的乡土气息，与巴黎的庄严有序形成了鲜明的对比。然而，让整个场景变得鲜活的，是在温润的光线之下的，蓝色、绿色和棕色的色调交融在一起所回响出的天鹅绒般柔和的质感。

一夜之间，仿佛受到某种精神冲击一般，夏加尔的艺术风格发生了巨变。在漫长的一生中，他的艺术风格曾经发生过两次石破天惊的转变，比其他任何时候产生的变化都要大得多：第一次即这一次，发生在 1914 年他重返俄国的时候；而另一次，则发生在 1922 年他再次离开俄国的时候。在 1914 年的维捷布斯克，他在巴黎时期那过于热烈的色彩、太过夸张的形式和幻想都消失了。原本错位的视角，得到了纠正；习惯性的嘲讽腔调，也转化为对身边事物饱含欢快的抒情性描绘。他的家乡不再是一个幻觉，不再是让人沉迷的回忆，而是一个被接受了的、略微有些惆怅的现实。基于此，他全情投入，在 1914—1915 年创作了一系列和谐而闪亮的作品，他将之称为维捷布斯克"纪录组画"。在《利奥兹诺的房子》中，一个商店招牌被风吹得歪歪扭扭，几个无聊的店主在店门口无休无止地闲聊，一副不知天日的架势；整个画面沐浴在鲜亮的色彩之中，一抹深红的色调将温暖的灰黄映衬得生机勃勃。《理发店》描绘的是一个理发店的内部场景：墙上贴着廉价的壁纸，挂着带拼写错误的告示，苍白的阳光照亮了空气中的尘土；祖西叔叔听天由命地坐在那里，徒然等待着下一位顾客的光临。"因此，一个人在休息足后会使用方言愉快地讲话，"俄国艺术评论家米哈伊尔·格尔曼（Mikhail Guerman）写道，"他略为踌躇，寻找着正确的词汇，然后将之念出来，细细品味、仔细聆听。"

在所有这些作品中，时间仿佛已经停滞，所有的生命都已定格。然而，在夏加尔重归故里的一片欣喜之中，还隐隐含有对失去的担忧。促使着他立即着手描绘眼前这一切的，不仅是回家的满足，还有战争的威胁：他害怕这一切不久就会永远消失。夏加尔回到家一个星期后，奥匈帝国的费迪南大公在萨拉热窝遇刺。内阁大臣兼国家警察司司长彼得·杜尔诺沃（Pyotr Durnovo）曾在年初警告沙皇尼古拉斯，如果战争形势对俄国不利，"最为极端的社会革命将无可避免"。尽管如此，沙皇仍然在 7 月 30 日下令全民备战。到了 8 月 3 日，俄国已与德国和奥匈帝国交战，国内开始实施军事审查制度，民间与西欧的通信联络也中断了。因"圣彼得堡"一词来源于德语，此时为了凸显爱国情怀，圣彼得堡被更名为"彼得格勒"。伊利亚·埃伦伯格写道："第一次世界大战突然爆发，地球开始在我们脚下颤动。"战争初期，在许多西方知识分子中爆发了强烈的爱国主义风潮，迎战的呼声高亢而热烈。而俄国知识界对战争的反应与西方并不一样。"我的心中充满了可怕的悲伤，"马克西姆·高尔基说，"我在工作，我在思考，但这有什么意义？因为这场战争会让整个世界充满仇恨，至少持续 100 年的仇恨！"

夏加尔的油画《斯摩棱斯克的报纸》带着黄绿的色调，给人一种危险即将来临的感觉。两名犹太人坐在一张桌旁，中间放着一张《斯摩棱斯克新闻报》；印在报纸上的单词"Voina"（战争）让二人目瞪口呆。年轻的那位戴着礼帽、穿着西装，满脸焦虑不安；而从那位身穿传统服饰、留着大胡子的长者的沉思中，我们看到了无休止的战乱为犹太民族带来的苦痛。"德国的犹太人要打击'野蛮的俄国'，并声称要为……'十月大屠杀'报仇。为谁报仇？首先，俄国军队中，就有成千上万的犹太人；其次，德国军队还得先摧毁德国境内的犹太人聚居地——如同之前俄国的大屠杀摧毁了"栅栏居住区"一样。这样的情形所引发的悲剧，简直令人无法形容。"1914 年 8 月，犹太历史学家塞米昂·杜布诺夫（Semion Dubnov）写道。

维捷布斯克很快成了一座前线城市。火车站挤满了准备开赴战场的士兵、抬回伤兵的担架员和成群结队的德国战俘。逃避德军的难民们如潮水般涌入。夏加尔画下了一切。"头戴羊毛帽、脚穿白桦皮的农夫走过我面前。他们吃着东西，身上臭不可闻。那是前线的味道，是鲱鱼、烟草、虱子等混合在一起的刺鼻味道。战争、炮火、被埋在战壕中的士兵——这一切，我都听到了，都感觉到了。"不久之后，居住在距离维捷布斯克数百英里的"栅栏居住区"西部边缘地带的 100 万犹太人，被持反犹太主义的俄军统帅尼古拉斯·尼古拉

夏加尔,《出征》,素描,1914 年

耶维奇(Nicholas Nikolaevich)大公进行了荒谬的指责,他宣称这些犹太人在从事间谍活动,并限定他们在 24 小时内离开家园——否则便会被枪杀。随着反犹太主义的高涨,包括亚历山大·克伦斯基(Alexander Kerensky)、马克西姆·高尔基和里姆斯基-科萨科夫在内的一批知识分子联名发出抗议,共同"为犹太人呼吁":"俄国犹太人在所有允许他们进入的领域都提供了诚实的服务。他们已经充分表明要为祖国做出最大牺牲的意愿。""俄国同胞们! 请记住,除了俄国,俄国犹太人们没有其他祖国;而对于一个人来说,没有什么比祖国的土地更加珍贵……整个俄国的幸福,与其土地之上所有民族的幸福和自由是密不可分的。"然而,这样的呼吁根本起不到任何作用。"栅栏居住区"身无分文、凄凉无比的犹太人们开始向东跋涉。"我多么希望我能让他们待在我的画布之上,好让他们远离伤害。"夏加尔写道。《维捷布斯克之上》出现的背着麻袋、头戴破旧俄式帽子,手拿与地上的灯柱一样倾斜的拐杖的老乞丐,他孤独地行走在维捷布斯克这座白雪覆盖、如天鹅绒般柔软的小镇上的身影,是永世流浪的犹太人的象征。沉重却轻飘，他的比例是过大的——比构成画面主体的伊林斯克教堂还要高——使得原本普通的画面场景变得神秘起来。

在紧凑的方块状版画《战争》中，一名士兵背着背包，黑色的身形在车站的巨大窗户前格外显眼；在他身后，另一位即将离去的士兵抱着他的女朋友；而在天空中飘着一排字："战争－1914年－俄国－塞尔维亚－比利时－日本－法国－英格兰"。《受伤的士兵》描绘的是一个表情痛苦的受伤男人，头疼让他的表情扭曲。在绘制这幅画时，夏加尔用印度墨水将整张纸涂黑，只将缠绕在头上的绷带、两个眼窝（一个是空的）以及牙齿所在的区域留白，画面看起来十分不安。《报贩》描绘的是一个被深红色天空笼罩的身影，他留着大胡子、满面悲伤，徘徊在一条漆黑的道路上，为人们带来当天的可怕新闻；一堆用重叠的几何形状和破碎文字组成的报纸，是用夏加尔在巴黎学到的立体主义的讽刺手法表现的。"夏加尔的作品涉及了战争，可能会令人不快，"忠诚的图仁霍德写道，"当其他画家在为呈现这样或那样的画面质感而感到扬扬得意的时候，

夏加尔，《受伤的士兵》，素描，1914 年

夏加尔却力图唤起人们对战争的关注。"在一张画在灰色纸上的素描上,一位老人疲惫而悲伤地攥着一本封面上写着大写字母"VOINA"(战争)的杂志。这是夏加尔回来后,根据维捷布斯克的日常生活创作出的许多纪念碑式肖像画中的一幅。

也许在卢西安·弗洛伊德(Lucian Freud)[1] 出现以前,没有任何一位 20 世纪的艺术大师会像夏加尔在 1914—1915 年做的那样,如此痴迷于为自己的家人画像,并对每个人的生活和命运进行个性化刻画。他所接触的人群,包括一无所有者和游荡在维捷布斯克的怪人,对应了弗洛伊德画中的战时"栅栏居住区"的雷夫·波维瑞(Leigh Bowery)[2] 和"大苏(Big Sue)[3]"等人物。《绿色犹太人》、《红色犹太人》、《亮红色犹太人》、《祈祷的犹太人》(又名《黑白犹太人》)等不朽的肖像画,模特儿为同一个老乞丐。在夏加尔回到家乡的头几个月里,经常见到这个老乞丐。他一会儿游荡进费加-伊塔的商店,一会儿又蹩进波克洛夫斯克街上夏加尔家的厨房。"有时候,有一个人会为我当模特儿,他有一张充满了悲伤而又苍老的脸,同时又是张天使般的面孔。但我坚持不了……最多半个小时……他身上的臭味太刺鼻了。"夏加尔总是这么说。这些人物被描绘得栩栩如生,仿佛就在面前,观众感受得到他们身上极度的疲劳,以及充斥在他们布满皱纹的脸上和弯曲的身体里的听天由命。尽管他们让我们感到同情,更为触动人心的,是人类求生的本能和无尽的智慧。夏加尔对老年人肖像画的看重,受到了伦勃朗的影响,尤其是伦勃朗的《老犹太人》。但夏加尔的作品,跟他以前的老师佩恩所画的维捷布斯克犹太人的肖像画大不一样:他的作品中没有任何模仿或不切实际的成分。夏加尔笔下的犹太人是符号化的、超然的,因为他们也具有现代性和讽刺意味,还有因强烈的对比而产生的变形:每一个人物都是圆形、曲线、尖锐的线条以及各种各样的几何形状的组合,结构非常复杂,并在经过虚幻的华丽色彩的重新定义之后,产生了属于其自身的独特意境。这一系列作品在他的所有作品和早期现代主义的作品中都处于巅峰地位:此时的夏加尔,已经赢得了他从巴黎时期就一直在与立体主义进行的战斗,突破性地形成了成熟的个人风格。他在不改变画具象画的前提下,也留意着每一种艺术潮流和历史的不稳定——"栅栏居住区"的老犹太人,很快就会永远消失。

夏加尔，《报贩》，草稿，1914 年

"我有这样的印象，"夏加尔谈到《绿色犹太人》时说，"那个老人是绿色的。也许，是我心里的某个影子落到了他身上。"画中的模特儿到来后，静静地面对茶壶坐在餐桌旁。然后，夏加尔把他引进了画室。

我疑惑地看着他："你是谁？"

"什么！你连我都不认识？难道你从来没听说过斯鲁兹克的传教士吗？"

"那么，请听我说。这样的话，请到我的家里来。我要……"我该怎么说呢？……怎么向他解释？我怕他会站起来就走掉。

他来了，坐在一把椅子上，立刻就睡着了。

你们见过我画的那个穿绿衣服的老头吗？那就是他。

这位乞丐传教士富有感染力的面容，被暗金色的大胡子映衬得布满了光辉，让人想起先知耶利米 [4] 沉思的面容；他坐在一张长凳上，上面刻有希伯来语《圣经》的经文，经文中，上帝正在告诉亚伯拉罕，他是被选中的人——这是传教士安身立命的根本。"我从最初对现实和精神的冲击开始，从一些确定的东西开始，然后再走向一些更抽象的东西，"夏加尔解释道，"《绿色犹太人》就是这样产生的，我是围绕着希伯来文字和《圣经》里的角色展开绘画的。这不是象征手法，这是我亲眼看到的情形。这是一个真实的场景，我正是在这样的场景里看见他的。我相信这种描绘方式已经具有象征的意义，但我并没有采用象征主义手法或文学手法。"

来自斯鲁兹克的传教士也为《亮红色犹太人》做了模特儿。画面上，他的胡子如同火红的熔岩一般向下流淌，他坐在一片红色、粉红色的房子前，像个巨人一般，紧张的思想扭曲了他的脸：虽然他的外形脆弱不堪，但在信念之力的支撑下，观众可以看见他精神的伟岸。在他的周围，理念世界有形可见：金色拱形里书写着希伯来文《圣经》，里面还有夏加尔的名字；屋顶的墨水架和笔代表《圣经》；开花的树暗示着亚伦的权杖 [5]。这幅画的姐妹画《红色犹太人》，描绘的是一个沮丧的老人背着一个口袋，正在逃避战乱。在这幅作品上，以西里尔字母和罗马字母混写着夏加尔最喜欢的艺术家们的名字：乔托、奇马布埃、埃尔·格列柯、夏尔丹、塞尚、凡·高、"农民勃鲁盖尔"，以及用意第绪语书写的"伦勃朗"。这是夏加尔对西方艺术和其重要的人物肖像画传统的致敬，尽管战争将二者分开了。

另一种变化体现在《祈祷的犹太人》（又名《黑白犹太人》，这幅画有时也被称为《维捷布斯克的拉比》）中，画的是披着夏加尔父亲的祷告巾的一个模特的黑白像。人物如同雕塑一般，充满绝望而又坚忍不拔：

　　另一位老人从我家门前走过。花白的头发，阴沉的表情，背上背着一个口袋……

　　我在想：他会开口说话吗，甚至是乞求施舍？

　　的确，他什么也没说。他走了进来，小心翼翼地待在门口，在那里站了很久。就好像得到了点什么东西似的，他又一言不发地走了出去，跟来的时候一样。

"请听我说，"我对他说，"你进来休息一会儿吧。请坐。就这样。你不会介意的，是吗？你可以休息一下。我会给你 20 戈比。你只需穿上我父亲的祈祷服坐在这里。"

你们见过我画的那幅祈祷的老人的画吗？那就是他。

《祈祷的犹太人》采用的是经典的着色方式，也是这个系列的作品中宗教色彩最为强烈的一幅。1916 年，伊萨卡·莱贝克（Issachar Ryback）和鲍里斯·阿伦森（Boris Aronson）在宣称犹太民族主义诉求的文章《犹太绘画之路》中声称，这幅画是"犹太艺术复兴的基石……有资格成为犹太艺术博物馆里的头号作品"。这幅画一直是夏加尔最喜欢的作品之一：在卖给收藏家卡根-沙巴谢伊（Kagan-Shabshay）之前，为了妥善保管，他一直将之藏在床下；后来，他又乐在其中地画过两次这幅画的复制品，按弗吉尼娅·哈格德所说，他"试图通过一而再、再而三的重复创作来探究它的奥秘"。

虽然夏加尔于 1914 年重新融入了"栅栏居住区"的生活环境，但作为犹太人——沙皇帝国的二等公民，他从未想过参军。尽管如此，战争也对他的艺术产生了极大的影响。"远离了巴黎的沙龙、展览和咖啡馆，我问自己：'这场战争，不是某种清算的开始吗？'"1914 年，在一个每个人的想象生活都被无情地遭到大规模破坏的世界里，他全情投入到描绘革命前俄国犹太小镇最后的安宁中。他深情地描绘了家里的每一位成员，详细地记录下过去 3 年里他们身上所发生的变化。他的父亲更羸弱了；最小的妹妹玛丽亚斯佳，已经从小女孩长成了害羞的少女，在《玛丽亚斯佳》中，她穿着红色带圆点的连衣裙、扎着辫子，娇小而迷人的气质显露无遗；夏加尔最喜欢的妹妹莉萨，已是一个善解人意的 16 岁女孩，在画面精美的《窗边的莉萨》中，她坐着看向外面的世界，不知道生活会给自己带来什么；他为年长一些的妹妹们画的素描表明，她们已经成长为时尚、现代的年轻女性，身边的丈夫们都穿着得体的西装。在《戴维与曼陀林》中，从普鲁士回来并患有肺结核的戴维，被夏加尔大胆地用冰冷的蓝色描绘为一个弹奏音乐的人物，其扭曲的双眼和面具一般的脸，已被痛苦击穿；他的肘部、脸和衣领处棱角分明，姿态夸张，凝固得如同一个幽灵。这幅画所描绘的，不仅仅是一个受苦受难的年轻人，也折射了 1914 年藏在所有年轻人心中的惊恐和不安。类似的焦虑让费加 - 伊塔忧虑成疾，在《沙发上的母亲》中，她已是一位老太太（当时她才 48 岁），蜷缩在一条披肩里沉入了睡眠。水粉特写肖像画《我的母亲》，将那张老旧疲惫的脸处理得非常逼真：一双伤心的灰色眼睛依然热烈而锐利，稀稀拉拉的头发耷拉在满是皱纹的额头上，显得如此悲伤。1991 年，夏加尔的女儿伊达住在巴黎一座 17 世纪的房子里，此时的她已是一位年老多病的妇人。当她见到这幅画上与自己一模一样的已故多年的无名俄国祖母时，害怕到不想再见第二遍——她将之捐赠给了莫斯科的普希金博物馆。

夏加尔，《戴维与曼陀林》，纸板水粉，1914 年。这是夏加尔的弟弟的肖像

这次回来后创作的最温柔的内容，当属对贝拉的描绘。在一幅没有标题的作品中，夏加尔怀着重聚的兴奋，充满温情对她进行了描绘。那披着黑色披肩的侧影似乎融入鲜艳的花丛之中：一个庄重、苍白而舒心的形象，凝视着观众的上方；她正从一扇打开的窗户离开，身上的披肩朝画面和观众温暖地敞开着。此时，夏加尔的世界沉淀了下来。图仁霍德注意到，回到了家庭的温暖之中，回到了与贝拉的热恋之中，他平静了下来："在那些乡下的街道上，在一片灰暗的天空下，那些堆挤着的木头房子、傲然挺立的树木、当地商店的招牌，以及那些可怜的瘦马……从中你所听见的，已不再是痛苦的喊叫；你感受到的，是一种柔和而谦卑的爱。"亚伯拉罕·埃弗罗斯是当时唯一认真对待夏加尔作品的俄国艺术批评家，他将1914年的维捷布斯克视为"夏加尔的解药。就像一个浪子回到了父亲的家，他回到了他的犹太乡村世界。在巴黎的时候，他以一种热情和热忱，削弱并瓦解了维捷布斯克在他心中那些可怜的存在形式；现在，他以同样的热忱，将自己依附于维捷布斯克的真实存在……他用一种敬重的态度，毫不吝惜地挥洒着调色板上微妙而精细的颜色，并透过绝美绘画的高贵气质，记录下他所重新发现的家乡的面貌"。

如果说维捷布斯克"纪录组画"是夏加尔对过去3年所错过的一切的一次拥抱的话，它们同样也是他对在巴黎所学的一次整合：精湛的技法、风格和表现形式，已具有严格的现代意义；尤其是在对人物形象的强调上，已大大超越当时的俄国先锋艺术。

在回来后的几个月里，俄国急剧动乱的局势，以及巴黎带给他的"欧洲艺术家"的自我意识，激起了27岁的夏加尔强烈的身份认同危机。他在1914—1915年所画的自画像，比其他任何时期都要多。这些自画像的存在，表达着他的自我怀疑和自我评价焦虑，以及面对着不确定未来时的风格的变化。

在《家门口的自画像》中，系着领结、穿着礼服套装，这位见过世面的骄傲本地人回到了父母家。在《世界之外》中，被切掉头的画家不顾一切地逃离着，沿着维捷布斯克的街道飘浮在空中；而这条街道也被翻转，沿着画面的边缘延伸。《自画像》中的他有带着调皮的表情，双唇满带笑意，面部和颈部扭曲，显得优雅而灵活，如同他当时已经开始着手描绘的四肢被拉长的杂技演

夏加尔，《拿调色板的自画像》，布面油画，1914 年

员。送给伊利亚·埃伦伯格的《拿调色板的自画像》中的格子衣服也暗示了一种滑稽角色：画面上的画家带着讽刺性的微笑，站在一张空画布前。画布上染有充满活力的蓝色，由于过薄而透出了画布的纹理。这种透明感使得画布像是一面反射着夏加尔衣服的蓝色色调的镜子，如同这位画家小丑在问：什么是艺术？什么是现实？我是谁？与之形成鲜明对比的《白领自画像》则是一幅充满自信的古典风格作品，色彩柔和，色调深沉：清晰的五官，沉稳的目光，一张被围成桂冠般的树叶环绕的脸——夏加尔希望守旧的维捷布斯克人，尤其是罗森菲尔德夫妇，能将他视为西方传统中的某位英雄。但在《戴帽子的自画像》中，他的脸细腻而柔弱，唇形俊俏，头发卷曲。"就我看来，"阿尔塔·罗森菲尔德说，"好像他甚至在脸上擦了胭脂。有着女孩般粉红色脸蛋的男孩，会是个什么样的丈夫？他永远也不会知道如何谋生。"

在 1914 年，这似乎是真的。夏加尔在"蜂巢"的画室，在巴黎的经销商，在狂飙画廊展览上的作品，在柏林的画廊老板——他过去 3 年苦心经营的一切，现在都已远去，变得遥不可及。他没有钱，也不可能从瓦尔登或马尔佩尔那里收到任何报酬；而且他能弄到的画布也很少——在战争期间，他大部分油画都是画在硬纸板上的。随着战前所预期的大好前程的烟消云散，他说服罗森菲尔德夫妇自己有能力娶贝拉的希望也落空了；而且，他发现罗森菲尔德夫妇对他比以前更冷淡了："'跟他一起你会挨饿的，我的女儿，你会饿死的。'而

夏加尔，《白领自画像》，布面油画，1914 年

且，他是个艺术家。那是个什么意思？''那么大家会说什么呢？'我未婚妻的家人们这样议论着我。而每天早晚，她都会从她家往我的画室带甜饼、烤鱼、煮牛奶、各种画面装帧材料，甚至是我在画架上用的木板。"

他可以结婚吗，他应该结婚吗？夏加尔痛苦地问图仁霍德。是的，这位评论家说，但不要孩子。图仁霍德立即着手，为夏加尔争取这段婚姻。在1914年，他说服莫斯科的收藏家伊凡·莫罗佐夫买下《窗口，维捷布斯克》《理发店》《利奥兹诺的房子》，每幅画 300 卢布。这比马尔佩尔付给他的要多得多，也是夏加尔自从回来后看到的第一个可能被俄国接受的迹象。但在整个1914 年，他仍然在不停地想着回到欧洲。到了 9 月，3 个月的签证过期了。他既没有法律许可，也没有实际能力离开维捷布斯克。他在自己的家乡，"身不由己地被困住了"。11 月，他曾给索尼娅·德劳内写过几封短信，信封上盖着"战时审查"的印。在其中的一封，他告诉她，他设法前往西方。"我们熟识的朋友们，当代的艺术家和作家的命运如何？我们所有的激情和抱负还在吗？"他写道，"……我渴望来到巴黎。至于我（在柏林）的展览，唉，已被迫成了战争的俘儿。"但他仍然希望能尽快回去：同月他写给诗人马津的一张明信片，回应关于他在"蜂巢"的画室的处理问题。该画室的租金早已逾期，他请求马津代自己与门房进行斡旋，如果必须搬走的话，请"把我最好的东西——相册、信件、地毯、枕头、被褥、最好的画——拿出来，别的不用管"，并以"请你永远信任我"结尾。

在柏林，他新近的崇拜者弗朗兹·马尔克和奥古斯特·麦克加入了德国皇家军队。麦克在战争的头几个月里便阵亡，而马尔克也于 1916 年阵亡。在巴黎，瑞士裔的桑德拉尔加入了法国的外籍军团；和平主义者德劳内，在发布动员令的当天便逃到了西班牙的比亚里茨；阿波利奈尔加入了法国炮兵部队。大量的巴黎艺术社团被解散。莫迪里阿尼因被认为不适合作战而被拒绝参军。布拉克和德兰很早就到了前线，并且成了模范士兵。莱热则成了一名出类拔萃的工程兵，在他的妻子伪装成一名士兵在战壕中和他做爱后，他便成了军队里的传奇。在巴黎的俄国人中，扎德金成了法国前线俄籍救护队的担架手，他从那里设法将一封信传到了佩恩手上。"你的感觉怎么样？你在做什么？我们的朋友——利西茨基、利巴科夫、马瑟尔、梅克勒和夏加尔怎么样？看在上帝的

夏加尔，《抱着胳膊的贝拉》，素描，1914 年

分上，请回答我，我会很高兴听到他们每个人的消息，"扎德金写道，"我的身体很健康，但我厌倦这一切——这场战争完全是可耻的，会让灵魂都变得冰冷。但愿能马上结束。你在忙些什么，你在做什么？请写信给我。"扎德金已经移民巴黎，但他热情洋溢的来信表明，他仍然认为自己是维捷布斯克的一分子，并且把自己视为佩恩的学生团体中的精英之一，即使在这个阶段，夏加尔也仍然是其中一员。以上所有扎德金提到名字的人，都在俄国成了成功的艺术家——除了可怜的梅克勒。20 世纪 20 年代，梅克勒在维捷布斯克的一所学校当老师；他最后为人所知的消息，是他 1936 年的时候还活着。

但这个团体无法让夏加尔有任何认同感。他曾经向贝诺伊斯哀叹，在维捷布斯克，他"因战争而被困在这里，无聊至死"。在《时钟》中，他孤独地坐着，在父母的大钟的映衬之下相形见绌；而在《镜子》中，贝拉双手抱着头，小小的身体蜷缩在她家那间黑暗画室大镜子下的一张桌子旁。这些画，表现了夏加尔在俄国所感受到的幽闭、不安和压抑，以及在历史面前个体的渺小和无足轻重。"我的悲伤无以言表"，他告诉贝诺伊斯，恳求被纳入"艺术世界"的下一次展览之中，"远方的一切都搁浅了。我的作品是我的珍宝，每一幅都有特色，我必须在审判日为它们做出答复。只有上帝知道我会不会再见到它们。除了要去收我卖掉的画应得的钱以外——那不是一笔小数目……如果您能让我参展，我会亲自到来（到彼得格勒）。不过最重要的，是您能肯定我的艺术的价值"。然而一如既往，他的请求没有得到理会。

但现在，贝诺伊斯和"艺术世界"展览的影响力正变得越来越小。1915年上半年在俄国举行的两场最主要的展览，是由伊万·普尼（Ivan Puni）2月在彼得格勒发起的"未来主义展：五号电车轨道"，以及由克·坎德鲁诺夫（K. Kandarourov）主导的于3月23日在莫斯科大剧院的米哈伊洛娃沙龙（Mikhailova Salon）上开幕的"1915年"——一个囊括了各种现代潮流的大型综合性展览。这是一个重要的里程碑。自夏加尔1911年离开后，俄国先锋艺术的地位发生了巨大变化，他被邀请为这次展览提供25件近作：这是他在俄国的职业生涯和名声的转折点。《祈祷的犹太人》产生了不同寻常的影响，在评论中，图仁霍德把夏加尔列为"俄国艺术的伟大希望之一"。相比之下，夏加尔于1911年离开时那些占据着支配地位的人现在正在失去颜色：拉里欧诺夫只展出了9幅作品，冈查洛娃则仅有4幅。拉里欧诺夫是少数几位在战时参军的艺术家之一，他于1914年10月在前线受重伤后返回，在医院里休养了3个月，从此以后创作才能尽失；1915年年初，他和冈查洛娃离开俄国前往瑞士，与迪亚吉列夫一起工作。

取而代之的艺术家则是正在冉冉升起的新星们："五号电车轨道"由弗拉基米尔·塔特林（Vladimir Tatlin）主导，他展出的是用锡、木头、铁、玻璃和石膏创作的"绘画浮雕"，这些作品受到了毕加索的启发，但是塔特林对现实空间的真实材料的诉求直指构成主义；还有卡济米尔·马列维奇，他已经在创作至上主义作品，但这次展览只展出了他立体未来主义晚期的绘画，如《电车里的女人》和《马蒂辛先生的肖像》。尽管"五号电车轨道"展览的标题被冠以"未来主义"字样，但这个展览和"1915年"一样，均展示了风格的多元化，这是俄国先锋派的一个特点。在莫斯科也有非凡的具象艺术作品产生，如内森·奥尔特曼蓝黄色的立体主义作品《安娜·阿赫玛托娃的肖像》；而在彼得格勒，波波娃和尤达索娃（Udaltsova）展出了在巴黎创作的立体主义作品。"'未来主义'这个词语在这里出现得极不合适，"诗人贝内迪克特·里夫什茨（Benedikt Livshits）在他的回忆录中评论道，"这场展览是各种不同主张的大杂烩，而这些主张首要的特色是一致的消极。"在一段很短暂的时期内，具有不同的感知和抱负的艺术家们，在立体主义破茧而出的 10 年中只是为了打破旧的学术模式才团结在一起，在一个自由的环境中共存。"我发现艺术氛围变得更加感性，"夏加尔回忆道，"收藏家们的思想更为开放，人数也多了起来。"其中一位富有的工程师卡根 - 沙巴谢伊，在 1915 年为他筹划的犹太艺术博物馆购买了 30 件夏加尔的作品。

回到维捷布斯克的头几个月里，夏加尔几乎过着离群索居的生活，专注于与贝拉的重逢以及疯狂的创作之中，因为他走进了一个新的领域——1914 年下半年，是他一生中创作最为丰富的时期之一。到了 1915 年，他抓住最佳时机，最终让罗森菲尔德家族接受了他。从 1914 年 2 月起，贝拉就在家里等待着与未婚夫结婚。战争让他们的爱情变得更加稳固，也减弱了让老一代对年轻一代的干涉。1915 年年初，夏加尔和他的弟弟接到了入伍令，随后，戴维前往克里米亚。于是，罗森菲尔德家族开始行动起来。夏加尔请求获得护照离开俄国的要求被拒绝；同样，他想在服役期间以画家的身份去做伪装工作的要求也被拒绝。因此，当时彼得格勒战时经济中央局的负责人——贝拉的哥哥雅科夫，向夏加尔伸出援手，为他安排了一个被视为服兵役的文职工作。入职的时间在秋天，而夏加尔和贝拉的婚礼定在了 7 月。

在夏加尔正式入职之前的几个星期，费加 - 伊塔去世了，为疲惫不堪而辛苦奋斗的一生画上了句号，年仅 49 岁。以前，她一直在等待着她最喜欢的孩子从巴黎回来；现在，她知道他会被照顾得很好，死也瞑目了。夏加尔说，她去世的时候他不在家。他可能在彼得格勒准备他的战时工作，故意远离家乡："我无法忍受。事实上，我对生活的感受太强烈了。此外，用我自己的眼睛去发现'真相'……让最后的幻象都破灭……我不能……我母亲的脸，她死去的脸，都是白色的。她是那么爱我。而我在哪里？我为什么没去？这是不对的。"5 年后，他写道：

> 我心里总会有一种下沉的感觉——是从睡眠中还是从她去世
> 周年的突然记忆中？——当我参观她的坟墓时，我母亲的坟墓。妈
> 妈，我好像看见了你。你慢慢地朝我走来，是那么慢，我都想来扶
> 你……这是我的灵魂。在这里找我，我在这里，这里是我的画的起
> 源，是我的起源……苦难之湖，头发过早变白，双眼——泪之城。

夏加尔于 1914—1915 年在维捷布斯克创作的作品浸润着社群之间理想化
的美好感情和母爱之情，那是他为费加-伊塔所建造的纪念碑。当她死后，他
开始创作一系列新的、截然不同的作品，传达着他与贝拉在小世界里的狂喜：
"恋人系列"。在这个系列中，他置身于战争之外，开始了已婚男人的新生活。

夏加尔，《在母亲的墓碑前》，版画，选自《我的生活》作品集

注释

【1】卢西安·弗洛伊德:(Lucian Freud,1922—2011 年),表现主义画家,英国最伟大的当代画家之一,偏好人物画,尤其是裸体画。他的模特儿大多是家人、亲戚、志同道合的画家或者朋友。

【2】雷夫·波维瑞:(Leigh Bowery,1961—1994 年),风格非常怪异的行为艺术家、时装设计师,也是画家卢西安·弗洛伊德常用的男性模特儿。

【3】大苏(Big Sue):全名为苏·蒂利(Sue Tilly,1957—),出生在伦敦南部,体型非常肥硕(约 127 公斤),画家卢西安·弗洛伊德常用的女模特儿,人称"肥苏"。"大苏"是弗洛伊德对她的专用称呼。

【4】耶利米(Jeremiah):《圣经》中犹太人的一位先知,《圣经·旧约》中《耶利米书》和《耶利米哀歌》的作者。

【5】亚伦的权杖:亚伦是犹太民族最伟大的先知摩西的哥哥。摩西和亚伦各自有一支手杖。亚伦之杖曾开花,预示基督的复活。

第 11 章

已婚男人

彼得格勒，1915—1917

1915 年 7 月 25 日，马克·夏加尔与贝尔塔·罗森菲尔德在维捷布斯克举行了犹太传统结婚仪式，正式成婚。而早在 1915 年 7 月 7 日，夏加尔 28 岁生日的那一天，他便开始画他们的结婚肖像画。当时，贝拉带着披肩、丝巾和鲜花，出现在他的房间里。"你突然站了起来，从画布堆里翻出一张画布，将之挂到画架上。"她在一篇写给他的文章里叙述道。

"别动，"你说，"保持这个姿势。"……

你带着巨大的能量冲向画布，画布在画架上摇晃。你飞快地把画笔插入颜料中，红蓝黑白的颜料飞溅在空中，将我卷进了它们之中。我突然感到自己好像飘了起来，而你也单脚着地，如同这个小房间已经容纳不下你了一样。

你飞上了天花板。你的头转向我，我的头转向你，我们耳鬓厮磨，窃窃私语……然后，我们一起飘到房间的上方，穿着华丽的衣服飞了起来……闪亮的墙壁在围绕着我们旋转……我们飞过鲜花盛开的田野，飞过一幢幢紧闭的房屋，飞过一个个庭院和一座座教堂。

在贝拉的记忆中，初婚的欣喜与油画《生日》的艺术效果合二为一。夏加尔当然不可能在几分钟之内就完成这幅画——在此之前已经画过一张草图——但这幅画的确是在婚礼前几天完成的。画面上的贝拉眼睛睁得大大的，脸上充满了惊叹，正在滑向夏加尔身边；夏加尔则柔软得如同一名杂技演员，飞在空中扭过头吻她。这幅画的色彩华丽而丰富，融合了幻想与现实，展现了她为这段婚姻带来的巨大希望、强烈的爱和诗意；现在，这一切亦充斥在夏加尔的艺术创作中。"我只需要打开卧室的窗户，蓝色的空气、爱和鲜花就和她一起进入了我的世界。穿着纯白或全黑的衣服，她似乎一直飘浮在我的画布上，引导着我的艺术。我在创作任何一幅油画或版画的时候，都会问她'行'还是'不行'。"后来他解释道，"她完全明白我的感受，她是我那些疯狂创意的一部分，对她来说我的一切从来都不陌生。"

《维捷布斯克上空》是他们的婚礼作品《生日》的延续：贝拉穿着同一件带有白色蕾丝衣领和袖口的黑色连衣裙，和夏加尔一起飞在白雪皑皑的维捷布斯克上空。他们的身体融合在一起，每人只有一只胳膊。贝拉的脸上已经没有了《生日》中天真无邪的表情，而是充满了忧郁和渴望；她以一种保护性的姿态向她的家乡伸出胳膊，既象征着母性的呵护，也寓意了爱的超越。这对飞翔的情侣还让人想起夏加尔在巴黎最初描绘在画面上的飞行的人物形象。但是这里的背景更写实：地面上，一位男子蹲在篱笆旁的雪地上，正在大便。通过这样的细节，夏加尔告诉革命前的俄国，尽管他的妻子很优雅，但他仍然是普罗大众中的一员。

下面这段对他的婚礼的描述写于 1922 年，当时布尔什维克已在俄国取得胜利。夏加尔意在将自己与富有而守旧的罗森菲尔德家族划清界限，以嘲讽资产阶级和犹太传统的方式描述了他的婚礼：

> 值得去跟这样高阶层的人交朋友吗？

> 我很晚才到达未婚妻的家，发现那里早已聚集了一整群人……在长长的桌子周围。一位大拉比，一位聪明的老人，一个有点狡猾

夏加尔，《婚礼》，版画，选自《我的生活》作品集

的人，几个体型肥大、看起来很有气势的资产阶级，还有一大群卑微的犹太人，正在迫不及待地等着我的到来……或说是在等待着婚宴的开始。因为我不到的话，婚宴就不会开始。我很清楚这一点，我有点乐于看到他们焦虑不安的样子。

但他们在蜜月的时候，过的无疑是资产阶级的田园生活。他们的蜜月在罗森菲尔德家位于泽尔谢的别墅里度过，吃的喝的应有尽有。这里距离维捷布斯克只有几英里，是一个跟利奥兹诺一样宁静的乡村。附近有很多吃草的奶牛，夏加尔由此将蜜月更名为"奶月"。贝拉很快就怀孕了。她让他喝了许多

夏加尔，《蜜月》，素描，1915 年

新鲜牛奶，"结果到了秋天，我的外套都几乎扣不上了"。

"树林、松树、孤独。月亮藏在森林背后。猪圈里有猪，窗外的田野里有马。天空淡紫。"这是宁静祥和的蜜月自画像《躺着的诗人》的场景，画中的夏加尔躺在田野上，如同躺在一片梦中。在《乡村的窗口》中，夏加尔和贝拉的面孔犹如面具般叠加在一起，充满满足地凝视着窗外银色的白桦林，他们彼此相融，又与自然融为一体。后来，在 1916 年和 1917 年夏天，夏加尔分别再次回到罗森菲尔德家的这座别墅，在这里度过一段乡村家庭生活时光。这幅画，是他在这样的日子里所画的第一幅画。《乡村室内》、《桌边的贝拉》、《露台上的贝拉》以及《有草莓的室内》，画面的背景地均在这座别墅的餐厅里，画面都沐浴着晶莹剔透的光线。透过餐厅的 3 个大窗户，可以看见郁郁葱葱的森林；柔和的阳光透过玻璃从窗口照射进来，为这里增添了一种特殊的魅力——与战争和贫困毫无关系的魅力。

但是"我的妻子更喜欢大城市。她热爱文化。她是对的"。夏加尔将于 9 月到雅科夫·罗森菲尔德位于利特尼大街 46 号的办公室服兵役，于是这对夫妇搬到彼得格勒，先是到了纳杰日辛斯基街 18 号，与夏加尔以前的赞助人戈德堡住在一起；然后搬到了一个偏僻的地方：位于彼列科普尼·佩列沃克街 7 号的一套四层楼房中的小公寓里。

彼得格勒的战时生活比维捷布斯克要艰难得多。在战争办公室工作的夏加尔处处依靠别人，这印证了罗森菲尔德一家对他的无能的担忧。"我的上司向我大发雷霆。由于他是我的内兄，他总是害怕因为我的无能而受到牵连，因此总是特别关注我的举动……他会把我办公桌上所有的文件都扫到地上，恼怒地冲我大喊，'你的脑子里装的都是什么？你干了些什么？简直不可理喻，马克·扎哈诺维奇，你连这个都不懂？'"不久，雅科夫建议这位无用的手下只需坐在那儿读报纸就可以了。事实上，夏加尔大部分时间都趴在办公桌上，为那些意第绪语书籍画插画：奇幻寓言故事集《大公鸡》和《小小孩》，作者名为"德·尼斯特（Der Nister，意为'藏起来的人'）"——作家平修·卡哈诺维奇（Pinchus Kahanovich）的化名；还有艾萨克·佩雷兹关于犹太乡村生活的讽刺故事集《魔术师》。尽管如此，他在 1917 年时仍然抱怨道，他被迫"在中央战争和工业委员会的一个部门备受煎熬地服役了 3 年"。虽然雅科夫让他免于上前线，但他从未对他表示过感激。

夏加尔说，每天下班回家的时候，他都几乎要向贝拉哭泣。公寓太狭窄了，他无法画画；而且也很难弄到绘画材料。他一直都不喜欢这座俄国的首都，现在，他又有了一种幽闭的感觉。"我的生活状况已经变得越来越难以忍受。我躺在床上（生病），或在街头无聊地四处溜达，百无聊赖。我感到非常孤独。有时候，我试着对街头遇到的第一位从我身边路过的人微笑，只是为了博取他的同情。"在抵达这里后不久，他在一封信里这样写道。这封信，是写给《阿波罗》杂志老板谢尔盖·马可夫斯基（Sergei Makovsky）的一封回信，后者曾给他写来一封表示欢迎的短信。他在信中继续说道："只有在法国，太阳才能照耀在我身上（绝对如此！）。我的心脏已经习惯了在巴黎的街上跳动；在那里生活 125 年（远远地与卢浮宫为伴）的想法，让我幸福得不能自已。我的心跳已经快在这俄国的乡下停顿，我已经决定去死。谢谢你的问候。"

在夏加尔和怀孕的贝拉周围，这座城市的一切正在土崩瓦解。彼得格勒的粮食供应靠的是长途运输。1915 年秋，铁路运输系统的中断造成了非常严重的粮食短缺。妇女们带着临时被褥在面包房和肉铺外通宵达旦地排队——平均每周要花上 40 个小时的时间。在这些排队的人群中，对革命发表异议的声音逐渐产生。"我们很快就会陷入饥荒，"11 月的时候，高尔基在这座城市给他的妻子写信说道。

> 我劝你去买 10 磅面包藏起来。在彼得格勒郊区，你可以看到衣着光鲜的妇女在街头乞讨。天气非常寒冷，可是人们的炉子里没有什么东西可烧，夜晚去拆木栅栏的人随处可见。20 世纪发生了什么！人类的文明发生了什么！……（我）悲伤得想撞墙。噢，见鬼，生活变得多么艰难。

1916 年 1 月，亚历山大·布洛克在彼得格勒写道："当我们的祖国处于崩溃的边缘，当我们的社会、国家、家庭甚至每个人都将不复存在的时候，我无法理解，我们怎么能说一切都很好。"

与夏加尔一家人一起住在这套公寓里的，是意第绪语文学评论家、医生伊斯雷尔·伊利亚舍夫（Israel Elyashev）和他的儿子阿利亚（Alya）。伊利亚舍夫的笔名为巴勒尔-马赫肖维斯（Ba'al-Makhshoves，意为"智多星"），是一位单身父亲，妻子早已离他而去。他患有偏瘫，曾在军队担任医生。那时候，"精神分析"还是个新鲜事物，夏加尔一直称他为"神经医生"。因为没有病人，他尝试对夏加尔进行精神分析，询问夏加尔父母的情况，并暗自分析妻子离开自己的根本原因；而夏加尔，则把他当作人体模特儿。他和夏加尔没日没夜地在街上闲逛，或坐在唯一温暖的房间——厨房——里不停地喝着茶，而小阿利亚站在一旁，饥肠辘辘，沮丧而寒冷。夏加尔还记得，当时的乐事之一，是吃马肉。

这段时期夏加尔勉而为之的一些小作品，大部分都充满了焦虑不安的情绪。在画面阴冷的《桥上的贝拉》中，贝拉显得步履蹒跚——她已经到了怀孕的中期；而在 1916 年的小幅水粉画《侧面的贝拉》中，她苍白的面孔显得憔悴而紧张。在《与贝拉在炉旁的自画像》中，在他们逼仄而黑暗的厨房里，夏加尔躲在贝拉身后，待在巨大的圆筒形炉子旁。除了火炉里的火苗和贝拉深红色的连衣裙外，一切都是灰色调。贝拉有一头时髦的短发，凸显黑色大眼睛的脸显得很长，很悲伤。但主导着整个画面的，是从她身上发散出来的情感力量。她的爱和精神照亮了夏加尔的生活——她丰碑一般的形象，与夏加尔一年前创作的《炉边的母亲》中的费加-伊塔的形象如出一辙，这折射出此时的他对妻子完全的依赖。

这一时期夏加尔最伟大的作品之一，是 1915—1917 年描绘他的内心世界的系列画：由 10 幅小画组成的《献给我的妻子》。每幅画都描绘了他和贝拉亲密相依的形象，两人的头朝着彼此倾斜，线条流畅灵动，二人融为一体。跟"老犹太人系列"一样，他的用色十分谨慎，纯净而淡雅，赋予了每幅作品独特的韵味；所有的作品都充满了抒情诗般的意蕴，让观众能满满感受到他们彼此在爱情中获得的满足。贝拉的影响至关重要，她促使夏加尔从巴黎时期的蒙昧向诗意的前卫艺术风格转变，而不是像大部分俄国画家一样，走上锋芒毕露的激进主义之路。但这些作品高度风格化和抽象化的品质，也显示出不远处，在彼得格勒和莫斯科蓬勃发展的俄国艺术潮流的影响。在《绿色恋人》（1915 年）的方形画面上，一个圆形将他们圈在了属于自己的二人世界里，画面上充满了柔和而温软的光线；夏加尔和贝拉紧紧依偎在一起，甜蜜得如同一个梦："因为爱，别的一切都不重要 / 小小的房间，即是整个世界。"在《灰色恋人》（1916—1917 年）中，贝拉强大而古典的形象十分显眼，正在保护着靠在她肩上的夏加尔。在《粉色恋人》（1916 年）中，她是一位沉浸在巨大幸福中的新娘，与自己的丈夫心灵相通、亲密无间，睫毛长长的眼睛闭着，依偎在他的身上。"她的嘴唇上有初吻的味道，那是一个被渴望的吻，如同对正义的渴望一般。"夏加尔写道。后来，弗吉尼娅·哈格德评论道："贝拉如同缪斯女神一般，为马克带来了非常强大的灵感，成了他们二人关系中的主导。她是一位才华横溢的知识分子，一位极其优雅的女性。马克没有意识到自己在接受她的主导，因而他们的人格完全融合到了一起。""恋人系列"作品即表明了这种融合。"贝拉在我的世界里融入了很多东西，启发和引导着我的一切，"夏加尔在 1946 年告诉芝加哥艺术学院的院长丹尼尔·卡顿·瑞奇（Daniel Catton Rich），"你知道的……在我不同时期的作品中都有她的影响。"

20 世纪的艺术界，在艺术史学家伊芙吉尼娅·彼得罗夫娜所谓的"诗性隐喻的文学意象"方面，没有任何可以同夏加尔的"恋人系列"或"犹太人系列"相提并论的作品。1953 年，斯大林死后的第二天，物理学家亚伯拉罕·诺维斯基（Abraham Chudnovsky）买下了《粉色恋人》，以纪念他与妻子伊芙吉尼娅的一见钟情：在一次排了 1 个小时才买到火车票的队伍中，他们相识

夏加尔，《黑色恋人》，纸板油画，1915 年，曾收藏于俄罗斯普斯科夫城市博物馆，1940 年被毁

了；8 天后，他们便结了婚。这是诺维斯基首次购买他的作品，他将收藏艺术品的举动视为保持希望的象征。也许正因如此，《粉色恋人》在苏联时期的俄国知识界成了具有象征意义的作品。这幅画暗示了在 20 世纪 50 年代莫斯科压抑的社会环境中，人们的内心世界仍然在向往光明。在这个时期，大多数的俄国人仍然不知道夏加尔是谁。1978 年，一群受当局指使的窃贼冲进诺维斯基家，意欲窃取这幅画，然而在一堆马列维奇、拉里欧诺夫、冈查洛娃和塔特林的作品中，他们不知该取走哪一幅。他们掏出塞在诺维斯基的儿子费利克斯（Felix）口中的布，命令他指出哪一幅是夏加尔的《粉色恋人》。他告诉

他们自己去找，并机智地将他们导向另一幅画，于是他们拿走了另一幅。《粉色恋人》现在归前精神病学家、企业家弗拉基米尔·涅可拉索夫（Vladimir Nekrassov）所有，在他的收藏中还有许多列宁和斯大林时期的肖像画。

"恋人系列"具有强烈的主观性，折射出的是 1915—1917 年陷入战乱的彼得格勒日益加剧的晦暗。在两年半的战争中，俄国人口减少了 500 多万；通货膨胀，投机倒把，微薄的收入以及粮食的短缺将这个国家推向了生死的边缘。正是在这悲惨的时期，1916 年 5 月 18 日，夏加尔的女儿伊达（昵称"伊多奇卡"）出生了。由于不是男孩，夏加尔非常失望，整整 4 天没去看母亲或孩子。不久之后，贝拉将伊达从头到脚包裹起来以防着凉，将她带回安全地带——维捷布斯克。夏加尔发现自己很难适应家庭生活。牛奶很少，而糖水又根本无法糊弄伊达，她不停地厉声哭喊。

夏加尔，《贝拉与伊达》，素描，1915—1916 年

她叫得那么大声，我忍不住猛地把她扔到床上。

"闭嘴！"

我无法忍受孩子们凄厉的哭声。这太可怕了！

简而言之，我不配当父亲。

人们会说我是个怪物。

我会失去他们的尊重。

把这一切写下来，又有什么用呢？

正是这个女儿，后来成了父亲最亲爱的伙伴，让他生死相依。

最早的关于伊达的画，是一张充斥着热烈情感的素描，名为《贝拉与伊达》，描绘的是母亲和新生儿一起躺在床上的情景。但正式为她庆生的画是油画《铃兰》。铃兰是一种晚春时节开放的花。画面上是一个装满了铃兰的篮子，巨大的篮身几乎占据了整个画面，装饰于其上的两条巨大的粉红色丝带让整个画面显得欢快无比。夏加尔采取圣像画中常用的表现手法，将"丝带"这个局部的细节进行了放大——对比之下，窗户、椅子以及墙上挂着的画显得极其微小——赋予了极强的精神感染力。一大片茂密的铃状白色花朵和一簇坚实的茎干，似乎从篮子中迸发了出来；房间几乎已无法容纳它们，因为它们已经有了生命，活生生地挥舞着、伸展着，在画面上生长着——这是对新生命和幸福的隐喻。《铃兰》与伊达诞生的喜悦之间的神秘联系，是由悬挂在花朵上方墙壁上的一幅小画体现的。正是这样的画一代接着一代，也喻示着一代一代的逝去：墙上的那幅画很像 1914 年夏加尔为快要离世的费加 - 伊塔作的肖像画，"伊达"这个名字就来源于她；那幅画，也隐约是 70 年后的伊达——漂泊一生回到俄罗斯，去世不久前的伊达。

《铃兰》是夏加尔在此期间为数不多的以西里尔字母署名的作品之一，以凸显与血缘和家庭的联系。鲜花主题在他 1923 年后于法国创作的作品中十分常见，但在俄国的作品中却很少见。花朵所表现出的充裕、慷慨和温

柔，与战时的彼得格勒极不相称。但是，在画完这幅画后的将近 20 年里，
夏加尔都没有再画过生命力如此旺盛的花朵，像人一样的、支配整个画面的
溢满情感的花朵。当他再次这样做时，又是因为伊达的关系：在 1934 年为
她的婚礼画的《新娘的椅子》中，汹涌澎湃的白玫瑰主宰着整个画面。跟
《铃兰》一样，这幅画也是一幅具有圣像画张力的室内画。如果说《铃兰》
是夏加尔"诞生系列"的变体，《新娘的椅子》便与他的"婚礼系列"较为
相近：夏加尔在女儿新娘椅背后的墙上，挂上他自己的婚礼肖像画《生日》。
夏加尔曾说过："我一直认为：一个人根本不会有很多朋友，除了他的妻子，
因为她对他的丈夫不会有任何敌意。"在接下来的 30 年里，他与贝拉和伊达
组成的铁三角，将成为他生活的基石，让他在面对革命、流亡和战争时，在情
感上拥有坚强的后盾。

＊＊＊

  战时的彼得格勒寒冷无比。在夏加尔和贝拉
的一张照片上，他们都戴着帽子、系着围巾，这
是一对典型的俄国革命前的大都市夫妻。他们留
着短发，昂着头颅。在俄国的艺术史上留下浓墨
重彩的这对伉俪，当时显得轻松而活泼。虽然生
活条件非常艰苦，但他们仍然投身首都的艺术世
界。事实上，这样的投入，自 1911 年前夏加尔
将自己的艺术与犹太文化结合开始，就从未停止
过。"感谢上帝，现在的圣彼得堡，也是属于犹
太人的城市了。"1913 年，安斯基在庆祝俄国解
除对犹太人的禁令时写道。1915 年夏加尔回国
后，因犹太世界的扩大而倍感欢欣。1916 年，他

贝拉与夏加尔，摄于 1915—1916 年

加入了由金兹伯格和内森·奥尔特曼创办的"新犹太艺术促进会"，他以前的
赞助人维纳弗在此担任会长，该协会委托他为一所设立在犹太教堂内的中学

画装饰画。在收藏家卡根-沙巴谢伊的家中，他认识了一大群知识分子。除此之外，他还认识了作家叶赛宁（Esenin）、帕斯捷尔纳克、马雅可夫斯基（Mayakovsky）以及布洛克——马雅可夫斯基太高调了，不合他的口味，但温和的叶赛宁和严肃而矜持的、蓝眼睛的布洛克吸引到了他。在这个前卫的交际圈中，他赢得了为尼古拉·叶夫列伊诺夫（Nikolai Evreinov）的歌舞剧《彻底欢乐的歌曲》设计舞台布景的机会。这出歌舞剧在一家有名的剧院"喜剧演员的停顿"中演出。他将所有演员的脸都涂成了绿色，引起了小小的轰动。戏剧和美术的融合，是俄国现代艺术运动的特征。例如，同一时期的亚历山德拉·埃克斯特，为创新制作人亚历山大·泰洛夫（Alexander Tairov）在莫斯科卡默里剧院上演的《法米拉与基法耶》设计了服装和布景，做出了一套"合成剧场"系统：在该系统中，布景、服装、演员及动作等，被整合成了单一的动态构思。

对他的职业生涯来说，最重要的是得到了娜杰日达·多比契那（Nadezhda Dobychina）的认可。她的"战神领地艺术局"是彼得格勒唯一展出先锋派作品的私人画廊。从 1916 年 4 月到 1918 年，她亲自收集夏加尔的作品，并为他举办了 5 次展览。首次展览中展出的维捷布斯克系列画，为夏加尔赢得了贝诺伊斯的青睐。贝诺伊斯于 1916 年 4 月 22 日在极具影响力的报纸《演讲》上撰文写道："他是一位真正的艺术家，一位彻头彻尾的画家，在灵感到来时既能任由灵感肆虐，又能让它服从于自己的绘画技艺……他作品中最迷人的部分，不在于标新立异，而在于能够捕获任何事物的灵魂的能力，在最琐碎的日常生活场景中展现'上帝的微笑'的能力。"

然而 1916—1917 年，为他带来严峻考验的，是至上主义的兴起。1915 年 12 月，彼得格勒举行了一场名称极为不祥的展览："最后的未来主义画展 0.10"。自此以后，至上主义作为抽象艺术的先驱，引领了艺术潮流的大变革。生活在彼得格勒的艺术家们，无一例外地受到了这次展览的轰动效应的影响。甚至在展览开始之前，当至上主义的两位领军人物之间爆发争斗——塔特林宣称马列维奇的抽象作品不适合参展——的时候，这种影响就开始了。"别的艺术家们都陷入了绝望，"卡米拉·格雷（Camilla Gray）写道，她综合数位目击者的见闻，记录了这个事件：

这一定是一个可怕的景象，又高又瘦的塔特林带着绝望的嫉妒，而马列维奇……一位脾气暴躁的大人物被激怒了。最后，亚历山德拉·埃克斯特成功地阻止了争斗，找到了一个妥协方案……塔特林、尤达索娃和波波娃将作品挂在一个房间里，马列维奇和他那些至上主义追随者们将作品挂在另一个房间里。为了表示区分，塔特林在通向他们展厅的门上贴了一张告示，上面写着"专业画家展览"。

这个故事所传达的，是 1915 年年底俄国先锋派的狂热与绝望，他们热衷于占领道德的制高点、热衷于权力斗争。领导了俄国现代主义第一阶段的拉里欧诺夫和冈查洛娃，以他们的民族主义呐喊预见了这种情绪。"我们否认个性在艺术作品中的任何价值……民族主义万岁！——我们与油漆工人们携手共进……我们反对西方，他们庸俗化我们的东方形式，让一切都表现得毫无价值。"1913 年，在介绍短命的辐射主义抽象风格时，他们便在宣言中这样宣

在"最后的未来主义画展 0.10"上展出的马列维奇至上主义作品，莫斯科，1915 年。《白底上的黑色方块》位于拐角处顶部，所处的位置相当于俄国人在家中挂圣像画的位置

称。但是，他们出身名门、常年旅居海外，作品无法褪去西方思想带来的故作优雅；而且，他们的所做和所说背道而驰——最终他们都离开东方，永远生活在西方。相比之下，塔特林和马列维奇这样的艺术新星们出身贫寒，受教育程度参差不齐，反而给俄国先锋派带来了原始而野性的动力。1914 年后，战争阻断了俄国与外界的交流，让整个国家处于一种与世隔绝的状态之中。由此，也首次让俄国艺术在脱离西方潮流影响的前提下进行着自我挖掘，摆脱了以前那种对西方思潮的依赖和从属。在他们周围，各种文化聚集在一起发酵：艺术家、作家和作曲家在流行的"咖啡剧场"结成了文化联盟；马雅可夫斯基等诗人做着煽动人心的达达主义 [1] 表演，"在纽扣眼里插着勺子，穿着色彩越来越鲜艳的衬衫和夹克，以雄壮而低沉的嗓音滔滔不绝地进行谩骂"；战争打响后，一些艺术风格最具实验性的俄国艺术家陆续回到了俄国，如当时身在慕尼黑的康定斯基——他被限定在 48 小时内离开德国，以及当时在德国达姆施塔特的埃尔·利西茨基、身在巴黎的普尼。所有这一切，让艺术世界的碰撞变得狂热，产生了无限的可能。在这样的背景下，马列维奇突破进一种从未有过的绝对抽象。

他在"0.10"展出的完全由黑白及各种原色的几何形状组成的至上主义作品，很快便在艺术界引起巨大轰动。这些作品由立体未来主义风格演变而来。创作出了诸如 1912 年的《磨刀工》等作品的马列维奇，已经成为至上主义大师。然而至上主义的确切开端及其乌托邦式的诉求的表达，可以追溯到 1913 年 12 月在圣彼得堡的月神公园剧院上演的未来主义歌剧：阿列克谢·克鲁乔内赫（Alexei Kruchenykh）的《战胜太阳》，讲述了强大的人类如何驯服太阳，将之从天堂带到凡间，并预先让整个世界完全陷入黑暗以迎接新光亮出现的故事。马列维奇与未来主义诗人维里米尔·赫列勃尼科夫（Velimir Khlebnikov）合作，共同设计了立体主义风格的服装和舞台布景，包括一个简单的黑白格子背景幕布。在"0.10"展览上，马列维奇最核心的作品是《白底上的黑色方块》，在展览中悬挂这幅画的位置，相当于在传统的俄国家庭中悬挂圣像画的位置。

对马列维奇来说，基本形状的简单性标志着一个新的开端。而至上主义的全面崛起，反映了革命前的俄国对新世界的渴望。马列维奇非凡的个人魅力为他瞬间带来了许多门徒：奥尔加·罗赞诺娃（Olga Rozanova）、埃克斯特、普尼、波波娃以及其他许多人。马列维奇创立的至上主义，此时的力量如同一个新的宗教。"只有当人们习惯于用意识去探索画作的本质，当圣母玛利亚的画像和那些无耻的裸体不再出现的时候，我们才能看到一幅纯粹的绘画作品，"他在展览附带的宣言中写道，"只有愚蠢和缺乏创造力的艺术家才会竭尽全力保护他们的艺术……在新艺术文化面前，万事万物的形体已经如烟雾般消散。艺术正在走向它自己设定的创作目的，走向对自然形式的主宰。"不久，他宣称自己已到达艺术的顶点：

> 如果你的祖母那些涂脂抹粉的肖像画让你感到激动，你为什么不穿上她们的衣服？这一切都证明，虽然你的身体生活在现代，而你的灵魂还穿着你祖母的旧紧身胸衣……钢铁与机器时代的新生活，汽车的轰鸣，电灯的辉煌，螺旋桨的轰鸣，已经唤醒了灵魂……我对所有人说：抛弃爱、抛弃唯美主义、抛弃智慧的包袱，因为在新的艺术文化中，你所谓的智慧既荒谬又不值一提。我们，至上主义者们，为你们开辟了道路。赶紧跟上吧！因为到了明天，你将无法领会我们。

夏加尔不为所动地画着自己和贝拉的肖像，以此作为回应。革命理想主义包含着人定胜天的信念，比如相信人类可以战胜阳光和地心引力这样的自然现象——《战胜太阳》便是这个主题。相比之下，夏加尔的艺术将永远保持有形世界的印记。根植于哈西迪派人与自然和谐相处的理念以及犹太人的宿命论，夏加尔永远不会认同马列维奇的冷酷乌托邦。马列维奇的理想，脱胎于另一种古老的思想——东正教严酷的专制主义。然而，至上主义以及横扫革命前的俄国的抽象主义倾向（正如夏加尔在巴黎时的立体主义一样），对他也产生了一定影响。在他 1916—1921 年的作品中，那种紧张的空间感，来源于两种不同世界观的冲突：维捷布斯克带来的着眼于现实世界的艺术倾向，以及俄国抽象主义带来的放眼全球、全宇宙的艺术倾向。夏加尔的过人之处在于将这两者有机地协调，在作品中既体现出浪漫的情调，又涵盖了俄国革新的乌托邦思想。他在俄国时期的作品中展现出来的天才，跟他 1911—1914 年在巴黎的时期一样，根源于他吸收身边强大力量的能力，即便他会与之产生对抗，似乎也只是为了保留自己的个性。这种源于自身犹太属性、俄国属性和欧洲属性的三重自我意识的冲突，往往是催生他最伟大的作品的必要条件。

这是一条孤独的道路。走在这条路上的夏加尔，时而暴跳如雷，时而惶恐不安。当时正与图仁霍德合著一本关于夏加尔的书的亚伯拉罕·埃弗罗斯，在这位艺术家将近 30 岁的时候，以一篇描绘性的散文体现出夏加尔的矛盾不安：

> 他以切实可行的态度走入艺术世界，满怀自信又小心翼翼，克服困难大踏步前进……但你可以看见，在走某一步的时候，他的身体跟踉跄了一下，像木偶戏中的丑角一般跌到一边，受了背叛的致命伤，略微侧身弯曲，产生了裂纹……夏加尔拥有小鹿般灿烂的面孔。但在谈话中，他和蔼可亲的温柔有时会像面具一样消失。然后，他的嘴角会显得过于尖锐，像箭一样；他会像动物一样顽强地龇着牙；他那双善良的灰蓝色眼睛，也往往会因充满了人所未知的愤怒而闪闪发光。

埃弗罗斯的关注是值得欢迎的，因为夏加尔的艺术地位仍然不够稳固。在 1916 年的《阿波罗》上，评论家谢尔盖·马可夫斯基发表了文章《关于当代俄国艺术》，完全没有提到夏加尔的存在。"我不能，也永远不会，承认我走在不正确的道路上，"夏加尔告诉马可夫斯基，"但我怎能不感到哀伤，您，一个我敬重的人，却把我丢进了一片黑暗……然后……让我一个人来面对残酷的自我怀疑。"1916 年 11 月在莫斯科举办的"钻石杰克"展览邀请他提交 45 件作品，他为此感到开心。然而，和他的作品一起展出的马列维奇和其追随者波波娃和罗赞诺娃的作品，则造成了更为火热的影响。1917 年，《阿波罗》报道说，"人们对至上主义作品的兴趣，同对戏剧《法米拉与基法耶》和米诺可夫（Miliukov）在杜马的演讲的兴趣几乎一样"。图仁霍德仍然是夏加尔的首席拥护者："现在，当机械文化正在挑战整个世界，当未来主义的恶魔渗透进每一幅绘画作品时，真正的艺术（如夏加尔的）仍然表达着对人类的爱……真正的艺术应当是充满抒情性的，这尤为重要。"但夏加尔知道，他现在不得不与一个旨在将具象艺术的形式——最终是架上绘画这种形式的本身——指为过时和多余的群体进行竞争。正是通过与至上主义抽象表达形式的交涉，才让他在此后的 5 年里，走过了艺术生涯中最重要的路。

从野心和勇气的角度来说，这是俄国有史以来唯一相当于，甚至是超越了西欧的时代。此时的夏加尔回到家乡，并在俄国艺术史上扮演了一个重要角色。如同在立体派的鼎盛时期他去了巴黎一样，他以同样的精准把握着时代的脉搏——他回到俄国的时机堪称完美。后来，马列维奇声称，至上主义必须被视为"1917 年经济和政治革命的预言"。1917 年彼得格勒的"艺术狂欢节"等活动，体现了革命的推动力量：艺术家、作家、作曲家和演员们雇了各种颜色的巴士，沿着涅夫斯基大街游行；后面跟着一辆巨型卡车，周围写满了"全世界的主席"的字样，诗人赫列勃尼科夫（自称"维里米尔一世，全球的总统，时间之王"）站在货箱里，蜷缩在一件军大衣中。在这种革命声势日渐浩大的背景中，夏加尔塑造出了自己的俄国风格。

1916 年年底，当婴儿伊达因食物供应短缺而在饥饿中尖叫起来时，在夏加尔身边，彼得格勒广泛的知识分子群体普遍认为军队无能、君主政体已不可信，开始公开讨论革命。12 月，另一位年轻的父亲，29 岁的费利克斯·尤苏波夫亲王杀死了沙皇皇后的平民知己——"妖僧"格雷戈里·拉斯普金（Gregory Rasputin）。尤苏波夫是一位同性恋，刚刚迎娶沙皇的侄女大公爵夫人伊琳娜·亚历山德罗芙娜（Irina Alexandrovna），他的女儿伊琳娜年仅 1 岁。在他的兄弟尼古拉斯去世后，尤苏波夫成了家庭财富的继承人。他也是一个群体的领头人，这个群体对沙皇无力应对战争的现实满怀沮丧和怨恨。最终，尤苏波夫被流放了。但这次杀人事件，也体现了社会各个阶层已对沙皇缺乏信心。1917 年 2 月，原本让食品短缺显得更难熬的极度寒冷的冬天，此时异常地早早结束。彼得格勒进入了温暖的春天，商店外妇女的队列中混杂着愤怒的示威工人。很快，这场运动便升级为一场大罢工，人们举着标语牌聚集在涅夫斯基大街上，呼吁着和平、面包和自由。被派来冲散人群的哥萨克骑兵拒绝执行命令，而罢工者冲进了安全警察总部，并放了一把火。起初，情绪似乎还处于控制之中，甚至充满了友好的气氛，各个咖啡馆和餐馆免费为抗议者们提供着食物，彼得格勒的居民们还给涌入城里的士兵和罢工者们提供栖身之处。《伦敦每日新闻》的记者亚瑟·兰塞姆（Arthur Ransome）将抗议的头几天描述为"一种不稳定的兴奋，就像一个欢声雷动的假日"；而《伦敦时报》则惊叹人群的遵守秩序及性情的温和。

贝拉、伊达和夏加尔，摄于 1916—1917 年

但是，这种氛围很快被打破。2 月 26 日，在纳曼斯基广场上，帝国卫队的一个连队向人群开了枪，造成 50 人死亡；第二天，首都卫戍部队的 16 000 名农民士兵哗变，加入了暴乱的行列。监狱的大门被打开，犯罪分子和因战争而变得野蛮的逃兵混迹在一起，煽动人们去抢劫、强奸和杀人。一座座沙皇的雕像被推倒，许多房屋被摧毁，大量的警察被处以私刑。尼古拉二世逃到数千英里外的俄国军事中心莫吉廖夫，先是试图实施军事管治，接着在 3 月 3 日退位，让位给他的兄弟米哈伊尔（Mikhail）大公。但后者拒绝了王位，让整个俄国变得群龙无首。准议会杜马选举产生了一个由亚历山大·克伦斯基领导的临时政府，他仍然相信俄国能够赢得战争，并成为一个民主共和国。但在接下来的几个月中，整个帝国的士兵们纷纷逃离，从前线征用军用火车回家。军队瓦解成无数不受控制的武装人员团伙，他们会去掠夺任何可以夺取的东西，或者干脆占领家乡的村庄。全国各地暴力盛行，地主们被杀掉或逃走，饥饿而愤恨的士兵们自顾自地抢夺着土地和财产。

夏加尔亲身经历了二月革命，在他的回忆录中，有反犹太人暴力事件的第一手资料。

士兵们纷纷从前线逃离。战争、弹药、虱子，一切都被丢在了战壕里……他们的嘴里咆哮呼喊着自由，发出高声的诅咒。我也没有停留在原地。我抛弃了办公室、墨水瓶和所有文件。再见！我也和别人一样逃离了前线。自由……我跑到纳曼斯基广场，又从那里跑到里特尼街（他的办公室所在地），跑到涅夫斯基大街（彼得格勒的主干道），然后又跑回来。到处都能听见枪声。大炮已经架好，枪

支都已摆放整齐……某种东西即将诞生。我仿佛生活在一种半梦半
醒的状态之中。

跟他的圈子里的大部分人一样，他对革命发展的速度感到欣喜而惊讶。
虽然革命已经被讨论了好几个月，但就如亚历山大·布洛克所写的那样，"令
人印象最为深刻的，是其彻底得让人出乎意料，如同深夜的火车正在相撞，如
同脚下的桥梁正在崩塌，如同一座房子正在垮掉"。

接下来的几个月，在克伦斯基临时政府治下的彼得格勒陷入了饥饿和暴
力的摧残之中，四处传播着人心惶惶的谣言——尤其是在 4 月列宁到来之后。
"城里所有的墙上，贴满了集会、演讲、大会、选举的通知及公告等。不仅有
俄语版，而且还有波兰语、立陶宛语、意第绪语和希伯来语版的，"《每日纪事
报》报道说，"只要有两个人在街角辩论，他们身边立刻就会聚集起一群兴奋
的围观者……从某种意义上来说，涅夫斯基大街已经成了类似巴黎拉丁区的地
方。书贩们在路面上画线为界，叫卖着印有关于拉斯普金和尼古拉斯那些耸人
听闻的消息的小册子，向大众宣传着谁是列宁，农民会得到多少土地。"高尔
基在 6 月写道，彼得格勒"不再是首都，而是一个粪坑。人们都不再工作，街
道肮脏不堪，院子里堆满了恶臭的垃圾……状况变得如此的糟糕，让我伤心得
难以启齿。人群中的懒惰和懦弱情绪与日俱增，而我一生与之斗争的那些人类
低级的、罪恶的本能，似乎正在摧毁整个俄国"。失去了工作的夏加尔，带着
家人从首都回到了家乡维捷布斯克，与罗森菲尔德夫妇住在一起。夏加尔到
佩恩的画室里作画，而且佩恩也让他免受了好奇的乡下人的围观。长期以来被
夏加尔轻视的佩恩，现在成了他在动荡时期的庇护者。颇为触动人心的是，佩
恩和夏加尔此时均画过对方的肖像：佩恩笔下的夏加尔肖像，仍然是学院派的
现实主义风格，现在看起来充满了古雅的味道；夏加尔所作的《画家佩恩的肖
像》，具有十分强烈的立体主义风格。夏加尔描绘的是这位老人正在画架前作
画，围在他身边的是维捷布斯克犹太士绅们的画像，一幅接一幅地堆叠在一
起。守旧的佩恩与现代革命风潮的冲突令人感到不安，又让整个画面显得极不
和谐，这一切都折射出了夏加尔此时高度紧张的心理状态。

在 1917 年那个人心惶惶的夏天，这样的紧张情绪也体现在他所作的风景

画中。此时夏加尔对于绘画的兴趣，回到了大尺寸的油画创作中。这很清楚地体现在他那些令人神清气爽、空间广袤的画作中，如《从扎铎诺夫山上看维捷布斯克》。画面广阔的视野和巨大的尺寸也是他兴趣回归的体现。这个系列的每一幅都受到了时局和艺术氛围的充分影响，令作品中的紧张感更加意味深长。与1914年的维捷布斯克系列作品相比，这一系列更加彰显了夏加尔与现实世界的紧张关系。

这些作品中的节奏形态来源于形式的分裂，天空和大地分裂成了各种几何形状，呼应着至上主义，并共同预示着革命。在《墓地大门》中，巨大的蓝色、白色抽象平面方块从天而降，没入半圆形的翠绿色树冠中闪耀着光芒。一切都显得紧张不安、摇摇欲坠，体现出一种旨在分崩离析的相互交织，让人感到一切都在走向绝望，灾难即将降临；画面的中央如同俄国的权力中心，几乎毫无凝聚力。厚重结实的大门及其周边的山墙，那些层层叠叠的锥形的尖顶昂然向上直立，让人联想到马列维奇抽象画中前进的推动力。弗朗兹·迈耶对这幅画的描述，是"每一种形式都成为动态的形式，被赋予了翅膀与强大的动力，推动着一切超越物质的世界的，走向灵性的真实。这种灵性的真实，也是当下真正的现实"，突出了这幅画与至上主义的方法和目标的接近。夏加尔已经吸收了马列维奇的艺术手法，但将其嫁接到了具象艺术中。刻在大门上的铭文，是希伯来语的以西结神圣预言："我的百姓啊，我必开你们的坟墓，使你们从坟墓里出来，领你们到以色列去。"这些文字给画作带来了犹太神秘主义的气氛。在沙皇帝国走向崩溃的时刻，哈西迪派渴望变革的精神，与前卫抽象艺术广袤无边的革新想象力紧密地结合到了一起，而这些都凝固在了夏加尔的画中。就像"老犹太人系列"和"恋人系列"一样，这些风景画在俄国先锋艺术的历史中占据着重要地位。但同时，这些作品也遭到了当时艺术界的反对，因为其中包含的冷静的抒情，与这个时代所呼唤的喧嚣和愤怒相去甚远。

在《墓地》中，一片充满动态的墓地从大地一直堆积到破碎的天空。在《红色大门》中，夏加尔使用了三角形和菱形的抽象装饰图案，几乎是对马列维奇的风格的直接引用。悬浮在前景中的灰白立方体，与马列维奇的"白上白"系列相呼应，让整个作品显得通透又富有内涵，也表明了夏加尔可以毫不费力地掌握至上主义的绘画语言。代表着犹太元素的公鸡和山羊（赎罪日的象征）也再次出现。在《灰色房子》中，一座摇摇欲坠的房子似乎在骚动的天空下摇摆不定，其至上主义的构成与老城里那些优雅的教堂形成了鲜明对比；画面上夏加尔本人焦虑不安的孤独身影，为整幅画增添了一种不祥的预感。《蓝色小屋》的主体——那个颤巍巍的小木屋，也是一种抽象形式的构成：房顶由不同形状的木头组成，显得极不稳定；而在房角木头的交接处有规则地垂直排列着许多圆形，与水平方向的一层层木头形成对比。堤岸和河流，及河流中模糊的倒影，也被几何形状和起伏的条纹切割成块，让画面变得柔和；水晶般蓝色的小屋如同一个灿烂的回忆，在其背后以自然主义手法描绘的阴暗的维捷布斯克的对照之下，显得分外夺人眼球。夏加尔是在户外写生的时候一气呵成地完成这幅画的，当时陪着他的有佩恩，还有佩恩的学生勒曼（M.Lerman）。勒曼回忆道，看着这幅作品逐渐成形，他发现夏加尔的描绘是如此引人入胜，"那座常见的棕色小木屋，似乎在闪耀着深蓝色的光芒"。

这里的革命主题让夏加尔感到兴奋，但他也预见了其破坏性。"新时代的氛围，以一种颇为非凡的方式确立和塑造了新一代艺术家们的观念，"鲍里斯·帕斯捷尔纳克（Boris Pasternak）写道，

> 世界不再以既定的秩序出现，而像是不停爆炸的烟花，其运行的轨迹无时无刻不处于变换之中。一切都不确定，变化无常，立场会不停改变，或者与其他事物混合重组，旧与新、乡村与教堂、城市和人类。这是一个狂暴的旋涡，所有的价值都被卷入其中。艺术也置身于风雨如磐的大海中，远离栖息的港湾，处于无法挽回的老传统和新信念之间的某个地方。而这些新信念的无限星云仍然有待探索。这个令人头晕目眩的旋涡不知不觉地带来了一个强有力的前兆，本世纪以来最为暴力的事件就要发生，社会主义的乌云正在聚集，其独特的表现形式是十月革命。

7月，临时政府首相利沃夫（Lvov）王子辞职。"毫无疑问，"他写信给他的父母，

> 这个国家正在走向大屠杀、大饥荒。前线正在全线崩溃，一半的士兵将会死在那里，而城市的人口将会遭到毁灭。国家的文化传

承、人民和文明，将会遭到摧毁。全国将到处都是无处可去的军队，他们会拿着步枪自相残杀，打到后来他们的人会越来越少，但就算只剩一兵一卒，他们仍然会拿着木棍拼个你死我活。我不想亲眼看到这一切，我希望你们也不会。

　　未来的压力和不确定性，在夏加尔1917年夏天画的贝拉全身像《白领贝拉》中隐约可见。画面上的贝拉仍然穿着《生日》中的那身蕾丝领黑色连衣裙。这是一个风格化的形象，其构成形式参差不齐又飘浮不定，画面上的她比维捷布斯克还要高大。《生日》中那个天真无邪的新娘，现在已经成了满怀母性和呵护的象征，然而现在的俄国带来的所有忧虑已让她不堪重负。她是守护着维捷布斯克的圣母玛利亚，头顶明亮的天空里层叠着至上主义风格的白云；她在俯瞰着一个小花园，夏加尔小小的身影正在那里教小伊达走路。她是为他带来灵感的缪斯女神，也是他的护盾——这是夏加尔在生活中对她角色的定位。自此以后，他再也没将她画成如此强大的形象。她在他的世界里，曾经代表着的俄国历史，以及维捷布斯克对他的庇护；现在，这种代表意义已经消散。因此，她自身的力量也将在未来的几年里走向虚弱。

穿着名作《白领贝拉》中服饰的贝拉，摄于1917年

　　在泽尔谢别墅小住的时候，他创作了一些令人心旷神怡的画作——在柔和明亮、蓝绿色调的《看见庭院的窗》中，1岁大的洋娃娃般的伊达坐在一张高脚椅上；以及《有花的室内》等。接着，夏加尔一家三口在秋天回到了一片混乱的彼得格勒。多比契那在一次名为"夏季作品"的展览中，展出了7幅夏加尔在泽尔谢的画作：当时，这个城市正在为进入动荡而艰难的冬天做着准备，在一个分崩离析的城市中，这些看起来富丽堂皇的室内画，一定显得极不协调。夏加尔还在莫斯科勒梅西埃画廊举办的"犹太艺术家绘画和雕塑展"中展出了43件作品，与内森·奥尔特曼和罗伯特·法尔克同台展出。旧的思潮依然存在：就连犹太复国主义诗人利

昂·贾菲（Leon Jaffe）的妻子弗里达·戈维奇（Frieda Gurevitch）这样的知识分子、受过教育的女性，都认为夏加尔那些不和谐的维捷布斯克风景画激进得令人担忧。"这些'左翼类型'（夏加尔、阿尔特曼……）的人，似乎相当奇怪，"她在 10 月 13 日的日记中写道，"他们努力地抛弃我们所理解的美。他们所遵循的道路，是从规则走向畸形、从和谐走向不和谐。这就是他们所看到的形式、他们心目中的美。"而且，贝诺伊斯在夏加尔心目的存在依然强大，强大到足以让夏加尔在 10 月 1 日给他写一封带有强烈阶级意识的信。夏加尔在信中是这样开头的："为什么年轻人想和老人谈话，向他倾吐心声呢？是的，亚历山大·尼古拉耶维奇，您很清楚年轻人和老人是什么意思，尤其是在现在的俄国这些称谓意味着什么。"

在那封信中，夏加尔仍然强调他对政治的缺乏兴趣（"我改变不了外界的因素，对之也完全不理解"），以及他想去巴黎的梦。"如果命运能给我一线生机的话，我和我的家人将会离开俄国，"他告诉贝诺伊斯，"既不幸而又幸运的是，我对国外艺术界有着非常充分的了解，并将永远感谢他们。愿上帝保佑，那个罪恶的地方（巴黎）是我的第二故乡。令人惊讶的是，当我在国外时，那个友好的、开放的和真实的人和我是那么亲近；而当我回到了国内，一切却恰恰相反。"没有了他在战争办公室的工作，也看不到什么卖出画的迹象，他很快就会变得身无分文。最后，他绝望地请求贝诺伊斯"帮忙"将他置于"艺术世界"学派的保护伞下，如果能如此，"就算只为了时不时地能让我在那里听些人类的声音，我也会永远怀有深深的敬意"。虽然这些话主要是奉承——他一直觉得"艺术世界"学派太虚弱了——但也预言着，人类的声音在苏联的官方文化中不再重要的年代即将到来。在夏加尔发出恳求信的几个星期内，贝诺伊斯就成了历史云烟。而前卫艺术将主宰这个国家的文化机构，这在整个艺术史上尚属首次。

注释

【1】达达主义：20 世纪在西欧和美国兴起的虚无主义艺术运动，以无理性、非协调为艺术准则，来挑战传统的审美标准。

第 12 章

夏加尔委员和马列维奇同志

维捷布斯克，1917—1920

"民众所有的黑暗本能，都会被生活的崩溃、政治的谎言和污秽激起，进而愈演愈烈，以愤怒、仇恨和报复的方式荼毒这个世界，"马克西姆·高尔基在 1917 年 10 月 18 日预言道，"人们会自相残杀，无法抑制自己的动物性愚蠢。不清楚自己想要什么的无序民众，只会在大街上游荡；而投机分子、小偷和职业杀手将以他们为掩护，开始'创造俄国革命的历史'。"8 天后的 10 月 26 日深夜 2 点，列宁的布尔什维克部队冲进了冬宫；凌晨 5 点，他们宣布夺取政权。到 10 月底的时候，临时政府已经垮台。莫斯科克里姆林宫附近的街头爆发了巷战，红军（布尔什维克）和白军（反革命的前地主和军官）之间野蛮的俄国内战开始了。在彼得格勒，暴徒们趁乱抢劫了商店；而士兵们则洗劫了有钱人家的公寓，对他们进行杀戮。

首都成了一座空城。富人或站错阵营的人，不是逃跑就是被关进监狱，甚或丧命。夏加尔的赞助人——55 岁的马克西姆·维纳弗逃到了克里米亚，成了白军政府内战期间的外交部部长。费利克斯·尤苏波夫亲王从流亡中返回尤苏波夫宫，发现他的管家因拒绝透露尤苏波夫家族珠宝的收藏之处而被挖掉双眼，两个眼窝血流如注。尤苏波夫带着他的伦勃朗作品，逃往克里米亚。曾是克伦斯基政府一员的民主党人弗拉基米尔·纳博科夫被逮捕入狱，他18岁的作家儿子加入了流亡的克里米亚贵族的行列。在那里，许多俄国贵族成了被时代抛弃的人，在他们的豪华庄园里躲避着内战。根据米哈伊尔·布尔加科夫（Mikhail Bulgakov）的说法，到了1918年春天，如基辅这样的南部城市的咖啡馆和夜总会里，挤满了"来自彼得堡的苍白而堕落的红唇女人，公务员事务局的长官们的秘书，死气沉沉的同性恋青年，王子和毒贩，诗人和当铺老板，宪兵和帝国剧院的演员"。与此同时，彼得格勒的人口从革命前夕的250万，下降到了1919年的70万。起初，就算是在俄国北部，布尔什维克也没有取得完全胜利。"世道太不稳定了，"夏加尔在"蜂巢"时的朋友、现在布尔什维克的一名领导阿纳托利·卢那察尔斯基在10月29日写道，"每次我写完一封信时，都不知道这会不会是最后一封。我随时可能被投入监狱。"

但是，身为人民教育委员的卢那察尔斯基并没有入狱。他成立了新的布尔什维克教育委员会（后来改名为启蒙委员会），并于11月18日占领了沙皇的教育部，受到了那里旧政权的公务员们的热烈欢迎。在几年内，他成为俄国文化界最有权力的人物，他对前卫艺术的认可立即得到了体现：他马上任命夏加尔，让他负责彼得格勒教育委员会的视觉艺术部。梅耶荷德被分派负责戏剧，马雅可夫斯基负责文学。他们都接受了任命，但夏加尔拒绝了。于是，卢那察尔斯基指派了另一位他们在"蜂巢"时期的犹太人朋友——立体派画家戴维·史特仑伯格（David Shterenberg）接任。11月，甚至没有跟画商娜杰日达·多比契那说一声再见，夏加尔便"仓皇而逃"，他、贝拉和伊达永远离开了彼得格勒，回到了满是亲人的维捷布斯克。不久之后，1918年3月，俄国通往西方的窗口彼得格勒失去了首都的地位；新首都莫斯科与东方的关系更为紧密，为布尔什维克致力于建立一个脱离欧洲的国家的意愿提供了基石。在新一届政府的部长们中，只有卢那察尔斯基留在了彼得格勒，这表明新旧政府之间存在着的深刻分歧。

夏加尔的第一反应便是撤退，保持自己的个性，远离权力的宝座，这是由他的性格特质决定的。从1907年年初到首都开始，他遇到麻烦时的第一反应便是跑回维捷布斯克。他从来没有向卢那察尔斯基解释过为何拒绝，但他终身对政治缺乏兴趣，而贝拉向他作出的不参与政府事务的强烈建议，是最为主要的原因。1973 年采访过夏加尔的亚历山大·卡门斯基认为，"在这个巨大的历史转折点上，这位维捷布斯克艺术家并不认为自己能够解决这个国家艺术领域的根本问题。尽管他对革命持有同情态度，革命也较为贴近他的心声，但他对这些事件的全部意义还远不能理解。"

毫无疑问，作为一名犹太人，一名工人阶级的后代，一位左派艺术家，夏加尔是欢迎革命的。"犹太人的世界里充溢着兴奋之情和假日般的气氛，高昂到让人无法描述，"1920 年，犹太记者本·卡伊姆（Ben Khayim）报道说，"犹太世界对革命的看法毫无分歧。阶级差别消失了。"对夏加尔来说，革命带来了双重解放：犹太人充分获得了俄国公民的地位；而作为一名前卫艺术家，他成了这个新时代的代言人。第一次享有了自由与和平的犹太艺术家们——图仁霍德、史特仑伯格、奥尔特曼、利西茨基、伊萨迦·莱贝克、艾萨克·布罗茨基——现在成了文化机构的成员。1918 年春，图仁霍德和埃弗罗斯出版了第一本关于夏加尔的书，以犹太艺术家的名号对他进行歌颂——这是一部敏锐的著作，直到现在仍然是研究夏加尔的重要参考文献，也是他当年获得了极高声誉的标志。7 月，莫斯科的犹太文学家和艺术家圈子举行了他们的首次联合展览，力推夏加尔；1919 年，莱贝克和鲍里斯·阿伦森在基辅发表了影响深远的意第绪语文章《犹太绘画之路》，在文章中他们写道："犹太艺术正在这里复苏，夏加尔在这之中占有特殊的地位。"

几个月前，夏加尔还在为如何跟贝诺伊斯联系而绞尽脑汁；现在，情况已大不一样，他已跟贝诺伊斯平起平坐。"我很高兴，你们所有人说话都那么直接、那么坦率，"他在维捷布斯克给他写信说道，"你好吗？你们那儿的食物比较缺乏，也许我们这里的日子好过一点。到我们这里来吧，你可以吃个够。代我问候你的家人。艺术世界现在的情况怎么样？我们这里没有报纸可读，这里就是这样！"他给了贝诺伊斯自己的新地址：斯摩棱斯克大街穆埃尔·诺厄·罗森菲尔德珠宝店；他告诉贝诺伊斯，他在这里感到不自在，觉得惶恐不安——"在那些星光灿烂的长夜里……当我无法创作的时候，就算是想跟妻子吵一架都做不到（就算我如此失败，她也仍然会支持我），我就是无法让自己平静下来"。但到了 3 月，在他给彼得格勒的多比契那写的第一封信中，他又满怀着希望：

> 现在我在这里。这里是我的城市，我的坟墓……在这里，我随
> 着傍晚和深夜的节奏，像烟草一样伸展……创作。神啊，救救我吧！
> 最终，我认可了神的存在。神不会抛弃我们，他会在最后一刻拯救
> 我们。你好吗？……告诉我你的生活怎么样。我想，时局很糟糕，
> 你可能会有些麻烦。但不要放弃。我已经在尝试着靠"圣灵"而活，
> 是那么的轻松！

虽然拒绝了官方职位，但夏加尔仍然被卷进了革命的洪流之中。后来他回忆道，这场革命"有一种从头到尾充斥在每一个人身上的、横扫一切的活力，让我感到不安。它会超越你的想象，将自己投射进你的内心世界和艺术世界，这样的情形似乎已经是一场革命"。他于1917—1918年创作的《幻影（和缪斯的自画像）》，捕捉到了革命对他的内心世界造成的影响。这幅作品是埃尔·格列柯的《天使报喜》[1]的世俗版本，其中心形象是对最初赋予了俄国人民艺术家的救世主角色的隐喻。在一半灰白色的画布上，夏加尔画下坐在一个幽闭房间——圣彼得堡的沙皇监狱——的自己，对着一个空画架；天空中闪烁着蓝色的至上主义风格云彩，翱翔的革命天使飞舞其中，翅膀如同破碎的冰块，透明的超自然光线使整个画面充满光彩。这位革命天使，正在以天使加百利唤醒圣母玛利亚的方式唤醒画家，让他明白在这个新世界里他应该扮演的角色。夏加尔将这幅画的源头指向1907年他作为一名犹太人非法逗留在圣彼得堡的日子；在画面构成上，尤其是天使翅膀上的褶皱，会让人想起夏加尔当时仰慕的画家米哈伊尔·弗鲁贝尔的《天鹅公主》。"各种梦将我淹没：一间空荡荡的、四四方方的卧室。房间的角落里有一张单人床，我躺在上面。天色渐晚。"他回忆道。

> 突然，天花板打开了，在一片巨大的声响之中，一个长着翅膀
> 的生灵降落下来，整个房间里充满了滚滚的云彩。
>
> 双翅一阵扇动。
>
> 我想：这是一个天使！我睁不开眼睛，太耀眼了，太夺目了。

四处搜索了一遍之后，他又升到空中，从天花板的开口处飞走了，带走了所有的光芒和蓝色的空气。

天又黑了。我醒了。

我的画《幻影》描绘的就是这个梦。

充斥着整个画面的，是幻想、现实和神秘的混合，革命是这种混合的催化剂。而象征着精神层面的存在——笼罩在地面上的蓝白色的云——同样是这个房间的一部分，如同房间里那些精致的物品——椅子上的绣花布、覆在桌子上的桌布褶皱及桌子的圆脚，同时，这些物品也被云彩美化、提升到了宇宙的维度。1918 年，这幅画由革命艺术家艾萨克·布罗茨基买下。这位革命家自己的作品，几乎在一夜之间就从抒情的后现代主义变成了社会主义现实主义。

革命让人的内心世界无法独立于外部世界而存在，许多俄国艺术家、作家和知识分子都留下了相关的记录。1922 年离开俄国的哲学家尼古拉·别尔嘉耶夫（Nikolai Berdyaev）回忆道："我曾在很长的一段时间里，将这场革命视为大势所趋而不可避免的。"画家克莱门特·热德科（Kliment Redko）写道："革命观念的实施抓住了人们的思维，更俘获了人心，因为革命所带来的陶醉不分国界，也与时间无关。"即使是出身特权阶层的艺术家们，如康定斯基——他在革命中失去了自己的全部财富和财产，也在支持着布尔什维克。而俄国文化中优雅、象征主义的旧世界的代表亚历山大·布洛克，其 1918 年的长诗《十二个》让他的崇拜者们大为吃惊，这部史诗似乎是在颂扬革命：在诗中，他用粗糙的俗语和刺耳的节奏，将 12 个杀人犯和强奸犯比作基督的十二门徒，在冬天的暴风雪中戴着白玫瑰花冠跟在基督身后，行进在革命的彼得格勒的街道上。托洛茨基称《十二个》"无疑是布洛克的最高成就"。他接着说道，

从根本上来说，这是正在走向灭亡的过去绝望的哭声，但也是一种对未来燃起希望的哭声。这是个人主义艺术走向革命的最后绝唱……布洛克那些晦暗的诗歌已经留在了过去，永远不会再来，因为那样的时代永远不会再来。但《十二个》，将以其无情之风永存，

以其告示性永存，以其躺在雪地上的卡蒂亚永存，以其革命的步伐永存，以及以其肮脏的旧世界永存。

夏加尔的出身让他从革命中得到了比布洛克更多的收获，这首先体现在他仍然饱含个性但矛盾情绪渐少的作品中。他在 1917—1918 年最著名的两幅巨型双人像中描绘了他和贝拉飞翔在维捷布斯克上空的情景，表达了对革命的热情颂扬和在家乡享受家庭生活的喜悦美满。他和贝拉热情洋溢、充满欢笑，像飘扬的旗帜一样雀跃，奔向美好的未来；而海报艺术和宣传画——左派艺术的革命信息正是通过这些装饰在火车和轮船上的画作传遍全国各地的，卢那察尔斯基的杰作就位列其中——带来的不可忽视的影响，体现在这幅画独特的构图、犀利的轮廓、鲜明的色彩和强烈的动感中。在《干杯双人像》中，夏加尔穿着鲜红的衣服坐在贝拉的肩膀上，举着酒杯庆祝着快乐与解放；贝拉的脚下，是维捷布斯克的桥梁、河流和蓝色圆顶大教堂的缩影。正如在《白领贝拉》中一样，她是家庭圣殿的支柱，坚定不移地支撑着夏加尔的生活结构，使他植根于维捷布斯克带来的安全之中。不久前那种焦急的、将维捷布斯克描绘得支离破碎的情绪消失了，一切都充满了和谐，兴高采烈，温暖而容光焕发。

在《散步》中，贝拉在夏加尔手臂的牵引之下，如同一面旗帜飘扬在家乡宝石绿色的天空中；而他们的家乡，有大胆透明的几何形状构成的草地和天空，还有立方体组成的房屋。她裙子上的褶皱装饰物，似乎使用了未来主义的运动渲染手法，增强了摆动的动态效果；角落里，一块红色带花朵图案的布上摆放着一瓶葡萄酒和一个酒杯，呼应着远方的教堂；教堂浅玫瑰色的圆顶高耸于维捷布斯克上空，似乎传来一阵阵钟声。夏加尔的另一只手握着一只小鸟，寓意着莫里斯·梅特林克（贝拉最喜爱的作家之一）的寓言式幻想小说《青鸟》，在这个故事里，男女主角在外旅行许久，直到回归简单的家庭生活才找到真爱。象征主义，马蒂斯，立体主义，至上主义，挣脱了地心引力的人物形象中的超自然元素——夏加尔创造出了属于自己的城市肖像：过去 10 年所有的艺术精华都聚集在一起，兴高采烈地记录着个人喜悦和革命瞬间。跟充满欢欣的《铃兰》一样，《散步》是夏加尔在这一时期不常见地以西里尔字母署名的作品：他肯定了自己与俄国的关系。

夏加尔，《散步》，布面油画，1917 年

    整个 1918 年，随着革命对文化机构的完全颠覆——如同夏加尔将画中的人物颠倒一样，他的艺术家同行和作家们走上了权力的位置。生活在维捷布斯克的夏加尔，注意到了这一切。1918 年，列宁签署法令，将大量的私人收藏国有化。如已移居巴黎的谢尔盖·希楚金的收藏被充公，后来，他于 1936 年在巴黎去世；伊凡·莫罗佐夫的收藏被充公，并以之建起了"新西方现代绘画博物馆"，他被任命为副馆长，但他拒绝了这个职位，于 1918 年离开俄国，并于 1921 年在卡尔斯巴德 [2] 离世。简言之，现在的国家已成为新的艺术赞助人，其对艺术的赞助力度奢侈到令人难以想象。"一个奇迹发生了！"塔特

林在 1918 年 5 月向一位艺术家同行——至上主义者维拉·普雷斯特尔（Vera Prestel）急匆匆地写了一封潦草的信件，"卢那察尔斯基开着车来接我，于是我来到了这里（教育委员会的办公室）。带上你的画。我们什么都买。现在我也有钱了，而且像个妓女一样把钱塞在袜子里。"俄国各地也出现了类似的情况。在克里米亚的辛菲罗波尔市，图仁霍德掌管着艺术事务，他抛弃了所有的西方艺术情趣，爱上了无产阶级艺术；在基辅，亚历山德拉·埃克斯特领导着该市的艺术部门，组织起了用至上主义风格包装过的蒸汽船队，沿着第聂伯河宣传革命的消息。在莫斯科，跟夏加尔一样在战时返回俄国的马列维奇和康定斯基，现在处于极高的权力地位。"我们不停地工作，"艺术家亚历山大·拉巴斯（Alexander Labas）回忆说，"我们穿行于剧院，画着装饰画、壁画、火车站的海报，在车厢和房屋的四壁画着各种主题的画。作品源源不断地涌现。"

作为一个停留在维捷布斯克的旁观者，当时的夏加尔开始质疑早先对那个职位做出的拒绝。那个夏天，他无法抑止地进行着自我拷问，然而他所做出的那个决定，是顺应了自己的本性的。卢那察尔斯基致力在各个省份之间传播文化。他留下的遗产之一，是时至今日，在各个偏远的地区博物馆内——如北部的科斯特罗马、南部的阿斯特拉罕和东部的鞑靼斯坦——仍然可以发现大量当年俄国先锋派的作品。夏加尔对维捷布斯克的忠诚，同布尔什维克的意识形态达成了一致。他理了头发，刮了胡子，以全新的面容面见世界：他早年婚姻生活中波西米亚式的形象消失了，取而代之的是刚毅、瘦削的革命艺术家形象。"要爱他，你就必须接近他；要接近他，你就必须耐起性子慢慢地不断尝试，以刺穿他坚硬的外壳。"埃弗罗斯在 1918 年写道。8 月，在贝拉的反对中（"当我的妻子看到我忽视创作时，她哭了"），他乘坐火车前往彼得格勒拜访卢那察尔斯基。穿着一件俄式衬衫，胳膊下夹着一个皮公文包，拿着一封让他"设立艺术学校，建立博物馆，举办艺术展，召开学术研讨会，并在维捷布斯克所在的城市或省份内组织其他任何形式的艺术活动"的委任状，他作为一名俄国国家政府的官员——维捷布斯克艺术委员会的委员，回到了家。

夏加尔一家立即从资产阶级聚集的斯摩棱斯克街区，搬到了镇上更为贫穷的那一边，在夏加尔长大的地方——波克洛夫斯克街上租了一套小公寓。街对面是夏加尔以前的家，当时玛妮娅一直住在这里照顾父亲；他父亲的胖老板的鲱鱼产业已被国有化，但在新企业里，他的父亲仍然像以前一样辛苦，负责装载卡车的工作。年长一些的妹妹都在彼得格勒；戴维最后传回家的消息，是他在前线战斗，后来再也没给家中来过信——他于 1918 年在克里米亚去世；最小的妹妹罗莎病了，并于次年离世。钱很少。"你去看过图仁霍德夫妇吗？很快我就会给他们一点消息。他们就可以去买点鞋了。"夏加尔写信给他们的共同好友莫伊斯·科根（Moise Kogan）。但是，在扫除过去的压迫的大潮中，个人困难不值一提。

夏加尔委员在维捷布斯克的首要任务，是响应卢那察尔斯基在 1918 年 11 月 7 日庆祝布尔什维克胜利一周年的要求。卢那察尔斯基希望街道上"悬挂着巨大的油画，栅栏上覆满可爱的颜色，表达喜悦、色彩、运动和战斗"。夏加尔将之视为有史以来的最大画布：整座城市。10 月 8 日，他张贴告示，要求所有画家，包括房屋油漆工和招牌画家，停止任何其他工作，前来报名注册。维捷布斯克城里各个主要的广场上已经建起了 7 座凯旋门；在房屋、商店、电车和售货亭的外墙上，挂起了 350 幅巨幅海报以及无数的横幅和旗帜。晚上，一面面画着革命的象征——锤子和镰刀，冉冉升起的太阳——的红色旗帜被照亮，仿佛维捷布斯克已在奇异的光芒中重生。但主体画面是夏加尔自己创作的，他提供画稿让所有人复制：上下颠倒、五颜六色的各种动物；一个革命的号手，骑着一匹绿马在城里穿梭；以及《宫殿里的战争》，其中有一名好战的大胡子农民，轻轻松松地在怀里抱着一座带柱廊的房子，仿佛革命不仅改变了财产的法律，也改变了重力的法律。

目瞪口呆的共产党领袖们问，夏加尔的这些动物，与马克思和列宁有什么关系？当地的报纸《维特比斯基报》嘲讽地报道了这一事件，暗示在物资短缺的时期，夏加尔在全城用掉的那些红缎带，可以做 5000 条内裤。但对于从未涉足过博物馆或看过艺术复制品的劳动人民来说，所取得的影响力是惊人的。夏加尔的老朋友罗姆，在土耳其服完兵役回到彼得格勒后陷入困境。于是，夏加尔将他招募到麾下帮忙——他们二人以前相互之间的角色，发生了革命性逆转。罗姆还记得这些作品"正是街头装饰应该有的样子：大胆，不寻常，引人注目。然而，你可以从这些作品中感受到优良的设计和精致的韵味，这些作品看起来就像是左派风格的大幅图画"。彼得格勒的奥尔特曼和史特仑伯格，以及基辅的埃克斯特，所做的事情同样引人注目，他们每个人都拿着几万平方米的布，去把一栋栋的楼房覆盖起来。无产阶级艺术的强力维护者图仁霍德解释道，对沙皇的宫殿和古迹所实施的这些改变，对于从根本上消除人们以前受迫害的心理记忆至关重要。

夏加尔，《吹号角的骑手》，纸上水彩、铅笔、水粉，1918年。夏加尔曾提供过的画稿之一，他让人将类似的画稿复制到海报和横幅上，悬挂在维捷布斯克来庆祝第一个革命周年纪念日

从被任命直到1919年年初的几个月时间里，夏加尔委员都处于革命浪潮的风口浪尖。新年伊始，第一届俄国先锋派艺术展览在彼得格勒的冬宫举行。他于1913—1918年的主要作品有24幅被挂在头两个展厅意味着荣耀的展位上。得到的评论是肯定的：1919年4月14日，彼得格勒的报纸《北方公社》将夏加尔喻为俄国童话故事里射太阳以照亮自己房子的英雄。1918—1920年，俄国以国家名义买下了他的10幅作品，其中包括《亮红色犹太人》、《镜子》、《散步》和《维捷布斯克上空》等，共付给了他371卢布。这是夏加尔在革命俄国得到认可的巅峰。冬宫的这次展览，无论是在沙皇时期还是苏联时期，都代表了20世纪艺术的表达自由所能达到的最高高度。夏加尔的人文主义作品，与马列维奇的至上主义作品以及康定斯基的抽象主义作品挂在一起展出，彼此之间和平共处。附近，内森·奥尔特曼展出的作品描绘了从白色的菱形块中爆发出来的红色矩形，象征着无产阶级的力量；还有亚历山大·罗德钦科（Alexander Rodchenko）抽象的构成主义作品，如《黑之黑》，附带的展出说明是"克里斯托弗·哥伦布既不是作家也不是哲学家，他只是新世界的发现者"。与此同时，塔特林正在筹建他的俄国巴别塔 [3] ——《第三国际纪念碑》：这个星球将被革命改变，每一种构成元素都是一种象征，各种元素的螺旋式上升代表着地球围绕着太阳的运动，塔的角度与地球轴线的角度一致——意味着一个新的黎明到来后，时光的流逝会让人有不同的感受，人类将等同于星辰。"他的塔是为我们的梦想而建造的，是一首来自未来的诗，"拉巴斯写道，"在画室和旅馆里，我们坐在冒着烟、管子伸在窗外的铁炉子周围，讨论着这座建筑。我们对之报以热忱和希望——这个空前的构造正在螺旋升

起，直到天体的高度。"

夏加尔的《幻影》，以及他自己和贝拉飞向光明的新未来的自画像，是他个人主义的体现，是催生于革命大环境主题笼罩下的自我意识的流露。这种个人主义，很快就会变得不合时宜。1919 年 11 月，尼古拉·普宁（Nikolai Punin）报道说："至上主义在莫斯科各地蓬勃发展。标志、展览、咖啡馆，一切都是至上主义。可以肯定地说，至上主义的时代已经到来。"不过，就算是夏加尔职业生涯中最不成熟的作品——充满了乐观主义的那些作品，也被挂到了冬宫里，他当然可以继续对自己在这个革命的新国家里的未来抱有信心。他的画有了市场，他成了一个公认的艺术家领袖角色；而且，卢那察尔斯基承诺向他提供资金，让他去建立一所带博物馆的学校，贫困家庭的孩子们可以在这里学习艺术，从而"为维捷布斯克提供 20 年前我所错过的东西"。

1919 年 1 月 28 日，"维捷布斯克人民艺术学院"在复活街上一座新古典主义风格的白色大楼中开学了。这座大楼，原为犹太银行家伊斯雷尔·维什尼亚克（Israel Vishnyak）所有；这条街，此时也已更名为"布哈林斯克大街"，以纪念革命家、《真理报》的主编尼古拉·布哈林（Nikolai Bukharin）。将近六旬、修养极高的慈善家维什尼亚克，当时已经逃到了拉脱维亚的里加，1924 年死于穷困潦倒之中。"待在这栋楼里，想起它的前主人的时候，我们永远不会心怀感激。"夏加尔在维特布斯克出版的周报《学校与革命》上的一篇文章中写道。对于重新启用维什尼亚克的这栋大楼——维捷布斯克首批被查封的私人住宅之一——他一定发挥了重要作用，此时他高声喊道："无论白天还是夜晚，从他家的窗户，都可以看到这座贫穷城市的全貌。但今天，我们感受到的不是贫穷。我的城市，过去你的确很穷，当我在你的街上漫步的时候，除了昏昏欲睡的店主，我不会遇见任何人；但今天，我遇见了很多你的儿子，丢掉家中的贫穷，走在通往艺术学院的途中。"这所学校是革命梦想的一种体现：来自波克洛夫斯克的一个穷男孩，现在掌管了"主城"里本地大资本家的家园。这栋楼低楼层里那些以前的娱乐室，成了现在学校的教室；三楼成了教授们的生活区，夏加尔、贝拉和伊达在这里有两个小房间。

这所学校对任何想来的人开放，很快便招收了大约 300 名学生，大部分是工人阶级家庭出身的犹太男孩，年龄在 14 岁到 17 岁之间。有几个学生后来回忆道，当时是夏加尔亲自邀请他们去上学的。设计师埃菲姆·罗亚克（Efim Royak）的父亲是一位裁缝，夏加尔到他父亲这里来拿修理过的夹克的时候，看到了当时还是个孩子的罗亚克的画，让他加入这所学校。瘦削的 15 岁少年列夫·泽文（Lev Zevin），一个佩恩的较有天分的学生，是在夏加尔的力劝下加入的。他还鼓励 30 岁的柴姆·泽尔丁（Chaim Zeldin）——一位曾在城市的周年庆典中帮过忙的油漆工，以及别的油漆工们，到学校来报名。大多数的学生对革命和红军充满了热情，许多人穿着卡其布做的马裤、屁股上挂着枪来上学。"让小资产阶级的怨恨在我们身边呻吟吧！我们希望新的无产阶级艺术家们，很快就会从劳动人民中浮现。"夏加尔于 1918 年 12 月在《维捷布斯克来信》中这样宣布。在文章的结尾，他号召道："来吧，人民！成为艺术家！成为革命画家！从首都到各个省份的人民，来吧！怎样才会让你们到来？"他前往彼得格勒和莫斯科去聘请教师——未来主义画家伊万·普尼和他的妻子克塞尼亚·博古斯拉夫斯卡娅（Ksenia Boguslavskaya）在彼得格勒一个新年前夜的派对上接受了夏加尔的临时提议，于 3 周后来到了维捷布斯克。夏加尔努力说服了他以前在兹万采娃学校的老师多布金斯基，让他出任该校的校长。作为"艺术世界"学派的著名人物，他为这所新学校附加了更大的声望。由于维捷布斯克可以提供更为丰富的食物供应——他可以将之寄给身在彼得格勒的家人们，多布金斯基接受了这个职位；其他接受邀请的艺术家——尤其是罗姆，在某种程度上也是因为维捷布斯克提供的生活条件更好。

"从银行家维什尼亚克建立在成百上千被高利贷剥削得赤贫的人们的血汗、痛苦和泪水之上的豪宅里——新文化的曙光在维捷布斯克的上空冉冉升起。"《维特比斯基报》于 1919 年 1 月如此报道。但更为左翼的《消息报》报道说："我们惊讶而懊恼地注意到，这个无产阶级学校的开幕式没有工人阶级出席，这真是一个可悲的事实。"而共产党在维捷布斯克的首席代表克雷洛夫（Krylov）同志也曾说过："我必须承认，我不喜欢今天的开幕式——这太传统了、太老套了。一个左派学校不应该走右派路线。"

从一开始，布尔什维克就将"人民艺术学院"视为红色维捷布斯克的孩子。到了 1918 年，这座城市变成了布尔什维克的一个据点，成了红军预备队的中心。城里城外住满了红军，他们正在跟反革命的白军和数英里外的波兰人同时作战。第 15 军的骑兵团从维捷布斯克路过，12 架飞机飞过城市上空，逃兵们被围捕射杀。早在 1918 年夏天，一名张贴反布尔什维克的海报的孟什维克【4】成员被当场射杀；而在 1920 年，一个叫拉扎尔·拉特纳（Lazar Ratner）的犹太人被发现"恶意中伤苏维埃政权及其活动"，从而被关进了集中营。"革命讽刺剧团"于 1919 年 2 月在维捷布斯克成立，旨在向红军战士们进行革命宣传。该剧团伴随着炮火，在维捷布斯克被摧毁的火车站外面的广场进行了首演；接下来，这个剧团在前线进行了许多演出。1919—1920 年，夏加尔为该剧团的前 10 部作品做了设计，有 20 万名士兵观看过这些演出。

虽然比起城市生活几乎崩溃、陷于饥饿之中的彼得格勒或莫斯科，维捷布斯克的状况要好得多，但这里的气氛也很紧张。夏加尔投入到了人民艺术学院的事务之中，为从莫斯科和维捷布斯克争取更多的资金而努力。他采购颜料和绘画材料，努力免除学生的兵役，开展夜校，甚至在 5 月的时候带学生们乘船前往多布莱卡的乡村，指导学生们写生。

但是，跟其他左翼俄国艺术家——康定斯基、埃克斯特——一样，曾在国外生活过、体验过西欧 1914 年以前政治自由和艺术自由的他，很快就发现了所谓的革命解放正逐渐沦为官僚控制和镇压的迹象。这在这个体系内是根深蒂固的：即便是一贯从容不迫的布尔什维克卢那察尔斯基，也对此无计可施，不过是尝试着在继承和破坏之间走一条折中之路。教育委员会的"艺术领域的基本政策"，便是妥协的代表作：

> 我们承认无产阶级绝对有权力去仔细审查世界艺术传承下来的一切元素……同时我们也认识到，继承和使用从旧文化中获得的真正的艺术价值，是苏维埃政府无可讳言的任务。在这方面，必须无情地清除历史遗留中所存在的一切资产阶级的堕落和腐败的杂质；下流色情，市侩粗俗，教条乏味，反革命和宗教迷信……必须被去除……在面对历史文化遗产的时候，无产阶级必须不能照单全收，而是要带有强大、自觉和敏锐的批评意识。

当他们从 1917 年的革命前卫艺术风格走向通往 20 世纪 20 年代中期的社

会主义现实主义的道路时，许多曾满怀理想主义的俄国年轻艺术家很快意识到，布尔什维克正在为整个 20 世纪初俄国的先锋派们都摒弃了的自然主义敞开回归的大门。到了 1919 年 4 月，虽然使用的是强制性的革命话语，夏加尔仍然发出警告，反对现实主义的到来：

> 不，我永远不会相信，安东尼·华托（Antoine Watteau），这位画出了优雅聚会的画家、他那个世纪的塑型艺术的改良者，仅仅因为他所画的不是工人和农民，所以不如古斯塔夫·库尔贝（Gustav Courbet）……我们必须非常谨慎地界定无产阶级艺术。最重要的是，我们要非常小心地不要以其思想内容来定义……正是这种思维我们必须彻底摒弃。我们不要去四处大喊大叫"看啊，看啊，那些画上是跟我们一样的工人和农民，我们在奋斗，我们在战斗"。我们不要在作品中强调这一点。我们想要引起谁的主意？群众的眼睛永远是雪亮的……

> 跟被迫迎合群众口味的资产阶级画家不一样的是，无产阶级画家要不停与教条做斗争，引领大众的艺术情趣。我再说一遍：对于那些讲述或描绘工人和农民的英雄事迹及日常生活的作品，我们将保持中立态度；在这些作品中，我们感受不到丝毫新艺术的本质规律的气息。

最后，他以一种无望的抵触结尾："越是真实纯粹的艺术，却越是不受人待见。但我们再也不会这样了……在接下来的日子里，我们将消除一切不确定和相互之间的缺乏理解。改观的那一天就要到来！你会和我们在一起的！和我们一起，新世界将苏醒！"

跟许多年轻的自由主义者一样，夏加尔太天真了，毫无政治经验，这让他开放式的管理方式变得脆弱。保守的多布金斯基对这所学校失去了兴趣，几乎一上任就辞了职，于 1919 年 4 月回到了彼得格勒的家中；不久后，普尼夫妇也辞职了。他们的离开都是"温和的中间派无法生存"的警告信号。4 月 16日，夏加尔发出了辞去维捷布斯克艺术委员的辞职电报，但未获批准；而且，他还被迫接任了多布金斯基的校长职位。很快，他就树敌无数，许多开始与他和平相处的人都走向了他的对立面。艾萨克·佩雷兹协会（佩雷兹仍然是意第绪语文学界最具影响力的人物）控诉他是一个冷酷的独裁者。而被排除在最初的教师队伍之外的佩恩，因被他最有名的学生轻视而屈辱难当。他报复性地画了一幅荒诞的象征主义画，描绘的是临终前的自己，正在被一个恶魔摄取灵魂——显而易见，那张恶魔的脸是夏加尔的脸。后来夏加尔邀请他去任教后，他的怒火才得以平息，并于6月加入了学校。很快，他与夏加尔又相处得十分融洽，还为3岁的伊达·夏加尔画了一张裸体画像。《维特比斯基报》报道了佩恩接受任命，并谨慎地指出："学校的办公室每天从早上10点开放到下午4点，学生们可以在那里报名上佩恩先生的课。目前，所有的艺术倾向在这所学校里都有一席之地：学生们可以在众多的老师之中，自由选择艺术方向最适合自己的老师。"

7月，夏加尔发出警告，现在必须"要小心翼翼地不要抹杀每一个人的特质，即便处于群体之中"。他对这所学校最基本的愿景，就是老师和学生都可以照自己的想法，自由地去教、去学，而且他感到自豪的是他"为所有的艺术家提供了完全的自由……从印象派到至上主义，几乎所有的现代艺术学校的艺术方向都在这里得到了体现"。1919年，13岁的所罗门·格尔索夫（Solomon Gershov）成为这所学校的学生。后来，他回忆道："他从来没有阻止过任何教师按照自己认为合适的方式教学。这是因为在那个时候，所有的东西都受到了质疑，包括艺术。革命的精神，就是要孕育一种全新的艺术和文化。"到了1919年夏天，学校的课程设置范围，从佩恩那不受欢迎的技法训练，到伊万·提尔伯格（Ivan Tilberg）的雕塑工作室，从娜杰日达·莱巴维纳（Nadezhda Liubavina，来自彼得格勒，马雅可夫斯基的朋友）给工人们上的夜校课程，到罗姆牵头的素描课程和广受欢迎的埃尔·格列柯系列讲座……可谓包罗万象。

夏加尔没有什么特别的工作方法，但他很有魅力。最初的时候，他受到了所有老师的极度爱戴。他所设立的"自由画室"不久就增设了第二间，因为第一间已经满到无法容纳学生了。他藐视临摹名画，推崇画静物素描——维捷布斯克的档案馆里，还保存着一张当地房主的便条，要求夏加尔归还1个花瓶、1只碗，以及红色、蓝色的杯子若干——那是夏加尔出于教学目的曾在他

夏加尔和他的一些学生，摄于 1919 年。从左到右：拉扎尔·契德克尔（Lazar Khidekel）；维克斯勒（M. Veksler）；夏加尔；特维伯森（L. Tviperson）；列夫·泽文（坐着的）；米哈伊尔·库宁（Mikhail Kunin，后来成为马戏团演员）；伊利亚·查什尼克（Ilya Chashnik，曾在 11 岁时便辍学到工厂上班）；以及当时已年满 30 岁、在夏加尔的鼓励下入学的油漆工柴姆·泽尔丁

那儿借用过的。或者，带着学生们到维捷布斯克的郊外写生。"夏加尔站在市场的正中间，站在手推车、奶牛、山羊和农民们之间，开始画画，"格尔索夫回忆道。

> 我们投身于对有趣的主题的追寻中。有时，他会拦住我们："你要去哪里？你在找一个美丽的地方吗？那样的地方，任何白痴都可以画出来！你必须选一个丑陋的地方，把它画得美丽！"夏加尔有自己的教学方法吗？不如说他是以自己的榜样力量影响了学生，让他们懂得一切创造性作品的主题在任何地方都可以找到。学生们不可能不以他为榜样。

那些对夏加尔痴迷的学生——如格尔索夫，以及充满激情而富有才华的米哈伊尔·库宁——在他们那些将自己的城市描绘得扭曲而破碎的作品中，如《维捷布斯克的犹太大教堂》，便吸收了夏加尔的绘画风格。某些老师也一样。

罗姆在维捷布斯克举办了他的第一次也是最后一次个人画展，展出了一些生动的小幅作品（《在市场上》《维捷布斯克的道路》等）。在这些画中，夏加尔的维捷布斯克"纪录组画"的影响显而易见。

罗姆一直生活在夏加尔的阴影之中，这让他无法喜欢夏加尔；其他人则对夏加尔感到大惑不解。图形艺术家瓦伦丁·安托什琴科 - 奥来列夫（Valentin Antoshchenko-Olenev）19 岁的时候加入了夏加尔的"自由画室"，他回忆道："对我来说，这个画室曾经是我的一个梦。事实上，这里更像疯人院。"

> 我会坐在一张展开的画布前，盯着那个漂亮的裸体模特儿——但是，我要怎么去画她呢？画成蓝色、红色还是黄色？在加入了圣彼得堡艺术促进会（由雷里赫创立）后，马克·夏加尔的学校让我感到不安。只有 3 种颜色：红色、黄色和蓝色，怎么画一个裸体模特儿？这让我很难过，我开始责备自己落伍，甚至是无知。我能成为什么样的艺术家？然而，画室里的每一个人都在一丝不苟地进行着这样的学习。

在 1919 年 7 月 26 日拍摄的一张学校老师们的早期照片中，所有这些绘画风格和夏加尔一样的老师充满了自信。照片中夏加尔的头发卷曲，五官轮廓鲜明，帅气地坐在中间。已年满 65 岁的佩恩留着山羊胡子，脑门光光的，穿着老式的西装、系着正式的领带，坐在一群二三十岁、代表革命新鲜血液的年轻人中间，显得格格不入；在一端的凳子上，坐着戴着眼镜、文质彬彬的罗姆；另一端，是新来不久的拉扎尔·利西茨基，他穿着厚厚的大衣、戴着一顶大帽子，向外投射出桀骜不驯的目光；在他身旁的也是一位新人——时年 26 岁、激进的维拉·埃尔莫拉瓦（Vera Yermolaeva），从小便瘫痪、挂着双拐，是一个历经苦难的、坚强的人，夏加尔曾开玩笑说，她便是"维捷布斯克的蒙娜丽莎"。

夏加尔对他的学校抱有雄心壮志，希望能吸引青年才俊，因此，他去邀请了从小在佩恩处便认识的利西茨基。利西茨基曾在巴黎学习，在那里与扎德金走得很近。后来，他去了德国的达姆施塔特学习，又在战时到迁址到莫斯科的里加大学攻读工程学和建筑学学位。在 1917—1919 年，他致力于为犹太寓

维捷布斯克人民艺术学院教师们的合影，摄于 1919 年 7 月 26 日。从左至右（坐着的）：埃尔·利西茨基，维拉·埃尔莫拉瓦，维拉，戴维·亚克森（David Yakerson），尤里·佩恩，尼娜·科根（Nina Kogan），亚历山大·罗姆

言绘制插画，其风格类似于夏加尔为德·尼斯特所作的插画，因此夏加尔认为他是一名具有奉献精神的人。然而不久前，利西茨基在莫斯科陷入了马列维奇的魔咒之中，到 1919 年，他已在探索"普鲁恩"（Proun）风格的抽象画了——"普鲁恩"是他发明的词语，在俄语中是"对新事物的确认"的首字母缩写。他从马列维奇的老家基辅来到维捷布斯克。基辅刚刚经历了长时间的惨无人道的战争，落入了反革命的白军手中——那里发生了 17 世纪以来最惨烈的乌克兰大屠杀，造成了 20 万犹太人死亡、30 万人成为孤儿、70 万人无家可归。对红军的狂热让利西茨基的性情变得残酷而暴躁，因此，他一到来就显露出了麻烦制造者的本质。尽管夏加尔与未来主义者普尼之间相安无事，但现在利西茨基联合了埃尔莫拉瓦及另一位教师尼娜·科根，一起对抗他。夏加尔讨厌派系斗争，在 9 月辞去了校长职位。但他仍然是这里的主角，学生们请求他留下，在学校的全体大会上，他们称赞他是"通往新艺术之路的主要开拓者之

一……学校唯一的精神支柱"，并表示对他有"充分、无条件的信任"，承诺"支持他的一切计划和行动"。因此，夏加尔留了下来。在组织"首届本地和莫斯科艺术家绘画国家展"——其中包括利西茨基犹太主题的绘画作品——的时候，夏加尔让利西茨基到莫斯科去为他们的画室购买材料。

几个星期之后——乘坐在半瘫痪的铁路网上运行着的货运列车，单边旅程就得花上 4 天的时间——利西茨基回来了，带着他的战利品和新武器：身材魁梧、肩宽背阔、虎背熊腰而又好斗的马列维奇。利西茨基已经向马列维奇发出了由该校校长埃尔莫拉瓦签名的邀请，请他加入维捷布斯克艺术学院。马列维奇立即接受，并与利西茨基一起离开了莫斯科。马列维奇因不愿再过食物和燃料短缺的冬天而到来——因无法负担首都市内的公寓租金，他住在一个偏远村庄寒冷的房子里；同时，他想逃离几个权力极大的艺术管理者——包括康定斯基、塔特林和史特仑伯格，他跟他们的关系都极为紧张。

11 月 1 日，马列维奇在维捷布斯克注册成为教授。在一个星期后开幕的"首届国家展"上，马列维奇展出了 3 幅作品，其中包括一幅名为《至上主义》的作品。但直到 11 月 17 日第一次演讲后，他的魅力才得到了体现，维捷布斯克那些毫无政治经验、满怀理想主义的年轻学生们，像奔向救世主一般聚集到他的身边。埃尔莫拉瓦和科根，这两位可爱的年轻女性都很崇拜他。利西茨基将自己的名字从犹太读音的"拉扎尔·莫杜克霍维奇（Lazar Mordukhavich）"改成了"埃尔"（El），以纪念维捷布斯克人民艺术学院出版的马列维奇的《艺术新体系》中的警句：

> 静态和速度
>
> 我都追随
>
> u-el-el'-ul-el-te-ka
>
> 我走上新的道路
>
> 让艺术的旧世界倒塌吧
>
> 在你的手掌上留下痕迹。

在遇到马列维奇之前，夏加尔一直在摆脱自己的官僚角色，并在贝拉的鼓励下试图从学校辞职。对于像夏加尔这样抗拒权威的艺术家来说，马列维奇现在的咄咄逼人，无可避免地会让他在脱离的过程中更为痛苦。从马列维奇到达的那一刻起，不仅在这所学校，包括在维捷布斯克，最终甚至在整个俄国，夏加尔都已走进了尾声。俄国作家丹尼尔·卡姆斯（Daniel Kharms）谈到马列维奇时说："他似乎在用手拨开烟雾。"41 岁的马列维奇在他的职业生涯中，有一半以上的时间花在了阐释上，大肆宣扬着他所发明的抽象艺术体系的美学和道德优势。作为俄国革命孕育期和发生期的忠实拥趸，他与夏加尔和康定斯基不同，从未有过出国的念头。这既限制也聚焦了他炽热的视野——他像先知一样说话，像哲学家一样思考，像苦行僧一样去实践。虽然是优秀的画家，但艺术在他眼里主要是政治和知识的一种工具。甚至到了 1920 年，埃弗罗斯仍在控诉，说他"没有特别的才能，不是重要的画家"，他的作品仅仅是"他的理论的插图"。尽管如此，他还是于 1919 年在莫斯科举办了一场个人画展。1918—1920 年，国家买走了他 31 幅作品，共计 61 万卢布，几乎是同期付给夏加尔的两倍。（相比之下，康定斯基比他们二人更出色，国家花了 92.2 万卢布来购买他的作品，其中包括 29 幅油画。）

虽然夏加尔在任何情况下都尽可能地避免冲突，但马列维奇却是在各种矛盾中茁壮成长起来的。通过沙皇时期他与当局对抗的经验——贝诺伊斯曾在 1915 年把《黑方块》贬为"虚无与毁灭的布道"——现在，他的对抗技艺已趋于完善。他那破坏性的乌托邦式的咆哮——"生命的真正运动都从零开始，以零结束"——诱惑得那些沉醉于新时代的人们不知所以；他又夸耀自己"已经把昨天的太阳光线从他们脸上移开"。早在 1915 年，他就曾写过："我在作画（或者说是'非画'——'画'的时代已成为过去）。"现在，在维捷布斯克，他很少作画，而是致力于改变或认可追随者们的作品，比如利西茨基那幅激进的、描绘了一个红色的三角形刺穿一个白色的圆的画——《用红色楔形打败白色》。夏加尔也梦想着转变，但他首先是一位画家，是世界的建设者，而不是破坏者，他无法找到与马列维奇的虚无主义的共通之处。浸透着精神意义的物体和人物是他的艺术的精髓，根植于他童年时代哈西迪派赋予的想象。至上主义在维捷布斯克传播，他并不觉得有问题，因为他将之视为与立体主义类似的另一种表现形式。但是在 1919—1920 年，马列维奇和利西茨基的存在，容易让夏加尔的人道主义显得落伍且满是颓废的资产阶级情调。"在《旧约》之后，出现了《新约》；"利西茨基写道，"在《新约》之后，出现了共产主义；而在共产主义之后，最终出现了终极的至上主义。"对于至上主义者们来说，这世上只有一种真正的集体主义的艺术。而对夏加尔这位多元主义者来说，他既是主导人，也是一个倡导个人主义的艺术家。他们之间的战争很快就爆发了。夏加尔一定预料到了这一点，因为对于马列维奇的到来，他的第一反应是在 1919 年 11 月 17 日向莫斯科写信，要求调换一个在首都的教学工作。但这个要求被拒绝了；而且又一次，他在学生们的强烈要求下，打消了辞职离开学校的念头。因此，在 1920 年的前几个月里，他仍在勉力经营一所已经成为"阴

马列维奇（正中，手上拿着一幅利西茨基的作品）和乌纳维斯的成员在维捷布斯克火车站，准备出发前往莫斯科参加"全俄国艺术学生和教师会议"，摄于 1920 年 6 月。第二排左起第二个为利西茨基

谋诡计的温床"的学校。但就当时的情况来说，这所学校仍然是俄国最受关注、最激动人心的艺术机构之一。

1920 年 1 月至 2 月，在尼娜·科根和埃尔莫拉瓦的支持下，马列维奇和利西茨基成立了"乌纳维斯小组"（"Unovis"是"新艺术信徒"或"新艺术冠军"的缩写），并招募了大量维捷布斯克学生，其中许多学生只有 14 岁。从乌纳维斯的档案中记录着的姓名和出生日期不仅可以看出他们年纪都很小，还能看出大量的犹太学生从夏加尔流向了马列维奇。17 岁的伊利亚·查斯尼克（Ilya Chasnik）具有代表性：他是一个贫困家庭中最小的老八，在维捷布斯克长大，11 岁时便离开学校到一家眼镜工厂上班，但在 14 岁的时候又设法回到学校，跟佩恩学习画画；后来，他曾到莫斯科去学习，但因为他想跟夏加尔学习，又于 1920 年回到了维捷布斯克，结果很快就被马列维奇迷住了。

然而，夏加尔仍然是马列维奇的上司。而且，在搬进教授宿舍"白宫"后，夏加尔、贝拉和伊达也是马列维奇夫妇的邻居。当年，马列维奇夫妇的女儿尤纳（Una，据"Unovis"命名）在那里出生。（数年后，马列维奇的一个孙女出生后被起名为"Ninel"——这个名字来自列宁。）1920 年年初，夏加尔一家人搬了出去，在接下来的几个月里频繁地在公共公寓间搬来搬去。他们先是住在军营附近的两个房间里，跟一个好战的波兰家庭做邻居；然后，又住到了一个富有的独居老人的家中，这里灯光微弱、几乎与世隔绝，这位老人希望作为学院院长的夏加尔能起到保护他的作用。在夜间，布尔什维克在革命后即刻成立的秘密警察部队"契卡"【5】会到房子里搜查，在夏加尔一家人的卧室里穿行；白天，成群结队的士兵们会经过窗前。

无论是在外面还是学校，夏加尔一家人都觉得人身安全受到了威胁。"白宫"的氛围变得更加不友善；乌纳维斯的成员们成天聚集在一起活动，紧闭着画室大门，上面贴着"非成员不得入内"的通告。利西茨基游走于仍然忠于夏加尔的学生们之间，以革命的正确性来恐吓他们："居于斗室之内对狭隘的个性进行细化表达，并不符合时代要求。其大方向是反革命的。这些人想要满足和达到的，只有他们不可告人的个人目的！"夏加尔被孤立了起来。而且与他的对手高超的组织能力相比，他的管理能力极为缺乏，行事杂乱无章。不断地前往莫斯科筹集资金和获取物资，也让他感到身心俱疲。当他不在的时候，贝拉会替代他在学校的职务，但"只要我一离开维捷布斯克，无论是教师队伍中还是学生群体中的印象主义者、立体主义者、塞尚主义者以及至上主义者们，都会背着我互相混战"。

4月，他给收藏家帕维尔·艾丁格（Pavel Ettinger）写信说，"现在，基于不同的'艺术倾向'，形成了极为荒唐的两大阵营：追随马列维奇的年轻人，和追随我的年轻人。我们同属于左翼艺术运动阵营，尽管我们对艺术的目的和手段有不同的看法。显然，现在我们没时间来谈论这个问题。"他对自己延迟很久才写信表示歉意，并说自己"令人难以置信地分心和忙碌。然而，更有甚者，有些事物让我没有拿笔写信的机会。可能也和我现在很难拿起画笔有关"。而在他偶一为之的时候，维捷布斯克无处不在的至上主义形式，在他的作品中同样显而易见——即便在他的抵制之下。例如，在《马戏团》中，一个粉红色的矩形中画着一个巨大的绿色球体，前后左右旋转着人和动物：这是一场盛大的嘉年华，或说是对马列维奇的戏仿，表明了夏加尔对于抽象形式支配人类生活的恐惧。

令他感到盛怒的不是马列维奇，而是背信弃义的利西茨基。到1920年年初，他已不再与之来往；在两年后写回忆录时，他都不再提及"利西茨基"和"马列维奇"。而利西茨基则继续神化着马列维奇，并写道"就表现力而言，夏加尔所有充满色情意味的描绘不过是经过粉饰的洛可可风格，在这种古老而原始的力量面前，苍白得无能为力"。其中所蕴含着的阶级评判色彩意味深长：就在此时，契卡突袭了罗森菲尔德家族。曾经兴致勃勃地谴责银行家维什尼亚克并侵占了其房产的夏加尔，此时从另一个角度体验到了毁灭。

有一天下午，契卡的7辆汽车在耀眼的橱窗前停了下来，士兵们开始打包宝石、金银、手表，摆放在3间店铺里的一切……甚至连厨房里刚刚从餐桌上撤下来的银质餐具，都被他们拿走了。

之后，他们来到我的岳母面前，用一把左轮手枪顶着她的鼻子：

"保险柜的钥匙，否则……"最后，他们心满意足地离开了。

我妻子的父母似乎突然变老了，一言不发地坐在那里，双手无力地垂在身体两旁，眼神空洞地望向 7 辆汽车消失的方向。

一家人聚在一起默默流泪。

他们把一切都拿走了，连勺子都没有留下一个。

那天晚上，家人们只好让女仆去找一些普通的勺子。

岳父举起勺子放到嘴边，又放了下来。眼泪流到了他的锡勺上，流进了他的茶里。

当天晚上，契卡的人在一名告密者的陪同下回来了。在罗森菲尔德家位于斯摩棱斯克街上的公寓和商店里，他们掘开墙壁、掀起地板，寻找"被藏起来的珍宝"。

***

在家被洗劫一空后，贝拉的父母去了莫斯科。在此之前，他们的儿子们大都已经离开了维捷布斯克。20 世纪 20 年代早期，布尔什维克同样对付过家族中的革命派——沙皇时代罗森菲尔德家族曾将之从监狱中营救出来过的贝拉的姐姐加纳，遭到了谴责并被杀害；而加纳的儿子们被警告说，永远不准再提及他们的父亲。

在维捷布斯克，"人们争先恐后地向年轻的雕塑家们订购列宁和马克思的半身像，水泥做的"，这些东西被雨淋后可能会垮塌，但是

仅仅一个马克思是不够的。

在另一条街上，他们还竖起了另一座马克思雕像。

这个并不比第一个更走运。

又臃肿又笨重，看起来更不和善，把街对面出租车棚的马车夫们吓坏了……

马克思在哪里？他在哪儿？

我曾经在上面吻过你的那条长凳，又去了哪里？

和许多在西方生活过的人一样，夏加尔的心思现在又回到了巴黎和柏林。到 1920 年，已产生了首批作家和艺术家离开俄国的风潮——犹太剧作家安斯基去了维尔纳；1917 年 12 月 24 日，诗人季娜依达·吉皮乌斯（Zinaida Gippius）以要到戈梅利给红军做一场演讲的幌子离开了彼得格勒，然后溜过边界去了波兰；1919 年年底，伊万·普尼非法越境到芬兰，然后前往柏林，最后以"让·普尼（Jean Pougny）"的名字在巴黎终老；未来主义者戴维·伯柳克于 1920 年开始日本之行，随后移居美国；夏加尔年轻的时候非常崇拜的象征主义作家费奥多·索洛古布也在 1920 年申请移民，申请被拒绝后，他的妻子投入涅瓦河自杀，索洛古布则在隐居中度过了余生——他最后一次露面，是在 1920 年的莫斯科新闻俱乐部，当时"有些发言人说，个人主义的时代已经结束，索洛古布明确地点头表示同意。他在发言的最后简单地补充道，一个集体必须由个体组成，而不是由零组成，因为如果你将零加到另一个零上，得到的不会是一个集体，而还是一个零"。对于那些留在俄国的人来说，内战的爆发以及交通的瘫痪，使得他们同欧洲其他国家之间的通信变得几乎不可能。夏加尔在西方的朋友们，都不知道他是生是死。直到 1919 年，夏加尔的德国诗人朋友的妻子——共产主义者弗里达·鲁比纳前往莫斯科，住在密特罗波酒店，在马雅可夫斯基的一个演讲现场，她才发现夏加尔在战争中幸存了下来，且身在维捷布斯克。鲁比纳夫妇在战争期间待在苏黎世，并于 1919 年返回柏林。"世界已经发生了很大的变化，我们可以倾谈的是那么多，"她写道，"你知道，你在德国是个很著名的艺术家，画卖得很贵。但是钱归了谁？瓦尔登现在就是一个骗子，我想他不会付给你多少。"弗里达将埃弗罗斯和图仁霍德所著的关于夏加尔的书带回了柏林，她想把这本书翻译成德语，从一个浪漫的视角去看俄国。"我想看看你为苏联工作时的生活是什么样的。"她写道；她答应会去联系瓦尔登，但夏加尔没有收到任何消息。在此期间，路德维格·鲁比纳在 1920 年 2 月死于肺病，年仅 38 岁。1920 年 4 月，夏加尔恳求有国际联络渠道的艾丁格，"我在柏林狂飙画廊的那些画的命运，你听说过吗？"他补充道，

> 现在，（维捷布斯克）城里的"艺术家们终于占了上风"。他们
> 的精力完全投入到了关于艺术的争议中。我已经感到筋疲力尽……
> 想"到国外去"。毕竟，对艺术家们来说（至少，对我来说），没有
> 比在画架前更适合的地方了，因此我梦想着能将自己投入到专注的
> 创作中去。当然，东一笔、西一笔地画出来的，不会是什么好作品。

5 月，夏加尔从莫斯科回来后，发现"在校舍的正面立着一个巨大的招牌：至上主义学院。马列维奇和他的追随者们已经解雇了所有的其他教员，接管了整个学院。我非常愤怒。我马上递交了辞呈，再次出发前往莫斯科，乘坐的是一辆牛车，因为就算是公干的旅客也坐不上火车了，铁道部门已经无车可派了"。事实上，事态并没有他在回忆中所表现的那么紧急：5 月 25 日，他的学生们宣布了离开他并加入马列维奇的画室的决定；6 月 5 日，他离开维捷布斯克——令人难堪的是，到莫斯科去参加会议的马列维奇和其追随者们，和他乘坐的是同一列火车。他的辞呈在 6 月 19 日得到批准。当时有一位 21 岁名叫伊万·加夫林（Ivan Gavrin）的士兵从前线回来加入维捷布斯克的艺术学校，并成为乌纳维斯的成员，据他说，

> 因其前卫艺术的思想意识中充满了个人主义，面对左派艺术的
> 巨大影响力，夏加尔先生本人已经无法再令人信服。在骚乱中他的
> 观众越来越少，而各种证据表明学生们对他的作品越来越不满。作
> 为一个敏感的人，当意识到事态正在发生转折的时候，夏加尔先生
> 离开了他的画室，去了莫斯科。

在他最后的维捷布斯克作品里，有一幅名为《立体主义景观》的作品描绘了维捷布斯克艺术学校——布哈林斯克大街上的"白宫"是由至上主义风格的元素构成的。那些扇形、三角形和半圆形通过精致的着色显得极为优雅——淡蓝色、深玫瑰色、亮黄色——使得这些形状似乎在空中飞行，与别的至上主

夏加尔,《立体主义景观》,布面油画,1920 年(上面的日期 1918 年有误)。中间的"白宫"是维捷布斯克艺术学校;在整幅帷幕上,夏加尔一再地写下自己的名字,似乎在无视马列维奇的胜利,而要在自己的家乡维护自己的真正的"霸主地位"

义艺术家们惯常使用的硬冷色彩相比，产生了一种截然不同的效果。与马列维奇的沉重相比，这部作品也因此成了夏加尔的轻快的象征。一张用西里尔字母和罗马字母写着无数"夏加尔"的帷幕，向学校席卷而去；学校的门外有一只夏加尔风格的山羊的轮廓。这幅画，是夏加尔在向被马列维奇赢走了的维捷布斯克告别。

接下来的两年中，他的痛苦溢于言表。莫斯科的耐心听众埃弗罗斯回忆起夏加尔1920年夏天抵达首都时的情况，

> 他不知道该怎么做，不停地谈论当委员的经历和至上主义者们的阴谋。他喜欢回忆当时的岁月，在革命的节日里，一面挥舞在学校里的旗帜上画着一个骑着绿马的人，写着"夏加尔——致维捷布斯克"。学生们仍然很仰慕他，他们遮盖了所有画着夏加尔风格、四脚朝天或是四脚朝地的奶牛和猪的篱笆、路牌，让这些遗迹在革命中被保留了下来。毕竟，马列维奇只是一个无耻的阴谋诡计者。而他，出生在维捷布斯克的夏加尔，很清楚维捷布斯克和俄国革命需要的是什么样的艺术。

1922年的夏加尔仍然耿耿于怀，敌人的嘴脸"像一堆木头一样沉入我的心中"：

> 让我在24小时内离开，带上所有的家人！

> 让我取下我的招牌、我的海报——你们爱怎么说就怎么说！如果我的城市会抹去我的所有痕迹、忘掉我是谁……我不会感到惊讶……尽管我曾一度放下画笔，担惊受怕、吃尽苦头，不惜辛劳地在这里培育着艺术之苗，梦想着把普通的房屋变成博物馆、把平庸的市民变成艺术的缔造者。

这时候的至上主义者已经陷入内斗之中，并纷纷离开了学校。到1923年，这所学校已经成了一所教授实用艺术的二流学院。就算夏加尔没有被马列维奇赶走，他的艺术也不会在那里长存。1920年5月，在夏加尔从维捷布斯克败退的同时，莫斯科的康定斯基被构成主义者们赶下了台。这些构成主义者来自

艺术文化研究院，而这所研究院，还是在康定斯基的帮助下建立起来的。卢那察尔斯基开始了另一种论调。"未来主义已经落后于时代，"他在1920年宣布——他所谓的未来主义，指的是俄国先锋派艺术，"它已经臭气熏天。虽然它才在坟墓里待了3天，但已经臭不可闻。对于无产阶级来说，寻找毕加索毫无必要。"在1924年列宁逝世之后，《艺术新闻》报道了一个故事，这个故事为马列维奇的毫不通融加上了一层护甲，将之定性为英雄主义：

> 像其他所有布尔什维克艺术家一样，马列维奇一直致力于塑造一个纪念碑经典，以表现列宁的伟大。他自豪地展示了一个由大量农业、工业器械和机器构成的巨大基座，顶端是列宁的"形象"——一个没有任何标志的简单立方体。

> "但是，列宁在哪里？"有人这样问这位艺术家。他颇为受伤地指着那个立方体。有灵魂的人都可以看到，他补充道。但评委们毫不犹豫地拒绝了这件艺术品。他们的理由是，要想鼓舞那些头脑简单的农民，就必须有一个真实的列宁形象。

夏加尔向至上主义者们泄愤，不是为了活得更好，而仅仅是为了活下去。20世纪20年代，马列维奇被投入监狱。虽然在1933年他曾出现在列宁格勒纪念苏维埃夺取政权的庆祝展览上，平时他却和其他的至上主义者们一起被关在一个拥挤的小房间里——一位评论家写道，那是一个"最值得铭记的房间，因为这儿所发生的悲剧不同寻常。曾经待在这儿的人们饱含思想，富有创造力，成果颇丰。但在他们的艺术中产生了一种离心力，让他们脱离到艺术之外，让他们走向虚无，走向毁灭"。当时的马列维奇已经变得无能为力。他晚期的作品，嘲笑了苏联艺术中的写实性回归。没有得到适当的医疗，到国外寻求救助的申请也被拒绝，马列维奇于1935年死于癌症。他的至上主义同僚们中，很少有人比他更长寿。最先背叛夏加尔的人之一——马列维奇的信徒、1922年跟随他到莫斯科的查斯尼克，于1928年在列宁格勒离世；1921年成为学校副校长的伊万·加夫林，于1937年被捕身亡；列夫·尤金（Lev Yudin）于1941年在列宁格勒的战场上丧生；利西茨基与马列维奇反目，在整个黑暗的20世纪30年代成为国家的宣传人员，并于1941年死于莫斯科，他的妻子被流放到西伯利亚。如果对夏加尔来说，马列维奇相当于列宁对于克伦斯基的角色，那么对于夏加尔和马列维奇两人来说，利西茨基那斯大林式的毁灭者角色则可谓演绎得出神入化。

马列维奇对几乎所有的"处于至高无上的神秘主义阵痛中的女性"的诱惑力，曾让在两性问题上很羞涩的夏加尔大惑不解（"他很吸引她们是什么意思？我不懂。"）。这些女性后来的命运都很悲惨。罗赞诺娃在 1918 年年底死于白喉病；尤达索娃的军官父亲被布尔什维克在 1918 年处决，她自己与丈夫亚历山大·德莱文（Alexander Drevin）于 1938 年被捕，数周后被枪杀——作为一个反苏维埃的形式主义者，她已算活得久了；腿部残疾的维拉·埃尔莫拉瓦，在哈萨克斯坦被判处了 5 年的劳役徒刑，于 1938 年在当地的集中营里丧生；维拉的朋友尼娜·科根，死于 1942 年的列宁格勒围城战。

在学校的其他人，罗姆于 1922 年回到莫斯科，再也没有参加过任何展览。他的艺术史课程讲得很好，后来成为苏联一名颇为出色的艺术史学家。1952 年，他在写完一部有关夏加尔的苦涩回忆录不久后去世。曾认为夏加尔是个疯子的学生安托什琴科-奥来列夫，作为一名图形艺术家生活在中亚，于 1938—1957 年经受牢狱之灾，官方并未做出任何解释。夏加尔还记得的少数学生之一的米哈伊尔·库宁，在 20 世纪 30 年代初期成了一名马戏团演员，在苏联巡回演出时经常展示他的绘画技巧。夏加尔被这个故事深深打动了——好像库宁是一个从他的画中活过来了的角色——他给库宁写过信（"你一定要记住我曾有多关心你，库宁，并且我希望你幸福无比。"），并在 1973 年回到俄国时请求与他见面，但当时库宁已于一年前去世了。

维捷布斯克人民艺术学院多次更名，甚至连通信地址都发生了改变：在尼古拉·布哈林成为斯大林第一批被公审的受害者并于 1938 年被处决后，"布哈林斯克大街"被重新命名。"我的城市已经死了。维捷布斯克的道路走到了尽头！"夏加尔写道。他的父亲在他 1920 年离开后不久身亡，在工作的时候被一辆卡车碾过——"我父亲的面容，被命运和汽车的车轮轧得粉碎"。然而与马列维奇战斗之后的夏加尔的情绪是如此脆弱，以至于贝拉"向我隐瞒了他的死讯"，因此他并没有回维捷布斯克，也没有帮妹妹们打理葬礼。"我不在那里，真是太恶劣了。"

1921 年 1 月，在维捷布斯克由苏联政府举办的"犹太节"上，共产党内的犹太人分部公开审判并关闭了城中的宗教学校。1921 年 4 月，维捷布斯克的犹太教堂成了俄国被关闭的第一批犹太教堂。当时的照片显示，犹太教的律法经卷被堆积在一起烧掉；众多的犹太教堂要么被彻底摧毁，要么变得光秃秃的，上面写着布尔什维克的"教育是通往共产主义之路"的口号。犹太人们占领了被涂上关闭标记的会堂，去里面举行祈祷会，但军队会前来砸碎窗户，高喊"犹太佬去死"，还会在离开的时候杀戮参加礼拜的人们——通过这样的手段把他们赶出去。有一座犹太教堂变成了共产主义大学，有几座被用作工人俱乐部，还有一座变成了鞋厂。反动的白俄罗斯人也对犹太人存有偏见，因为许多布尔什维克的领导人都是犹太人，而契卡也有一个强大的犹太特遣队。"对犹太人的仇恨，"一位社会学家在 1921 年写道，"是今天俄国社会中最突出的特征之一，甚至也许就是最突出的特征。无论东南西北，犹太人在每一个地方都让人讨厌。无论他们的阶级、受教育程度、政治信念、种族或年龄是什么

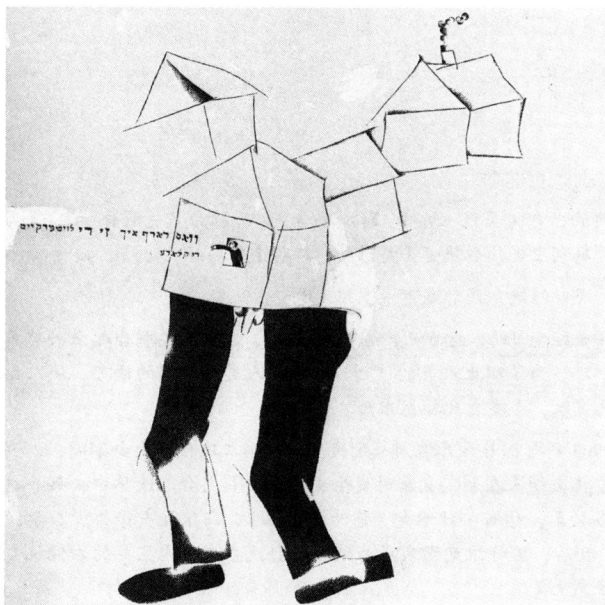

夏加尔，《人与房屋》，草稿，1920 年

样的，他们总是惹人憎恨。"作为主要地标性建筑出现在夏加尔画作中的那些教堂，遭遇也好不到哪里去：在他的出生地附近的"黑色三位一体"教堂，于1921年被闪电击中并被烧毁；从他父母的窗口可以看见的乌斯别斯基大教堂和绿顶的主显圣容教堂，都在20世纪30年代因年久失修而被拆除。

夏加尔最喜欢的妹妹莉萨于1919年嫁人，离开了维捷布斯克。1921年，家里的最后一个妹妹玛妮娅从波克洛夫斯克的家中搬到了彼得格勒，带走了那些沉重的木制家具——边柜、扶手椅、橱柜、箱子等。她把它们从一间两居室的公寓搬到另一间公寓，直到1948年去世时才传给女儿和女婿。这位女婿是"如他自己所说，一个一点儿也不懂艺术的技术人员"，而且"他费了很大的劲才（把家具）劈成了柴火。木头很结实，不易锯断，他很自豪自己取得了成功，并很高兴摆脱了从维捷布斯克夏加尔家的房子里带来的巨大碗柜"。自从1920年6月离开后，夏加尔和贝拉再也没有回过维捷布斯克，但他们二人都为其写过挽歌：贝拉将之写进了她20世纪40年代的意第绪语回忆录；而夏加尔，则立即将之描绘进了为莫斯科犹太剧院创作的激进作品中，那是他对俄国的告别。

注释

【1】天使报喜：典故出自《圣经·新约·路加福音》，又称为"受胎告知""圣母领报"。指天使加百利向圣母玛利亚告知她将受圣灵感孕，即将生下耶稣。

【2】卡尔斯巴德：现在的捷克西部城市卡罗维发利。

【3】巴别塔：据《圣经·旧约·创世记》第11章记载，当时人类联合起来兴建希望能通往天堂的高塔，即巴别塔。为了阻止人类的计划，上帝让人类说不同的语言，使人类相互之间不能沟通，计划因此失败，人类自此各散东西。

【4】孟什维克：1903年七八月召开俄国社会民主工党第二次代表大会期间，以列宁为首的马克思主义者同马尔托夫等人在制定党章时发生尖锐分歧。大会在选举中央领导机关成员时，拥护列宁的人得多数票，称布尔什维克（意为多数派）；马尔托夫等得少数票，称孟什维克（意为少数派）。会后，孟什维克发展成为俄国社会民主工党内主要的右倾机会主义派别，其观点称为孟什维克主义。

【5】契卡：苏联的情报组织克格勃的前身，全称为"全俄肃清反革命及怠工非常委员会"，"契卡"是其俄文缩写的音译。

第13章

夏加尔的盒子

莫斯科，1920—1922

"就跟农民、投机者们混在一起吧！整个人群里挤满了茶壶、牛奶罐和婴儿，密不透风！"从维捷布斯克出发时，夏加尔写道。夏加尔、贝拉和伊达一登上货运列车，就感受到了莫斯科这个大村庄的气息。这个在中世纪曾代表着俄国的中心城市，也会在未来成为共产主义的核心地带。"我们竭尽全力地挤在一辆牛车里，你压着我、我压着你。火车在震天响的诅咒声和咒骂声中缓缓前行，车上臭气熏天。我们磕磕碰碰地到达了莫斯科。车站已被带着大包小包的农民大军占领。我们好不容易才挤出人群，去找落脚的地方。"

夏加尔一家人没有钱——"我们不需要钱，也没有东西可买"——也没有工作。"最后，我在一栋带有庭院的楼上找到了一个小房间。"夏加尔写道，"潮湿。甚至连床上的毯子都是湿的，宝宝（4岁的伊达）躺在一片潮湿中。画都变黄了，墙上似乎有水在流。"开始的时候，正如埃弗罗斯的回忆所说，夏加尔完全"不知如何是好"。在他抵达莫斯科不久后拍的一张照片上，脸颊瘦削、满怀忧虑而疲惫不堪的夏加尔戴着一顶宽大的黑色帽子，从帽檐下露出一副猎物般警觉的神色。卢那察尔斯基欣然接受了他的辞呈，并声称自己手上有一份档案，详细地记录了许多针对他独断专行、不愿配合的指控。此时，夏加尔才发现，在艺术家群体中，自己连一个朋友都没有。卢那察尔斯基的政权部门向画家们发放津贴，包括马列维奇和康定斯基在内的一个委员会将所有的画家分为三个等级；夏加尔被降格为第三级，因此只能分配到最基本的口粮和生活必需品。当时，这个政权几乎是国内唯一的艺术赞助人。那些支持先锋艺术的、富有的收藏家们，已经离开了这个国家。大众的口味已经开始转向保守，预示着社会主义现实主义的兴起。而在内战期间，对于留在国内的为数不多的收藏家们来说，此时购买艺术作品既不具备稳定的前景，也缺乏足够资金。没有人卖画，也很少有人作画——大多数先锋派艺术家都忙于宣传工作；或在履行行政职责；或在写理论论文（比如康定斯基和马列维奇）；或在承接项目，比如为受国家资助的大导演梅耶荷德和泰洛夫的戏剧做设计工作。夏加尔再次成了局外人。在艺术家们的会议上，似乎除他之外的所有人都是局内人，这些人看他的眼光中都充满了不信任和怜悯。

当秋天的雪花落下来后，饱受战争摧残的首都的状况更是江河日下。夏加尔拖着他的口粮，在结了冰的路上跟跟跄跄。贝拉试图在苏克雷斯基（Sucharesky）市场出售她的珠宝，却惨遭逮捕。贝拉的父母住在离他们不远的地方，生活同样捉襟见肘。跟这儿的绝大多数人一样，夏加尔一家人饥饿而寒冷。他们的公寓潮湿不堪，又没有暖气，墙壁和天花板上水流不止，贝拉总是在担心伊达会在夜里被冻死。就在这一年，康定斯基的小儿子弗谢沃洛德（Vsevolod，比伊达小 1 岁）、诗人玛丽娜·茨维塔耶娃（Marina Tsvetaeva）的小女儿伊琳娜（Irina），均因营养不良死于俄国首都莫斯科。"妈妈永远也想不到，孩子们会在这里被饿死。"茨维塔耶娃的大女儿阿利亚（Alya）写道。她们家族的世交沃尔孔斯基（Volkonsky）亲王回忆起茨维塔耶娃——莫斯科美术馆第一任馆长的女儿——时说道，1920 年，她住在一所"没有暖气的房子里，有时连灯都没有……一间光秃秃的公寓……小阿利亚睡在屏风后面，身边环绕着她的画……可怜的炉子里没有柴火，电灯昏黄……黑暗和寒冷从街上涌了进来，仿佛它们才是这个地方的主人"。就连在莫斯科艺术剧院工作的（"我很惭愧地说，我的老朋友'万尼亚（Vanya）舅舅'[1]总是在不停地救我"）的斯坦尼斯拉夫斯基这样功成名就的艺术家，所描述的首都革命后的

夏加尔在莫斯科，摄于 1920 年

莫斯科斯特拉斯特纳亚地区，摄于 20 世纪 20 年代

情形也是如此悲凉："恐怕我的妻子会觉得生活很艰难。我们吃不吃得饱完全取决于她，要不是她，我们早就挨饿了。这对孩子们很重要。无论我们挣到多少，都花在了食物上，我们不得不放弃其他的一切。所有人都显得很寒酸。"

几个月来，夏加尔一边舔着维捷布斯克的伤口，一边在莫斯科饱受煎熬，无论在心理上还是在现实中都无法创作——画布和颜料，几乎是不可能弄到的。直到 11 月底，他才获救。当时，埃弗罗斯把他介绍给了另一位刚来莫斯科不久的人——28 岁的亚历山大·格拉诺夫斯基，他在当年春天带着他的犹太剧团从彼得格勒来到莫斯科，正在寻找舞台设计师。剧团原来的设计师为多布金斯基，随着"艺术世界"学派的衰落，他们的剧团在圣彼得堡这个古老的沙皇城市里也走向了衰败。这是一个被西方文化同化过的犹太剧团，上演的是从莎士比亚到席勒的西方经典戏剧的意第绪语版本。但在左翼的、更靠近南方的、更富革命激情的莫斯科，这儿的环境更接近从前的"栅栏居住区"，大量的犹太工人涌入这里。此时的格拉诺夫斯基受到启发，采用了不同的现代主义观念，他的目标是让乡下的犹太人以其特有的地方色彩和相应特质，通过怪诞、夸张和风格化的手法，对他们的日常生活做出适宜的转变以适应舞台。在梅耶荷德的帮助下，这个激进的剧团得到了国家的支持和资助，以此作为将犹太大众——97% 的俄国犹太人讲的仍然是意第绪语——改造为布尔什维克思想者的一种方式。因此，这个剧团重新焕发了生机。几年后，当剧团在整个欧洲闻名时，剧团的支持者，也是革命支持者的埃弗罗斯，描述了 1920 年犹太新移民们眼中的莫斯科：

> 狂热、狂暴、动荡的莫斯科，革命国家的总部、潜在的世界首都，每一天、每一个小时，都被各种事件冲击和轰炸着。车轮在转动，机器在发生故障，人们在被伤寒吞没、被谣言蒙蔽且食不果腹，不得不把篱笆和家具丢进炉子里燃烧取暖——但仍不停沸腾着要去夺取遵循历史意愿的胜利，为大众蒙昧的行动指明方向。抗议、呼吁、命令、口号——"告诉所有人！所有人！所有人！"——的叫嚣声如同雷鸣，伴随着数百个管弦乐队的胜利号角；在这个新世界的工作日里，列队穿过街道的拥挤人群中飘扬着红色的旗帜；数十位导演、数百位艺术家、数以千计的演员、露着大腿的舞者、马戏团演员、业余艺术爱好者和冒险家们的奇思异想正在成为现实，他们被慷慨地给予了金钱（尽管在贬值）、房子（尽管在倒塌）、材料（尽管在分解）——苏维埃的莫斯科在格拉诺夫斯基身上点燃了决定性的火花。

当夏加尔走进那座剧院的时候，莫斯科也在他的身上点燃了革命之火。剧院位于切尔尼舍夫斯基街，原本属于一位在革命中逃离俄国的犹太商人古列维奇（Gurevich），后被国有化。在这座建于世纪之交的破败大楼的二楼，原来的大客厅和邻近的一些房间已经变成了一个 90 座的剧院。演员们已经住进了这栋还处于修复之中的楼里——古列维奇时代的走廊上的瓷砖上，装饰着的大卫之星依然如昔，只是上面铺满了被撕碎的内战宣传资料、配给卡、排队号票等杂物。"地上到处都是碎木头、旧报纸、木板、棍棒和别的破烂，"夏加尔回忆道，一名演员拿着一个定量配给的黑面包，另一名演员拿着一瓶掺了水的、发蓝的牛奶走进他的房间……一堆堆的刨花和我的颜料管混杂在一起，粘在我的草图上。每走一步，不是踢到烟头，就是踩到面包皮。"就是这儿，"埃弗罗斯把我领进一个黑洞洞的房间，对我说道，"这些墙都归你了，你想怎么画就怎么画。"……于是，我急匆匆地扑向了那些墙壁。

该剧院于 1921 年 1 月 21 日开业，以"肖洛姆·阿莱赫姆之夜"为主题——上演由这位意第绪语经典作家创作的 3 部关于东欧犹太乡村生活的剧作。从 12 月初开始的一个半月里，夏加尔把自己关在礼堂里，几乎日夜不停地作画。后来他认为，这儿的作品是他整个艺术生涯中的杰作。作画的时候，他将廉价的石灰基蛋彩粉和水粉颜料混合在一起，时而用高岭土作为填料；他所使用的画布，由薄薄的荷兰床单拼接缝制而成，然后固定在一面长长的墙、另一面墙上的四个大窗户之间，以及这些窗户上方和门后的一面墙上。在此过程中，格拉诺夫斯基和埃弗罗斯很快发现，他们请来的这位布景设计师，比他们预想的出色得多。"他没有向我们提出过任何条件，但也顽固地拒绝接受我们的任何意见，"埃弗罗斯写道，他惊讶地发现这位一贯极度犹豫不决、优柔寡断的朋友在抵达莫斯科后，一夜之间变得非常顽固、自大而喜怒无常，"夏加尔从未离开过切尔尼舍夫斯基胡同里的这个小礼堂。他锁上了所有的门。只允许格拉诺夫斯基和我进入，在进入之前还会受到他如同地下火药库的警卫般挑剔而多疑的盘问；此外，我们会在固定的时间，从半开的门缝中给他递送食物。这已不是简单的对创作的沉迷，他是真的着了魔。"

与来自里加的知识分子——被同化了的、不会讲意第绪语的犹太人格拉诺夫斯基在一起的时候，夏加尔努力地寻找着和他在美学上的交汇点："我，总会为一点小事而焦虑和担忧；而他，自信而笃定，不介意人们的冷言冷语。"在柏林受到马克斯·莱因哈特（Max Reinhardt）[2] 的训练的格拉诺夫斯基，一直致力于建立一座重肢体语言和手势、轻语言表达的非自然主义犹太剧院。其目标受众既包括广大的犹太人，也包括莫斯科的城市精英。他用俄语指挥演员，从而最大限度地减少了戏剧台词中的意第绪语元素，并对演员们进行了严格的肢体训练，包括杂技、舞蹈以及芭蕾舞大师罗曼诺夫（B. A.

Romanov）所教授的韵律体操。"我们每个人，都有火热的意志，做好了牺牲的准备……我们的领导告诉我们，这已经足够！"主演所罗门·米霍埃尔斯写道。

格拉诺夫斯基在为这个激进的实验挑选演员时，只要求他们从未上过舞台、年龄在 27 岁及以下——如同政治任命一般排斥着旧的思想，任何沾染上旧的表演习惯的人都无法入选。唯一例外的是 28 岁的米霍埃尔斯，其戏剧表演天赋和非凡的情感表达能力令他无法抗拒。米霍埃尔斯成了格拉诺夫斯基的得力助手。通过他，这位目空一切的导演才能将自己的理念传达给这个由年轻的乡下犹太人组成的剧团。夏加尔富有表现力，思想前卫，无产阶级出身，是一位扎根于犹太主题又在柏林蜚声国际的艺术家。格拉诺夫斯基本人也是在柏林修炼出前卫意识的，对他来说，让夏加尔做设计似乎是一个完美的选择。而在米霍埃尔斯与他成为朋友后，他与剧团的其他成员才达成了有效沟通。

夏加尔与所罗门·米霍埃尔斯，1921 年 1 月摄于莫斯科

有一次，米霍埃尔斯迈着碎步走近我，用有分寸的、明显有些含蓄的话语说道："马克·扎哈尔诺维奇，请把你的素描借给我，我想研究一下。我们不能这样继续下去——你在这里，我们在那里，大家不是一个整体！"……米霍埃尔斯开放而友好的态度，在大革命之初的新式犹太人和艺术家中很具代表性。因此，我几乎不能忘记，几个（星期）之后，我听到米霍埃尔斯从遥远的房间里发出的长长的呼唤声飘扬在走廊里，"夏加尔，我明白了……你在哪儿？我明白了……"他拿着素描来到我的梯子前。"看，夏加尔！"他的嘴里迸发着肖洛姆·阿莱赫姆的台词走了过来，眼睛里洋溢着喜悦，满脸都是笑意。毫无疑问：米霍埃尔斯发现了一些东西，发现了真正的细微之处和该有的韵律——形式、内容、新的精神、新的表演。这是一个全新的世界！

夏加尔正在为莫斯科犹太剧院壁画绘制练习稿，摄于 1920—1921 年

　　有时贝拉和小伊达会到剧院去，但大部分时间夏加尔都是独自一人待在那里，极度兴奋、精疲力竭、半饥半渴，或者和看门人埃弗洛伊姆（Ephraim）待在一起，他是"我们剧院工人阶级的唯一代表……他的鼻子，他的穷酸样，他的懦弱，他的愚蠢，从他身上跳到我身上又跳回去的跳蚤。他常常只是站在那里，无所事事，神经质地面带微笑。'白痴，你在笑什么？''我不知道该看什么了，是看你的画呢还是看你。都是一样的可笑！'"埃弗洛伊姆给他拿去的牛奶不是真正的牛奶，面包也不是真正的面包："牛奶掺了水，掺了淀

粉；面包是用燕麦做的，里面还有麦秸，烟草一般的颜色。也许那是真正的牛奶，是从一头革命的奶牛身上挤出来的。"为确保演出效果，格拉诺夫斯基将每出戏都排练 100 多次，但直到剧院首演的前一天晚上，演出还是一片混乱。"什么都缺，"夏加尔回忆道，"没有用来做服装和布景的材料。开演的前一天晚上，他们才给我送来一些旧衣服。我匆匆地为它们涂上颜色。在衣服的口袋里，我发现了一些烟头和面包皮。"格拉诺夫斯基（"这里谁说了算，是你还是我？"）在舞台上挂了一块真正的抹布，惹得夏加尔大发雷霆。正如埃弗罗斯所记得的那样，他

> 痛恨非法入侵到自己世界的真实物品，疯狂地把它们扔出了舞台；他以同样的愤怒，在那些减少到了极致而不可或缺的舞台道具上画上了图案——也可以说只是涂了颜色。当一排排椅子摆在了画着他的壁画的大厅里时，他真诚地流下了热烈而幼稚的眼泪。他断言："这些野蛮的犹太人会糟蹋我的艺术，会在上面蹭他们厚实的后背和油腻的头发。"……他不停地哀号和抱怨。他殴打了那些搬运他手工制作的舞台布景的工人，声称他们故意将之弄坏了。首演的当天，就在米霍埃尔斯登台前，他紧紧抓住这位演员的肩膀，疯狂地如同对着一个人体模型一般用画笔往他身上猛戳，在他的戏服上涂上圆点、在他的鸭舌帽上画上小鸟和猪的图案——细小到即使看戏的人使用望远镜也无法看见，并毫不理会不停地催场的声音和米霍埃尔斯强压着怒气的恳求。当我们强行将这位演员从他手中拉开并推到舞台上时，夏加尔再次哭了起来，并再次哀叹。可怜的、亲爱的夏加尔！他当然认为我们是暴君，而他自己是个烈士……他从来不明白，自己已是一个明明白白的、无可争议的胜利者。

在短短一个多月的时间里，夏加尔处于一种比在巴黎时更甚的狂热中，以鲜艳的色彩创作出了包围着整个大厅的 7 幅作品。很快，这个剧场便被称作"夏加尔的房间"；又因为这个剧场很小，也被称为"夏加尔的盒子"。《犹太剧院的序曲》是一幅 8 米长的巨幅油画，上面画着比真人还要大的扑朔迷离的人物形象和华丽的几何图形。此外，还有 4 块巨大的竖立着的版画，每块高 2 米，描绘的是经典犹太人物形象——一个绿色面孔的小提琴手；一个"沙丹"，

夏加尔，《犹太剧院的序曲》，布面蛋彩、水粉，1920 年

或说媒婆，一个婀娜多姿的女人，在喧闹的哈西迪婚礼舞会上踢着粗壮的腿、拍着手；一个"巴丹"，穿着长外套的婚礼小丑；以及一位犹太律法学者。在犹太乡村场景中展现出的《音乐》《舞蹈》《戏剧》，以及《文学》，代表了夏加尔和格拉诺夫斯基的观点，即当代犹太戏剧是从东欧犹太民间传统的哑剧演变而来的。他们的上方是一幅细长的画，名为《婚礼餐桌》，紫色、粉色和海蓝色的水果、蛋糕、鱼、鸡等，在白色的桌布上闪着微光。后面是一块晶莹剔透的至上主义风格的银白色方形面板，其构图形式近乎抽象，名为《爱与舞台》。画面的舞台上，是一对跳着双人舞的轻盈的现代夫妇的缥缈轮廓，一双芭蕾舞鞋上写有"犹太剧院"的字样。爱、狂喜、光、宗教仪式、艺术与生活节奏：在这些犹太壁画丰富的层次中，夏加尔通过令人眼花缭乱的抽象形象，

塑造出了普通事物背后的神奇微光和精神意义。正是这些作品，证实了他是俄国先锋派艺术界最杰出、最经久不衰的具象艺术家。

处于内战中的莫斯科，节奏激烈、音调刺耳，这一切都让夏加尔激动不已。从至上主义以及他在第一次世界大战期间所作的不朽的具象画，到他巴黎时期暴风雨般过分热烈的幻想——画在这里的小提琴手，呼应着巴黎时期他画在贝拉送的桌布上的小提琴手——无论是新的还是旧的，他受到过的各种艺术影响，都在这里产生碰撞。在维捷布斯克当委员的时候，他对这个新国家的艺术家们的官僚作风和宗派主义深感失望；此时在莫斯科，作为一名画家，他再次体验了革命。"外面，革命的浪潮汹涌澎湃，"米霍埃尔斯回忆道，"人类的眼睛和人性的思想，在毁灭和变化的混乱中，惊慌而散乱地闪烁着光芒。在这个世界沉没、破碎并变成新的世界时，一个奇迹发生了——也许很小，但对我们犹太人来说意义重大：犹太剧院诞生了。"评论家维克多·什克洛夫斯基（Viktor Shklovsky）在 1920 年 4 月指出，"整个俄国都在演戏，从根本上来说，人们的生活结构正在戏剧化。"这种社会氛围，为这些壁画增添了色彩。夏加尔的个人主义、犹太出身和欧洲现代主义，都为这一系列作品注入了革命精神。交织在这些壁画中的活力、愤怒、蔑视和悲怆，既来自于希望，也来自于被马列维奇打败后在俄国又一次获得创作机会的兴奋，还来自于他感觉到了——就像布洛克的《十二个》一样——这将是他在俄国最后的作品。

在《犹太剧院的序曲》中，拿着调色板的夏加尔被埃弗罗斯高举着，在红头发侏儒演员克拉斯金斯基（Kraskinski）的注视下，他奔向被描绘成真人几倍大小、魅力超凡的米霍埃尔斯；同时，他也给了格拉诺夫斯基一副冷若冰霜、孤傲的形象。"眼睛和额头鼓鼓的，头发蓬乱。短鼻子，厚嘴唇。他会用心跟随、预见你的想法，并以手臂和身体的角度精确地呈现。令人难忘！"这是夏加尔笔下的米霍埃尔斯，他热情地将之视为知己。米霍埃尔斯的原名为史洛梅·沃夫西（Shloyme Vovsi），出生在德文斯克一个受过教育的哈西迪派家庭，曾在彼得格勒学过法律，他的堂弟米隆·沃夫西（Miron Vovsi）是斯大林的私人医生。米霍埃尔斯和夏加尔均吸取了哈西迪传统的民间传说和笑话，以及俄国先锋派的每一种现代主义思潮。在碰撞中，他们找到了自己荒诞、悲中带喜的艺术表现形式和形象——这成了二人毕生作品的特征，仿佛这种戏剧效果可以永远对抗革命世界的转瞬即逝和无常多变。"强壮而短小，瘦弱而结实，实用而梦幻。他的逻辑和感情融合在一起，他所讲的意第绪语好像来自书本一样。"夏加尔写道。米霍埃尔斯和他成了密友，还给贝拉上过意第绪语表演课。"从远处听起来，我觉得她的声音如同'钟声叮当……'"他曾用佩雷兹·马克什（Peretz Markish）的诗《克莱恩·格洛克尔·克林贡》中的词汇如此形容。对于贝拉而言，跟夏加尔和米霍埃尔斯一样，在舞台中看见了自己的未来。米霍埃尔斯说，

过去犹太人生活中的那些悲剧内容，在我们国家注定会成为历史。在寻找最鲜明、最引人注目的方法去揭示这些悲剧内容的过程

中，戏剧在唤起新的兴奋点方面表现出了极大的多样性……磨砺特色，完善舞台设备，揭开隐藏在残酷的、常常是传说般的经典人物身上蕴含着的新的社会内核——这是我们的持续之路。悲中带喜，不正是现在这个时代的典型特征之一吗？

格拉诺夫斯基、埃弗罗斯、米霍埃尔斯、夏加尔——这些前卫艺术界的犹太人，在 1920 年时完全沉迷于现代艺术，乐观地认为犹太文化可以融进革命俄国，并且仍然保留自身的特色。而他们没有一个人能在苏联的政体中生存下去。如果说夏加尔在"一战"期间像他所说的那样，于画布上保护了犹太人的安全，那么《犹太剧院的序曲》也同样如此。

1944 年，他对一位讲意第绪语的观众说："我想把自己画进你、你们当中，我的城市和小镇。"绿色的母牛、夏加尔式的山羊、犹太乡村的房子、他父母家的油灯、他的家人的名字，所有维捷布斯克留下的记忆都在画布上得以重现；两个杂技演员，一个戴着传统护身符，一个身上写着意第绪语经典作家们的名字，在用手倒立着走路，而环绕在他们身边的彩色圆圈和三角形，也如同光束一般在画面上跳舞。在这个狂想曲中，一个人骑着鸡，另一个人在吃鞋：这种日常生活中的物资匮乏——整个剧团一直处于饥寒交迫之中——和仍然令夏加尔感到刺痛的在维捷布斯克所受的屈辱，都已被超越。犹太乡村的生活如同喜剧般永垂不朽。诗人柴姆·比亚利克（Chaim Bialik）将夏加尔比作唱诗班的领唱人，然后当人们在祈祷的时候，他向人们吐出了舌头。夏加尔本人将自己的作品比作弗兰兹·卡夫卡所创造的形象——虽然卡夫卡所受的是非宗教的教育，但他却为哈西迪派的神秘主义所吸引。卡夫卡于 1914—1915 年撰写了《审判》，1915 年撰写了《变形记》，1922 年 1 月开始撰写《城堡》——在此期间，夏加尔发展出了独特的用以展现俄国悲喜的现代主义绘画语言，同样强调荒诞、世俗和信仰之间的冲突。正是这种冲突，使得这位作家和这位画家，成为超现实主义先驱。"夏加尔一再强调他与卡夫卡的相近。"弗朗兹·迈耶说道。他们二人是同代犹太人，都觉得自己没有家园，都"深深渴望摆脱尘世的束缚。他们二人也属于这样一个时代，一个传统犹太教对世界的精神观念不再构成任何真正秩序的基础的时代"。

　　5 年后的 1925 年，格拉诺夫斯基将原本在剧院上演的肖洛姆·阿莱赫姆的作品《犹太人的运气》改编成电影，什克洛夫斯基对之进行了诠释，

　　　　这样的犹太生活已经不复存在。内战对他们的生活造成了极大破坏。大屠杀席卷了犹太乡村。原本一片片棚屋所在的地方，都被犁翻了过来。大屠杀过后，饥荒降临……这场革命对犹太人来说，是一个巨大的脱壳机。旧的封闭的世界已被打破。以前的生活消失了。各种小生意和商业贸易，在国家资本主义和合作社的压力下被碾得粉碎。在新的紧张生活中，没有任何回旋的余地……革命消除了针对犹太人的所有限制，也摧毁了犹太人的本质特性。

　　格拉诺夫斯基指挥米霍埃尔斯旋转，夏加尔则在画布上画下这一幕，所有人都展现出了哈西迪派的精神性的热情，庆祝着布尔什维克对犹太人的解放。而此时，犹太人在苏联的身份正岌岌可危。

　　迈耶写道，"夏加尔一遍又一遍地引用着在莫斯科画下的壁画中的元素……犹太剧院中的事物在此被表现得更具世界性，生活战胜了一切肤浅的束缚……除了总结他在俄国岁月里的艺术成果之外，这些不朽的作品面向的是广大的公众，具有宣言的意义"。夏加尔当时就意识到了这一点——因此他全身心投入到自己的创作中，即使以他自己的标准来看，这种专注的程度也是达到极致了的。

　　他一直想要一块巨大的画布，越大越好。当时，整个剧院都是他的画布。当装饰着山羊的幕布在第一天晚上升起时，观众们为夏加尔装扮出来的演员们的奇异效果而惊叹，他们依据格拉诺夫斯基影片式的表演体系"剧照"，以夸张的断续爆发方式移动着，看起来和最大壁画中的人物一模一样——两者都是夏加尔的作品，唯一不同的是真人会说话，而画中的人物则保持沉默。这样的戏剧效果，具有完全而彻底的独创意义。评论家们称之为"用颜料演奏的希伯来爵士乐"。"肖洛姆·阿莱赫姆之夜"非常成功，以至于这出戏被重复演了 300 遍，甚至埃弗罗斯也承认"整个大厅都被'夏加尔化'了。这一系列惊人的犹太壁画为观众们带来的困惑，和肖洛姆·阿莱赫姆的短剧所带来的一样多……""肖洛姆·阿莱赫姆之夜"最终成了"夏加尔绘画的戏剧人物版"。

摩耶西·利特瓦科夫称"肖洛姆·阿莱赫姆之夜""令人难以置信的轰动",为格拉诺夫斯基的小剧团带来的力量,如同梅耶荷德和泰洛夫所带来的一般强大。不会讲意第绪语的俄国人们,也涌向了这个几乎没有什么对白的现代哑剧。俄国评论家 P. A. 马尔科夫(P. A. Markov)写道:"当你看到这种'犹太人的表演'时,你无法不被其情绪感染力和动作的迅捷、言语的强度和姿势的活力打动。"

> 贫穷的犹太人们穿得破破烂烂,富有的犹太人们戴着滑稽的面具,穿着大衣和体面的、带有五颜六色的装饰物的老式长袍,欣喜若狂地在各种奇特的平台上和弯曲的楼梯上蹦蹦跳跳。他们会像石像一般在庄严的静谧中站一会儿,然后迅速陷入市场一般的嘈杂之中,或从一个平台跳到另一个平台,或从一段楼梯上俯冲而下,然后消失不见。

犹太剧院非常成功,不到一年就获得了更大的经营场地。这个剧团于 1921 年年底迁至马来亚·布朗纳亚街,占据了商人 M.S. 罗曼诺夫(M.S. Romanov)建造的一座大楼里的音乐厅。夏加尔画在面板上的几幅画,也随他们一起被搬到了新场地的门厅。在 20 世纪 20 年代犹太剧院的全盛时期,评论家们接受了其风格化的现代舞蹈编排,德国评论家马克斯·奥斯邦(Max Osborn)称之在小号和铜鼓乐队的伴奏下"栩栩如生、如同机器、有若杂技"。这一切,都应归功于夏加尔。

奥斯邦原本对这个剧院的背景一无所知,但在 1923 年访问莫斯科时被迷住了:

> 幕布升起来后,你会看见一片奇怪而混乱的房子,以立体主义的方式交织在一起,层层叠叠……塞尚一般的色彩充实和丰富了这些立体主义线条的表达形式……在一栋楼的屋顶上,出现了一个留着大红胡子、穿着绿色大衣的犹太人的身影,他背着一个口袋,挂着一根拐杖。我本能地大声叫道:"夏加尔!"突然间,一切都变得明朗起来:这就是夏加尔的世界。一切都是他创造出来的。

298

但对夏加尔来说，这是一次得不偿失的胜利。在格拉诺夫斯基和埃弗罗斯看来，他专横跋扈、不合作，也不懂戏剧。"强大无敌的夏加尔式犹太人征服了舞台，但舞台却被奴役了……我们不得不突破夏加尔的尸体所呈现出的壮观场面。"埃弗罗斯抱怨道。他们不再请夏加尔为犹太剧院做设计。在革命的混乱中，他的创作也从未得到报酬。整个 1921 年，他一直尝试着与其他导演合作，包括希伯来哈比玛剧院和莫斯科革命讽刺剧院的叶夫根尼·瓦赫坦戈夫（Yevgeny Vakhtangov），但他的设计总被认为太极端或不可行。他的风格太个人化，太不妥协，难以与任何导演的眼光达成一致。其他在莫斯科的俄国先锋派艺术家们——亚历山德拉·埃克斯特、柳博夫·波波娃、内森·奥尔特曼——为梅耶荷德或瓦赫坦戈夫做舞台设计师时，都没有如此与众不同的风格，也没有一个有他那样难以相处的名声。夏加尔抱怨说，他的作品正在影响着别的舞台设计，他看到"在哈比玛剧院，他们请了另一位艺术家来模仿夏加尔进行创作……对格拉诺夫斯基来说，他们现在已经超越夏加尔了"。而他自己，又回到了刚刚抵达莫斯科时的起点：一个无处可去的三流艺术家，身处一个濒临崩溃、满是饥荒的国度。

经过数周的狂热创作后，他变得脆弱不堪，于是接受了卢那察尔斯基提供的一份官方工作，到第三国际犹太儿童教养院——距离莫斯科 18 英里的马拉科夫村的战争孤儿院担任绘画老师。这里其他的犹太知识分子，包括夏加尔为其书作过插画的意第绪语作家德·尼斯特，正在形成一个小团体。到这儿来工作不过是权宜之计，而且从此刻起，夏加尔不再认为自己在俄国会有未来。但他无法将那些壁画从脑海中抹去。他一直在余生中打听着它们的情况，谈论它们，并在艺术上反复回归杂技演员和小丑的悲中带喜的形象，这些都是在他的革命俄国时期成形的。早在 1921 年 2 月，他就向犹太剧院抱怨过壁画没有得到足够的曝光：

> 作为一名画家，在"大众"看到我的作品之前，我的内心无法平静。事实证明，这些东西实际上是被关在"笼子"里的，在那里，最多（如果你能原谅我这么说的话）可以被 100 个近距离观看。我很喜欢犹太人（已有足够"证据"可以证明这一点），但我也喜欢俄国人和别的民族，而且我习惯于为许多"民族"描绘严肃的事物。

在他的要求下，7月举办了一个特别的展览，这些壁画在启蒙委员会的正式安排下得以在剧院进行展出。他在开幕式的请帖中制作了一幅立体主义拼贴画，画面显示他行走在一个棕色的三角形上———一块刻有希伯来语和意第绪语的"正义"字样的墓碑。卢那察尔斯基是被他讽刺性地邀请过的人之一：

> 只有在俄国，我才能这样画画。我一直在不停地思考艺术（尤其是我这种艺术）在俄国的命运。我所做的一切……会对谁有意义吗？谁会需要？总而言之，我的道路是对的吗？因为就"集体"而言，世界上似乎没有什么比我更"个人主义"（卑鄙的字眼）的了。但是我，一个永远贫穷的店员的儿子，有没有可能在某个地方与大众没有亲密关系呢？

最后，他邀请卢那察尔斯基在开幕式上与他进行讨论：

> 你不喜欢西方，阿纳托利·瓦西里耶维奇。我也不喜欢。但我喜欢1914年以前在西方的我可以学习、能够欣赏的艺术家……在展览开幕时安排的讨论中……我希望你能讲出对每一个层面的"我"的看法，即便是谈到与我这样一个难以忍受的角色的相处。

> 忠诚的，马克·夏加尔

一位仍认真考虑在卢那察尔斯基统治下的职业生涯的艺术家是不会写出这样的信的。1921年，夏加尔的生活状况极为艰苦。当他在组织展览或试图让剧院接受他的设计时，每天在莫斯科和马拉科夫之间的辗转奔波，对他来说也是一种严酷的折磨。

> 我先排了几个小时的队买票，然后又排了一个小时的队去车站站台……成群的挤奶女工把她们的白色罐子狠狠地砸在我的背上。她们踩着我的脚。农民们推来推去。他们或是站着，或是歪在地上，伸出手来忙着捉虱子……最后，在夜幕降临时，冰冷的列车缓缓开动了，烟雾弥漫的车厢里回荡着哀怨而喧闹的歌声。火车终于停了，我下车了。这样过了一天又一天。夜幕降临了，我穿过一片荒芜的田野，我想我看到了一条蜷缩在雪地中的狼……我转向一旁，向后

退，直到我确定那不是狼后，才又小心翼翼地向前走。只是一条可怜的狗躺在那里，一动不动。早上，我也会走同样的路回莫斯科。

他、贝拉和伊达住在村里一栋公共木屋的阁楼上，这所房子"仍然有流亡主人的气息，散发着令人窒息的传染病的气味。到处都是药瓶和家畜留下的污秽"；楼上，他们睡在一张狭小的单人铁床上，"到了早晨，你的身体又疼又青"；楼下是"一个活跃的农民"，原是一名与红军一起生活的妓女，负责为公共食堂做饭。这儿讲意第绪语的孤儿们，是被从赤贫中解救出来的幸运儿。"在各个城镇、村庄、火车站，都能看到他们，饥饿不堪……一丝不挂，没有鞋穿……他们先是带着茫然无助的表情四处游荡，然后伸手寻求施舍，最后在饱受折磨中堕落成为小罪犯。"1922 年 2 月，意第绪语共产主义期刊《真理》报道说。在马拉科夫的营地里，这样的儿童聚居在 3 座大房子里，每座房子里大约有 50 名乌克兰白军屠杀遗留下的受害者。"这个村庄是完全被遗弃了的，"一名以前的学生写道，"这里的一切都遭到了掠夺和破坏，一切都不完整。我们必须修理一切：房屋、道路……我们必须去栽培、播种、收获、做面包。老师和学生一样，我们都会分担任务。"年龄在 8 岁至 16 岁之间的孩子不仅要做饭、砍木头、拖木头、洗衣服，还要开会决定营地的事务。他们甚至想办法支付老师的报酬——以食物和燃料的方式，这是当时广为宣扬的一种社会实验。尽管如此，夏加尔写道，

> 他们是最不幸的孤儿。他们都曾被扔在街上，被暴徒殴打，被割开他们父母喉咙的匕首的寒光吓得肝胆俱裂。子弹的呼啸声和窗户玻璃的破碎声震聋了他们的耳朵，他们仍然能听到父母临终前的祈祷。他们曾看到父亲的胡子被残忍地拔掉，姐妹们被强奸、被破肚开膛。他们衣衫褴褛，饥寒交迫地在城市里游荡，紧紧抓住火车的保险杠，直到最后——在许许多多人当中，只有几千人被送到了儿童收容所。

他们热爱画画，"赤着脚，穿着轻装，一个比一个叫得响，'夏加尔同志，夏加尔同志！'……只是，他们的眼神中没有笑意，或是他们根本就不知道如何去笑。"

然而，1921 年夏天拍摄的一张照片，也捕捉到了马拉科夫激励人心的一面。照片中的工作人员包括夏加尔、德·尼斯特，以及文学评论家耶赫克尔·多布斯辛（Yethezkel Dobrushin），所有人要么是短发，要么是剃得很短的革命风格发型，和孤儿们一起挤在楼梯上。每个人看上去都憔悴不堪、厌倦了斗争，但这个群体也有一种相互激励的气氛，一种理想主义和保护主义的情绪。孩子们可以免费进入犹太剧院，米霍埃尔斯和意第绪语诗人伊特兹克·费弗经常到马拉科夫参观。夏加尔在这一时期很少画油画，但用印度墨水创作了很多作品。这些作品以鲜明的黑白对比、棱角分明的线条、简单的半几何形状和图案为特征，描绘了肩扛一排房子的男子、杂技演员、拿着步枪倒立的士兵等人物主体，他还用未来主义的风格画下了《持灯的人》中的半张脸、细长的

夏加尔（最前）与马拉科夫的其他老师们和一些孤儿们，摄于 1921 年

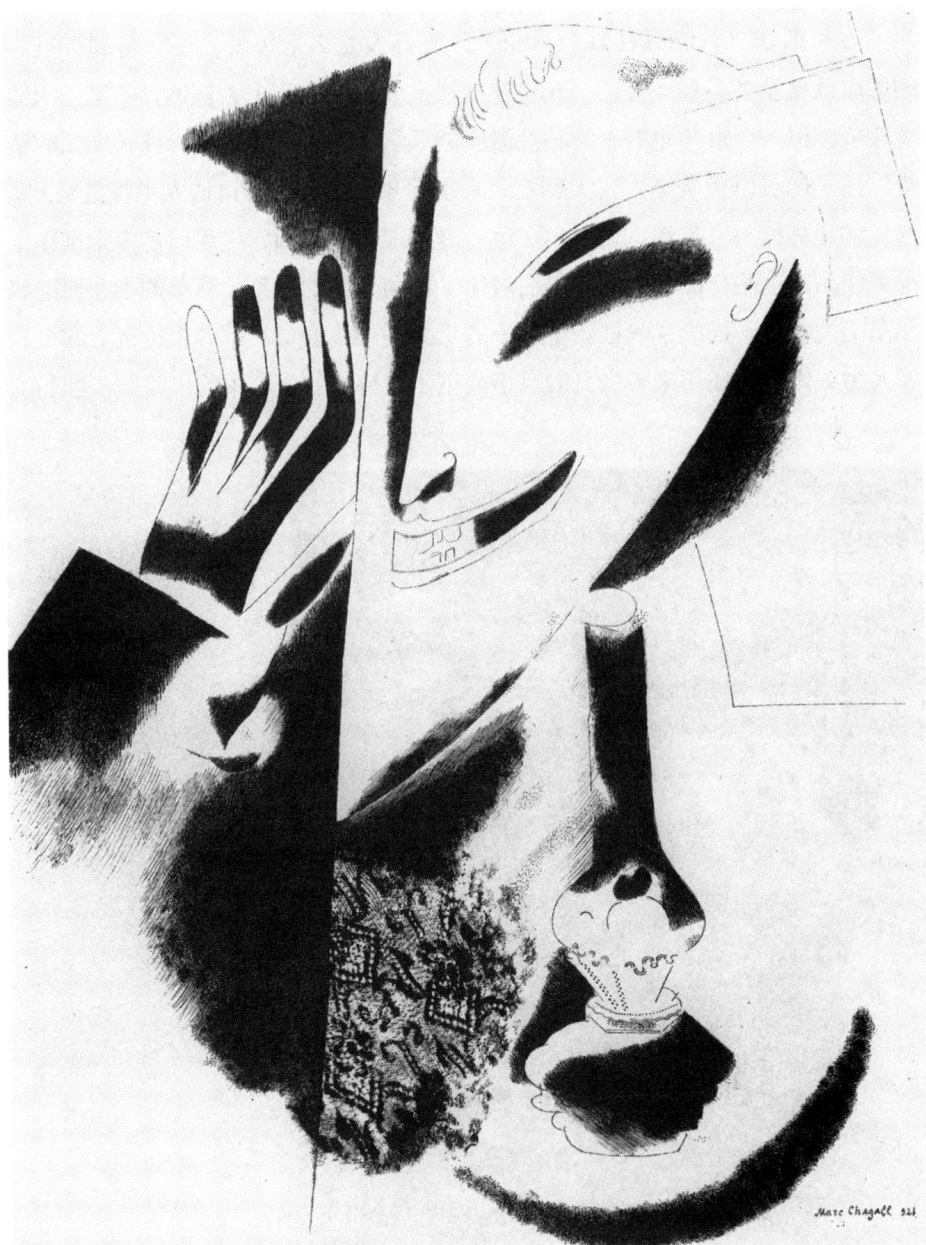

夏加尔，《持灯的人》，素描，1921 年

手和油灯。一切主题都围绕着战争和逃离展开，表现出一种随波逐流的听天由命和紊乱的情绪。

这一系列残酷的讽刺作品，是 1921 年冬到 1922 年为另一位马拉科夫的老师——诗人大卫·霍夫斯坦（David Hofstein）的意第绪语诗集《悲伤》所作的插画；这些诗，开启了将乌托邦主义和暴力暴行结合在一起的先河。对于许多艺术家和知识分子来说，1921—1922 年是他们开始质疑自己是否能在这个国家得以生存的关键时期，当时共产主义俄国正在转向反对先锋派的艺术。康定斯基 1921 年 7 月接受采访时抱怨，革命艺术的领袖们抛弃了绘画，转而看重实验室里的实验。他计划移民并获得了官方许可，于 12 月前往柏林——尽管不得不留下自己的大部分作品。夏加尔注意到了康定斯基的举动，也注意到，在马克西姆·高尔基的帮助下，希伯来语作家柴姆·比亚利克和意第绪语小说家大卫·伯格森（David Bergelson）也于同年移居到柏林。最重要的是，知识界认为，1921 年亚历山大·布洛克和 1922 年维里米尔·赫列勃尼科夫这两位著名诗人的去世，具有象征意义。两位诗人的影响力逐渐式微，最终被饿死。尤其是 40 岁的布洛克，似乎已销声匿迹，因为他已对俄国的未来失去希望。至于赫列勃尼科夫，1921 年他从巴库写信给马雅可夫斯基，"我的心脏似乎变成了一大块木头，或者腌鲱鱼"；他那一年的诗《在村子里》，记录了夺去数百万人性命的大饥荒：

在隔壁带木板屋顶的小屋里

一位面孔铁青的父亲

用坚硬的手指

将面包撕碎成屑。

只是看看。

一只麻雀都吃不饱，那只

刚才还在啁啾的那只。

而今，你用你的双眼进食。

"时势不妙。"父亲咕哝。

这黑面包看来像砂土

有一点儿碾碎的松果。

至少，他们的双眼可以进食。

母亲站在炉旁，

痛苦而苍白。

饥饿的黑炭

在她的眼窝中燃烧，

毫无血色的嘴唇细薄成片。

但在别的地方，生活仍在继续，来自不同领域的艺术仍在继续共存。1921年9月，夏加尔大方地给佩恩写信，祝贺他在维捷布斯克从教25周年，"尽管情形已经不同"：

我们，您的首批学生，会比任何人都更想您……尽管我们在艺术问题上已经走向了不同的极端，朝着远离您的方向前进，作为一位正直的艺术家和我们的第一位老师，您是比其他所有人都重要的榜样。我因此而爱您。

随着社会主义现实主义运动在俄国盛行，一直坚定不移地以学院派的现实主义风格描绘着维捷布斯克日常生活的佩恩，讽刺性地回到了时尚的主流。然而与此同时，身在维捷布斯克的埃尔·利西茨基仍然秉持着自己"艺术之上的胜利"的理念，于1922年发表了这样的言论：

我们生活在一个钢铁和混凝土的时代，一个充满活力的时代：我们不描绘也不修饰，我们只追寻和创造。我们一方面放弃艺术家的作品，另一方面也放弃工程师的项目……我们即这场运动的兵卒，这种运动是持续不停的，也是无极限的，是众人尴尬回避着的疯子所选择的路。

这种极端的态度是显而易见的。"印象主义和表现主义大师们已经失去了活力，"卢那察尔斯基告诉柏林的期刊《行动》，"自革命开始以来，他们什么都干不了，一件重要的作品也没有创作过。他们创作不出我们想要的。"夏加尔在1922年写道，"无论是俄罗斯帝国还是苏联俄国，都不需要我。他们都不理解我。对他们来说，我是个陌生人，"但他补充道，"我敢肯定，伦勃朗会爱我。"也就是说，他唯一确定的，是他作为艺术家的自信。年初，他和家人搬回莫斯科，住进了一个小公寓——位于萨多瓦-萨摩特纳亚街2号的8号公寓——夏加尔开始为获准移民寻求关系。最后一个打击，来自内森·奥尔特曼——他被委托在莫斯科哈比玛剧院为安斯基的戏剧《恶灵》设计布景和服装。那本是经典的夏加尔式犹太乡村幻想场景。当夏加尔在创作时，不得不用边角料去制作；而此时的奥尔特曼，则可以订购任何他想要的布料和物料，将场景制造得奢华无比。该剧于1922年1月21日上映，夏加尔出席了该剧的彩排，称之为"天才的表演"。瓦赫坦戈夫的风格融合了梅耶荷德怪诞的幻想和斯坦尼斯拉夫斯基的现实主义，令人眼花缭乱。这部戏，是他在哈比玛剧院执导的最后一部作品。从此以后，夏加尔与奥尔特曼再无往来。他在回忆录中写道，哈比玛剧院的布景是他的作品的复制品："不过，即使我不在那里，你也会按照我的方式来设计舞台。因为别无他法。"他的愤怒，也延伸到了其他拒绝过他的导演身上，比如曾与埃克斯特合作过的泰洛夫："在他的剧院里，我感到窒息。所有的细节手法、艺术品位和情感特征……都是对立体主义和至上主义风格的效仿。"

1922年3月至4月，包括那些壁画在内的他的40幅作品，跟奥尔特曼和戴维·史特仑伯格的作品一起，在犹太剧院展出。这是这些壁画在不到一年时间里的第二次展出，但夏加尔觉得酸溜溜的——他不愿意和别的艺术家一起登台——也没有出席。尽管如此，他还是组织了聚会，让几个朋友听他大声朗读未完成的回忆录。他开始写这部回忆录，部分原因是在模仿康定斯基1919年的自传《自我的特征》，因为他意识到自己的人生即将迎来一个不可逆转的转折。描述他最近在俄国的经历的段落，充满了怨恨和愤怒；最后一页是戏剧性的告别，表达了他在 1922 年春天的感受——在这个自己 1917 年曾寄予厚望的国家里，那些发现自己无法获得立锥之地后的失望、悲伤和疲惫：

这 5 年搅动了我的灵魂。

我变瘦了，甚至饿了。

我渴望再次见到你们，G……、C……、P……（作者注：指"格莱兹、桑德拉尔、毕加索"。）我累了。

我将和我的妻子，我的孩子一起到来。

我将躺在你身边。

也许，欧洲会爱上我的，同时，爱上我的俄国。

4 月 25 日，《埃克兰日报》宣布夏加尔即将离开。他通过卢那察尔斯基获得了护照，犹太收藏家卡根 - 沙巴谢伊为他的旅行垫付了钱，立陶宛驻莫斯科大使——诗人尤吉斯·巴楚萨蒂斯（Jurgis Baltrusaitis）允许他通过外交通信渠道把作品寄到立陶宛的考纳斯。寄出的作品包括归卡根 - 沙巴谢伊买下了的那些作品，他委托夏加尔将之转交给他在巴黎的兄弟。据维捷布斯克《红星报》的报道，他此行的官方理由是，他将带着包括奥尔特曼在内的几位犹太艺术家的作品去柏林参加展览。这种借口，或许就是贝拉和伊达没有和他一起离开的原因。贝拉仍在舞台上追求着自己的事业，在一次排练中摔倒后，她几个月来一直卧床不起，无法出门旅行。夏加尔得到了许可和正式的离开理由，不敢耽误，于是安排贝拉和伊达以后同他会合。贝拉当时丧失活动能力的情况有多严重，至今仍不清楚，然而毫无疑问，这一事件预示着将来类似的情况还会经常发生。将来，她会反复以身体不适来解释从俄国流亡所带来的压力和抑郁。甚至在即将离开之前，这样的反应就已开始。对她来说，她在情感上所承受的痛苦比夏加尔更糟：她知道，一旦离开，她就再也见不到自己的父母了。当时，家庭内部的气氛自然极为紧张。夏加尔在离开前告诉帕维尔·艾丁格说："如果我能冷静一些、平和一些，家人们就会平静一些。"

15 年前，夏加尔看过的第一部俄国舞台剧，是梅耶荷德执导、亚历山大·布洛克创作的《露天市场摊位》，这部戏于 1906 年 12 月 30 日在圣彼得堡引领了戏剧先锋派的发展。而当时的一场表演，以一种文化符号的形式无法不引起他的关注，那是他在俄国所观看的最后一次表演——在一家歌舞剧院上演的，由梅耶荷德执导、比利时剧作家弗尔南德·克罗默林克（Fernand Crommelynck）创作的悲情滑稽剧《华丽的绿帽子》，布景由柳博夫·波波娃设计。这部戏于 1922 年 4 月 25 日首演，并在 20 世纪 20 年代引领了构成主义戏剧潮流。在一个原本空荡荡的舞台上，波波娃设计了一个用未抛光的木头组成的立体结构，演员们穿着无产阶级工人的服装，以一种节奏感极强的舞蹈动作爬上跳下。"我带着这最后一份喜悦的印象离开。"夏加尔在柏林写道，但这部戏也让他感到纳闷，"在构成主义（戏剧的、绘画的）的世界里，我们所谓的艺术是否已被彻底抹去，或是目前尚未完全彻底？"

为了回答这些问题，夏加尔不得不离开俄国。1922 年 5 月初，和 1911 年离开时一样焦虑而孤独的画家乘火车去了考纳斯，在那里受到了老朋友伊利亚舍夫医生的欢迎。在他的一次作品展览上，"犹太人赞不绝口；立陶宛人则困惑不已，在心头将之与什鸟里翁内斯做着比较"。夏加尔又在晚上读着他已完成了 3/4 的回忆录，然后前往柏林。在那里，贝拉和伊达将于 1922 年秋来到他的身边。

在犹太剧院时期与夏加尔有过关联的人，经过斯大林时代后幸存下来的寥寥无几。在《恶灵》大获成功的几个月后，瓦赫坦戈夫于 1922 年 5 月去世，而波波娃在 1924 年死于猩红热。埃克斯特于 1924 年移居巴黎。卢那察尔斯基有点儿失宠，被任命为苏联驻西班牙大使，但于 1933 年上任的途中，在法国的芒通去世。夏加尔最喜爱的诗人谢尔盖·叶赛宁于 1925 年自杀，马雅可夫斯基也于 1930 年饮弹自尽。格拉诺夫斯基和米霍埃尔斯都在 1927 年被授予"苏联人民艺术家"的称号，此后这个犹太剧团终于在 1928 年获准出国，前往柏林和巴黎演出。格拉诺夫斯基没有随该剧团返回俄国，而是流亡国外，于 1937 年去世。梅耶荷德 1939 年被捕，1940 年在监狱里被枪杀。泰洛夫被斯大林指为资产阶级，作为惩罚，他的室内剧团于 1936 年并入现实主义剧团，并被派往西伯利亚进行巡回演出。20 世纪 40 年代，他失去了该剧团的控制权。1950 年，泰洛夫因脑癌死于索洛维耶夫斯卡娅精神病院。夏加尔在马拉科夫的同事们，德·尼斯特于 1949 年被送进苏联古格拉劳改营，1950 年在那里去世；戴维·霍夫斯坦（David Hofstein）和伊特兹克·费弗于 1952 年被处决。米霍埃尔斯的命运则更为独特。1948 年，斯大林亲自下令将他残忍杀害：他被查纳瓦（L. M. Tsanava）和奥戈利佐夫（S. Ogoltsov）的组织诱至明斯克，被埋伏于此的斯大林的党羽列别杰夫（Lebedev）、克鲁格洛夫（Kruglov）和舒布尼科夫（Shubnikov）刺杀身亡，他的死被伪装成车祸，从而他得到了国葬的礼遇。

夏加尔的那些壁画，经过斯大林时代后仍奇迹般地幸存了下来。米霍埃尔斯遇害后，犹太剧院被关闭。据官方记录，负责关闭剧院的委员会将壁画交给了特列季亚科夫画廊。在那里，这些壁画被深藏在储藏室里，无人能见。然而，格拉诺夫斯基的前妻给出了不同的说法："艺术家亚历山大·泰西勒（Alexander Tyschler），多年来一直与犹太剧院有联系，是夏加尔的狂热崇拜者……他亲自将夏加尔的作品扛回特列季亚科夫画廊，因为他知道如果不这样做，这些作品就要完蛋。"

切尔尼舍夫斯基街上的"夏加尔的盒子"，在 1930—1960 年，成了一个红军将领的家。舞台被改成了卧室。当时的房客们声称，他们记得墙壁上有金色颜料的痕迹。然而在 20 世纪 60 年代这栋建筑被改建为办公楼时，这些痕迹都被抹去了。现在，如艺术史学家亚历山德拉·沙茨基赫（Alexandra Shatskikh）所言，"在以前墙面上画有夏加尔不朽的作品的地方，现在放着的是电脑"。

注释

【1】万尼亚舅舅：指契科夫创作的名剧《万尼亚舅舅》的主角，该角色在此剧首演时由斯坦尼斯拉夫斯基扮演。

【2】马克斯·莱因哈特（Max Reinhardt）：1873—1943 年，出生于奥地利的著名导演、演员、戏剧活动家，曾长年担任德国"德意志剧院"经理。他的导演艺术强调韵律、音响、动作形式和色彩，善于灯光调度，还会建造旋转舞台、运用圆形天幕等制造剧场效果。

第二部分
流亡

第 14 章

狂飙

柏林，1922—1923

"马克·夏加尔和弗朗兹·马尔克这两位画家永垂不朽！他们在几年前已经死于饥饿。"1920 年，夏加尔的支持者、后来所罗门·古根海姆的情人、狂飙画廊圈子的成员——年轻的艺术家希拉·瑞比（Hilla Rebay）在一个关于德国艺术现状的报告中写道。自 1914 年起，德国就失去了夏加尔的消息。人们普遍认为，他已在俄国内战中丧生。因此，他于 1922 年 6 月再次现身柏林，就好像是起死回生了。此时，他的名声得到了保证，他最伟大的作品已经诞生。自此以后，他还有 60 多年的流亡生涯。在这样的流亡中，他不断地取得新生。柏林是他的第一个挑战，是他成为西方艺术家的必经之路。尽管如此，他的灵感来源仍然是童年时代的俄国。

他的流亡几乎贯穿了整个苏联历史。这是文化史上的一个独特时期——甚至在第二次世界大战的政治联盟期间——西欧和俄国之间也几乎没有艺术上的联系。与他地位相当的俄国艺术家们，明确地站在了鸿沟的这边或那边：康定斯基将自己的角色，变回了 20 世纪初时的德国艺术家；马列维奇则从未离开过俄国。而夏加尔，自始至终都是欧洲自我分裂的孤独象征，他对西方的每一种艺术思潮都保持警惕，但却将艺术植根于自己的俄国犹太背景。他在1922年之前的作品具有早期现代主义的英雄式的、令人痛心的创造性：自信、独创，坚定地将自己的艺术视角作为现代绘画的基石之一。1922年以后，事态的动向已大相径庭：适应，对新的文化的吸收，与过去的谈判，身份危机，寻找艺术语言去表达20世纪中叶那难以言喻的恐怖。夏加尔认为，自己的俄国时期是自己最好的时期，而这个时期无可避免地成了他流亡生涯中创作的基石。"在我的想象中，俄国就像是挂在降落伞上的一个纸气球。那个扁平的梨形气球变得越来越冰冷，随着时间的推移慢慢分崩离析。"他写道。流亡曾是夏加尔悲惨命运的象征，造成了他和自己画作的分离，但同时，也是他利用自己记忆中的影像重新创作的机会，这些影像记录着20世纪的历史，这是其他艺术家无法比拟的。

"回欧洲来，你在这里出名了！"他已经过世的朋友鲁比纳曾给他写信这样说，并补充道，"不过，你可别指望瓦尔登会给你多少钱。他不会付钱给你的，因为他认为这样的荣耀对你来说已经足够！"夏加尔留在瓦尔登那里的作品为他和西方世界建立起了联系。此时，他带着8年来在俄国创作的画作来到柏林，唯一的依靠是重新建立这种联系。他所受到的第一个冲击，是他发现那些画都被卖掉了，并在德国各地广为流传。瓦尔登的确将卖画所得的钱，以他的名义存放在一位律师那里——以防万一他还活着。然而托通货膨胀的福，这些德国马克现在已不值什么钱。在整个战争年代及以后，瓦尔登一直颇具勇气地继续拥护着来自敌国的、陌生的夏加尔，用他1914年留给自己的画进行展览，其中还包括1908—1911年夏加尔在俄国创作的对他具有重大意义的油画，如《死者》和《戴黑手套的我的未婚妻》。到了1922年，所有的画都被卖掉了，有些还卖得非常便宜。虽然夏加尔在德国比他在俄国或巴黎更受欢迎，但此时的他仍然和战前离开柏林时一样身无分文。

对这一损失，夏加尔从未甘心。一些作品已被著名的收藏家收藏。比如他在巴黎创作的7幅带有独特的立体主义倾向的油画——《从窗口看巴黎》《向阿波利奈尔致敬》《圣马车夫》，立体主义版本的《诞生》和《死者》，《亚当和夏娃》和1911年所作的《静物》——都是百货公司巨头弗朗兹·克鲁森（Franz Kluxen）在1914年狂飙画廊的展览上买走的。但为了保护他和他的客

赫尔瓦特·瓦尔登和内尔·瓦尔登在他们柏林的公寓里，摄于1919年。在他们身后，是夏加尔在战前留在了柏林的画。1922年夏加尔回到柏林时，瓦尔登拒绝按通货膨胀后的价格支付夏加尔报酬

户，瓦尔登拒绝透露克鲁森或其他买家的身份。瓦尔登本人也从这些巴黎的油画中精选了7幅最具代表性的作品出来——《献给我的未婚妻》、《致俄罗斯、驴及其他》、《我与村庄》、《牲口贩子》、《三点半》、《喝酒的士兵》和《飞翔的马车》——以及许多水彩画，卖给了他富有的妻子内尔（Nell）。内尔是瑞典人，瓦尔登将这些作品交给她的部分原因，是为了让战时的德国警察无法染指这些"俄国的"油画。1919年的一张照片显示，在他们豪华的餐厅里，赫尔瓦特和内尔平静地坐在一张铺有白布、放着鲜花的早餐桌旁交谈，墙上挂着的是《三点半》和《飞翔的马车》。而刚刚脱离俄国的饥饿和贫困的夏加尔，此时正衣衫褴褛、瘦弱不堪。双方情形的鲜明对比，让他大为光火。在柏林，他很快就开始发胖。他给家里的妹妹们寄了一张照片，并解释道："我并没有看上去的那么胖——我穿的衣服太多了，啤酒也会有些影响。在另一张照片中，我看起来要好些。"

尽管遭遇了失败和通货膨胀，艺术家和画商们在资产阶级的柏林仍然生

活得很好。在到达德国首都的头几天，夏加尔独自站在这座城市最宏伟大道的勃兰登堡门[1]旁犹太印象派画家马克斯·利伯曼（Max Liebermann）的官邸外，不知道如何才能把破碎的生活重新拼凑在一起。

> 利伯曼的犹太宫殿矗立在德皇威廉二世的宫殿旁。我悲伤地注视着这座建筑风格已被同化的房子……我想走进他的宫殿，带着马拉科夫孤儿营的气息，带着数百名衣衫褴褛、无家可归的孤儿，走进他的家里……我希望在利伯曼的宫殿里感受到维捷布斯克的气息，因为利伯曼终于对新一代的艺术家有所了解。他们走出了犹太人聚居地，没有居留权，得不到承认，受人嘲笑，忍饥挨饿，但他们的灵魂却在挥舞着旗帜！

在他最初的俄国作品中包含着的关于维捷布斯克的回忆，现在已传遍了整个德国。埃尔福特（Erfurt）的表现主义收藏家艾尔弗雷德·赫斯（Alfred Hess）收藏了以泰雅·布拉赫曼为模特儿的《夫妻》；犹太收藏家莎莉·福克（Sally Falk）拥有了《安息日》；《圣家族》则归柏林的导演兼戏剧评论家费利克斯·霍兰德（Felix Hollander）所有。汉诺威画廊的老板赫伯特·加文斯-加文斯堡（Herbert Garvens-Garvensburg）拥有了《戴黑手套的我的未婚妻》、作于维捷布斯克的《诞生》的第一版，以及他1912年作于巴黎的《拉比》。具有讽刺意味的是，这些画与夏加尔的宿敌利西茨基的画挂在了一起——加文斯-加文斯堡同样非常喜欢利西茨基的作品。在德累斯顿，艾达·别内尔特（Ida Bienert）收藏了11幅夏加尔的作品，还有蒙德里安（Mondrian）、保罗·克利（Paul Klee），以及康定斯基的10幅作品；在科隆的约瑟夫·豪布里斯（Joseph Haubrich），则收藏了9幅夏加尔的作品。在追回作品无望后，夏加尔与瓦尔登做了当面对质。最终瓦尔登提出，以100万德国马克为赔偿。这是一种侮辱：此时，在沃尔夫冈·古利特（Wolfgang Gurlitt）的画廊出售的夏加尔作品的单价，是1亿马克，这表明在柏林的画商们——如古利特、伊斯雷尔·贝纽曼（Israel BeiNeumann）和艾尔弗雷德·弗莱希特海姆（Alfred Flechtheim）——之间，艺术品二级市场的交易状况良好。夏加尔拒绝了这个和解方案。

这些数字令人头晕目眩，失去的感觉也是如此。1921 年抵达柏林时，伊利亚·埃伦伯格写道："一切都是巨大的：价格、恶习和绝望。"克劳斯·曼（Klaus Mann）回忆说，在这个混乱的时期，750 万马克可以换取 1 美元，一幅丢勒 [2] 的真迹可以换两瓶威士忌。夏加尔自己也觉得，柏林"在魏玛共和国 [3] 诞生的阵痛和通货膨胀的艰难岁月中……气氛和俄国革命初期没有什么不同"。在彼得格勒和莫斯科的挣扎刚刚结束的他，觉得这里的动荡"像是一个奇怪的梦，有时像一场噩梦。每个人似乎都在忙着买卖东西。即使一条面包也要值几百万马克，也会有花几十亿马克来买画的顾客，因为他当天必须把那些钱花掉，以防这些钱一夜之间变得一文不值"。社会氛围中也有了政治性威胁。6 月 24 日，就在夏加尔抵达的几天后，犹太政治家、实业家沃尔特·拉特瑙（Walter Rathenau）在离开威廉大街的家时，被右翼军官暗杀。几个月前的 3 月，青年作家纳博科夫的父亲——弗拉基米尔·纳博科夫，在柏林的一次政治会议上遇刺身亡。这些事件，对于身在德国的犹太人和俄国人来说，都是不祥之兆。拉特瑙一直主张以同化的方式来解决反犹太主义。他的遇害，对于夏加尔在柏林的安定感，百害而无一利。他迷失了方向，既因为莫斯科的余波，也因为意识到自己已经永远回不了俄国。直到贝拉在初秋来到这里之前，他都因对瓦尔登的愤怒和对自己作品的命运的担忧，而陷入一种无所作为的瘫痪状态。在德国的整整 15 个月，是他有生以来的第一个因饱受精神创伤而无法作画的时期。德国艺术评论家卡尔·维思（Karl With）在他抵达柏林后不久就见到了他，记录下了这个迷失而困惑身影："他为自己的本能所驱动，充满了活力，同时又没有实际的活动和能量……内心深处相当懒惰、消极、缺乏意志力，他没有特定的方向，也没有目标。"

就像 11 年前抵达巴黎时所做的那样，夏加尔立即将自己置于俄国流亡团体的庇护之下。他先是在夏洛特堡郊区的尼布尔大街，投宿在一名外交官处；然后，他彼得格勒的朋友伊利亚舍夫医生，为他在康德大街找到了一套公寓。他从来没有打算在柏林找一间画室。贝拉到达后，夏加尔一家一年之内又不得安宁地搬了 3 次家——先是搬到了帕里泽大街，然后搬到了夏洛特堡的魏玛勒大街，最后搬到了邻近威尔默斯多夫的施佩萨特大街。1922 年，在这富庶的西南郊区生活着 50 万俄国人，一些贵族靠他们设法偷运出的珠宝和画为生，其他的知识分子、战败的白军军官，则成了服务员或出租车司机。柏林人将夏洛特堡戏称为"夏洛特格勒"。如今，柏林有了俄国的咖啡馆、剧院、书店、报纸、美发师、杂货商、一个俄国管弦乐团（演奏的是流亡作曲家斯特拉文斯基和拉赫曼尼诺夫的音乐），以及一个俄国足球队（守门员为弗拉基米尔·纳博科夫）。在这座城市里，有86家俄语出版社，数量远远超过德语出版社。他们的文学作品不仅吸引了政治流亡者，还吸引了许多仍忠于莫斯科政权但渴望与西方文化建立联系的俄国人。在他以前的同僚们中，德·尼斯特在这座城市出版了他的短篇小说集，利西茨基在1922年出版了一份名为《物品、物体、物件》的3种语言的构成主义期刊，其撰稿人包括毕加索、柯布西耶（Le Corbusier）、安德烈·萨尔蒙、马雅可夫斯基、叶赛宁、泰洛夫和梅耶荷德。与苏联艺术机构的关系依然不稳定：苏联教育委员会视觉艺术部10月在柏林的范迪门画廊举办了一次俄国艺术展览，展出了夏加尔的3幅油画；与此同时，斯坦尼斯拉夫斯基的莫斯科艺术剧团在柏林巡回演出了剧目《人民公敌》、《樱桃园》和《三姐妹》，引起了轰动和好评。

"第一次世界大战结束后，柏林就成了一个巨大的思想交流中心，人们在那里可以见到所有往返于莫斯科和巴黎的人。"夏加尔回忆道，

> 在贝里斯彻广场周围的公寓里，似乎有和莫斯科一样多的信仰神智学或喜爱托尔斯泰的俄国伯爵夫人们，她们整夜围着一个俄式茶壶抽烟聊天；在莫茨大街一些餐厅的地下室里，也有许多俄国将军和上校，在那儿做饭或洗碗，让人觉得如同身处一个巨大的沙皇军队驻地。我有生以来，从未见过哪儿有通货膨胀的柏林这么多奇迹般的哈西迪派拉比，也从未见过像在罗曼尼克咖啡馆那么多的构成主义者。

埃伦伯格也记得"每走一步都能听到俄语"，而当"匈牙利画家莫霍伊-纳吉（Moholy-Nagy）和利西茨基争论着构成主义，马雅可夫斯基则跟皮斯卡托（Piscator）讲着梅耶荷德……在前往纪念堂做周日礼拜的路上，迟钝的市民们充满疑虑地瞥向教堂对面的罗曼尼克咖啡馆：在他们看来，世界革命的总部已在这里建立了起来"。

柏林菩提树大道上的咖啡馆，摄于 1922 年

　　全城的沙龙里都挂着夏加尔的画，在这些俄国来客们中，他属于最有名的层级。无可否认，瓦尔登已让他成名。这位画商在文学界和艺术界都广有人脉——据夏加尔说，他的第一任妻子是犹太诗人埃尔塞·拉斯克-舒勒（Else Lasker-Schüler），此时从一家咖啡馆游荡到另一家咖啡馆，"就像被废黜的女王或先知一样"。瓦尔登的成功不是通过寻找传统的保守买家——如实业家克虏伯（Krupp）或胡登堡（Hugenberg）等人，而是在新一代中产阶级知识分子收藏家间建立市场。20 世纪 20 年代，这些收藏家将支撑起先锋派——以及夏加尔——的财富。这些人认为，夏加尔的出现对柏林来说，无异于一场政变。如同 21 世纪初一样，20 世纪 20 年代的德国首都正在忙于重塑形象，让自己成为东方和西方的文化交流中心。1922 年，艺术评论昆斯特布拉特宣布："过去的巴黎，在战争中基本上已经消亡，就像过去的莫斯科已经消亡了一样。"

　　人们正在寻求一个新的交汇点。而这个交汇点就是德国，这个曾经被轻视和不受欢迎的邻国，每天都在被俄国的流亡者们重新认识。因此，来自圣彼得堡和莫斯科的俄国精神的辐射，以及来自巴黎的反辐射，正越来越密集地汇聚到德国的土地上。亚历山大·阿契本科从巴黎来到德国不到两年，他是最早从西方出发来到这里的人之一。随后是来自莫斯科的康定斯基——一个在精神上早已成为德国公民的人。而现在，马克·夏加尔又加入了战前"巴黎人"的行列，对他来说，德国的一切都是全新而陌生的，但他早期的每一件作品现在都在德国这片土地上。

弗里达·鲁比纳将埃弗罗斯和图仁霍德关于夏加尔的书翻译成了德语；卡尔·维思则开始撰写他的第一部德语传记，后出版于 1923 年。战前的法国人将夏加尔视为自己的色彩大师；现在德国人也将他视为自己的一员——一个表现主义者。他的作品反映了战争的混乱，正是这场战争让德国陷入了惩罚性赔偿的泥淖和国际孤立的地位之中，它为德国人民带来的痛苦直到此时仍不断浮现。"我们之中有一个宇宙的孩子，"特奥多尔·多伯勒指出，"纯粹的'满头乱发的彼得'【4】式的浪漫主义……这是怎么回事呢？对灵魂的分析？弗洛伊德？"诗人威利·沃尔夫雷德（Willi Wolfradt）在谈到《死者》时写道："各各他的天空笼罩着永恒的大地。死亡的气息猛烈地冲向天空，膨胀成尖锐的苍白，在尘世的上空投下黄色的光芒，一切生灵在它的原力面前匍匐而行。尸体无声的飓风吹旺了厌倦生命的色彩烈焰，直到它们伴随着拉奥孔的呻吟燃烧殆尽。"

尽管维思将夏加尔形容为漫无目的且失去了方向，但在这个仍如康定斯基所观察到的那样寻求着"东方救赎"的城市里，夏加尔在发挥异国情调形象的优势时并未有丝毫迟疑。他投身于自我营销之中：早在 1922 年 7 月 8 日，也就是他抵达数周后，他就写信给佩恩，说他的一些作品专著正在编写之中，请求他帮忙复制自己留在维捷布斯克的作品；与此同时，他告诉大卫·阿尔金（David Arkine）："这里有为我出专著（一部大部头书、价格昂贵……）的计划。我们还不知道编辑是埃弗罗斯（他工作出色）还是卡西尔。"最终，他选择了未来的欧洲——卡西尔，而不是过去的俄国——埃弗罗斯。

保罗·卡西尔是一位犹太画商和奢侈品艺术书籍出版商，跟洛维斯·科林斯（Lovis Corinth）和马克斯·利伯曼一样，也是柏林的脱离联邦主义者。

贝拉、夏加尔和伊达在柏林，摄于 1923 年。夏加尔将这张照片寄给了他在彼得格勒的妹妹们

正是他首先将凡·高和塞尚的作品引进到德国；他将法国印象派的作品卖得非常好，据说他常挂在嘴边的一句话是"通过马奈和莫奈来赚钱"。瓦尔登与夏加尔决裂后，作为瓦尔登的主要竞争对手，被利益驱动的他迅速出手。他在蒂尔加腾区的画廊"昆斯特沙龙"由亨利·凡·德·威尔德（Henri van de Velde）设计，装饰着红色的帷幔，挂着法国印象派的作品。他生性细致而敏感，带着一副 19 世纪的优雅举止，个人作风与鹰派的瓦尔登截然相反，对生性紧张不安的夏加尔颇具吸引力。51 岁的他仍处于战争后遗症的煎熬之中，

因为和许多德国犹太人一样，他在 1914 年志愿参军，但在 1916 年因伤病而被遣返。他的经历使他成为和平主义者。1919 年，他的儿子在被遣返后自杀。现在，他与柏林的美女演员、雷诺阿的模特儿蒂拉·迪里厄（Tilla Durieux）的婚姻——他的第二次婚姻，也已岌岌可危。他立即对夏加尔产生了兴趣，并参与了当时最贴近这位艺术家内心的项目：卡西尔的画廊的经理沃尔特·费伦琴费尔特（Walter Feilchenfeldt）承诺，将他插画版的回忆录从俄语翻译成德语。

尽管如此，当画商们排着队来代理夏加尔的作品时，他一开始并不信任任何人。"这里（和巴黎）的每个画廊老板都说，来吧，来吧……我希望（最后遇到的人）非常务实，不要再像瓦尔登那样为我带来教训。"他给大卫·阿尔金写信，补充道，"总的来说，这里的人对俄国艺术表现出的兴趣的确极高。"瓦尔登正忙着利用这一点来获利：1923 年年初，他的《狂飙画册》的第一期内容，完全是关于夏加尔的，开篇就是夏加尔在巴黎的忠实朋友布莱斯·桑德拉尔的一首诗。早在 1914 年时，桑德拉尔就曾试图保护夏加尔免受瓦尔登的贪婪之害。当时的夏加尔一定迫不及待地打开封面，在"柏林瓦尔登收藏馆"的标题上方看了《我与村庄》（展出的第一件作品）等画作的复制品，旁边是对收藏家们每周三晚上七点三刻到波茨坦大街的画廊参观的邀请。

贝拉、伊达和夏加尔在柏林，摄于 1923 年

《狂飙画册》的出版恰逢一次夏加尔作品的大型展览，展出的是夏加尔在柏林鲜为人知的于俄国创作的作品。该展当年 1 月在范迪门的卢茨画廊开幕，吸引了新老买家们的关注。75 岁的柏林学院院长利伯曼在卡西尔邀请其去参观他新门徒的作品时，他拉长腔调说道："不……我不会去那里——但夏加尔的确还有些东西——不……我不会去，我可能会喜欢他的作品。"卡西尔给他看了几张画，利伯曼回答说："这个人很有才华，但也有点疯狂。"当时，卡

尔·维思将这对夫妇描述为"马克·夏加尔和他美丽的妻子",引起了轰动。而利伯曼,也是众多痴迷地关注着这些轰动的观察者之一。

贝拉一到柏林,就开始着手在柏林的前卫艺术界确立他们的地位。她的德语讲得非常好,1923 年年初在蒂尔加腾的一辆敞篷马车上拍摄的一张精美的照片显示,她把这个家庭的公众形象塑造成了最新的移民潮风格:她、夏加尔和伊达穿着昂贵的外套,戴着时髦的帽子;6 岁的伊达抱着一个洋娃娃,戴着白色的头巾。贝拉的资产阶级本能和她在斯摩棱斯克珠宝店里的成长经历,让她学会了以恰当的奉承、优雅和超然的姿态去吸引富有的顾客。这种本能和经历自革命以来得到了升华,此时在柏林——以及在后来的巴黎——又作为一种生存技巧涌现出来。夏加尔开心地扮演着自己的角色。而写剧本的人,是贝拉。

"我记得有一天下午,夏加尔在威尔默斯多夫的画室里安排了一次聚会,邀请了不少女士和先生们参加。"德国画家路德维格·迈德纳(Ludwig Meidner)回忆道。当时,他对贝拉的陶醉足以让他默画出她的画像。

> 贝拉太太大声朗诵了他的自传的一部分。与此同时,男主人站在窗帘后面,紧张地听着朗读。我坐得离他不远,因而得到了观察他半个多小时的机会。夏加尔有一副非常出众的外貌,像是一个具有神秘能力的人,显得一点儿也不聪明,不像是一个"现代画家",也不像是一个哈西迪派出身的人,而像是一个拥有比上述所有的类型的人更罕见品质的人。与此同时,人们有这样一种印象,即他的行为极不自然,而且他一刻也无法忘记自己是"著名的马克·夏加尔"。后来我跟他谈了一下——他讲的是意第绪语——也谈到了东方的犹太世界,这是我知道和熟悉的。但他不是那种会在谈话中展现自己灵魂和精神世界的艺术家,他只会在艺术中展现这一切。他既不"有趣",也不诙谐,没有说出过任何与众不同或古怪的话,甚至没说过任何"时髦"的话,而是将自己表现为一个普通人——尽管人们可能会觉得他的内心充满不安。

维思为他在 1923 年出版的夏加尔传记的封面选择了一个带有强烈的东方意蕴的形象——《祈祷的犹太人》中那富有活力形象。他以"夏加尔是俄国人"

和"夏加尔是东方犹太人"两个定义性语句开始了全书的写作，但在回顾巴黎的双面画像时，他敏感地探究了夏加尔此时的自我分裂：

> 他的某部分是保留着的……忧郁，被燃烧的激情吞噬；他富有想象力，沉思默想，相信奇迹，暴躁，受内心驱使，痛苦不堪，无助，一个过分的幻想家；他需要安慰，渺小，敬畏上帝，被世界所困扰。

> 他的另一面是感性的、世俗的、感官的、巴洛克式的和盛开的。他像动物一样轻盈、敏捷，像小孩一样发脾气，温和迷人，和蔼可亲，夹杂着农民般的粗鲁和乡下人般对一切色彩缤纷、耀眼动人的事物的喜爱。然而，所有这一切都未经提炼，而是带有一种无意识的天然感觉，介于多愁善感和恶性的恐慌之间。正是这股尘世之气，把他从利奥兹诺的乡村带到了欧洲的繁华世界，带到了过度文明的中心，把他变成了一个世界性的人，一个现代主义者，一个骑士……但就像驱使着他走向世界的入世心理一样，他的内在力量总是在驱使着他回到俄国，回到那些悲惨的小人物和小房子之中。

夏加尔在柏林创作的主要作品——用来给他的回忆录做插画的蚀刻画，印证了维思的分析。照例，他以他的方式适应了新的环境，既承认了他在那里发现的最有艺术意义的东西——自丢勒起德国就是版画的故乡，同时也让自己沉浸在对俄国的回忆中。1911年，他在巴黎对俄国时期的油画进行了立体主义改造；此时，他做了同样的事情。由此，他融入并接受了一个外国城市。但此时此地让他有了些别的优势。在这个徘徊在作为俄国画家的过去和作为西欧画家的未来之间的敏感调整期，当他无法绘画时，掌握新的蚀刻媒介，既是一种具有挑战性的视线转移，也是一种截然不同而自成一体的活动。此外，他还在这里遇见了蚀刻大师、犹太复国主义者赫尔曼·斯塔德（Hermann Struck），他曾教过利伯曼和科林斯，其出版于1908年的《蚀刻的艺术》是这个行业的教科书蓝本。正是斯塔德让他和贝拉舒适地重新融入了讲意第绪语的世界。斯塔德1876年出生于柏林，原名哈伊姆·亚伦·本·大卫（Chaim Aaron ben David），是一名正统犹太人。他曾于1915年入伍，并刻画下在军队服役期间到过的波兰、立陶宛和拉脱维亚的犹太人家园和城镇，这些版画有许多成了阿诺德·茨威格（Arnold Zweig）1920 年出版的《东欧犹太人的面孔》的插图。斯塔德对传统犹太人有一种无可置疑的热爱。夏加尔和他一起工作时，情感回归到了以前的老师佩恩身上（部分原因是对马列维奇的痛恨），并于 1923 年 1 月写信给维捷布斯克当局，推荐佩恩担任维捷布斯克人民艺术学院的院长。他建议佩恩写一本回忆录，讲述自己作为第一批犹太艺术家的经历，并承诺会帮他出版。

此时，在对父母的敬意和对俄国的愤怒中，为个人自传画插画成了夏加尔创作的首要项目。卡西尔委托他制作 20 幅蚀刻画，夏加尔选择用铜版蚀刻

夏加尔，《祈祷的犹太人》，木刻版画，1922—1923 年

的方式表现，即直接用钢针在抛光的铜板上绘画，并在印刷过程中吸附墨水，从而产生被边缘形成的毛刺软化的锐利线条，其阴影赋予了画面层次和丰富的明暗对比。这种媒介完美地融合了记忆的敏锐和朦胧，将注意力放在早期生活的夏加尔——父母和祖父母、维捷布斯克和利奥兹诺的家、坐在烟囱上的祖父、弟弟的出生、他的犹太律法老师——为这种绘画方式带来了新鲜的血液和活力。他以《老犹太人》和《波克诺娃街》开始，那时的针法不够稳定，仿佛还在寻找方向；随后，针法变得有力而自信，他的自传中轻快又半梦幻、半真实的基调，被反映到了充满幽默、多样化而感伤的意象中——身体与大提琴融为一体的音乐家、河岸上头脚颠倒的恋人、头上顶着一台1910款汽车的司机等。在《父亲的坟墓》中，哈兹克尔·夏加尔像混凝土板一样躺在天鹅绒般柔软的黑色地面上，其呈几何形状的身体与一块墓碑交叉在一起，墓碑顶上有一颗大卫之星，身后有一棵绽放着许多花朵的树；更远的背景中，小镇维捷布斯克的栅栏和房屋从立方体和矩形的图案中浮现出来。这种效果是通过先蚀刻轮廓，然后用突出色彩的铜版雕刻来完成的，其精细程度表明了夏加尔对这种新媒介的掌握是多么迅速，并以其来提炼出自己的失落与内疚、遗憾与封闭、希望与悲观、雄心与激烈的愤怒等复杂情绪——在这里，他仍在与马列维奇的至上主义表达形式做着抗争，并巧妙地与他在巴黎的立体主义作品产生关联。"我亲爱的父亲，"他写道，"对我们最后几年时光的怀念已把我撕裂，我的油画在那样的爆裂中颤抖不已……我以后再去给你扫墓。它离妈妈的坟墓两英尺远的地方。我将在你的坟墓上长眠。但即使到那时，你也不会复活。当我老了（或在此之前），我会躺到你的身边。维捷布斯克之路已经走完。"此时，他在给大卫·阿尔金的一封信中，发出了酸楚的问候，"我不知道谁会去莫斯科，去我所爱着的莫斯科"，并询问他有关壁画的消息，"我那些该死的作品在那里发霉了"。

费伦琴费尔特在翻译《我的生活》时承认了自己的失败：他用尽一切办法，都无法将夏加尔那震撼人心、富有诗意、未经矫饰的风格，重塑成翻译风格的评判者贝拉所能接受的德语表达。所以，文本的内容被删除了，卡西尔以《我的一生》为名出版了插画卷。这让夏加尔得到了解放，创造出了更加自由结合的形象。他现在已摆脱了斯塔德的典型风格，颇具想象力地将让这个新

夏加尔，《父亲的坟墓》，版画，选自《我的生活》作品集

媒介为自己的表达服务。在与迈耶讨论蚀刻画时，夏加尔坚称它们标志着自己的进步。"绘画和蚀刻的笔触完全不一样，"他说，"在金属板上创作需要艺术家克服阻力，并将个人意愿雕刻于其上。这给表达的冲动带来了新的维度……我正是在 1922 年达到成熟。一切来得正是时候。"《我的一生》蚀刻画集，以及同时期创作的一些素描和版画——歪斜的人物、动荡的节奏，以及《挂着拐杖的人》和《夜里的山羊》燃烧的黑夜——是他仍是一名东方艺术家时的最后一部伟大的表现主义作品集。《我的一生》的最后是他的头部自画像，展现着他典型的杏仁般的眼睛和棱角分明的鼻子，他的头上顶着一间维捷布斯克的小木屋——他的家；而在他的下面，父母小小的身影穿着厚重的黑色衣服行走着——这与他早期画面中母亲体型巨大如同圣像、而他自己个子很小的风格形成了鲜明对比；一旁是贝拉和伊达活泼而热切的面孔。夏加尔就是带着这些背井离乡的——这些他将不断重新塑造的素材。《我的生活》的结尾，清楚地表明了他对贝拉的极度依赖：

> 只有你——你和我在一起。唯一的一个，我对之说话并不徒然的人。当我认真地注视着你时，我觉得你就是我的作品……你说的一切都是对的。那就引导我的手。拿起画笔，像乐队的指挥一样，

把我带到遥远而未知的地方。

此时，正是贝拉对法国文学的热爱，以及战前俄国知识分子对法国首都的理想化，让他永久移居巴黎，尽管此时德国为他的作品提供了更为活跃和热情的市场，而在法国他只有一位收藏家——艺术评论家古斯塔夫·科奎奥（Gustav Coquiot）。然而，巴黎现在显示出了潜力：安布罗伊斯·沃拉尔一看到科奎奥的画，就向他要夏加尔的地址；而夏加尔的老朋友布莱斯·桑德拉尔与在柏林的他取得了联系，表示法国的画商们渴望见到他。这正是夏加尔需要的。于是，到了1923年的春天，他正紧张地为离开做着准备。与此同时，柏林的俄国人团体和正统犹太人团体似乎都在分裂：共产主义作家阿列克谢·托尔斯泰是第一个返回莫斯科定居的俄国移民——离开前，他在一个讲俄语的咖啡馆里"沉默地坐在黑暗中"默默自语，"你们会看到的，移民之中不会产生任何文学作品。两三年的移民生活足以杀死任何作家"。1923年，赫尔曼·斯塔德移居巴勒斯坦。尽管纳粹的威胁还不强烈，但那些愿意注意的人已感觉到了——希特勒在早期的一场演讲中，以保罗·卡西尔为例抨击了犹太百万富翁，还说他的现代主义品位对德国人民产生了腐化的影响。反犹太主义在俄国和德国的文明圈子中都有迹可循：当时居住在柏林的康定斯基和作曲家阿诺德·勋伯格（Arnold Schoenberg）原为朋友，1922年，当后者听说前者用反犹太主义的术语讨论自己时，两人亲密的友谊破裂了；而早在1921年，伊利亚·埃伦伯格就在柏林看到了"漂亮的资产阶级房子"上贴着的"犹太人去死"的标语。

一旦决定离开，夏加尔就放弃了谈判，并于1923年6月12日向最高法院起诉了瓦尔登。最高法院下令瓦尔登说出他的买家的姓名，并增加了赔偿的金额，但拒绝了夏加尔归还画作的要求。之后，此案又拖了3年，为夏加尔带来了极大的压力。6月28日，他离开柏林到图林根州巴特布兰肯堡的施瓦泽克疗养院进行疗养。"你真的认为没有你我很容易吗？"他一到就给贝拉写信。他们的计划是让他先调理身体、蓄积体力，然后去巴黎整理住处及见一位画商；而她则在柏林将他们的事务做一个结尾，安排他的画的运输，随后带伊达跟上他。但就在巴特布兰肯堡，她一离开他的视线，夏加尔的信心就崩溃了。这封信反复抱怨他的心情很糟糕，他几乎无法享受由于贝拉不在而强加在他身上的日常生活的短暂自由，也无法自在地刮胡子和起床。他不在时，她变得多疑而忧郁，给他写了一大堆悲伤的信。

"我睡得很好，"夏加尔写信给她说，"这意味着现在不是早上，而是中午。你讨厌这样——但我希望你能在这里，在你不喜欢的时候睡觉。"在这个传统的德国温泉疗养地，即使是在面对贝拉的时候，他也展现出了一个粗野的乡村男孩的形象。但他大多数时候，都是坐在那里，盯着图林根的山丘。他写道："他们给你的不是美食，而是礼貌——对我来说，那是毫无用处的——我对之的需要，如同一头奶牛对一把椅子的需要。"

> 穿着这套衣服，我看起来像一个乡下鞋匠——还有那件蓝色的工作服。所以你带上那套棕色的西装吧，穿那个我看起来会比较像自己。在这个疗养院里，我的神经得到了放松并恢复正常，所有的一切都将专注于这项任务，包括我的胃……你问我是否喜欢上了别的女人——是的，当然。但只有你才会喜欢一个像我这样愚蠢的男人——随着岁月的流逝，我变得越来越谦虚，让我们确保你将来永远不会有这样的想法。你不需要因为我而做这样的梦。我坐在这里思考——如果没有你，我将如何生活在巴……黎。我怎么去巴黎，怎样才可能去到巴黎。巴……黎是（我的梦）。

> 在这个地方我可以生活，但是下一步呢，当我在城里的时候——我只是害怕会发生相同的事，就像我在柏林而你在莫斯科的时候一样。

不久之后，他去巴黎的签证通过了。他离开了柏林、贝拉、伊达和他的画，独自前往法国。他于 8 月 22 日午餐时间到达科隆，喝了一天啤酒，在莱茵河的哥特式大教堂里"闲逛和坐着"，从那里他给"亲爱的贝洛恰和我的小女儿"寄了一张明信片，写上"目前为止我都很好"。随后，他登上夜间列车，抵达巴黎，开始接受"成为一名西方艺术家"这一激动人心而又可怕的挑战。

注释

【1】勃兰登堡门：德国首都柏林的标志性建筑，位于柏林的市中心，最初是柏林城墙的一道城门，因通往勃兰登堡而得名。

【2】丢勒：阿尔布雷·丢勒（Albrecht Dürer，1471—1528年），德国画家、版画家及木版画设计家。

【3】魏玛共和国：指1918年至1933年期间采用共和宪政政体的德国，于德意志帝国在第一次世界大战中战败、霍亨索伦王朝崩溃后成立。"魏玛共和国"是后世历史学家对其的称呼，不是政府的正式用名。魏玛共和是德国历史上第一次走向共和的尝试，于德国十一月革命后而生，因阿道夫·希特勒及纳粹党在1933年上台执政而结束。

【4】满头乱发的彼得：《满头乱发的彼得》是海因里希·霍夫曼（Heinrich Hoffmann）于1845年出版的德国儿童读物，包括10个主要与儿童相关的故事，书名来源于第一个故事的标题。该书是最早出版的儿童书籍之一，被认为是漫画书的前身，以将剪刀手的怪异角色引入西方文学而闻名。一些研究人员现在将这本书中的故事，看作我们今天所了解的许多儿童精神障碍的例证。

第 15 章

《死魂灵》

巴黎，1923—1924

"这是一个富有、奢华、艺术和充满了生活情趣的世界。"夏加尔在坎邦街的德·科尔斯酒店 53 号单人房里给贝拉写信说道，"这是一间位于房顶的画室，有一个大露台，从那里你可以看到整个巴黎——空气、光线，在这儿你可以忘了自己。"这是他通过俄国移民的关系网在圣雅克郊区的医疗酒店找到的住处，位于蒙帕纳斯区一家医院的对面，一座不怎么显眼的建筑。那里的其他房间，则由迪亚吉列夫的布景设计师塞尔吉·苏迪金和现代主义画家阿里斯塔赫·连图洛夫占据，后者曾在 1911 年时与夏加尔一起随勒·福柯尼尔学习过。

久违的巴黎风光，让他觉得倾心异常。然而，贝拉会足够满意这座公寓吗？许多年后，夏加尔理想化了他刚回到巴黎的经历，说当时阳光明媚、生活顺利。但 1923 年 8 月至 10 月，他写给仍在柏林的贝拉的那封杂乱无章的信，讲述的却是一个艰难的故事。"床会放在那里，会是双人床。"他向贝拉强调了"双人床"，并画了一张有两个枕头的床的草图，他和贝拉的头挨在一起。"你知道我是什么样的人，（没有你）我连一个月都活不下去。我等不及冬天了，尽快来这儿。我的画室和你的书房。当你来后我们会试着去找些别的东西，不同的东西。"

自 1915 年结婚以来,夏加尔和贝拉已经搬了十多次家,住在破旧的公寓楼和小房间里,漫长的铁路旅程,无休无止地搬动着伊达的小床、他们的俄式茶壶和夏加尔的画,进入一座座混乱、崩溃的城市,每次都不得不从头开始。如此多的动荡和经济上的毫无保障带来的压力,以及贝拉自己对过上创作生活的希望的破灭,都是由于焦虑和不信任、相互之间的空间需求以及强烈的依赖造成的。"我们必须在不同的房间工作。如果你来这里和我一起生活,我会很高兴,但是我们必须在不同的房间工作。但我们必须永远生活在一起。"夏加尔写道,"你怎么了?如果你给我写信,告诉我你在吃什么就好了。啊?什么?你可以来我这儿吗?"

一个月前,在德国的温泉疗养中心,贝拉曾担心他对她的忠诚;但在巴黎,此时轮到他痛苦不堪了。8 月 31 日,在他离开柏林 10 天后,仍然没有收到她的任何消息:

> 我亲爱的,
>
> 我没有收到你的来信,这让我很紧张。发生什么事了?我不知道你有没有收到我的信。你好吗,发生什么事了?我毫不怀疑这不是件好事。我担心这会很糟糕,我怪自己我们没有一起来。我害怕——我们该如何摆脱这种局面?我不敢相信,也不想相信,你出了一些状况。你很忙吗?有人想把你赶出(柏林的公寓)吗?还是有人在给你找麻烦?我在这里只生活了一个星期,但没有你,我似乎已经活了一辈子。这是一个很难独自生活的地方,最重要的是,很悲哀,我不习惯。但我不想强迫你来找我,让你在我的宿醉中醒来。

几小时后,他又开始写另一封信:

> 我亲爱的,
>
> 我好像经常给你写信,但不知道这些信是否会被送到你手中。为了让你和我在一起,我愿意付出很多。这就是我想要的。这将是

温暖的，不再可怕。该怎么办？你说得对：每当我离开，我都会马上担心你，然后要求你。这不好，我相信你。你什么时候给我写信（不写？），或者更确切地说，我什么时候才能收到你的来信？我很难过，我不能再等了。不然的话，我就来找你，这是个好主意，我向上帝发誓，我要来接你，我可以把所有的画和行李都带走，还有你和孩子……我这就去把你接过来。

第二天，他搬进了新房间，但不到两周就不满意了。"我对画室还不满意，"他于9月14日告诉贝拉，

> 我在寻找一个气氛更为宁静的画室。我开始热爱并希望得到和平与宁静——街上传来了太多声音。尤其是因为外面有医学院，甚至还有产科病房。所以，尽管它在哲学上适合（新一代的诞生），但我还是想离开……我只想找一个更稳定、更适合我们生活的地方，而不是你到了这里就背上搬家的重担。我很高兴你的到来会实现，你会安全到达这里，"火山"似乎正在慢慢安分。

到当时为止，他已经离开她快一个月了，虽然他已经做好了创作的准备工作，但是没有她，他什么也做不了。

> 至于创作、绘画——我还没有开始。我不怕。很快，秋季沙龙就要在这里开始了，每个人都会把作品送到那里。我什么都不做。我会等一下……给我写信。我很难过我看不见你。你一个人过得怎么样？在一张宽大的床上躺下、起床、洗漱、喝咖啡、吃午餐、喝葡萄酒，都很无聊。我们什么时候才能在一起安宁地生活、工作？哦，我真渴望！吻你。

贝拉仍在等待她的法国签证；夏加尔则在为把她和他的画带到巴黎操心，找着画商、买家、运输渠道和装油画的箱子。回到"蜂巢"的画室时，他遭到了毁灭性打击。自从1914年他以为自己只会离开3个月、用绳子把门锁上后，他就再也没有到这儿来过。9年后，他看到了一个更悲伤、更绝望的"蜂巢"，那儿的小路退化了成了粗糙的地面，"没有植被，没有树木，没有欢乐的阴影：

它看起来像是被遗弃了的地狱。"另一位这儿的老住户雅克·沙皮罗（Jacques Chapiro）哀叹道。大部分的老住户都已搬走。剩下的最著名的房客，是不幸的苏丁。他刚刚将100幅来自臭虫出没的画室的画卖给一位衣冠楚楚的美国来客——富豪收藏家艾伯特·巴恩斯（Albert Barnes），让所有人都大吃了一惊。相比之下，夏加尔的命运似乎更糟：他画室的绳子被解开了，里面的作品一件不剩。

诗人马津在战争期间占据了他的画室；莫迪里阿尼和"蜂巢"的东欧犹太人们曾喝着用热肉桂调味的葡萄酒，在这里宴饮作乐。现在看来，夏加尔离开前与他签订合同的画商查尔斯·马尔佩尔，曾经随心所欲地来取走留在这里的小油画、水粉画和素描，但跟瓦尔登一样，夏加尔没有得到过任何报酬。3次被咬——1908年在面对圣彼得堡的画框制造商时，他幼稚地失去了一年的作品；后来在柏林面对瓦尔登时，他失去得更多——之后，他自然变得多疑以至偏执。还有谁帮助过他们觊觎自己的作品，并从中获利？他归咎于他在巴黎最亲密的朋友布莱斯·桑德拉尔。桑德拉尔在战争中失去了一只胳膊，但生命力仍然旺盛。虽然桑德拉尔否认与之有任何牵连，但夏加尔一生最亲密的一段与男性的友谊已宣告结束。随之，夏加尔在《向阿波利奈尔致敬》上铭记过的整个"1914年前迷人的小圈子"消失了。那幅画上，曾经写下了夏加尔当时认为是他最坚定的支持者的四个名字。在他们四个人中，其中两人（在战争中受伤的阿波利奈尔和卡努杜均于1918年死于流感）死了，另外两人（桑德拉尔和瓦尔登）背叛了他。当夏加尔和贝拉正为从柏林搬到巴黎的动荡挣扎的时候，他们先是看见了瓦尔登生活的奢华，后又感受到了桑德拉尔的功成名就。1923年10月，他的芭蕾舞剧《创世纪》带着米约（Milhaud）创作的爵士风格音乐，以及他的新画家朋友费尔南德·莱热设计的立体主义风格的舞台布景，在香榭丽舍剧院开演。尽管蒙帕纳斯已经风光不再，但这儿的人们没有经历过俄国革命的创伤。在这里，天文台大道上的俄国人开设的舞厅仍然像"一战"前一样繁华。20世纪20年代的时候，模特儿基吉·德·蒙特巴纳斯（Kiki de Montparnasse）从舞厅的楼梯上走下来，一边走一边脱下身上的衣服，当她到达楼梯底部时，身上只剩下头上的羽毛头饰。桑德拉尔后来回忆道，在一次舞会前，一群艺术家要身着丑角的服装，当一位艺术家准备好后，却意外地坐到了罗伯特·德劳内的调色板上，让他勃然大怒，因为"当时他在蓝色颜料中加入了大量的天青石，这让他损失了一大笔钱"。作为和平主义者的德劳内，在西班牙和葡萄牙轻松度过了战争时光，又轻松地回到了巴黎的生活中；索尼娅在革命中失去了她在俄国的财富，但却通过成功创办一家时装公司而维持了生计。初来乍到的夏加尔，还是一个徘徊在兴旺的20世纪20年代门口的幽灵。老朋友们已经在享受盛宴，而他的生活还处于重新拼凑之中。

非法销售夏加尔作品的最大受益者是古斯塔夫·科奎奥。1926年去世时，他手上还有56幅夏加尔的作品。由于不知道卖家是如何得到这些作品的，1923年时，他没有将之归还的打算。然而，他曾写下了夏加尔所说的"一篇关于我的美丽文章"，正是由于他的影响，夏加尔才引起了沃拉尔的注意。因此，柏林的故事——他作品的被盗导致他声名鹊起，以一种有些雷同的方式在巴黎重新上演。随之而来的，是夏加尔对所有画商、买家和卖家越来越不信任。"我不知道在哪个（画商）的手中我会找到自己，但是没有他们，就会很难——一场灾难，"他写信给贝拉，"比如莫迪里阿尼，他在这里的时候很穷；现在他出名了，但他已经死了。如果我找不到一个好的画商，就只能在死后出名。"

在这种情绪中，幸运的是，他立即对沃拉尔产生了兴趣。沃拉尔的前额很大——毕加索说"像一片肥硕的舌头"，双眼低垂，体形贪婪，举止生硬，精明、狡诈、懒惰、热情、虚荣而让人喜欢，具有夏加尔所钦佩和所能理解的美德与恶习。流传在巴黎的一个戏言是，虽然他看起来像一只巨猿，但他也是"有史以来最美丽的女人，"毕加索说，"从来没有人像沃拉尔那样频繁地画自画像——无论是塞尚、雷诺阿、鲁阿尔、勃纳尔（Bonnard）还是福兰（Forain）……这个男人，有一颗女人般的虚荣心。"尽管沃拉尔现在是巴黎艺术当权派的核心人物，但他却是以局外人的身份开始的——他出生在留尼旺岛，以法国殖民地居民的身份来到巴黎学习法律。这段历史引起了夏加尔的兴趣，就像他1923年在拉菲特街的画廊里与一位如此受人尊敬的人物会面时的童话故事一样：这个画廊就是1911年，当他还是一个极度渴望见到塞尚作品又羞于进去的年轻人时，把脸贴在明亮的窗户上去看的那个画廊。现在，这个曾给塞尚、凡·高、马蒂斯和毕加索办过首展的画商，正在讨好他。沃拉尔的客户包括利奥、格特鲁德·斯泰因（Gertrude Stein）和艾伯特·巴恩斯。到了20世纪20年代，他的财富足以支撑他出版勃纳尔和鲁阿尔等艺术家的豪华画册的热情。他还委托夏加尔为塞吉尔（Ségur）伯爵夫人的儿童读物《杜拉金将军》画插画。夏加尔提出了一个替代方案，给他和贝拉最喜欢的书之一——果戈理的《死魂灵》画插画。沃拉尔接受了，由此夏加尔很快就开始创作共107张的系列蚀刻画。如此一来，夏加尔的财务安全在一定程度上得到了保证。对夏加尔来说同样重要的是，他由此与俄国保持了创造力上的联系，并对他的上一部作品做了延续——他在柏林为《我的一生》创作的关于俄国小镇生活的蚀刻画。

不过，"有人需要油画就好了"，他给贝拉写信。从柏林的卢茨画廊买走《维捷布斯克之上》的科隆收藏家兼画商萨姆·萨尔兹（Sam Salz）有兴趣买他更多的画，但夏加尔担心，"我不明白，这样的画在科隆怎么可能卖得出去"。当时，把存放在柏林贝拉身边的俄国油画运到巴黎不得不通过铁路运输，"但当火车到达比利时边境时，所有的行李都会被从车厢里拿到大街上，一切都会被打开"，两国都需要海关表格和凭证。也许经由阿姆斯特丹的旅程会更安全，尽管更贵。他犹豫不决，却没有收到自己寄到柏林的挂号信的回复。邮政服务有问题吗？贝拉能应付所有事务吗？

她不在的情况下，在整理圣雅克郊区房间的事务中，俄国犹太雕塑家莫伊斯·科根成了夏加尔不可或缺的帮手，然后他很快就要求自己也搬进这里，直到贝拉来再搬走。"我很害怕。所有陌生人的存在，都可能会妨碍到我的创作的启动，"夏加尔告诉贝拉，"我非常反感，他给我带来了很多麻烦。"他打算派科根去柏林帮她搬家到巴黎，因为没有她，他越来越心烦意乱：

> 你必须给我写信。给我写信。我不能！我不能！再等。小画室和房间连在一起。这些人把它们漆成了白色，它们会很干净的。普尼夫妇（作者注：曾是他在维捷布斯克人民艺术学院的同事伊万·普尼和他的妻子让·普尼）已经在这里了，我不知道他们在这里会做些什么……
>
> 你怎么看？或许我可以来找你，带你一起来巴黎？秋天就要到

了，我不知道你是在那个工作室，还是换了房间。我非常可怜你。
我的小猫，你怎么了？

他们的通信变得越来越稀疏。贝拉紧张而不知所措，不常写信；夏加尔承认，给她的许多信都开了头，说他把信放在工作室的桌子上，后来又重新开始，但最终没有寄到柏林。到了 10 月，当她的签证还没有通过的时候，他开始担心和鼓励：

> 我不知道，我经常给你写信，而你很少回信。写得很少、写得不够多、有点儿冷淡的人，是你。是吗？没有？亲爱的，别生气。不要畏缩；轻轻一笑，笑一下。你的小身体怎么样？你在哪里睡觉？我们的猫咪女儿怎么样？……在你就要到达这里的时候，我仍然一直在想你。我的画会成功的。吻你。

最后，在深秋，贝拉和伊达来了。贝拉不失时机地将夏加尔推入法国艺术圈。在 1924 年年底与沃拉尔的一张合影中，夏加尔一家三口都摆着造作的姿态。夏加尔紧张地微笑着，站在人群的后面；沃拉尔坐在那里，看上去在沉思，又稳重如山；7 岁的伊达穿着条纹法式衬衫，头戴贝雷帽，假装在抽烟；她旁边的贝拉戴着鲜花和白色围巾，展示着自己新剪的短发，眼睛稳稳地注视着镜头。夏加尔和贝拉看起来都很疲惫，但仍在奋斗。正如 1911—1912 年，"摩耶西"在巴黎被改为"马克"一样，夏加尔夫人在离开俄国时也放弃了"贝尔塔"这个名字——尽管在巴黎艺术界，这个名字至少有一个著名先例，那就是成功的犹太画廊老板贝尔塔·威尔（Berthe Weill）——转而使用听起来更法国的"贝拉"，这可能源自夏加尔长期使用的昵称"贝洛恰"（俄语中的"松鼠"）。在巴黎逗留的初期，她也把自己的年龄改小了 6 岁，将 1895 年 12 月 2 日填在了官方表格的出生日期一栏。这让她从 34 岁变成了 28 岁。如此一来，在画《戴黑手套的我的未婚妻》的时候，她才 14 岁，令人难以置信——但那幅画挂在遥远的汉诺威的某个墙壁上。抹除过去的痕迹，是移民生活中的一件乐事。

在贝拉的行李中，放着些在柏林未售出的夏加尔在俄国创作的画，以及她自己的生活必需品：巴黎最好的法式蛋糕店的名单，以及那些时尚精品店的

夏加尔、伊达、贝拉和画商安布罗伊斯·沃拉尔，巴黎，摄于 1924 年

地址（如位于布鲁塞尔路易斯大道 67 号的"礼服，时装，皮草"），她将到那里去定制皮草和礼服。她的行李中还有些克什米尔披肩，以及许多在 1915 年曾送给夏加尔的巴库织毯。这种织毯曾出现在油画《生日》中，这幅油画本身也在贝拉的行李之中。1924 年，在贝拉的安排下，这幅具有标志性的油画很快卖给了科隆的萨姆·萨尔兹。其中的东方异国情调和浪漫情怀，令其一直是夏加尔所有作品中最受欢迎的作品之一。1924 年那些著名的家庭合影，似乎是对这幅画的内容的有意更新。在这些照片中，夏加尔一家三口充分展示了俄国移民的时尚。一张照片中，在一个高大的房间的角落里，贝拉搂着夏加尔，穿着一件丝绸状的黑色连衣裙，其白色衣领和她在《白领贝拉》穿的那件衣服很相似；夏加尔四肢伸展地躺在沙发上，上面散落着带有图案的毯子和垫子；伊达抱着洋娃娃，待在他们脚旁。在他们上方挂着《生日》，画的是这两位俄国人年轻的时候，周围华丽的东方挂毯使画作看起来比以往任何时候都要迷人。在另一张照片中，贝拉抱着胖乎乎的伊达坐在沙发的角落里，穿着天鹅绒衣服的伊达正在大笑；夏加尔坐在沙发的扶手上，一边和她们笑闹，一边整理着自己的作品。照片上的姿态都是经过精心设计的。两幅具有强烈俄国犹太主题风格、非常具有纪念意义的画挂在他们周围：《维捷布斯克之上》，以及夏加尔不久前创作的新版本的《祈祷的犹太人》（《黑白犹太人》）。它们几乎完全黑白的色调在照片中仍然很有冲击力。

伊达、贝拉和夏加尔在位于巴黎奥尔良大道 110 号的画室里，摄于 1924 年。他们身后是油画《我与村庄》、《祈祷的犹太人》、《生日》、《蓝色小屋》和《躺着的诗人》

　　两张照片中貌似很随意的姿态和波希米亚式的场景都经过了精心设计。如果说夏加尔是一位布景设计师，贝拉则是一位极具抱负的女演员，这并非无缘无故：由于不同寻常的多变特质和引人注目的姿态，他们的表演本能此时已经根深蒂固——这些优雅和风度的展示，在 20 世纪 20 年代的巴黎，看起来充满了迷人的异国情调。不过，他们也许并没有打算将之表现得如此强烈：给人的印象是，刚刚从难民的身份中解脱出来的一家人，挤在一个角落里，身边堆满了最能让他们勾起思乡之情的物品。尤其是贝拉，从此以后再也未能脱离猎物般警觉的神情。而她在找到了一个安全的避风港后的疲惫和解脱，也是显而易见的。就在两年前，这一家人还在莫斯科潮湿的公寓里苦苦挣扎。伊达的早期记忆是讲意第绪语的维捷布斯克，此时开始学习 8 年来的第四种语言。她从来没有上过学，这是夏加尔一家人内心极度封闭的一个标志，是典型的移民家庭的特征。即使他们已在巴黎定居，他们仍然没有送她去学校。伊达有一名法国家庭女教师和许多私人教师，包括负责教她芭蕾舞和音乐的前沙皇尼古拉斯二世的情人克西辛斯卡娅（Kshesinskaya）夫人。在家里，全家人都说俄语，伊达从贝拉那里学会了做俄国料理的主食：俄国甜菜浓汤、薄饼、戈鲁普基（golupki）。伊达和贝拉很少分离，两人的关系非常亲密，伊达一生都没有听过极度爱她的母亲对她说过一句批评的话。她和父亲形成了一种更加火热的关系，在她的忠诚和他的骄傲之上的，是表现为大声的、情绪化的争吵及和解。

这张照片的背景是一家人的新家：他们1924年年初搬到的位于奥尔良大道110号的画室和公寓。圣雅克郊区还不够好：贝拉抵达后不久，就迅速安排一家人搬了出去。她设法与波兰犹太画家尤金·扎克（Eugène Zak）交换了房子，为夏加尔带来了更有气派、更大的空间。在这里，当夏加尔投身于创作果戈理作品蚀刻画的时候，她打开了艺术书籍和俄国诗歌的一卷卷书本，开始在流亡生活中向公众打造他们的家庭形象。

"你随时可以来找他——马克坐在那里，铜匠般地敲着他的铜板，一位正直的神的工匠。他的妻子大声向他朗读着文章，为他的艺术服务，如同一名护士对发烧的病人的服务。"德裔法国诗人伊万·戈尔（Ivan Goll）说，他是现在聚集在奥尔良大道附近讲多种语言的社交圈的一分子。对于这个俄国家庭在他们的西方新朋友们面前的表现，戈尔留下了深刻的印象：

> 他们不停大笑。他们7岁的女儿伊达从钢琴上跳下来，也想听他们在说什么。此时，一个陌生的家庭在笑声的伴奏下重现了那些奇妙的情景，充满了俄国的幽默和悲剧意味。而父亲马克，是这3个孩子中最疯狂的一个。他做着鬼脸，向女儿吐着舌头，戳着他妻子的肋骨，把头发拉下来盖住额头，同时画画……马克一直在笑，做鬼脸，让自己被伊达捏着、咬着，哼着他日常的小调"我很不高兴！我想死！（Je suis si malheureux! Je veuxmourir!）"。

1924年，夏加尔将自己的容貌扭曲成嘲笑表情的蚀刻画《鬼脸自画像》，捕捉到了这种情绪。夏加尔夫妇对果戈理大加赞赏是很自然的事：果戈理是夏加尔感到最为相近的俄国作家，他悲剧风格的幽默是对混杂着讽刺与怜悯、幻想与现实、戏谑与听天由命的俄罗斯文化的大融合。夏加尔曾经为果戈理在莫斯科上演的戏剧《钦差大臣》设计过服装——但未被使用过；1923年，他选择了《死魂灵》，因为这部作品与他自己的艺术和生活有着许多共鸣。这部作品的剧情详述了流氓乞乞科夫（Chichikov）在俄国各地史诗般的旅程，他与官僚和骗子进行交易，买下那些死掉的农奴的名字，这些名字仍然被登记在趾高气扬的地主那里——给了他无限的想象空间，让他回到了童年时代的俄国乡村。他在自己的法国新时期开始《死魂灵》蚀刻作品的创作，在心理上相当于 1911 年他抵达巴黎时，对自己早期的俄国作品所进行的重新创作。此外，果戈理在创作这部作品的时候已经在西欧待了 12 年，同样带着夏加尔那种如痴如醉的绝望从远处注视着俄国。

夏加尔，《鬼脸自画像》，版画，1924 年

　　1842 年出版的《死魂灵》受到的评价褒贬不一，改革派和保守派自此开始就果戈理开展论战。到了苏联时代，这本书被视作对现实的批判——夏加尔以将之重塑为 19 世纪的《人间喜剧》的方式做出回应。他以热情、活力、机智而讽刺的理解，以及成熟的技艺和饱含想象的创造力——微妙、精细的线条，柔软、生硬、粗糙的笔触，模糊或点状的纹理——将果戈理笔下所有的人物甚至动物角色，都描绘成了各种残缺的人类形象。贝拉在他创作的时候大声朗读着文本，他贴近原文，再现了其风格化和夸张的手法：醉醺醺的马车夫谢利凡（Selifan），指责三头马车中间的那匹马将自己该干的活儿推给了另外两匹；狡猾的乞乞科夫和善良的马尼洛夫（Manilov）见面做买卖，各自保持着讨价还价的地位，穿着大衣，就像他自己的身体在俄国的冬天一样被裹得严严实实；一个职员的脑袋是从办公桌顶端长出来的，因为他已深深扎根于他的工作场所；点缀着桌面、墨水池、握笔状的手和长鼻子荒谬图案的政府办公室；科罗博奇卡（Korobotchka）夫人奢侈地将一座超现实主义的枕头山堆积在一张羽毛床上。"每一幅画都有不同的技巧、不同的哲学、不同的观点——每一幅画都不一样，就像每个人和每一天一般，他是如何做到的？"戈尔惊叹道，"快乐的人，像雪一样清澈的人，掩映在神奇的酒雾中的人，天空中的小牛犊，以及处女们肚

中的花朵。多么虔诚——这是犹太版阿西西[1]的圣方济各[2]。"

　　夏加尔的阐释中带有一种近乎中世纪的文学色彩，与强调果戈理作品中的凶暴与怪诞的德国表现主义潮流形成鲜明的对比。俄国艺术评论家娜塔利亚·阿普钦斯卡娅（Natalia Apchinskaya）说，夏加尔"用20世纪艺术家的眼光看待作家笔下的人物，是一位具有远见卓识的表现主义画家，他的作品表现出了19世纪令人难以想象的社会动荡"。在那些描绘广阔而风雨飘摇的俄国的蚀刻画中，他提炼出了对祖国的希望和失望，画面显得可悲而呆滞，然而充满了动人的生命力。果戈理曾写过，当生活匆匆而过，他与自己笔下的人物携手同行，看着世界在欢笑和泪水中穿梭。夏加尔为他的插画带来了悲中带喜的神韵，但由于之前在巴黎的经历所带来的影响，他又在其中增添了一些法国趣味，这立刻引起了他的法国支持者们的共鸣。"夏加尔以一种惊人的精确度，人为地为果戈理时代的俄国，赋予了典型的路易-菲利普（Louis-Philippe）风格。"沃拉尔赞同道。因此，通过夏加尔的《死魂灵》指

夏加尔，《小镇》，版画，选自《死魂灵》

夏加尔，《死魂灵》中的最后一幅版画

引了他对生存和适应的乐观态度，以及对俄国和他自己来说，都充满活力的生命延续方式。在巴黎的第一年，果戈理是他延续过去的生命线，也是他主要的收入来源。

果戈理曾抱怨过，先知在他的祖国毫无荣誉可言。夏加尔带着这种悲叹愤愤地附和着。整个 20 世纪 20 年代他始终无法摆脱这种想法：总有一天，他会在俄国得到承认。1924 年 3 月，他对帕维尔·艾丁格说："我几乎只给你一个在莫斯科的人写信，因为其他人几乎都忘了我，对我也不感兴趣。"他为没有任何俄国组织向卡西尔订购《我的一生》而悲伤。直到 1925 年被翻译成意第绪语，并分为 5 期被发表在纽约的《未来日报》上，《我的生活》的文字内容才得以以某种语言出版。到了 1926 年，夏加尔继续对这位他在祖国唯一的联络人艾丁格提出荒唐的要求，要求在社会主义现实主义当道的俄国展出他的作品，并要求让他的犹太壁画到巴黎展览。夏加尔写道："你知道，我几乎与俄国断绝了联系……没有人写信给我，我也无人可写。好像我不是在俄国出生的一样。"

对于贝拉和夏加尔来说，与家人的联系逐渐消失了。1924 年，贝拉的父亲穆埃尔·诺厄·罗森菲尔德在莫斯科穷困潦倒地去世。阿尔塔独自一人生活，直到晚年被她温和的儿子孟德尔的遗孀收留。孟德尔本人是一位医生，20

世纪 30 年代中期死于喉癌。罗森菲尔德家族的大哥艾萨克，是唯一保持正统犹太人生活方式的人。他在 20 世纪 20 年代结束了在瑞士的医学学业，并邀请阿尔塔前去和他同住。但她被拒发签证，原因显然是夏加尔和贝拉从苏联的叛逃。44 岁的艾萨克在巴赛尔的犹太教堂为他的父亲祈祷，认识了拉比，娶了拉比的女儿欣德（Hinde），随她搬到了巴黎，这让贝拉和她的家族的这个分支保持了联系。欣德非常虔诚，没有受过良好的教育，崇拜贝拉并以贝拉的名字命名了他们的独生女——另一位"贝拉·罗森菲尔德"。"贝洛恰，别忘了，亲爱的，现在你已经是贝洛恰了，对她来说，没有什么比这更完美、更高贵的了。"表姐伊达在母亲死后给这位小贝拉写信，表达这 3 个女人对贝拉·夏加尔的敬佩之情。在巴黎的所有岁月里，夏加尔一家经常和罗森菲尔德一家一起庆祝逾越节等犹太节日，尽管双方的关系并不完全融洽。夏加尔无法忘记罗森菲尔德家族最初对他的蔑视，不禁因自己的成功而在一直努力行医的艾萨克面前保持优越感；而欣德的不成熟，让她成了贝拉和夏加尔心目中童年时代被鄙视的乡下犹太人的典型。贝拉很尊重欣德对洁食的要求，当她做客的时候，她会提供素食，但是伊达常常抱怨欣德"闻起来有吉非鱼的味道"；而在贝拉死后，当贝拉同名的侄女前来拜访并要求洁食时，夏加尔对这久已不遵从的、他认为无关紧要的习俗感到愤怒，拒绝遵守。

夏加尔与他自己的家人们接触较少，也没有保持联系的兴趣。到 20 世纪 20 年代，他 5 个幸存的姐妹都结了婚，有了新的家庭。"也许有一天你会把你的容貌寄给我。如果可能的话，我更喜欢自然的照片，而不是修饰过的照片。"夏加尔 1923 年写道，但他是一个懒于联络的人，已经长期远离他们现在的世界；而他身在俄国的家人们，很快就不希望让人注意到他们与一名著名的叛逃者有联络。玛妮娅的女儿伊达·阿罗诺夫娜·戈德堡（Ida Aronovna Goldberg）1924 年出生在列宁格勒，是伊达·夏加尔的表妹；伊达的三表妹——莉萨的女儿（也和她一样为纪念祖母而被命名为费塔 - 伊达）回忆说，"在她的童年和青年时代，孩子们对夏加尔一无所知。他们的父母总是悄悄地谈论他。后来，当他们长大后，发现不提他的名字更安全，这样在工作上就不会有问题"。

在巴黎，夏加尔的怀旧情绪与对俄国的矛盾情绪交织在一起。俄国的移民团体是他最初停靠的港湾。1923 年，夏加尔第一次造访巴克斯特雅致的公寓，发现他以前的老师"彬彬有礼……但他不会为我而撕裂自己"。他和亚历山大·波兹纳的关系更好。这位作家曾是维纳弗的圈子中的一员，1908—1911 年间曾在圣彼得堡帮助过他。因为维纳弗的关系，波兹纳在巴黎的俄国群体中是重要人物，现在又来帮助他解决签证等切实的问题。"波兹纳是个好人。通过他，我们会结识许多俄国作家和别的人。"夏加尔鼓励贝拉道。这个俄国的缩影，是一种安慰——夏加尔一家参加了维纳弗儿子的婚礼；巴克斯特参加了伊达的 8 岁生日派对；意第绪语表现主义诗人佩雷兹·马克什同意将夏加尔的回忆录翻译成俄语。但这个俄国的缩影，也带着一种对沙皇帝国的喜爱之情。作为一名工人阶级的犹太先锋艺术家，夏加尔是不可能感同身受的。许多俄国人也对这个缩影感到窒息——波兹纳的儿子成了苏联间谍，而马克什则在 1926 年返回苏联。对夏加尔来说，过去的敌意和怨恨爆发了。当亚历山大·贝诺伊斯前往俄国旅行并描写了巴黎的俄国人却没有提到他时，他勃然大怒。

1924 年年底，夏加尔一家搬到了布洛涅苏尔塞纳河畔松树巷 3 号的一所小房子里，离布洛涅森林不远。这个地区挤满了支持白军的俄国贵族，他们大部分都是以钻石和黄金进行贿赂买通通道，通过克里米亚向西逃亡到这里的。在古腾堡街上离夏加尔、贝拉和伊达的住处不远的地方，住着尤苏波夫王子和他的妻子、女儿。与以前俄国最富有的家族的地位相比，他们现在的生活条件拮据得难以想象。具有讽刺意味的是，他们像夏加尔一样，靠出售艺术品为生——他们一家，靠的是从圣彼得堡的宫殿里偷运出来的伦勃朗的作品。弗拉基米尔·纳博科夫的后代把这一代的流亡者们描述为他们自己死去的灵魂："那些难于接触到的人们在外国的城市里模仿着一种死去的文明，模仿着遥远的、近乎传奇的、几乎是苏美尔人的幻影的 1900—1916 年的圣彼得堡和莫斯科（即使在当时的 20 世纪二三十年代，这听起来也像是公元前 1916—前 1900 年那么遥远）。"在附近的第 16 区的咖啡馆里，代表革命前俄罗斯文化的人物——作家伊万·布宁（Ivan Bunin）和玛丽娜·茨维塔耶娃、艺术家拉里欧诺夫和冈查洛娃、作曲家斯特拉文斯基和普罗科菲耶夫、导演迪亚吉列夫——聚集在一起。这样一个"移民聚居区，实际上是一个比我们在这个或那个周围国家中所看到的，文化更为集中、思想更为自由的世界。"纳博科夫指出，"谁会为了进入熟悉的外部世界而离开这种内在的自由？"

　　每个俄国艺术家都必须以自己的方式回答这个问题。许多艺术家被囹圄在过去，他们的艺术在离开俄国的时候已经被捕。因此，布宁和拉赫曼尼诺夫仍然是 19 世纪的俄国浪漫主义者；而曾经的先驱拉里欧诺夫和冈查洛娃则在 1919—1929 年重新设计同样风格的革命前服装，为迪亚吉列夫的芭蕾舞剧设计布景。在 1914 年之前，迪亚吉列夫几乎没有屈尊跟夏加尔讲过话；如今，俄国芭蕾舞团为夏加尔提供了一个固定的包厢，而且他经常去。然而，他从未想过在流亡者的陈词滥调中迷失自己。他认为，迪亚吉列夫在向法国的游客们兜售一种对俄国异国情调的拙劣模仿；他也不是一个被驱逐出克里米亚天堂、试图在法国乡村重建契诃夫式喜剧天堂的白俄。作为一名孤独的犹太红俄，他先锋派的梦想和革命理想已经破灭，他的艺术现在会如何发展？"有什么新鲜事吗？艺术家们在做什么呢？——仍然是罗德钦科吗？还是马列维奇？还是他们仍在默默寻找？"1924 年 12 月，在离开莫斯科两年半之后，他悲伤地问艾丁格。当他终于鼓起勇气回到油画创作上时，他在巴黎花了一年的时间来画他以前那些主要作品的复制品，这些犹太主题作品，都是他曾在柏林失去的、留在俄国的，或是售出了的。这就好像在从瓦尔登手中夺回财产，同时也在起草一份关于自己的艺术身份的清单。

　　这并不是以新的风格进行的重新创作，复制品要尽可能地接近原作。某些作品是夏加尔对着原作进行复制的——莫斯科的卡根 - 沙巴谢伊委托夏加尔带给他在巴黎的妹妹的《祈祷的犹太人》（《黑白犹太人》），他在卖给萨姆·萨尔兹之前便复制了的《生日》——两种版本相隔 10 年，其特征仍非常接近。他凭记忆复制了别的作品，有时候会参考照片——《绿色小提琴手》《牲口贩子》《我与村庄》《在城市上空》《一撮鼻烟》。在 1923—1925 年所产生的这些画的新版本，更像是以前版本的变体：构图节奏更加自由，激烈的程度更低，形式更为开放，颜色更为细腻和流畅。这些再造作品就像他为《死魂灵》所作的有关俄国的蚀刻版画一样，成了夏加尔过渡时期的典型作品，为一种新的法国风格指明了道路，这种风格在他 1924—1925 年专注于新主题的画作中有明确的体现。

　　这一转变标志着夏加尔绘画作品的第三次重大变革。第一次，是他 1911 年初次来到巴黎时；第二次，是他 1914 年回到俄国时。许多因素以及地理原因，都在产生着影响。三年来创作《我的一生》和《死魂灵》的蚀刻作品所得到的经验收获，贯穿了油画创作，让夏加尔获得了新的流动性和新的对色调的细微差别的敏感。这种敏感，与他在巴黎的"自由之光"中感受到的魅力，以及与他在法国乡村的欣喜若狂相结合——那里柔软而温和的光线，与俄国的是如此不同。此时，他敢于在轻松愉快、具有丰富调性的油画中将之表现出来，这与他以前的创作是截然不同的。

注释

【1】阿西西：意大利城市，方济各会的创始人圣方济各的诞生地，无数虔诚的天主教徒都以去过阿西西为荣。

【2】圣方济各：中世纪意大利修道士，25 岁时就全身心地奉献给了上帝，45 岁去世后被追谥为圣徒，后人称其为圣方济各。

第 16 章

"自由之光"

巴黎，1924—1927

"我想要大地的艺术，而不仅仅是头脑的艺术。"夏加尔在 1924 年说道。甚至在贝拉到达巴黎之前，他就已经在通过到巴黎之外的短途旅行来调整身心了，"这里的大自然也是法国的味道。太棒了！这儿的风景带有毕沙罗式的优雅和简朴，令人赏心悦目，没有我们在德国看到的做作。塞尚笔下的风光在这里清晰可见。"他知道，要成为一名法国艺术家，就要学会沉浸在法国风光里。他和贝拉刚在奥尔良大道定居下来，就抓住一切机会到巴黎之外的地方旅行。在 1924—1925 年，他们从法国北部开始：瓦兹河的亚当岛上宁静而翠绿的乡村，那儿离凡·高的人生最后一个驿站奥维尔不远。在这片风景如画的法国土地上，勒诺特[1]（Le Nôtre）在广阔而整齐的公园和林地中铺设了许多林荫大道，德劳内夫妇和儿子查尔斯（比伊达大 5 岁，热衷于爵士乐）每个周末都在此地他们的乡间别墅度过，夏加尔一家是这儿的常客。

在塞普特伊河边，夏加尔在巴黎的新朋友和支持者——巴黎杂志《文艺新闻》的艺术评论家弗洛伦特·费尔斯（Florent Fels）也在这儿有一所房子。由此，对于在塞纳河和瓦兹河之间的这片土地，夏加尔和贝拉有了家一般的感觉。他们于坐落在附近一片平缓山丘之中的蒙特肖威小村庄，从一位名叫艾伯特·盖伊（Albert Guy）的警察那里租了两个房间，开始断断续续地居于此地，直到 1927 年。在这里，他们吃着农场里的新鲜鸡蛋和黄油，住在简朴的房间里。房间里有沉重的乡村家具和巨大的羽毛床，玻璃穹顶下有一个橙色的花环，壁炉台上还有一张第一次世界大战时盖伊先生当兵的照片。夏加尔寄给贝拉的一张明信片上写着"蒙特肖威，拉格兰德街"，上面是一条又斜又窄的小路，两旁是整齐的石墙、精美的灌木和树木以及小村庄的房屋——与前卫的巴黎形成鲜明对比的是，这一景象在 200 年内不会改变。夏加尔会在房子的屋顶上画上两个烟囱、自己的身影，以及空中飞过的天使。在经历了分离和巴黎第一年里的艰辛之后，他的情绪在这个乡村天堂里高涨。他完成了果戈理的蚀刻画，开始画风景画——冬天的亚当岛上光秃秃的树木，蒙特肖威的教堂和乡村的广场。

费尔斯热情、机智、彬彬有礼，给他带来极大的安全感。从 1925 年起，他开始编辑视角新颖的艺术评论杂志《鲜活的艺术》。他的乡间住宅吸引了许多作家、艺术家和收藏家的到来：沃拉尔以夸张的大笑为这些周末聚会活跃着气氛，费尔斯将这笑声比作食人族在吞噬一个烤得正好的年轻女孩时的笑声；画家弗拉曼克（Vlaminck）和德兰；此时已皈依罗马天主教的马克斯·雅各布；波兰犹太人、社会名流肖像画家莫伊斯·基斯林，夏加尔在"蜂巢"时的旧相识；年轻的安德烈·马尔罗（André Malraux）；诗人兼艺术评论家安德烈·萨尔蒙，他曾在圣彼得堡生活过 5 年，会讲俄语；还有诗人伊万和克莱尔·戈尔（Claire Goll）。《鲜活的艺术》杂志自诩为"优雅的评论"，不仅涉及美术，还涉及巴黎那些有歌舞表演的咖啡馆、跳蚤市场、爵士乐和电影。费尔斯是第一位印象派艺术史学家、库尔贝的朋友西奥多·杜雷特（Theodore Duret）的孙子，在维尼翁街的一套豪华公寓里长大，连女佣的房间都挂着图卢兹 - 劳特雷克（Toulouse-Lautrec）的画。费尔斯认为自己是那些他称之为"新野蛮人"的艺术家的守护者，就像他的祖父是之前几代艺术家的守护者一样。

在这个国际化的、博学的圈子里，夏加尔绽放了。德劳内夫妇和戈尔夫妇都 30 多岁，会讲多国语言，同夏加尔夫妇一直保持着友谊。除了傲慢、缺乏安全感又温和的罗伯特之外，这个群体里的所有成员都是犹太人，并面临着将自己重塑为法国人的挑战。跟在"一战"前的巴黎一样，他们的名字均来源于自己的经历。原名"莎拉·斯特恩"（Sarah Stern）的索尼娅·德劳内是俄国人。原名"克拉拉·艾希曼"（Clara Aischmann）的克莱尔·戈尔出生在纽伦堡，声称自己是普鲁士贵族和古代犹太人混血的后代。原名为"艾萨克·朗"（Isaac Lang）的伊万·戈尔来自于曾被割让的阿尔萨斯地区一个传统家族，他在家里讲法语，在学校里讲德语——与其他人不同，他现在仍然会参加犹太教会的赎罪日活动和他父亲忌日的纪念活动。对夏加尔一家人来说至关重要的是，他熟悉俄罗斯文学。1922 年，他出版了一部世界性的当代诗歌选集《五大洲》，囊括了马雅可夫斯基、叶赛宁、阿赫玛托娃（Akhmatova）、布洛克、艾略特、卡瓦菲（Cavafy）、罗宾德拉纳特·泰戈尔以及巴黎的桑德拉尔、阿波利奈尔、雅各布等诗人的作品。戈尔夫妇是在瑞士达达主义者的社交圈认识的，他们都是和平主义者。克莱尔在之前的第一段婚姻里有一个名叫多拉里斯（Doralies）的女儿。1918 年在德国的时候，她曾因抒情诗人莱纳·玛丽亚·里尔克（Rainer Maria Rilke）而短暂地离开过伊万，但她最后选择了法国，于 1919 年和伊万一起去了巴黎。不久之后，德劳内夫妇也从西班牙返回巴黎。

这个圈子里的创意交流令人陶醉。费尔斯为艺术家朋友们写了不少文章。德劳内画了贝拉的画像，画面上的贝拉穿着一件索尼娅设计的著名彩虹礼服。夏加尔为一头抢眼的栗色头发的克莱尔画了画像，她极具张力的美吸引了从贾伦斯基到柯科施卡（Kokoschka）等艺术家；他还为她 1925 年出版的《爱之诗》画了插画。跟贝拉一样，每个女人都只有一个孩子，她们和男人们一样雄心勃勃。而 20 世纪 20 年代的巴黎为她们提供的环境比"一战"前更优越。1925 年，索尼娅在"装饰艺术博览会"上展出了作品；1926 年，克莱尔则在继《爱之诗》后出版了《妒忌之诗》。每个人都在奋勇前行。在位于波旁街 49 号耸立于河边的公寓里，老于世故的戈尔夫妇投身于法国贵族社会，也投身于以詹姆斯·乔伊斯为中心的左岸文坛——乔伊斯是他们在瑞士时的朋友。在与丈夫和他们的暹罗猫曼德勒（Mandalay）的合影中，克莱尔看起来像是一位鸡尾酒会明星。令人震惊的是，在生命的尽头，她竟扮演了一位蛇蝎美人。

在这个群体中，贝拉更为微妙，不那么引人注目，她将自己的天赋和希望完全倾注在丈夫的工作中。她的身体总是很差，在 1924 年动了一次手术。

她的疾病是夏加尔一家人生活中的重要组成部分。流亡生活的艰辛以及她在夏加尔艺术中所扮角色带来的压力和挫折，让她的病情变得更加严重。后来，夏加尔向弗吉尼娅·哈格德谈起贝拉时，将她形容为"他生命中第一个扮演着永恒的批评家角色的人。在贝拉认可之前，所有的画都未完成。她是最高法官。即使和他的意见不同，她也会坚持自己的意见，最后他通常都会顺应她"。在贝拉去世后，夏加尔写道："多年来，她的爱影响了我的画。然而，我觉得她的内心压抑着一种没有表达出来的东西。她的心中埋藏着许多宝藏。她为什么对朋友们和我都那么保留？为什么她需要将之藏在身后？"他自己的天才——不同于德劳内和戈尔——是一个原因：就像毕加索和马蒂斯一样，尽管方式不同，夏加尔的创造力最终掩盖了他的人生轨迹上的每一位女性。毕加索精神崩溃的伴侣朵拉·马尔（Dora Maar）和自杀的伴侣玛丽-特雷瑟·沃尔特（Marie-Thérèse Walter）、杰奎琳·罗克（Jacqueline Roque）都成了传奇。然而没有人指出，夏加尔和马蒂斯的夫人在 20 世纪二三十年代的大部分时间里，都在生病或卧床休养。画家马蒂斯的儿子皮埃尔·马蒂斯（Pierre Matisse）认为，他的母亲被"一层沉甸甸的面纱，一层保护性的面纱，掩盖了内心深处的愤怒和失落"，其原因是马蒂斯的画对她和他们的家庭生活提出了极端的要求。夏加尔承认，"我的一生都由创作组成，其他的都是次要的。当然，爱情、死亡和出生都是巨大的冲击，但创作也一样……如果创作不能继续，我会从内心被吞噬"。在他看来，贝拉是他的作品的共同创作者，她沉浸在那种创造力之中，但缺乏自己的表达渠道。她的神经衰弱——延续到伊达身上，伊达也经常生病——关系到他们 3 个人的健康，就是一种体现。

她的寄托，便是接管夏加尔生活中切实的一面，她以一丝不苟的礼仪意识和"在正确的时间做正确的事的天赋"做到了这一点。在巴黎的头几年里，夏加尔没有经纪人，贝拉凭借在珠宝店的经验把控着每一次谈判，对收藏家们恩威并施。例如，科隆的萨姆·萨尔兹在 1924 年买下《生日》后，接着在 1925 年买下了《维捷布斯克之上》，贝拉与他们夫妇建立起了友谊，用优雅的德语与他们通信；直到萨尔兹在付款问题上变得不那么合作后，她转而开始使用傲慢的法语。她和夏加尔唱着双簧：他假装不懂卖画的事；她像她的父亲一样，既具世俗的威信，又有一种让顾客放心的精神气质。但一直以来，这对夫妇都是串通一气的。一位收藏家记得，当他问夏加尔一幅画的价格时，却被告知："我一无所求！我所需要的，只有友谊。"当他坚持问的时候，贝拉被唤了过来（"对不起，先生，您问的这些我所不熟悉的问题让我难于理解。也许我的妻子可以回答您，她对这些问题要在行一点"），但当她接过话头时，收藏家看到夏加尔在镜子里向她做了一个手势，示意她应该开的价格。她说："这幅的价格是 1 万。"

安德烈·萨尔蒙对贝拉的印象十分深刻，说她是一位"漂亮而完美的妻子"。夏加尔夫妇曾指定萨尔蒙与妻子将夏加尔的俄语回忆录翻译成法语。在满足贝拉高标准要求的绝望中，萨尔蒙带着手稿来到位于布洛涅苏尔塞纳河畔的夏加尔家的花园里。萨尔蒙把夏加尔夫妇视为"飘浮在外太空的夫妇"。他非常陶醉，以至于什么工作也未能完成。他回忆道：

> 贝拉对翻译这本书满腔热忱。这件事很值得去做，也很令我神往……但是，贝拉的茶，贝拉做的美味的鱼盘，贝拉做的可口的黄瓜，她做的超凡卓绝的蛋糕，让我们所有认真工作的意图最终化为乌有。当我们不是因为喝茶而分心的时候，当我们碰巧深陷在两个词汇的较量中时，贝拉会出现，把我和妻子叫到花园里：

> "亲爱的朋友们，快来看看秋千上我们漂亮的孩子吧。荡吧，伊达！"……

> 秋千上的伊达是一个非常漂亮的孩子，那个场景非常美。我马上也想跳到秋千上去。然后，贝拉跑去拿照相机。所以，我对那个时期的记忆之一是……可爱的孩子伊达和沮丧的译员坐在秋千上的双重形象，荡得高高的，离夏加尔笔下的那个世界依然遥远。在夏加尔的世界里，他只需一气呵成地轻轻几笔，就可带来让他们欢乐不已的动物角色。

夏加尔一家人如此扮演着角色。观众中比较精明的人，比如萨尔蒙，知道他们在表演，但仍能欣然接受。作为为夏加尔带来灵感的缪斯女神、夏加尔业务的经营者和伊达的母亲——贝拉的生活是充实的——但不是独立的。当时，夏加尔的每一次短暂离开，都会让她反应过敏，撼动着她脆弱的幸福感。"街上很冷，而我也一样，"她告诉他，"如果你能给我一句温暖的话，那就好了……请不要画风景画了，因为在这种寒冷的天气里，在室外工作是不行的。请给我写信。为什么不写呢？"伊达在同一封信中写道，"爸爸——我强烈地吻你，"贝拉则悲哀地补充道，"我也一样。伊达写下的字母的形状，已像是印在你脸颊上的吻。"此后不久，信纸上便满是她潦草的笔迹，因为她不确定他什么时候回来。

> 你为什么要我担心地盯着窗外，而不提前告诉我你什么时候回来？……你不告诉我，我就会一直这样。我想知道什么时候会有火车到。真的，你不能告诉我一下吗？你不能发电报说一下你什么时候到吗？即使是在深夜，但当然白天更好……无论如何，给我写信。并不是世界上所有的人做事都像你那么毫无章法。所以我亲爱的，现在你知道我在如何等你。

有时伊达会在信上画上她和母亲的素描，以及用她从贝拉那里学到的颤抖而激动的语调加上俄语或法语的问候——"我们每天都在等你，每一个小时。回来吧……用我们所有的力量。小女孩伊达·夏加尔"——这样的语言表达，也影响着她后来的语言风格。夏加尔所称的"两个女人"，激发了他的内疚和呵护的欲望，以及爱和依赖。"我亲爱的小金丝雀（跟普罗科菲耶夫对他妻子的昵称一样），你忘掉你的寒鸦了吗？你太专注了，你有那么多事要做。"他在寄给贝拉的明信片上写道。"看看我是个多么理想的丈夫，每天喝咖啡的时候我都会给你写信。"

不过，大部分的时候都是他们3人一起旅行。伊达在画室里成长为早熟的孩子，沉浸在她父母的世界中，与父母的朋友们相处得很自在，却很不习惯与别的孩子打交道。1924年3月至4月间，夏加尔一家与戈尔夫妇一起游历了诺曼底。一张照片显示，这两对夫妇和伊达手挽着手栖息在一处栏杆上，风很大；两个男人都显得很放松；两个女人更为踊跃地对镜头摆着姿势，看起来没那么自在；伊达则在扮小可爱。克莱尔·戈尔尖刻地评论道："夏加尔非常崇拜伊达，伊达在只有7岁的时候，就对她父亲进行着尽可能的专制统治。"但夏加尔一家从海滨度假胜地奥尔特写信给德劳内夫妇，说"我们在这里又傻又快乐"，并于6月返回北部海岸，到布列塔尼的布雷阿岛度假。《窗外》是在他们旅馆的顶楼上画出来的，描绘的是草地、树木和房屋的景色，一个岬角上耸立着一座指向海面的灯塔。画面上的风景被一扇窗户框住，窗户的窗格和窗台上反射着华丽的色彩。柔和的光线将这幅温柔的图画的两个区域融合了起来，其主题——内在的亲密和自然的喜悦——表明，夏加尔已在心目中将这个法国的乡村当成了自己的村庄。在《窗边的伊达》上分布着同样的蓝白色、祖母绿色和暗灰色的色调，画面上的小孩坐在窗台上，旁边是一个插满鲜花的花瓶，大海和天空的景观与室内的场景显得十分和谐。

伊达·夏加尔在巴黎，摄于1929年左右

夏加尔俄国时期绘画中所有的棱角分明和傲慢无礼，都在这里得到了柔化和调整。《窗外》和《窗边的伊达》披上了彩虹般的色彩，已经有了勃纳尔和莫奈式的法国绘画的微妙质感和柔和色调，为夏加尔20世纪20年代的作品定下了基调。甚至当他在1924—1925年再次创作俄国题材的作品的时候——小红房子、水槽、农民的生活——色调也变得更为柔和，色彩也变得更为弥散。但无论如何，这些都是复古的风格。在这些年里，正是通过这些法国风景画、花卉画和一些肖像画，他的艺术取得了进步。所有作品表现出的都是他对自然界的兴趣，描绘的都是与自然的和谐相处。在第一个巴黎时期，他的艺术一直是形而上的、富有激情的，是富有远见的青年的向往的表达；而在第二个法国时期，夏加尔向这个世界和法国的乡村敞开了大门。他找到了用新的艺术语言来表达自己的勇气。在远离饱受蹂躏的俄国及其阶级意识形态之后，他终于能够专注于绘画艺术本身的价值。"我一直想做的是，以具体和人性化的形式，表达出人类面对自然的无能为力。"他在1927年告诉艺术史学家莫里斯·雷纳尔（Maurice Raynal），"我没有试图报复自然，而是想创造一种与自然相似的表达方式，如果我可以这样表达自己的话。我们每个人都有自己的个性，我们必须有勇气将其外化。"

1924 年在巴黎引起热议的话题，一方面是超现实主义宣言的首次发布，另一方面是则是新古典主义。在这样的环境中，夏加尔仍然脱颖而出。超现实主义者们试图将他归为同类：安德烈·布勒东引述了阿波利奈尔 1912 年对他早期巴黎作品的描述"超现实"，认为现代主义创作的出发点在很大程度上既归功于夏加尔的梦幻画面，也归功于他的感性印记。但夏加尔仍然保持着超然。他不相信超现实主义者们能够依赖于布勒东所说的"纯粹的自觉意识"——自发地写作或绘画。超现实主义者们认为这让他们可以不受限制地直接接触潜意识，而作为一名有意识的自传体题材艺术家，夏加尔认为这种方法是假的，因为"尽管我的画面构造看起来很奇妙或不合逻辑，但若说我是通过一种自动化的混合将之构思出来的，我会感到十分惊恐。"他鄙视他们那些拙劣的作品，称"比起 1914 年前那个壮丽的时期，他们所表现出来的天赋和技术掌握程度要小得多"。

此外，他自己的作品现在不那么"超自然"——不那么幻想，也不那么具有叙事性。相反，在风景画中，尤其是 1924—1925 年的两幅肖像画《拿康乃

伊万·克莱尔、克莱尔·戈尔与夏加尔、贝拉和伊达在诺曼底，摄于 1924 年

馨的贝拉》及他和贝拉的《双人像》中,夏加尔开始表现出 20 世纪 20 年代法国艺术对秩序的回归和对外形的强调。这两幅肖像画都以经典的平面性与画面构成而令人瞩目。《拿康乃馨的贝拉》为回应德劳内为贝拉画的画像而作,那幅画像引起了夏加尔的嫉妒。这种嫉妒促使他超越这位法国艺术家,创造出他的缪斯女神带着追求智慧的面容、细长的脸和猎物般警觉的神色的亲密形象,看上去也像是一幅具有纪念碑气质的肖像画。画中的贝拉身穿带有大白领和袖口的黑色礼服,手里拿着一朵鲜花,映衬着深红色的背景。他 1909 年的《戴黑手套的我的未婚妻》中的一些夸张甚至是矫揉造作的元素得到了保留,但贝拉现在却洋溢着优雅的清醒,超越了前作的戏谑。艺术评论家让·卡索(Jean Cassou)写道:"这是一部至高无上的作品,完全可以媲美最伟大的时代那些最完美的肖像画,那些除了在衣服或脸的部位有一点高光之外全是深色调的肖像画,那些高贵的、代表着人类面容的最佳写照的著名肖像画。"卡索是夏加尔的朋友,后来成为巴黎国家现代艺术博物馆的馆长。

《拿康乃馨的贝拉》是一幅私密、忧郁的画像。而《双人像》则是夏加尔在另一幅类似的双人像《生日》的基础上创作的,所完成的作品是一种公开的声明。这幅画回顾了 1916—1917 年他在彼得格勒创作的恋人系列,它具有这些俄国作品的严肃性,但尺寸更大,色彩经典,人物姿态活泼而向上延伸,具有装饰艺术和现代艺术的风格。贝拉和夏加尔向前倾着身子,似乎就要飞起来,他们的活力与对世界的投入,同之前系列的含蓄形成了鲜明对比。贝拉抱着一束花,占据着主导地位;她穿着一件带有她最喜欢的皮埃罗式衣领的华丽白色连衣裙,戴着贝雷帽和黑色手套——与《戴黑手套的我的未婚妻》中的服装类似。她的侧影、严肃的表情和一双侧视的大眼睛,也呼应着《戴黑手套的我的未婚妻》。

这些作品在庄重性和绘画抱负上,与他在俄国革命时期的那些海报般的双人像大相径庭。夏加尔以此将自己定位为西方艺术家,并强调了贝拉作为他的艺术世界的共同创造者的角色。这样的个人主义作品在 20 世纪 20 年代的俄国不可想象。夏加尔一直认为自己属于"1914 年前的壮丽时期",而他正是以之巩固了自己在这个时期所取得的成就。1924 年 12 月,一位正在寻求自我认识的年轻画商——著名画家马蒂斯的儿子皮埃尔·马蒂斯——24 岁时,

在巴巴多斯 - 荷德伯特画廊组织了夏加尔在法国的第一次个展。夏加尔对此深感欣慰。艺术界的大师们，"马蒂斯、毕加索、德兰、弗拉曼克、塞贡扎克（Segonzac），以及所有腿能动的，都来参观了我的展览"。夏加尔激动地对莫斯科的大卫·阿尔金说，"关于我自己，我还需要说些什么呢！只是现在，所有的当代法国画家和诗人都在谈论我……唯一值得提的，是马蒂斯这样的大师是否承认你的存在。这算是一种考验吗？是的。对于一位艺术家来说，巴黎的分量是最重的。"

然而，并非所有人都在对他进行褒奖，部分原因是展出的作品大多是他俄国时期的作品，并不太适合法国人的口味。在这段时间里，贝拉给夏加尔的信中充满恳求，让他不要理会那些批评，让他"过自己的生活，做自己最好的法官，就像普希金所说的那样"。相比之下，当展览继续到科隆时，俄国的作品引起了更为热烈的反响，《祈祷的犹太人》被选为"新艺术"的重要标志。巴黎代表法国文化视角的人认识到了夏加尔的重要性。在"一战"前，会讲多种语言的诗人桑德拉尔是夏加尔在文学界的首席朋友和主要推动者。而此时的双语诗人伊万·戈尔，扮演了一个弱化版的桑德拉尔的角色。他写道，夏加尔这个"俄国的神，德国的天才"，在刚刚到达法国时"几乎遭到唾弃，并被一些记者视为不受欢迎的人、不属于这里的人"，但现在却"正在征服巴黎"。戈尔特别赞扬了法国人对《双人像》和《拿康乃馨的贝拉》的敏锐感受："不再有奇闻与逸事，不再有诗意的幻想，只有稳健的挥洒，严格的古典主义规范和对色彩的发掘，以及一幅画应有的味道。瞧，夏加尔在此同样一击即中！他画得既像一位法国艺术家，又没有一丝安格尔的笔法，也没有一点儿凡·高的影子。一切都是夏加尔自己——他在用色彩区域而不再是意识形态进行描绘：这就是巴黎和东方之间的巨大差异。"

然而对法国人来说，夏加尔仍然是外来的、东方的、陌生的。意外的是，莫里斯·雷纳尔在他 1927 年的著作《现代法国画家》中给夏加尔留下了一席之地。但显然，夏加尔也为这位法国艺术史学家带来了困惑，就像他曾给阿波利奈尔带来过困惑一样。"夏加尔以一种优雅、焦虑、孩子气的敏感，以及些许的浪漫气质拷问着生活……一种悲伤和欢乐混合，是严肃人生观的特征。"雷纳尔写道，"他的天马行空，他的变幻无常，无疑是与拉丁民族的严谨无关的。"

因为费尔斯的关系，夏加尔在接受雅克·盖纳（Jacques Guenne）为《鲜活的艺术》所做的采访时坦承，尽管他认为巴黎是一所活生生的学校，而且他已在法国获得重生，但他在心理上与拉丁民族是不同的。他向雷纳尔坚称："我所做的一切都归功于巴黎，归功于法国。法国的空气、法国的人和法国的风景，是我的生活和艺术真正的学校。"但他仍在两面下注。1925 年，他对纽约《未来日报》的编辑阿维洛霍姆·莱辛（Avrohom Lyesin）将自己描述为一个跟父亲一样的犹太人；而在 1926 年，他给俄国的帕维尔·艾丁格写信说道："我'必须'成为一名法国艺术家吗（从未考虑过）？似乎，我并不属于这里。我常常回忆起我的维捷布斯克，我的田野……尤其是那里的天空。我的画遍布在世界各地，而在俄国，他们显然根本不会考虑，也对我的展览不感兴趣……所以你看，我在抱怨……但是该怪谁，怪我自己？"

夏加尔于 1925 年秋完成了《死魂灵》的插画，然而由于沃拉尔出了名的动作迟缓，还远未出版。但沃拉尔接下来提出的两个创作项目表明了他对夏加尔身份危机的理解，因为他将果戈理和俄国抛到了一旁。其中一个项目是为《圣经》画插画，把夏加尔拉回了犹太人的根；另一个则将他带向了法国文化的核心地带：为 17 世纪的经典作品《拉封丹寓言》作彩色插画。

夏加尔在 20 世纪 20 年代中期所追求的是融入和适应，他热切地接受了这部法国的作品。《拉封丹寓言》的某些特征——讽刺性、原创角色、乡土环境——与《死魂灵》有共通之处；此外，夏加尔一直喜欢画动物，而动物是这部作品的中心角色。但最重要的挑战，是如何通过文学作品和风景画来理解法国，就像他和贝拉少年时在维捷布斯克通过狼吞虎咽地阅读俄罗斯文学，从而抛弃了父母的意第绪语世界一样。夏加尔在 1924 年开玩笑说："曾经我很会用意第绪语写作，但自从成了一名异教徒，我便写得错误连篇，或说我所写的是俄式犹太语。"尽管为《圣经》作插画的计划被搁置，但却暗暗影响着夏加尔为不同于自己宗教信仰的《拉封丹寓言》所作的插画，以及夏加尔与法国世俗社会之间那若即若离的双面关系。1925 年 9 月，就在快要完成《死魂灵》的插画时，他写信给柯尼格，恳求讲意第绪语的朋友们给他找一本意第绪语版的

《圣经》，因为他不怎么会读希伯来文：

> 我要描绘先知……尽管周围的"状态"并不是预言……相反，
> 是邪恶的……但我们必须抗争。虽然这看起来很奇怪，但我们这个
> 时代，尽管有许多成就，但我认为是肮脏的，给人的感觉就像是逃
> 到了其他层面……相当长的一段时间以来，艺术一直臭不可闻，因
> 为灵魂的纯洁已被污秽取代。

许多评论家对于一位俄裔犹太艺术家妄图着手这一法国经典杰作而表现得十分愤怒。这足以表明，他和沃拉尔在选择作品时有多大胆。沃拉尔写道，"人们无法理解，为何要选择一位俄国画家来诠释最能代表法国的诗人。"为回应法国新闻界强烈的愤怒之情，他在报纸《不妥协》上发表了一篇文章，为夏加尔进行辩护，并指出拉封丹曾引用东方的传说——《伊索预言》以及印度、波斯和阿拉伯的说书人们所讲的故事。他争辩道，这说明了《拉封丹寓言》的背景和氛围，并说夏加尔"与东方这个神奇的世界有着深深的共鸣"，从而成了一个理想的选择，"尤其是因为在我看来他的天才是最接近拉封丹的，而且在某种程度上与拉封丹的天才颇有渊源，既饱满又细腻，既真实又神奇"。

夏加尔感激地写道，沃拉尔"与其说是一位商人，不如说是一位神秘主义者……一位伟大的先驱"，给了他信心和自由表达的可能。20世纪20年代，沃拉尔的支持对于夏加尔在法国的蓬勃发展至关重要。1926年，他开始画《拉封丹寓言》插画的这个时间点，从好几个方面而言，都是一个分水岭。许多在他早期的成功中发挥过关键作用的人，都在那一年去世，或从他的生活中消失：他在巴黎的第一位收藏家马克西姆·维纳弗，以及他在法国的第一位买家古斯塔夫·科奎奥，都去世了；在柏林，出版了《我的一生》并在夏加尔逃离俄国最初的日子里帮助过他、为人谦恭的画商保罗·卡西尔，平静地走进律师的办公室，与他的第二任妻子蒂拉签署了离婚协议，礼貌地鞠躬并请求暂时离开，然后他走进隔壁房间，饮弹自尽；同样在柏林，经过与律师长时间的书信往来，瓦尔登事件终于得到解决，赫尔瓦特·瓦尔登也与他的第二任妻子内尔分居了，她同意在最后解决此案时返还夏加尔选择的那几幅画。

在超现实主义盛行的法国，1914年前夏加尔在巴黎创作的作品的狂野色

彩和立体主义风格，远比他在战时的俄国所创作的作品更符合时代的口味。这些作品的价格也非常高。因此，夏加尔一拿到这些画，马上将《三点半》（又名《诗人》）——1912 年所作的绿色的马津那头颅上下颠倒的肖像画——卖给了克里斯蒂安·泽尔沃斯（Christian Zervos），此人刚刚开始出版颇具影响力的《艺术手记》；后来，在马塞尔·杜尚（Marcel Duchamp）作为中间人的帮助下，这幅画被送到了洛杉矶现代派收藏家沃尔特·阿伦斯伯格（Walter Arensberg）的手中。与此同时，夏加尔将《我与村庄》（也是从内尔手中收回的）和另一幅画卖给了布鲁塞尔香水巨头勒内·加夫（René Gaffé），一位比利时超现实主义的拥护者，《比利时回声报》的创始人。1945 年，他将《我与村庄》卖给了纽约现代艺术博物馆。当时，贝拉代夏加尔签名（所有的商业信函上的签名都是她代签的），专横地要求加夫和别的收藏家们用美元付款："不幸的是，法郎非常不稳定，正如我已经给您写信说过的那样，只有在以美元计价的情况下，我才能转让这幅画。"

夏加尔的势头一路上扬。巴黎的卡蒂亚·格兰诺夫画廊举行了他的作品展览，纽约第 5 大道上的莱因哈特画廊举办了他在美国的首次个展。此时，欧洲各地的收藏家们希望收购夏加尔作品的信件蜂拥而至，贝拉对他们一一做了答复。与此同时，夏加尔还为马塞尔·阿兰德（Marcel Arland）的小说《母爱》创作了蚀刻版画，为《七宗罪》创作了雕刻版画，还为古斯塔夫·科奎奥的《乡下系列》创作了素描。夏加尔在 1926 年表明，当时他所创作的画，签名一干就不见了。到当年年底，他与走在时尚前沿的伯恩海姆 - 杰恩画廊签订了合同，与这家画廊合作的艺术家们包括塞尚、雷诺阿、莫奈和马蒂斯等；该画廊刚刚迁至法国总统加斯顿·杜梅格（Gaston Doumergue）为之主持揭幕仪式的那栋著名大楼里，位于圣奥诺雷郊区街拐角处的马提翁大道上。这份合同让 39 岁的夏加尔生平第一次得到了经济保障。此时的他可预见的 40 岁后的生活，是他和贝拉 5 年前在莫斯科处于饥寒交迫中时无法想象的。然而，他从来没有完全放松过。当贝拉有一次问他"'需要多少钱才能感到完全安全'时，他回答说，'我永远不会有足够多的钱，我永远不会感到安全。'无论是成功还是荣耀，都无法消除他的不安全感，"克莱尔·戈尔回忆起这段时期时说道，"他喜欢扮演小丑的角色……但在事关金钱时，他便无法开玩笑……钱，一直是他关心的。"在鲍里斯·阿伦森的记忆中，夏加尔非常多疑，有时在咖啡馆里有人想要他涂鸦过的餐巾纸时，他会故意将之撕成碎片。

尽管如此，在《死魂灵》的黑白插画之后，《拉封丹寓言》插画中的色彩迸发，表现了他的欢乐、对自然的探索和生活的安定。夏加尔为《拉封丹寓言》所作的水粉画是一种色彩活泼、光鲜亮丽的梦幻。柔和的色彩在寓言家的梦幻和忠于自然的和谐中，泛出了各种各样的形式：蔚蓝色，天青色，海洋或溪流的绿蓝色，大地的赤褐色和茶黄色，与粉色和白色斑纹的狼，五彩斑斓、带有阿拉伯式花纹的大象，以及一张猫脸、穿着网袜的猫女郎等融合到了一起。笔触变化多端，流畅有力。有刺，有抹，有弹，有溅。有鱼一般光滑的纹理，有熊一般竖立的毛皮，有河流之中的波浪，有月亮散发的光芒。就像为果戈理的作品所作的那样，夏加尔为每个寓言、动物和场景，都找到了不同的图形解决方案，并将一切都集中在田园般的场景中，有些作品中的场景会让人回想起他在俄国创作的作品——《祭司和死者》里不幸而荒诞的牧师、银灰色调旷野里的马和马车——但大部分作品所表现的都是法国那些四季常青的景观：在《太阳与青蛙》中，夏末的阳光透过石桥下的树叶漫射开来；在《老鼠变成了一个女孩》中，沉浸在柔和的微光中的山的四周，点缀着一丛丛灌木。对动物进行拟人化的描绘，是夏加尔终生的乐趣所在，这样的描绘方式回归并满足了哈西迪主义中动物与人生命合一的原始理想。在为《拉封丹寓言》画插画时，夏加尔在想动物是否因为知道自己不会说话才嚎叫，它们在羡慕人类能说话的能力。这个想法，表明他口吃的毛病和他认为自己不为人理解的心理暗示有关。

让现代主义的夏加尔跨越两个世纪的距离、如此接近 17 世纪的拉封丹的根本原因，在于他致力于生动地再现蕴含在这部寓言的文字中的愚蠢、虚荣和动物的智慧。启蒙运动和 19 世纪的读物强调的是道德元素。而夏加尔将自己与社会秩序的矛盾关系融入创作之中，他既看到了《拉封丹寓言》那显而易见的说教中的反讽和含糊，同时又对此视而不见。"夏加尔夫人在他创作时高声朗读寓言，但夏加尔总是在说教部分打断她，'那，那不适合我，'他说。"看到过夏加尔创作的皮埃尔·库尔蒂翁（Pierre Courthion）说。如此一来，这部作品成了一部延续着《死魂灵》的创作的法国彩色版《人间喜剧》。与夏加尔

夏加尔，《猫》，版画，选自《拉封丹寓言》

为果戈理的作品所创作的那些角色一样，各种角色都拥有一种天然的力量，在令人愉悦的自我展现中充满活力：算命先生、年轻寡妇、"出卖真理的傻瓜"。这又是一个劫后余生的人关于生存的诙谐故事，但适用于果戈理的那些严厉而锋利的线条，被更微妙、更松散的纹理取代，表现出拉封丹蕴藏于故事中的伤感和同情。整部作品都洋溢着生活情趣和对自然的热爱——这说明夏加尔已经走过在一个新国家里的初步尝试阶段，正在享受生活，享受周围的世界，享受自己的创造力。

1926—1927 年，在全家人开始横跨法国中部和南部的发现之旅中，夏加尔将精力集中于水粉画创作上，并打算将之制作成彩色版画，用作插画图稿。1926 年春天，他们从法国南部港口城市土伦附近的一个小渔村摩里隆开始旅行。在那里，他们拜访了著名画家马蒂斯的女儿玛格丽特·迪蒂-马蒂斯（Marguerite Duthuit-Matisse）和她的丈夫乔治（Georges）。这是他们第一次到地中海。跟之前到这里来过的无数画家一样，夏加尔因大海的明亮和茂密的植被激动不已。土伦港是一个海军港口，20 世纪 20 年代是鸦片集散中心，殖民地的官员们运回鸦片并将之装在紫色的罐子里公开售卖；同时，这里还会有一名身穿白衣、带着手枪的警察在海滩上巡逻，确保没有人穿得过于暴露。普罗旺斯标志性的山丘、橄榄树和葡萄藤的景观随处可见。和往常一样，夏加尔并没有直接描绘这个陌生的场景，而是基于贝拉每天从市场上带回家的大量花束创作一系列花卉画。花朵那稠密而纯净的色彩——马蹄莲、牡丹、丁香——被远方传来的明亮光线浸透，让他的作品与这儿的风景产生了关联。这些作品不是传统的静物画，而是如同肖像画一般，被不合比例地进行了局部放大。在《椅上的花朵》中，花儿们像人一样坐在椅子上，扭动着，摇摆着，仿佛在向等待着的贝拉的小身影伸展；它们的着色厚重，色彩丰富，质地稠密，与稀薄的海洋和天空那水彩画般的通透形成了鲜明的对比。在《摩里隆的花朵》中，一簇紫色和红色的花朵镶嵌在浓密的叶丛中，从花瓶里绽放出来，在淡淡的海洋景观的对照下显得尤其引人注目。这幅画跟塞尚的水彩画一样，有着大片的留白。这幅作品或许是对塞尚的致敬——在法国的这个地区，塞尚是一个无法回避的存在。

有两幅《贝拉在摩里隆》描绘了贝拉全神贯注地坐在花束旁的身影。在

夏加尔，《狐狸与鹳》，版画，选自《拉封丹寓言》

其中一幅上，贝拉站在阳台上俯瞰远处的村庄，花朵像教堂一样高耸在外面的景观之上。在另一幅画上，她在画的边缘露出半个身子，全身心沉浸在一本书中，被昏暗的蓝白色光线所包围，那安静的色调寓意着她宁静的存在；淡淡的紫罗兰色、紫色、粉色和白色花朵，将蓝色大地的轻盈活力聚集到了花瓶之中。这幅画描绘的是令人安心的亲密，暗示着夏加尔从贝拉身上获得的安全感和身心的宁静，以及贝拉自己的内在形象——如同她曾说过的孩提时代的自己，在维捷布斯克那座公寓里安静地坐着窗边的座位上，沉浸在书本之中。"没有她的启发，我画不出任何画。"夏加尔在 1927 年说。在 1927 年与《吻》一同首次参展、带有情色意味的《百合花下的恋人》中，身穿黑色衣服的夏加尔拥抱着赤裸、胸部丰满的贝拉，他们融合在一起的身体构成了填满整个画面的盛满百合花和牡丹花的花瓶。颜料的不同应用赋予这幅美丽的作品独有的韵味：两位恋人处的画面如同瓷器般光滑，而玫红色和白色的花朵处的颜料则形成了一层厚厚的壳，与描绘着回忆或梦幻的部分那又轻又薄的着色形成了鲜明对比。这样一幅作品，以其不合逻辑和不协调，使得夏加尔引起了超现实主义者们的关注——然而他 20 世纪 20 年代那些光彩夺目、色彩斑斓的作品，与超现实主义者们的心理游戏有着根本的不同。

20 世纪 20 年代的"鲜花时期"并不是夏加尔作品最深刻的时期。他的艺术的伟大之处，在于他与主流风格或时代潮流产生的被动的对抗。相比之下，在 20 世纪 20 年代的法国，人类的生存本能告诉他不如屈服，成为法国人。此时，也没有哪种势不可当的潮流——如"一战"前巴黎的立体主义，或是俄国革命时期的至上主义——需要让他与之做斗争。认可和赞扬也软化了他的艺术。他这一时期的作品并不具备早期作品的标志性特质。尽管如此，"鲜花时期"仍是他最受欢迎的时期之一。战后的 10 年里，就在法国地中海滨的休闲度假胜地蔚蓝海岸应运成为一个"艺术游乐场"的时期，他作品那轻盈的触感，与放松心情、转移注意力以及寻求秩序的社会心理达成了契合。连接着巴黎和地中海的蓝色列车于 1922 年 12 月开通，超越东方快车成为世界上最性感的列车。蓝色列车激励迪亚吉列夫创作了一部芭蕾舞剧，后来于 1924 年上演。这部芭蕾舞剧的故事由科克托创作，音乐来自米约，服装来自香奈儿，幕布为毕加索的作品《在海滩上奔跑的女人》。"你还记得我们透过百叶窗看到的光吗？它来自下方，就像来自剧院里的脚灯。"马蒂斯写道，"一切都是假的，荒谬的，惊人的，美味的。"此时，巴黎画派伟大的画家们，将他们战前的风格转变为带有装饰性的、更加轻松的风格——如马蒂斯笔下的女奴画像、毕加索为妻子奥尔加所作的古典肖像以及为他们的儿子保罗（Paul）所作的小丑形象。每一位艺术家都不得不向和平的艺术妥协，远离"一战"前巴黎的革命。而此时的夏加尔正开辟着自己从俄国回到法国的道路，密切地关注着他们的成败。从莱热把他的"管体主义"风格演变成了对毫无个性、毫无知觉的崇高的形象的描绘，到一度狂野不羁的德兰退化成了余生再也未能逆转的自然主义，此时的艺术界产生了对现实主义的普遍回归。德兰"现在完全投入博物馆封闭的艺术之中"。夏加尔哀叹道，"……当你看到这样的作品时，你既会感到可笑，又会充满悲伤。这个如此聪明而技艺纯熟的成年画家，会拒绝去理解，无论他的作品看起来有多美好、有多令人愉悦，只要涉嫌对前辈大师们进行模仿——就会令他成为一个蹩脚的模仿者"。还有些艺术家，如拉乌尔·杜菲（Raoul Dufy），在泳者和海滨的主题中形成了宁静而抒情的风格。另一些艺术家，如德劳内，在旧主题的重复中江郎才尽。"我不知道他将来会怎么样，"夏加尔在他的这位朋友完成"冲刺系列"后不久写道，"但此刻，他作为一名艺术家，给人的印象是如此乏味，令人难以置信。然而论及洗澡，他比我在行得多——他甚至会使用女式浴缸。这确实值得一提——他的一切都是那么井然有序。"

夏加尔告诉迈耶，20 世纪 20 年代在法国的 10 年是"我一生中最快乐的时光"，他的花卉画也颂扬着这一时期。1927 年，他在谈到这些梦幻般的绘画时说："我的整个生活和我的作品是一致的，在我看来，即使是在睡觉的时候，我也是一样的。"他满怀着对"甜蜜法国"的光和自由的狂热，与法国的画家们进行了对话：塞尚的力量，晚年雷诺阿和晚年莫奈的色彩和光，以及勃纳尔的内在情感。1926 年，当夏加尔初次来到蔚蓝海岸时，这些大师们还活着，或是刚去世不久：1919 年，雷诺阿在卡涅村去世，莫奈也走到了生命的最后一个年头。艺术史学家沃纳·哈夫特曼（Werner Haftmann）回忆道："有一次，在巴黎现代艺术博物馆里，当我碰巧被一个屏风挡住时，我观察到了夏加尔非常专心地研究勃纳尔的一幅静物画很长时间。之后，他又去看了维亚尔（Vuillard）的一幅肖像画，接着又回到了勃纳尔的作品上。当他发现了自己在

夏加尔，《百合花下的恋人》，布面油画，1922—1925 年

寻找的东西后，就离开了博物馆。"

4月、5月和6月，在游历完法国南部之后，夏加尔分4到5次将头十几幅《拉封丹寓言》的水粉画交给了沃拉尔。但是这个项目真正取得突飞猛进的地方，是他们的下一站——法国中部的奥弗涅。1926年夏天，贝拉到19世纪便已闻名的温泉小镇沙泰吉翁的温泉浴场疗养，然后在1926秋天和1927年到卡尔卡松附近的利穆克斯疗养。落后的奥弗涅，火山的尖峰、遍布着岩石的高原、肥沃的平原以及一个个小村庄的景观，比充满了时尚气息的地中海更符合夏加尔的口味，成了他最喜欢的一个法国乡区。1927年夏天，他们又回到这里，贝拉和伊达也在这里从败血症的侵袭中恢复健康。在离开了沙泰吉翁镇上那弱化了的美好时代风格建筑，以及那儿的赌场、大酒店及整齐的园林之后，夏加尔一家人住进了拉克尚邦村广场上的一所房子里。在这里，夏加尔描绘了教堂、广场和周边的景观：农家庭院风光，骑着驴的伊达，正在钉脚掌的马，以及正在挤奶的牛。这里未受破坏的乡村，比法国的任何地方都更接近利奥兹诺，充满了《拉封丹寓言》一般的田园牧歌的感觉。第一次到奥弗涅，夏加尔完成了这个系列的19幅水粉画，他于1926年10月将之交给了沃拉尔；在接下来的1927年里，他大约在这里完成了80幅作品。这个系列的作品完成于利穆克斯，当时夏加尔和德劳内正乘着后者新买的奥夫兰多汽车做短途旅行。"今天，我画完了《拉封丹寓言》。完成了。"1927年10月26日，他在鸽子酒店中给贝拉写信说道，"一种异乎寻常的感觉。我不知道我的作品如何——好还是不好？我只知道我是诚实的，真诚的，还有些别的。人们什么样的评价都会有。总是这样。但我的感觉更好了，更自由了。'我把它干掉了。'哦，我想为此亲吻你和我们的女儿。无论如何，我创作出了《死魂灵》和《拉封丹寓言》这样的作品，都是很好的事。"

他兴高采烈地和德劳内一起去了阿尔比。在圣安托万旅馆装饰着游客们从敞篷车上下来去参观大教堂的图案的信纸上，德劳内画了一个做着鬼脸的夏加尔的素描。"德劳内画了我，"他在旁边写道，"现在我坐在酒店里。我和长腿先生（德劳内）回来了……我们正在等他的车修好。他可笑到了荒唐的地步。"夏加尔觉得很可笑但德劳内却引以为豪的那辆车，差点在路上爆炸，车轮烫到了两位艺术家，他们不得不以往车轮上浇水的方式来使之降温。夏加尔发誓要坐火车回巴黎。与此同时，在酒店里，这两位艺术家被称呼为"德劳内先生和夫人"，因为夏加尔在敞篷车中穿着好几件衣服来保暖，到达这里的时候还戴着一顶贝拉的帽子、下巴下面围着一条围巾。"出于某种原因，"他给贝拉写信说道，"我每天早上都刮胡子。我们（他和德劳内）必须合住一个房间，但在我的控制之下他很安静。他害怕我，我会时不时地让他出去。你好吗？你的心情，你的身体？不要觉得无聊。详细地告诉我你的情况。别担心我。我很好，也就是说我处于最佳状态。"他为 11 岁的伊达增加了一个附言——"你在调皮吗？用俄语和图画给我写信。你在画画吗？有什么新鲜事吗？你有很多新的活动吗？不要同时做太多的事情，不要犹豫要不要休息——听我的。我会带你去电影院看最好的电影，但在这之前我得去一些地方，见一些人。吻你。"德劳内在信的底部，倒着用法语潦草地写下了几句话，让她们放心——"夏加尔的状态非常好。只是他太想贝拉、贝拉拉、贝拉拉拉了。"

回到巴黎后，沃拉尔为《拉封丹寓言》的每幅水粉画向夏加尔支付了1000 到 2000 法郎——他总共收入了 19.2 万法郎。这位画商将这些画以每幅4000 法郎的价格出售给了伯恩海姆 - 杰恩画廊，获利颇丰。该画廊在 1930 年2 月的一次展览上展出了这些作品，广受好评。随后，这些作品又被转入柏林的弗莱希特海姆画廊。所有作品都被卖了出去。就像《死魂灵》一样，这些插画在沃拉尔的有生之年，都没有以书的形式出版过。当时，彩色复制的技术困难无法克服，夏加尔和沃拉尔否决了那些不尽如人意的实验效果，这个项目被放弃。取而代之的，是单色蚀刻版画。1928 —1931 年，夏加尔在这些水粉画的基础上雕刻了 100 块铜板，其丰富的色调层次和神秘的透明度，揭示出这些作品源自带有色彩的绘画。这些铜版画后来终于派上了用场——它们并非由沃拉尔出版，而是连同《死魂灵》的蚀刻版画一起，在第二次世界大战后由希腊出版商特里亚德（Tériade）出版。伊达后来表示，由于沃拉尔"相信自己会永生"，所以会拖延一切。他甚至说过一句话："你会看到的，它会比你想象的出来得还快。"这句话成了夏加尔一家家庭内部开玩笑的惯用语。对夏加尔来说，同沃拉尔提供这种迷人的工作机会的能力相比，同他启动这些项目的热情以及他所提供的财务和精神上的支持相比，沃拉尔的拖延是次要问题。到了20 世纪 20 年代后期，在夏加尔在巴黎的每一天里，这位画商和这位艺术家都会走过布洛涅森林，相互拜访。按捺不住的沃拉尔提出了另一个项目：马戏团主题的插画。自毕加索 20 世纪初的小丑和杂技演员以来，以及另一位与沃拉尔合作过的艺术家乔治·鲁阿尔（Georges Rouault）那些色调更为昏暗的小丑以来，这是一个反复出现的现代主义主题。

夏加尔立即接受了提议，并于 1927 年年底完成了 19 幅水粉画作品，一并题名为《沃拉尔马戏团》。从 1927 年到 20 世纪 30 年代初，这个主题在他的油画作品中也得到了强烈的体现。在 1927 年的《杂技演员》中，穿着红色紧身衣的女孩骑在马背上，像一束盛开的花朵般绽放开来：这幅画生动地表明了夏加尔的马戏团系列是从他的花卉作品中衍生而出的。女孩轻快地翱翔在空中，乐手们在演奏着乐曲。闪闪发光的蓝色地面上，一个走钢丝的人在保持着平衡。就像花朵一样，小丑和杂技演员优雅而短暂地成了夏加尔笔下的悲剧和喜剧的象征，表达着生活的悲欢离合。1927 — 1928 年的许多作品——《马背上的杂技演员》《白马上的小丑》《拿着花束的小丑》《驴与小丑》——将 20 世纪 20 年代中期的乡村和花卉主题，与马戏团的大都市环境融合到了一起，反映出夏加尔自己对法国乡村生活和巴黎社交生活的不同划分。他是沃拉尔在冬季马戏团的包厢的常客。除此之外，这个主题让他既回到

夏加尔，《埃菲尔铁塔下的马》，草稿，1927 年

了法国传统——从德加到夏加尔最喜欢的画家之一华托，又回到了他俄国时期的作品：1920 年莫斯科犹太剧院壁画中的杂技演员和小丑，以及更早的时候，1908 年的《乡村节日》中的滑稽角色和小丑。

根据夏加尔的回忆，从孩提时代起，他就对巡演到维捷布斯克的马戏团的演员们的形象目瞪口呆："为什么他们的装扮和鬼脸让我如此感动？因为有了他们，我才得以迈向新的视野。"他在 20 世纪 20 年代说道，他唯一认同的艺术家是查理·卓别林——他将卓别林视为一个非宗教世界的哈西迪派圣人。"卓别林试图在电影中做的，正是我努力在画中做着的事情，"他在 1927 年告

诉雅克·盖纳，"他也许是现在唯一一个，我不用说一个字，就能与之融洽相处的艺术家。"在俄国时，夏加尔强调了马戏团和剧院角色的悲剧色彩；现在，这样的色彩又在他 1931 年的作品中涌现，如在凄美的《马术》中，处在灰色夜空下的夏加尔，穿着天鹅绒般的绿色夹克，拥抱着一个轻盈性感的女孩——身着玫红色裙子、上身赤裸的年轻版贝拉。这些人物平静的表情半喜半悲，有着《百合花下的恋人》中的角色所体现出的瓷器般的精致；裙子上的刺绣和银灰色的马鞍布被描绘得尤为精细，在柔和的光线中，这匹马已成了一种魔法般的存在。

　　闪烁的光线，脆弱，乡愁，喷洒的色彩：夏加尔通过这样的马戏团画面找到了新的主题，来表达他的艺术在一开始就探索过的不安心理。对他来说，小丑和杂技演员总是与宗教绘画中的人物相似。他说："完美总是近于死亡。比如华托，莫扎特。"他喜欢这两位艺术家轻盈背后的戏剧式忧郁——莫扎特是他最喜欢的作曲家。"对我来说，这世上没有任何东西比这两样更接近完美——《魔笛》[2] 和《圣经》"。马戏团系列作品，从漫不经心的《杂技演员》演变到凄美的《马术》，反映了他的世界观的逐渐模糊。此后，马戏团演员在他的作品中让位给先知或圣人——当身处欧洲的日渐黑暗之中、无法再依靠法国的自由之光获得灵感的时候，夏加尔将自己的焦虑倾注到了宗教角色身上。

注释

【1】勒诺特：安德烈·勒诺特（André Le Nôtre，1613—1700 年），法国园林设计家，路易十四的首席园林师。令其垂名青史的是路易十四的凡尔赛宫苑，此园代表了法国古典园林的最高水平。

【2】《魔笛》：莫扎特创作的最后一部歌剧。

第 17 章

先知

巴黎，1928—1933

1928 年，莫斯科犹太剧团终于获准出国演出，这个仍由亚历山大·格拉诺夫斯基和所罗门·米霍埃尔斯领导的剧团，在夏季访问了柏林和巴黎。当这群俄国人到达法国后，夏加尔夫妇每天晚上都在剧院度过，并在家中为演员们举办招待会。在布洛涅苏尔塞纳河畔的花园里，从俄国演员们围着留声机和丰盛的餐桌摆着姿势的照片可以看出，夏加尔一家与老朋友们的不同之处十分明显——他们一家人衣着时尚，富有魅力，充满自信。在巴黎这个地方，俄国女人们的邋遢衣着尤其显得滑稽而不合时宜。照片的中央，是导演格拉诺夫斯基，他是剧团 18 名成员中唯一盯着自己的脚而不是相机的人，显得紧张不安：巡演结束时，他叛逃到了西方。在照片的边缘，魅力四射的米霍埃尔斯镇住了整张照片，恰如他能够在舞台上抓住观众的眼球一样。夏加尔再次感受到自己与朋友们的艺术视野的接近，他们的友谊之火重新点燃，他也明白了新生活和旧生活之间的巨大差距。

夏加尔的性情，让他总是在对生活的热爱和带着忧郁生存的决心中寻求平衡。1924—1928 年在巴黎重塑的胜利，此时已被绝望的乡愁取代。他希望

1928 年，马克·夏加尔和贝拉·夏加尔在他们巴黎的花园里，围绕在他们身边的是莫斯科犹太剧团的来宾们。坐姿左起第三、贝拉身边那位，亚历山大·格拉诺夫斯基；站姿左起第一，所罗门·米霍埃尔斯

与俄国重新建立联系，并重新对他认识的讲意第绪语的人们产生兴趣。作家爱德华·罗蒂提（Edouard Roditi）还记得，当时自己跟奥西普·扎德金、意第绪语小说家肖勒姆·阿施（Sholem Asch）、苏联作家伊利亚·埃伦伯格一起，在多摩咖啡馆和夏加尔碰过面，还有"许多来了又走的人，整个晚上都围着几张咖啡桌度过。他会讲法语、俄语、德语和意第绪语"。现在，驱使他寻求来自祖国的联系人的原因有很多。他在巴黎获得了自己所追求的名声，但又开始质疑自己是否真的会在巴黎被理解——这两件事绝不等同。"拉丁唯物主义的本质，在我这样一个东方人的眼中，是最残酷的。"1931 年，他对一位犹太观众说道，"所有的法国艺术……都是在物质的基础上……建立的。我经常觉得，我注定要在自己的梦想里陷入孤独。"右翼对沃拉尔选择夏加尔为《拉封丹寓言》作插画的反应，所引发的排外情绪令人不安；更糟的是，这与德国和苏联反犹太主义日益高涨的情形相吻合。由于他无法回国，使得记忆的光芒变得更加强烈，因为他感到自己被隔绝于滋养着自己的源泉。"我希望你能看看我们的小镇、风光、犹太人。也是帮我看看……我真羡慕你。"1928 年夏天，他写信给正在访问波兰和俄国的约瑟夫·奥帕托苏（Joseph Opatoshu）。在接下来

的 10 年里，他们往来的信件成了夏加尔与意第绪语世界的重要联系。当时，他收到了一封来自佩恩的短信，附有一张这位他以前的老师在维捷布斯克的波克洛夫斯克大街上夏加尔家的院子里拍摄的照片。这表明夏加尔曾恳求佩恩去看看这座房子，并让他将这样的照片寄给自己。

另一位忠实的朋友图仁霍德的去世，加剧了他对俄国的怀念。图仁霍德是第一位与他产生共鸣的艺术评论家，也是最能深入理解他的评论家。1928年 12 月，他在为苏联的一份杂志撰写的回忆图仁霍德的文章中，发出了希望自己能被允许回国访问的请求。那个冬天，在一个名为"现代法国艺术展"的展览上，他的一些画作终于得到了在莫斯科展出的机会。个中的讽刺意味他定已铭记于心。1928—1930 年，他描绘了无数关于俄国的记忆——他的父母，他的祖父，《雪中人》里维捷布斯克的小屋，以及被一只巨大的翅膀压得不堪重负、穿行在白雪皑皑的维捷布斯克大街上的《街上的钟》里的他父母的旧式大钟。夏加尔一家在阿尔卑斯山脉的萨瓦地区发现了一个地方，这里的冬季有维捷布斯克的影子——位于法国度假胜地梅杰夫市的金太阳酒店，此时成了他们冬天最喜欢的去处。1928 年 1 月，夏加尔独自在此完成了许多有关透过窗

左起第二的戴帽者为尤里·佩恩，正在参观维捷布斯克夏加尔老家的庭院。1928 年，夏加尔的老师寄给身在巴黎的他的，便是这张照片

户看到的教堂和雪山山峰的油画。"我无限热爱这条小路，想象着我们一起沿着它走下去。"他给贝拉写信说道，"这里的夜晚美得令人目眩……我忍不住要出去走走。月亮在沉睡的蓝色小镇上空盲目地闪耀着。我漫不经心地走来走去。这天空！如果你在这里，我会吻你，以纪念这天空和星星——这些星星，看起来和我童年时的一模一样。不停地吻你。"

夏加尔 1928 年的《埃菲尔铁塔旁的新郎和新娘》直接沿用了 1913 年的《从窗口看巴黎》的构图——这幅画的不知所踪（瓦尔登将之卖掉了）一直让夏加尔耿耿于怀，直到 1930 年，他在所罗门·古根海姆的收藏中见到了这幅画。两部作品的主题都是乡愁。在"一战"前的作品《从窗口看巴黎》中，夏加尔将自己描绘成一个双面人，既回头望着俄国，又向前看着巴黎；在 1928 年的作品中，他和贝拉躲在画布的边缘，而他们下面的场景，巴黎的欢乐世界——打着遮阳伞散步的情侣、一匹马和一名骑手、一对杂技演员、小汽车——如同玩具城一般展开：虽然美好，但很遥远。一个带有伊达面貌特征的绿色天使飞舞在上空，向那对情侣献上一束鲜花。在同年的另一幅双人像《恋人》中，夏加尔将脸半掩在贝拉的肩上，而她穿着那件熟悉的带蕾丝衣领的黑色连衣裙，显得忧伤而孤独。在夏加尔 20 世纪二三十年代为她画的一幅幅肖像画中，她的畏缩似乎在一点点增加。但这两幅画，也展现了维系着他们所有人的家庭纽带。"亲爱的，再等一天，我就要回巴黎了。我在这里画了一些画，等我回来了，我们看看这些画怎么样。最重要的是，如果这些画看起来不错，那么我就没有浪费时间。"夏加尔告诉等他从梅杰夫回来的贝拉和伊达。他留在那里的原因很重要："哦！我是多么想完成这一系列，这样我们最终才能去巴勒斯坦，因为我认为这会刷新我的想象力，而且我——我可能会找到一个新的方向。"

夏加尔，作为一个非常善于适应环境、不会轻易将自己归属于某地的人，对国际潮流特别敏感。他还记得 20 世纪 20 年代的一个晚上，他和贝拉在劳特尔多咖啡馆"无意中听到乔治·布拉克说'这些外国人都是到这里来抢我们的食物的'"。1928 年他所作的那些肖像画，在法式的色彩和嬉戏之下，带着一丝焦虑。最具有代表性的是《带经匣的自画像》，在这幅画中，夏加尔手里拿着调色板，站在一个小丑和一个佩戴着大卫之星正在祈祷的犹太人中间。他在画面底部用法语写上了"我，马克·夏加尔"的字样，同时也用希伯来语签上了自己的名字。当时他还在画马戏团系列，但已经在考虑一个新项目：为《圣经》作插画。1930 年，他接受了沃拉尔对这个项目的委托。20 世纪 20 年代中期，在急于融入当前环境的过程中，他对犹太身份的自我诉求暂时告一段落；现在，这种诉求又回来了。夏加尔同意了莱辛的请求，为他的意第绪语诗集作插画——尽管 400 美元的费用远远低于他通常的价格。因为这本书，给了他重新审视犹太乡村世界的机会。1928 年的素描《戴帽子的自画像》显示出他的帽子——代表他的所思所想——被关于维捷布斯克的房子、小提琴手、爱情的回忆，压得不堪重负。

贝拉对反犹太主义的风潮更为敏感。面对这种压力，她的身体做出的反应跟以往一样，那就是生病。到 1929 年，她已经做了好几次手术（可能是因为胃溃疡），并在萨瓦进行疗养。"这里没有一个犹太人，甚至没有一个俄国人。所以我们更能感受到我们的犹太属性。还有，"夏加尔告诉约瑟夫·奥帕托苏，"如果你在这里，我们会聊到所有事情，尤其是我内心深处对苏联的感受。"他 1929 年的最主要画作，预示了政治环境的不稳定和他心理上的动荡。以维捷布斯克为背景的《剥皮的牛》，看起来就是一个动物被钉在十字架上处以极刑的场景。在《烛台》上，一束鲜花化成带有 7 个分枝的大烛台，烛光摇曳，已燃烧殆尽。在阴沉的《俄国村庄》里，一辆雪橇飞过夏加尔家乡上空铅灰色的天空——这幅回顾了 1914 年《维捷布斯克之上》场景的作品，被卖给了一家旅行社，以换取他们去巴勒斯坦的旅费。从柏林移居到以色列海法的赫尔曼·斯塔德发出的邀请，激发了夏加尔到那里去的愿望。《圣经》的插画正在他的脑海中成形。为此，他认为对巴勒斯坦的访问是必不可少的，尽管沃拉尔认为皮加勒广场也可以成为他的灵感源泉。

然而，当他在法国之外寻找灵感时，他对那些不稳定的迹象做出的回应是，他变得比以往任何时候都更加渴望扎根于这个收留了他的国家。从巴黎出发的每一次旅行都成了侦察任务：在乡下寻找一处用来盖房子的土地。自 1912 年毕加索住在此地以来，比利牛斯山的塞雷吸引了许多艺术家的到访，成了夏加尔的一种选择可能——他在 1928—1929 年曾去过那里两次。最终，夏加尔夫妇根据德劳内的建议，在曼特斯附近塞纳河畔和瓦兹河畔的乡村买下了一块土地。20 世纪 20 年代初，这个地方让他们着迷，但他们从未在此建造过任何东西。另一方面，在巴黎稳定下来的需要也变得紧迫起来。1929 年夏天，他们打算在巴黎第 16 区欧特伊门附近，梧桐树街 15 号的蒙特摩利别墅区建一栋新房子。这栋房子规模宏大，带有一个凉亭和巨大的园林，需要做大量建筑工作。1929 年 7 月 20 日，他们签订了价值 210 900 法郎的装修合同。8 月，他们热情地邀请奥帕托苏和他的家人们前来小住。

修建这栋房子的时机非常糟糕。就在夏加尔一家人搬进去之前——他们正在参观旺德尔港，10 月 24 日—29 日华尔街的崩盘使美国和欧洲陷入了经济大衰退。伯恩海姆 - 杰恩画廊立即电告夏加尔，取消了与他的合同。原本络绎不绝的收藏家们在一夜之间消失于无形，画商们则变得非常谨慎，或完全停止了购入画作。毕加索的代理商保罗·罗森伯格（Paul Rosenberg），取消了原定于 1930 年春为这位明星举行的个人画展。直到 1934 年，他才再次从他手中购买了一幅主要作品。康维勒还记得，当时自己一个人坐在无人问津的画廊里，因为他再也雇不起跑腿的了。对于夏加尔一家人来说，他们的经济保障已不复存在。1929 年到 1930 年之交，在等待这栋过于昂贵的房子完工时，他们只能指望沃拉尔的项目来获取微薄而稳定的收入。

夏加尔对此做出的反应，是转向内心，回到自己的回忆之中。他专注于自己的精神体验，沉浸在 1914—1915 年曾描绘过的与现代世界相关联的老犹太人主题之中，并将之重新描绘进 1930 年的《孩子与老人》《阅读的老人》《雪地里的男人与犹太律法》《屋顶上》等作品中。所有的一切，都是在为《圣经》插画中的先知们做准备。他 1930 年的风景画主要是在阿尔卑斯山的佩拉卡瓦完成的，展现了险峻的山谷、宽阔的山脊和低矮的云层：《佩拉卡瓦风光与鹰》、《荆棘》和《云》等作品造型柔和，但有一种沉重的、令人深思的色调，同他以前的法国风景画大不相同。

与此同时，夏加尔对自我营销的需求变得更加迫切，这也是他和贝拉于 1930 年春前往柏林参加弗莱希特海姆画廊"《拉封丹寓言》水粉画展览"开幕式的原因之一。艾尔弗雷德·弗莱希特海姆是一位张扬的双性恋犹太纨绔子弟，在粮食生意上赚了大钱；"一战"前，他将自己的所有财富及妻子的嫁妆全部花在了购买毕加索和塞尚的作品上。1918 年后，他在濒临破产和自杀的边缘，又把自己变成了魏玛共和国时期在柏林最具冒险精神和远见的画商之一。来自法国的夏加尔那柔和而流畅的色彩，以及对乡村生活梦幻般的描绘，在他的墙上显得非常古怪。这座城市里奉行的，是充满了讽刺性的高度现实主义，被迪克斯（Dix）、格罗茨（Grosz）和克里斯蒂安·沙德（Christian Schad）这些棱角分明的新客观社成员所主宰。如果说有什么事情让夏加尔相信自己已经成了一名法国艺术家的话，那么就是这次柏林之行。

8年前，由于太过害羞，他不敢在这德国的首都拜访利伯曼；此时，他和贝拉进行了一次具有象征意义的胜利之旅——这位年轻的犹太艺术家、法国著名的现代主义者，向这位德国犹太老人、印象派的最后一位在世者表达了敬意。在勃兰登堡广场利伯曼的宫殿里，夏加尔对贝拉带来的庇护感到既紧张又高兴："她走得很自在，不像我一样紧张。在楼梯上，她走在我的前面，随意而轻松；而我——就像是在蹚过一条河。"利伯曼出现时，他们正在那个能够俯瞰国王广场、挂满了前辈大师们的作品的客厅里等待着：

> 我听到他80岁的肚子里有什么东西在隆隆作响，但他把目光投向了我的妻子。他平静地看着她的眼睛，从上到下观察着她的发型、她的容貌、她的衣服，而且整个过程一直在欢快而结结巴巴地说："这真的是你的妻子吗？你们两个来自同一个城市吗？你们的城市叫什么来着——维捷布斯克？你们在那里认识并结婚的吗？"

> 他这样盯着她的时候，我不知道该怎么办。他什么时候也会看着我呢？我不能就这样走到一旁——就让我的妻子和他待在一起——我可以吗？同时，我观察着这里的房间。我等着。最后，他看向了我，但只是为了将我和我的妻子进行比较……

> "所以你一直待在巴黎……你个人觉得，法国人对你好吗？你不是犹太人吗？是的，好吧，他们会为此得到很好的回报。"

夏加尔试图谈论利伯曼认识的法裔犹太艺术家毕沙罗，但这个被同化成德国人的犹太人，只是挖苦地嘀咕着毕沙罗那族长一般的胡须，并炫耀了他所收藏的伦勃朗版画。夏加尔夫妇悲伤地离开了。作为被成功同化的犹太人的典范，柏林艺术学院的院长利伯曼让他们充满恐惧。3 年后，利伯曼被撤职。当纳粹游行穿过他窗下的勃兰登堡门时，他用浓重的柏林口音说道，"这让我想吐出来的东西，比我能吃进去的还要多。"他于 1935 年去世，非犹太人被禁止参加他的纪念展览。1943 年，利伯曼夫人已 80 多岁。在警察将她驱逐到特莱西恩施塔特集中营的几小时前，她自杀身亡。"他犯了一个错误，"夏加尔总结道，"对于犹太人来说很少见，但对德国人来说很自然：他学习艺术的地方不是巴黎，而是荷兰。于是，巴黎和艺术都对他进行了报复。利伯曼的艺术呈现出了伊斯雷尔斯[1]的荷兰灰，但他无法与法国的印象派相提并论。"

回到巴黎——家——后，他松了一口气。这个春天的重头戏，是 1930 年 6 月对梅耶荷德剧团进行的参观。一晚接着一晚，夏加尔夫妇都在观察着这些俄国人。所罗门·古根海姆的朋友兼顾问希拉·瑞比在一场演出中注意到"有一个人坐在一旁。他的脸上容光焕发、变幻莫测，虔诚而欣喜若狂的表情让我着迷，我再也挪不开眼睛。突然，我意识到，他必定是夏加尔"。她请坐在身后的奥顿·弗赖斯（Orthon Freisz）为她做了引见，然后邀请夏加尔夫妇在科龙·奥莱特餐厅的晚宴上与古根海姆见面。希拉被夏加尔的悲怆迷住了："真是个可爱的家伙，而且还很穷。他的艺术有一些别人没有的特别而美丽的东西。"

40 多岁的夏加尔夫妇仍然是风度翩翩、魅力四射的一对。1931 年的一个下午，西班牙诗人拉斐尔·阿尔贝蒂（Rafael Alberti）与法国作家朱尔斯·苏佩埃尔（Jules Supervielle）来到了蒙特摩利别墅区，他还记得，自己对当时的场景深深着迷：他们的俄式法语口音；花园里从一个俄式茶壶中取出的茶；夏加尔戴着假胡子扮小丑；草坪上的即兴短剧；贝拉的娴静庄重，以及她那与时尚不符的、让阿尔贝蒂想起了戈雅作品的老式丝巾和披肩。这一时期的夏加尔夫妇善于交际，外向活泼，结交了越来越多的朋友。1930 年，以天主教哲学家雅克和蕾伊莎·马利坦为中心的一个新社交圈出现了。马利坦夫妇和德劳内夫妇一样，是一对法俄联姻的犹太夫妇，折射出了夏加尔夫妇自己分裂的身份。蕾伊莎出生在克里米亚，是一名皈依了天主教的犹太人。她的原生家庭移居巴黎的部分原因，是为了让她接受更好的教育，而她最终在 17 岁时成了巴黎索邦大学哲学系的学生。在这里，她遇到了迷失的新教徒雅克，两人携手漫步在巴黎的公园里，誓言如果 1 年之内找不到活下去的理由，就会自杀。这个理由很快便出现了——天主教。战后，马利坦夫妇在默东的西南郊区安家，让这个家成了鲁阿尔和马克斯·雅各布等在巴黎幻想破灭的作家们和艺术家们的精神启蒙中心。在他们的帮助下，许多人皈依了天主教，或是重新发现了他们天主教的根。叫得最厉害的是让·科克托，他声称马利坦用圣餐薄饼让他戒掉了鸦片。其中一位皈依的知识分子——夏加尔的犹太诗人朋友勒内·施沃布 (René Schwob)，于 1928 年将他们介绍给了马利坦夫妇。从 1929 年开始，这段温馨的友谊蓬勃发展，夏加尔夫妇定期参加每周在默东举行的星期日聚会，谈论如何让法国的非宗教世界恢复宗教意识，以及如何同法国的反犹太主义做斗争。

马利坦的圈子中，有一半的人是声名狼藉、放荡不羁的上流社会人士，他们认为自己受到了诅咒，并指望通过雅克和蕾伊莎——克制和宽容的典范——来得到救赎。这群在爵士年代动荡不安的天主教徒：马克思主义者、反动派、吸毒成瘾的同性恋者（"多么丢脸……天主教的知识界如此沦落"，天主教小说家乔治·贝尔纳诺斯哀叹道，以至于要到"科克托和他那些来自《屋顶上的公牛》[2] 的娘娘腔男人们中"寻找同类），他们走在左派和右派之间一条摇摇晃晃的小路上，受到了各种各样的指责。对于 20 世纪 30 年代在巴黎的夏加尔夫妇来说，这个群体的存在，让他们感到了极大的安慰。马利坦夫妇对基督的虔诚——夏加尔在洗完澡出来的时候，蕾伊莎打来了电话，他一直不接，直到自己穿好衣服，因为"我不能穿着内裤和蕾伊莎通话"——是为他们的智慧、信誉和良好的修养所付出的小小代价。对哈西迪派的祖父有着美好记忆的蕾伊莎，是一位浸润在法国哲学中的俄国犹太神秘主义者。她病恹恹的身体，以及精神层面的高度，让她与贝拉的关系非常密切。雅克将鲁阿尔和科克托笔下的丑角和妓女解读为基督救赎的化身，对夏加尔的作品——尤其是《圣经》的插画，产生了浓厚的兴趣。当整个法国还在为他作品的公认价值做争论的时候，这个圈子已将夏加尔视为犹太宗教艺术家。1931 年，施沃布出版了《夏加尔和犹太灵魂》，暗示他的作品源于"犹太人灵魂的不断激荡"。蕾伊莎在她的书《夏加尔或魔法风暴》中，以更加丰富多彩的措辞，将他描述为一位现代主义先知。马利坦本人也是一位天才艺术评论家，带有一种法国人身上不常见的知性视角和本能的同情，他在战后所作的梅隆讲座[3] 中称夏加尔是

"最伟大的'启蒙形象'大师"。

在充满敌意的社会氛围中展现对犹太人的身份认同和对法国反宗教潮流的对抗精神，对夏加尔来说变得非常重要。他急切地将注意力转向用法语出版自己的回忆录，从而宣扬自己的传承。萨尔蒙的翻译被友好地终止了。他记录道："贝拉说，'萨尔蒙，这太残忍了，你掩盖了夏加尔的天真。'最糟糕的是，贝拉是对的。"贝拉在伊达的法语家庭教师和作家让·波朗（Jean Paulhan）的协助下，亲自完成了翻译。那就是1931年出版的法语版的《我的生活》：贝拉具有抒情意味的散文文体与美术术语融合，形成一种闪亮、活泼、跳跃的表现主义文字，跨越了影像和时代的距离。对她来说，她是在钻研了每一个俄语句子后再进行改写和重写的，所翻译出来的，是被她扼杀了创造性的作品的替代物。她将夏加尔与"蜂巢"女佣的风流韵事等过于直白或粗俗的东西去掉了，并始终没有忘记夏加尔的公众形象，用自己优雅的语调将之做了美化。她的孙女将之称为"通过贝拉的眼镜看向马克的世界"。

随着时间的推移，贝拉为夏加尔维持鲜活的俄国生活氛围的作用变得越来越重要。"她是我的缪斯女神。犹太艺术、美和爱的化身。如果不是因为她，我的画就不会是这个样子。"他告诉意第绪语作家亚伯拉罕·萨茨基夫（Abraham Sutzkever）。1930年秋，他对奥帕托苏说，他想变成这位作家故事中真实的犹太人角色。奥帕托苏仍然能在美国和俄国之间自由往来。"你就要去俄国，"夏加尔1931年年初写信说道，"我想请你把我藏在口袋里……把我带到维捷布斯克……我爱俄国。无论发生什么，无论你说什么，我的血都会在那里沸腾。"他说，他很高兴被邀请到巴勒斯坦，但如果被邀请到维捷布斯克会更好。

尽管如此，1931年2月，他、贝拉和15岁的伊达，仍然兴奋地在马赛登上了P&O公司开往贝鲁特的邮轮"商博良号"。在其他900名乘客中，有两位犹太作家：埃德蒙·弗莱格（Edmond Fleg，法国的犹太复国主义者）和柴姆·比亚利克（Chaim Bialik）。1921年时，他们已经离开乌克兰的港口城市敖德萨，去了巴勒斯坦。现在，他们是新兴犹太城市特拉维夫的文化领袖。在整个航程中，他们都用法语和意第绪语谈论着犹太人的未来。夏加尔回忆道：

"我环顾四周、观察天空，寻找着以色列大地的特色。"

在甲板上，比亚利克紧绷着脸来回地踱着步。他似乎没有看见周围的任何人，似乎他是一个人在船上。他穿着一套灰色的宽大西装，头上戴着一顶自行车帽，双手做着各种各样的手势——张开双手，或是握紧拳头。后来，他开始发表演讲，试图让旅客们觉悟。因为比亚利克，整个航程都变得与犹太民族有关。我问，"这不是犹太人的船吗？"他回答说，"我们还没有属于犹太人的船！"整个大海似乎布满了犹太字母，一位犹太先知走在船的甲板上，高声说着意第绪语，向犹太民族的命运投以电闪雷鸣。他的脸色焦黄，灰蓝色的眼睛不停转动着，在蓝色大海的背景中闪闪发光。

这位作家和这位艺术家一起游历了埃及的亚历山大港、开罗和金字塔，然后夏加尔一家人从贝鲁特乘火车出发，前往海法拜访赫尔曼·斯塔德，并

夏加尔在巴勒斯坦，摄于 1931 年

前往耶路撒冷和特拉维夫。特拉维夫的市长梅厄·迪岑哥夫（Meir Dizengoff）接待了夏加尔，他是以色列的开创者之一，也是一位流亡的俄国人。特拉维夫于 1909 年在巴勒斯坦雅法以北的犹太人区修建而成，迪岑哥夫是这座城市的创建者之一。他邀请夏加尔参加普林节的活动，并参加一座艺术博物馆的奠基仪式，希望这样可以为这座新城市的文化建设打下基础——他知道这样一位国际知名艺术家的在场会起到很大作用。由于没有军队，他带着当地的消防队到车站去迎接夏加尔，并在沙滩上组织了他们引以为傲的赛马会（夏加尔很喜欢），以及当地艺术家们的作品展览（这个他不喜欢）。这位优雅的欧洲犹太人，对这个新国家粗糙的文化保持着沉默，这体现在他与迪岑哥夫的关系上：他欣赏迪岑哥夫的热情和主动，但其在审美上的愚笨简直让他发狂。迪岑哥夫想在他的博物馆中摆满文艺复兴时期摩西和大卫各种形象的复制品，以及各种地方、各种水准的犹太艺术家的捐赠品；而夏加尔的梦想，是在其中放满能与欧洲最好的作品媲美的犹太艺术遗产。他打消了参与建设博物馆的念头，同时也不禁注意到，这里的文化并没有空想家们所想象的那么繁荣。让他觉得最亲近的东道主比亚利克，自从离开俄国后，几乎连一个句子都没有写过。

在他家可以看到特拉维夫全景，看到所有犹太人家庭院的屋顶。我问他，"你为什么不写作了？你现在一定很幸福。以色列的国土不再是犹太人的贫民窟，而你是这儿的第一位犹太诗人。犹太人的土地像金子一样在你周围闪着微光；晒得黝黑的男孩们和女孩们都在看着你；留着大胡子的犹太人们走过你的房子，等待着你的话语、你的目光；橘子林的香味……让你想起初恋。就像过去普希金在涅瓦河岸上所做的那样，你只要在海边感叹，诗歌就会开始在你的脑海中流淌。你为什么不写下来呢？"

……他沉默了。一个悲伤的念头悄悄地进入我的脑海：犹太人们还不了解纯粹的诗歌、真正的艺术……当我们离开以色列的国土时，比亚利克悲伤地告诉我的女儿："向上帝祈祷，让我写作。"

但他没有：3 年后，他在维也纳默默地去世了。——又一位离开了俄国便无法创作的俄国艺术家。夏加尔在注意到特拉维夫的犹太人是多么果断、沉着和自信，为他们的自由感到欢欣的同时，也对巴勒斯坦和后来展出过作品的以色列持矛盾心理。在接下来的几年里，他以礼貌的借口回绝了巴勒斯坦犹太领袖关于举办自己作品展览的请求：他知道在那儿不会有人买他的作品。

他去那儿当然不是为了卖画，而是出于内心需要。不同寻常的是，他在特拉维夫、耶路撒冷和加利利东北部圣山上的城市萨法德进行了户外写生，试图对未知的景观加以了解。但在《耶路撒冷》《拉结墓》《哭墙》《萨法德的犹太教堂》和其他写生作品中，尽管充满了比他迄今为止的任何作品都要明亮的光线，但都有 1914—1915 年所绘维捷布斯克组画的清晰、阴沉、精细和忧郁的基调。在这两种作品的创作中，夏加尔都妥协于自己梦寐以求或怀念已久的风景，且迫切地进行了比较。埃德蒙·弗莱格回忆说，在绘画时，他用画笔指着耶路撒冷的仙人掌、塔楼和圆屋顶，并高呼他再也不用怀念维捷布斯克。

夏加尔告诉雅克·拉塞尼（Jacques Lassaigne），巴勒斯坦给了他"曾有过的最栩栩如生的印象"，但他希望淡化异国情调的辛辣元素，并解释道：德拉克洛瓦和马蒂斯在北非异国情调中找到了灵感，而他作为一名犹太人，在巴勒斯坦有着不同的视角。他真正寻找的，不是外在的刺激，而是来自祖先土地的内部认可，从而可以让他投入为《圣经》作插画的工作。他说："在东方，我找到了《圣经》和我自己的某个部分。"在接下来的 3 年里，随着欧洲各地战争和反犹太暴力威胁的增加，他远离了眼前的世界，沉浸在犹太人的历史以及他们的审判、预言和灾难中。对于一个 20 世纪的艺术家来说，这是一种巨大的风险——一方面，他将自己置于与西方经典中最伟大的艺术家们的对抗之中，这是一个直到伦勃朗时代都与基督的肖像密不可分的传统；另一方面，就在他以一位引领潮流的当代画家的身份成名的时刻，他又从现代主义题材退向了古老的过去。

"对我来说，我不是看见《圣经》，而是梦见它。"他告诉弗朗兹·迈耶，"从小，我就被《圣经》迷住了。在我看来，它一直是，现在仍然是，有史以来最伟大的诗歌来源。"他前往巴勒斯坦的一个原因，是为了让自己的记忆和内心感受结晶。尽管 30 年来他都不是一个善于观察的犹太人，但哈西迪主义对《圣经》故事的解读，一直存在于他的日常生活中——比如在逾越节的餐桌

夏加尔，《亚伯拉罕与三天使》，版画，选自《圣经》作品集

上为以利亚准备的那个位置，就像他最近的画中那样，以利亚随时都可能"背着一个口袋，手里拿着一根手杖，扮成一个驼背的乞丐、一个体弱多病的老人"进入——给历史题材带来了一种独特的参与感和生动感。夏加尔将《旧约》看作人的故事——他显然不是从创造宇宙开始，而是从创造人开始，其天使的外形是与人的外形相通或相合的。如此，第一幅画上穿着人类服装的大胡子天使就有了亚当的手；如此，《亚伯拉罕与三天使》中长着翅膀的来宾们才能带着生动有趣的表情坐在一起，边喝葡萄酒边聊天，就像是偶然到访来吃晚餐一样。

夏加尔很少参考别人的艺术。他偶尔会参考伦勃朗——他的作品《摩西打碎十戒石板》的构图和轻盈的力量，会让人想起伦勃朗1659年作于柏林的《摩西与十戒石板》——还有一次参考了鲁勃廖夫的《三圣像》。但他大体未受史上圣像画的影响，而是带来了直接、意外和新颖，并随着从创世记到先知的叙述的展开，顽强地凸显着人类的各种不同类型、在面临重大事件时各种各样的情绪和反应。形象悲惨的亚伯拉罕在孤独的痛苦中哀悼撒拉，或蜷缩着，手里拿着刀，准备献祭以撒；一个天使像飞机一样俯冲下来，打破了无神之夜的黑暗。我们看到雅各与拉结得的欢欣相会，他弯曲的身形，被约瑟的死讯变成了悲伤的象征；摩西从燃烧的树丛中听到耶和华的声音；当摩西从潮水般的光中升起来祝福他时，约书亚既谦卑又惊讶；米里亚姆与欣喜若狂的哈西迪人激情共舞；耶利米在池中叹息。每一幅画都承载着原型的重量，但都被深化和个性化了。因此，夏加尔最喜欢的《旧约》人物大卫，先是作为受膏的男孩的形象出现，然后才作为杀死巨人的形象出现；他给扫罗弹奏竖琴，贪恋拔示巴的美色，并为他的儿子悲伤。作为一位受上帝启发的诗人，根据每个故事时期的不同，他都会做出相应变化。在任何地方，戏剧性都因人与神的亲密感而变得强烈，如同夏加尔的非宗教题材作品一样，将幻想与现实融合到了一起。云、石、山、叶都在颤抖，变成了面孔、眼睛和翅膀，把人与自然结合在一起。关于夏加尔的《圣经》蚀刻画，艺术评论家埃利希·诺伊曼写道："单单对犹太人来说，这些故事是他们祖先的历史和活生生的现实，无论他们中的个体是否意识到这一点，他们的历史都源于此。"画中的形象不仅源于夏加尔对这些人物的熟悉，还源于他对这段历史的归属感。在黑暗的20世纪30年代，

夏加尔，《亚伯拉罕哀悼撒拉》，版画，选自《圣经》作品集

他在向犹太民族的精神之父寻求启迪。

就像《拉封丹寓言》一样，夏加尔以水粉画为出发点，然后不懈地创作着蚀刻画作品。有些作品的创作经过多达 12 个步骤，因为他做了大量的修改，其细致和生动远远超出了预期。跟《拉封丹寓言》的插画一样，他用黑色和白色来来呈现水粉画的特质。"这是一位以色彩和笔触为乐的画家的作品。"出生于立陶宛的美国艺术史学家、夏加尔的朋友迈耶·夏皮罗（Meyer Shapiro）写道。他们均出生于犹太乡村，他对夏加尔非常了解，也很理解。"尽管如此，这些作品仍然展现出了线条的微妙和其他只有蚀刻画才能展现出来的独特品质。"

夏加尔的雕琢带有很多花样，构思精妙。其细微之处，展现了艺术家本人的风采。他以蚀刻针法编织出了一个由点、阴影、线条和暗斑组成的无限精细的网。他的作品是一层闪亮的面纱，柔软而结构紧密，充满了欢乐、光和动感；他的作品通常很欢快，有时又很严肃，但其阴影、纹理和质地总是非常迷人。他的作品的显著特征，是阴影中的线条的自由。自伦勃朗以来，正是这种自由令蚀刻画成为一种现代艺术。

1931—1934 年，夏加尔痴迷于《圣经》插画的创作——每一次离开巴黎的旅行都与此有关。1932 年，他去阿姆斯特丹仔细研究了伦勃朗的《圣经》题材绘画，并参观了伦勃朗在这座城市犹太人聚居区中心的房子，小贩们在那里卖着鱼和鸡，就跟伦勃朗的画中所描绘的一样。他设想着伦勃朗会不时地离开家，以确保所遇到的第一个犹太人会成为他笔下《圣经》中的国王和先知的模特儿。阿姆斯特丹市长主持了夏加尔作品的展览，展出了他的马戏团系列和花卉系列，包括《生日》、1925 年的《拿康乃馨的贝拉》和 1917 年的《白领贝拉》。展览还有相关讲座和庆祝活动，很受欢迎。夏加尔半开玩笑地对奥帕托苏说，之前他在担心展览会以一场大屠杀而告终。

第二年春天，当希特勒在柏林掌权时，他仍然在专心创作。反犹太的各种法律出台后，在达豪的第一个集中营也成立了。他在德国曼海姆一个博物馆里的油画《拉比》，是最早作为典型被贬低的犹太艺术品之一，于 1933 年 6 月被放在一辆马车上进行了嘲弄式环城游行。一年前马克斯·贝克曼（Max Beckmann）创作的大规模寓言式三联画《出发》，此时看来像是德国知识分子阶层被扫地出门的预兆。1933 年，贝克曼在法兰克福被解除教授职务。贝托尔特·布莱希特（Bertolt Brecht）和海因里希·曼（Heinrich Mann）是首批逃离的德国作家。阿诺德·勋伯格（Arnold Schoenberg）移居巴黎，正式重新皈依犹太信仰；康定斯基也立即离开德国，前往巴黎。"在没有第三帝国的情况下，欧洲才能安宁。德国应该被隔离。"奥地利小说家约瑟夫·罗思（Joseph Roth）写道。希特勒掌权时他在柏林，后来立即搬到巴黎。1933 年，5 万犹太人离开了德国；1934 年，这个数字是 3 万。跟别的许多左翼德国人一样，夏加尔的老对手赫尔瓦特·瓦尔登 1932 年关闭了狂飙画廊，他选择了东方而不是西方——搬到莫斯科，找到了一份教师的工作，但他对共产主义的幻想很快便破灭。1941 年，斯大林下令杀害了身处萨拉托夫的囚犯集中营里的瓦尔登。

夏加尔全神贯注于《圣经》插画的创作。直到 1933 年年底，他才从创作中抬起头，在瑞士巴塞尔的美术馆组织了一场囊括 170 件作品的回顾展。这场展览的所在地就在德国的边界线外，具有一种象征意义。这场展览汇聚了他 1908—1933 年整整 25 年的作品，它们来源于大约 10 家画廊，很受欢迎，但很少有人购买。1934 年 1 月，当完成 40 幅《圣经》蚀刻画时，他遭受了经济上的沉重打击：由于经济大萧条，沃拉尔不得不中止了对他的委托。

接下来的一个月里，斯塔维斯基事件——与法国金融界和政界关系密切的俄国犹太骗子塞尔吉·亚历山大·斯塔维斯基（Serge Alexandre Stavisky）的自杀（或是被警察谋杀）——后巴黎右翼的暴乱，让他感到更加不安。《曼彻斯特卫报》的记者亚历山大·沃思（Alexander Werth）写道："空气中弥漫着无政府状态的味道。"他描述了 2 月 6 日，"黑压压的人群"如何聚集在协和广场周围，在杜伊勒利宫旁垮塌的人行道上向警察投掷石块和沥青，放火焚烧车辆，用绑在手杖上的剃刀刀片去砍马的种种情景。这场骚乱，给法国的法西斯政党带来了希望，右翼团体"法兰西行动"和"弗朗西斯运动"也因此崭露头角。许多人担心第三共和国会被推翻。左派总理爱德华·达拉第（Édouard Daladier）虽幸免于难，但被保守的加斯顿·杜梅格所取代。在这种环境下，外国人被嘲笑为"外国佬"，"犹太人的阴谋"也被没完没了地谈论着，夏加尔一家人感到越来越不安心。

夏加尔继续不问世事地创作着《圣经》蚀刻画——即使没有了沃拉尔的支持。1934 年，他前往西班牙，寻求与另一位前辈大师——伟大的宗教题材画家埃尔·格列柯——的对话，他称格列柯"比整个西班牙都伟大"。此时他手头拮据：1934 年，他们的律师费特韦斯（Fettweis）来信要求支付账单，提醒夏加尔夫妇"我的要求已极度克制……表明我对你们的处境并非漠不关心"，虽然他已经 4 年没有得到过报酬了，"因为你们的处境很艰难"。1932 年，贝拉为阿姆斯特丹展览拟定的主要作品的价格中，新近创作的马戏团系列和花卉系列作品的价格从 20 000 法郎到 25 000 法郎不等，两幅最珍贵的画——《拿康乃馨的贝拉》和《白领贝拉》——每幅都是 45 000 法郎。后面这两幅画所标示的价格不是真实的出售价格，可能是被有意压低以降低保险费用的支出。但这些金额具有一种指向性，且并不是很高。处于贝拉的辅助之下的夏加尔，在谈判的时候曾一直很紧张，而现在的他，已能毫不羞耻地进行讨价还价。例如，在 1934 年，他同意为莱辛的书作更多的插画，他写信说道：

> 我喜欢在温暖的犹太人灵魂中，拿着画笔爬行。但现在出现了一个小问题。这是一个枝节性问题，但不幸的是，却很重要。美元几乎跌了一半。这里的生活成本非常高。

> 我会发自内心，以我的技艺，用最好的想象力来精心构思插画……每幅插画我要 100 美元……我听说在美国，年轻的犹太艺术家们能得到更多。我没有他们那么胆大妄为，我也不想要那么多，但不幸的是，我得靠艺术谋生。而且说实话，我羞于和别人比较，这是一种自我贬低。我相信你知道，我所要求的是最低限度。

接下来的一年中，他给希拉·瑞比写信说道："虽然我在精神上取得了很大的成就，但没有人买我的作品。这很令人沮丧。"他恳求她去说服古根海姆考虑接手沃拉尔迫不得已中止的《圣经》插画计划，但最终未能遂愿。

夏加尔，《孤独》，草稿，1933 年

　　没有了出版商，他的蚀刻画进展缓慢。到 1939 年时，他完成了 66 个蚀刻版的制作；1952 年，他又开始制作另外 39 个蚀刻版。沃拉尔为前 40 幅支付了报酬，将之与夏加尔为果戈理的《死魂灵》和《拉封丹寓言》所作的蚀刻版画一起，收藏在他的储藏室里。《圣经》插画成了夏加尔的余生中许多创作主题和灵感的直接来源，始于 1931 年的特殊演变令其充满了历史意义。在这个创作阶段开始的时候，他的人物角色微小而平静，色调温暖而丰富；最后的先知角色更为庞大，更为不安，结构更有活力，色调也转为烟熏般的暗调。对犹太人受到的迫害和即将到来的战争的反应，突出了这种演变；与《圣经》的古老文本融会贯通的历史时刻感，赋予了作品特殊的精神共鸣。

　　《圣经》插画的创作，也对夏加尔 20 世纪 30 年代的油画创作产生了影响。作为一位挖掘人类永恒主题的艺术家，植根于对伦勃朗和埃尔·格列柯的深入研究，夏加尔通过不曾被严肃对待的插画的方式建立起了一种新的宏大叙事、庞大视野、戏剧化风格和鲜明的简单性。这让他从 1933 年起到第二次世界大战爆发期间的作品，成了自 1920 年俄国犹太剧院的壁画以来最重要的作品。当时，他逃离了马列维奇和苏联的威胁，为自己的现代主义犹太视角进行雄辩；此时，在再度受到威胁的情况下，他也这样做了，但更严肃、更成熟、更悲壮，对自己在西方经典中的地位有了更加坚定和更有抱负的判定。他的艺术再次变得伟大，这是他为了回应一个强大到致命的对手时而发展出来的。在这个时候，他开始或重新创作几幅复杂的讽喻性油画作——《时间是一条无岸的河》《坠落的天使》。但这种新的风格，在他为直接回应 1933 年的纳粹夺权而创作的两幅杰作《孤独》和《维捷布斯克上空的裸体》中最为明显。

　　这两幅作品所描绘的巨大而孤独的形象，看起来如同贴在画布上的剪贴画，占据了维捷布斯克的视野。在《孤独》中鸣着雷的天空下，一个犹太老人身上白色的祈祷披肩像麻袋一样挂在他不匀称的身体上；他一只手托着脸——表情阴沉、顺从而坚韧，另一只手托着他在流亡中唯一的东西——犹太律法书。这个形象，是夏加尔 1914—1915 年的犹太老人系列形象的演变，也是亚伯拉罕和《圣经》插画中长者们的延伸：永世流浪的犹太人背负着苦难、但精神上却很强大的形象，亘古不变地嵌在了画面之上。这幅油画具有他早期《圣经》蚀刻画中的宁静，以及当时任何法国艺术家的作品都不具备的严肃。在西方的超现实主义和俄国的社会主义现实主义占据主导地位的 10 年中，20 世纪 30 年代的艺术家们很少有人敢于面对历史时刻的庄严。法国的夏加尔和毕加索，德国的马克斯·贝克曼，瑞士的保罗·克利，以及夏加尔的老对手——俄国的马列维奇（以其笔下没有面孔的农民），成为少数在作品中反映当时席卷欧洲的悲剧的艺术家。

在这样的背景下，《维捷布斯克上空的裸体》是一幅尤为出色的作品，与时代潮流交相辉映，吸收和个性化了当前法国的艺术潮流，体现了夏加尔从内心做出的回应。一个梳着浓密的栗色马尾辫的熟睡女子——17 岁的伊达在蒙特摩利别墅的花园里为这幅画做了模特儿——的性感裸体，漂浮在被剥离了色彩的维捷布斯克小镇风光之上的银灰色天空中。角落里有一个花瓶，插在里面的一束血红色的鲜艳玫瑰，在周围灰色调的衬托下更加显眼——它们跟维捷布斯克的石头房子和大教堂一样大。精美的风格和古典的描绘手法，反映了夏加尔对裸体绘画传统背后视角的深刻理解；构图的不协调和不合逻辑，令画面与曾在夏加尔作品中出现过的超现实主义风格非常接近。除了巴黎，在其他任何地方，他都不可能画出这一壮丽而原始的维捷布斯克景象。然而，这幅美丽、有预见性、描绘着青春和回忆的画，并不是一个超现实主义的幻梦，而是夏加尔对艺术与死亡、欲望与恐惧的完美表达，是他对滋养着他的世界正在走向毁灭的预兆的回应。

夏加尔，《新娘的椅子》，布面油画，1934 年。这幅忧郁的室内画，是为了纪念夏加尔 18 岁的女儿伊达和米歇尔·拉帕波特（Michel Rapaport）的婚礼——不情愿的伊达在父母的压力下所接受的一桩婚姻。挂在墙上的，有夏加尔和贝拉自己欢欣的婚礼肖像画《生日》

注释

【1】伊斯雷尔斯：全名为"艾萨克·拉扎勒斯·伊斯雷尔斯"（Isaac Lazerus Israels），荷兰著名印象派画家，生于 1865 年，卒于 1934 年。

【2】《屋顶上的公牛》：米约创作于 1919 年的音乐舞剧，曲风带有爵士乐的影响。

【3】梅隆讲座：不定期地在美国华盛顿国家博物馆举行的纪念讲座，促进人文价值领域的研究和思考的国际知名论坛。

第18章

流浪的犹太人

巴黎，1934—1937

"夏天是放肆的季节。"1934 年夏天，巴黎日报《不妥协》在一份调查问卷中宣布——该问卷调查了哪些风景画对艺术家们产生的影响最大。在艺术界，一种近乎疯狂的轻浮情绪占了上风，仿佛要否认政治上的警告信号。1934 年，伊冯·泽尔沃斯（Yvonne Zervos）邀请夏加尔参加知名艺术出版机构"卡希尔艺术"的晚宴时，声称"不谈政治，不提危机，不争论美学或文学，只是一个坦诚的友谊聚会"。这种心态，与夏加尔、贝拉同他们的俄国犹太朋友们谈话时的严肃态度，形成了鲜明对比。"时不时地，也请想想你带着几分哀伤的夏加尔。"那一年，夏加尔用意第绪语凄凉地给奥帕托苏写信，恳求这位即将去莫斯科的朋友去找米霍埃尔斯，"告诉他们我不知道为什么，那里的所有人都忘了我。"

1934 年的夏天的确是一个放肆的季节——18 岁的伊达，为他们带来了新的打击：夏末的时候，她告诉备受震惊的父母，她怀孕了。从十几岁起，他们溺爱的、非常敏感的女儿就一直在参加法国为俄国孩子们举办的夏令营活动。在这里，她遇到了米歇尔·拉帕波特——一名法律学生，其父母都是俄裔犹太人。米歇尔在 1913 年出生于柏林，和伊达一样，是在从东方漂泊到西方的流离失所中长大的一代——第一次世界大战的时候，他还是个在俄国的婴儿；1920 年，移居到柏林；1926 年，移居到巴黎——他们两人之间建立起的友谊，对伊达来说更为珍贵，因为她没有上过学，很少有机会和同龄人接触。

到了 1934 年，"伊达小姐……一个可爱的小女孩，非常漂亮"受到了夏加尔许多朋友的称赞，尤其是拉斐尔·阿尔贝蒂等，那些无意中发现夏加尔在他家花园的一棵树下，为她画了一幅惊人的少女裸体画的人。但在她父母眼里，伊达还是个小女孩。他们被这个消息吓坏了。夏加尔和贝拉均出生于传统守旧的维捷布斯克，关于女性性行为都持有传统的观念。1934 年 11 月，伊达先是堕胎，然后与米歇尔结婚。

夏加尔送给他们的结婚纪念物是《新娘的椅子》。画面上，一张覆着白布的扶手椅上放着一束鲜花，旁边还簇拥着大量白玫瑰花束。粉红色的地毯衬托出了白色的丰满，墙上的夏加尔夫妇的结婚肖像《生日》将两代人联系到一起。那件作品中的天然和生命的奔放，加剧了这幅画的疏离感。《新娘的椅子》上，窗框上的横木引人注目，如同死亡的象征；在这鬼魅的画面氛围里，有一种死亡的气息，一种腐烂的气息。伊达不在那里：尽管其华丽和丰富多彩让人想起 1916 年伊达出生时的作品《铃兰》，但《新娘的椅子》是阴森的——这是一位父亲对自己挚爱的女儿的梦幻，她是在他的威逼之下被迫出现在婚礼上的，而她的心并不在此。在他们婚礼上的照片中，伊达僵直地站在那里，梦游般面无表情地戴着裹尸布似的面纱，麻木地扮演着自己的角色。在这艰难的时期，她为父母的体面做出了牺牲。她还没有准备好对米歇尔做出承诺，也没有准备好结婚。新婚伊始，她每天都会给母亲打几个电话，只是问问她该做些什么，听听她在家时已习惯得到的热烈鼓励。她已完全融入了父母的生活。没有他们，她就无法正常 生活。

如果说离开了贝拉的伊达备受煎熬，那么贝拉也因为没有女儿的陪伴而失去了活力。夏加尔从 1934 年冬天到 1935 年所作的《绿衣贝拉》，是他为她作的最后一幅大型古典风格肖像，揭示了她在情感上的缺失和生理上的衰弱。绿色是她最喜欢的颜色，这幅画像是对她的一种致敬，画得非常精细。每一个

夏加尔，《绿衣贝拉》，布面油画，1934 年。她的女婿弗朗兹·迈耶形容道，这是"一个直到生命的尽头都在乡愁中煎熬着的女人的最真实形象"

细节——她优雅的深绿色天鹅绒连衣裙的纹理，闪亮的蕾丝衣领和袖口，以及装饰得很华丽的扇子——都被充满温情地描绘了出来。然而，贝拉看起来悲伤而遥远，她的目光不再停留在外面的世界，而是停留在内心：她陷入了沉思，如同夏加尔的《圣经》蚀刻作品中的某个角色。夏加尔告诉迈耶，当她坐在那里为这幅画像做模特儿时，她用意第绪语为他朗读着《圣经》中的段落。塑造出她的脸和手的明亮光线，令人想起夏加尔所作的《圣经》蚀刻画，突出了她先知般的庄重。在这幅画的早期版本中，一个天使陪伴着她，强调了这幅画最初的观念与《圣经》作品的紧密联系，但是贝拉坚强的性格，加上夏加尔当时沐浴在西班牙前辈大师埃尔·格列柯、委拉斯凯兹和戈雅的肖像画那强烈的心理渗透力量之中，促使他对她进行了毫不掩饰的形象再现。结果，便是迈耶所说的"一个直到生命的尽头都在乡愁中煎熬着的女人的最真实形象"。

随着抑郁情绪的蔓延，贝拉逐渐卧病在床。从 1934 年开始，夏加尔一家人的信件中反复提及，她不是刚从"一场流感"中恢复，就是处于又一次手术后的康复之中。当焦虑再次激发夏加尔创造新的风格和主题时，她在流亡中的角色却变得模糊不清。随着她的精力的逐渐减少，伊达开始取代她，成为夏加尔的助手、顾问和大使。她喜欢这个角色，这个角色让她和敬爱的父母紧密相连。虽然她本人也是一位才华横溢的画家，然而可以理解的是，在父亲逼人的光辉面前，她已无法追求自己的成就。除了致力于支持和保护父亲，她几乎没有想过要去做什么。她成长于来自世界各地、讲着各种语言的艺术家和诗人们之中，能讲流利的法语、德语和俄语，还能讲一口优美而独特的英语。她既继承了父母的魅力，但又没有夏加尔那样的阶级出身所带来的不安，也没有贝拉那样的犹太情结。她对自己身上的俄国血统非常着迷，而不是感到矛盾。她无法征服的人很少。1935 年 3 月，她独自前往伦敦莱斯特画廊参加夏加尔在英国的第一次展览。这场展览是由英国驻巴黎大使夫人克拉克（Clark）女士赞助的，夏加尔给她上过绘画课——部分原因是他认为，非犹太朋友在反犹太主义盛行的时代特别有价值。19 岁的伊达的出席，增添了一种异国元素，为这场展出的成功起到了积极作用。

她的父母已经疲惫不堪，无心亲自出席。伊达不在的时候，他们到巴黎郊外的乡村休假去了。在这里，贝拉感到的孤独和对犹太世界的渴望，被倾注到了一封写给身在特拉维夫的梅厄·迪岑哥夫的信中——这封信是用她那倾斜而飘逸的俄语字迹书写的，但夹杂着一些意第绪语惯用语：

> 你好吗？你的一切都好吗？我们没什么时间写信，但是我们非常想知道你怎么样，你的健康状况如何，你是否开心，巴勒斯坦现在怎么样，还有，我们只想拥抱你和亲吻你。

> 现在，我们在一个村子里住了好几个星期。我们又病又累。而在这里，在广阔的田野和树林中，我们正在休息。我们乘着汽车在各种大路、小路上旅行，如同永世流浪的犹太人。当我们看到耸立在天空中的古老教堂时，在我们看来，与上帝同在的真正的天堂，就在你的身边。我们经常想你，做着白日梦想你。只有我们两人——"爷爷奶奶"——在这里，女儿在伦敦……

> 那么，我们什么时候能再相见？请专程来看我们，我们会紧紧拥抱你，亲吻你……如果你不能到我们这里来，我们会冒险去找你，但这只是一个梦，跟巴勒斯坦的《杏仁和葡萄干》[1]一样甜美。

在这种乡愁的情绪中，夏加尔夫妇毫不犹豫地接受了维尔纳意第绪语科学研究所的邀请，出席1935年8—9月间的一个新犹太艺术博物馆的开馆仪式。他们从小就知道，维尔纳是"立陶宛的耶路撒冷"，一直是"栅栏居住区"犹太世界的文化中心。在他们目前可以接触到的世界中，那里的东欧犹太氛围最接近记忆中的维捷布斯克。这里的圆顶教堂群构成的天际线、巴洛克和新古典主义石头建筑群构成的城市中心，与周围的小山丘、犹太人居住区的木屋和蜿蜒的街道相映衬。这里意第绪语的普及（大约一半人口是犹太人），犹太传统服饰及市场上犹太食物的盛行，都对夏加尔和贝拉产生了近乎催眠的影响力，仿佛他们回到了维捷布斯克。这儿和维捷布斯克的差别极小：比家乡更靠近西方的维尔纳，要更柔和、更优雅；盛行于此的不是哈西迪主义，而是带有东方情调和忧郁气质、更为理性的犹太启蒙运动，使得这儿的风气更接近西欧。夏加尔给奥帕托苏写道："这座城市就像维捷布斯克——甚至要更美丽。"贝拉在同一张明信片上补充道："向你致以几乎是来自我们祖国的伟大而温暖的问候。"维捷布斯克就在边界的对面，是一座他们无法踏足的苏联城市。维尔纳对他们敞开大门只是命运的意外——这个城市曾多次易手，1918—1922年曾被苏联、立陶宛和波兰军队相互争夺，最后落入波兰人手中。然而，这儿的犹太人几乎没有自由，许多人处于饥饿的边缘：20世纪初的一次人口普查估计，维尔纳的犹太人口中有80%在前一天晚上不知道第二天的口粮在哪里——在大萧条时期，这一切几乎没什么不同。在波兰人中，反犹太主义十分盛行。夏加尔在75岁的犹太历史学家塞米昂·杜布诺夫的陪同下，出席了犹太博物馆的开馆仪式。看到这位著名学者的儿子在街上遭到波兰人的嘲笑和殴打，夏加尔感到非常难过。在他看来，东欧的犹太人已经处于危险之中。他详细地描绘了维尔纳犹太教堂内部明净的景象，画面上充满了不祥的预感，因为这些作品是他对自己确信会被毁掉的世界的记录。战后，夏加尔用意第绪语写了一首名叫《维尔纳犹太教堂》的诗：

> 古老的教堂，古老的街
>
> 去年我才画过
>
> 现在，那里升起了浓烟和灰烬
>
> 誓约之柜的帘已不见。
>
>
> 你的犹太律法卷轴呢？
>
> 那些油灯，烛台，吊灯呢？
>
> 那世世代代的气息呢？
>
> 已消失在天空中。
>
>
> 我颤抖着涂上色彩，
>
> 涂上誓约之柜的绿色。
>
> 我含泪鞠躬，

作为最后的见证人，独自留在教堂。

在他身旁的贝拉优雅而憔悴，穿着一件纯白色的大衣，戴着与之相称的贝雷帽，轻拍着他们在"弱势儿童营地"遇到的孤儿。表面上看，她将法国时尚带到了一个冷酷的环境里；实际上，她的内心一片混乱。年轻的时候，她曾在维捷布克的束缚中将法语和德语学到尽善尽美，梦想着走向西方；在巴黎待了十多年，又一次听到街上的人讲意第绪语时，她分外感动。现在，她开始考虑一个自己的计划——用意第绪语写回忆录。"这很奇怪，但我突然想写"是她的开场白。"用我离开父母家后很少用到的、并不流畅的母语去写。虽然我的童年已经消逝得很远，但现在它已越来越近，我已几乎能感觉到它的气息。"贝拉的声音是对夏加尔的一种呼应，他在一年前写了一封悼念比亚利克之死的短信，并呼吁在巴黎建立一个"比亚利克之家"，在那里，一个新的犹太灵魂

夏加尔，《维尔纳犹太教堂》，草稿，1935 年

可以"超越现实世界的限制",随着"那些懂得犹太庆典的温和与宁静并怀有乡愁的人"的意愿繁荣昌盛。

对夏加尔来说,访问维尔纳是他重申自己的犹太身份的又一个转折点。他很喜欢与维尔纳的意第绪语诗人会面——如亚伯拉罕·萨茨基夫,也开始用意第绪语进行写作。1937 年,他那首感伤的自传体诗《我遥远的家》在纽约出版。"嗯,贝拉好了一些,"1936 年春天,他给奥帕托苏写信说道,"尽管她还躺在床上。我跟世界上所有的犹太人一样工作和叹息,他们在遭受毒打,即使在这圣地……正因为如此,我的犹太人意识变得更加强烈。可怜的我们"。

但最重要的是,维尔纳重新点燃了他与俄国之间的痛苦联系。"离你们几公里远的地方,有一片土地,实际上只有一座城市,我已经很久没去过了,但它也不会放过我。在你们的邀请之下,我到这里漫步了一段时间。"在对意第绪语科学研究所的演讲中,他坦承道,"我不知道为什么,但在我和我的祖国之间,是一种单相思的恋情。"对"亲爱的,最亲爱的"奥帕托苏,他的描述更具情色意味、更为激昂,将自己比作摩西——被允许看到应许之地,但不被允许进入。"来到立陶宛的维尔纳,"他写道,"来到我的城市的边界,告诉她虽然她不爱我,但我爱她……而且在没有进入她的情况下我就会返回。"他说,他的祖国现在只存在于画布之上:俄国,对他关上了大门;法国,有着不同的信仰;巴勒斯坦,对他没有吸引力——因为那儿的犹太人不懂得欣赏艺术。对于贝诺伊斯来说,尽管高贵的背景让他在与苏联当局的谈判中取得了足够好的结果——但作为生活在俄国的冬宫那些挂满了前辈大师们的作品的画廊的管理人,他仍在 1926 年选择了离开;此时处于俄国移民团体核心权力阶层的他,写了一封自怜的信,哀叹自己对所有的俄国政权——旧的、苏联的以及流亡的——来说,都是陌生的。

无根的种种感觉被夏加尔注进为朋友伊万·戈尔的叙事性长诗《让·桑斯特雷》(又名《无处安身的约翰》)所作的插画中,出版于 1936 年。这首长诗的主题关于一个普通人的孤独,一个在喧嚣的机械化世界中不再拥有家庭的普通人。这首诗比大众所知道的更能反映当时戈尔的处境——1933 年,他背着克莱尔在柏林与保拉·路德维格开始了一段恋情,此时,他在法国和德国的首都之间穿梭，故意制造危险。在英译本的前言中，威斯坦·休·奥登（W. H. Auden）将让·桑斯特雷解读为不仅是永世流浪的犹太人的新原型，也是现代人文化的根被破坏的体现：

> 让·桑斯特雷无论是在佛罗伦萨的维奇欧桥上还是纽约的布鲁克林大桥上，都跟待在家里差不多，因为这两个地方都不属于他：他必须睡在"千万个真理构成的床垫"上，因为他不会把自己交付给任何人……他是一个流浪的犹太人，被迫永远在旅途中奔波，没有任何去寻找隐秘宝藏或睡美人的渴望，对于广阔道路上的新鲜事物也没有惠特曼式的兴奋，永远都在为一个他无法想象的未来担忧：

他问镜子是否能准时到达

不管哪里，准时就够了。

戈尔的诗捕捉到了 20 世纪 30 年代特定人群的焦虑紧张情绪——他们既没有固定的身份，也没有国家为他们带来安全保障。那个时期夏加尔反复描绘的作品包括《坠落的天使》，尽管此画从未完成。《坠落的天使》始于 1922 年，是一幅为表现无根、无身份认同的感觉而创作的叙事性作品，画面描绘的是一位天使从被钉在十字架的基督身边坠向大地。此时的夏加尔将画面效果进行了强化，将之描绘得更为黑暗。夹在纳粹德国和内战中的西班牙之间的法国，再没给人轻松愉快的感觉；发生在西班牙的那些血腥恐怖的事件，让毕加索画下了《格尔尼卡》，这似乎是遍及整个欧洲的大灾难的前奏。对于许多逃离俄国革命的艺术家来说，他们对祖国的渴望随着时间的推移而变得更糟，而不是更好：分离的时间越长，他们与灵感源泉的联系就越隔绝，因为俄罗斯文学、音乐和艺术都植根于其独特的民族史和探索国家命运的诉求中。拉赫曼尼诺夫说道："当我离开了俄国，我也失去了作曲的欲望：失去了祖国，我也就失去了自己。"尽管他 20 世纪 30 年代的朋友评论道，他在巴黎附近的克莱枫丹的房子毗邻一片俄国风格松林，通往那儿的沙土大道旁有高大的古树林立，"非常像……一座旧式的俄国庄园"。然而对俄国人来说，这永远不会是真正的俄国。到了 20 世纪 30 年代，他们对政权更迭后再回国的等待，也已经显然毫无意义。

夏加尔，《坠落的天使》草图，纸上印度墨水，1934 年

因此，一些俄国流亡者此时选择了回国。他们的理由各种各样：大萧条时期的经济困难；希望他们的国家给自己一个文化角色；西方法西斯主义的兴起，让斯大林主义看起来（如其对待瓦尔登的方式）是个更好的选择。与俄国的现实情况相去甚远的是，政治上的拥护发生了未能预期的转变。例如，伊利亚·埃伦伯格自 1917 年以来一直是布尔什维克主义的有力反对者，1921 年后一直因政治原因流亡在外；为了应对法西斯主义，他于 20 世纪 30 年代初开始撰写美化苏联政权的文章；1932 年，他成为《消息报》的记者，整个 20 世纪 30 年代都在撰写得到斯大林认可的小说。

曾于 1921 年离开俄国定居在意大利索伦托的马克西姆·高尔基，是首批回国的人之一：他于 1931 年移居莫斯科，因为他对意大利的法西斯主义崛起感到不安。作为共产主义文化胜利的象征，他回国后受到了热烈欢迎，并被赠予大宅和仆从（实际上是来自克格勃总部卢比安卡的间谍）。很快，他就处于内务人民委员会的监视之下。他的儿子于 1934 年被谋杀；1936 年，他的逝世也有可能是一场谋杀。20 世纪 30 年代中期，在微妙的政治环境下，与外国人的一点点接触都有可能引来祸端。在俄国，唯一与夏加尔有通信往来的人帕维尔·艾丁格拥有特权。但 1937—1945 年，就连他也停止了与西方通信。身处俄国之外的人，并不了解这些情况。20 世纪 30 年代，许多欧洲艺术家和知识分子表达了对苏联的支持；夏加尔在巴黎的朋友和熟人们中，毕加索、莱热、保罗·艾吕亚（Paul Éluard）和戈尔夫妇等人，都加入了法国共产党。

比利时裔俄国作家维克多·塞尔吉（Victor Serge）曾在卢比安卡的监狱里被单独监禁了数月，随后流亡多年，接着又被囚禁在乌拉尔河畔的奥伦堡。他于 1936 年获释，并发起了运动，旨在打破西方共产主义者们对俄国的印象，但很少有人听他的。他在左翼报纸《精神》上发表了一封写给作为苏联的客人被邀请到莫斯科去的安德烈·纪德（André Gide）的公开信，警告说："让我这样对你说：一个人只有看得清清楚楚，才能为工人阶级和苏联服务。而且，让我以各种勇气的人的名义请求你：要有去看清楚的勇气。"

塞尔吉在他后来的回忆录中写道，"这是现代整体良知的悲剧性缺失"，因为"没有人愿意看到邪恶达到如此严重的程度"。相反，包括作曲家谢尔盖·普罗科菲耶夫和作家谢尔盖·埃夫隆（Sergei Efron）、玛丽娜·茨维塔耶娃在内的几位知名人士，在 1936—1939 年政治动荡正处于巅峰的时候回到了苏联。埃伦伯格莫名其妙地得到了斯大林的信任，是唯一一位能在俄国和西方之间自由行走的俄国知识分子（几十年来，他一直是夏加尔家族的信使），但就算是他，此时也犯了一个错误：1937 年，他以为自己是去莫斯科度假，却被强制拘留，并被给予了一张去参加他的老朋友布哈林那走过场的审判的票，意在让他在《消息报》上写一篇相关的报道。他仍然保持着中立的态度："我不知道这种经历对我来说是特殊还是普通，但在巴黎和在莫斯科，我看待事物的方式不同。在莫斯科，我想到了人类应有权去过纷繁复杂的精神生活……而在 20 世纪 20 年代末期的巴黎，我感到窒息：复杂的言辞、人为的悲剧和造作的创意太多了。"这种说法是在假装无辜——埃伦伯格的经历并不常见，因为没有人有机会去品味两个首都的不同——但却暗自为一种驱使着俄国人返回家园的潜在力量做了宣传。不过帕斯捷尔纳克警告茨维塔耶娃说："不要回俄国来，这里很冷，经常有旱灾。"但最终她还是忍不住了，因为"诗人无法在流浪中生存，没有立足之地——没有媒介或语言。还有——没有根"。但到了俄国，她发现自己已被遗忘或排斥，无法工作或生活。以前的朋友们因为太害怕，不敢和任何在西方生活过的人接触。最终，茨维塔耶娃找了一份洗碗工的工作。1941 年，她上吊自杀。

夏加尔的信件表明，在访问了维尔纳之后，整个 1936 年他都在考虑返回俄国。作为一名叛逃者，他被禁止回国，但这并没有终止他的幻想。因为在流亡者的团体中，有些对革命的同情程度还远不如他的人，都被允许回国了。例如，埃夫隆在俄国内战期间曾为白军作战，后来也被重新招募为内务人民委员会的特工。夏加尔在巴黎焦躁不安，年底时又把家和画室搬到了特罗卡德罗附近的欧仁·曼努埃尔别墅区。但在 8 月，他给艾丁格写信感慨地说道：

> 我坐在别墅里，回忆着你。我们的树是不同的，天空是不同的，一切都已不同，随着时间的推移，这种比对让人神经紧张……随着岁月的流逝，我越来越觉得自己是一棵"树"，需要自己的土壤、自己的雨水、自己的空气……我开始想，不管怎样，我希望能很快振作起来，去旅行，到我的祖国去恢复精神，创作艺术（在那里）……我被遗忘和疏远得太多了。不时地给我写信。除了你，没有人写信给我。

10 月，在为自己来年的 50 岁生日做安排的时候，他写信祝贺艾丁格的 70 大寿，并宣布："尽管在这个世界上，我被认为是一个'侨民'，法国人把我当成自己人，但我仍然认为自己是一名俄国艺术家，这让我感到很愉悦……我（到俄国）的旅程已在心中逐渐成熟。我希望它能让我的艺术焕然一新。但我不会像其他人那样，因为自身的'危机'而踏上这个旅程。不会因为面包的危机，但会因为心灵的危机。"

这些感情流露的弦外之音，在俄国引起了什么反响吗？很少。因为在俄国，夏加尔已经变成了一个不存在的人，很少被提及；他的画也从未被公开展出过。他认为，他以前的许多朋友为了自身安全而对他展开过抨击。这可能的确发生过。此外，任何有机会了解他在巴黎生活的俄国人，都可能会觉得，他是靠对苏联时代之前的俄国的回忆，才过上好日子的。1936 年夏天，他向所罗门·古根海姆出售了价值 6 万法郎的作品，包括《生日》。尽管希拉·瑞比曾评论过他很贫穷，但她依照的是美国人的标准，而不是俄国人的标准。与各种政治派别的大多数俄国流亡者们相比，他和贝拉生活得很好，好到能够将从古根海姆处得到的销售收入存入一个英国银行的账户,以防法国的局势产生动荡。相比之下,移民群体中的大多数人没有收入来源,只能靠出售珠宝或黄金为生。与夏加尔同时代的王子费利克斯·尤苏波夫在他们之中显得尤为富有,因为他在过去的生活方式与大众截然不同:他通过在英国法庭起诉米高梅电影制片公司,以诽谤罪控告了其 1932 年出品的电影《拉斯普金与皇后》,获得了 2.5 万英镑的赔偿,这在当时是一笔巨款。其控诉的理由,不是因为他被描述为杀人犯,而是因为他的妻子伊琳娜被错误地描述为遭受了拉斯普金强奸。

在艺术界,第一次世界大战前夕的情况——夏加尔和康定斯基是仅有的两位在国际上享有声誉的俄国艺术家——到了第二次世界大战前夕,基本上没有改变。其他逃往西方的俄国艺术家,如拉里欧诺夫和冈查洛娃,大部分都陷入了硬撑着上流社会架子的贫困之中。夏加尔在犹太剧院时与他敌对的同僚亚历山大·格拉诺夫斯基于 1928 年叛逃,1937 年在巴黎穷困潦倒而悄无声息地离世。俄国的作家跟俄国的戏剧导演一样,现在没有什么工作的机会。又由于无法在苏联出版作品,他们发现随着下一代的被同化,他们的读者群体正在萎缩。市场如此之小,没人能够谋生。1937 年年初离开柏林前往巴黎的弗拉基米尔·纳博科夫,在法国首都只能够负担一套破旧的单人公寓。他把浴室当成书房,当他年幼的儿子在客厅玩耍的时候,他便坐在浴盆上写作。

在莫斯科,夏加尔的成功并没有被完全忽视,当然,也引起了人们的不满。一个罕见的例子是,1934 年,在俄国的文学月刊《新世界》中,夏加尔曾经的支持者亚伯拉罕·埃弗罗斯愤怒地反对他这位前资产阶级朋友"令人困惑的愚蠢",他"完全被纵容……在他的祖国俄国生活过,他了解整个世界,人人都知道,就好像他在执行一项去外国的任务……被物质上的安逸所包围"。然而,在夏加尔的自我审视中,他都不会去考虑自己比大多数流亡同胞幸运多少,更别提身处俄国的同胞了。相反,过去一直如同阴影一样不断地向他袭来,就像父母家高悬在他头顶上的旧式大钟一样。在 20 世纪 30 年代的大型作品中,他反复以这个时钟为主体,作为时间和记忆的象征。冬天,在白雪皑皑的木屋群落背景中,一个裸体的人被包裹在钟里。《街上的钟》中的钟有一只翅膀,似乎在沿着维捷布斯克的道路晃荡。在 1936 年的作品《时间是一条无岸的河》中,黄昏时分,一座钟从寒冷的德维纳河上空飞过,钟面一片虚无,其黄铜支架和钟摆无视重力地向上摆动着；这座钟悬挂在一条闪闪发光的绿鱼身上（夏加尔的父亲在一桶桶鲱鱼上辛勤劳作的回忆），鱼的身上生着热带鱼的红色翅翼；从鱼嘴中伸出的一只胳膊，拿着一把小提琴和琴弓；河岸上的紫罗兰色的阴影，像波浪一样在一对恋人身上涌动。

沉浸在这样的青春回忆中的夏加尔，在 1937 年 1 月犯了一个愚蠢而可怕的错误。在他即将迈入 50 岁的那一年里，除了越来越多的绝望和感伤之外别无原因，他试图和以前的老师尤里·佩恩取得联系。这一想法，可能是在访问维尔纳后酝酿的。此时的他好像失去了等待的勇气，当写下地址"维捷布斯克城，给艺术家尤·M.佩恩"时，他感到一种解脱。这封信本身是人畜无害的。"亲爱的尤里·莫伊西维奇，你好吗？我好久没有你的消息了。"他开始天真地诉说，好像不知道身在俄国的人与境外产生交流有多么危险。这封短信接着说道：

> 我多么想知道你怎么样，你的健康状况如何，你的工作怎么样，我心爱的城市怎么样。我现在肯定认不出来了。也许，连我的波克洛夫斯克街也变样了。

> 我童年时住过的小屋，以及我们曾经一起画过的小屋怎么样了？

> 在我（唉！）即将 50 岁生日之际，如果还能跟你一起在门廊坐上个把小时，再画一幅习作，我会多么高兴啊！你必须给我写信。当我死去的时候——请记住我。

1937 年，82 岁的佩恩仍在夏加尔创办的学院（现在已改名为"维捷布斯克工艺美术学校"）担任教授。他费尽心力地继续创作从未改变过的现实主义风格的乡土生活场景，这种主题很容易与当时的社会主义现实主义共存。他的犹太信仰似乎也没有引起过麻烦。20 年来，他一直在共产主义政权下工作，比马列维奇还长寿，深受他的学生和一大堆侄子、侄女的爱戴；他是一座丰碑，代表着不关心政治的平静生活。但在夏加尔寄出这封信一个月后，1937 年 3 月 1 日，这位无辜的老人在公寓里被谋杀了——几乎可以肯定，是内务人民委员会所为。夏加尔那封有些破损的信，被当局保存了下来（佩恩可能从来没见过这封信），如今保存在维捷布斯克的市立博物馆里。当时的当局曾进行了一次明显栽赃的审判，以谋杀罪控告佩恩的一名侄子、一名侄女和一名学生，但没人相信他们有罪。这一罪案的真相仍未明了，但极有可能是由夏加尔的信导致的。当时同国外的任何关联，都有可能导致被迫害，更不用说与夏加尔这个具有如此高的影响力的叛逃者之间的联系。

夏加尔从来没有这样想过。他任性地给佩恩的亲属写了一封哀伤的信，羡慕他们能够参加佩恩的葬礼，并宣称他对俄国的热爱——也许他是有意让当局看到这封信。几个月后，他忍不住完全不切实际地催促艾丁格去说服一家博物馆，从佩恩的遗产中取回自己的画作。然而，这一事件的确终止了他前往俄国的梦。尽管他仍在抱怨，巴黎的西班牙居民米罗（Miró）和毕加索，于1937年在巴黎特罗卡德罗广场的国际展览上代表国家进入了西班牙展馆，而他却未被允许代表苏联参加这次展览。

他1937年的主要作品是《革命》，他对这部作品一直不太满意——1943年，他将之分成了三部分，并对每一部分进行了彻底修改。原作的画面中心，是列宁在桌子上倒立——他在政治和文化上，都已将俄国彻底颠覆。他的身旁坐着一个祈祷的犹太人，带着犹太律法书和经文护符匣，桌子上放着一本打开的书；附近是一个俄式茶壶，而列宁身后有一头坐在椅子上的驴。在前景中，一个死人躺在雪地上——这是夏加尔对自己早期的《死者》的引用。左边，一群举着枪和旗帜的叛军涌上前来，高呼着口号，战斗着——这是政治革命的情形。右边，漂浮在蓝色之中的，是文化、宗教和爱情的世界：木屋顶上夏加尔式的恋人，背上背着麻袋的犹太老人，乐手，拿着调色板的艺术家。

佩恩的死，对俄国的矛盾心理，对未来的恐惧，以及对自己作为一名艺术家、犹太人和俄国人的身份的担忧，都被夏加尔传达到了骚乱不安的画面上。迈耶认为，他是在用自己的经历回应法国知识分子对共产主义的同情，这种共产主义势力在西班牙内战后尤其壮大。后来，夏加尔对迈耶坚称，这部作品并不代表对列宁的批评，而是积极地暗示了列宁的革命影响。但他在20世纪60年代是这样说的，当时他正梦想着访问自己的祖国，谨慎地避免着含沙射影的批评。这幅画上的狂怒和恐怖、蜷缩着的恋人、犹太老人背过身来遮住的脸、具有象征意义的死人，都与他的说法不符。《革命》，是 1937—1945 年，将夏加尔转变为政治艺术家的一系列不朽画作中的第一幅。

　　1937 年春，在佩恩的悲剧发生后，夏加尔并没有将精力投入到对俄国的幻想中，而是投入获得法国国籍的切实行动中。他预见到，这可能会挽救自己的性命。这对于 20 世纪 30 年代生活在巴黎的东欧犹太人来说很不容易，就算你很有名。夏加尔受阻的原因，是他曾经担任过维捷布斯克的艺术委员——布尔什维克政权的官方职位。但他通过与让·波朗等知识分子的接触，让他们牵线搭桥。尽管法国警方坚称他护照上的名字是"莫伊斯"而不是"马克"，他和贝拉还是于 1937 年 6 月 4 日正式入籍成为法国公民。一个月后的 7 月 19 日，纳粹的"堕落艺术"展在慕尼黑开幕：夏加尔作为一名现代主义者和犹太艺术家，成了展览上的重头戏。

注释

【1】《杏仁和葡萄干》：经典犹太摇篮曲。

第19章

《白色十字架》
巴黎和歌德，1937—1941

1937 年 7 月 18 日，希特勒于"堕落艺术"展开幕前夕在慕尼黑宣布，"艺术家们提交给'德国艺术之家'参展的材料显示，这种品味上的堕落已深深地侵蚀了德国人民的心灵"。目击者说，他嘴角上挂着唾沫不停地演讲着。马克斯·贝克曼处于现场的观众之中，听了演讲之后，确信留在德国再不会有任何好处，于是动身前往阿姆斯特丹。

"这些画画的是绿色的天空和紫色的海洋。这些画，只能用画家视力不正常或是故意的欺骗来做解释。"元首继续说道。

> 如果他们以这种方式绘画的原因，是他们看到的事物就是这样的，那么这些不幸的人，应该被内政部作为精神病患者进行绝育处理，以防止他们将不幸的病患遗传下去；如果他们看到的事物不是这样的，却仍然坚持这样绘画，那么这些艺术家应该受到刑事法庭的审判。

> 我坚信，命运赋予了我们无须讨论这些问题就做出决定的权力。

并不是每个人都能理解这样的重大事件。

纳粹一掌权，就开始了反现代主义艺术的运动。表现主义、立体主义、抽象主义和超现实主义艺术——任何知识分子的、犹太人的、外国人的、社会主义的或难以理解的艺术——都是反对的目标，从毕加索、马蒂斯到塞尚和凡·高。传统的德国现实主义易于理解、容易植入爱国主义情怀，受到了追捧并取而代之。纳粹将当代艺术与国家衰落画上等号的做法，如同其将中下阶层的保守主义等同于假道学的文化标准一样，在当时大行其道。其高潮始于1937年，由公共启蒙和宣传部长约瑟夫·戈培尔（Joseph Goebbels）领导的一个委员会，以腐化为由没收了德国各个博物馆中的大约 2 万件作品。在慕尼黑的"堕落艺术"展中，展出了其中 730 件经过刻意挑选的作品，接待了 200 万名观众，成了一个轰动性的政治事件。随后，在 1938—1939 年，该展览又在德国和奥地利巡回展出，观众达 100 万人次。展览免费入场。除了这个展览骇人听闻的名声之外，通过禁止 18 岁以下观众入场的方式，展览强调了相关艺术家的道德颠覆性。在慕尼黑，离展览所在地不远的另一个同等规模的、纳粹所认可的"伟大的德国艺术"展，参观者只有这个展览的 1/5。

"堕落艺术"将这些画紧密地悬挂在狭窄的房间里，有的没有画框，有的靠着墙丢在地上，营造出一种混乱的景象——与传统博物馆环境所推崇的沉思和崇敬的氛围完全相反。作品在诸如"对德国女性的嘲讽""对种族意识的彻底破坏""完全的疯狂""用病态的心灵看待大自然的方式"等侮辱性的口号下被分成几类，每幅作品的标题旁都带有该作品的博物馆的买入价格（以激起纳税人的愤怒），以及经过巧妙的曲解的艺术评论。这些评论既抨击了朱利叶斯·迈耶·格雷夫（Julius Meier-Graefe，曾在德国引领现代主义的风潮）等艺术批评家，同时也激起了不懂艺术的普罗大众的愤怒。被展出的夏加尔的油画，包括 1923 年的《一撮鼻烟》（一位拉比的画像，没收自曼海姆美术馆）、《普林节》（没收自埃森市的福克旺博物馆，并被改名为《俄国乡村景象》）和《冬天》（没收自法兰克福的施泰德博物馆），以及 1924 年的表现主义素描《鬼脸自画像》——这种自嘲，被解读为犹太人心理扭曲的例证。夏加尔的确是一个很好的展示品：早在 1914 年德国媒体就对他神魂颠倒过，因此不乏批判的依据。因此，例如范妮娜·哈雷（Fanina Halle）的一篇将他 1914—1915 年的作品形容为"对维捷布斯克的快乐回归"的文章，此时被大量转载，作为对那些飞翔在大地之上、摆弄着小提琴、飞翔在空中的绿色、紫色和红色的犹太人的嘲弄，更加凸显了犹太人对西方文明的毁坏和冲击。

展览的重头戏是德国和奥地利的表现主义者们——贝克曼、柯科施卡、基尔希纳（Kirchner）、格罗茨、迪克斯、赫克尔（Heckel）、诺尔德（Nolde）——的作品。在德国的博物馆中，他们的作品数量众多。同时，也展出了各国的现代主义领军人物的作品：康定斯基、克利（Klee）、蒙德里安、毕加索。随着"堕落艺术"在德国各地的发展，许多作品——包括1938年从伍珀塔尔一家博物馆里没收的夏加尔的《水槽》——被添加了进去，与此同时，他们还为处理德国所有的堕落艺术品以谋取利益做着准备。4名德国画商应邀安排购买或交易。最引人注目的，是1939年6月30日的拍卖会——当时在瑞士卢塞恩市的菲舍尔美术馆举行的名为"德国博物馆的现代艺术"的拍卖中，一批珍贵的作品被卖了出去，包括凡·高的一幅自画像——以4万美元的价格售出。德国的美术馆当然无法购买，许多国际博物馆的馆长——如纽约现代艺术博物馆的艾尔弗雷德·巴尔（Alfred Barr）——抵制了这场拍卖会，别的收藏家们则左右为难。当时纽约的著名画商皮埃尔·马蒂斯，与收藏家约瑟夫·普立兹（Joseph Pulitzer）一同出席了拍卖会，并敦促他买下自己父亲的作品。普立兹买下了马蒂斯的《有乌龟的沐浴者》，后来他回忆道："我们面临着一种可怕的矛盾——一种道德困境。如果买下作品，我们知道钱将流向我们所厌恶的政权；如果不买，我们知道这幅作品会被毁掉。为了给子孙后代们留下作品，我顶着压力买了下来。"

在为数不多的参与了拍卖会的博物馆中，比利时列日市的当代艺术博物馆买下了夏加尔的《蓝色小屋》（没收自曼海姆美术馆）。瑞士巴塞尔市立美术馆则买下了他1923年版本的拉比肖像画《一撮鼻烟》——作为纳粹倾轧犹太文明的战利品，这部作品命运的最离奇之处，在于与其双生作品命运的截然不同——这幅1923年版本的《一撮鼻烟》，是夏加尔因瓦尔登在战前丢失了他的大部分作品而与之决裂后重新创作的作品之一。1923年的版本在构图和调性上的确与1912年的原版非常接近，主要区别在于第二版的作品构图节奏更加自由、色彩更加流畅，而唯一显性的差别是在第一个（1912年）版本

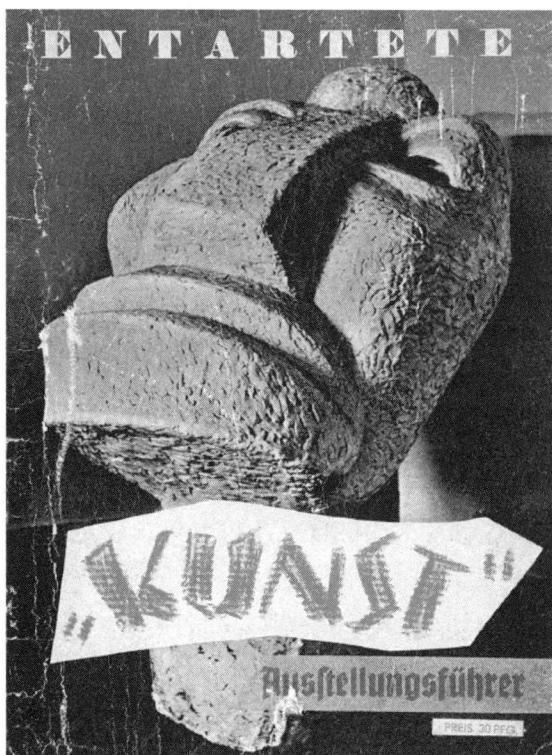

纳粹"堕落艺术"展览指南的封面，定价为 30 芬尼【1】，
摄于 1937 年

的作品上，有 25 岁的夏加尔兴高采烈地颠倒着签下的名字。20 世纪 30 年代，
这幅第一版的《一撮鼻烟》（有时也被称为《黄色拉比》），连同《向阿波利奈
尔致敬》，以及弗朗兹·马尔克和阿里斯蒂德·马约尔（Aristide Maillol）的
许多作品，被悬挂在建筑大师密斯·凡·德·罗（Mies van der Rohe）为纳粹
的经济顾问、实业家赫尔曼·兰格（Hermann Lange）所设计的一座流线型的
新房子里。这座房子位于克雷菲尔德市的威廉霍法莱街 91 号，拥有巨大的落
地窗，丝绸窗帘和最先进的卷帘。这儿的餐厅里举行过纳粹部长们的会议，也
有他们所谓的堕落艺术的参与。他们中有没有人抬头看到，"堕落艺术"展中
那位拉比的孪生兄弟佩戴着闪闪发光的大卫之星，正在凝视着他们？

散落在德国的夏加尔作品中，最重要的是 1911 年的立体主义版的《死
者》。它开始由犹太收藏家弗朗兹·克鲁森收藏，于 20 世纪 30 年代失传。还

有一些在 1933 年随着他们的主人离开了德国，比如零售业巨头、肖肯出版社的创始人萨尔曼·肖肯（Salman Schocken）的收藏——他所拥有的夏加尔作品在他离开之前便被送到了耶路撒冷。但许多德国人收藏的夏加尔作品被卖掉、被交易，或者像创作于 1912—1913 年的《祈祷的犹太人》（又一件经瓦尔登之手散落的作品）一样，在柏林国会大厦的地下室里度过战争。纳粹党指定了 4 个臭名昭著的画商处理他们在柏林仓库中没收得来的作品，其中之一名为费迪南·穆勒（Ferdinand Möller），他用《普林节》、《水槽》、3 幅赫克尔的作品和 1 幅诺尔德的作品，在卡斯帕·戴维·弗里德里希（Caspar David Friedrich；被纳粹党视为爱国的德国人）的圈子中换取了一幅 19 世纪风景画。《普林节》后来被德国收藏家库尔特·费尔德豪斯（Kurt Feldhausser）买下，他在 20 世纪 30 年代末收购了大量的现代主义作品。费尔德豪斯在德国收藏中，有几幅作于 1912—1915 年的顶级夏加尔作品，包括 1912 年版伟大的《各各他》——从夏加尔的第一个德国买家、犹太收藏家伯纳德·克勒（Bernard Koehler）的儿子手中被纳粹没收，以及《生日》和《维捷布斯克之上》的原始版本——1936 年在德累斯顿博物馆被没收。费尔德豪斯于 1944 年在纽伦堡的一次空袭中丧生。他的母亲保存了这些作品，并在 20 世纪 40 年代将之带到了纽约。如此，这些作品短暂地与它们的创造者停留在了同一个城市。1949 年，纽约现代艺术博物馆收购了《各各他》、《生日》和《维捷布斯克之上》；犹太收藏家路易斯·斯特恩（Louis Stern）收购了《普林节》和《水槽》，并将其捐赠给了费城艺术博物馆。

***

　　到意大利去是夏加尔对"堕落艺术"展和德国事态发展的反应。1937 年 9 月，他在那里向热爱丁托列托和米开朗琪罗作品的奥帕托苏寄出了一张明信片。他甚至没有回巴黎参加当月在法国首都举行的"世界意第绪语文化大会"；他当时的本能，是远离这座城市，远离社会动荡和谣言。他给大会发去了贺电，在贺电中，他将叫嚣着要把自己变成上帝的希特勒，和神圣的意大利前辈画家们进行了对比。在接下来的 4 年里，意大利文艺复兴时期的艺术为他带来了巨大影响，尤其是威尼斯的色彩大师提香和委罗内塞。夏加尔的作品呈现出丰富的感官美，以更具冲击力、更广阔的华丽色彩区域决定着画面的结构。他似乎有意识地形成了一种尖锐而充满悲怆的晚期风格。在充满抱负的叙事性油画中，他从未像现在这样将注意力集中在纯粹的强调色彩的特质上，仿佛在背离这个世界。然而，他的每幅作品也是一种政治呐喊，饱含在抒情的韵律和色彩之中。当这些作品中出现了一幅不朽的油画——《白色十字架》——之后，其他的作品便失去了色彩。就像毕加索的《格尔尼卡》一样，这幅作品成了夏加尔 20 世纪 30 年代后期的代表作和主要的政治宣言。

始于 1938 年，围绕着出生、婚姻和死亡的 3 部主要作品——《村里的圣母玛利亚》《三支蜡烛》《白色十字架》——可以被视为对犹太教和基督教的图解，正如德国艺术评论家沃尔特·厄尔本（Walter Erben）所写的那样，它们将夏加尔提升到了"画家中伟大的控诉者和充满激情的时代记录者的层面上"。奥登写道："这些作品分毫不差地表现着苦难，如同前辈大师们的作品。"夏加尔的圣母像和被钉在十字架上的耶稣像，涉猎的是神圣的前辈大师们的主题，并在其中注入了犹太人的形象，因为他们在当前以西方文明史作为背景的风雨突变中，希望能得到一席之地，为欧洲犹太人的绝望处境谋得出路。《三支蜡烛》是对它们的补充：那是一幅在一个充满敌意的、无法承载他们的激情的世界里的，夏加尔和贝拉孤独的婚礼画像。在某种程度上，这幅画受到了贝拉的青春的回忆录《燃烧的灯火》的启发。她刚刚开始撰写这部回忆录，用夏加尔称为"意第绪语文学中的犹太新娘风格"的散文形式，记述了她希望存留在自己身后的回忆。这 3 幅画都对在基督教的世界说——不要忘记我们。

前两幅画黑暗而压抑，重在描绘贝拉作为维捷布斯克的圣母玛利亚和犹太新娘的形象。在《三支蜡烛》中，她和夏加尔站在一个有天使举着红色华盖的婚礼上，跨越整个画面的风景充满了夏加尔的梦幻意象：篱笆上的一个小丑，一个小提琴手，犹太乡村的房屋和俄国教堂，一只孤单的小母牛，以及跟为伊达的婚礼所作的画中一样阴沉歪斜的白玫瑰。一切都乱成一团：一个天使倒在地上，而另一个焦急地掠向画布的边缘，仿佛要被赶出画面；蜡烛发出微弱的光；贝拉和夏加尔紧紧地抱着彼此，怀着不祥的预感审视着一切。

《村里的圣母玛利亚》与基督教圣像画相近，也有新娘的意味。画面上的圣母玛利亚穿着长礼服，戴着面纱，她那胸部丰满、脖子裸露的身形有些情色的味道；一个赤裸的孩子拥抱着她，一个天使亲吻着她。在她旁边，画面空间被分为三个色彩区域，每一个区域都与她乳白色的衣裙相接。维捷布斯克一片漆黑的景象被炽热的红光照亮，一支蜡烛耸立在建筑群中，冲到一片蓝白之中。险恶的天空中有两个天使：黑天使缩在一旁，吹着喇叭的白天使飞向圣母玛利亚。上面，一个明亮的黄色区域唤起了人们的记忆：里面有一头奶牛，更多的天使，还有一个捧着鲜花的男人。但即使是这个区域也受到了威胁，曾经象征着稳定和力量的圣母玛利亚（贝拉），现在成了人类脆弱的象征。

夏加尔在创作这些画时，纳粹针对犹太人的迫害行动愈演愈烈。1938 年 6 月 9 日和 8 月 10 日，慕尼黑和纽伦堡的犹太教堂被摧毁；6 月 15 日，1500 名犹太人被送往集中营；波兰的犹太人在 10 月底被驱逐出境；11 月 9 日，在"碎玻璃之夜"[2]，柏林的犹太人商店、房产和犹太教堂遭到了摧毁。"如今的战争，会在怪物希特勒挑起的时候打响。而法国人越是具有人性，就越是会像往常一样，被他的武力战胜。不可思议的是，全世界日夜都在谈论的，是一个聪明人不会和他交谈超过 5 分钟的人，因为他是如此平庸。"夏加尔的朋友克莱尔·戈尔在 1938 年 9 月写道。两个月前，她曾试图在巴黎的寓所内自杀。伊万在柏林与保拉·路德维格的关系一直持续到 1938 年，他是纳粹主义日益猖獗的第一手见证人。从那时起，戈尔夫妇的信件中便包含着精心的计划，打算通过布鲁塞尔逃离欧洲。"昨天，我的灵魂感到了真正的恐慌，"伊万在 1938 年写道，

> 7 点钟，我坐上了前往布鲁塞尔的火车……街上正分发着希特勒的演讲稿。这一点也不令我欣慰，因为这预示着可能会发生的最坏情况。糟糕的夜晚，今天早上我决定去问一下旅行社。但在中午时分，一切都很平静，我正在整理报纸，这些报纸已经用民主乐观的方式将一切事情轻描淡写。现在，我有一个计划：如果遇到最坏的情况，每周五就有一艘从比利时的安特卫普到瑞典的哥德堡和挪威的奥斯陆的船，最早在周日就到了，中途没有停留的直达，相对较为便宜，而且目前不需要签证。从那里有直达纽约的船。所以这

是一种快速的方法。否则，将需要更长的时间做准备以及取得签证，例如到巴西……现在的情形很严峻，把我的话放在心上。

夏加尔一家人还没有做过这样的切实计划，尽管夏加尔已经将美国视为避风港。1939 年，他告诉奥帕托苏，欧洲的希望在美国。但他却沉浸在创作之中。随着事态的发展，他修改了《三支蜡烛》，于 1940 年完工；而《村里的圣母玛利亚》直到 1942 年才最终完工——之后不久维捷布斯克即被夷为平地。但 1938 年在德国发生的事件，让他极为迫切地将注意力转向了《白色十字架》——这部有关犹太民族殉教史的作品，将被钉在十字架上的耶稣变成了当代悲剧的象征。

在《各各他》中，年轻的夏加尔背离各种肖像画的传统，将十字架上的耶稣描绘成一个孩子，其身体由蓝色的立体主义形态组成。正是这幅画，让他 1913 年在德国成名，也成了他进入西方主流社会的敲门砖。现在，他又带着别具一格、颠覆而中肯的解释回到了这个主题上。《白色十字架》是耶稣作为一个苦难的人和犹太人的写照，而不是基督教献身和救赎的神圣形象。在他的光环上方，有罗马字母"INRI"和希伯来文的题词"犹太人的王，拿撒勒人耶稣"。这个耶稣身上缠着从犹太祈祷巾上剪下来的腰布，已经死去，是个一动不动的受难者的形象，低着头，闭着眼睛——一个沉默的犹太先知。对角线上的白色光束向下，融入环绕在十字架底部犹太圣殿烛台周围的光晕中；画面上部的天国里，《旧约》中的诸多形象在蒙着双眼或哭泣。

在他们周围，极不相称的暴力场景有一种圣像画风格：举着红旗的士兵蜂拥着去摧毁一个犹太乡村；燃烧的房屋倒转过来；一艘船上的幸存者哭喊着漂浮在河上。一名突击队员（他臂章上的纳粹标记后来被涂掉了）点燃了一座犹太教堂，橙黄色的火焰引领着打破整个画面象牙灰色调的沉闷。前景中的犹太人们，一个背着口袋，一个手里拿着犹太律法书，正在逃离；那个无助的大胡子老人脖子上挂着的标语牌，原本写着"Ich bin Jude"（德语，意为"我是犹太人"），后来也被涂掉了。

对前辈大师们的参考增加了这幅画的庄严感，且展示了夏加尔对大师们的影响进行的完美接收和转变。将基督的身形包围在内的倾斜光柱，与画面上的动荡分割开来，让人想起 17 世纪绘画的经典风格；身体被拉长、在空中飘摇的先知，表明了埃尔·格列柯的影响。但这幅画所带来的冲击，主要归功于其整体上的非西方风格：支离破碎的场景和点状的色彩形成了分散的构图，其中的各个元素永远无法融合——仿佛夏加尔在说，西方古典绘画的和谐与美，已经不合时宜、失去了意义。没有一个法国人，能够描绘出《白色十字架》的混沌或精神暗流。这幅作品不仅是夏加尔对德国的回答——德国有太多被用来作恶的神秘主义，也是对理性主义的法国的回答——1943 年他在美国曼荷莲女子学院的一场演讲中指出，神秘主义在法国的缺乏几乎毁灭了这个国家。1940 年 2 月，当《白色十字架》被展出时，最先向它致敬的，是一名俄国人：亚历山大·贝诺伊斯称赞它是一种"无法言喻的恐怖，已经蔓延到与夏加尔宗教信仰相同的人们身上"。1941 年，安德烈·布勒东也以法国人的身份表达了对夏加尔的支持；他抨击了那些"完全没有根据地怀疑他有神秘主义倾向"的说法，写道夏加尔的作品"肯定是有史以来最坚定的魔法。其华丽的斑斓色彩在空中飘荡，改变了现代世界的痛苦，但它在描绘人类本性的基本快乐原则时，仍然保留了上古时代的精髓：花朵，以及爱的表达"。

《白色十字架》是夏加尔在宗教艺术上的一个里程碑，《各各他》预示了这一点。1938—1940 年，他创作了许多耶稣被钉在十字架上的变奏曲，这些变奏曲通常都带有强烈的个人色彩。在《画家与基督》中，他坐在十字架脚下的画架前。在《被钉在十字架上的画家》上，十字架上的人物拿着调色板和画笔。1940 年的《殉道者》也以裹着祷告巾的基督为中心，这次被绑在木桩上，四周是燃烧着的犹太乡村，还有夏加尔和他父母的细小身影——这部作品是对《白色十字架》的色彩的重新演绎，重申了夏加尔丰富多彩的色彩强度，并以此来确定绘画结构。殉道者的黄色躯体，被他那黑白相间的祈祷巾所遮蔽，传递着悲剧色彩；母亲和孩子的深蓝色，加剧了他们的绝望和恐惧；在木桩的脚下，那个悲伤的女人所戴的面纱、所穿的衣服的粉红色调，暗示着悲伤的顺从。"换句话说，所有色彩都是这幅画的主角，背景是一个村庄中性的灰色，笼罩着毁灭性的大火所产生的棕色浓烟。"夏加尔的朋友廖内洛·文丘里（Lionello Venturi）在 20 世纪 40 年代写道，"由于目前的战争，一直令他对他的人民感到怜悯的那些情形，已经成为全人类的灾难景象。"

在对即将爆发的战争的恐惧中，夏加尔一家人1938年的部分时光和1939年夏天，都在卢瓦尔河谷的一座农舍里度过。夏加尔在创作耶稣受难主题作品的同时，也回到了20世纪20年代的乡村主题和马戏团主题的创作之中，回到了以贝拉为中心的悲伤幻想主题的创作之中。一张1939年拍摄的照片显示，紧张而僵硬的贝拉，以一种遥远而悲伤的目光凝视着前方，坐在那里为夏加尔的双人像《订婚》做模特儿，画中是年轻的他们在花束下拥抱在一起的场景。照片中穿着新娘装的贝拉，身体僵硬得能让人联想到尸体。这幅画于1939年获得了卡内基奖[3]。在他那一年最出色的梦幻风格作品中，还有别的以恋人为题材的作品，如《仲夏夜之梦》和《大提琴手》。前者是对1911年的充满了情色意味的《献给我的未婚妻》的温馨回顾：在乡村的背景中，一头驴拥抱着一位忧郁的新娘；龙胆蓝、紫罗兰及深绿色的花朵和植物，被描绘得丰富而弥漫，呈现出极度饱和而抽象的色彩。《大提琴手》的中心人物是一个双面男子，有来自毕加索的《哭泣的女人》和20世纪30年代末朵拉·马尔的双面画

夏加尔与贝拉，在他们身后是获得了卡内基奖的《订婚》，摄于1939年

像的影响，大提琴已成为他的身体，背景是被白雪覆盖着的蓝色色调的维捷布斯克。

1939 年 7 月，在农舍里收到了沃拉尔在凡尔赛的车祸中丧生的消息后，夏加尔和贝拉感到更加孤独。虽然他不再指望沃拉尔提供财务上的支持，但这位画商对他的热忱，仍是一种非常重要的激励。8 月 23 日，苏联和纳粹签订了互不侵犯条约，由此可见，战争迫在眉睫。流亡的俄国群体陷入震惊。埃伦伯格心烦意乱，好几个月都吃不下饭，只能吃流食，瘦了将近 70 磅。夏加尔说："我的第一次幻想大破灭，始于纳粹和苏联的条约签订。贝拉和伊多契卡（伊达）说我不懂，这纯粹是种策略，但这深深地震撼了我。"在普遍的恐慌和对战争的预期中，夏加尔感到很害怕，根据迈耶的说法，他"想象着自己处于农民的危险中，并把自己关在房间里"。

就在法国和英国于 9 月 3 日向德国宣战之前，夏加尔一家搬到了卢瓦尔河畔的圣迪耶。贝拉因绝望而瘫痪。夏加尔和伊达（她的丈夫米歇尔已经入伍）于 9 月回到巴黎，到他的画室取作品。在接下来的几个月里，法国想象着东部边境的马其诺防线能在这场"谣传的战争"中保护自己。在巴黎，各种展览照常举行。夏加尔将他的画带回首都，参加了伊冯·泽尔沃斯开张不久的"麦画廊"于 1940 年 1 月 26 日举办的一次展览，展出了他新近的大量油画；《革命》被冠以中性的标题《构成》，作为一个半公开的反战作品，它被挂在一个密室里。那一年的头几个月里，夏加尔常常往返于巴黎；贝拉大部分时间都待在圣迪耶，每当他不在的时候，她都会给他寄出一些流露着不安的明信片。"你好，亲爱的，你好吗？"1940 年 3 月，她在圣迪耶的海滨旅馆用法语写道，当时他已经动身前往首都，"你不冷吗？你坐上火车了吗？你有热咖啡吗？我，我飞快地跑回家……现在，我在你的房间里……我在给你写信，我不冷。我在用我的思想跟着你，追踪着你。要小心，不要感冒，快点回来。轻轻地，轻轻地拥抱你。"

随着关于卢瓦尔河可能成为军事防线的传言越来越多，夏加尔夫妇带着伊达南下。在 1940 年复活节期间，他们驱车前往戈尔德——普罗旺斯地区亚维农附近的一个 17 世纪的村庄，绵延在沃克吕兹山丘的露出地面的岩石周围。1940 年时，这个地方还未为人知，是一块贫瘠而廉价的土地。安德烈·洛特（André Lhote）向他们推荐了这个地方。贝拉和夏加尔被高大而苍白的石头房子和蜿蜒陡峭的街道迷住了——这些街道被称为"卡拉德斯"，阳光穿过建筑群在街道上投下明暗交替的光和影。许多老房子都破旧不堪，空无一人。但 1940 年 5 月 10 日，夏加尔夫妇在方丹巴塞区买下了原天主教的女子学校，一所坐落在村庄下部边缘地带的石头大房子。他们此时购买房产的时机，与 1929 年他们首次在法国买房的时机一样糟糕，但此时的他们再次顽固地对局势视而不见，急于获得某种安全保障。这所房子最大的房间有很大的窗户，是一个完美的画室，可以看到薰衣草田和怪石嶙峋的山景。他们在附近的小镇卡维农租了一辆卡车，从圣迪耶出发沿途写生。同一天，德国人入侵比利时和荷兰，并于 5 月 12 日进军法国。一个月后的 6 月 16 日，巴黎沦陷，法国军队被解除武装。根据停战协定，法国 2/3 的领土被德国军队占领，剩下的中南部各省由一个法国傀儡政府主政，该政府由贝当（Pétain）元帅领导，总部设在奥弗涅地区的温泉城市维希。在未被占领的地区，唯一的港口是马赛。

法国崩溃的速度令所有人震惊：法国军队的投降速度比前一年波兰受到德国和俄国的攻击时投降的速度还要快，而他们还有英国的支持。巨大的震惊席卷了整个大西洋，因为正如《纽约时报》所报道的那样，在整个非纳粹的世界里，巴黎被视为文明的代名词。当时和雅克一起访问纽约的蕾伊莎·马利坦在日记中写道，法国的陷落，让她觉得自己在世界上的任何地方都不会再有未来。马利坦夫妇在战争期间一直留在美国。夏加尔夫妇的其他密友们，戈尔夫妇自 1939 年起就待在美国；德劳内夫妇从巴黎逃往奥弗涅；患有癌症的罗伯特在这次动荡中未能幸免于难，于 1941 年病逝。

在法国，平民百姓们惊慌失措。800 万人从德国占领区逃往南方。在几天之内，里尔的人口从 20 万骤减到 2 万，沙特尔的人口从 2.3 万骤减到 800。农民们拖着牲畜从乡下逃离，而后将死马和尚未产奶的牛遗弃在路旁。前往地中海的火车上挤满了难民，其中许多是犹太人，他们小心翼翼地表现得好像是在随意出游，而不是在逃亡。平民的大量外逃，揭示了在 1914—1918 年的战争创伤后，人们拒绝再次面对战争的残酷的心理；而法国在军事上的失败，也转变为社会的全面解体。

夏加尔一家刚开始并没有意识到危险的逼近，因此和大家一样震惊于局势崩溃的速度。阿莫斯·埃隆（Amos Elon）在 1933 年写的关于德国犹太人的文章——"对文明的过度信任，阻碍了对危险的认识，并对现实产生了一种基于高度选择性的接受判断"——对于身在法国的夏加尔夫妇来说，可谓一语中的。他们竭尽全力地同化自己、压制自己的矛盾情绪和思乡之情，相信法国在文化和文明上坚如磐石，而要让他们应意识到这个国家已不再是天堂，所需要的思想转变几乎不可想象。艺术家利奥诺拉·卡灵顿（Leonora Carrington）在被问及为什么在 1939 年她和她的爱人、德国超现实主义画家马克斯·恩斯特（Max Ernst）没有离开法国时，她回答说："我们无法想象没有巴黎的世界。你一定记得战前的巴黎是什么样子。巴黎是美妙的。巴黎就是自由。"恩斯特被作为敌国侨民，关押在普罗旺斯的艾克斯城外以前的一个砖瓦厂——米勒营地里，与他一起关押的成员，包括托马斯·曼的儿子、雷恩大学的历史教授戈洛·曼（Golo Mann）、诺贝尔奖获得者奥托·迈耶霍夫（Otto Meyerhof）、诗人兼剧作家沃尔特·哈森克勒费尔（Walter Hasenclever）以及小说家里昂·福伊希特万格（Lion Feuchtwanger）。

戈尔德离米勒营地不到 60 英里，但在 1940 年夏天，这里似乎弥漫着一种永远不会消失的和平：远离沸腾的人群，看不到士兵、军车或难民。米歇尔·拉帕波特于 7 月复员，回到家里和他们一起住进新房子，4 个人挤在一起，茫然地等待着。几乎在掌权后，贝当便立即成立了一个重新定义法国公民身份的委员会，旨在审查 1927 年后入籍的人（包括夏加尔和贝拉），并剥夺"不受欢迎的人"的法国国籍。直到 1940 年 10 月 3 日，维希政府通过反犹太人的法律，将犹太人逐出公共和学术领域，此时的夏加尔夫妇才真正意识到面临的危险。那时，他们已经被困住了。不清楚当时他们有多少钱——他们刚刚把钱投入戈尔德的房子——或者他们有什么途径可以在国外储蓄，但夏加尔的主要资产，是他的画。在饱受战争蹂躏的欧洲，他的画没有买家。他们唯一可能的避难所，是美国。而根据 1940 年他们在那儿写的信件，他们付不起去纽约的旅费，或是每个移民入境时必须提供的、以确保不会成为这个国家的负担的3000 美元保证金。他们花了好几个月才拿到美国的入境签证和法国的出境签证。贝拉在写回忆录，陷入了过去，已没有精力去抗争，觉得流亡到美国如同被判死刑。夏加尔不顾一切地继续画画。一张照片显示，他在屋外，站在放着《村里的圣母玛利亚》的画架旁，画架在阳光下泛着乳白色的光芒。"我犹豫了很长时间，"他在 1941 年承认，"我生性懒于行动，不愿踏上旅程。"

只有务实、高效的伊达意识到需要迅速采取行动。尽管她继承了贝拉的抑郁倾向，但在面临一场需要行动的危机时，她空前地克服了这种倾向：尤其是一次魅力攻势的成功，让她感受到了自己的强大。早在反犹太人的法律开始实施之前，她就联系过那些身在美国的、有可能会帮助他们走出法国的人。意识到审查制度的存在，她故意用生硬而古怪的英语给奥帕托苏和文学评论家什穆埃尔·尼格（Shmuel Nigger）写了署名为夏加尔的信，信中隐藏着绝望的呼救声。标有"这封信显然是给你一个人写的"字样的信件，旨在让这些意第绪语作家们尽可能多地向那些具有影响力的、讲英语的联系人们说明他们的困境，以期引起关注。"非常亲爱的朋友，"在 9 月写给奥帕托苏的信中，伊达写道：

> 在我看来，我们很久没有见面了，上次见面已经过去了几个世纪。你好吗？我希望你能像以前一样创作，而我……当然，现在作画一定得比平时更有勇气……实际上，我们根本不想回到巴黎、回到我们的家园，我们在问自己的，是如何度过这个冬天。我非常想念你——你的活力，你低沉的嗓音——我亲爱的朋友。如果有一天我能再见到你，也许会给我更多的勇气去创作。我希望，我的家人们也能如此……我可以期待吗？也许现在可能有一个我的作品的大型展览——甚至是我能亲自来参加一下……我在焦躁地等待着你的回信和鼓励……

马克·夏加尔

是这些信件起到了作用，还是美国已经有人在采取行动帮助夏加尔？在这个混乱而危险的时代，几乎没有文件和信件被复制或保留下来，所以夏加尔美国之行的具体细节安排仍然不为人知。无论如何，从 1940 年起，纽约的美国知识分子和犹太作家们便在通过紧急救援委员会（法国沦陷后于 6 月成立）和为犹太难民作家服务的犹太劳工委员基金会等组织，试图去拯救在欧洲处于危险中的人。夏加尔此时的名气已足以让他成为一个优先的案例。至关重要的是，在战争中保持中立的美国与维希政府建立了外交关系，且美国总领事哈里·宾厄姆（Harry Bingham）致力于帮助犹太人。从 1940 年 8 月起，他得到了人道主义英雄瓦里安·弗莱（Varian Fry）——一位曾在柏林当过记者的美国年轻人——的帮助。弗莱毕业于哈佛大学古典文学专业，父亲是华尔街的一位股票经纪人。他从未忘记过自己 1935 年在库达姆大街目睹过的一场反犹太人的暴动，当时他在一家咖啡馆避难，一名犹太男子躲在一个角落里，试图让自己不被注意到。两名纳粹突击队员进入咖啡馆，当那个人伸手拿啤酒时，"一把刀在空中闪出寒光，将那只颤抖的手钉在了桌子上。突击队员们哈哈大笑"。

与 1940 年的大多数美国人不同，弗莱从亲身经历中认识了法西斯主

夏加尔，《背负十字架》，纸上印度墨水，1941 年

义，对法国的未来不抱任何幻想。另一方面，他是一个乐观、年轻、富有干劲的美国人，当他读到维希政府成立的新闻时，他看到了希望和厄运并存的迹象："毕竟，通往欧洲的后门还半开着。"在美国第一夫人埃莉诺·罗斯福（Eleanor Roosevelt）的支持下，他前往马赛建立了一个美国救援中心。他抵达的时候，带着一堆美国签证，以及一份 200 人的名单——那是他要从维希政府的领土上拯救出来的艺术家、作家和音乐家的名单。他入住在斯普兰迪德酒店，看起来像是个典型的天真、从容而自命不凡的美国佬：玳瑁眼镜，布鲁克斯兄弟套装，霍姆堡毡帽，百达翡丽手表。

夏加尔和贝拉在弗莱的名单上，这份名单是由纽约现代艺术博物馆馆长艾尔弗雷德·巴尔，和已经身在美国的移民们——如托马斯·曼和雅克·马利坦——起草的。巴尔的名单包括夏加尔、马蒂斯、毕加索、杜菲、鲁阿尔、马克斯·恩斯特以及以前跟夏加尔同住在"蜂巢"的雅克·里普希兹。巴尔向他们所有人都发出了邀请，邀请他们到美国来举办作品展览。尽管他们曾在纳粹的"堕落艺术"展中出现过，但这个名单上的法国人实际上并没有处于生命危险之中，因而拒绝了弗莱的邀请。但夏加尔、里普希兹和恩斯特都把能活下来归功于弗莱。

斯普兰迪德酒店 307 房间外排起的长队，很快就沿着走廊蜿蜒到楼下。弗莱原本被授权发放 200 份美国签证，而他设法发放了 2000 份签证，将大约 4000 名犹太人送到了安全地带。路线是无法选择的：你必须从马赛乘船，或乘火车、或徒步——向导会带你走鲜为人知的小路——穿过比利牛斯山脉，然后从西班牙到葡萄牙，再从里斯本乘船。

所罗门·古根海姆在希拉·瑞比的劝说下，为夏加尔提供了一些资金，宾厄姆和弗莱则在处理他的具体事务。1940 年 11 月，古根海姆向夏加尔和贝拉保证他们的安全。1940 年 12 月 17 日，弗莱在一封信中提到了计划中的纽约现代艺术博物馆的展览，巴尔则以一封电报确认了参展邀请，从而在 1941 年 1 月，他们从弗莱那儿获得了签证。然而，他们在路途中仍然需要资金。曾在柏林结识夏加尔的纽约巴克霍尔兹画廊的画商科特·瓦伦丁（Curt Valentin），于 1941 年 2 月组织了一场筹款活动，筹集到了最后 500 美元：捐款者包括好莱坞的沃尔特·阿伦斯伯格和海伦娜·鲁宾斯坦（Helena Rubinstein）。但夏加尔一家，尤其是贝拉，同时执意要获得法国的再入境签证。此时，就在夏加尔处在法国最危险的风口浪尖时，他利用一切资源宣称自己是一位法国艺术家。

"自 1910 年起，我便选择了我的第二故乡：法国。我很年轻的时候就来到了这个艺术和绘画的国家，吸收着这个国家的艺术文化。"他在 1941 年 1 月 20 日的申请中告诉阿维尼翁沃克吕兹的行政长官，"从那以后，我的艺术生涯就完全在法国展开了。我一直很荣幸被认为是法国画家。"贝拉声称自己"没有职业"，在信中加上了她柔弱的诉求，尽管她所使用的是墨守成规的正统法语，但字里行间却充满了软弱和挫败的意味。"我一直在帮助和配合组织我丈夫的所有展览，以及他所有的艺术活动。"她写道，"我希望陪伴着他，在力所能及的范围内为他在美国的工作做出贡献。"即使到了战争的这个阶段，他们对法国的依恋，也让他们对局势的紧迫性视而不见。弗莱于 3 月 8 日驱车前往戈尔德，讨论他们出发的安排——美国大轿车的到来在村子里引起了轰动——他们的不情愿和天真让他感到震惊：

> 周末和夏加尔一家人一起在戈尔德度过。周六早上和哈里·宾汉姆开车出去了一趟。我们在马赛和艾克斯之间遇到了两卡车德国士兵，一路上没有遇到过别的车。我们在午饭时间到达。戈尔德是一座迷人的、摇摇欲坠的老城，坐落在一个广阔而宁静的山谷边缘。这里曾经生产鞋，但是后来制鞋的机器被引进，工匠们搬走了，城里的大部分地方现在都成了废墟。夏加尔一家人的房子是附近唯一没有倒塌的房子。我明白他们为什么不想离开，这儿是一个迷人的地方。

> 夏加尔是个好孩子，自负而单纯。他喜欢谈论自己的画和世界，穿着皱巴巴的旧裤子和深蓝色衬衫四处闲逛。这个"画室"里有一张大餐桌，几把柳条椅，一个廉价的屏风，一个煤炉，两个画架，还有他的画。跟马蒂斯家不一样，一点儿也不精致。夏加尔一直焦急地问我，在美国有没有奶牛。但他已经开始收拾行李了。他说他们走后，

我可以把人藏在他的房子里。这是一个很好、很偏僻的地方。

夏加尔对弗莱做过些什么，导致这位美国的同伴将他形容为一个神经衰弱的知识分子呢？当然，这个精力充沛、乐观的美国人，并没有领会混杂在夏加尔身上的听天由命、疑虑和自我解嘲。这些品质让夏加尔明显不愿让步，但也导致弗莱误读了他们的境况。夏加尔不想去美国，但他知道别无选择。至于他所说到的奶牛，他是不是在暗示自己——像他画中的那样——是一个无法发声的动物，陷入了愚蠢的境地？而且，他一定是被弗莱本人的形象搞糊涂了——在小小的戈尔德，穿着美式华丽服饰的弗莱，看上去可不太像个救星。"设想一下那样的情形吧，"另一位流亡者汉斯·扎尔（Hans Sahl）记录道，

> 边界被封锁了；你被困在陷阱里，随时都可能再次被捕；生活似乎就这样结束了——突然，一个衣着随便的年轻美国人在你口袋里塞满了钱，搂着你的肩膀，用一种对阴谋者的拙劣模仿的方式向你耳语："哦，有办法让你离开这里。"该死的，此时眼泪从我脸上流了下来，真正的眼泪……而那个可爱的家伙……从他的夹克里拿出一块丝绸手帕说："给你，拿着这个。抱歉，不太干净。"

尽管弗莱做出了种种努力，但伊达和米歇尔仍然未能获得签证——在美国为他们筹款的努力也未能获得成功。伊达承担了把夏加尔的画带出法国的责任，因为无论夏加尔还是贝拉都扛不动这些画。但就在他们准备离开戈尔德的时候，无法和伊达一起离开的焦虑又让夏加尔夫妇陷入了矛盾。

在维希政府治下的法国的知名艺术家和知识分子中，夏加尔一家并不是唯一推迟离开的，但他们比许多人更幸运。另一名俄国犹太人里普希兹，曾将巴黎视为天堂，并于1924年入籍，此时仍在图卢兹；他后来写道，他的性命要归功于弗莱敦促他离开的信，这些信措辞严厉而先知先觉。另一位长期居住在巴黎的俄国犹太人、以前在"蜂巢"住过的柴姆·苏丁躲藏了起来，不停地从一个地方搬到另一个地方。1943年夏天，他出现了，因久病未治的胃溃疡而寻求着帮助，后来，胃穿孔让他丧了命。马克斯·恩斯特住在马赛郊外的别墅里，等着去美国。他提出要与他的第一任妻子、犹太艺术史学家卢·施特劳斯（Lou Strauss）再婚，以便把她带到安全的地方。但她拒绝了，后来死在奥

斯维辛集中营。弗拉基米尔·纳博科夫和他的犹太人妻子维拉 1937 年才离开柏林，在巴黎的贫困中挣扎，直到 1940 年才乘船前往美国，尽管纳博科夫说得一口流利的英语，而且已经用英语出版了一部小说。在阿姆斯特丹，马克斯·贝克曼正疯狂地争取着美国签证——他失败了，在荷兰度过了战争。在柏林，77 岁的路德维格·富尔达（Ludwig Fulda）是普鲁士艺术学院的创始成员，1932 年获得了歌德奖章。1939 年，当他儿子所在的美国拒绝他入境后，他自杀了。"因为我不能和我心爱的儿子一起生活，"他写道，"我选择和我慈爱的父母一起生活，到那唯一不需要硬通货、护照或签证的国度生活。"贝拉的哥哥艾萨克·罗森菲尔德、他的妻子欣德和女儿贝拉留在了巴黎，面临着可怕的未来。夏加尔一家不知道他们的死活。

　　1941 年 3 月，米歇尔和伊达去了尼斯，跟米歇尔的父母住在一起。大家都身无分文。法国东部的这个角落已被意大利占领，成了犹太人的天堂——30 英里的海岸线上挤了 4.3 万犹太人。他们住在不太高级的旅馆里，以免引起人们的注意，但法国媒体仍然将这一地区称为"犹太人区"。虽然安提布的树上挂着写着"Mort aux Juifs"（犹太人去死）的标语，但意大利军队很讨人喜欢，性情上更贴近南方人，跟法国的军队不同，他们没有反犹太人的本能，而且非常人道，因为尼斯的犹太教堂曾为意大利空袭受害者提供过资助。

　　然而，1941 年 4 月，法国维希政府成立了一个犹太人事务部，1936 年后入籍的犹太人将失去法国公民的身份。在《政府公报》上，夏加尔夫妇被列入了剥夺法国国籍的人的名单。根据弗莱的说法，因为他们太有名了，后来他们的名字被从这个名单上删除。然而，为了准备经由里斯本前往美国的旅程，他们现在搬到了马赛。这个城市挤满了惊恐的难民，他们在等待美国入境签证、法国出境签证、西班牙和葡萄牙过境签证，以及买票的钱。由于这些签证都有各自的有效期，常常会有一份签证签发之前另一份签证又已过期的情况发生，于是他们不得不一次又一次地重新申请签证。

　　夏加尔夫妇住在现代酒店里。在同一条街上的罗马酒店里等待签证的维克多·塞尔吉描述了这个城市的流亡者的状态：

　　　　马赛似乎喜气洋洋而无忧无虑，这里的酒吧人满为患，古老的港口小巷里到处都是妓女，商业街上四处都是格子窗，码头毫无生气，海景灿烂辉煌……在这里，可以买卖文件、签证，交换货币，以及各种有价值的信息……经历着无尽的恐怖和勇气，期待着未来我们能设想的各种命运……这是一条满是乞丐的小巷，聚集着革命、民主和被镇压的知识分子的残余……我们队伍中的医生、心理学家、工程师、教育家、诗人、画家、作家、音乐家、经济学家和公众人士，足以振兴一个伟大的国家。处在这悲惨境地里的人才和专家，跟巴黎最全盛时期所能聚集的人才和专家一样多。一切都不明了。你能看到的，只有在逃命的、极度疲惫的、处在神经崩溃边缘的人们。

在一张照片中，夏加尔和伊达站在现代酒店昏暗房间的狭窄阳台上，阳台上挂着一条晾衣绳。伊达穿着完美无瑕的套装——表面的正常完全靠着装来维系——似乎在扶着她的父亲，她的父亲则紧紧抓住阳台栏杆以寻求支撑，看着镜头，显得困惑、沮丧而疲惫。——这一次，他摆姿势的本能都不见了。在

伊达和夏加尔，1941 年摄于马赛

他们到达几天后的 4 月 9 日，第一次发生了对马赛的各个酒店里的犹太人的围捕，包括夏加尔在内的犹太人被带到当地的警察总部。贝拉歇斯底里地给瓦里安·弗莱打电话。瓦里安·弗莱打电话给警察局，威胁说如果夏加尔在半小时之内不被释放，他就会给《纽约时报》打电话，引发国际丑闻。夏加尔得到了释放。但这次经历，让他明白了面临的危险。

一个支持弗莱的法国赞助人委员会于 5 月成立，成员包括马蒂斯、桑德拉尔和安德烈·纪德，但弗莱知道，他很快就会因帮助了这么多犹太人而遭驱逐。5 月 7 日（夏加尔选择这个日期是因为 7 是他的幸运数字），夏加尔和贝拉乘火车离开马赛前往里斯本，在马德里稍作停留，并于 5 月 11 日抵达葡萄牙首都。并非所有走这条路的人都一帆风顺，如沃尔特·本杰明便被关在了法国和西班牙的边界上，并于 1940 年 9 月自杀。夏加尔夫妇

的出发时间安排得极其精妙：5 月 7 日早上他们刚离开，警察们便开着卡车横扫了马赛，在旅馆和餐馆里搜捕了 1500 名流亡者，将他们集中起来带至港口，赶到马西利亚号船上，进行了为期 3 天的审问。其中只有 300 人获释，其余的人则被驱逐到法国或北非做苦力。

夏加尔夫妇在里斯本等了一个月才登上去纽约的船。濒临崩溃的贝拉确信自己再也无法回到欧洲，于是她让夏加尔向她保证，如果她在美国去世，他会把她的遗体运回法国。

在此期间，装有夏加尔画作的纸板箱和木箱滞留在西班牙，这些画总共重 1300 磅。伊达与法国、西班牙和美国的接头人进行了紧急联络，将这些画重新送上旅程。6 月，她和米歇尔回到戈尔德。1941 年 6 月 16 日，他们被剥夺了法国国籍，处于危险之中。法国警察出现在门口，要求他们归还证件。其中一个警察富有同情心，给了米歇尔 12 个小时的时间去寻找文件。他急急忙忙到马赛去找弗莱，但弗莱也无能为力，因为在服兵役年龄阶段的法国人被拒绝签发出境签证。弗莱认为，伊达和米歇尔会被困在法国，不得不参军。

在里斯本的等待以及后来的海轮航程中，由于无法绘画，夏加尔以用意第绪语创作诗歌的方式表达悲伤和恐惧。"我们之间升起了一堵墙 / 一座山上覆满了杂草和坟墓。"在《在里斯本出发前》中，他这样开了头：

你见过我的脸吗——

在马路中央，一张没有身体的脸？

这里没有人认识他，

他的呼唤陷入了深渊。

我在你们之间寻找我的星星，

寻找世界的尽头，

我希望和你一起变得强壮，

但你害怕地逃走了。

我该如何告诉你我最后的话，

你——当你已不在。

在这世上

我无处可去。

就让泪水干涸，

就让刻在石头上的名字被抹去，

而我，像你一样，将成为一个影子，

如烟云般消散。

6月1日在里斯本，他用法语给所罗门·古根海姆写了一封感谢信，感谢古根海姆让他能够离开，信中充满了陷入困境的语气："我很高兴可以指望你——至少我允许自己这样想——在喜欢我的艺术的朋友们中。这让我感动，并给了我勇气。"给另一位美国联络人的信中，夏加尔写道："在靠近船只的港口，我发现了数百名带着包裹和行李的犹太人。我从未经历过这样的惨事，作家自己和他曾描写过的人物，要登上同一艘船。"6月中旬，他和贝拉与许多其他犹太难民一道，乘坐葡萄牙的"平托巴托号"前往纽约。此时的他们，完全不知道是否还能再见到伊达、他的画，以及是否还能再回到欧洲。

注释

【1】芬尼：德国货币单位，1德国马克等于100芬尼。

【2】碎玻璃之夜：德文"Kristallnacht"，英文"Night of Broken Glass"，中文又译为"水晶之夜"；指1938年11月9日至10日凌晨，希特勒青年团、盖世太保和党卫军袭击德国、奥地利的犹太人的事件，标志着纳粹对犹太人有组织的屠杀的开始。

【3】卡内基奖：由美国宾夕法尼亚州匹兹堡市的卡内基艺术博物馆所颁发的国际艺术家奖。

第 20 章

美国

纽约，1941—1944

1941 年 6 月 21 日晚上，夏加尔夫妇登陆纽约。画家马蒂斯的儿子皮埃尔·马蒂斯在码头上迎接他们，为他们提供了与以前的世界的联络渠道。开始的时候，夏加尔和贝拉住在东 57 街的一家酒店。皮埃尔 1931 年便在那里拥有了属于自己的画廊，开设在一栋装修得很时尚的艺术办公大楼 17 楼的两个房间里。这栋大楼归沃克（Walker）和吉列（Gillette）所有，又被称为富勒大厦，地处两年前在离西 53 街开业的纽约现代艺术博物馆不远的拐角处。当时的皮埃尔还远远不是后来那么著名的画商——《纽约时报》的艺术评论家约翰·罗塞尔（John Russell）回忆说，当时大多数人坐电梯到 17 楼去的原因，不是去他的画廊，而是去他的画廊隔壁的基督教科学阅览室——但他是一个让人觉得舒心的、有教养的人，到他那儿去可以享受美味、精致而华丽的美食，还可以得到睿智的交谈。在这个小型的当代艺术中心，夏加尔夫妇短暂地体验了名人所受到的欢迎：所罗门·古根海姆和他的妻子艾琳·罗斯柴尔德-古根海姆（Irene Rothschild-Guggenheim）带着他们乘船游览了曼哈顿；希拉·瑞比提供了一辆汽车和司机，帮助他们找到了住处。

夏加尔在纽约，摄于 1942 年

夏加尔把纽约比作罪恶之都，但这儿的节奏之快、气氛之狂热，让他印象深刻。他特意拍了一张街景照片，照片中的他迈着坚定的步伐、高举寓意胜利的手臂：这位新移民决心要在这个新的国家留下印记。贝拉一如既往地注重外表，带着他去莱克星顿大道上他们称之为"鸡奸者"的商店。在这家店里，他们可以讲法语。他们在这里给他买了夏装——淡紫色和粉红色、绿色和黄色格子的衬衫，以及梅红色和深蓝色的丝绒夹克。在接下来的三年里，为了报答帮助过他的人，夏加尔四处讲座发言，发挥他故作天真的魅力。"人们常说，我在画中创造了梦想，"他费力地拼写着这些英语单词，在发表于美国报纸上的一封感谢信的开头写道，"唉，我从来未能将它们移植进我的生活。但我到了纽约，难道不是一个梦吗？纽约本身，不就是一个美妙的梦？但创造这个梦的人不是我——是你们。我要感谢的，是你们所有人，你们让我有机会看到并欣赏这个梦：我全心全意地做着的这个梦。"

然而在很大程度上，这是他在面对疑虑和乡愁的时候，刻意摆出的一副勇敢的面孔。作家安妮特·科尔布（Annette Kolb）在被问及抵达美国的感受时，总结了欧洲流亡者们的共同反应："感激，但不快乐。"但夏加尔试图保持乐观。就在他抵达纽约时——东海岸时间6月21日晚9点，欧洲时间6月22日上午5点——德国入侵了俄国。从他踏上美国国土的第一刻起，夏加尔就把这一时间巧合视为充满希望的象征：美国愿意为自己提供避难所，就像俄国被视为拯救欧洲犹太人的希望一样。直到年底，美国都未参战。但6月14日，德国在美国的资产被冻结；8月，罗斯福和丘吉尔签署了《大西洋宪章》。长期以来，作为受害者生活在一个敌对政权统治之下的压力消失了；更为长久的对苏联的矛盾心理和怨恨，同样也消失了。夏加尔不懂英语，也无意学英语，他又成了一个沉浸在对家乡的思念中的流亡者，一心关注着正在中欧和东欧上演的战争大戏。当他外出时，往往会在曼哈顿下城的后街上闲逛，买犹太面包和鱼丸，用意第绪语与小店的犹太店主们聊天——这些人中有许多出身于"栅栏居住区"，可以没完没了地和他聊那里发生着的事情。

"天知道俄国发生了什么事——我们的维捷布斯克正在燃烧。"7月，贝拉在给奥帕托苏夫妇的信中写道。维捷布斯克被认为是通往莫斯科的门户，也是主要的工业城市，在那儿进行的战斗特别激烈。明斯克于6月28日陷落，但德国人自7月3日起在德维纳河西部停留了一周；随后，维捷布斯克于7月10日被占领，成为德国的要塞。这座城市在苏联时代曾经繁荣昌盛，到1941年，大维捷布斯克地区的人口已达24万。这些人，有1/3在战争或德国的集中营中丧生。1944年，维捷布斯克在经过了肉搏战后被苏联军队重新夺回，全城只剩下了118名幸存者和15栋建筑。1914年时，"栅栏居住区"文化程度不高的俄国犹太人，曾受到过德国入侵者的善待，当时在许多地方，他们把纳粹当作朋友来对待。此时的他们，对自己所遭受的野蛮行径感到极度震惊。很少有俄国犹太人能原谅德国人。许多具有广泛国际关系的犹太人，如夏加尔，都不会再踏入德国。"德国人不是人，"他的朋友伊利亚·埃伦伯格在1942年的一篇文章中写道，后来这篇文章被认为是在煽动苏联对德国平民的暴行，"如果你杀了一个德国人，那么就再杀一个。没有什么比德国人的尸体更让人快乐的了。"在维捷布斯克被解放后，夏加尔往家乡写了一封信："我知道我再也找不到父母的墓碑甚至坟墓了……当我听说英勇的战士正在接近你们的大门时，我兴奋起来，希望能创作一幅大画，画中的敌人爬进我童年在波克诺娃街的家，而你们在我家的窗前与他交战。你们给他带来了应得的死亡。"德国文明沦向野蛮的过程，他个人有亲身体会：这个国家为他举办了第一次展览，并让他以艺术家的身份成名，但却毁掉了他的艺术根源所在的世界。"我把曾在他的国家给予我的认可和名声，直接丢回到他的脸上。他的'哲学博士'曾写过关于我的'深刻的'话语，现在他来到你这里，来到我的城市，把我的兄弟们从高高的桥上扔进河里，活埋他们，烧杀劫掠，然后带着扭曲的笑容，透过他们的'单片眼镜'注视着这一切。"

在拥挤的酒店房间里，夏加尔夫妇一直专心听取着来自俄国的消息。7月16日，离得不远的斯摩棱斯克也在维捷布斯克之后，于德军的东进中沦陷。列宁格勒自1941年8月20日起被围困。9月，德国人已占领基辅并在那里杀害了3万多名犹太人，逼近了莫斯科。10月，首都陷入恐慌，市民们乘坐火车、公共汽车和卡车逃离。11月7日，传统的"革命日游行"在红场举行，部队直接从红场游行到前线——现在的前线，距离红场只有40英里。他们的家人，包括贝拉年迈的母亲和莫斯科的哥哥亚伯拉罕，以及夏加尔所有的妹妹，都没有传来任何消息。

俄国传来的消息让他们濒临崩溃，伊达的不知所踪也让他们极度忧心，此时的夏加尔夫妇根本无法考虑去哪里定居。夏加尔无法想象在这个城市创作，于是7月，他们驱车前往康涅狄格州的新普雷斯顿。但有一次，夏加尔在莱克维尔旅馆写了一封短信向奥帕托苏抱怨，"这里连半个犹太人都没有。谁知道他们会怎么看待我们（恐怕不是很高）。我们吃得像真正的美国人一样。也就是说，黄瓜不是酸的，而是甜的……我想回到纽约……毕竟，这里相当令人沮丧。"他们很快就"从异族人的地方回来"到纽约城里，先是住在东70街的汉普顿旅社，然后是纽约广场酒店，并努力为伊达和米歇尔办理签证，所罗门·古根海姆在这件事上向他们施以援手。然而，古根海姆在7月私下写信给希拉说，对夏加尔的帮助需要考虑。他希望夏加尔不是依赖他，而是依赖纽约现代艺术博物馆。他认为，既然是纽约现代艺术博物馆将夏加尔邀请到了美国，就应该对他负责到底。

9 月初，夏加尔夫妇收到消息，伊达和米歇尔已乘上途经古巴到纽约的西班牙海轮"纳维马尔号"。当他们到达时，他们讲述了自己惊心动魄的故事。他们设法进入西班牙，伊达利用她在法国、美国和马德里（普拉多博物馆的一位管理员）的关系，将被扣留在西班牙海关的一箱画放行。米歇尔的父亲给他们买了两张从塞维利亚出发的"纳维马尔号"的船票，每张 600 美元。伊达和米歇尔加入犹太难民的行列，等待着船的到来。这些难民中，大部分都是老年人——当时仍允许 65 岁以上的犹太人随身携带 5 美元离开德国。当船靠岸后，人们才发现这艘船原本是一艘只能乘坐 12 名乘客的货轮，经过改装后成了一艘拥有巨大船舱、可以乘坐 1200 人的客轮。美国驻塞维利亚的领事认为这艘船不卫生，拒绝签发这艘船前往美国的许可，于是这艘船转而去加的斯港，在那里获得了航行许可并搭载了更多乘客。此时，许多乘客的美国短期移民签证已经到期。"纳维马尔号"停靠在里斯本城外，每天都有乘客成群结队地乘坐小船上岸，到当地的大使馆完成过程缓慢的签证续签。

最终，这艘拥挤肮脏、臭气熏天的船起航了。第一天，甲板上（最安全、最干净的睡眠场所）便爆发了抢夺瓶装水和座位的骚乱。水手们强奸了乘客，而且许多传言说有人在救生艇上纵酒淫乱。一场伤寒暴发了，16 名乘客因此丧生——他们的尸体在吟诵了犹太经文后被抛入海中。整个过程中，米歇尔和伊达同另外两对夫妇自行组织成一个小团体，他们互相保护，努力维护着排队领取食物和茶的秩序。许多乘客都记得一头红发、魅力十足的伊达，无论白天还是夜晚，她都像女王一样高高地坐在高大的板条箱上，保护着这个箱子免受人们的踢踏，很少离开。

为了避开德国潜艇，"纳维马尔号"花了 40 天时间穿越大西洋。当船到达纽约布鲁克林时，情况变得非常糟糕，伊达病得很重，心脏出了问题，不得不卧床休息。但装有夏加尔画作的板条箱是安全的，不同于其他大多数乘客们的行李——这些行李大多被装在最下层的货舱里，在漫长的航程中受到了严重的海水浸泡。布鲁克林海关的官员们宣称这些物品已经腐烂，并将之扔进了大海。这是"纳维马尔号"完成的最后一次航行：在返回欧洲的途中，它被德国潜艇的鱼雷击中并沉没。

伊达康复后，不会讲英语的米歇尔努力适应环境并找到了工作。夏加尔和贝拉搬进曼哈顿东 74 街 4 号的一间小公寓，重新投入生活：他们与奥帕托苏夫妇、马利坦夫妇、戈尔夫妇、艺术史学家廖内洛·文丘里，以及迈耶·夏皮罗，形成了一个讲意第绪语、俄语、法语的多语种圈子，在某种程度上重建了他们在巴黎的生活氛围。文丘里在回忆这个时期时说道，夏加尔"过去是、现在仍然是艺术上的反叛者……他也是世界上最甜美、最温柔、最胆小的男人之一"。正是贝拉在他身边编织的保护膜，让他能够安心地重新开始创作。弗朗兹·迈耶说："贝拉成功地给他们的小公寓带来了一种欧洲式的热情好客的气氛，这种气氛得到了朋友们的高度赞赏。"在她死后，当回想起她做的香蕉蛋糕时，迈耶·夏皮罗便会落泪。对于讲意第绪语的夏皮罗来说，星期天的下午茶是一种仪式，他总是热烈地期待着这一时刻。在巴黎的时候，夏加尔夫妇会与贝拉的哥哥一家一起庆祝逾越节等宗教节日；现在，奥帕托苏夫妇继承了他们的角色。在这个社交圈里，乡愁的情绪很浓。戈尔正在写他的诗《法国大苦难》（其中有"老鹰[1]将法国的天空变得漆黑"的句子）。和贝拉一样，蕾伊莎也在写回忆录——其中有一段充满了抒情意味，描写的是作为俄国犹太人的自己在马里乌波尔的童年回忆。她在那里皈依了天主教，将这座城市视为自己的圣城，如同信奉犹太教的贝拉将维捷布斯克视为自己的圣城一般。"巴黎，"蕾伊莎写道，

> 若非怀有深深的乡愁，若非怀有巨大的悲伤，我不会写下你的名字，哦，我心爱的城市。也许我再也见不到你，也许我已永远离开了你。哦，充满了巨大的悲伤和伟大的爱的城市……美的象征，哦，基督世界的丰碑……你的空气是如此轻盈，灰色的天空是如此柔和，以精美的纪念曲漫谈着如此漫长、悲惨而独特的历史。

和圈子里的其他人一样，夏加尔仍然根植于过去。1911 年的巴黎之行，1914 年的俄国之行，1923 年的重回法国之行，都让他的艺术风格产生了根本性变化。第一次，一个新的国家不再让他的艺术发生改变。美国太不一样了，而他太老了，太累了，被各种国际事件碾压得支离破碎——"纳维马尔号"的乘客中有一些从集中营释放出来的人，伊达从他们那里带来了些可怕的消息——他对自己的未来满怀不确定，导致他无法融入当前的生活。1941 年

秋，当他回到创作中时，他的画变得暗淡，失去了色彩，折射了他和贝拉的抑郁状态。这些作品是过去几年在法国的创作主题的延续：耶稣受难、火焰中白雪皑皑的维捷布斯克，偶尔还有耸立在月光下的埃菲尔铁塔。在《下十字架》中，夏加尔把自己的名字刻在了十字架顶端的石板上；冬天，在维捷布斯克的木屋对面，这个被钉在十字架上的犹太人长着一张钟表的脸，他的身体被包裹在反复出现在他画面中的物品里——在他波克洛夫斯克大街上的家里的那座旧式大钟。战争和迫害的痛苦是常见的，但在这熟悉的主题中，他表现出了个性化的东西：对周围环境的自我主张。但"尽管表现出明显的韧性和活力，但他的作品显然暴露出了一种不安和疲劳，"纽约现代艺术博物馆馆长詹姆斯·约翰逊·斯维尼（James Johnson Sweeney）写道，"他的画没有出现多少新鲜的东西……形式中也没有快乐和自信——那种已被认为是夏加尔的特征的快乐和自信。他的色彩不明朗。这是对旧有的创意的一种重复，缺乏说服力。"

皮埃尔·马蒂斯、贝拉及夏加尔在《干杯双人像》前，这幅画在纽约的皮埃尔·马蒂斯画廊里展出，摄于 1941—1942 年

毫不奇怪，在纽约走向抽象主义的艺术舞台上，这幅作品几乎毫无市场可言——杰克逊·波洛克（Jackson Pollock）将于 1943 年在佩吉·古根海姆（Peggy Guggenheim）的本世纪画廊举行第一次个人画展。20 世纪 30 年代，皮埃尔·马蒂斯曾顶着压力将米罗引入纽约，而显而易见，再通过亚美尼亚裔移民艺术家阿希尔·戈尔基（Arshile Gorky）的艺术，他将欧洲的超现实主义与美国抽象表现主义联系到了一起。因此，美国人对 20 世纪 40 年代早期欧洲移民的兴趣集中到了超现实主义者（如马克斯·恩斯特），或是蒙德里安的抽象主义上。在蒙德里安于 1944 年在纽约去世之前，他的作品在那儿引发了一场迟来的文艺复兴。相比之下，夏加尔的画法似乎显得过于注重叙事，过于古雅而守旧。尽管如此，皮埃尔·马蒂斯还是在 1941 年立即代理了夏加尔；他的画廊是欧洲的艺术家们在纽约的天然聚集地，这里讲法语而不是英语，巴黎仍然被视为大本营，而他适时地在自己旗下聚集了许多重要的现代主义艺术家：贾科梅蒂、莱热、杜布菲（Dubuffet）、米罗和夏加尔，以及曾在欧洲生活过的美国人亚历山大·考尔德（Alexander Calder）。

沉默寡言的皮埃尔从来没有像沃拉尔那样，或者像战后的法国画商艾梅·梅格（Aimé Maeght）那样，成为夏加尔的知己或灵感来源，但他为人正直、忠诚，为夏加尔提供着不懈的支持。（"是我的艺术家们成就了我。"每当有人祝贺他的策划让这个或那个声名鹊起时，他总是这样说。）最重要的是，他把夏加尔的紧张和不安理解为艺术气质带来的必然。"我是一位画家的儿子，在一个屋里屋外都是画家的家里长大，"他常说，"我一直知道，每一位画家，无论多么成功，都被他所认为的公众的浮躁所困扰。他深信总有一天早上醒来，会发现再也没有人想看他的作品。画商应该帮助画家克服这种恐惧。"在那个暗淡的时期，他的支持对夏加尔在纽约的继续创作至关重要。

从 1941 年 10 月 1 日起，马蒂斯的独家合同向夏加尔提供了每月 350 美元的固定收入；1943 年 11 月，提高到了 500 美元；1947 年 4 月，提高到了 700 美元。这既反映了战后社会局势的稳定，也反映了夏加尔在美国地位的提高。当销售状况良好时，夏加尔得到的更多。皮埃尔也通过迅速举办画展安抚了这位艺术家。"1910—1914 年，马克·夏加尔回顾展"主要展出了夏加尔第一个巴黎时期的广受欢迎的作品，当时的他可以被看作超现实主义先驱，这是展览的精明之处。展览展出了从 1941 年 11 月 25 日至 12 月 13 日的 21 件作品，这是自 1940 年年初巴黎麦画廊的展览以来，夏加尔的首次展览。1942 年 1 月，夏加尔被列入了"现代绘画中的人物画展"，这是和巴尔蒂斯（Balthus）、德·基里科（de Chirico）、德兰和马蒂斯共同参加的群展。在当时拍摄的一张有些造作的照片上，夏加尔搂着贝拉，站在作于 1917 年的、他们的画像《干杯双人像》的一旁；贝拉神情紧张，但身穿裘皮大衣、看上去完美无瑕；皮埃尔则带着平静而威严的神情，审视着这对夫妇和画作。

皮埃尔的父亲称他为安装艺术之王：从照明到悬挂，从目录到请柬，一

在纽约皮埃尔·马蒂斯画廊里参加"流亡艺术家展"的艺术家们，摄于 1942 年。从左到右，第一排：罗伯特·马塔（Robert Matta）、奥西普·扎德金、伊夫·唐吉（Yves Tanguy）、马克斯·恩斯特、夏加尔、费尔南德·莱热；第二排：安德烈·布勒东、皮特·蒙德里安（Piet Mondrian）、安德烈·马森（André Masson）、阿梅德·奥占芳（Amédée Ozenfant）、雅克·里普希兹、帕维尔·切利丘（Pavel Tchelitchew）、库尔特·塞利格曼（Kurt Seligmann）、尤金·伯曼（Eugene Berman）

切都总是被安排得井然有序。这在他 1942 年 3 月的下一个展览"流亡艺术家展"中，表现得最为明显：这是那些涌入纽约的天才们的一个传奇般的集会，出现在一起的艺术家在欧洲的时候几乎不可能共同参展。其中包括那些在生命的各个阶段与夏加尔有过交集的人——来自维捷布斯克的奥西普·扎德金，来自"蜂巢"的雅克·里普希兹，1911 年他在巴黎大茅屋艺术学院的同学费尔南德·莱热，以及在 1940—1941 年和他一起尽力离开维希政府治下的法国的安德烈·布勒东和马克斯·恩斯特。现在，他们和蒙德里安、马森、法国立体派艺术家阿梅德·奥占芳、俄国超现实主义艺术家帕维尔·切利丘等人被聚集到了一起。这 14 位艺术家那张著名的合影，正是欧洲人在艰难时期极度庄重的象征。跟在欧洲的时候一样，夏加尔对在纽约的别的大多数艺术家都不信任，不与他们往来。他面无表情而局促不安地坐在前排，身旁是强壮而好斗的莱热和体形瘦削、面容热切、一头白发的马克斯·恩斯特——这些在巴黎沦陷后逃难至此的来自法国、俄国和德国的中年人们，都在以自己的方式挣扎着求生。

莱热在耶鲁大学任教；恩斯特娶了继承了大笔遗产的佩吉·古根海姆。夏加尔的突破始于 1942 年春。当时，俄国舞蹈编导莱奥尼德·马赛因邀请他为在纽约芭蕾舞剧院上演的新剧《阿列科》设计布景和服装，并指导灯光设计。这部戏依据普希金的诗《吉卜赛人》和柴可夫斯基的《钢琴三重奏》而作。这是自夏加尔在莫斯科犹太剧院的创作以来从未得到过的机会，而且跟 1921 年一样，他的经济状况已跌至谷底。现在，他跟当时一样地全心投入到戏剧项目中，倾注了他所有的精力、知识和希望，以及前几年被压抑的创造力。此时他的创作激情也跟当时一样狂热，着手在舞台上用引人注目的现代主义设计和高调的色彩，传达着一个已经逝去的世界的悲怆：正在消失的"栅栏居住区"的犹太人的传统生活，被这里的壁画定格到了画布之上。从而，当他们的家园在纳粹的进攻下挣扎的时候，夏加尔和马赛因在《阿列科》中，将柴可夫斯基和普希金所描绘的那个俄国生动形象地展现了出来。

夏加尔和马赛因都离开俄国超过了 20 年。他们的背景和性情大不相同——这位舞蹈编导超然、内向、拘谨、冷漠，甚至跟他的剧团成员都不怎么说话——但他们对"一战"前在圣彼得堡和莫斯科艺术世界学派氛围下的迪亚吉列夫和巴克斯特，在文化意义上有着共同的理解；而且在 20 世纪 20 年代，他们在巴黎有过短暂的交集。马赛因生于 1896 年，他的父亲是莫斯科大剧院管弦乐队的号手，母亲是该剧院合唱团的女高音歌唱家。1914 年，迪亚吉列夫从莫斯科大剧院的芭蕾舞团选中了他。当年，巴克斯特曾在一幅画像中描绘过这位美丽的年轻人；而刚与尼金斯基分手的迪亚吉列夫，也曾短暂地把马赛因当作情人。从 1915 年起，马赛因一直是俄国芭蕾舞团的明星，直到 1921 年他和迪亚吉列夫分手并结了婚。尽管对俄国芭蕾舞团的回忆后来也会让他感动流泪，但他声称，他在迪亚吉列夫手下的这段时间，是"我所经历的，比其他人一辈子所经历的还要多的 7 年……我觉得自己就像被关在一个镀金的笼子里，令我感到窒息，压抑着我的整个灵魂"。在伦敦、纽约和巴黎，他作为一名舞蹈演员和舞蹈编导的职业生涯蓬勃发展，与毕加索、布拉克、德兰和马蒂斯均有过合作，并结识了许多俄国移民朋友，包括拉里欧诺夫、冈查洛娃和索尼娅·德劳内等。他的作品融合了俄国的民间舞蹈，以及他父亲 1930 年到意大利看望他的最后回忆："每天傍晚日落时分，他都会站在院子里演奏法国小号，我将永远记得晒得黝黑、白发苍苍但依然挺拔的父亲，给我们演奏着童年时代的可爱而古老的俄国曲子的父亲。"

迪亚吉列夫喜欢教导他感兴趣的年轻人，会把他们带到各个画廊参观，马赛因对此报以热情和理解。到了 20 世纪 20 年代初，他已经收集了大量的现代绘画作品。"我很想来看你的画，尤其是你手头的布拉克作品。也想来看你。"1922 年，欧特奈·莫雷尔（Ottoline Morrell）夫人给他写信说道。作为一名舞蹈编导，马赛因被批评为暴君和强迫症患者——对此他的辩解是，"我对舞者们的要求，并未超过我对自己的要求"。正是这种对绘画作品的表现力的敏感和坚定不移的奉献精神，使他和夏加尔成了完美的搭档。因此，1942 年 6 月和 7 月，就在每天都有可怕的消息——德国人在塞瓦斯托波尔取得胜利冲向了斯大林格勒、犹太人在东方遭到了大规模屠杀——传来的那些日子里，这两位艺术家都把自己关在夏加尔的画室里，用留声机播放着柴可夫斯基的音乐，构思着《阿列科》的舞台观念。

夏加尔的草图上包含了详细的舞蹈编排（包括狂野的吉卜赛民间舞蹈、传统的俄国舞蹈及经典的三人舞）和动作，据马赛因的传记作家维森特·加西亚 - 马尔克斯（Vicente García-Márquez）的说法，"这两个流亡的俄国人建立起一种纽带，最终上升到了特别亲密的高度"。关键原因在于，马赛因接受过迪亚吉列夫的训练，图形设计成了其舞蹈编排的核心组成部分：弗雷德里克·阿什顿（Frederick Ashton）曾指出，没有设计，芭蕾舞剧就无法成功。如此一来，"舞蹈编导和画家融为一体；在每一个最小的细节上，马赛因都受到了夏加尔对动作的图形展示的影响"。弗朗兹·迈耶说道，"对于夏加尔和他的妻子来说，和马赛因一起工作的几个月，是他们在美国度过的最快乐的时光之一；数年后，柴可夫斯基三重奏的几个小节，仍足以唤起他们对那个时期的美妙和谐的回忆。"

《阿列科》一剧的演出阵营中有大量杂技演员、小丑和舞蹈演员，讲述的是一个悲剧故事。年轻的男主角阿列科厌倦了城市的生活，离开了城市并住进了吉卜赛人泽菲拉（Zemphira）的营帐。但不久，泽菲拉就因有了新的情人而抛弃了他，毫不理会他让她回来的请求。在最后一幕中，随着现实和幻想之间的界线的消失，神志不清的阿列科从过去中召唤出幻象，杀死了这对恋人。泽菲拉的父亲把他赶了出去，而他则被判终身流放。夏加尔写信给奥帕托苏说："我希望我亲爱的朋友们，以及别的所有在美国的朋友们都能看到这出芭蕾舞剧，它不仅让我想到了伟大的俄国，也让我想到了我们犹太人。"此时，在他自己的流亡生涯中，来自大草原的浪漫歌谣为他带来了迷失了的世界的梦幻品质。他从自己画作中提取熟悉的主体，对它们进行变换，以反映马赛因编舞的流畅动作，并将直到不久前才回归到他的作品中的丰富色彩，慷慨地倾注到四个大背景之上。在开场的全景画中，一只紫色的公鸡——激情的象征——穿过紊乱的深蓝色云层，而恋人们则在普希金笔下"珍珠般洁白的月亮"之下拥抱着，倒映在湖面之上；接下来的两个场景，是一只拉着小提琴的熊飘浮在倾斜的村庄上方、一只猴子在丁香树枝上荡漾、一片金色的玉米地上长着一个鱼头，以及一把农民的镰刀从两个血红的大太阳下的草地中冉冉升起；最后，是一匹后腿处装着车轮、长着迷人的大眼睛的白马，从一座燃烧着的城镇跃入一片被金色的吊灯照耀着的漆黑夜空。

舞台布景的基调是在纽约奠定的，但最终在墨西哥城成形——尤其是其强烈的色彩。在墨西哥政府的邀请下，这出芭蕾舞剧在墨西哥国家美术宫的装饰艺术宫举行首演，其华丽舞台的台口上饰有蒂凡尼珠宝。1942 年 8 月初，夏加尔和贝拉跟马赛因一起去了那里，他们发现，在经过了纽约的灰暗后，墨西哥强烈的色彩对比、猛烈的阳光和明亮的夜晚，让他们恢复了活力。这一切都以各种不同的方式融入了《阿列科》的设计。贝拉说："夏加尔的色彩，如同天上的太阳一样在燃烧。"

夏加尔夫妇先是住在城市边缘的艺术家聚集地圣天使区，后来搬到了剧院附近的莫内霍酒店。马赛因穿着衬衫、打着领带、紧扣西装，脸上淌着汗水，带着全体演员在雷福马酒店排练；而夏加尔则穿着贝拉在一次采购中给他买的五颜六色的条纹夹克，显得放荡不羁，在墨西哥国家美术宫里画着背景幕布。贝拉在剧院里建立了一个工作室，制作了70多套戏服，随后夏加尔为这些服装作了装饰。舞台服装在夏加尔眼里，与其说是衣服，不如说是角色生理属性和精神属性的体现。正因为如此，1921年在莫斯科，他不仅改变了米霍埃尔斯的形象，也改变了他的整个角色。如今，他又为扮演女主角泽菲拉的犹太舞蹈演员——出生于伦敦的艾丽西亚·马尔科娃（Alicia Markova）做着同样的事情。这位演员本以轮廓纯粹、动作古典朴素而闻名。现在，她被重新塑造成一个狂暴的愤怒者，有着晒黑的妆容、狂野的头发和鲜艳的红色服装——让已经习惯了她在《吉赛尔》和《天鹅湖》中扮相的观众们大为震惊。

跟在犹太剧院时一样，夏加尔夫妇在首演的前几周日夜都待在剧院里，他也跟以前一样地满腹牢骚，抱怨着气氛不好、管理马虎以及不够优雅。但当9月8日墨西哥国家美术宫里剧场的帷幕升起时——迭戈·里维拉也在观众席上——装饰设计为《阿列科》带来的荣耀毋庸置疑。背景后面的聚光灯，突出了人物向天空冲去的观感，使那些月亮看起来就像是画在彩色玻璃上的一样：整个布景是一种能够让人产生幻觉的梦幻，其中仅有的几处自然主义的笔触，反而突出了这种不真实感。观众们被彻底征服了，演员们谢幕了19次。藏在剧院深处的夏加尔被拖上了舞台，观众们掌声雷动，反复尖叫"夏加尔！夏加尔太棒了！夏加尔万岁！"。

10月6日，当作品巡演至纽约大都会歌剧院时，胜利的场景再次出现。评论家们的态度褒贬不一，但没有人质疑舞台背景的卓著。夏加尔带来了如此巨大的影响，以至于纽约舞蹈评论家中神一般的存在埃德温·邓比（Edwin

夏加尔与舞蹈演员乔治·斯基宾（George Skibine）在《阿列科》最后一幕的背景布前，摄于 1942 年

Denby）都写道，《阿列科》唯一真正的出彩之处，是其装饰设计。他还指出，从变化莫测的色彩中透露出来的，是悲伤；而最后一幕背景布上天空中的那匹马，比舞台上的一切还要悲伤。

事后看来，《阿列科》的布景设计不仅是夏加尔在美国的转折点，也是他接下来 40 年创作的转折点。美国已为他提供了 20 年来他在法国未曾奢望过的机会：触摸不朽。从此时起直到他生命的结束，夏加尔无可抗拒地被吸引到了舞台设计、顶棚描绘、壁画以及教堂玻璃窗彩绘上。1922 年和 1923 年，在他到达柏林和巴黎的时候，为了融入当前的世界，他均转向了为图书画插画的艺术创作以寻求自我突破，这无疑具有一种象征意义。对大规模作品的创作欲望，自他在莫斯科犹太剧院所作的壁画以来，一直处于休眠状态。在这个从表面上看他更像个局外人的美国，他欣然接受了这种欲望被重新唤醒的可能。这种接受，将会决定他今后的职业生涯。

然而没过多久，夏加尔的乐观情绪便崩溃了。9 月中旬，他在给皮埃尔·马蒂斯的一封信中,抱怨着自己的疲惫,抱怨着当地的气候和食物。尽管担心着马蒂斯正在组织的他近期作品的展览并请求将之推迟,但他宣称自己在墨西哥失去了知觉,渴望回到纽约。马蒂斯没有理会他,并于 10 月 13 日—11 月 7 日的展览中展出了夏加尔过去 10 年中的 20 多件作品,引起了人们的兴趣和评论,尽管销售情况不佳。对夏加尔来说,这场展览非常重要,因为适逢俄国革命 25 周年,且其中包括了他 1937 年的油画《革命》。意第绪语共产主义报纸《自由的黎明》满怀怜悯地评论了这幅画,夏加尔则以一封支持红军和他的苏联朋友、同事的信作出回应。这可能是一次与苏联重新建立关系的天真尝试——他从未放弃被邀请回国访问的希望——但他所表达出的诚意是毫无疑问的,他在信中声称自己无法被其他任何国家同化。

1943 年,他与俄国的联系进一步加强,当时他的老朋友所罗门·米霍埃尔斯和伊特兹克·费弗以"犹太人反法西斯委员会"代表的身份访问了纽约,这个委员会是米霍埃尔斯于 1942 年在莫斯科建立的。费弗是一名军事记者,也是红军中校,任委员会副主席;他也是一位颇受欢迎的意第绪语诗人,其作品被广泛翻译成俄语和乌克兰语。在战争期间,他们的访问是非同寻常且史无前例的。费弗和米霍埃尔斯来这里的目的,是为了从美国富有的犹太人那里,为处于危险之中的苏联犹太人争取资金和支持,这一点他们做得很成功。在纽约马球场举行的群众集会上,他们向 5 万人发表了演说。苏联政府在战争期间从各种犹太组织获得了 4500 万美元的捐款——其中大部分来自美国,他们的努力为之做出了巨大贡献。

但这次访问还有别的目的。一个美国犹太共产主义者委员会欢迎了米霍埃尔斯和费弗的到来,许多人怀疑这两个俄国人在执行间谍任务——他们是对的。许多人认为费弗是苏联内务人民委员会的特工,因为他会阻止米霍埃尔斯与别人随意交谈。美国联邦调查局的文件后来透露,米霍埃尔斯对一名俄国物理学家撰写的关于原子结构理论的科学报告很感兴趣,是更大的间谍。他在美国见到过的知名犹太人中,包括阿尔伯特·爱因斯坦,"犹太作家、艺术家和科学家委员会"名誉主席。这个委员会于 1942 年在纽约成立,为的是响应米霍埃尔斯在莫斯科成立的"犹太人反法西斯委员会",夏加尔是其成员。但实际上费弗在 1943 年便加入了内务人民委员会。因此,两位艺术家都是间谍,彼此制约：这是斯大林主义笼罩着的社会的一个缩影。

费弗和米霍埃尔斯于 1943 年 6 月 17 日抵达。5 月，华沙的犹太人区被夷平：费弗的叙事诗《华沙犹太人区的阴影》歌颂了对 750 名在反抗纳粹的斗争中丧生的犹太人。6 月 11 日，盖世太保的头子希姆莱（Himmler）下令清理波兰所有的犹太人聚居区。犹太人在波兰的生存遭到毁灭无可避免，人们普遍认为，只有红军才能阻止其向东进一步扩展。在东部战线上，形势已经发生了逆转：2 月，纳粹在斯大林格勒的失败具有标志性意义；8 月，苏联军队夺回哈尔科夫；11 月，夺回基辅。对夏加尔来说，有关间谍活动的传言无关紧要：不言而喻，他和米霍埃尔斯以及费弗站在同一边，反对加于他们的人民的摧毁。米霍埃尔斯和费弗的访问，以及他们有关战争中的俄国的原始消息，是他 1943 年的重要事件。在他们三个月的逗留期间，他几乎天天和他们见面。照片显示，他们在一起嬉笑，尽管这两位俄国客人的急躁情绪显而易见——他们一直被对方监视着，也被纽约别的斯大林的间谍们监视着。"如果有足够的了解，你会知道他们是非常好的犹太人。"夏加尔给奥帕托苏写信说道，"无论如何，我认为没有必要'批评'他们——他们是跟我们一样的犹太人。"夏加尔也许是天真的，但他的直觉比美国那些多疑的反共分子更接近事实：米霍埃尔斯（1948 年）和费弗（1952 年）均在战后斯大林的反犹太清洗中遇害——他们是犹太受害者，而不是苏维埃入侵者。

10 月，当米霍埃尔斯和费弗回到家时，他们已经用友情让许多美国名人——尤其是歌手保罗·罗伯逊（Paul Robeson）——陷入了迷恋之中；他们不仅诱惑得夏加尔对俄国产生了比以往任何时候都要强烈的浪漫性依恋，而且对伊达也产生了同样的诱惑。27 岁的伊达身材优雅、造型完美，一头浓密的金红色头发，有时还扎着辫子，让她看起来更像个少女，——她在纽约的形象十分抢眼。移居美国给了她信心和力量；在与父母的关系中，角色也发生了转变——现在是她在照顾父母，而不是父母在照顾她。然而，她与米歇尔·拉帕波特的婚姻却没能扛住动荡和新鲜事物带来的刺激。伊达仍在努力成为一名画家，但她的社交生活却充实而混乱。此时的米歇尔学会了英语，找到了一份工作——与皮埃尔·拉扎雷夫（Pierre Lazareff）在美国之音一起（用法语）向欧洲播音。他希望自己的父母还活着，还在法国，因而起了一个叫作"米歇

所罗门·米霍埃尔斯和夏加尔在纽约，摄于 1943 年

尔·戈尔代"（Michel Gordey）的名字——暗指伊达和米歇尔在法国最后的家的所在地"戈尔德"——作为给他们的信号。他全神贯注于激动人心的新事业，这使得伊达在那年夏天可以自由地与英俊而有魅力的、43 岁的费弗谈恋爱。费弗在莫斯科认识她时，她还只是个小女孩；她对父亲的敬爱，以及这两位客人所代表着的俄国传统的魅力，让她对费弗产生了强烈的感情。当这两位客人离开的时候，夏加尔一家人都感到很失落：夏加尔给了他们一封写给俄国的信，还有两幅献给祖国的画。

夏加尔对苏联的所有怨恨，此时都已烟消云散。他在"犹太作家、艺术家和科学家委员会"的发言中说，犹太人和西方文化已经被希特勒打败，而当"基督教人道主义者……很少例外……陷入沉默"的时候，在他的祖国"一个新的太阳升了起来，红得像血一样，充满了生命——苏联的伟大革命。——全世界都在注视着这个太阳，它的红色让人发疯，激怒了敌人。但难道这太阳不是我们的希望吗？犹太人将永远感激它。还有哪个伟大的国家从希特勒手中拯救了 150 万犹太人，并分享了最后一块面包？哪个国家废除了反犹太主

伊特兹克·费弗和夏加尔在纽约，摄于 1943 年

义？……所有这一切，甚至更多，都会在历史的天平上占有沉重的分量"。

贝拉在观众席上听着，低声对一个讲德语的朋友说，夏加尔的演讲就像是在祈祷。她全神贯注于完成自己的回忆录《燃烧的灯火》，沉浸在对犹太宗教生活的回忆中。她这一时期的信件简洁而悲伤（"不敢去思考这个世界上发生的事情"），流露出一种被悲伤和过去所包围的情感。她成天坐在纽约公寓卧室的一张桌子旁，眺望着曼哈顿的天际线，回忆着："父亲，母亲，祖母和外祖母，我英俊的祖父，我们自己的家人和别的人，婚丧嫁娶，富人和穷人，我们的街道，我们的花园，这一切就像我们的河——德维纳河——中深深的水一般，一起漂浮在我的眼前。父母的房子已经不存在了。一切都不在了。所有的人要么死了，要么走了。"她为不知道母亲的命运而痛苦，莫斯科来的客人们对她的母亲一无所知，也不知道她最喜欢的哥哥雅科夫和被困在纳粹占领的巴黎的哥哥艾萨克的命运。雅科夫在战争中幸存下来，但被驱逐出列宁格勒长达 12 年，他曾在那里担任大学法律系的系主任。事实上，阿尔塔死于 1943 年的春天，享年 80 多岁。她的孙子、阿布拉斯克的儿子鲍里斯，一位数学家、共产主义的无神论者（尽管在改革后移居了美国加州），声称"迷信杀死了她"。在逾越节期间，她拒绝吃发酵面包，而这是战时的莫斯科仅有的食物，因此她死于虚弱和饥饿。贝拉从来不知道这一点，但她现在跟母亲一样对宗教仪式和传统充满向往。夏加尔看着她在床上坐到很晚，在一盏小灯的照耀下阅读意第绪语书籍，并向奥帕托苏吐露，尽管贝拉受过良好的俄语教育，但她还是用意第绪语进行写作，因为"她不能以任何其他方式进行写作"。她回到童年时代的语言中，用敏感而摇曳的散文体，以节日的形式唤起维捷布斯克节的生活，带领读者经历着犹太节日——安息日、犹太新年、光明节、普林节、逾越节——就像一个孩子所经历的那样。她用意第绪语以轻盈的节奏、快活的风格写作，综合了哈西迪派在精神上崇高而又脚踏实地的特色，充满了平淡、诙谐的细节，没有模式可循，其流畅的文笔让她的写作显得似乎毫不费力。"她以自己的生命，以自己的爱，以问候朋友的方式写作。她的语言和词汇如同画布上的一抹色彩。"夏加尔写道。

意第绪语女作家非常少见。她给奥帕托苏夫妇写信，感谢他们纠正了自己 1942 年 9 月发表在杂志《犹太战士》上的关于赎罪日的一个章节中的错误——她将这些错误视为自己是一个文化程度不高的女人的标志。从中，我们可以看见自信缺乏为她带来的痛苦。夏加尔告诉奥帕托苏，多年来，缺乏自信一直阻碍着她的写作。他只有在感觉到自己快要离世的时候，去创造，去见证历史的冲动，才战胜了自信的缺乏。1943 年，她意识到自己的健康状况正每况愈下。夏加尔带着乐观的情绪和创造的信心，通过作品——这次是《阿列科》，再次融入一个新的国家；而她的力量却在 1942—1944 年逐渐消亡，最后一次流亡扼杀了她的求生意志的场景不断上演着。伊达发现，她的身体随着每个月的逝去而越来越虚弱。1943—1944 年的照片上的贝拉一副病容，身体虚弱，心神憔悴。她沉浸在对俄国犹太世界的回忆的感伤中，然而也有欢快的场景，尤其是当她描述自己还是小女孩的时候，是如何跑到附近的婚庆场所参观婚礼，徘徊在新娘宝座旁的——这些婚礼，包含着 1934 年夏加尔为伊达的婚礼所画的画作上的全部酸甜苦辣；每一位新娘，都将她哭泣的心的某部分，留在了那张旧椅子上。她和夏加尔开始一起超越正统犹太人的狭隘眼界，追求具有国际性视野的艺术人生。从表面上看来，这些希望似乎已经得到了实现。正如弗朗兹·迈耶所写的那样，"她总是在场——观看、建议、提炼——她对艺术问题提供了回应和回答，形成了联系，消除了障碍"。但《燃烧的灯火》的潜台词是，在长期流亡的几十年里，作为丈夫在黑暗中的灯火的角色，她并不是完全满足。贝拉对俄国的绝望响起。她的回忆录的最后一部分名为"火车"，写的是往返于东方和死亡集中营之间的列车，其中描述了维捷布斯克美好时代建筑风格的大火车站，以及等在那里的人们的激动心情：

> 我一直以为我们的城市是世界的尽头。在火车站，从一个月台到达的所有列车都是开至维捷布斯克的，从另一个月台出发的所有列车都是开出维捷布斯克的……但是，维捷布斯克究竟是世界的起

点还是终点呢？……

　　候车室里充满了骚动……所有的人都在焦急地等待着他们的火车。他们可能会听到三次警铃，却仍不得不眼睁睁地看着火车消失：他们的列车不知何时才能到达。于是他们会重新开始等待，就像等待弥赛亚一样……

　　引擎轰鸣，喷出火焰，吞没了一个又一个车厢的旅客……火车在一片烟雾中离开了我们的城市。我觉得自己好像是刚参加完一个葬礼，正在回家的路上。火车在飞驰，而我要回到城里，回到空无一人的房子。那些树还在吗？……一切都处于沉默之中，我想。维捷布斯克还在吗？

这是贝拉书的最后几行。在美国，她已经回到了原点——维捷布斯克是她的世界的起点，也是她的世界的终点。

几十年后，在夏加尔去世后，他们在美国结识的移民朋友之一——在《阿列科》的布景上帮过忙的画家安妮-玛丽·迈耶-格拉菲（Anne-Marie Meier-Graefe），声称此时当贝拉退回自己的世界时，她与夏加尔有过一段情事。夏加尔家族的成员们既不接受也不否认这个故事，尽管没有别的证据可以证明其所言属实。

安妮-玛丽·迈耶-格拉菲原名为安妮-玛丽·爱泼斯坦（Anne-Marie Epstein），1905 年出生于柏林，绰号"布什"，是德国著名艺术史学家朱利叶斯·迈耶-格拉菲（Julius Meier-Graefe）的遗孀。迈耶-格拉菲比她年长 40 岁，也于 1941 年来到美国。她能讲一口流利的法语，并继承了迈耶-格拉菲在圣西尔滨海的房子——里面有精美的柏林家具，还有他收藏有大量里尔克（Rilke）和托马斯·曼亲笔签名的图书的精美图书馆。迈耶-格拉菲曾是后印象派的拥护者，交了从爱德华·蒙克（Edvard Munch）到约瑟夫·罗思的大量艺术家、作家朋友，并写了第一本畅销的凡·高传记。作为他年轻的妻子，布什吸收了国际性的欧洲犹太文化，让夏加尔夫妇感到亲切。此时她的陪伴，让他们在美国的思乡之情得以减缓。布什身材娇小、面容和蔼开朗，虽然没有贝

拉的风度，但她聪明活泼，很快就成了他们家的亲密朋友——后来，她还作为
伊达一个孩子的教母，和伊达一家一起住在伊达纽约的公寓里。她以诚实和严
谨而著称。20世纪50年代，夏加尔的确至少向她求过一次婚；而且，没有明
显的理由说明，她所说的那段情事是她的臆造。也许她没有弄明白约会的概
念，或者是把一段重要的友情夸大了，又或许她和夏加尔被《阿列科》的激情
和火热推到了一起，在贝拉离他最遥远的时候给了他慰藉。

1943—1944年，贝拉总是觉得纽约不利于健康，渴望乡间的空气。但当
他们费劲心神地开车出城后，她又会不停抱怨这个国家的犹太人太少了。"这
里唯有的犹太人，就是上帝本人和……我们。"1943年7月，她在从阿迪朗达
克山脉的蔓越莓湖写信给奥帕托苏夫妇说道，"食物是美式的，谈话是美式的，
风光则是美国-俄国式的，或是法国-瑞士式的。一个跟天空一样大的湖泊强
大而清澈。这个地方很适合休养。但……再过一个星期，我们又要开始自我拉
扯了。"1943年和1944年，夏加尔夫妇在蔓越莓湖度过了几个月，那里的桦树、
森林、雪和乡村湖景，都是"美国-俄国式"的，足以让他们回想起自己的家
园。这些年来，这种被他对维捷布斯克的回忆改造过的风景，进入了夏加尔的
作品，并成了一种特色。

自从到了美国后，他的作品一直是暗色调的，但新活力随着《阿列科》
而来。在这出芭蕾舞剧的启发下，他带着形形色色的神秘角色重新回到了"马
戏团系列"的创作中：在《杂耍演员》中，一个神秘的鸟人艺术家站在紫色
的旋涡里，手腕上搭破布般地搭着如同达利笔下的具有悲剧色彩的维捷布斯
克的陈旧老式大钟；又如在《红马》中，一对新婚夫妇的上方是一位倒立在火
红的骏马身上的杂技演员。但他的大部分绘画继续关注着战争，表达着他对俄
国和犹太人的命运的担忧。在《战争》中，一个死人躺在寒冷的街道上，双臂
张开，仿佛被钉在十字架上——让人回想起夏加尔的第一幅成熟作品《死者》；
在他周围，士兵们拿着刺刀在前进，屋顶覆盖着白雪的房屋在燃烧，一匹巨大
的马——呼应着《阿列科》最后一幕背景布上的那匹——惊恐地向后退去；圣
母玛利亚在炽热的天空中飞过，她的头发如同一团火焰。在《执迷》中，燃烧
的天空和翻滚的十字架、载着哭泣的孩子的农车以及蓝色的马，通过维捷布斯
克的场景，再次重现了世界性的大灾难。在暮色苍茫的《雪橇》中，一名男子

驾驶着雪橇前行，雪橇的终点是一名女子的脸——那是贝拉的脸，脸旁环绕着贝拉的黑发，她的眼睛睁得大大的，惊恐万分。在《雪地的雪橇》中，一个女人飞奔着穿过维捷布斯克大街。在《在夜间》中，新娘打扮的贝拉和夏加尔以一种漫画的风格（这种风格让人想起夏加尔作于 1917 年的《婚礼》）出现在画面上，在白雪皑皑的街道上一盏巨大的吊灯（犹如夏加尔早期的犹太室内画《诞生》和《安息日》中的那盏）下相互拥抱；这盏灯将街景带进了室内，定格在了这对夫妇共同记忆中的维捷布斯克——此时，他们都在等待着这座城市解放的消息，后来这座城市解放于 1944 年 2 月。

整个 1944 年，人们一直翘首以待夏加尔的另一座圣城——巴黎——获得解放。在他最引人注目的那些美国画作中，《黑暗与光明之间》充满了维捷布斯克的词汇——雪橇、白雪皑皑的犹太乡村——并充满了对法国的暗示；这幅画原本是一幅自画像，后来变成了充满战争和个人灾难预感的双人像。这幅画的法语名字"狗与狼之间的时间"，更好地传达出了在这幅沐浴在苍白月光下的冬日风景画中充斥着的危险；这幅画以超现实主义的笔触，描绘了一个长着一颗鸟的头颅的圣母玛利亚；还有一盏长着双腿、迷了路的街灯，它正在横穿马路，却不洒下灯光。

在最初的画上，夏加尔给了自己一双翅膀；1943 年，一只翅膀消失在纷飞的雪中，夏加尔的脸变成了蓝色面具，没有了辨识度。他的调色板上没有色彩。而在画的边缘与他的脸贴在一起的，是一张毫无生气的贝拉的脸，她似乎从天而降，没有身体。她已经成了一个鬼魂。但她裹着一条红色的披肩，填补了画面上原本是夏加尔另一只翅膀的空间，与夏加尔的蓝脸和贝拉的白脸排成一行，组成了一面法国的三色旗，在昏沉和蓝灰的混合色调中分外醒目。

在蔓越莓湖的一个夏日度假屋中，贝拉和夏加尔听到了诺曼底登陆和巴黎解放的消息。1944 年 8 月，贝拉在丈夫给约瑟夫·奥帕托苏的一封信的结尾写道："我们周围——一个湖泊，一片有着农家树木的森林——我们想从中汲取力量。"夏加尔说，在这几周，贝拉"一如既往地清新美丽"，忙着在酒店房间里整理手稿、草稿、复本。"'为什么突然开始整理？'她苦笑着回答说，'这样你就知道一切都在哪儿了。'一切都很平静，也是一种深深的预感。

我又能从酒店的窗户看见她了，她坐在湖边，然后下了水。等着我。她的整个生命都在等待着、听着什么，就像她还是个小女孩的时候倾听着森林的声音一样。"8月26日，当巴黎解放的消息传来时，她甚至比夏加尔还要高兴。夏加尔一家人计划尽快返回法国，但在他们还没回到纽约之前，贝拉就因病毒感染而病倒了。一开始，她担心自己会成为负担，因此没有重视自己的嗓子疼，但她不断地叫夏加尔给她倒滚烫的茶喝。当她开始发烧的时候，待在乡下、身边没有朋友又不会说英语的夏加尔惊慌失措。他给奥帕托苏打了电话，奥帕托苏让他去找医生；他也给伊达打了电话，伊达马上坐上了从纽约出发的火车。12个小时后，贝拉才被送进了纽约州北部塔珀莱克的慈济总医院——由于战时的物资匮乏，该医院没有青霉素来治疗原本不难治的链球菌感染。贝拉陷入了昏迷。伊达赶到的时候，她已经去世。

"1944年9月2日晚上6点钟，当贝拉离开这个世界的时候，天上雷声隆隆、乌云密布。一切都陷入了黑暗。"

注释

【1】老鹰：指德国纳粹。德国的国徽上有一只老鹰，纳粹的徽章上也有一只老鹰。

第 21 章

弗吉尼娅

纽约和海福尔斯，1944—1948

夏加尔画室里的画布一直面朝墙壁放着。他 6 个月没有拿起过画笔。除了 1922—1923 年在德国的颠沛流离让作画成为不可能，这是他一生中唯一一次无法作画。此时，在伊达的公寓里，他躺在地板上扭来扭去，号叫着说自己也想死。起初，他沉浸在悲痛欲绝之中，无法接听吊唁的电话，也无法查阅潮水般涌来的俄语、意第绪语、法语、德语、英语的信函和电报，完全无法与外界产生联络。贝拉死后不久，他在一首诗的开头写道："我不知道我是否还活着。我不知道 / 我是否还活着。我看着天空，/ 我不认识这个世界。"他们的一个朋友给他写信说道："我从没见过这样的悲伤。但我不是在试图消除你的悲伤。这是和她在一起的另一种方式，仍然能感觉到她在你身边。"瓦里安·弗莱写道："她是如此的温暖、善良、鲜活，我很难意识到她已经去世了。""我的心意会一直伴随着你，"布什·迈耶 - 格拉菲写道，"我知道我的话无法安慰你。我自己有过这样的经历，所以当我想到你的悲伤时，我必须保持沉默，但我必须告诉你我再也不能告诉贝拉的事：我对她是如此的敬佩，如此的爱，我懂得她的才华（和）灵魂的深度……我会永远怀念她。"

伊达和夏加尔，1944—1945 年摄于纽约

　　9 月 6 日，贝拉的葬礼在纽约 76 街的河边教堂举行——皮埃尔·马蒂斯向他们的朋友们发出了关于葬礼的电报。流亡美国的犹太移民团体中有很大一部分人出席了葬礼，看到夏加尔止不住地哭泣，他们非常震惊。克莱尔·戈尔写道："在葬礼上，我看到了他的撕裂、破碎和悲伤。"雕塑家柴姆·格罗斯（Chaim Gross）回忆说，看见如此强壮的男人像个婴儿一样哭泣，令人痛心。接下来的 4 个安息日的晚上，在西 68 街的自由犹太教堂里举行了祈祷仪式；"犹太作家、艺术家和科学家委员会"组织了 200 名受邀宾客，于 10 月 6 日在卡内基室内音乐厅举行了追悼会。在所有这些场合，夏加尔都重重地靠在伊达身上，伊达自己也处于近乎休克的状态。"亲爱的，我不知道该怎么跟你说，"半年后，听说她的舅舅艾萨克·罗森菲尔德和家人们躲在巴黎的地下室里从战争中幸存下来后，她写信给他说道，

　　　　这几个月里，或许是命运放过了你们所有人，不让你们听到

让我们心碎的巨大而悲伤的消息。没有了我们的守护天使，没有了贝拉，没有了妈妈，我们陷入了孤独。结束了。结束了……爸爸无法写信。他还没能恢复到可以写信。你们明白的，他已经承受了如此巨大的痛苦，我想让他免于再受向你们告知的折磨……我们和爸爸住在一起，从那以后我们一直和他住在一起，住在同一间公寓里……爸爸病得很重，我们每天都在努力帮他恢复精力。

夏加尔的绝望带着愧疚的气息：是不是因为他未能严肃对待贝拉的病情，导致了她的死亡呢？在接下来的一年里，这种恐惧转变成了一个虚构的故事，将导致贝拉死亡的责任转移到了一个熟悉的敌人身上：反犹太主义。——他自己真的相信这个故事吗？在夏加尔的回忆中，这个故事并没有实质性的内容：

> 我们正在阿迪朗达克山脉度假，她突然喉咙痛得厉害……第二天她发烧了，我带她去了医院。当看到走廊里有许多修女时，她变得心烦意乱。我得解释一下，在我们待过的另一个地方，海狸湖，她看到过一个牌子，上面写着只欢迎白人基督徒，她一直在为此郁郁沉思……到了医院的时候，他们自然会询问一些具体情况——姓名、年龄——但当问到"宗教"时，她不愿回答。她说："我不喜欢这里，带我回旅馆吧。"于是我把她带了回去。而到了第二天，一切都太晚了。

因此，随着1945年欧洲的各个集中营大屠杀的消息铺天盖地传入，贝拉在夏加尔的脑海中与数百万犹太罹难者处在了同一个位置。也许，夏加尔试图让人相信一个具有诗意的事实：从欧洲流亡出来，减弱了贝拉的生存意志。

他真正意识到的是，失去贝拉，就失去了与俄国犹太世界的联系，也失去了创作灵感。如果说此时有什么重要的事情要做的话，那就是重建他与俄国的联系。在他回复过的为数不多的电报中，有莫斯科的米霍埃尔斯和费弗的电报。他写道："你们的电报深深打动了我，发自内心的感谢。贝拉最大的快乐和目标是永远热爱祖国的艺术，并与你们建立深厚的友谊。受到残酷伤害的我相信，我会为了创作出更多的作品和生活找到力量。衷心地拥抱你们，你们的马克·夏加尔。"伊达补充说："非常想念你们。妈妈曾梦想着再次见到你们俩。你们的电报带来了极大的安慰。我和父亲生活在一起，我会尽全力帮助父亲，让他能回归创作。永远和你们同在。"后来，夏加尔又给他的俄国朋友写了一封信：

> 你们的吊唁——如同太阳洒下的光芒。在我生命最悲惨的日子里，你们来信中的话语和你们的友谊，我永远也不会忘记。我衷心感谢你们的好心和细腻——这是我们伟大祖国的特色。你们能感受到我面前的深渊的深度，以及她——我生命中最珍贵的朋友、我的小松鼠——飞翔在其中的天空的高度。其实我不必跟你们说，你们也知道——她的全身心都是我们祖国的女儿，对这片土地始终忠诚。

1945 年 4 月，夏加尔在给莫斯科年迈的帕维尔·艾丁格的信中写道（自1937 年他的信导致佩恩遇害的恐怖事件发生后，他也中断了与艾丁格的通信）："我相信你已经听说了我的个人悲剧——1944 年 9 月 2 日，我失去了她，她是我生命的意义，是我灵感的源泉。现在——如果说我的生活曾经有多轻松、有多通透，现在就有多悲剧。我陷入了迷茫。"在他 1945 年为数不多的信件中，还包括一封幼稚的写给斯大林的信——他仍然希望得到访问俄国的邀请。

伊达在纽约河滨路 42 号租了一间大公寓，临近哈德逊河。她鼓励父亲去做唯一能让他从绝望中走出来的事：出版贝拉的回忆录。伊达的婚姻即将破裂，米歇尔经常不在。而在那一年的照片中，此时的父亲和女儿面容悲伤、神情呆滞，他们带着一种夫妇般的亲密靠在一起，仔细阅读着贝拉献给他们的意第绪语文字。"我是为你写的，"她对夏加尔写道，"我们的城市，对你来说比对我更珍贵。当你全心全意去理解的时候，你会明白我说不出来的那些话。让我担心的是，我们的小女孩——她只在生命的第一年在我父母的家中度过——是否会理解。但愿她能理解。"对于夏加尔来说，那些残缺的笔记、那些杂乱的章节——他的想法是按照犹太人的年份来整理它们——让他产生听见了贝拉声音的错觉，也让他再次看到了自己的童年世界。她去世后，他第一次创作的作品是为贝拉的传记所作的 25 幅插画，大都不过是些粗略的轮廓，轻快的节奏与贝拉的文字相辅相成，赋予了其生命。这是他们的最后一次合作。夏加尔

夏加尔，《初次见面》封面画。这幅画将他和贝拉描绘成
一对年轻夫妇：他为贝拉去世后出版的回忆录所作的插
画，成了他们最后的合作

开始将妻子的传记凝入绘画之中，描绘出她还是个小女孩时的样子：在犹太澡
堂里，她那浓密的黑发从光背上滚落下来；或是坐在那里全神贯注地读着书，
书里有一座巨大的长着翅膀的旧式大钟，飞翔在维捷布斯克的上空。在接下来
的几年里，他继续画着这些插画，一直画到了他们在桥上相遇的场景，以及贝
拉年轻时与他在画架前，彼此的脸交织在一起的场景。第一卷名为《燃烧的灯
火》，详细描述了贝拉的童年，出版于 1945 年；第二卷名为《初次见面》，出
版于 1947 年。

伊达向母亲致敬的举动，是把意第绪语原文翻译成法语，并于 1948 年以
《灯光亮起》为名在法国出版。1945 年年初她便恢复了精力，渴望回到巴黎。
在接下来的几个月里，她和米歇尔沉浸在战后爆发的活力和乐观情绪中：米歇
尔作为美国之音的记者，"总是急急忙忙地进进出出"；伊达则融入了充满活
力的社会生活，希望自己能成为一名艺术家，雄心勃勃地制定着树立父亲名声

的计划。夏加尔向艾丁格将她描述成一个非常好的画家，除此之外幸运的是，她和她的父亲完全不同——尽管有时他会夸耀说："她不仅仅是一个女儿……她是一个真正的夏加尔！"她的朋友成群结队地涌来参加即兴聚会，有的还穿着军装。夏加尔因而开始恢复社交活动。"我记得河滨路上的一间公寓里，来来去去的人很多，除了英语之外，每个人还会讲法语、德语、俄语或意第绪语。"此时在一个聚会上拜访过他的爱德华·罗蒂提写道。参加过这些聚会的人，还包括伊万、克莱尔·戈尔、奥西普·扎德金以及《半球》杂志的编辑阿兰·博斯凯（Alain Bosquet）。在一次这样的聚会上，客人们回到画室后，餐厅里传来一声巨响。"马克缓缓起身，'没关系，只是《牲口贩子》。我昨天把它挂了起来。'这幅画摔出了一个很大的裂缝。伊达咯咯地笑着说，如果是别人把这幅画挂起来的，就会有麻烦了。"

米歇尔听说他的父母也在法国的战争中幸免于难后，便接受了前往欧洲的无线电广播任务。此时又传来一个好消息，他的叔叔奥西普（Ossip）和阿姨利娅·伯恩斯坦（Leah Bernstein）都还活着。他们有夏加尔在巴黎的家的钥匙，而且在1941年，他们冒着危险拯救了保存在那里的画：他们用马车把这些画运到安德烈·洛特在勒·兰西（Le Raincy）的家，让这些画安然度过了战争。夏加尔无法不被这个消息打动。2月，他收到了曾在戈尔德访问过他的法国艺术评论家让·格伦耶（Jean Grenier）的来信，并回信说："我此时非常痛苦。我失去了意味着一切的人——我的眼睛和灵魂。如果我能继续创作和生活，那是因为我希望很快再见到法国和法国人民。现在，法国的重生便是我的幸福所在，这是我从未怀疑过的。如果没有这种确定性，一个人怎么能生活下去呢？"

随着消息从欧洲涌入——无论是好消息还是坏消息，解放与胜利的消息，奥斯维辛集中营和达豪集中营被揭露的消息——夏加尔越发想念贝拉，因为之前他总是和贝拉分享相关的消息。1945年5月8日，夏加尔庆祝了欧洲胜利日；6天后，他给奥帕托苏写了一封信：

> 尽管我对作品有许多想法，但是对展览——我仍然沉浸在（贝拉）的想法中，她对意第绪艺术的态度是多方面的。在我看来——

无论我在哪里散步或旅行，我都会在路上掉到坑里。我必须治好自己的病。

如果她可以的话，她会对我说：让我安息吧。

对夏加尔来说，求生的本能与他作为艺术家的动力密不可分。春天到了，他把油画从墙上取了下来，试探性地向画油画迈出第一步。尽管在一张穿着贝拉给他买的格子衬衫站在画架前的照片中，他的表情仍然显示出一种即将崩溃的情绪状态。"爸爸在创作；在经过了一段很难克服的中断后，他又开始创作了。你知道，他是如何只有在妈妈在的情况下，在她的悉心帮助下才能进行创作的。"1945 年 3 月，伊达写道。

夏加尔，摄于 1945 年

过去在别的国家，当到达一个新的地方时，他只有一种恢复创作的方式：重温过去，在新的环境里对过去进行改变。1945—1948 年，夏加尔的画作脱胎于他在法国时便已开始但未完成的几幅大型油画。这些作品被带到了美国，此时的他对这些油画进行了剪裁或修改。他用一些以前从未有过的美学动机对这些充满抱负的油画进行了修改。但促使他行动的根本动力，是贝拉对这些作品很熟悉，他知道她对这些作品认可或保留的意见。因此，她的声音仍然在他的脑海中回响，进行着引导和鼓励。如果没有这些声音，他根本不可能回到画架前。

《丑角》是他着手的第一幅作品，这幅画的宽度超过 3 米，来自他 20 世纪 30 年代的"马戏团系列"。这幅画里充满了典型的夏加尔式形象——新娘、新郎、乐手和杂技演员、长着翅膀的羊头人、带着犹太律法书的飞行犹太人、花束、维捷布斯克的小屋和圆顶教堂、蜡烛和俄式茶壶——其主题可以追溯至他作于莫斯科的壁画，似乎是他和贝拉的世界的重现。虽然构图混乱，但这幅画的焦点是年轻的贝拉的半身像，她穿着精致的玫瑰色衣服，拿着一把扇子；夏加尔首足倒立地出现在画面上，让他上方的玻璃球更为显眼——里面画有维捷布斯克的风景。

夏加尔把画面切成了两半，将地球作为左半部分的中心，命名为《在她身边》，右半部分则为《婚礼上的蜡烛》。这两幅新作品都经过了过度的渲染，画面气氛阴郁而紧绷，热闹的场面中透露出哀伤。《婚礼上的蜡烛》包含着长着翅膀的羊头人，但其着重点被转移到了婚礼队伍上，那种阴郁、压抑的着色，让人联想到他 1909 年的《俄罗斯婚礼》。然而，这一场景是由一个带有燃烧蜡烛的巨大枝形吊灯照亮的——大概寓意了贝拉的《燃烧的灯火》。在《在她身边》里，1933 年生气勃勃、亭亭玉立的年轻贝拉，成了一个令人极度哀婉的形象。画面中，她和倒立的夏加尔比原始的版本离得更近，拥抱着他们共同的回忆——维捷布斯克的风景。两幅作品中都弥漫着渐渐消失在夜色中的黄昏的深蓝。"当然，我在创作。我只是不知道创作的成果如何。因为现在的夏加尔仍跟在画中的他一样——头脚颠倒。"夏加尔 7 月告诉奥帕托苏夫妇，当时他正专注于《在她身边》，并补充道，"现在的夜晚太难熬了，我只能爬上床去，忘掉自己。"

这两幅画在构图上既不稳定，也无法结合在一起，两者——尤其是模糊不清的《婚礼上的蜡烛》，所描绘的形象如同朦胧的回忆一样遥远，轮廓毫无清晰可言——均预示着夏加尔作品的问题，在失去了贝拉之后困扰着他的余生的问题：他所描绘的物品、人物和风景，都失去了原有的灿烂个性和独特形式，以及过去让他笔下的形象图腾化的能量。他作品原有的特色，同他与俄国的联系，以及同他从所保持着的俄国犹太人的生活方式中获得的灵感，都是密不可分的。跟几乎所有20世纪的俄国艺术家一样，他在永远离开俄国之前，完成了最伟大的作品。康定斯基、拉里欧诺夫、冈查洛娃和其他许多人，一旦永久离开俄国，便陷入停滞或枯萎。与他们不同的是，夏加尔在离开俄国后的20年里，一直在努力地、创造性地描绘着俄国犹太人的主题。在20世纪20年代和30年代，他仿佛通过贝拉坚实的存在和坚定的性格，继续从生活中观察或感受着俄国。然而，她一去世，通往家乡的生命线就断了，在他回想逐渐消逝的记忆时，画中的人和物的清晰度便消失了，取而代之的是闪烁着的色彩迷雾。但这种抽象化的倾向并不能掩盖日益明显的薄弱——他不过是在形式上做着改变，因为从长远来看，他的记忆已经滑入了感伤的怀旧之中。此时的夏加尔被指为只是在模仿自己以前创造的形象，这种指责是对的。他1944—1948年的画作，显示了这种艺术性被淡化的开始；从构图上来说，其中许多作品依附于他过去未完成的大型油画，如同夏加尔一样分崩离析，沉浸在失去幸福所带来的狂怒、沮丧和孤独中。

夏加尔象征性地将日期标注为"1933—1944"的《致我的妻子》，几乎是这些问题的集中呈现。年轻的贝拉裸体躺在一张红色的长沙发上，摆出提香画中人物的经典姿态；她的身体栩栩如生，但周围那些著名的形象——新婚夫妇、带翅膀的钟、带烛台的驴、俄国村庄——却模糊不清，无法从他已朦胧的记忆中再次清晰。《黑手套》始于巴黎，是一幅贝拉在夏加尔的陪伴下坐在他的画架前的新娘画像，也是一幅令人困惑、悲伤莫名的画：在维捷布斯克街道的上方，这对夫妇融合在一起，他的手臂环绕着他们所共有的、乳房饱满的身体，被白雪覆盖着，如同被透明的面纱覆盖着一样；他的调色板挡住了她拿着扇子的手，画架的一部分变成了一座时钟（隐喻他停滞的艺术？），贝拉另一只戴着手套的手孤独地留在雪地上，拿着一本书。

在 20 世纪上半叶离开俄国的俄国艺术家、作家或作曲家中，没有一个人能够完全摆脱风格停滞的问题。作家尼娜·伯贝罗娃（Nina Berberova）20 世纪 20 年代在柏林说的"我们的悲剧在于，我们无法在风格上进化"，代表了所有人的心声。而夏加尔 20 世纪 40 年代末，"经常思考这种强大的遗产是否会无限期地滋养他"。在作家们中，只有纳博科夫通过改变语言的激进举动，在流亡中创作出了杰作《洛丽塔》；他在 1945 年加入美国国籍的举动，是一种永不回头的意图的声明。没有贝拉的陪伴、个人兴趣更为复杂多变的夏加尔，为了战胜同样的问题，不得不接受一个几乎同样巨大的挑战：1944 年后，接下来的 40 年里，他不再在画架前力求创新，而是凭借非凡的智慧在彩绘玻璃画、壁画和戏剧布景中，找到了一种充满活力的新语言。这种戏剧风格，是他作为一名艺术家的救赎。尽管他最早的作品——1908 年的《死者》——受到的是梅耶荷德的舞台剧的启发，但是美国，成就了他战后作品的不朽。

在这种背景下，从《在她身边》和《婚礼上的蜡烛》开始，他 1944—1948 年的画作即为过渡性作品。夏加尔选择肢解或重新创作他最大的、构图上最有问题的油画，将目光投向贝拉，同时也投向教堂和剧院的大规模绘画项目。他不久前为《阿列科》做设计的经历起到了作用。1945 年，他被邀请为在美国芭蕾舞剧院上演的《火鸟》做设计，做完的豪华舞台布景对他的架上绘画产生了决定性影响。他从未满意过的 1937 年版的《革命》——这种矛盾心理在他与俄国痛苦的关系中刺痛着他的心——在此期间被一分为三，画面上原有的列宁形象，被具有夏加尔特色的钉在十字架上的基督取代。他还将注意力转向了第二幅名为《丑角》的巨幅油画，这幅画的年代被象征性地标注为"1922—1944"，具有一种回忆的性质：画面上，有他作于莫斯科的壁画中的那些作家、音乐家、杂技演员和舞蹈演员的形象，甚至夏加尔本人也被一个农民抬上了"舞台"。这些年来，最能说明夏加尔走向剧院的，是问题重重的《坠落的天使》（1923、1933、1947 年）的完成。在美国最终完成的这幅画，变得如同一出戏剧的场景：外形参差不齐的红色天使粉碎了戏剧般的黑暗，表情惊惧的那些夏加尔式的戏剧形象（拿着犹太律法书的拉比、被钉在紫色十字架上犹太人、拉小提琴的牛、拿着拐杖的绿脸犹太人）分散在画布的边缘。1923 年在巴黎逃离俄国革命暴力的经历，启发了这幅生涩的、不和谐的油画的创作；

1933 年，为了回应纳粹的威胁，他修改了这幅画，让天空变暗，节奏变紧；现在，这幅画涵盖了 1939—1945 年的全球性事件，但最重要的，是他自己的流亡——失去了贝拉，远离了他们年轻时的世界。坠落地球的天使，必须找到一个身份：现在，他的身份是什么？

***

1945 年 6 月，这些油画中的第一幅《在她身边》还处于画架之上。当时，因夏加尔的各种要求以及自己的婚姻问题而疲惫不堪的伊达，在度假的时候四处找人来照顾她的父亲。贝拉死后不久，在她自身的生活状况并不稳定的情况下，父女的情感关系，也因伊达要求继承母亲的部分遗产或等价画作而变得复杂。夏加尔认为这些要求是不可容忍的，但法律站在伊达一边，他们在纽约的朋友中的两位律师路易斯·斯特恩和伯纳德·赖斯（Bernard Reis）——均是夏加尔作品的收藏者——小心地支持着伊达。他们之间发生过多次大声的、厉害的争吵，夏加尔一度试图向伊达扔椅子。在又一次口角后，他们的女管家也离开了：夏加尔仍然一句英语也不会说，而当他以绘画的形式向她表示自己想要什么时，她又无法理解。

当他重新开始创作时，当他从麻痹的绝望中恢复过来时，他便开始寻找一个会照顾他、并成为他的性伴侣的女人。传统犹太人在配偶去世一年后的独身期还没有结束，他便要求布什·迈耶 - 格拉菲搬进来。她拒绝了他：靠出售迈耶 - 格拉菲的画为生，她有独立的能力；并且她足够聪明，意识到追随贝拉的脚步只会让她崩溃。作为迈耶 - 格拉菲的妻子，她知道嫁给一个有着巨大自我、声名卓著的上了年纪的男人，会有些什么样的坏处。

然后，在中央公园，伊达的一个朋友遇到了一位颇有文化的年轻英国妇女，她有一个孩子，正处于艰难时期，需要一份工作；她的苏格兰丈夫约翰·麦克尼尔是一名失败的画家，患有抑郁症，无法创作。当她来到河滨路 42 号为他们补袜子——这是贝拉没能教给女儿的几项实用技能之一——的时候，伊达让她为自己当模特儿，为她画了素描。

伊达看到一个非常高、非常瘦的 30 多岁的女人，腰板挺直，长着一张长长的脸，又长又直的棕色头发颇为稀疏但修剪得整齐而有形，神情犹疑。她 5 岁的女儿留着同样的发型，端庄地站在她身边，看上去就像母亲的缩影。他们形影不离，因为琼（Jean）不能单独留在脾气捉摸不定的父亲身边。

弗吉尼娅凝视着伊达，看到"一个漂亮的女人，一头浓密的金色带红的鬈发，如同提香笔下的花神，蓝绿色的眼睛，有夏加尔式的完美笑容，牙齿也同样完美"。

> 她说起话来姿态优雅，走起路来步履轻盈。她的一些画挂在四周的墙壁上。这些精致而飘逸的画，似乎谦虚地闪耀着真诚的信念。她的头顶上挂着她父亲的一幅大画（作者注：《维捷布斯克上空的裸体》），画的是她赤裸地躺在白色的帷幔里，飘浮在维捷布斯克的上空的场景。我想，她能在夏加尔的画下进行创作，真有勇气。

《牲口贩子》挂在餐厅里；公寓里还挂有他俄国时期的别的作品和一幅巴黎时期的作品：《俄罗斯婚礼》《画室》。壁炉上方高高的石头壁炉架上，放着夏加尔最喜欢的、贝拉还是个年轻女孩时的照片，"苍白的鹅蛋脸，大大的眼睛，乌黑的头发扎在脑后"。

弗吉尼娅是一名英国外交官的女儿，她的父亲戈弗雷·哈格德（Godfrey Haggard）曾被派往法国，然后被派往美国。她解释说，她曾于 20 世纪 30 年代在巴黎的一个大使馆招待会上见过夏加尔。她出生在巴黎，曾就读过许多艺术学校，包括夏加尔 20 年前就读过的大茅屋艺术学院；她还认识贾科梅蒂、米罗和马克斯·恩斯特。后来，她抛弃了自己的特权背景，与父母决裂，将自己交给与她有共同的共产主义情结、没有谋生能力的画家丈夫。她的法语说得很流利。伊达当场雇用她做新管家，并把弗吉尼娅领进画室——那里的亚麻籽油和松节油的气味，让她回想起了自己在艺术学校的日子。在巨大的植物盆栽群中，一个男人移动的身影和亚历山大·考尔德所作的山羊头（贝拉死后这位艺术家送来的礼物）在大窗户上优雅地晃荡着，透过窗户可以看到闪闪发光

弗吉尼娅·麦克尼尔

的哈德逊河。夏加尔向弗吉尼娅致意时，脸上带着她在巴黎见过的灿烂笑容，"但他的眼睛失去了一些光彩，显得雾气迷蒙，里面闪烁着蜡烛一般的光亮。他那柔软的、毛茸茸的灰白头发像小丑的假发一样分成三簇……他点头表示同意……回到他的画架上。他脚步轻柔，步子很小，结实的身躯柔软而轻盈。他穿着一条松垮的裤子和一件带有多色条纹的短上衣，领口敞开着"。

接下来的几天里，她看着他努力创作《在她身边》："他在创作的时候脸上紧张而痛苦。他似乎很愤怒，好像想把什么东西重新放回和贝拉一起消失的世界。"在女儿的陪伴下，弗吉尼娅打扫了伊达的房子；见到一切平和有序，伊达便放心地离开了。

夏加尔和弗吉尼娅很快就成了恋人。夏加尔告诉她："是贝拉派你来照顾我的。在萨斯基亚死后，伦勃朗有亨德里克·斯托菲尔斯（Hendrickje Stoffels）带来安慰；而我有你。"弗吉尼娅年轻、漂亮、友好、思想开放、举止优雅——夏加尔只会被中上层女性吸引——而且很容易得手。根据她的描述，她几乎立刻就开始和他调情，问他为什么在纽约这么闷热的夏天却不脱掉衬衫。"'因为我的胸部有很多毛。'他说。'但我喜欢毛茸茸的胸部。'我告诉他。"对她来说，是选择一个在精神上折磨过她的可怜虫丈夫——她声称自己已经有 5 年没和他睡过觉，还是一位世界上最著名的、最有魅力的画家——生活在河边大道的富贵环境中？不言而喻。这段恋情始于卧室里的偷吻，而琼则在画室里跑来跑去。他们对两个女儿都守口如瓶。琼被送进了当地的一所幼儿园；在伊达面前，弗吉尼娅继续用正式的"夏加尔先生"称呼她的新情人，并待在厨房里。7月，在夏加尔58岁生日的一个小聚会上，伊达亲切地邀请她进来喝一杯伏特加。但她感觉到了他们的亲密关系，或许还很高兴这给她带来了喘息的空间。那年夏天，她在长岛的萨格港为自己和夏加尔租了一所房子，并请弗吉尼娅和琼与他们做伴。

房子里有几个很大的铺着旧地毯的房间，有一段橡木楼梯，还有一个把所有卧室连到一起的宽大阳台。这样，弗吉尼娅晚上就可以很容易地从自己的房间溜到夏加尔的房间里。有一次琼醒来，发现母亲不见了，吓得尖叫起来。弗吉尼娅跑回房间的时候，伊达正好从她的房间里出来，两个年轻的女人尴尬地撞到了一起。明面上，弗吉尼娅仍然是管家和厨师，但当她把汤的味道调得太浓时，夏加尔的女婿米歇尔对着厨房喊道："他们说，当一个人在食物中放了太多盐时，就意味着这个人恋爱了！"还有一次，弗吉尼娅在短暂地返回曼哈顿看望丈夫后，回到萨格港时浑身粘满了紫色的粉末，那是被人从火车车窗中扔到她身上的。伊达坚持要在浴缸里帮她用海绵擦洗。"你真美。"伊达不禁由衷地说道。在海滨的野餐会上，琼在海边跑进跑出地踩着浪花的时候，这两个女人谨慎地开始了友谊。她们的年龄仅相差1岁，有很多共同点——两人都处在婚姻的危机时刻，都有过当画家的梦想，但也有很大的不同。"伊达对我很好，但我们的关系注定是微妙的，"弗吉尼娅写道，

> 我钦佩她坚强的个性、卓越的才智，以及幽默感，但她让我感到不自在。有时她会盯着我看，直到看得我面目全非、满脸通红。她富有魅力，十分迷人，但我不知道她心里的真实想法。我笨手笨脚的，不爱说话，很拘谨；她则很情绪化。马克避免谈论我，伊达也很谨慎。

但当弗吉尼娅受到丈夫的质询并承认后，这个秘密在纽约散布开来。她的丈夫威胁说要自杀，于是她从萨格港打包离开，暂时离开了夏加尔；几天后，又回来了。在这来来回回的过程中，她都把困惑的琼带在身边。伊达感到烦躁不安，很快就离开了，只剩下这对新恋人。

那年夏天，夏加尔正在为《火鸟》做设计，这出戏将于秋天在纽约上演。这个项目，让他回到了最早的艺术社交圈里。1909 年，迪亚吉列夫曾委托年轻的斯特拉文斯基为俄国芭蕾舞团作曲，由福肯编舞；夏加尔的老朋友、老对手巴克斯特，以及贝诺伊斯，在作品的构思中发挥了重要作用。这部作品改编于一个俄国民间故事，讲的是一位公主被魔法师囚禁，一位王子在一个被施了魔法的、危险的火鸟的帮助下解救了她。1926 年，迪亚吉列夫委托夏加尔在俄国的另一个竞争对手娜塔利亚·冈查洛娃制作新的布景。因此，当斯特拉文斯基在 1945 创作了一个新版本的曲子并由阿道夫·博姆（Adolph Bohm）编排时，夏加尔的设计师地位意味着他与两位竞争者扯平了——这是一件令人满意的事情。

外界带来的新的刺激正是他需要的。而《火鸟》，是贝拉死后他忘我投入的第一个项目。在俄罗斯文化的浸润下，他又回到了曾为他们所共有的世界——然而，当他与弗吉尼娅并肩工作时，他对这个火热的爱情故事所做的设计，又受到了自己新鲜的风流韵事的影响。最初的"火鸟"扮演者塔玛拉·卡萨维娜在 20 世纪 50 年代告诉她的舞蹈编导玛戈·方廷（Margot Fonteyn），这是她跳过的最累的芭蕾舞。在这个叛逆的、难以驾驭的火鸟面前，她必须忘掉自己的优雅。芭蕾舞剧的激情呼应了夏加尔的情感波动。他仍然在哀悼；但在经过了 30 年的婚姻后，他也从遵从贝拉那极高的期望，以及对俄国犹太乡愁的沉浸中获得了解放，与一个比他小 28 岁的年轻非犹太女子开始了冒险的两性关系——她比他高，她的出身、价值观和信仰体系对他来说是完全陌生而兴奋的。

夏加尔此时写的一首诗，既是写给"我逝去的爱"的，也是写给"我新发现的爱"的。那幅以 1940 年的自画像草图为基础的油画《城市的灵魂》完成于 1945 年，表达了他的自我分裂：对贝拉的怀念和对弗吉尼娅的迷恋。画中的他自己有两张脸：一张脸面向画架，画架上有一幅耶稣被钉在十字架上的画；另一张脸则面向两个女人。这两个女人，其中之一是穿着婚纱的贝拉，像巨大的白色火焰一样用力俯冲下来；另一位是弗吉尼娅，一个怀抱着公鸡的、棕色头发的真实女人。天空是阴沉的灰蓝色，街道和房屋似乎被蒙上了一层面纱，但整个画面都被贝拉盘旋着的长长婚纱的活力及其明亮的白色主宰。在接下来的一年里，《带挂钟的自画像》重现了这种情绪。夏加尔把自己描绘成一头拿着调色板的红色奶牛；依偎在他身上的，是他肉体层面的情人，一个被拉长了的、蓝绿色调的弗吉尼娅；而画架上的那幅画描绘的是在维捷布斯克的背景中，让他感到痛苦的、精神层面的另一个自我：被新娘装扮着的贝拉拥抱着的，钉在十字架上的耶稣。

弗吉尼娅还记得，1945 年夏天，在一间房间有三扇可以眺望长岛海湾窗户的大卧室里，夏加尔听着斯特拉文斯基的音乐，狂热地勾勒着。她看到一个展翅飞翔的鸟女郎出现在青蓝的天空中，在洒下一圈金光后变成了一只鸟；天空中正在举行一场婚礼，婚礼上有许多爆裂的蛋糕和红色、黄色的蜡烛。"你一定是恋爱了！"当奥帕托苏看到夏加尔为《火鸟》所做的设计时，对他说道。

该剧于 10 月在大都会歌剧院开演。伊达像贝拉为《阿列科》所做的那样，监督着服装的制作；弗吉尼娅则在帮忙缝纫。跟《阿列科》上演时一样，夏加尔独断专行。"在我看来，布景上的一切都需要包装、描绘，如同人脸一样。"他告诉一位记者，"这就是为什么我不能只做舞台设计，也（必须）做角色的服装设计。在芭蕾舞剧中，一切都必须和谐，成为一个整体。"当伊达在给舞者们穿衣服的时候，他直接在他们的服装上涂抹着颜料、分解着某个线条、增强着某种调性。其结果，又是一次单单属于夏加尔的胜利。"夏加尔的布景设计抢走了风头。"约翰·马丁在《纽约时报》上报道说。埃德温·邓比写道："马克·夏加尔为新版的《火鸟》所做的布景设计，是送给这个季节的一份美妙礼物，如同送给孩子的绝佳的圣诞礼物……

它是温暖的，它是闪烁的；它是动人的，它是美丽的；观众们的眼睛如同游走在童话故事的奥妙和光辉之中。你可以在空中飞翔，你可以窥视神奇的森林，你可以看见住在龙身体里的人。一个人坐在它面前，沉浸在天真烂漫的魅力之中，看着布景的点点滴滴和服装设计，而管弦乐队却未能很好地表现出斯特拉文斯基的优美迷人，而且，唉，马尔科娃、多林（Dolin）和芭蕾舞团的成员们则在四处游荡、跳跃、互相举起，或只是像歌剧合唱团一样无休无止地站立

在那里，等待着高潮的出现。舞台上的舞蹈已被人忽略……夏加尔
舞台布景艺术的魅力已让我的心情非常愉悦，我对可怜的舞者们不
得不执行的愚蠢动作并不感到愤怒……这个舞台布景真是一件精美
的艺术品。

夏加尔和伊达出席了开幕式。然后，伊达结束了婚姻，离开了河滨路，
和朋友们待在一起。米歇尔继续住在那所公寓里，夏加尔邀请弗吉尼娅和不明
就里的琼搬了进来。琼总是眼泪汪汪，有各种各样的要求，很快便激怒了夏加
尔——他发现即便在情况最好的时候，孩子也很难相处——以及米歇尔。琼记
得有一次，那时她刚感到自己与夏加尔有了亲密感，他带她出去散步的时候，
一只大狗扑了过来，尽管自己也害怕狗，他还是把她抱在怀里，让她感到了安
全。但她的愿望很快就破灭了。弗吉尼娅毫不犹豫地回应了夏加尔的不安，将
琼送到了新泽西州的一所寄宿学校。不久，她宣布自己怀孕了。

当夏加尔在尽力减轻自己的孤独感的时候，是很难考虑到这一点的。1 年
前，他还与贝拉处于婚姻之中，他们共同经历了半个世纪的俄国犹太人的生
活。而此时，在他 58 岁的时候，他和一个他几乎不认识的、他几乎没有选择
过的英国非犹太女人，带着两个孩子，一起梦游般地进入了家庭生活。他被吓
坏了：一想到这个婴儿，他就无法面对。他无法面对弗吉尼娅，他无法面对伊
达或朋友们对贝拉理想化的回忆。弗吉尼娅去了乡下，在纽约州东南部的沃基
尔镇待了两个星期，回来后决心生下这个孩子。她拖着夏加尔去见一个看手相
的人，后者预测她会有一个男孩，并建议她彻底离开原来的丈夫。夏加尔的想
法渐渐发生了转变。他很脆弱，又相信宿命。他的本能之一，是确保自己会得
到照顾。因此，抓住弗吉尼娅，比放手让她离开要容易得多。但他规定，如果
她要和他待在一起，就必须牺牲琼，让她去读寄宿学校。弗吉尼娅带着琼去向
琼的父亲告别，但发现他们以前的公寓内已空无一人：麦克尼尔在门上留了
一张便条，坦承他无法面对告别。孩子的毛绒企鹅和两只泰迪熊坐在椅子上，
而"琼突然意识到了自己有多悲伤。她知道再也见不到父亲了，发出了令人心
碎的哀号。她一路伤心地抽泣着回到了河滨路"，弗吉尼娅回忆道，"许多年
后，我跟她谈起这件事，但她什么也不记得了。这件事，已深深地刺进了她的
潜意识"。接着，被夏加尔改名为"吉尼亚"（Genia）的琼——因为这个名字

听起来更像俄国人——被送回了学校，而弗吉尼娅——现在叫"弗吉尼契卡"（Virginichka）——成为夏加尔事实上的妻子，开始了新生活。麦克尼尔拒绝签署离婚协议，但签署了一份文件，声明他不是她未出生的孩子的父亲。

夏加尔很尴尬，不敢公开他的新恋情，也不敢将怀孕的事告诉伊达。由于害怕爆发丑闻，在接下来的几年里，他一直对这段关系保持谨慎。弗吉尼娅被派回沃基尔镇，去找一个可以隐姓埋名的乡村的家。1946 年 3 月，夏加尔在罗森代尔附近的海福尔斯，花 1 万美元买下了"一座简易的带纱窗的木头房子，旁边有一棵极大的梓树。房子前面有一个长满草的山谷；房子后面的地势上升，直至一个参差不齐的岩石山脊，在那上面可以俯瞰一个树木繁茂的峡谷；房子的旁边是一间小木屋，这让马克立即入了迷——这使他想起了俄国的小木屋"。只有奥帕托苏夫妇被告知了他和弗吉尼娅搬迁隐居的真正原因。不过皮埃尔·马蒂斯很快就发现了这一点，他在接下来的两年里每隔几个月就会来这里一次以挑选画作。夏加尔拒绝承担任何责任。"如果事情的发生与我无关，是'为了我'而发生，我该怎么办？"他向奥帕托苏夫妇问道，不过他又尖锐地说明，"房子外面的小屋里，将会有一间单独的画室。"他在这里创作的第一幅作品：受流亡出版商库尔特·沃尔夫（Kurt Wolff）委托所作的《一千零一夜》的水粉插画，表明他从难以处置的家庭生活状况逃离到了一种高度的奇异幻想之中。夏加尔选择了关于失去的爱、团圆和死亡的故事。在《火鸟》童话般的东方风格的影响下，他创造出了一个光辉灿烂的世界，充满了神奇的画面——乳房幻化成闪亮的乳白色月亮，鱼长出了角或驴头，美人鱼的长发与海藻融合在一起——就像《一千零一夜》令人着迷的情节变换一般。该作品出版于 1948 年，被公认为 1950 年前美国最伟大的彩色平版印刷作品。

夏加尔做出了一定的努力，鼓励弗吉尼娅皈依犹太教——只有母系血统是犹太人，孩子才能被视为犹太人——她也顺从地请求阿黛尔·奥帕托苏（Adele Opatoshu）进行帮助。但是伊达嘲笑了这个想法，于是这件事不了了之。看手相和玩塔罗牌对弗吉尼娅的吸引，比任何宗教都要强烈。她不是一个需要寻求精神归属感的人。事实上，正是她压抑任何困难或矛盾的能力，才能让她与焦虑的夏加尔的关系得以如此轻松而迅速地发展。她毫无疑问地接受了自己的地位，置身于夏加尔对贝拉的回忆的阴影之中。"夏加尔，"她写道，

"经常和我谈起贝拉。他相信她的灵魂生活在某个地方，在监视着我们。他说，我必须努力赶上她的步伐。不用说，我觉得那是不可能的——贝拉是一个圣人。"从一开始，她如同他的母亲一般对他有求必应；在她看来，很明显"他的母亲仍然是他生命中的核心人物"，曾经的贝拉也是母亲的角色，伊达也将母性的本能施加到了她的父亲身上。他们的许多照片显示，弗吉尼娅都在保护性地靠向夏加尔，很少看着镜头，而是紧张地观察着他，观察他是否得到了满足、是否有压力、是否有需求。而在此时，她的女儿正在寄宿学校里饱受煎熬。后来，琼认为，弗吉尼娅对虚弱或生病的男人的呵护和照顾——夏加尔不是最后一个——是为了弥补她对自己的孩子的母性缺失，一种由于她自己童年的凄凉导致的不健康的本能——当时的她自己也被迫去寄宿学校上学，常常好几年见不到父母一次。她与父母的糟糕关系，让她本能地为夏加尔担忧——也让夏加尔身边的犹太朋友们认为"非犹太人都很冷漠"的偏见得到了证实。后来，他称她为"冷美人"——并坚持要她和他们和谐相处。

在画室和厨房里，弗吉尼娅专心致志地顶替着贝拉：为他绷画布，整理画作，以及在夏加尔创作时大声朗读。因为她无法朗读俄国经典作品，他更喜欢让她读艺术家的传记，尤其是戈雅、高更和凡·高这些他认为和他一样不幸的艺术家。她徒劳地试图烹制夏加尔所描述的那些俄国菜肴，却不知道该如何制作。虽然她关于艺术的知识很渊博，但却没有贝拉那样的庄重。奥帕托苏夫妇对弗吉尼娅很好，她也将他们当作父母一样尊敬，但他们向夏加尔指出，她的书读得不多；她也缺乏贝拉那种待人接物的才能。当她被迫在谈判中扮演角色时，结果可能会显得极其不会处事。例如，为了买一个预计售价为 200 美元的书页铅版，她曾在一封信中向非常富有的收藏家路易斯·斯特恩要 1000 美元。（"你知道的，有银行的账单需要支付……他想向你要 1000 美元，希望你不会认为太多了。"）

另一方面，伊达继承了贝拉巧妙地处理生意和友谊之间的关系的能力。她投身艺术界，打理着夏加尔在这个舞台上的角色，而皮埃尔·马蒂斯则成了一个被动的角色。夏加尔时而待在海福尔斯，时而待在河滨路。米歇尔去了法国，伊达搬了回来。夏加尔和伊达在公开的场合，掩盖了在貌似团结的阵线背后持续爆发着的遗产冲突。"我想好了，贝拉不在后，我认为应该给（伊达）

一些我曾想'保留'的油画。"夏加尔平静地（在伊达本人用英语执笔的一封措辞谨慎的信中）给芝加哥艺术学院的丹尼尔·卡顿·瑞奇写道。从 1946—1947 年，她的精力消耗在两次大型的回顾展上——自 1933 年在瑞士巴塞尔的展览以来，他再也没有举行过回顾展——这两次回顾展将使夏加尔战后的名声更为卓著：一次是由詹姆斯·约翰逊·斯维尼策划的，1946 年 4 月在纽约现代艺术博物馆开展，当年秋天转移到了芝加哥艺术学院；另一次是让·卡索策划的著名展览，当时被预定为 1947 年巴黎现代艺术博物馆重新开馆的首次展览。

在一个正在走向抽象主义风格的美国，纽约现代艺术博物馆展会上的 144 件作品无可避免地表明，夏加尔的艺术在当时的潮流中逆流而上。斯维尼指出，夏加尔在一个逃离情感的时代里，却在不断地从情感中汲取着灵感，用诗意的题材进行着描绘。展览非常受欢迎，而且在伊达的交涉下，芝加哥艺术学院从夏加尔手里买走了《白色十字架》。1945 年，纽约现代艺术博物馆曾从比利时布鲁塞尔的收藏家勒内·加夫手中买下了《我与村庄》。但不可避免的是，夏加尔和巴黎画派的其他人一样，似乎代表着一个悠久传统的终结，而不是任何新事物的起源。当年，他的朋友廖内洛·文丘里出版了一本名为《绘画与画家：如何看读懂一幅画——从乔托到夏加尔》的书。

夏加尔本人在现代艺术博物馆和芝加哥艺术学院都相当快乐，因为他又见到了自己几十年未见过的作品。那幅不朽的《祈祷的犹太人》在这两次展览中均有出现，让他回到了 1914 年的俄国；第一次穿越大西洋参加展览的巴黎时期作品，包括《向阿波利奈尔致敬》《喝酒的士兵》，以及《孕妇》——这幅画是他在 1913 年桑德拉尔的情人费拉怀上孩子时画的；30 年后，在弗吉尼娅怀孕 7 个月，夏加尔再次见到这幅画时，一定引起了他非同寻常的注意。她没有和夏加尔、伊达一起参加这次展览那大为成功的开幕式，但几天后，她一个人去参观了展览，而且没有被人认出来。伊达发现了她离开河滨路的原因，安慰地写信给弗吉尼娅："你绝对不能因为我们之间可能存在的任何误会或不和而难过，因为这些根本就不存在。你不必为任何事情自责。爸爸感到内疚和尴尬，这是正常的，不可避免的。只有我们之间完全坦诚，才能避免误解；但这对一个女儿的角色来说很难。我希望现在一切都顺利。"然后，她动身前往巴黎，为夏加尔第二次世界大战后的第一次旅行做着准备。

5月23日，夏加尔携带大量食物，登上了从纽约出发前往欧洲的"巴西号"。此时正值弗吉尼娅分娩的5周前，而他的访问将持续到秋天：他决心错过孩子的出生和生命的头几个月。弗吉尼娅仍待在海福尔斯，夏加尔请求奥帕托苏夫妇关注她的情况。"我知道他不可能像任何一个正常的父亲那样行事，"弗吉尼娅解释道，"他显然害怕孩子的出生，因为他害怕任何身体上的痛苦。当他的某个家庭成员生病时，他会不自觉地将他恶劣的情绪发泄到生病的人身上。"他一走，琼就从学校搬到她的新家里。

夏加尔于1946年6月4日抵达巴黎，几乎是在他和贝拉离开巴黎的整整5年后。"回到法国不为别的，而是一个爱的宣言，"他告诉一位记者，"一个人重新发现法国，就像一个人重新发现自己所爱的女人一样。"虽然条件艰苦、食物仍然采取配给制，也没关系：对于1945—1946年大量涌入巴黎的外国人来说，返回巴黎就已足够。回忆中充满酸甜苦辣的夏加尔，住在伊达为他租下的3个房间里，那是艺术评论家雅克·拉塞尼在耶拿大道的房子。在他这次访问的头两天里，他徜徉在这个春天的城市里。然后，在6月6日，他像信鸽一样，向意第绪语的共产主义报纸《新闻》的报社走去。在这里，他受到了热烈的欢迎，他的演讲"献给巴黎的犹太人"，将衣衫褴褛、贫穷的犹太人比作伦勃朗绘画中的伟大人物，并发表在这份报纸的某期"夏加尔特刊"上。不久之后，在意第绪语文化联盟为他在鲁特西亚酒店——以前纳粹在巴黎的总部——举办的热情的招待会上，他对由集中营的幸存者和曾在法国抵抗中服役的犹太人组成的观众们说，"愿我们从倔强和受挫的精神中找到安慰，从那些向我们乞讨及为我们祈祷又离开的人身上找到安慰。因为我们犹太人不仅要和活着的人一起生活，也要和死去的人一起生活。"

3个月来，夏加尔活得如同一个分裂的灵魂：他的一半，被有关贝拉在巴黎的回忆困扰着，在破碎的欧洲犹太人群中寻找着能够倾听他的悲伤的听众；另一半，则对弗吉尼娅从美国传来的消息着了迷。他的儿子于6月22日出生在纽约，被他以弟弟的名字命名为"戴维"。他从耶拿大道向海福尔斯，寄出了潮水般的充满爱意的信件。"你还不知道我有多爱你。你很清楚我不会轻易说这些话，但是你能感觉到、你知道，你就是我的生命。"夏加尔告诉弗吉尼娅，并补充道，是命运在贝拉之后将她送到了自己身边。同时，他写信给奥帕托苏夫妇（唯一被告知了消息的朋友），请他们"以我的名义送她一朵花"：

> 好了，赶快恭喜我吧！关于她的事情很清楚。这是再自然不过的事情。而上帝为什么要这样对我，他又要把我带到哪里去呢？我是如此虚弱、如此悲伤，但我必须微笑，因为在那里，有一个小男孩来到了世上。

约瑟夫·奥帕托苏于 6 月 29 日主持了割礼（尽管弗吉尼娅尚未皈依），随后送弗吉尼娅返回海福尔斯。她曾短暂地受一位保姆的照顾，但很快便自己一个人带着新生儿，和一个嫉妒得要命的 6 岁小孩。夏加尔没能留下足够的钱来支付家庭开支、医生、洗衣房和为空房子配备新家具的费用，她只好请求奥帕托苏夫妇借给她 100 美元；与此同时，她还在为夏加尔的归来装修画室，并试图像贝拉一样，通过写作来建立自己的创作生涯。但她只会向巴黎寄去快乐的照片，带去振奋人心的消息。"你无法想象我的情感！"夏加尔看到他儿子的第一张照片后回信说道，"他看上去很好，但我很担心。他吃得够多吗？琼喜欢他吗，一个大脑袋、瘦瘦的身体？……我真为我们俩高兴。谢谢你为我带来孩子……我们将竭尽全力去爱他。"

他反复地告诉弗吉尼娅，他是多么渴望回家、看到孩子、在海福尔斯的与世隔绝中进行创作。但巴黎把他拴住了：马蒂斯、毕加索、让·卡索，以及他的展览的策展团队；沃拉尔的继承人及《死魂灵》和《拉封丹寓言》的出版事务；与一个新朋友——最近也失去了妻子的超现实主义、共产主义诗人保罗·艾吕亚——合作的一个新书项目：《长久的渴望》；还有对勒兰西的安德烈·洛特的家的拜访，以找回战争期间藏在那里的艺术品。最重要的是，经历了多年的艺术隔绝之后，在这儿他可以感受到文化的潮流。他在黑色的纸上画了大量有关巴黎的水粉画和色粉画，如同一场烟花表演，以庆祝他与这座城市的重逢；彩色的粉笔在黑色的背景上闪闪发光，就像荧光屏一样。近 10 年以后，当他的生活变得更加稳定时，他把这些图像加工成了闪闪发光的油画。如《夜》中，一对恋人和一只头朝下的红色小公鸡，在午夜城市的上空翩翩起舞；

夏加尔，《弗吉尼娅与孩子》，素描，1946 年。前景中出现了
夏加尔 6 岁的继女琼

在他们下方，是塞纳河上亮丽的大桥和闪闪发光的埃菲尔铁塔。这些场景，是战后欧洲的经典图画，色彩在黑暗中闪耀，希望在废墟中重现。在夏加尔离开巴黎几个月后，一位年轻的画商艾梅·梅格以一场名为"黑色是一种颜色"的激进展览为他的新画廊揭幕，展示了马蒂斯、布拉克、鲁阿尔和其他人在绘画中是如何使用黑色的，从而成名。梅格将成为战后时期的新画廊主；很快，他也会出现在夏加尔的家门口。

夏加尔假装不关心艺术渠道。"我吃了午餐和晚餐。我见了无数个人，没有独处的机会，"他告诉弗吉尼娅，"你知道我对'出名'没有感觉。我还是老样子。我喜欢孤独、简单的生活和你——因为你很简单、很诚实又很迷人，是我喜欢的风格。"但直到 9 月的第二个星期，他才回到海福尔斯和儿子见面。

"只有那块土地是我的 / 在我灵魂里的那块。"他在诗《我的土地》中写道，"作为一个属于这里人，没有证件，/ 我便进入了那块土地。/ 它看到了我的悲伤 / 和孤独。"这首诗是用俄语写的，后来被翻译成意第绪语。当时他在法国，正考虑着返回美国。他从来没有像当时那样为在哪里安家而苦恼过。1946 年，他在芝加哥发表演讲，礼貌地向美国表示了感谢，但却以一声为法国重生而发出的欢呼结尾。但在巴黎的一次演讲中，他赞扬了苏联的英雄们，并将自己与西方传统分离开来，向犹太观众们宣布，他唯一的愿望只是亲近他父亲和祖父的灵魂。他对弗吉尼娅说："我知道我必须生活在法国，但我不想与美国隔绝。法国是一幅已经画好的画，而美国仍然需要描绘。也许这就是我在那里感觉更自由的原因。而当我在美国进行创作的时候，就像是在森林里大喊大叫。这里没有回声。"

两年来，他忧心忡忡、惊慌失措，不停推迟他知道无可避免地回到法国。他对法国的反犹太主义持谨慎态度。（"法国人一直是沙文主义的……坦白说，我害怕和那些把犹太人送进毒气室的人打交道。"）他也害怕俄国的暴行。1948 年 1 月，所罗门·米霍埃尔斯在明斯克被杀的消息传出后，他感到震惊，并深感不安。这个事件开启了针对俄国犹太人的暴行的新篇章。夏加尔害怕欧洲再爆发一场战争，也害怕苏联获胜后把他送到西伯利亚。他享受着海福尔斯的平静（琼再次被送到了寄宿学校），并担心着弗吉尼娅在巴黎会受到的对待。他为将贝拉抛在脑后而内疚，1947 年 9 月 2 日，他和奥帕托苏夫妇一起去给她扫了墓，他知道这将是他最后一次出席她的逝世周年纪念。那个月，似乎是为了补偿，他写了一个打算在欧洲为她建立一座纪念馆的计划，那里将有她的笔记本、他为她作的画以及雅克·马利坦、艾吕亚和波朗写的有关她的文章。"你的白裙子在你身上荡漾 / 我的花未被触碰 / 你的墓碑闪烁着微光，变得潮湿 / 我变得如灰烬一样阴霾。"在准备于来年离开美国的时候，他在一首题为《贝拉》的诗中写道，"今天，就像昨天一样，我问你 / 你是留在这儿，还是跟我走？"1947 年主要的油画作品，是喧嚣而野蛮的《剥皮的牛》，这也是始于 20 世纪 20 年代的另一幅油画的翻版，是一幅将自己比作被钉在十字架上的牛的

夏加尔，《剥皮的牛》，布面油画，1947 年

自画像。在夜晚的犹太乡村场景中，牛的尸体是深红和朱红色的，表达了他对自己的艺术深深植根于其中的欧洲的恐惧。

法国的吸引力太强大，无法抵抗。法国的画商们争相代理他——激烈的争斗爆发在路易斯·卡雷（Louis Carré）和艾梅·梅格之间——而此时的皮埃尔·马蒂斯并没有给他带来任何新的吸引力。跟大多数欧洲人一样，他对美国的抽象主义几乎不感兴趣；无论是美国还是纽约，都没有在他自己的作品中产生过什么影响，他继续将巴黎视为艺术之都。"你认为他们从我们这里吸收了些什么？"1946 年，马蒂斯一边仔细研究着美国的杰克逊·波洛克和罗伯特·马瑟韦尔（Robert Motherwell）的画册，一边问毕加索，"再过一两代人，画家中还会有谁把我们放在心上呢，就像我们对马奈和塞尚那样？"他的朋友们，包括马利坦夫妇、戈尔夫妇和廖内洛·文丘里已经回到了家；和他一起流亡过的大部分艺术家——莱热、扎德金、恩斯特也是如此。在法国，现已离婚的伊达与希腊出版商特里亚德以及一位名叫罗伯特·维莱尔（Robert Villers）的艺术家，正与阿姆斯特丹斯特德里克博物馆、伦敦泰特现代美术馆、苏黎世美术馆、伯尔尼艺术馆联络，为夏加尔在巴黎现代艺术博物馆开展后的作品，安排一条星光灿烂的展览之路。特里亚德正在出版夏加尔插画版的《死魂灵》，那是沃拉尔未能出版的第一本书。伊达向弗吉尼娅滔滔不绝地诉说着夏加尔回国的需要："人们在等着他。他们的期望是值得珍惜的，不能轻视。他欠巴黎一个至少是表面上的回报。这就像是一份礼物，必须在正确的时间被送出。巴黎就是巴黎，美丽而腐朽，充满了甜蜜和苦涩。艺术、文学和政治斗争往往是徒劳的，但却是不可或缺的。"

然而，夏加尔甚至不愿再去巴黎——去参加他展览的开幕式。"现在，在我们这里，一切是如此美丽，已不再是犹太人的世界——浆果、虫子、鸡肉、野草——所有的一切都在对我低语：成为一个美国人，不要离开。"1947 年 7 月，他告诉奥帕托苏夫妇，"多维（Dovid，其本名"戴维"的昵称）和他的母亲一样漂亮，而她总是在笑，很开心。我为我犹太式的悲伤感到羞愧。你得听听她，听听她是如何低声谈论生活的，那么——"那封信突然中断了，如同他和弗吉尼娅的生活被意外打断了一般。1947 年 8 月，他告诉希拉·瑞比，他已经退出公众生活，因为他仍在遭受个人悲剧的折磨。尽管如此，他还是在 10 月乘上了"毛里塔尼亚号"皇家邮轮前往法国瑟堡港。他在船上写信给弗吉尼娅："你的太阳给了我生命……独自一人让我非常难过，我已经想回来了。"他的名气足以让船上的人认出他来，而且经常会有人接近他，但他太害羞了，不敢在他与人同住的船舱里脱掉衣服。他穿着裤子和毛衣睡在那里，并对弗吉尼娅没有和他同行感到遗憾。巴黎的展览及 1948 年的欧洲之旅是一场胜利，将夏加尔的名气推向了一个新的高度。德国评论家沃尔特·厄尔本在 20 世纪 50 年代写道，这次"伟大的回顾展……确立了他应得的艺术地位"。

> 他的作品在各个阶段都是非常现代的，在独创性和创造性上跟他同时代最年轻的艺术家们不相上下……夏加尔所选择的道路始终如一，这一点已显露无遗。他实现了 30 年前……他的诗人朋友卡努杜的预言：他已经成为他的时代里最伟大的色彩大师。展览还在伦敦和阿姆斯特丹进行。这些作品为一个饱受战争创伤之苦的世界树立了艺术和道德榜样。

在 1948 年 5 月的威尼斯双年展上，欢呼还在继续：夏加尔在法国馆里获得了一个独立的房间，并获得了大奖——很大层面上是因为他创作的《死魂灵》插画。伊达和米歇尔分别为戴维 6 月的第二个生日向他致以热烈的问候。"巴黎在等你，我们也在等你。亲吻马上要过生日的小男孩。"米歇尔写道。

"我们无尽的旅程，也许是对欧洲的接近，"1948 年 7 月，61 岁的夏加尔告诉奥帕托苏，"我想去那儿的愿望，如同你想去跳舞的愿望一样……我和瘦弱的、年轻的维尔格（Virg）一起在辛苦地收拾包裹，她一定也尝到了身为背着口袋的犹太人的滋味。"他试图将海福尔斯的房子转让给布什·迈耶 - 格拉菲和她的新情人赫尔曼·布罗克（Hermann Broch），但这个交易未能达成。虽然不想留后路，夏加尔还是保留了这座房子——部分原因是，他不想让皮埃尔·马蒂斯知道他们将永远离开。但皮埃尔既精明，又忠诚。1941 年 6 月，当"平托·巴斯托号"从里斯本抵达时，他等在码头上迎接着夏加尔和贝拉；此时，1948 年 8 月 17 日，他也带着巧克力和棒棒糖来为夏加尔送行。夏加尔、弗吉尼娅和孩子们登上了航向欧洲的邮轮。他们对美国最后的印象，是皮埃尔挥舞着的手。

夏加尔,《黑手套》, 布面油画, 1923—1948 年。这是夏加尔在贝拉死后重新创作的油画之一。他象征性地把这幅画的日期标注为 1923 年——他和贝拉抵达巴黎的那一年, 以及 1948 年——他从流亡的美国返回法国的那一年。这幅画的标题, 还有那只在雪地里戴着手套的手, 暗指他在 1909 年所画的第一幅关于贝拉的画:《戴黑手套的我的未婚妻》

第 22 章

重返欧洲

奥热瓦尔和旺斯，1948—1952

　　伊达在勒阿弗尔迎接他们，开车载着他们直奔奥拉内特——她在奥热瓦尔村找到了一所农舍般的房子，带有山墙和木质角楼。这个乡村在塞纳河和瓦兹河旁，处于印象派的核心地带。20世纪20年代，她常常和父母来这儿欢度周末。"这座房子就像是童话故事里的姜饼屋，周围是魔法森林。"弗吉尼娅写道。周围有果园和榆树环绕的林荫道，还有一座摇摇欲坠的11世纪的教堂，教堂的尖塔耸立在村庄里。伊达将这座房子装扮得舒适而迷人。客厅有3扇落地窗，窗外是一个平台和许多花坛。她在墙上挂满了父亲各个时期的作品，仿佛是对其重回欧洲后的生活的概括：高更风格的粉红色和绿色的《小客厅》；他早年在圣彼得堡时所作的《死者》和《俄罗斯婚礼》；《画室》——他在巴黎的第一间画室，画中的墙上还挂有贝拉的画像；《牲口贩子》；《立体主义景观》，这是他对至上主义的诠释和对维捷布斯克的告别；还有1937年的作品《革命》，不久前在美国进行过修改。楼上，宽敞明亮的卧室被改造成了画室——一个禁止所有其他家庭成员进入的房间。这里还有一个伊达的卧室，她每个周末都会从巴黎带着一大群客人到来。

夏加尔在奥热瓦尔村"奥拉内特"的客厅里，摄于1949年。在他身后是《立体主义景观》《革命》的习作，以及伊达·夏加尔所作的一幅画

　　她为父亲重新融入巴黎社会创造了条件。在接下来的一年里，新老朋友们竞相示好，重新聚集在夏加尔的梦幻城堡里：画商梅格和卡雷，出版商特里亚德和泽尔沃斯，艺术史学家雅克·拉塞尼、让·卡索和廖内洛·文丘里，戈尔夫妇和马利坦夫妇，还有伊达的新男友——瑞士艺术家盖亚·奥格斯堡（Géa Augsbourg）在内的年轻朋友们，米歇尔·戈迪和他的新婚妻子玛丽娜，以及左翼编辑和反抗勇士——从布痕瓦尔德集中营中幸存下来的克劳德·博尔代（Claude Bordet），和他的妻子——法国网球冠军艾达（Ida）。秋天，夏加尔、弗吉尼娅与伊达、盖亚一起去了威尼斯，在这里，夏加尔对丁托列托在总督宫巨大的天棚上留下的浮雕人物最感兴趣。然后，他们4个乘上佩吉·古根海姆的私家"贡多拉"船，划到威尼斯凤凰剧院去欣赏歌剧《唐璜》。

但在表面的平静之下，紧张的情形已处于酝酿之中。弗吉尼娅不由自主地注意到伊达和盖亚之间充满激情的关系，并与自己的情形进行比较："作为一对夫妻，我们更多的是浪漫，而不是感官上的愉悦。我们的快乐很单一。马克将感官上的愉悦融入了绘画；而我的，因为不幸的婚姻，还没有出现。"10月回到奥热瓦尔后，他们发现这座杂乱的大房子又冷又难烧热，夏加尔直到4月底还在抱怨冷。当听说德国人曾在战争期间将把这里当审讯中心时，弗吉尼娅感到很难过：反抗的工人们，曾在马厩——现在他们的标致汽车的车库——里被处决。夏加尔感到不安，想去南方。近距离接触孩子们也让他发疯，他的脾气变得很暴躁。戴维是一个需要人看护的学步儿童，而已改名为"珍妮·夏加尔"的8岁的琼正努力学习法语并适应乡村学校的生活，她神经紧张而变幻莫测。琼一到奥热瓦尔便大发雷霆，因为负责挑选和打包海福尔斯的物品并运往法国的伊达扔掉了她所有的玩具。伊达在了解到自己的错误后，冲进巴黎最昂贵的玩具店，买了一堆闪闪发光的新玩具回来，但真正的问题却在于"这些玩具根本不一样"。1949年春天拍摄的那张原本计划用来记录家庭美满的照片——一家人在阳台上坐在铺着格子布的桌边喝茶——却成了痛苦的见证。夏加尔的面容紧绷到几乎崩溃的地步，好像宁愿待在别的地方；而阴沉的弗吉尼娅则充满忧虑地看着他，但也在提防着某种冲突，将身边的琼拉向自己身边；只有3岁的戴维盯着镜头。

"我的多维……是诗，一首诗，是一幅画，一幅无法画在画布上的画作。他的母亲也不错，一个同样无辜的灵魂，对此你无能为力。"夏加尔在5月写信给奥帕托苏夫妇说道。他仍然觉得她很有魅力，将她的苗条美丽的身形比作一棵棕榈树，而她也注意到"马克变得越来越英俊了"。

> 他突出的颧骨两侧浓密的头发，几乎都变白了，使他的脸变得柔软。他的上唇没有清晰的轮廓，充满了变化，但他的下唇轮廓分明而略微突出，就像是岩石上的一个突起。这显示出他的力量和决心，但也暴露了他的性格中难相处的一面，即对人不信任的、无情的一面。他的微笑有着惊人的力量，由内而外让他的面容显得光彩夺人，产生出一轮新月突然在他脸上蔓延开来的那种令人眩晕的效果。

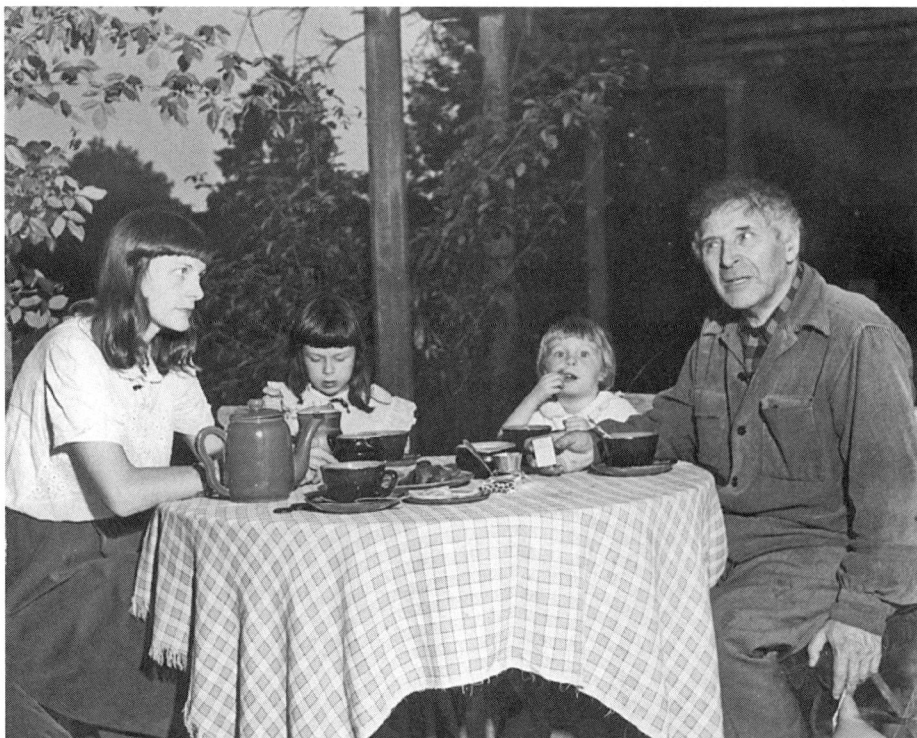

弗吉尼娅、琼、戴维和夏加尔，1949 年摄于奥热瓦尔

　　他对她的吸引力还在，但开始不够用了。从一开始，他们的关系就是他表达自己的快乐和宣泄愤怒的出口——从夏加尔写给奥帕托苏夫妇的信中便可以看出。在这些信中，他还表达了自己对弗吉尼娅的惊奇，在他看来这是典型的"非犹太人"的特征：她简单的生活态度，她强健的体魄和对自然的亲近，她的乐观和无忧无虑。他告诉奥帕托苏，他嫉妒奥帕托苏身上的美式犹太属性。远离法国当时的社会潮流，这些用意第绪语写的信得到了某种升华，成了夏加尔的独特表达：关于他的犹太是非观、他对贝拉的忠诚，以及对与弗吉尼娅无关的那个世界的回忆。

　　在用法语写作的时候，他则表现出一种不同的个性。作为犹太人时，他的形象怀旧而悲伤；作为法国人时，他则乐观而融合，优雅地享受着人们对他的关注、与别的艺术家们的会面以及公众的赞誉。在 1945—1950 年，巴黎画派的元老们仍在创作世界上最激动人心的、最与时事相关的作品：马蒂斯的剪纸艺术；毕加索不朽的、灰暗色调的《停尸房》和《厨房》。由于战后恢复了现代主义——法西斯主义的敌人——在艺术和政治生活中的核心地位，现在的他们名声激增。正如皮埃尔·马蒂斯指出的，20世纪40年代"法国唯一可以无条件自豪的，是她的艺术家们的成就"。"我见到了你的父亲，我很高兴能和他谈话。他真了不起。"在夏加尔给皮埃尔回的第一封信中，他这样写道。1949年，受《巴黎竞赛画报》委托，立陶宛裔犹太摄影师伊捷斯前往奥热瓦尔，为夏加尔拍了一些肖像照片。在一些生动而略带忧郁的面部特写中，他捕捉到了夏加尔此时分裂的性格特质。当被问及这位艺术家最令他印象深刻的方面时，伊捷斯回答说："他的面部表情很灵活。"

> 他的表情有时是那么封闭、那么遥远，有时又以其调皮和迷人的眼神将你穿透。也许犹太人的出身让我们更为亲近。我们相处得很好。我们常常一起在巴黎的街头漫步，不带任何工作目的。我们会四处溜达，停留在一些小酒馆里，他会重温自己的回忆。就这样，我们漫游了那些他曾经待过的地方，比如"蜂巢"……每次都是回到过去的辛酸旅程。

对弗吉尼娅来说，与摄影师和著名艺术家的交往，表明了夏加尔对名声的过度渴求。她并没有像伊达那样本能地意识到，在边缘度过了一生的、年过六旬的夏加尔，在经历过了战争和法西斯主义后，是无法抗拒世界赋予这些现代主义英雄们的新的、更为崇高的地位的。在"正统艺术世界"的各个圈子里，夏加尔和毕加索受到了前所未有的欢迎。而像德兰和弗拉曼克这样轻率地接受纳粹邀请而进行过德国之旅的法国人，也从未能恢复他们的名声。但早在1948年10月，弗吉尼娅就不以为然地写下夏加尔跟别的艺术家的过度交往，以及他和伊达对公众角色的追求。她曾将他们看作兄妹关系，衍生于海福尔斯令人舒适的与世隔绝的自由幻境中。现在，脆弱外表掩盖下的不和谐显现出来，而伊达强烈的个性令之变得更为复杂。"哦，我的女儿，她是冲洗一切的最美丽的波浪，"夏加尔在1950年写道，"万物都在绕着她旋转，如同绕着太阳旋转的行星一样。"他试着去描绘她，但对结果并不满意：她对他的支配能量是如此强大，以至于她的存在——或是他想取悦于她，或是他们之间的关联过于强烈——抑制了他的表现能力？在面对面的时候，或是在频繁的、长时间的电话交谈中，父亲和女儿总是讲着俄语，将弗吉尼娅排除在外。而且，夏加尔只会单独跟伊达讨论他的生意往来和财产多寡。"有时候，马克和我对某些行动计划达成了一致——而伊达对此并不赞成，伊达便会说服他。然后，他马上就会对我耍赖，并向她保证他从未同意过我的意见。他毫无信用可言，让人觉得极其幼稚。"弗吉尼娅回忆道。

1949 年的夏天，为父亲的利益拼命奔波的伊达体力达到上限，她病倒了。在做了两次胃溃疡手术后，她住进奥热瓦尔疗养。按照惯例，9 岁的琼搬了出去——这次她被流放了一年，与外祖父母一起生活在英格兰：这是她 4 年来不包括寄宿学校在内的第五个家。由此，为了给夏加尔带来安宁，弗吉尼娅再次付出代价。然而琼后来认为，虽然她的母亲努力扮演着天使般忠诚的角色，却几乎跟夏加尔一样，困扰在自己的女儿的嫉妒和情绪化的行为之中。琼认为自己是母亲的弱点，是弗吉尼娅在与夏加尔的冒险关系中试图否认的脆弱一面。

当弗吉尼娅尚处于压抑和沮丧之中的时候，夏加尔已在画布上表达了他的不快。弗吉尼娅不是他的缪斯女神：他创作的这件意味深长的作品，仍然是对贝拉的悼念。他在奥热瓦尔完成的最重要的一幅画是《蓝色翅膀的挂钟》，1930 年的《街上的钟》的翻版，但这两幅画都被掩盖在悲伤之中，或说是被悲伤充斥。其中心主体，是来自维捷布斯克的那座老式大钟，三角形的钟顶上覆盖着白雪，带有一个大大的金色圆形钟摆。跟 1930 年的那幅画一样，这座钟只有一只扇动的翅膀。但在之前的那幅画中，钟有一只鞋子，轻盈地穿越街道，如同一出超现实主义戏剧；而现在这幅，钟只是不确定地悬浮在地面之上，无处可去。一只笼罩在黑暗中的小公鸡，惆怅地打量着这一切。一个筋疲力尽的乞丐的模糊身影，隐约被勾勒在时钟一侧的雪地上；另一侧，一束被抛弃的鲜花正在枯萎。在漆黑的钟盒里，一对几乎无法被辨认出来的恋人，幽灵一般僵硬地挤在一起——他们已被隔绝于世，被封印在时间里。这是一幅暗示着情感崩溃的画：夏加尔正在完成这幅作品的时候，俄国传来消息说，许多犹太知识分子失踪了，其中包括他的朋友费弗，以及他在 20 世纪 20 年代共事的作家佩雷兹·马克什和大卫·伯格森。巴黎的埃伦伯格说他曾在莫斯科见过犹太作家，这是谎言——或者他指的是在卢比安卡的监狱见过，因为在埃伦伯格所说的那一年的晚些时候，费弗就是从那里被推出来见他访问俄国的纽约朋友

夏加尔，《蓝色翅膀的挂钟》，1949 年，布面油画。许多年后，夏加尔谈到这幅画时表示："我在画这幅画时一定很不开心。"

保罗·罗伯逊（Paul Robeson）的。费弗收拾干净，穿好西服，和罗伯逊一起被安置在一间装有窃听器的房间里。但他用手势表明米霍埃尔斯已经被害，自己也即将被处决。罗伯逊注意到，他的指甲没有了——他曾遭受酷刑，但在返回美国后，他什么也没说。在西方，人们普遍认为，所有的作家都已被谋杀。而对夏加尔来说，这是他对苏联的幻想的最终破灭。他说，之所以没有说出自己幻想的破灭，是出于对妹妹们的关心——他不知道她们之中是否还有人活着。（后来他获悉，他的 5 个妹妹在战争期间全部从列宁格勒撤到了撒马尔罕，其中 3 位疲病交加，在 1945—1948 年返家不久后去世。他最喜欢的妹妹莉萨和最小的妹妹玛丽亚斯佳，现在仍然生活在那里。）因此，他对俄国所怀的疑虑和悲伤，也被注入了《蓝色翅膀的挂钟》。据作家尤里·特里福诺夫（Yuri Trifonov）所说，在夏加尔 80 多岁的时候，当看到这幅画的复制品时，"用几乎让人听不见的声音喃喃自语——不是对我们，而是对自己说，'我在画这幅画时一定很不开心。'"他在奥热瓦尔写给奥帕托苏的信中说，"对我来说，我无法忘记维捷布斯克……所以问题是：我在做什么？能持续多久？"而弗吉尼娅也指出，他"总是焦虑不安……他从来没有真正快乐过，总在担心着什么"。

> 我经常见他为一些看似微不足道的事情痛苦地扭动双手，这是一种深切焦虑的外在表现……有一次，他告诉我，"有时候，一阵阵的悲伤穿透着我，就像麦田里的风——你知道许多地方都有风匆匆掠过的麦田的样子。看上去很美，但总是很悲伤。"下雨的时候，他很痛苦，仿佛从天而降的是墨水。有一次，为了让他高兴，我给他放了一张莫扎特的唱片，他听了一会儿，说："啊，莫扎特！一个给你带来快乐的人！"我提醒他，"莫扎特也有他的悲伤。"他回答道："是的，但没有什么能扼杀他的快乐。"

最好的出路在南方。1949年年初，作为特里亚德的客人，夏加尔夫妇在尼斯和蒙特卡罗之间唯一的海岬"圣·让·费拉角"待了4个月。这位出版商的别墅"娜塔莎"坐落在海岬上可以俯瞰大海的地方。夏加尔在这里画了许多水粉画，大多采用色泽鲜艳的蓝色色调，如《圣·让·费拉角的鱼》《蓝色景观》，以及《圣·让·费拉角》等。这些作品都预示着地中海是他晚年的主要灵感来源。特里亚德非常好客：他的管家为他们在橘子树下提供丰盛的饭菜和香槟，夏加尔受到了追捧和宠爱。特里亚德是一个身材魁梧、热情似火、聪慧过人又善解人意的人，自20世纪20年代以来便一直在讨好夏加尔。他像沃拉尔，但脾气更好，如今接替沃拉尔成了夏加尔战后的出版商。他最近的代表作之一，是出版于1947年的马蒂斯的作品集《爵士》。特里亚德的博学尤其吸引着夏加尔。20世纪40年代末和50年代，当地中海边的这片土地成了古典主义和现代主义的最后乐土的时候，作为一个深受古典传统影响的希腊人，特里亚德自然而然地成为弄潮儿。勃纳尔刚刚在夏纳去世；雷诺阿在法国南部海滨小城卡涅的房子正在出售；马蒂斯1946年在尼斯地中海宫的展览，象征着文化在战后的法国地中海海滨的复兴。第一次世界大战后，欧洲艺术出现了明显的回归古典主义的倾向，表现出对古典世界秩序和统一的向往；1945年后，出于同样的原因，地中海及其古典文化也表现出了特定的吸引力。此时的夏加尔和弗吉尼娅，和比他们年轻得多的新同伴们一起，沿着海岸排着队，走入了伟大的幸存者的行列。毕加索在安提布瓦洛希与弗朗索瓦兹·吉洛特（Françoise Gilot）及两个年幼的孩子一起，创作出融合了地中海和古典主题的作品，如《生之喜悦》。马蒂斯和莉迪娅·德莱托斯卡娅（Lydia Delectorskaya）住在尼斯的希米耶区，在环绕着古老城墙的城市旺斯为罗塞尔教堂做设计。莉迪娅 1910 年出生于西伯利亚，是一个革命孤儿。在陪伴着这 3 位艺术家的 3 个女人中，莉迪娅是年龄最大、最安定的一个，她已将自己的生活完全融入 80 岁的马蒂斯的工作和生活之中；相比之下，弗吉尼娅和弗朗索瓦兹更年轻，对于自己在艺术家身边所扮演的从属角色也更矛盾——这些艺术家，最终会为了艺术牺牲与任何别的事物的关系。

蔚蓝海岸边年轻一代的画家们，由画商艾梅·梅格和他活泼的妻子——普罗旺斯人玛格丽特——引领。梅格夫妇在旺斯有一个家。而在战争期间，梅格一直照顾着藏身于其位于戛纳海滨的印刷厂的年老体弱的勃纳尔。之后，他在巴黎开设了自己的第一家画廊，并巧妙地争取到了许多重要艺术家，他的旗下将包括米罗、贾科梅蒂和布拉克。梅格和马蒂斯之间有一种特殊情结：1906 年，梅格出生于法国和比利时边界处的阿兹布鲁克，离马蒂斯的故乡勒卡托 - 康布雷西不远，"一战"时成了孤儿；跟马蒂斯一样，梅格也有着佛兰德斯人 [1] 的性格特质：坚韧不拔，工作勤奋，务实敏锐。跟特里亚德一样，此时的梅格也在争取代理夏加尔。在弗吉尼娅的记忆中，梅格"从来没有完全放开过自己。但他那双蓝色的小眼睛观察着一切，薄薄的嘴唇上挂着一丝淡淡的微笑，显示出半是愉悦半是为社交而露出的和蔼可亲。他有一种罕见的天赋，能辨别艺术品的真伪，同时又有一副杰出的商业头脑"。1949 年，他赢得了代理夏加尔的战斗，但并没有获得他通常都能拿到的独占权：有一个例外，就是一直以父亲的代理人身份谋生的伊达可以继续代理。她的代理做得非常成功，到 1949 年年底，她已在巴黎塞纳河畔的钟楼广场附近买下了一栋 17 世纪的大联排别墅。别墅的前面，是壮丽的塞纳河和新桥；后面，是宁静而隐秘的多芬亲王广场——超现实主义者们最喜欢出没的地方，他们开玩笑说，广场狭窄的三角形状，如同女人蜷着的腿。

伊达的家成了夏加尔在巴黎的临时基地。但他非常喜欢圣·让·费拉角的温暖、阳光、大海以及那儿的人们对他的陪伴，于是决定南迁定居。10 月，他锁上奥热瓦尔的房门，同弗吉尼娅和戴维一起搬到了旺斯；新年伊始，他根据伊达的建议，在旺斯和圣吉纳特之间，位于宝路·布兰克斯的山坡上买下了巨大而破旧的"莱斯·科林斯"（Les Collines，意为"山丘"）。这是一座美好时代风格的别墅，卖家是伊达的朋友克劳德·博尔代，他的母亲凯瑟琳·波齐（Catherine Pozzi）和她的情人保罗·瓦莱里（Paul Valéry）曾在此居住，房子里满是克劳德的水彩画。在抵抗纳粹的时候，克劳德藏身于一栋单独的楼里的一个房间，门对着田野。当他有危险时，房子里的铃声会向他发出警告。伊达将一直被称为"克劳德的房间"的房间变成自己的卧室。夏加尔也在这栋楼里建起画室，那里有许多巨大的窗户。窗户外面有一片苗圃，长满了椰枣树和橘子树；远处，是许多屋顶，以及古老的旺斯大教堂；更远的地方是大海。夏加尔非常喜欢这里的与世隔绝，伊达则非常高兴这儿可以为她父亲带来独立空间。莱斯·科林斯唯一的缺点是，其距离罗塞尔教堂只有几百米远——马蒂斯正在那里完成自己的设计，那条繁忙的长街即将以他的名字重新命名。这位80岁的画家对夏加尔敏感的嫉妒心理了然于胸，他开玩笑说，莱斯·科林斯的卖家最好快点成交，否则夏加尔将无法说服自己在"亨利·马蒂斯大道"上买一栋房子。

自战争以来，博尔代一家很少有人住在这栋房子里，一切都已破旧不堪。但弗吉尼娅开始着手安排建筑工人对房子进行整修，伊达也终于将20世纪30年代夏加尔一家人在巴黎使用过的那些——贝拉所挑选的——精美家具搬出了储藏室。在雇用了几名女佣、一位管家和一位专职园丁后，夏加尔一家于1950年春搬了进来。几年后，一个5月的下午，艺术史学家沃尔特·厄尔本来到了这里，描述了周围的葡萄园、桃园和橄榄园。一道通往一个巨大的园林的大铁门上方，悬挂着一个精心绘制的招牌"莱斯·科林斯"，门柱上缠绕着常青藤，"在园林的远端，那幢高大的别墅般的房子和更为现代的画室，在热带树木绿叶的掩映中闪闪发光……"

> 车道上的砾石闪烁着眩目的光芒。树木站在圆形的影子里，一丝风也没有，树叶纹丝不动。小路的另一边是层层叠叠的梯田，繁茂的草地上林立着许多苹果树……园林的尽头是一个带围墙的露台。透过高高的雪松和巨大的棕榈树，可以看到被精心料理过的草坪和花圃。这时你可以看到，附近有一座闪闪发光的被粉刷过的房子，

高高的淡草绿色百叶窗紧闭着。这栋小侧楼被用作车库，大门敞开着。上面是一个画室，有两个带白色窗帘的大窗户……房子的右边，是一个带屋顶的露台……光滑的墙面上被刮出了一幅巨大的图画：一个女人的身影和一个动物，这个动物既是驴，也是马和牛……这幅画看上去像浮雕一般，白色中带着淡紫色阴影——与夏加尔通常的风格颇不相同。

夏加尔在莱斯·科林斯里住了16年，比他以前在任何地方住的时间都长得多。这儿既是一个展示的窗口，也是一个家：宣称他对巴黎的绝对忠诚的《埃菲尔铁塔旁的新郎和新娘》悬挂在客厅的大理石壁炉上；餐厅里悬挂着《牲口贩子》；隔壁房间里挂着1910年版的《俄罗斯婚礼》，来宾们常常坐在这幅画下的桌子旁喝茶；以扭曲的构图折射着他扭曲的身份认同感的《坠落的天使》，在楼梯顶上往下怒目而视——弗吉尼娅曾说过，由于这幅画缺乏真正的力量，每次从这里经过的时候，她都觉得不自在。她说得没错。同时，这种说法也是对夏加尔的一种不敬。她对这儿的富丽堂皇感到失望，她想要的是一个养着牛和鸡的乡村家园。但夏加尔回答说，在法国，他是一个重要人物，不能再像在海福尔斯一样，车道上还有牛粪。她的回应是，在搬进来不久后就和一些生活在罗克福德·莱斯·潘的原生态嬉皮士朋友们搅和在一起。他们所选择的另一种生活方式——素食、裸泳——是对艺术世界的高雅的一种逃避，就像她在美国时跟研究手相的朋友们混在一起一样。因为她发现，夏加尔在越来越敏锐地关注着那两个比他更有名的邻居的生活方式和作品。

根据一位评论员的说法，到了1950年，夏加尔跟毕加索和马蒂斯的关系，"大致上是一人戴着一顶皇冠的关系"，但这两个人都不可能像其他人一样和他成为平等的朋友。在20世纪二三十年代的巴黎，夏加尔对他们和大多数别的艺术家们都敬而远之。他没有任何别的画家的画作，只有少数几件雕塑：一件雷诺阿雕的青铜裸像、一件马约尔雕的小雕像、一件亨利·劳伦斯（Henri Laurens）雕的陶像。反复无常、野心和受害者情结相互交织是他在20世纪50年代早期的特点，当时他的情绪很脆弱；此时，定居在毕加索和马蒂斯的住所之间后，焦虑和嫉妒反而让他变得聪明起来。与此同时，伊达正忙着接近这两位老人。她曾为马蒂斯的一系列画作当过模特儿，夏加尔感到对此既嫉炉又骄傲。而在特里亚德家与毕加索共进午餐——她亲自准备的一桌丰盛的俄国菜——时，"她向毕加索展示了自己的全部魅力，并告诉他，他的作品对她有多么重要……她的身材很好，曲线玲珑，几乎是充满爱慕地贴到了毕加索身上，"弗朗索瓦兹·吉洛特说，"等她说完的时候，毕加索被她逗得心花怒放，开始跟她说他是多么喜欢夏加尔。"

在海福尔斯的时候，伊达曾授意父亲给毕加索写信，并附上了一张戴维的照片。毕加索——他的儿子克劳德于一年后出生——被感动了，将这张照片钉到了卧室的墙上。此时，她说服特里亚德跟上节奏，在别墅"娜塔莎"里为毕加索和夏加尔举行了一次午宴。夏加尔很紧张，甚至一提到毕加索这个名字，他就会愤愤地开始结巴。当毕加索和穿着制服的司机开着他的大轿车出现时，他的心情非常糟糕。他拒绝坐下，直到特里亚德把一幅勃纳尔的画拿开——因为这幅画让他感到恶心。然后，他把目光投向了弗吉尼娅。据吉洛特所说，弗吉尼娅

> 有一张非常漂亮的脸，但是非常瘦，个子很高，比夏加尔、毕加索和别的人都高。我看得出来，毕加索被她的瘦惊呆了。此外，我认为她是一个通神论者，信念让她不能吃肉，在桌上剩下了3/4的食物。她10岁左右的女儿也在那里，遵循着同样的饮食习惯。毕加索对此非常反感，也几乎吃不下去。

当时的弗朗索瓦兹也处于最瘦的阶段。毕加索对瘦骨嶙峋的女人的厌恶是众所周知的——在这里，他可能有敏锐地洞察到了，她们不愿意吃东西，是某种情感上的抗议。

他的心情变得糟糕。他嘲笑夏加尔战后在美国过着舒适的生活，而不是回到法国来经历战后的苦难；然后问道，为什么他从来没有回过俄国。如此一来，毕加索触碰了夏加尔最不能碰的地方：就在这一时期，米歇尔·戈迪因新闻事务去了莫斯科，见到了费弗夫人，并在寻找着费弗的消息，当时的夏加尔知道了费弗还活着，但仍处于监禁之中；他写给犹太朋友们的信充满了绝望的气息；那年夏天，他向亚伯拉罕·萨茨基夫抱怨说，旺斯是一个没有犹太人的城市，在这残酷的岁月里，他渴望见到犹太人。但此时的夏加尔只是对毕加索

笑了笑，并建议道，毕加索作为一名共产党员应该先行，因为"我听说在俄国你很受欢迎，但你的画并不受欢迎"。然后，据吉洛特所说，"毕加索变得尖酸刻薄起来，说道，'我以为和你一起是有生意要谈。然而这里无钱可赚。'他们的友谊就这样结束了。虽然笑容依旧灿烂，但他们话中的刺已越来越明显。到我们离开的时候，桌子底下已如同躺着两具尸体"。

毕加索与夏加尔，摄于 1952 年

他们之后很少会面。跟许多南方艺术家一样，夏加尔热衷于将普罗旺斯的陶瓷工艺作为泥土艺术进行实验。尽管夏加尔竭力避免瓦洛里斯陶器厂里遇到毕加索这个无法忽视的存在，但两人还是会时不时地撞见。有一次，毕加索出现后，夏加尔便出去"呼吸新鲜空气"，回来时发现，他原本要去画的盘子，已经被毕加索以夏加尔式的图案和风格描绘得很漂亮了。两人继续谨慎地留意着对方。几年后，当时在编纂夏加尔画册的画廊老板埃伯哈德·科恩菲尔德（Eberhard Kornfeld）和夏加尔开车经过毕加索的卡利佛尼别墅时，夏加尔目不斜视地看着前方的路，向右弹了弹拇指，嘀咕道，"这里住着个西班牙人"。毕加索知道柯恩菲尔德和夏加尔之间的关系，不久后见到科恩菲尔德时他开口问道："那个俄国人怎么样？"夏加尔说过的关于毕加索的好话不多。（"真是个天才，那个毕加索。他不画画是种损失。"他告诉吉洛特。）20 世纪 50 年代的时候，毕加索本可以表现得更慷慨一些，尤其是在他沮丧地面对即将离世的马蒂斯的时候。"马蒂斯死后，夏加尔是唯一真正懂得色彩的画家。"他告诉吉洛特，"我对他那些公鸡、驴、会飞的小提琴家和所有的民间传说并不感兴趣，但他的油画的确是创作出来的，而不是拼凑出来的。他最近在旺斯的几件作品让我相信，自雷诺阿之后，没人能像夏加尔那样富有光感。"

毕加索所说的可能是 1949 年的《红日》，夏加尔在莱斯·科林斯展出的第一部新作。据厄尔本所说，这幅画"悬挂在门厅里……其色彩从黑暗中发出光辉，迎接着所有人的到来"。一个又瘦又高、蓝色的女性形象（身材瘦高的弗吉尼娅在这里产生了影响）翱翔在画面的对角线上，一个穿着黄色衣服的年轻人掠过一轮燃烧的红日，迎接着她的到来。太阳光谱范围内的红、黄、蓝三原色主导着画面。画面的空白之处，填满了夏加尔式的公鸡、驴子和飞翔的小提琴，以及烛台和花束——这一切的色调都很柔和，与主色调相得益彰，达成了画面的和谐。正如厄尔本在看见这幅画时所注意到的那样，最引人注目的、预示着未来的是，画面中这对情人和太阳的轮廓是"断然而有力的，如同玻璃彩绘上的铅网，其间闪烁着灿烂的光芒"。1950年的《蓝色马戏团》也有类似的几近透明的色彩效果，描绘的是一个旋转着的杂技演员——是一个同样斜跨在画面上的、瘦长而敏捷的人物形象——和一条鱼、一匹马及一个月亮，在点缀着各种朦胧图形的蓝色背景之下，这一切的轮廓显得分外清晰。对这幅画带来主要影响的，无疑是马蒂斯在那座小教堂里所表现出来的简洁、鲜明的美，其抽象的形状和并不花哨的地中海式色彩——太阳的柠檬黄、植物夺目的绿、海洋和天空的蓝——之中，流动着如同从彩绘玻璃中透出的色彩斑斓的光。在1949年至1951年6月期间，夏加尔研究过马蒂斯在教堂里的作品。当时皮埃尔曾代表他的父亲来到旺斯，参加了教堂的开放仪式。在离莱斯·科林斯几步之遥的地方，马蒂斯的作品及其伟岸的身影，依然是令人难以忘怀的存在。

吉洛特曾挑拨性地声称，在毕加索访问马蒂斯时，他们约定毕加索不能谈论夏加尔（马蒂斯特别讨厌的人），而马蒂斯也不能提及勃纳尔（毕加索特别讨厌的人）。但事实上，马蒂斯对待夏加尔比对待毕加索亲切得多。夏加尔和弗吉尼娅曾多次到马蒂斯家拜访。当多嘴又有点呼来喝去的马蒂斯躺在床上用绑在竹竿末端的木炭在天花板上画画，或是剪下大块彩纸让莉迪娅贴在木板上时，他们在旁边赔着小心。夏加尔终其一生都很仰慕马蒂斯。让·卡索注意到，他们之间的友谊是平静而充满微笑的。即便是马蒂斯送给夏加尔的一只灰白色的大猫，在莱斯·科林斯也受到了特殊的对待，成了众多宠物中唯一被冠以名字的动物：它总是被称为"马蒂斯的猫"。

夏加尔理解马蒂斯持续不断的烦恼，因为他自己也深受其苦。在这个阶段，他也能欣赏马蒂斯在虚弱和健康不佳的情况下奋勇创作的作品。他本人也于1950年12月接受了前列腺手术，在尼斯的医院待了两个月。伊达和他待在一起，弗吉尼娅每天晚上都睡在他的病房里，并注意到"他从来不笑，也很少说话……这两个月来，他一直看起来很可怜……他完全沉浸在自己的世界里，沉默不语，降低了我们之间的亲密"。她起初反对做手术。因为根据罗克福德的朋友们的说法，她认为癌症可以通过饮食治愈。她还试图对脾气暴躁的夏加尔实行严格的管制。"我只需要我的嘴里有一点儿甜的东西。"每餐结束时，他会低声对弗吉尼娅说。这样的要求，通常都会被拒绝（弗吉尼娅唯一会做的甜点是米饭布丁）。而这样的拒绝，也是他们的关系失去甜蜜的象征。伊达弥补了这一点，总会带着大量美味的甜品来到这里。1950 年 12 月她写道，单独和夏加尔待在医院里，让她感到疲惫而紧张。她在医院和瑞士之间往返了两个月，因为从 1950—1951 年，在苏黎世和伯尔尼举行了里程碑式的展览，展品包括夏加尔自 1914 年来便从未见过的瓦尔登藏品。

据弗吉尼娅所说，夏加尔在马蒂斯面前一直表现着最好的一面。对于一个几乎无法与别的画家打交道的艺术家来说，他表现得异常慷慨。卡索说，1951 年，马蒂斯刚完成颇具争议的小教堂的设计后，就拜访了夏加尔的家：

> 伊达开车来接我，带我去见"爸爸"。至少来接我的不是弗吉尼娅……当我到夏加尔家时，他告诉我马蒂斯已打过电话来问我是否已经到达，并叮嘱让我在光线最好的时候参观小教堂。"我们吃个早午饭，"夏加尔说，"然后马上去教堂……"夏加尔毫不避讳地表现出他一贯小心翼翼地取悦马蒂斯的渴望。我们照他说的做了。我在最好的光线下看了小教堂里的作品，对之由衷钦佩……回到夏加尔家后，他对我说："你必须马上打电话给马蒂斯，一刻也不要拖延。如果是我就会这么做。"我赶紧拨通电话，且感觉到了马蒂斯的不耐烦——他一直在等着听我说些什么。而且我也感觉到，他似乎立即就欣喜若狂。

夏加尔对小教堂里的作品非常感兴趣。马蒂斯与天主教会进行了一场漫长的斗争，以获得自由创作的可能，直到遇见了一位道明会的修道士——玛丽 - 阿兰·库图列（Marie-Alain Couturier）神父，一位彩绘玻璃的专家和一位杰出的现代主义者，才取得胜利。库图列是一位深通世故的智者，和他的朋友雅克·马利坦一样，在教会和世俗上流社会间如鱼得水。他此时也在向夏加尔示好。他想让夏加尔为他在上萨瓦高原上的现代教堂"托特格雷斯圣母院"装饰洗礼堂。得益于库图列对现代主义宗教艺术家们的开明看法（"没有信仰的天才比没有天赋的信徒更好……伟大的艺术家永远是伟大的精神存在，他们会以自己的风格行事"，所以"我们必须接受他们的存在……他们中的基督教徒很少"），这座教堂已经得到了 6 位艺术家的描绘。这些艺术家是共产主义者、犹太人或无神论者，或者三者都是。还有一扇深色的彩绘玻璃窗，是由虔诚的天主教徒鲁阿尔描绘的。莱热在此完成了一幅镶嵌画，马蒂斯的是一幅黄色瓷砖铺成的祭坛画，勃纳尔的是一幅油画，杰曼·里希埃（Germaine Richier）的是一座耶稣受难记的青铜雕像，雅克·里普希兹的则是一尊上面刻有"雅各布·里普希兹，一个忠于其祖先宗教的犹太人，创造这尊圣母像，为的是在圣灵的指引下对地球上的人类进行深入的理解"的圣母青铜像。

身着由巴黎世家定制的白色牧师长袍的库图列来到旺斯时，是一位风度翩翩、魅力四射的客人。伊达的魅力让他倾倒，尽管当弗吉尼娅开车送他回尼斯时他对她很冷淡，并喋喋不休地谈论着一座将所有宗教融合在神秘哲学中的教堂。夏加尔犹豫了一下，陪着库图列去了上萨瓦。又犹豫了一下，不确定自己作为犹太人能否在基督教教堂创作。他写信询问了能想到的每一个犹太权威，从法国的首席拉比，到奥帕托苏和萨茨基夫，再到以色列总统柴姆·魏茨曼（Chaim Weizmann），所有人都未提出反对意见。最终，他接受了这项工作。但直到 1957 年，库图列去世后他才完成这项工作。也许在 1950—1951 年，夏加尔真正想要的，是犹太教堂的创作请求。在美国的《阿列科》和《火鸟》之后，他常常在说的一句话是"给我墙"。1948 年年底，他在意大利帕多瓦的斯科洛文尼教堂看到过乔托的壁画，给他留下了深刻的印象。此时，他在旺斯两次请求以他的风格装饰教堂——像马蒂斯所做的那样，却都被尼斯教区拒绝了。

马蒂斯曾别具一格地将他的教堂称为剧院："我不需要去表现教堂……我在做一些更像是在装饰剧院的事情……关键是要创造一种特殊的氛围：升华，让人们摆脱日常的事务及日常的关注点。"此时，夏加尔也渴望有一个剧院。他总是把演员和马戏团成员同宗教人物联系在一起，而他的作品从 1950 年开始，可以被看作为更公众化的彩绘玻璃或壁画艺术进行的预演。在旺斯，他开始回到宗教绘画的创作中，起点又是 1931 年的一部未完成的旧作品——《亚伯拉罕与三天使》，正是这幅画将他的兴趣引向了壁画般大尺寸的油画：如在《大卫王》中，大卫王身着的长袍那华丽的红色，在黑暗的背景中闪烁出圣像般的光芒（如《红日》一般）；以及《摩西在接收法律石板》。"从此以后，"弗朗兹·迈耶写道，"夏加尔关于《圣经》的想法集中在大卫和摩西身上。他们被尊为以色列第一个全盛时期的最伟大的两位领袖。"

以色列也在拉拢夏加尔。这个新国家无权获得国际贷款，但夏加尔和伊达同意借出他们私人收藏的作品，在耶路撒冷和特拉维夫进行展览。像往常一样，伊达先去监督作品的悬挂，主持开幕式，然后在展览达到高潮的时候返回。她声称这次旅程是一生中最重要的事。弗吉尼娅对此并不感冒：她认为伊达像恶魔一样工作，以牺牲自己的健康和所有人的幸福为代价来换取夏加尔的名声。

弗吉尼娅不愿去以色列，不愿意跟随夏加尔进行名人之旅。她的时间要花在自己的写作，以及与罗克福德的朋友们的相处上。其中有一位是诗人，她被他的浪漫所吸引，然而他没有对她产生回应。她很担心离开孩子们（琼于1950 年夏天回到旺斯），并深信自己作为夏加尔的非犹太伴侣，会让人觉得古怪。但夏加尔手术后的身体状况仍不稳定，觉得没有她就去不了。他对访问这个新国家也有担忧：他不信任非犹太人；当他认为犹太人试图利用自己的国际地位时，他对犹太人的不信任更甚。他也一如既往地忧虑着犹太文化的愚昧无知，担心在一个急切向前而非向后看的社会里，那些犹太乡村的绘画会如何流传下去。而令人难忘的是 20 年前，在他上次访问巴勒斯坦时，贝拉陪在他的身边。正是出于以上原因，他对何时启程犹豫不决。最终，1951 年 6 月，他忧心忡忡地踏上了旅程。

在这个旅程的照片中，弗吉尼娅在以色列刺目的阳光下的剪影，显得比以往任何时候都要高。相形之下，被她搀扶的夏加尔的身影显得极为矮小。他们看起来疏远而紧张，弗吉尼娅回忆说，他们之间没什么温暖的触碰。夏加尔对她，以及自己在以色列的处境，都感到不安。如果他同意冬天的时候住在海法，东道主们会提供豪华住处和大量费用。他们向他施加压力，希望他加入这个国家。他与戈尔达·梅厄（Golda Meir）、戴维·本·古里安（David Ben-Gurion）和柴姆·魏茨曼共进了晚餐。夏加尔以重复"艺术的家在法国"当作回答：这是他两次离开俄国的借口，也是他离开美国的借口，直到此时仍然是他的借口——他要保留回到苏联的可能。和同时代的许多欧洲犹太人一样，他发现自己很难承认在以色列没有真正的归属感。他钦佩这个新国家的活力、勤奋和乐观，就像1931年，他被这儿的人民的力量和强健所打动一样。但他尖刻地对奥帕托苏说，2000多年来，犹太人已经习惯了不再流浪。一旦返回法国，他又可以重新将这儿理想化，因为尽管有种种缺点，这儿仍然是犹太人的家园。他在这儿最喜欢的伙伴，是来自维尔纳的诗人萨茨基夫，这位诗人在为保护以色列的意第绪语文化而奋斗（建树不多）。弗吉尼娅注意到，萨茨基夫只用意第绪语和夏加尔交谈，"马克通过对我的略微冷漠，维护着他对贝拉的忠诚"。在他1931年来自巴勒斯坦的朋友们中，以及萨茨基夫这样1935年来自维尔纳的朋友们中，他们谈论的话题不可避免地围绕着逝去的人——贝拉、米霍埃尔斯、费弗。夏加尔从耶路撒冷写信给奥帕托苏说，在这里，"他们哭泣时流出的眼泪，是维捷布斯克的，是我父母的，甚至是贝拉的。"

以色列无情地扩大了夏加尔和弗吉尼娅之间的裂痕：名气的差距、信仰的不同，让一名年轻女子与一个在回忆中基本没有她的男人取得相通极为困难。年轻人相处中的性吸引力已经消失。60多岁的夏加尔或许对此并不在意。"马克本质上是一个贞洁的男人，在与异性的关系上很谨慎。他是完全忠诚的——诱惑从来不大，因为他将巨大的激情都投入到画中去了。"弗吉尼娅写道，"我渴望着马克投入到画中的那种充满激情的温柔，这是我无法向他解释的。从本质上讲，马克在爱情中是害羞和含蓄的……他在总体上谈论过很多关于爱情的东西，也描绘过爱情，但他没有实践过。"

这种缺失也表现在他对别的事情的回避上：描绘着诞生、爱情和死亡这三个伟大主题的画家，其一生的大部分时间都在避免自己的人生与这三者发生冲突。他在1922年的回忆录中悲恸地说道："还没有为爸爸、小罗莎和戴维建纪念碑，真是太可恨了。"父母去世时，他都未能返回维捷布斯克；此时，他经常哀叹自己将贝拉孤独地留在了美国，连个适当的墓碑都没有。诞生也同样可怕——他4天后才去看了伊达，3个月后才接受了小戴维。贝拉死后，爱情也成了一个抽象的概念。1950 年后，他作品中的恋人脆弱而感伤，近乎自我嘲弄。贝拉在世时，他并不需要将自己标榜为浪漫主义的狂热艺术家。但当他回到法国，他就将两个词——"恋情"和"化学反应"——作为说辞，每次被要求解释他的艺术时，他都会重复这两个词。他没有给它们下定义，但"恋情"约略代表了他的绘画主题，"化学反应"则代表了它们的色彩。这两个词在他扮演与法国的理性主义格格不入的"神秘的乡下人"角色时都很有用。"在奥热瓦尔这个富有印象派色彩的乡村里，"让·卡索说，"他重新发现了某些东西……他以'恋情'和'化学反应'的名义将之珍藏。他总是热情、神秘而谨慎地说出这些名词。他假装不懂那些本可以理解的东西，并扮演着'村里的白痴伊万'的角色。"若说这样的做法激怒了谁，便是激怒了弗吉尼娅。她看到了"他是多么擅长扮演'夏加尔（喜欢夏加尔的人们期望他成为的那个角色）'，很难分清他是否在演戏"。

但关起门来，这个"村里的白痴"却是个小心眼儿的暴君。"马克既没有给我银行账户，也没有给我操持家务的钱。"弗吉尼娅写道，"每当我需要钱的时候，我就得向他开口要钱并解释缘由。我赊账买食物，他会在月底付钱。这种做法无疑会让他花上两倍的钱，因为小贩们往往会提高价钱，有时还不只是一点点。奇怪的是，比起我，他更信任他们！"在签署支票的时候，他总是会责骂和抱怨，并一再提醒弗吉尼娅"是他将我从贫困中解救出来的，为我带来了无尽的福利"。弗吉尼娅从夏加尔的许多欧洲同僚——毕加索、卡索、库图列、萨茨基夫——身上，得到的回应都是冷若冰霜，无助于她在家庭内的地位；比较起伊达的光彩夺目，简直令人屈辱。只有在 1950 年伊万去世后来到旺斯的克莱尔·戈尔，对夏加尔表示了完全的不满，并对她表示同情。在克莱尔的房间里，弗吉尼娅痛哭失声，"每天晚上我都要给他看账目，他会和我争论每一项开支：面粉、油、咖啡……我是他的女仆、他的秘书、他的模特儿、他的司机、他的会计，尽管他有数百万，但几乎连买食物的钱都不给我。"

客人们蜂拥着对戴维大惊小怪的时候，却对现年 11 岁的琼不理不睬。因为他是夏加尔的儿子，而她成了背景。只有俏皮而善良的诗人雅克·普雷维特（Jacques Prévert）愿意和她交朋友。在她的记忆中，当时她"觉得戴维比我更好，我会用我的一生去照顾他"。虽然她现在叫夏加尔"爸爸"，但他和她的交流仅限于问"你在帮你妈妈吗？"——在夏加尔的记忆中，妹妹们的存在就是为了帮助母亲。琼开始认为在这个家庭里有 3 个孩子，而夏加尔是其中要求最多的那个。她注意到，在一副迷人的、孩子气的外表下，他回避了所有成年人的责任，总是想着让她的母亲急匆匆地赶到画室照顾他。如果弗吉尼娅不在的时候有客人到访，夏加尔就会认为琼会扮演女主人角色，并为他们做午饭——她礼貌地这样做了。弗吉尼娅发现琼也被推到了为姓"夏加尔"的一家人做家务的境地，变得前所未有的愤怒。夏加尔浑然不觉。他在日常生活中欢快地享受着，在花园里散步，享受美食，享受美酒，享受愉快的陪伴。除此之外，他每天都在画室里度过。

弗吉尼娅被忽视了，似乎她的存在理所当然。于是在夏加尔上床后，她会坐在办公桌前，徒劳地尝试着写作。他坚持要她放弃书房，在卧室里写作——就像贝拉那样。有一次，他抱怨吃饭的时候要和孩子们待在一起。自此以后，弗吉尼娅便将他的饭菜放在画室的托盘上。为了避免正面冲突，夏加尔召见了伊达。伊达便要求弗吉尼娅给出解释——"此时她几乎一直都待在这里，扮演着观察员的角色，有时还会进行干预"。伊达的下一任男友——瑞士艺术史学家兼策展人弗朗兹·迈耶，有时也会来。他们是 1950 年年底在夏加尔瑞士的展览中相遇的，当他们宣布订婚时，夏加尔非常激动。他认为头脑清醒、知识渊博的弗朗兹是一个理想的女婿，会让伊达趋于稳重。弗朗兹来自瑞士一个富有的艺术收藏家家族，曾在巴黎求学，是一位杰出而严谨的艺术史学家。伊达正在进行一场与她的外祖母阿尔塔相似的世俗化婚姻——外祖母阿尔塔的婚姻，便是将她的财富和活泼的公众形象，与穆埃尔·诺厄·罗森菲尔德的沉静个性和渊博学识结合在一起的。夏加尔很享受与迈耶就艺术史进行漫长而严肃的讨论——这些讨论有着德国人一般的严谨；巧合的是，甚至连他的博士论文主题——兰斯大教堂的大玫瑰窗——也与夏加尔不断增长的兴趣产生了完美共鸣。弗吉尼娅私下里很想知道，对于这样一个枯燥、认真、缺乏经验的年轻人，活泼而世俗的伊达到底有多喜欢。尽管如此，她还是希望迈耶能分散一下她对夏加尔的注意力，但事实却恰恰相反：迈耶很快就开始着手研究夏加尔的作品，随后是一部于 1961 年用德语出版、1964 年用英语出版的重要专著。20世纪 50 年代，在伊达的帮助、研究和深入理解，以及夏加尔本人提供的许多见解的支持下，这部作品与图仁霍德和埃弗罗斯 1918 年的作品一起，成了有史以来关于夏加尔的最重要、最有洞察力的学术专著。尽管作为传记作者的迈耶被缚住了双手——例如，他被禁止提及弗吉尼娅或戴维的存在，即使戴维曾出现在一张表现夏加尔在创作、并被命名为"戴维"的照片中。

9 月，夏加尔和弗吉尼娅短暂地游历了勒德蒙特。在那里，他第一次也是最后一次，为她画了裸体画。也许他感觉到了，她正在从自己的掌控中悄悄溜走。然而，他在这个度假胜地给奥帕托苏寄去的一封长信，却表明他沉浸在对俄国犹太知识分子的命运的不满中，和对"我渺小而伟大的、亲爱的朋友，我可怜的在纽约的小东西，现在已经 7 年了。她还会孤独地在那里躺多久——谁知道呢"的回忆中。

秋天回到家的时候，曾在美国拍摄过夏加尔肖像的比利时摄影师查尔斯·莱伦斯（Charles Leirens）来到莱斯·科林斯，为他拍摄了照片。

婚礼日上的弗朗兹·迈耶和伊达·迈耶，1952 年 1 月 19 日摄于旺斯

莱伦斯是一个比夏加尔小一岁的彬彬有礼、衣冠楚楚、多愁善感的男人，有一颗脆弱的心；而无趣、轻浮的弗吉尼娅背着他的相机，和他寸步不离。夏加尔冷漠地看着莱伦斯教她摄影的基本知识。在他们初次见面的时候，莱伦斯就像约翰·麦克尼尔和夏加尔一样，也是一个孤独而心烦意乱的人，是另一个生病了的、需要照顾的人。他的脆弱吸引了她。

莱伦斯生动而犀利的摄影肖像深受艺术界和文学界好评。1952 年 1 月，他被邀请到莱斯·科林斯拍摄伊达的婚礼。伊达要求在夏加尔的画室举行婚礼，在《蓝色马戏团》下面，夏加尔和雅克·普雷维特一起跳舞，他们俩试图把伊达的鼻子浸到一杯香槟里，然后她将结婚蛋糕的最后一层戴到了弗朗兹的头上。派对在餐厅里的《牲口贩子》下持续了一整夜。客人包括博尔代夫妇、梅格夫妇、雅克·拉塞尼和特里亚德等人。据伊达说，这是温暖而快乐的一天，夏加尔看上去非常开心。在一张家族流传下来的婚礼照片的正中，他微笑着与迈耶的伴郎——瑞士艺术史学家阿诺德·鲁丁格（Arnold Rudinger）及大笑着的布什·迈耶-格拉菲站在一起；伊达站在迈耶和夏加尔之间；弗吉尼娅不安地站在人群的边缘。客人们回家后，她在花园里告诉夏加尔，现在轮到他们结婚了。约翰·麦克尼尔最终同意了离婚，夏加尔急于让戴维合法化。几个星期后的1952年2月，弗吉尼娅离开旺斯前往伦敦出席庭审。"我更爱你了。毫无疑问……我一直在想你，我需要你……许多的吻。"夏加尔写信给她说道。但同时，他也在感谢奥帕托苏为他拍摄的一张贝拉的墓的照片（伊达让路易斯·斯特恩在那里放些花来纪念她的婚礼），他说："多么悲伤，多么阴沉……我似乎已没有力气去哭……我亲爱的，你看，我的伤口仍然会被裂开，仍然无法愈合。"

弗吉尼娅回来时，获得了离婚暂准判令和琼的完全监护权。她立即和夏加尔投入夏加尔的第一次陶瓷展的繁忙筹备中。这个展览将于3月在巴黎的梅格画廊举行，同时还会展出《拉封丹寓言》的蚀刻画（最后由特里亚德出版）。莱伦斯再次露面，表面上是为了拍摄在尼斯的蓬谢特画廊举行的另一场夏加尔作品展览。他和夏加尔在同一天早晨动身去巴黎，夏加尔坐火车，莱伦斯开车。莱伦斯的行李里中有伊达的婚礼照片，他打算将之送到她在钟楼广场的家里。弗吉尼娅随后将乘另一辆车，为展览送去陶瓷品。但当莱伦斯到达巴黎后，他打电话给弗吉尼娅，随后乘飞机返回尼斯。然后，他们在一家旅馆过了夜。弗吉尼娅告诉夏加尔，她和朋友们一起待在芒通。但夏加尔打电话到芒通，发现她不在那里。那天晚上，他急躁地给她写信说道："情况怎么样？你？孩子们？房子？所以，再见，吻。"

莱伦斯飞回巴黎与伊达会面，不敢因不露面而引起她的怀疑。弗吉尼娅犹豫不决。3天后，夏加尔写信问她什么时候来，说他想念她、担心她，建议她喝凉茶，哀叹着他需要和她谈谈，但只能用一幅画或一首俄语诗来表达他对她的爱。

在去巴黎的途中，弗吉尼娅中断行程，在欧塞尔再次与莱伦斯共度春宵。然后，3月20日，在展览开幕的前一天晚上，她也到达钟楼广场，在那里等着夏加尔和冷若冰霜的伊达。弗吉尼娅竭力为自己掩护：在他打着陶器的包装时，她最先说的话，是指责夏加尔成了画商和编辑们的玩物。但当他们一进伏尔泰酒店的房间，弗吉尼娅就把自己锁在浴室读莱伦斯的信的时候，夏加尔开始了进一步怀疑。她一出来，夏加尔就将信抢了过来——弗吉尼娅和莱伦斯的事暴露无遗。根据弗吉尼娅的说法，

> 他用坚硬的拳头把我打倒在地，不停地重击我的后背。当我刚缓过气来的时候，他又开始打我，一边大喊："你怎么能这样对我？这是最卑鄙的背叛。那个人是个怪物！他还敢到伊达家来，好像什么事也没发生似的。他是个骗子，伪君子！你也好不到哪儿去！"……然后他又开始打我……这时，他想要真相。

然后他走出房间，"砰"的一声摔上门，去告诉伊达。弗吉尼娅立即打电话给莱伦斯。他们沿着塞纳河岸走着，计划着未来。她说，第二天，夏加尔拒绝参加梅格画廊的开幕式，又把她摔倒在地；而她去了开幕式。但她的决心坚定了起来：她要离开夏加尔。

接下来的10天中，夏加尔和弗吉尼娅一起待在伏尔泰酒店幽闭的房间里，他——还有伊达，跟弗吉尼娅争吵着，时而恳求、时而威胁，试图达成谈判。4月初，他们默默地开车回到莱斯·科林斯，让她收拾琼和戴维的行装。夏加尔希望弗吉尼娅在看到家和孩子们后改变主意，但她把启程日期定在了4月16日，并订好了去巴黎的火车票，莱伦斯将在巴黎迎接他们。为了减轻这一打击，她告诉夏加尔，她要先去英国考虑一下情况，但现在没有什么能让她屈服。夏加尔威胁说，如果戴维是在另一个男人的家里长大的话，他就再也不会见戴维。但琼就是在这个年龄——将近6岁——的时候，被弗吉尼娅决绝地带走的。对戴维做同样的事情，她也会毫不犹豫。伊达写道："两个星期来，她总是阴沉地在父亲的鼻子面前收拾着行装，平静而冷酷，没有忘记任何事情，甚至是他们共同的地址簿，上面她的朋友的名字和地址，都比他的多。"

整整两个星期，夏加尔都过得头昏眼花、麻木不仁、半信半疑。他和弗吉尼娅继续睡在一张床上，一起吃些饭，但他很少说话，做出一副听天由命的顺从样。那些日子他大都待在画室里，在他题写了"我的生活，我的艺术，我的爱，我的弗吉尼娅"的书上画着素描和水彩画，并带着殉难的神情将之呈给弗吉尼娅看。与此同时，伊达动员了蔚蓝海岸上的重量级人物为夏加尔做请

求：梅格夫妇，特里亚德（他把弗吉尼娅叫到圣·让·费拉角，告诉她，她对艺术家夏加尔负有神圣的职责），甚至还有莉迪娅·德莱托斯卡娅——她打电话给弗吉尼娅，传达了 83 岁、卧床不起的马蒂斯的邀请，邀请她到马蒂斯家里去看看，并且说道如果他还能动的话，他是会亲自前来拜访的——这个邀请也被拒绝了。唯有 70 岁的毕加索仍然抱着竞争心态，没表现出任何同情。当伊达在一个芭蕾舞剧表演现场见到他和弗朗索瓦兹·吉洛特时，他对这个消息嗤之以鼻。"别笑，"伊达说，"这也可能会发生在你身上。"毕加索笑得更响了，说："这是我听到过的最荒谬的事情。"但不到一年，吉洛特就离开了他。

"在和弗吉尼娅一起生活了 7 年之后，我几乎崩溃了，如同你能想象的一样难过。"夏加尔在 4 月 10 日写信将这个消息告诉了奥帕托苏夫妇，"某个人（旧相识）来了，某个摄影师，一个有病的人，在我家里给我拍照片（表面上），她'爱上'了他。"她曾指责夏加尔是个利己主义者和唯物主义者。他的房子太大，他的画太贵，他跟朋友们的关系太好，他的神经紧张得让孩子们无法快乐地成长。

> 现在你知道贝洛恰死后我的生活是个什么样子了。当时她来到河滨路时，是个"可怜的女佣"……我还梦想着把她变成一位公主……至少，她爱上的是一个年轻人——这是可以理解的，但是……她千挑万选的是一个病人，一个患有哮喘的"心病"患者，已 62 岁。这是一种人性的、"哲学的"罪过，而我作为一名艺术家，理应受到这个世界的重视，不应受到这样的对待。

将夏加尔的信和弗吉尼娅为自己写下的戏剧化的辩护词放在一起阅读，我们可以发现，他们之间一直存在着相互理解的鸿沟。他们在一起的时间居然能长达 7 年，可谓奇迹。"我最想要的，是一份新的爱情。"弗吉尼娅解释道，"我强烈要求重新开始的冲动来自深深的不满足感。当我终于感到满足的时候，我又生活在对更光明的未来的期待中。但每次我都给别人带来痛苦。也许当我最终学会接受自己，才会停止伤害别人……在此期间，我不得不依靠别人的认可。而此时，是莱伦斯给了我自信。"对夏加尔来说，这与他的艺术毫不相干，也无关紧要，因为他的艺术与他密不可分。"我认为她之所以疯狂地爱上他……是因为她不理解我在生活和艺术中的使命。"他写道。

但如果她有感受艺术的天分——以及感受我的艺术的天分，她就会明白我是什么样的人……但是……她没有（无法）找到艺术的源泉，这意味着她本身甚至连贝拉 1/10 的天分都没有，也没有艺术家的犹太妻子们在自己岗位上的神圣和忠诚……这是我的悲剧，也是我的错误……而现在，黑暗的生活为我打开了一个比贝拉的坟墓更为痛苦的坟墓。我自然地悲叹着贝拉的去世，而我们的爱将永远相伴。但这次，是双重悲剧。第二个悲剧，更是种侮辱……我祈求上帝，如果（弗吉尼娅后悔），我有力量回答，她可以留在任何她所在的地方。尽管我对她有着强烈的爱，但对她带走我的儿子的行为，我也感到愤怒。

4 月 16 日，在弗吉尼娅出发的半小时前，梅格夫妇派司机到莱斯·科林斯接夏加尔。他和孩子们吻别，告诉 12 岁的琼，"跟你妈妈说要回来。""但我们当然会回来的！"孩子回答，还以为是要去度假。他们一走出家门，弗吉尼娅就解释说，他们现在要和查尔斯住在一起。"哪个查尔斯？"琼问，因为他们家里认识的有两个"查尔斯"，"两个都是老人"：查尔斯·莱伦斯，和艺术评论家查尔斯·埃斯蒂安（Charles Estienne）。事实上，琼和戴维立即被送到英国上学，一直到 7 月底；而弗吉尼娅则和莱伦斯住在一起，并于 5 月 14 日结婚。夏加尔从此没跟弗吉尼娅说过话。不过，后来她又去过旺斯，沿着他在村里散步的小路往回走，希望能见到他。1956 年，她带戴维去巴黎的梅格画廊参观了他父亲的作品展览，碰巧在那里见到了夏加尔。他握了握她的手，但什么也没说。从此以后，他们再也没见过面。

注释

【1】佛兰德斯人：指"佛兰德"地区的人。传统意义的"佛兰德"包括法国北部和荷兰南部的一部分，今比利时的东佛兰德省和西佛兰德省、法国的加来海峡省和北方省、荷兰的泽兰省。

第 23 章

瓦瓦

旺斯，1952—1960

当弗吉尼娅从旺斯往北向巴黎飞奔时，伊达却与其反向而行，于 4 月 16 日傍晚抵达梅格夫妇家中，护送她的父亲返回莱斯·科林斯。陪同她的是艾达·博尔代（Ida Bordet）和她的朋友，一位 40 多岁的身材矮小、肤色黝黑、举止优雅的俄国裔犹太妇女，这便是瓦伦蒂娜·布罗茨基（Valentina Brodsky）。她于 1905 年出生在基辅，与该市著名的布罗茨基家族有远亲关系。这个家族是糖业巨头，也是俄国最富有的犹太家族之一。她是革命时期的流亡者，战前和夏加尔一样，也曾在柏林和巴黎生活。她离婚了，在伦敦开了一家女帽店。她答应了伊达"来照看房子，陪伴以及为我的父亲打理一切"的要求，同意试行一段时间。5 月 2 日，伊达写道："这是一个暂时的解决方案，可能不会有什么效果，但我想为他和他的健康争取些时间……现在会发生什么，我不知道。父亲在经历了几周可怕的狂乱之后，现在是如此悲伤和绝望，他现在的状况比以前更糟……他的心电图检测情况不佳，让我更加焦虑。"

"一个巨大的灾难是，我无法独自生活，也无法独自创作，"夏加尔给奥帕托苏夫妇写信说道，"上帝为什么要惩罚我——我不知道。我伤害了谁？"

然而，他并不是完全被动的。他们知道他需要一个妻子，他希望是犹太人，而他对此几乎无能为力。他从来都不是个懂得吸引别人的人——弗吉尼娅是自己来到他门前的；而自从 1909 年的贝拉之后，他就再也没有认真地追求过一个女人。他也没有单身的亲密女性朋友：他圈子里的女性，如克莱尔·戈尔和索尼娅·德劳内（都是寡妇），一直都是某对夫妻中的一员。布什·迈耶-格拉菲是个例外。自 1942 年起，她跟夏加尔和伊达都是好友。1945 年，他曾向她求过婚；而且，她声称他们在那之前有过外遇。在此期间，她嫁给了赫尔曼·布罗克，从美国返回法国圣西尔，并于 1951 年 6 月丧偶成为寡妇。当优雅、细心、高效而令人安心的讲俄语的瓦伦蒂娜在后台徘徊时，夏加尔正在匆忙而不顾一切地试图与重新有了可能的布什建立起亲密关系。

布罗克 1951 年 6 月去世时，夏加尔正在前往以色列的途中。"为你带来我的吻和爱的感伤，"他当时曾给她写信说道，"你知道我们有多爱你。忍受这种命运——你是很达观的。我经常对你说，我注意到了你身上那种平静的、充满哲理的力量，我爱你的好性格。"在伊达的婚礼上，布什曾作为家庭成员受到欢迎——她后来成为伊达和弗朗兹的一个孩子的教母——她也是第一批从伊达那里听到弗吉尼娅离开的消息的人。5 月初，夏加尔用颤抖的、不受控制的笔迹，在他 1923 年的画《恋人》的复制品的背面，给她胡乱地写了一封短信（"我仍然很难过，很不开心……给我写信"）。这幅画画的，是他和贝拉在月光下骑着马飞过天空。随后不久，他给"亲爱的嘴巴"（作者注：原文如此）写信：

> 我想见你，我想来找你一下。我太难过了。他们给我找了一个管家（一个来自英国的俄国女人）。但是上帝知道，尽管她的性格很好，我还是很难习惯她。伊达之后，只有你让我有家的感觉，还不用说我对你的感情。我想见你。她会在这里待两个月。写信告诉我怎么到你这里来……

> 全心全意地拥抱你，马克

接下来的几个星期里，夏加尔又接连寄出了 3 封信和一些明信片，全都写得杂乱不安，到处都是被画掉、被涂抹的痕迹，法语的拼写错误一次比一次多（"请原谅我的法语拼写错误"），每一封信都在恳求布什让他去看她——如果她没有其他客人的话，因为"我现在太难过了，无法见陌生人"——或者在他们彼此的家中点处的土伦见面，或者在巴黎——虽然他还没有准备好在巴黎露面，但"我想踏上这次旅程……最重要的是见到你"。"如果能让我吻你就好了。"他恳求道。但当他们6月见面时，他的拜访并不成功。夏加尔坐火车回到尼斯，郁郁寡欢，从火车站打电话给伊达："她拒绝了我。"布什是一个聪明而独立的女人，她不想成为他的缪斯女神。在返回的途中，夏加尔给奥帕托苏写信说道："你可以想象我的心情有多低落，如果不给你（写信）的话……没有任何真实的死亡和别的'真实的'灾难，比这种相当虚假的灾难更让我难过……我生活得不知所措，而不仅仅是无法理解。"

但现在的生活，是跟瓦伦蒂娜一起度过的。和布什同龄的她也在战争和混乱中建立了独立的生活，她不会因为在旺斯做不稳定的临时管家而放弃在伦敦的生意。她明确地表示，夏加尔要么娶她，要么她就离开。当一个脆弱的男人开始觉得她的存在让他觉得很舒服、很亲切，而且也不知道如何找到替代人选时，这便成了她在这个男人身上进行的精心策划的赌博。但瓦伦蒂娜也有她自己的情感需求。

她一生中最亲密的人，一直是她的哥哥米歇尔·布罗茨基（Michel Brodsky）。在瓦伦蒂娜13岁时，他们兄妹二人一同从基辅来到柏林。1918年，基辅爆发了内战时期最严重的大屠杀事件，一次由白军领导的肆意屠杀、刑讯折磨及对未成年少女实施强奸的大规模集体迫害。瓦伦蒂娜在德国首都完成了学业，并于1923年参加了中学毕业考试——夏加尔和贝拉离开这座城市的那一年。随后，瓦伦蒂娜也搬到了巴黎，然后在20世纪30年代搬到了伦敦。她和米歇尔同甘共苦，绷着在当时的俄国资产阶级流亡者群体中具有代表性的虚面：两人没有多少钱，但都花在了昂贵的衣服上，保持着外表上的光鲜，却住在破旧甚至污秽不堪的房子里（从不会让人到自己家来）。他们是一对奇怪的幸存者：低调迷人、行事谨慎，但也很神秘，旁人并不清楚他们的出身和与基辅著名的布罗茨基家族的关系。对于自己的宗教信仰，他们保持着沉默——有传言说，出于实用主义的原因，瓦伦蒂娜曾皈依过基督教（然而夏加尔可能没有听说过这一点）；对自己的不遵循传统的私生活，他们也同样保持着沉默。

米歇尔是一个同性恋，在法国时尚界有一位情人；瓦伦蒂娜则是一个情感空虚的处女——她的第一任丈夫是个同性恋，她曾和他有过一段虚假的婚姻。所以她对基于利害关系的婚姻了如指掌，但对性却一无所知。当时她已 47 岁，对她来说，夏加尔是她一生难得的机会。

瓦伦蒂娜·夏加尔，摄于 1952 年

1952 年 7 月 12 日，夏加尔和瓦伦蒂娜——很快被称为瓦利娅（Valya），后来被称为瓦瓦（Vava）——于朗布依埃的博尔代夫妇的家中举行了婚礼。夏加尔对滥交深恶痛绝，并保留着 20 世纪 50 年代传统的"新娘应该纯洁"的理想。在激怒了弗吉尼娅之后，他再次娶到了一个愿意献身于他的艺术的俄国裔犹太处女。在招待会上，克劳德·博尔代向撮合这场婚姻的伊达和艾达敬了酒。夏加尔当然感受到了各方压力，但他自我保护的本能也发挥了作用。夏加尔和瓦瓦都出身于"栅栏居住区"，在那里包办婚姻是家常便饭；而瓦瓦的背景为她加分不少——夏加尔向纽约的艺术评论家埃米莉·格瑙尔（Emily Genauer）夸口说，瓦瓦是"有身份"的人，当他的父亲在拖着鲱鱼的时候，基辅的布罗茨基家族就已在购买丁托列托[1]的作品了。由此，瓦瓦成了与他为伴的三名中上阶层女性中的一员。和贝拉一样，她是富裕的东欧犹太妻子的典型，将女商人（她在女帽店里的经历，如同贝拉作为珠宝商的女儿的经历）与女主人的角色结合在一起，既会算计又充满温情。她能够完美地听说读写 5 种语言；她能完全理解法国人、德国人和犹太人对夏加尔做出的回应的细微差别，并相应地调整他与这些人的书信和业务往来方式。这一点是贝拉做到了的，而弗吉尼娅未曾做到。她办事效率高、稳重、沉着、有教养，有一种活泼的幽默感——这种幽默感是在她婚后的头几年里随着感情的融化逐渐形成的。在她的主导下，俄语再次成了家庭语言，有时也会说意第绪语。夏加尔从未停止过遵循的俄国习俗——如离家外出前要先坐一下（以确保能安全返回）——毫无疑问地得到了接受。他们吃的是俄国菜，甜点——布罗茨基家族曾是俄国的"糖王"——又重新出现在菜谱上。"他用一个带银底座的雕花玻璃杯喝茶，那是俄国人所喜爱的方式……就着切成片的松糕和非常甜的果酱。"在他们婚后不久，一位客人说道。20 世纪 50 年代中期，曾接待这对夫妇访问佛罗伦萨的比诺·圣米尼亚泰利（Bino Sanminiatelli）侯爵认为瓦瓦像一只猫，他指出她会抽雪茄，而夏加尔喜欢装腔作势。

后来，他们之间的权力平衡发生了变化。但从未动摇过的，是瓦瓦给夏加尔带来的创作所必需的宁静和安全感。他希望这桩婚姻能帮助他摆脱弗吉尼娅留下的创伤。"我和那个英国女人的生活必须结束，"他在婚礼 10 天后告诉奥帕托苏夫妇，"现在，你看，4 月 16 日那天，为了将我从家里的悲伤之中解救出来，这个犹太女人来了，于 7 月 12 日成了我的妻子。就是这样。我不由地希望那个女人会慢慢把戴维还给我……对我来说，她已经死了。有时我想体谅她。但她并不体谅我……我的灵魂和她的不一样。"接下来的一年里，他拒绝见戴维，也拒绝与他进行任何形式的交流。这封信表达了对儿子的焦虑、对自己的困境的悲伤，以及他可以抚养戴维的梦想——但他没有合法的权利：约翰·麦克尼尔说自己不是孩子的父亲的声明在法律上毫无价值，戴维的姓仍然是"麦克尼尔"。而事实上，夏加尔采取了（对他来说）典型的逃避方式：他不回复 6 岁的孩子寄来的照片和短信；他在一封写给"亲爱的夫人"的优雅而冷淡的信中，拒绝了弗吉尼娅让戴维在 1952 年圣诞节到旺斯度假的请求——这封拒绝信是用英语写的，由瓦瓦署名。

保护神经紧张的夏加尔免受任何刺激成了瓦瓦最在意的事——他的脆弱，正是她进入他的生活的契机。他在结婚前几个月所写的信表明，虽然没有像贝拉去世时那样悲伤，但他一开始仍然处于一种近乎失控的状态。"你可能知道，"他在 8 月写给萨茨基夫的信中说道，"那个曾让我开心的人（继贝拉之后）是多么奇怪，那个金发女人，她莫名其妙地把我和我的儿子分开了。我仍然紧张不安，于是我被迫与另一个（一个犹太女人）结婚，这样我就不会在这座巨大的房子里独自狂暴，还能进行一点儿创作。我无法在信中说明白，但我已不是你以前所认识的那个人了（某些地方不一样了）。"

不过，他想要对瓦瓦彬彬有礼，让这段婚姻能够持续；他还想从旺斯的痛苦回忆中得到喘息的机会。因此，在 1952 年的夏天和初秋，这对新婚夫妇度了一个漫长的蜜月：开始时在罗马待了一个星期，然后去了雅典、特尔斐和波罗斯岛。是忠诚的特里亚德给他出的主意，他委托夏加尔创作一系列彩色版画，作为经典爱情小说《达佛涅斯和克洛伊》的插画；他认为，在"地理位置和精神层面上"，夏加尔都会在与希腊的相遇中获益。结果的确如此。"在他看来，希腊和巴勒斯坦一样不可思议。"据他的朋友雅克·拉塞尼说，在这次旅行中，他告诉德国艺术史学家沃纳·哈夫特曼，他开始认为雅典卫城"无疑相当于耶路撒冷的圣殿。希腊人的光辉和活力，与耶路撒冷庄严神圣的光辉形成了对应"。这种感受，让他后期作品中的古典成分变得多了起来，也让他作品中的色彩越来越明亮。这标志着他思想的分水岭产生在蜜月期间，在他寻找着新的开始的时候；此外，比较起贝拉，瓦瓦那更加明确的融入法国社会的倾向，可能也将他的思想从耶路撒冷解放至雅典。

在这次旅行中，依据新的景观和体验——傍晚时分的波罗斯湾，与当地渔民的月夜船游，以及为《达佛涅斯和克洛伊》所做的准备工作——他创作了许多水粉画和粉彩画。这本书最终于1961年出版；而那些插画，被证明是他为书作过的最差劲的插画之一：乏味而伤感，人们几乎一眼就能看出，这是他在情感迷失时对早期作品中的恋人和田园牧歌的拙劣模仿。在1915年他第一次结婚和度蜜月的时候，他的作品中就产生了"恋人主题"，在诸如《生日》和《乡村的窗口》的主要作品中，夏加尔和贝拉的身体或是面部就融合到了一起。此时，《达佛涅斯和克洛伊》那初恋的激情和他当前蜜月的实用主义之间的差距残酷地显现了出来。几乎可以说，他自动对旧有的形象进行了一种弱化的再现，用一系列新的、强烈的地中海色彩重新描绘了这些陈词滥调：艳丽的蓝色、闪亮的黄色、苍白的紫色。然而，这些关于浪漫题材和田园题材的版画却一直很受欢迎。20世纪50年代，夏加尔对彩色版画的技术掌握得很好，在瓦瓦的鼓励下，他获得了新的受众和市场。

1952年亲近大海、古典雕塑及希腊风光所带来的愉悦，让夏加尔觉得心旷神怡；瓦瓦那温柔而不苛求的陪伴，也让他感到十分舒服。虽然夏加尔并不期待浪漫，但瓦瓦却第一次得到了浪漫的满足。在婚后不久拍摄的一张照片中，她穿着休闲的夏装，在画室里用一种亲密而知心的目光看着夏加尔，表情和举止中带有少女的气息。在别的他们结婚初期的照片中，瓦瓦裹着贝拉风格的俄国披

夏加尔，《海湾边的裸体》，纸上印度墨水，约 1960 年

肩，浓密的黑发优雅地披散着，漆黑的眼睛闪闪发光——这对新婚夫妇在一起看上去很自在，没有夏加尔和弗吉尼娅所有照片中的那种紧张气氛。当他们于 10 月从希腊返回旺斯时，伊达对他们的和谐相处满怀希望。"父亲还没有完全恢复……只有时间与安宁才能治愈他。"她告诉奥帕托苏夫妇，但她对瓦瓦持乐观态度，"我想象不出来你们会不喜欢她。她有一颗金色的心。她很崇拜父亲，在很多方面都让我不禁想起母亲。父亲的本能驱使着他娶她，好让她留下来，但他的眼神仍在寻找比她坏的、比她更残忍的、可怜之至而愚蠢的弗吉尼娅。"

就算仅因为戴维的关系，弗吉尼娅也不会被遗忘，也不会被急于遗忘。她写信给他们最好的朋友，如奥帕托苏夫妇和律师伯纳德·赖斯，用自己的话描述了他们的分手，并对分手的后果持特别开朗的态度。她说，只要父母双方能对彼此友好，孩子就不会在家庭的破裂中受到伤害。她自己的生活并不容易。在她和查尔斯·莱伦斯结婚后，他几乎立即便卧床不起，因而她照顾了他10年，直到他1963年去世。她不是一个记仇的人。总的来说，在谈起夏加尔和伊达时她都很宽宏大量。当时夏加尔无意中发现了她在旺斯落下的一个用英语写的笔记本，于是请人将之进行了翻译，而让夏加尔感到惊讶的是，他从中读到了她对自己满怀着的爱意和关心。

然而，当他发现奥帕托苏夫妇在11月见过她时，他向他们发出了抱怨，认为这种行为不够忠诚。作为回应，奥帕托苏夫妇中断了与她的所有联系，并将她阐释他的过错的信转交给了他。对于背叛的记忆仍然让他感到痛苦（"多年来她一直在密谋着些什么"），但他强忍着这种痛苦。"愿上帝把她从堕落中拯救出来，愿她在生活中能得到些快乐，尽管她把我扔进了一个陌生的陷阱，"他告诉奥帕托苏，"我等了好几个月，等着冷静下来，等着痊愈，等着感受生活（甚至艺术）的滋味，等着和那个到我身边来帮助我的女人走得越来越近……虽然我是'无辜的'，但我相信有某种神，他不会希望我在痛苦中结束生命。"

瓦瓦和夏加尔在莱斯·科林斯的画室里，1952年摄于旺斯

1953 年 7 月，在他的第一个结婚周年纪念日，当时他刚刚成为外祖父——伊达的儿子皮特（Piet）当月出生于苏黎世，他仍在跟奥帕托苏讲着同样的论调，为失去戴维而悲伤，希望得到忘记弗吉尼娅的力量，试图跟瓦瓦一起寻求稳定。"上帝知道我的生活是如何扭曲的，看上去如同一种折磨，你们可以想象，通过那样一个虚伪的人，"他说，"然而今天是我的日子，我们的日子……是瓦利娅成为我的妻子的日子。而且她现在似乎很幸福，而我在生活中有了一个非常好的朋友。"一年后，在写给奥帕托苏的信中，他请求奥帕托苏帮忙写一本纪念贝拉的书，以纪念她去世 10 周年。他说自己现在平静些了，能够应付戴维的偶尔来访。1954 年春天的一张照片显示，这个热切的、略显迷茫的 8 岁男孩当时正在巴黎看望他的父亲、伊达以及她的 3 个孩子。她的双胞胎女儿贝拉和梅列特（以瑞士超现实主义画家梅列特·奥本海姆的名字命名）出生于 1954 年 5 月，就在生完皮特的 10 个月之后。此时的伊达留在了巴黎。由于对大屠杀和欧洲战争的恐惧仍记忆犹新，她希望所有的孩子都出生在瑞士，以确保孩子们的瑞士国籍。但这对双胞胎在她参观了布拉克的画室后的那天晚上，早早地来到了人世。有人开玩笑说，如果那天晚上她看的是毕加索，她会生出三胞胎。在一张照片中，夏加尔一只手抱着戴维，另一只手抱着皮特，坐在自己创作的一个陶罐前，一家人围坐在一起，看上去很放松。关于瓦瓦，他写道，"把房子收拾得很好……她很讲究犹太礼仪。再过一段时间，我就会和其他人一样了。"在公共场合他依然迷人、活跃、忧郁，英俊而平易近人，留着卷曲的白发和明亮的蓝眼睛：一个高贵而顽皮的角色，介于丑角和先知之间，散发着极不寻常的感染力。而瓦瓦的存在是一个完美的补充——老于世故、富有条理、追求实际，必要时还可以是凶猛的：一个持续的、平静的、稳定的存在。

***

带着瓦瓦在身边——去任何地方他都很少不带她——的夏加尔，此时进入了自战争动乱以来的第一个稳定时期。这在他的作品中立即得到了体现，并一直持续到 1985 年他去世——他与瓦瓦的婚姻比他与贝拉的婚姻还要长久。

从一开始，他们的婚姻就让他立即爆发了信心，他的内心走向平静，开始重新审视那些未完成的作品（如最终于1952—1956年完成并由特里亚德出版的《圣经》蚀刻画），以及始于1946年的有关巴黎的一系列速写（这些速写发展成了1952—1954年重要的油画作品），并开始考虑大项目的创作。在新的艺术媒介上创作的勇气，特别是在彩绘玻璃上创作的勇气，对他的未来至关重要；他还在陶瓷、石雕和青铜雕塑、织锦画和彩色版画上花费比以前更多的时间，在巴黎弗尔南德·莫洛特（Fernand Mourlot）有名的工作室里学习，并与后来成为密友的石刻大师查尔斯·索利尔（Charles Sorlier）——"我的小查尔斯"——进行合作。1952年，他到沙特尔研究了彩绘玻璃窗画；1958年起，他便开始在兰斯的查尔斯·马尔克（Charles Marq）玻璃厂车间里进行创作。他对这些新艺术媒介的兴趣，让他在人生的最后30年中完成了许多不朽的装饰艺术项目。这根源于他对将艺术融入建筑物，以及融合图像和材料的兴趣——彩绘玻璃中的色彩和光线的融合，陶瓷中火对色彩的净化，马赛克镶嵌画反射光线和创造立体扩展构成的能力，以及在织锦画中再现"生命纹理"的感觉。

这些新的技艺激发了他，并反馈到他的油画创作中。在婚后的几年里，他工作和生活的各个方面都有了新的开始和明确的行动。瓦瓦在他的生活中站稳脚跟的同时，也鼓励着他与过去的某些方面划清界限。她悄悄地打发走以前围绕在他身边的人，从医生卡米尔·德雷福斯（Camille Dreyfus），到女儿伊达：1956年，在一次到访旺斯后准备返回瑞士、她正在带着孩子们上车和把行李收进车里的时候，伊达被告知，她再也不是夏加尔的代理商了。1957年，夏加尔带着自己的贵宾安德烈·马尔罗，在巴黎钟楼广场伊达的家中庆祝他70岁的生日。但为了维护夏加尔和瓦瓦自己的安宁，她让夏加尔的外孙们尽可能地保持距离。不久后，孩子们收到了礼物，都是些便宜的玩具，而不是素描和水彩画。瓦瓦也把戴维拒之门外：以夏加尔给零用钱为条件，他被送到了凡尔赛的寄宿学校，从此很少见到自己的父亲。弗吉尼娅对此亦无能为力。几十年来，戴维一直对此耿耿于怀，其报复措施是写了一篇短篇小说，发表于2003年。小说中，他将瓦瓦化名为"艾莉"（Elle），并在最后将她淹死在地中海里。尽管这个大家庭的各个成员在别的事情上有着种种不和，但对于这篇

夏加尔和瓦瓦，1955 年摄于旺斯

小说却表示出一致的喜欢。弗吉尼娅（当时已 88 岁）酸溜溜地说，这是因为"大家都讨厌瓦瓦"。

伊达所受到的伤害更为直接。她如此费尽心机安插上位的继母，却和自己产生矛盾，让自己病倒。1955 年和 1958 年，她又做了两次溃疡手术。当时夏加尔也因阑尾炎做了急诊手术，瓦瓦和伊达在医院里为如何治疗他进行了激烈的争吵。为了给瓦瓦带来一个更为有利的婚姻财产协议，他们于同年 3 月离婚，然后于 9 月再婚。根据法国的法律，此举是非法的，因为法国法律要求那些受到这样的协议影响的人（比如伊达）事先得到通知，而她对这件事一无所知。当她请夏加尔解释这件事时，他无助地用俄语哀叹着："我不能，我不能。"伊达继续前来看望父亲，并一度投身于父亲的艺术——1959 年，她前往俄国，为她丈夫正在创作的那部有关夏加尔的鸿篇巨著寻找着画作和文献资料。在这里，她满怀激动地见到了夏加尔幸存下来的两个妹妹（她们的文化水平低得让她震惊，但她在余生中都在从西方给她们寄着礼物），以及贝拉的哥哥阿布拉斯克（她与他没什么共同语言）和雅科夫（她非常喜欢）。但她知道，自己正在步母亲的后尘，在为父亲的创作牺牲自己的平和与安宁。她在 1959 年告诉收藏家路易斯·斯特恩，瓦瓦"是一个城府极深的人，光说她很危险还不足以表达她的可怕。但是他很吃她那一套，而且很看重她那一套"。没有了伊达的参与，夏加尔与梅格的合作变得紧密起来，他的名声也在这个战后现代主义强劲推手的运作下，得到了迅速的提高。与此同时，随着死亡带走了对他很重要的朋友和同僚们，他的世界也发生了变化。1952 年，保罗·艾吕亚去世。1954 年，马蒂斯去世；同年，约瑟夫·奥帕托苏的离世更是令夏加尔极度震惊和悲伤，他与意第绪语世界的亲密接触也随之消失。瓦瓦填补了所有的空白，很快在情感上和日常生活中都变得不可或缺。

20 世纪 50 年代，夏加尔也目睹了身边巴黎画派成员们的相继离世：杜菲和弗朗西斯·毕卡比亚（Francis Picabia）于 1953 年去世；德兰和他的老伙伴福夫·马蒂斯（Fauve Matisse）于 1954 年去世；莱热于 1955 年去世；鲁阿尔于 1958 年去世。在夏加尔的俄国同僚中，那些主要的画家也都去世了：1935 年是马列维奇；1941 年是利西茨基和贾伦斯基；1943 年是苏丁；1944 年是康定斯基。还有些人数十年来一直默默无闻、毫无建树，生活在贫困之中，如拉里欧诺夫和冈查洛娃。40 年前夏加尔在莫斯科和圣彼得堡是局外人，如今发生了反转。现在，他在帮助贫穷的俄国同僚们。"亲爱的夏加尔，"1951 年，前先锋派领袖拉里欧诺夫用颤抖的手悲伤地写道，"我非常感谢你的亲切和友好，以及你寄给我的 3000 卢布——特别是因为我们原本并不太熟悉。请原谅我潦草的笔迹——我已经控制不好自己的手了。我非常感谢你。M·拉里欧诺夫。"在 20 世纪五六十年代，毕加索、米罗和夏加尔都是伟大的幸存者：在欧洲普遍对架上绘画存有信心危机之际，他们都面临不让毕生事业走向衰落的挑战。他们都以转向别的艺术媒介和宏大的装饰艺术项目的方式，在一定程度上回应了挑战：毕加索创作了许多陶瓷艺术品，还在安提布的格里马尔迪城堡（现在的毕加索博物馆）创作了许多大型油画；米罗在美国辛辛那提的阳台广场酒店创作了许多壁画，还在巴黎创作了陶瓷装饰艺术墙画；20 世纪 60 年代，夏加尔在欧洲和美国创作了许多彩绘玻璃和壁画项目；马蒂斯也做过同样的事情。"对我来说，我的油画似乎已经画完了。现在我只想做装饰艺术，"他在 1945 年写道，"在这个领域，我可以尽我所能——把我一生所有的收获都投入其中。而在油画领域，我只能回到同一个地方。"对夏加尔来说，这种面向装饰艺术的转向，甚至比对其他艺术家们来说更为关键。因为夏加尔的艺术根植于对故乡土地的叙事性描绘，他一直都本能地敌视抽象艺术。毕加索和米罗是天生具有古典主义倾向的南方艺术家，一直驱使着他们的是一种形式上的创造力。在 20 世纪 50 年代，这种创造力与国际上走向抽象的趋势产生了共鸣。夏加尔是一个经历了更为严重的情感动荡和失去的俄国人，他很孤独，更缺乏安全感，仍然不断地感到紧张和疏离。71 岁的他承认，自己仍像个 17 岁的孩子一样，为巴黎的某场展览而苦恼。他知道对于一位老年艺术家来说，探索新的艺术之路的风险很大。尽管瓦瓦树敌甚多，但她一心一意的献身精神，使得夏加尔在自己人生的最后 30 年中，能够专注于油画、壁画、马赛克画、彩绘玻璃和舞台装饰艺术的创作。

这段时期从《红屋顶》开始。这是包括 29 幅油画和许多石版画的巴黎系列的最重要的作品，该系列曾于 1954 年在梅格画廊展出。1947 年具有里程碑意义的回顾展为他赢得了极高的名声，吸引了大批巴黎的年轻观众。而这次展览是自此回顾展以来，首次在法国举行的大型夏加尔作品展。这也是他和瓦瓦婚后的第一次展览。这次展出的作品，展示了在贝拉死后的 10 年里他的作品所不具备的新的雄心壮志、创作规模和风格。这整个系列的作品——包括《埃菲尔铁塔》、《卢浮宫的旋转木马》、《塞纳河上的桥》和《夜》——都是对这座城市，他和贝拉的第二故乡的充满情意的致敬；而这一系列作品的构思来源，是 1946 年他在战后第一次访问巴黎时所创作的素描和粉彩画。然而，在《红屋顶》中，有关巴黎的主题仅限于画面上部的一个角落绘有塞纳河及河上的一座座桥梁、巴黎圣母院一侧的河岸和许多开花的树。这些场景沉入一片黑暗之中，旁边是一幅火红的维捷布斯克全景图，占据着画面的中央，形成了一个横向贯穿的色域。夏加尔本人细长的身影低低地弯向这一场景，整个身体呈现出一个深深的弧形，让人回想起他在 1912—1913 年创作的《祈祷的犹太

夏加尔，《红屋顶》，纸板布面油画，1953 年

人》。他崇敬的姿态面向他的家乡和另外两个形象：一个是他自己和首尾颠倒的新娘贝拉的怪异合体，另一个是右上角的拿着律法卷轴的犹太人形象。这个犹太人出现在一轮黄色的太阳下，而太阳本身则被一圈柔软的玫瑰包围。在周围暖色调的衬托下，律法卷轴闪烁着蓝宝石般的光芒。夏加尔是借此向他所得到的传承、他的过去致敬，并预示着他将会把上帝和不朽爱情的奥秘当作晚期作品的主题。

《红屋顶》让人不可避免地想起近半个世纪前的《有七根手指的自画像》和《从窗口看巴黎》。在这些画中，他都描绘过分别属于维捷布斯克和巴黎的他自己。然而，那两幅画是他年轻时的作品，充满了紧迫的个人身份认同危机感；而这幅画的主题是回忆，几乎完全用色彩表达，如同夏加尔 60 多岁所描绘的自己一样，在一片红色中融入了自己的家乡。在纸板上涂上油彩的方式为鲜艳的色彩带来了平坦的效果，大面积连续区域上宽大而自由的笔触，平整得如同平版印刷品一般，同时也让整个作品呈现出新的抽象倾向。这种大范围的色域和色块，是整个"巴黎系列"的标志。《塞纳河岸》中有大片大片对比鲜明的红色和黄色；《塞纳河上的桥》中有在午夜的城市中闪耀着鲜粉色的倒立公鸡。——在这两幅画中，都有一个以弗吉尼娅为蓝本的抱着孩子的圣母玛利亚像（1946 年，在夏加尔创作作品的草图时，她刚刚生下小戴维）。而在《战神广场》中，在围绕着瓦瓦的蓝色带子的映衬下，她的新娘面纱的白，以及被埃菲尔铁塔分割开来的太阳的朱红，显得分外醒目；这条蓝色带子的弧线并行于夏加尔的绿色脑袋的弧线，而夏加尔正把目光移向下方幽暗的维捷布斯克。贝拉、弗吉尼娅、瓦瓦、他自己的自画像，令人熟悉的爱的主题、母性的主题、母亲的呵护主题以及回忆的主题："巴黎系列"概括了夏加尔自 1944 年以来的所有经历，同时宣告了色彩在他晚期作品中的新的主导地位。20 世纪 50 年代，最能占据他的思想的画家是莫奈；20 世纪 60 年代是提香。这两位画家都非常长寿，就像他们后期的作品一样，随着时间的流逝，夏加尔的色彩也变得越来越丰富、越来越致密、越来越抽象。

"巴黎，我内心的倒影，"夏加尔在特里亚德的杂志《活力》的某期中写道，"我想融入其中，而不是独自一人。"正如他在从动荡时期走入稳定时期创作的那些作品一样，"巴黎系列"也是他处于过渡期的作品：巴黎代表了过去，也是法国的一部分，是他在创作"地中海系列"之前可以内化的东西。然而，从 20 世纪 50 年代中期开始，他的画作开始弥漫南方的阳光、繁茂的植被和旺斯慵懒的生活节奏。这些作品重新演绎了他在 20 世纪 30 年代后期的苦乐参半的幻想，如同《仲夏夜之梦》中饱和的色彩和美好的观感——这是他在美国创作的那些心神不宁而昏暗的油画中完全没有的基调。只有与瓦瓦结婚后，夏加尔才觉得自己真正地从流亡中回到了法国，才能让自己在地中海的新家中尽情享受生活。从 1949 年到 1952 年，他一直没有画过在旺斯的家。

然后，从 1955 年左右开始，他又回忆起了 20 世纪 20 年代发现的法国乡村具有抒情意味的宁静，开始再次以一种着重于色彩的欢欣来表现其优雅和明亮。1955 年的光彩夺目的《白色窗户》便是一个标志：一对只有大概轮廓的恋人的上方，越过插得满满的花瓶——浅红色的玫瑰、闪闪发光的白色雏菊、巨大的白色马蹄莲——可以瞥见一丝地中海的风景。在夏加尔的作品中，对敞开的窗口和窗外的风景的描绘是罕见的，这是马蒂斯和毕加索经常涉及的经典现代主义物象。通过这幅画，他再次在法国的主流艺术界有了一席之地。这幅画与1924年的《窗边的伊达》遥相呼应，30年前他从俄国返回法国后，正是通过那幅画展开了与法国艺术长达10年的亲密接触。无论是内在还是外在，这两幅画有同样的精神张力。然而，在《白色窗户》中，着色更为自由，光线更加分散，节奏更加轻盈，更加充满活力。在上述所有方面，这部作品为他接下来30年的风景画和花卉画奠定了基调。到了他80多岁的时候，在像《圣吉纳特的孤山》这样的作品中，画面上的自然世界似乎已融入纯净的色彩之中。

像《白色窗户》一样，1969年的《圣吉纳特的孤山》描绘的是一个巨大的花束，从花束的缝中可以瞥见地中海的景色。画面的一边，是飘动着的白色花朵，向上直立着伸向夜空，其白如同月亮的寒光；另一边，是较小些的红色和黄色花束，其温暖和亮度如同最后的夕阳；其间，则是一片黑暗的夜景、陡峭的山峰和带有围墙的圣吉纳特的村庄，屋顶和城堡模糊不清，而山巅则变成了两张黑色的脸——82岁的夏加尔和64岁的瓦瓦。人类的生命和爱与自然融为一体。整个画面的色彩极为丰富，那些颤巍巍的画面形象的比例如同圣像画般极不合理——巨大的花朵、微小的村庄——如同回忆在想象中的结晶。

在创作这些浪漫主义作品的同时，夏加尔从20世纪50年代中期到1966年，一直专注于一系列接近2~3米尺寸的大型油画的创作，以及许多有关《旧约》题材的版画。他回到20世纪30年代便已开始的《圣经》蚀刻画的收尾工作中——从小他就对这个主题深深痴迷。在这里，他可以在没有贝拉为中介的情况下，通过《圣经》中的文字回到维捷布斯克的犹太世界。正是这种直接，这种用绘画中的传奇力量刺穿现实的能力，兼具非宗教的现代世界的信念，使得他的宗教题材作品在20世纪独树一帜。

每一个场景、每一种形式、每一种色彩，都在传递着意义，丰富着叙述。在《伊甸园里的亚当和夏娃》中，天堂是一抹柔和的蓝绿色，被红色、紫色的花朵和一个黄色的杂技演员点缀得温暖无比；天使鱼、公鸡以及别的走兽或混合物种从恋人们的身边飘过，就连毒蛇看起来都很温良。在《亚伯拉罕和三天使》中，横向和纵向的严谨布局突出了神的旨意的严肃。在一片红色的土地上，

夏加尔，《天使》，草稿，1955—1960 年

天使们明亮的白色翅膀排成一排，似乎伸出了画布，而亚伯拉罕的脸被分成了两半，一半红、一半白，体现了善与恶、生与死的力量。那 5 幅献给贝拉的《所罗门之歌》的插画，是对色调的精心调剂，从饱和的胭脂红到深红，到粉红，再到玫瑰红。在第一幅画中，贝拉在德维纳河的岸边向夏加尔招手；这个系列的最后一幅画上有旺斯的山丘。《雅各之梦》描绘的是一场马戏表演。《大卫王》描绘的是一个身穿朱红色大衣、戴着金冠、留着绿胡须的正在跳舞的哈西迪派犹太人，他的绿手和白手弹着竖琴；一群喜形于色的犹太人，正从沉浸在柔和的微光中的旺斯奔来迎接他；一对身形被拉长了的新婚夫妇飞翔在维捷布斯克和婚礼华盖的上空。夏加尔的描绘让人想起了大卫作为国王、艺术家和情人的各种角色。画面上的两个喜庆队伍融合到了一起，一个在歌颂神圣的爱情，另一个在庆祝世俗的婚礼。在另一幅相近主题的作品中，夏加尔将大卫描绘成了一个跪在拔示巴面前的情人，画面的背景为协和广场。"这位犹太人的灵魂，突然以油画的形式展现了他们自己的传奇。"沃纳·哈夫特曼在评论这些作

夏加尔，《摩西与十戒石板》，草稿，1952 年

品时写道。1962 年，让·雷马利（Jean Leymarie）在日内瓦的拉特美术馆看到这些作品时写道，"夏加尔重新开始了一项被置于绝望境地的任务，这项任务似乎曾被无限推迟。他跨越了自己的世纪所在的边界，在不背叛任何一方的情况下，完成了一项以前从未完成过的对犹太文化和现代绘画的融合，犹太文化长期以来一直对绘画漠不关心，而现代绘画对《圣经》来说已经变得陌生。"

在 20 世纪 50 年代和 60 年代，一个被战争摧毁过的、还沉浸在对大屠杀的恐慌之中的社会，对于一种以爱和宗教为主题的艺术的渴望再热切都不为过，尤其是当这种艺术来自于一位幸存的犹太艺术家的时候——这位艺术家能够将失落的世界封装在一组特别的、让人一目了然的图像之中。对这个社会来说，建设国际和平是最重要的政治理念。夏加尔的情人、宗教人物、村庄和 20 世纪五六十年代的花朵，是激进的现代主义美学被弱化后的一种表达；在

1911 年—1921 年，夏加尔借此在后立体主义艺术史中占据了一席之地——然而关于这一点，公众既不了解，也不关心。他的艺术是一种叙事性艺术，满足了那个时代的心理需求，给人以愉悦和慰藉，这是当时与他处境相似的别的视觉艺术家们无法企及的。第二次世界大战后这个世界对精神艺术的渴求，在国际舞台上得到了抽象表现主义的回应。在巴尼特·纽曼（Barnett Newman）和马克·罗斯科（Mark Rothko）这两位犹太艺术家手中，抽象表现主义表现出了极大的超越性，但 20 世纪五六十年代的大众是无法理解的。另一方面，夏加尔处于一种独特的地位，能够以一种易于理解的精神信息传递艺术。1960 年，夏加尔和另一位伟大的幸存者奥斯卡·柯科施卡（Oskar Kokoschka）在哥本哈根共同获得伊拉斯谟奖。肯尼斯·克拉克（Kenneth Clark）爵士的演讲标题"抽象化时代的两位人类画家"总结了大众对夏加尔的看法。

马蒂斯死后，唯一比夏加尔更有名的在世艺术家，是毕加索。在美国，文学艺术学院于 1959 年将夏加尔列为名誉委员；在欧洲，通过一系列非同寻常的回顾展：1956 年在巴塞尔和伯尔尼的展览，1957 年在阿姆斯特丹、布鲁塞尔和萨尔茨堡的展览，使他 20 世纪 50 年代的名声得到强化。在德国，夏加尔作品的展览机会尤其多：1955 年的首次"卡塞尔文献展"；1955 年汉诺威的展览；1959 年汉堡的展览；1959 年在慕尼黑的"艺术之家"——1937 年"堕落艺术"展的场地，展出了他的 400 幅作品（开幕当天的参观人数为 3600 人，超过了毕加索不久前一场类似规模的展览。得知这一消息的时候，夏加尔私下里很满意，但在表面上却表现得很惊讶）。他的艺术在战后的欧洲引起的文化重生、文艺复兴、忏悔和希望，在德国得到了非常和谐的共鸣。他继续拒绝踏足这个国家，这是一个严酷的声明，表明大屠杀永远不会被忘记；然而，他的艺术作品却是和解与缔造和平的象征。在他的诗《致被屠杀的艺术家》中，他描述了自己年轻时的梦想，回忆着母亲和贝拉所赋予的爱，这是他那一代被屠杀的犹太人们的典型经历：

> 他们被带到了死亡浴场
>
> 在那里他们知道了自己汗水的味道。
>
> 然后他们看见了光

来自他们未完成的画。

他们数着那些逝去的岁月，

他们所珍视的和所等待的

是去实现他们的梦想——

他们没有睡到最后，他们睡过了头。

他们在脑海中寻找，并找到了

月亮在育儿室里盘旋

有了星星，就有了光明的未来。

青春的爱情在暗室里，在草丛里，

在山上，在山谷里，轮廓鲜明的果实，

浇上牛奶，覆上鲜花

承诺给他们天堂。

母亲的手，她的双眼

陪着他们上了火车，走向远方

名声。

我明白了：现在他们衣衫褴褛地蹒跚着，

赤脚走在寂静的路上。

以色列的兄弟，毕沙罗和

莫迪里阿尼，我们的兄弟——他们被

丢勒的儿子们用绳子牵着，克拉纳奇

还有荷尔拜因——在火葬场里死去。

我能怎样，我该怎样，洒下眼泪？

他们已被盐水浸泡——

我眼泪中的盐。

他们在嘲笑中被晾干。因而

我失去了最后的希望。

　　整个 20 世纪 50 年代，能否创作关于大屠杀的艺术和文学的争论，一直激烈地进行着。在夏加尔的意第绪语诗歌和书信中，他通常是最悲伤的。但在他的画中，他并没有失去最后的希望，而是通过色彩、美与和谐来平衡悲剧。"我请求你不要悲观，"他在 70 岁生日后给他在纽约的老朋友丹尼尔·查尼（Daniel Charny）写信说道，"生活总是美好的，尽管它是悲伤的：一些好人和一些亲近的人离开了我们。"正是这种冲破黑暗的希望，让 20 世纪 50 年代的观众对他着迷；这样的希望，浓缩在他 10 年来最伟大的画作《夜间的小丑》（1957 年）中，一群马戏团演员（夏加尔式隐喻中的艺术家）从明亮的舞台上离开，在两轮凶险的月亮的照耀下，漫无目的地徘徊在一片狂风暴雨的黑暗田野上。黑蓝色的土地近乎僵硬，一些似乎镶嵌在密集而粗糙的地面上的柔和色彩，将之点缀得有了生气——夏加尔称之为"泥土的艺术"的塑形、切割和黏土雕刻所带来的影响显而易见。黑暗中，剧团的团长，一位鬼怪般的白色小提琴手，长着一张如同面具的脸，凝视着观众；在他的身边，一个长着鸟头的人托着一位幽灵般的白色歌手；在他们周围的阴影中，别的乐手清晰可见。在完成这幅画后不久，夏加尔对弗朗兹·迈耶说："绘画是一种悲剧的语言。"迈耶说，在夏加尔其他的画作中，没有一张"如此充满令人心碎的悲伤，如此深沉的、重大的、悲惨的痛苦"。然而，被大量的色彩所淹没的主题，却如同一股生命力一般，从灵魂的黑夜中迸发出来。"他悲哀地认识到，人类为这个世界带来光明的力量极为有限。这种认识集中体现在戴着帽子的年轻人苍白的脸上。"迈耶写道，"但他也是那位小提琴手，他的旋律在夜晚回响。这是一种挑战，是一种慰藉。尽管很悲伤，却与这世上最深切的欢乐组成了壮丽的合奏曲。"

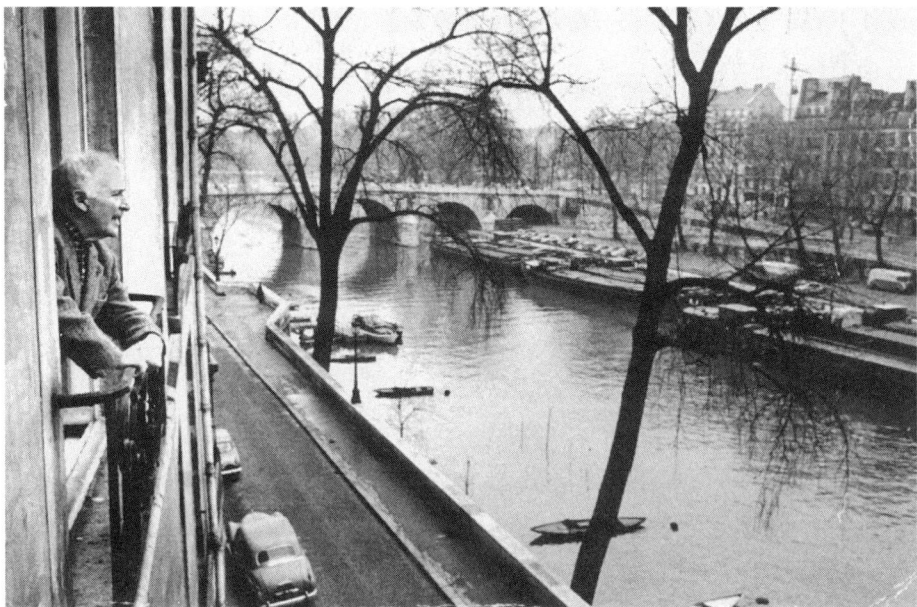

夏加尔在巴黎安茹码头自己的公寓窗户旁，摄于 1958—1959 年

    这种幻想在 20 世纪二三十年代的法国是难以理解的，或充其量只能与超现实主义相提并论。而此时，法国将这种幻想视为比喻表达法的阵地，对之表示欢迎。在法国最终失去了美国带来的文化动力之际，夏加尔成了法国民族艺术的灯塔。在当时的艺术史和百科全书中，他总是被列为法国艺术家，而不是俄国艺术家。1956 年，他在意大利度假，对伊塔蒂别墅进行了正式访问。在那里，艺术史学家伯纳德·贝伦森（Bernard Berensn）——一个在欧洲社会中融入得非常完美的犹太人，几乎没有人知道他出身于犹太乡村——赞许地指出，夏加尔看起来一点儿也不像犹太人。（贝伦森对瓦瓦的态度要强硬得多，因为瓦瓦让他觉得像是个高级的印度教教徒。）1957 年，夏加尔在圣路易岛上的安茹码头买了一套公寓。这里是巴黎贵族的中心，也是他最终融入法国社会的象征。1959 年，在卢浮宫的装饰艺术博物馆举行的回顾展，是他的另一个里程碑。但指向未来的，是法国现在提供了他自 1923 年以来一直等待的机会：在公众场合进行大规模作品创作的机会。这样的机会，他曾于 1920 年在俄国的莫斯科犹太剧院，以及 20 世纪 40 年代在美国合作《阿列科》和《火鸟》时得到过。1958 年，他在巴黎歌剧院为拉威尔（Ravel）的《达佛涅斯和克洛伊》

设计了布景和服装，这些设计脱胎于他一直在创作的彩色版画。但同年，他仍对德国艺术史学家沃尔特·埃尔本说："我在寻找一堵大墙。"法兰克福给了他回应，邀请他为法兰克福新歌剧院的门厅画一幅壁画；巨幅绘画《戏剧艺术》被视为战后复兴与和解的象征。法国给出的回应，来自梅斯大教堂首席建筑师罗伯特·雷纳德（Robert Renard）的委托，委托他设计几扇彩绘玻璃窗，以替换"二战"期间被炸毁的玻璃窗。

夏加尔给位于兰斯的雅克·西蒙玻璃厂的老板查尔斯·马尔克写信说道："我们必须意识到，我们在创造杰作。"马尔克是一位虔诚的基督徒，成了夏加尔晚年最亲密的合作者和朋友，对夏加尔来说，几乎相当于马蒂斯的莉迪娅·德莱托斯卡娅。从 1960 年起，夏加尔在架上绘画所花费的时间越来越少。相反，他把精力、知识和勇气，以及晚年的欢乐、忧郁和智慧，倾注到一种新的媒介上。这为他提供了创造的自由，也为他提供了大规模地融合光和色彩的机会。

夏加尔，《杂技演员》草图，1955 年

注释

【1】丁托列托：1518—1594 年，16 世纪意大利威尼斯画派的著名画家。

第24章

大墙十年

旺斯和圣保罗，1960—1970

　　夏加尔将他的彩绘玻璃窗称为"我的心和世界的心之间的透明隔板"。战后，许多旧的教堂正在被修复，新的教堂正在被修建，几位主要的艺术家将艺术方向转向了彩绘玻璃窗。而通过现代艺术的修复而恢复活力的旧教堂，成了文化和精神复兴的象征。夏加尔的作品对现在和过去的融合具有独特的力量。从风格上来说，彩绘玻璃艺术自然而然地推动着他的艺术朝着纯净的光、近乎抽象的色彩处理和宏伟的方向发展。但从主题上来说，他回到了童年时代的被宗教渗透、根植于哈西迪派的精神教育的艺术中。其艺术上中世纪的特征，使得他与这些中世纪大教堂的工匠们配合得非常协调。"就像中世纪的彩绘玻璃窗一样，他的作品与其说是一扇通向外部世界的窗户，不如说是对其内在本质的理解。"俄国艺术评论家娜塔利亚·阿普钦斯卡娅写道，"他的窗户以巨大的力量体现出了一种不同的现实体验。"夏加尔对俄国的回忆因贝拉的去世被切断。70多岁的时候，他通过读《圣经》（依然是意第绪语版本）回到童年，并以此塑造了自己的战后艺术。这些新的艺术，为他带来了大量的新观众——包括许多如梅格这样的永远不会进入先锋派画廊的人，也让他的名声更为显赫。

1959 年，夏加尔开始设计位于梅斯的圣艾蒂安大教堂回廊里的窗户。他在 3 个尖头窗上分别描绘上了先知摩西、大卫和耶利米，并在他们上方设计了一对四叶形小窗格；顶部的玫瑰窗描绘的是十字架上的耶稣，佩戴着犹太经文护符匣，头上没有光环。位于法国东南部的摩泽尔城是他的彩绘玻璃窗作品起点的象征，因为在这座城市的历史中，天主教徒和犹太人有着紧密的联系。当开始在这天主教堂的创作后不久，夏加尔就相应地收到了来自以色列的犹太教堂的委托：为希伯来大学医学中心的犹太教堂安装 12 扇彩绘玻璃窗，该大学位于耶路撒冷附近的艾殷卡陵。委托他的提议，是由美国妇女慈善组织"哈达莎"发起的。这个犹太教堂的 12 扇圆拱形窗户高 3 米，宽 2.5 米，与哥特式基督教堂传统的狭长彩色玻璃窗的比例大不相同。犹太教刻画人物形象的禁令，也赋予了其独有的特征。这些玻璃窗描绘的主题是以色列的 12 个支派，通过宗教符号、动物、植物、水果、自然景观来呈现，而最重要的，是色彩：最古老的支派鲁本，是海洋的蓝色，造物的色彩；上帝和人民之间的媒介利未，是黄色，光和灵性的色彩；戏剧性的紫色，代表历史曲折坎坷的犹大支派；绿色代表以萨迦支派的和平与宁静。法国艺术评论家让·雷马利写道："画面上没有人物出现，因为他们已经融入这个世界。"这些丰富而细腻的作品在被磅礴的地中海的阳光穿透时，呈现出珠宝般的光彩，如同人们自古以来对天国耶路撒冷的想象。但同时，正如弗朗兹·迈耶所指出的，在那些三角形、菱形和圆形中，大片大片的色彩、现代的抽象图形和千变万化的光线本身，才是真正的媒介。

夏加尔告诉迈耶，他认为彩绘玻璃画是油画的延续。他会先画一些小素描，然后画彩色的草图，最后画出详细的水粉画设计图。然后，查尔斯·马尔克便以这些水粉画制作底稿。夏加尔完全尊重马尔克等能工巧匠的精湛技艺，而马尔克也称夏加尔的原稿是完美的艺术品，是不可能进行生搬硬套的复制的。他也说过，夏加尔是如何"神秘地引导（他）将水粉画转移到玻璃上，令其变得栩栩如生"的。迈耶观察到，在两人共同研究出的一种技术中，马尔克会标出铅线，"以配合草图和设计中的色彩韵律"。

接下来便在玻璃上涂上酸，以产生白色区域或别的浅色调……这样所得到的光亮，与在玻璃上涂上灰色颜料得到的恰恰相反。最

夏加尔在兰斯为耶路撒冷哈达莎犹太教堂的彩绘玻璃窗进行创作，摄于 1961 年

终的作品是两相结合的成果。此时，夏加尔会接手，在已安装好的玻璃上转换色彩，调整光线。但他主要使用灰色，画出线条，涂上颜料，稀释，用抹布擦拭，加重，敲打，用画笔头刮擦。

就这样，夏加尔在最终烧制前又增添了自己的手法。铅的作用，是进一步增强了他的设计的自由感：虽然需要将彩色玻璃片连接在一起，但它并未呈现出传统的景泰蓝效果，而是以贯穿整个构图的弧形线条排列。马尔克在夹层玻璃中植入了一系列色彩，可以一块块地进行色彩调节。因为不需要铅用来分割色彩，所以这些玻璃块可以自由地增强各种形式的表现力——例如，在梅斯的《雅各的梦》中，这些玻璃构成了占据画面主导地位的天使的身体，他的双臂张开，形成了一种伸展的姿态；又如耶路撒冷的《约瑟支派》中山羊的背部曲线；还有在肯特图德利教区教堂的两扇窗户上，那棵栩栩如生的树的形态。

夏加尔花大量的时间和马尔克待在兰斯，同时着手梅斯和耶路撒冷两个项目的创作。最终，那座教堂的窗户花费了他 10 年时间，而犹太教堂的窗户则在 1962 年完工。马尔克评论道，夏加尔从来都不吝学习每一个层面的工艺。他沉浸在车间里，对能工巧匠们的经验表现出深深的崇敬，并关注细节，做出一些"几乎不可见，但结合在一起却让他的作品产生了根本性的变化"的小改动。

夏加尔在瓦瓦的陪同下，于 1962 年 2 月 6 日出席了犹太教堂的开馆仪式。照片上的他，看上去与以色列时一样不自在。这座低矮的现代犹太教堂，更加让他觉得以色列没有文化、缺乏美感。他是如此愤怒，以至于大发脾气，摔坏了许多椅子。不过，后来他恢复了的平静，在开幕式上发表了一个平和的演讲，谈到要团结所有文化。他谢绝了任何礼拜场所的艺术制作费用，而在整个创作过程中，他在兰斯车间里的助手们都说，"他觉悟到自己的灵感来自于更高尚的力量"。梅斯的那些窗户，以及后来德国美因茨大教堂的窗户（该教堂是被炸毁后重建的。1976 年，89 岁高龄的夏加尔开始着手这儿的彩绘玻璃窗的设计制作。在他去世后，马尔克继续完成了这些彩绘玻璃窗），都是战后和解的象征，而且这些出现在天主教的礼拜场所的作品出自一位犹太人之手，引起了进一步共鸣。但哈达莎犹太教堂的彩绘玻璃窗，是与犹太历史中的悲剧和胜利息息相关的。夏加尔过去的经历完全叠加到他此时的创作中，以至于他常常无法将两个时空区分开来——当时他曾用意第绪语对记录着彩绘玻璃窗制作进程的立陶宛摄影师伊捷斯说："我希望我的父亲会喜欢。"

哈达莎的彩绘玻璃窗在被送到以色列之前，于 1961 年夏天在卢浮宫展出。迈耶说，在那里它们"一片闪亮，灼灼生辉……通过有序的色温升降……透明画面上那天然的色彩深度和栩栩如生的光芒，几乎能让观众从生理上产生一种真正的战栗。"陪同丈夫大卫到巴黎出差的佩吉·洛克菲勒（Peggy Rockefeller）也参观了这次展览。大卫·洛克菲勒（David Rockefeller）正在寻找一位艺术家，为哈德逊河谷波坎蒂科山的家族联合教堂设计一扇彩绘玻璃窗，以纪念他 1960 年去世的父亲。那儿已经有了一扇马蒂斯设计的彩绘玻璃窗，用以纪念母亲艾比（Abby），纽约现代艺术博物馆的创始人之一。第二天早上，佩吉让大卫去卢浮宫参观了这次展览。哈达莎的彩绘玻璃窗随后被送到了纽约现代艺术博物馆，在那里，有超过 25 万名观众膜拜了这些作品，创下了当时纽约现代艺术博物馆的参展人数纪录。观众中包括别的洛克菲勒家族的成员。那些认为夏加尔过于现代主义、神秘主义或两者兼而有之的人，现在都改变了看法。1963 年，大卫·洛克菲勒到旺斯拜访，并委托夏加尔为教堂的前廊设计 1 扇彩绘玻璃窗，主题是"仁慈的撒玛利亚人"。最终，这个委托扩大到了另外 8 扇窗户。洛克菲勒认为，夏加尔接受《新约》中《路加福音》"仁慈的撒玛利亚人"这一主题，因为它唤起了人们对瓦里安·弗莱和紧急救援委员会的回忆，后者主要由洛克菲勒基金会资助。

在厄尔本称为夏加尔"大墙十年"的期间，全世界公众场所的设计委托纷至沓来。1964 年，夏加尔完成了为他的画商梅格基金会的"夏加尔厅"创作的大型油画《生命》。梅格基金会是圣保罗德旺斯的现代主义圣殿。梅格基金会的创立是为了纪念梅格夫妇因白血病去世的 11 岁的儿子伯纳德，得到了布拉克、米罗和贾科梅蒂等艺术家的支持。那个夏天，夏加尔还在为以色列国会制作一幅三联织锦画——这是献给以色列的礼物。随后，1964 年 9 月 17 日，夏加尔和瓦瓦前往纽约，参加在联合国总部举行的夏加尔彩绘玻璃窗《和平》的揭幕仪式，以纪念 1961 年在空难中丧生的联合国秘书长达格·哈马舍尔德（Dag Hammarskjöld）。对于这个非宗教团体的委托，夏加尔同样在作品中加入了大量神话和幻想元素，以《以赛亚书》上的经文引领着自己的创

夏加尔向他的外孙梅列特、贝拉和皮特·迈耶展示他为哈达莎设计的彩绘玻璃窗，摄于 1961 年

作："在黑暗中行走的人，看见了一道浩光……因有一婴孩为我们而生，有一子赐给我们，政权必担在他的肩头上。他的名称为奇妙，策士，全能的神，永生的父，和平的君。"窗户的主色是蓝色，象征着生命与和平；画面中心，一

位天使从花束中腾空而起，向一个孩子弯下了腰；右边，是为和平牺牲生命的先知和殉道者；左边的人物在为和平而战，一位母亲保护着怀中的孩子。

在联合国揭幕式过去 6 天后，夏加尔和瓦瓦回到巴黎，参加重新装修后的加尼叶歌剧院的开幕式。新的顶棚是戴高乐任命的文化部长安德烈·马尔罗委托夏加尔设计的。在战后的法国，马尔罗的人气如日中天。当时毕加索问年轻的弗朗索瓦兹·吉洛特，在他庞大的朋友和熟人关系网中她最想结识的人是谁，她毫不犹豫地选择了马尔罗。戴高乐和马尔罗都出席了拉威尔的《达佛涅斯和克洛伊》的盛大演出，夏加尔为此剧设计了布景和服装。在幕间休息时，马尔罗突然想到，夏加尔可以把那约 200 平方米的天顶棚重新描绘一下，为这座老歌剧院做一次翻新。顶棚位于一个巨大的穹顶之下，并以镀金的灰泥为框架将之划分成了 12 个部分。夏加尔犹豫了一会儿，才接下了这个艰巨的任务，因为这个机会非常诱人：这代表着他最终被法国的当权派所接纳。作为一个花了很长时间才被接受为臣民的人，他高风亮节地将这部作品作为礼物送给了法国。巴黎哥白林厂的车间由他使用，后来那里的空间不够用时，他将工作场地转移到一个由埃菲尔修建的飞艇库中。

伊捷斯是唯一被允许进入哥白林厂记录作品制作进程的摄影师，他写道："那里弥漫的氛围让我想起了文艺复兴时期的画室。地面上和墙壁上都是巨大的油画，画架上挂着草图，夏加尔穿着白衬衫狂热地工作着，一台留声机播放着莫扎特的音乐。"他说，夏加尔"像个典型的劳动者一样，每天在固定的时间里坐下来创作"。

> 我曾见他一连好几个小时充满激情地创作，摆弄着刷子、刀和布，然后他会后退一步——他的衬衫被汗水湿透了——在那一刻，他会"洞察"自己的作品。有时带着愉快的微笑，有时带着失望的神情。当他感到满意时，他会问他的妻子（她默默地见证着他对这些重要作品的创作）是怎么看的。但我也看到过他的失望，比如他注意到鲍里斯·戈杜诺夫（Boris Godunov）的脑袋……显得太高贵了。"他是个暗杀者。"他说，然后便开始着手处理。几个小时过去了，他因为没有得到想要的结果而恼怒，要求独自待着。当我们回

夏加尔，《舞者》，草稿，1963 年

来时，他又在做别的事情，完全不理会鲍里斯了。

当嵌板被卡车运到歌剧院时，夏加尔忧心忡忡地站在一旁。"每当嵌板有一点儿轻微的滑动，他就会发出惊叫。后来，每当需要搬运嵌板时，他就会离开工作室，这样就不用看到搬运的过程了。"夏加尔穿着工作服在歌剧院里进行监督、修饰细节。当时，18 岁的戴维·麦克尼尔（David McNeil）在巴黎读书，偶尔也会和父亲见面。他记得有一次在加尼叶歌剧院拐角处的一家小酒馆里，白发苍苍的夏加尔穿着粘满颜料的衬衫，坐在建筑工人们和室内装饰工人们之间休息。

"你是本地人吗？"其中一个问道。"我在这儿翻修歌剧院的顶棚。"父亲一边吃着蛋黄酱一边回答。

建筑师查尔斯·加尼叶（Charles Garnier）曾梦想着他的新巴洛克风格的

顶棚可以因色彩而充满活力。而这一点，在有了夏加尔的 12 块嵌板后才得以实现。每一块嵌板，都描绘了一部以爱情为主题的芭蕾舞剧或歌剧。他再次使用了已成为他不朽作品支柱的艺术词汇：天使、恋人、花束和半人半兽的形象，环绕着的是巴黎的标志性建筑——埃菲尔铁塔、歌剧院、凯旋门，以及维捷布斯克的圆顶教堂。如同在哈达莎的彩绘玻璃窗上一样，色彩传递出了精神层面的意义：蓝色象征着莫扎特的《魔笛》的和平与希望；环绕着穆索尔斯基（Mussorgsky）的《鲍里斯·戈杜诺夫》中那些角色的莫斯科圆房顶，也是蓝色的色调；象征着爱的绿色，是瓦格纳的《特里斯坦与伊索尔德》和柏辽兹的《罗密欧与朱丽叶》的主色调；代表着神秘和迷乱的红色、黄色，是斯特拉文斯基的《火鸟》和拉威尔的《达佛涅斯和克洛伊》的主色调。首演当晚的歌剧《达佛涅斯和克洛伊》，其舞台布景和服装也是由夏加尔设计的。此时，距莫斯科的百座剧院卡默里剧院被改造成"夏加尔的盒子"，已有 40 多年。在开场曲——莫扎特的《丘比特交响曲》的最后一个乐章，选择它是因为这是夏加尔最喜欢的曲子之一——结束时，巨大的中央吊灯被开启，照亮了新的顶棚，2000 多观众自发地爆发出了雷鸣般的掌声。当晚的巴黎歌剧院属于夏加尔。

天花板上的人物中，有一张诙谐的马尔罗的脸——开幕当晚他也坐在观众席上——那是夏加尔以文艺复兴时期艺术家们的姿态向他的伯乐致敬。很快，夏加尔就获得了代表着最高荣誉的红玫瑰勋章。"是不是很可怕，"他对此做出的反应是，"戴高乐和马尔罗要让我为这个国家效力吗？"虽然他假装蔑视世俗的荣誉、拒绝作品的报酬，但这仍然让他在艺术史上取得了跟欧洲和美国的诸多大教堂、犹太教堂及文化宫殿一样经久不衰的崇高地位。继巴黎歌剧院之后，在 1966—1967 年，他为纽约大都会歌剧院的剧作《魔笛》设计的布景和服装广受好评——13 幅高达 70 英尺的全幕作品，26 幅半幕作品，以及121 套不一样的服装设计。一位评论家指出，这是"全世界最大的夏加尔个人作品展"。夏加尔还为纽约大都会歌剧院完成了壁画《音乐的源泉》和《音乐的胜利》。在林肯中心广场，每天都有成千上万的人观看这些壁画。在安装过程中，这两幅壁画的位置不幸发生了对调，且这一错误无法逆转。夏加尔到达纽约看到这一幕时，"发出了前所未有的大叫。我母亲生孩子的时候叫得也没有那么大声。毫无疑问，整个林肯广场都能听到我的叫声"。后来，他接受了

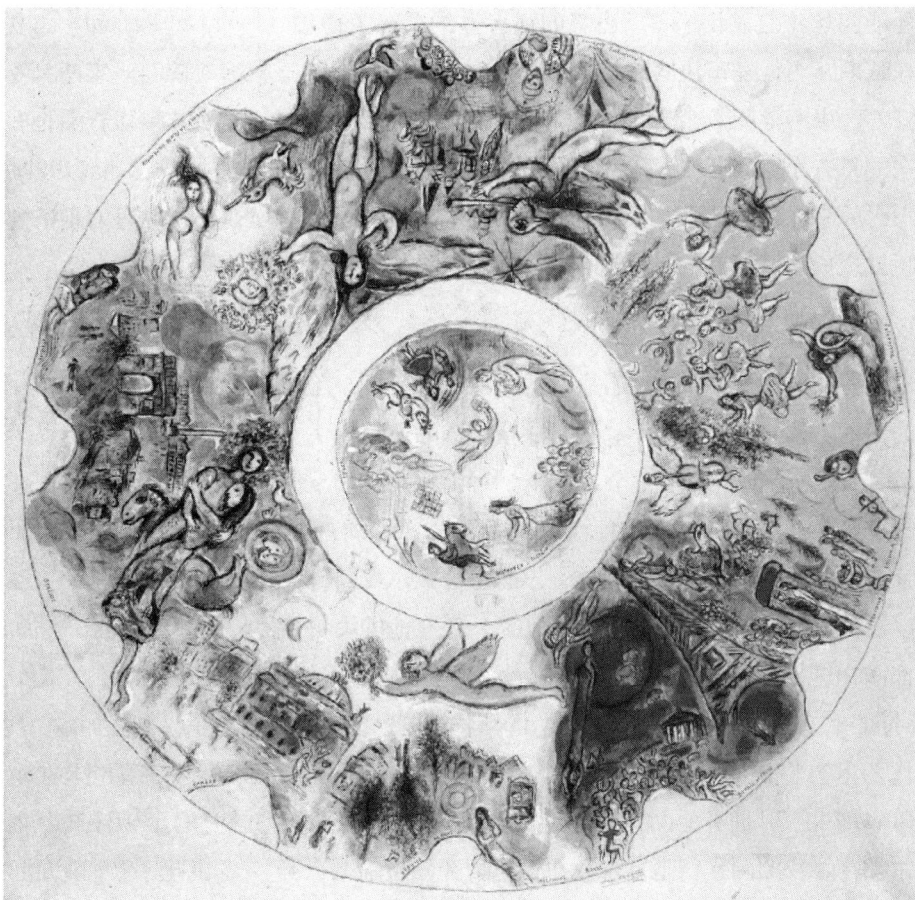

夏加尔，巴黎歌剧院顶棚的最终样稿，纸上水粉、水彩，1963 年

位置的交换，认为这是一个可勉为接受的意外。

1964 年，百老汇的音乐剧《屋顶上的提琴手》上演后，夏加尔名动美国。这出剧的本身与他无关，与他产生关联是因为这出剧的设计师鲍里斯·阿伦森使用了他在莫斯科的伟大壁画《音乐》中的形象——40 年前，阿伦森曾在莫斯科犹太剧院与夏加尔进行过合作。1965 年，《时代》杂志刊登了一篇长达 11 页的封面报道，确立了他的名声。夏加尔在时代生活大厦的 47 楼会见了许多编辑，并适时扮演起自己的角色，宣称自己"陶醉于曼哈顿的景色，尤其是楼下停放得如同一排排鲜亮的马赛克的整齐汽车的车顶。'夏加尔夫人'希望他能当场将之画出来"。巴黎的记者乔纳森·兰德尔（Jonathan Randal）出现在旺斯，当他在审讯式的访问——这种方式肯定会让这位多疑的艺术家感到不安——中写满无数个笔记本时，夏加尔就没那么高兴了。夏加尔要求查看他写下的每一个字。但随后，兰德尔被派往阿尔及利亚报道本·贝拉（Ben Bulla）下台的事件，这让夏加尔极为钦佩：这位记者一回来，夏加尔和瓦瓦对他的称呼就变成了"亲爱的"，并请他在阳台上喝加了苏打水的金巴利酒。

尽管收到过让·卡索的警告"夏加尔是他自己的作品之一，他是自己的奇幻世界的主宰"，兰德尔还是被夏加尔完全征服。"法国地中海的海滨，在陡峭的山坡上那湛蓝的光线中，一种晶莹剔透的光线抓住了大自然。"他这样开头写道，"这道光也照在了一个人身上。对画家马克·夏加尔来说，这是一种日常的色彩洗礼。"带着白墙的画室，杂乱的画布和调色板（"超级混乱"），作品照片，俄式茶壶，播放着莫扎特、巴赫、拉威尔或斯特拉文斯基的唱片的留声机，以及种满橘子树和柏树的花园，瓦瓦，还有他的雇员们——厨师、司机、女佣，都同样进行了一番理想化的描述。这便是《时代》杂志所谓的夏加尔的"彩虹时期"，美国和欧洲那些颇具实力的博物馆"已经意识到，如果没有夏加尔，现代艺术史将会变得空洞而冰冷……洛杉矶博物馆馆长理查德·布朗（Richard Brown）说，'拥有他的作品绝对有必要'。一位伦敦画商补充道，'所有的博物馆都在寻找的画家，是夏加尔。他已成为一位前辈大师'"。由此，夏加尔的经历被传递给了美国的观众：一个宏大、甜蜜而毫无攻击性的历史片段。

然而，有一位美国人所遇见的夏加尔，却不尽如此。20 世纪 60 年代，瓦里安·弗莱打算通过出版他的战时委员会曾帮助过的艺术家们的版画作品，来为他此时正在效力的国际救援委员会筹集资金。马克斯·恩斯特、雅克·里普希兹和安德烈·马森，以及不太直接相关的知名人物——毕加索、米罗、贾科梅蒂、柯科施卡——都同意捐款。1964 年 10 月，弗莱前往旺斯，希望夏加尔也加入他的名单。他发现，与 20 年前他把夏加尔列入更为急需救援的名单的时候相比，此时夏加尔的财富和名气的增加难以估量，但从人性的角度来看，他却后退了。弗莱注意到，"当我在旺斯见到他时，他的脸上挂满了汗水，还有一些焦虑的神情。他不好意思不答应给出一张版画，又怕他的第二任妻子会闹得沸沸扬扬。他拿出铅笔要在那幅匈牙利石版画上署名，但他的妻子禁止他

夏加尔在旺斯，摄于 1960 年

这样做。'不，马克，你不能。这些画已经属于别的作品集了。''啊，是的，哦，是的。'"莱斯·科林斯这个颇为吸引别的来访者的地方，在弗莱眼里"完全像是一个非常富有的杂货批发店，这里的老板娘雇了一名装潢师，给了他一大笔钱来装饰这座房子，并告诉他，她想在墙上挂些夏加尔的真迹"。他所讲的任何理由，都无法说服躲在瓦瓦背后的夏加尔。"不幸的是，他是一位甚至连毕加索都无法打动的艺术家。"弗莱指出，"当这位夫人问有哪些艺术家已经同意捐赠版画时，我提到了毕加索。'他不算艺术家。'这位前女帽店售货员轻蔑地向下挥了一下右手说道。"

在接下来的 3 年里，弗莱以自己在 1941 年与法国维希政权做斗争时所表现出的那种正义的决心，与她展开了对抗。他的第一个盟友，是在贾科梅蒂的画室偶然遇见的伊达，她说自己也因父亲的拒绝而感到羞耻。马尔罗、贾科梅蒂、里普希兹、克米特·罗斯福夫人（Kermit Roosevelt，曾亲自写信给夏加尔）、米歇尔·戈迪和蒂娜·维耶尼（Dina Vierney，马约尔的俄国犹太模特儿，弗莱的对抗组织成员）等人都在向他施加压力。所有人都知道，当时一

瓦瓦与夏加尔，摄于 1960 年

张夏加尔的版画售价为 1200 美元，而在过去的 10 年里，他创作了数千幅这样的作品——质量参差不齐，而且其中那些原始形象的力量已越来越弱，大都是些田园牧歌式的模糊回忆和故作忧伤。弗朗兹·迈耶委婉地打着圆场，称这些版画也是夏加尔的作品向全世界传播的一种方式；同时这些画也是他的经济来源，是对他的慷慨的一种补偿，因为多年来他一直无偿地为梅斯、以色列、联合国和法国创作。优雅而迅速地默许弗莱的要求，对夏加尔来说几乎不费吹灰之力。但由于旷日持久的谈判，以及瓦瓦提出的各种借口——他的画商不允许、他的出版商不允许，直到 1967 年他才同意这些要求。到他交付版画时，弗莱已经去世。

比弗莱早一年到莱斯·科林斯拜访过的大卫·洛克菲勒也发现，瓦瓦是个精明的业务代理人。别的来访者们私下里也指出，他们不得不与瓦瓦谈判，她会安排好他们与她丈夫会面的时间，在她分配给他们的时间结束后，就算是朋友，也会被她赶着离开她的丈夫。对于那些立意从夏加尔的持续高产中获利的人，比如梅格夫妇，瓦瓦的存在只是为了让夏加尔保持精力旺盛，因而，她所选择的行事方式——或许是必要的——得到了原谅。梅格夫妇尽可能地解决这种行事方式所带来的麻烦，比如夏加尔对戴维的时冷时热。他们陪着夏加尔和瓦瓦去寄宿学校看望他；有一次，他们带戴维去凡尔赛宫吃了一顿丰盛的午餐；还有一次，他们送了他一把装在奢华的天鹅绒盒子里的小号；戴维偶尔来到旺斯时，他们会带他去戛纳钓鱼。多年来，他们饱受自己的儿子伯纳德夭折的痛苦折磨，因而对戴维倾注了慷慨的同情。

那些关系不太密切的人对他的评价更差。忠诚的美国犹太收藏家路易斯·斯特恩向伊达抱怨过夏加尔那自私的手段和毫无怜悯的态度。瓦瓦对待斯特恩就像对待牵线的木偶，在用不到他的时候对他从不理睬。她坚称夏加尔已经把作品借给了某场重要的展览，也不会从夏加尔的大量收藏中借出一幅挂在斯特恩家那空荡荡的墙壁上。犹太画商海因茨·伯格鲁恩（Heinz Berggruen）的回忆录中提到了毕加索、马蒂斯，以及最近在 20 世纪 50 年代到 70 年代与他有过合作的巴黎现代主义艺术家们，但他承认自己没有写过任何有关夏加尔一家的东西，因为他讲不出什么好话来。他还说，夏加尔很聪明，也很有趣，尽管他总是装出一副令人讨厌的故作谦虚、假装不懂自己作品的样子；虽然他很喜欢别人说他是"大师"，但他总会用两根手指比画出一个小小的长度，故作谦虚地回答："我不是什么大师，我只是个小角色。"瓦瓦在幕后控制着一切，并清楚地知道自己想要的是什么；夏加尔的不安全感几近外露，因此可以接受或很容易处理；伊达是这个家庭中最复杂的成员，尽管性格外向，但她从来不会完全放松警惕。在伯格鲁恩众多的参展艺术家中，只有夏加尔拒绝将为目录封面所作的插画作为礼物送给他，而是问他："为此你愿意付我多少钱？"然后，他所要求的比伯格鲁恩建议的价格多一倍。伯格鲁恩每次来访都会带来鱼子酱，而这份礼物"被直接放进冰箱"，从来不会和客人们分享。在他遇到过的所有来自不同背景的艺术家们中，伯格鲁恩认为夏加尔是最多疑的，也是最未能战胜自己对贫困的记忆的。摄影师伊捷斯对此表示赞同，他写道："有时我觉得自己面对的是一个极其单纯的人，有时又觉得他非常狡猾。"而当时的夏加尔已经 80 多岁了。

米歇尔·戈迪在 1965 年告诉弗莱说，虽然夏加尔夫妇已经拥有了数百万美元，但瓦瓦想要的更多，夏加尔已完全处于她的控制之下。但可以肯定，这样的情况不能只怪瓦瓦，背后同样也有夏加尔自己的主意。她聪明而善解人意，很理解他：他们都曾经历过艰难困苦和失去，都有适应社会和求生的需要，这使得他们都不信任这个世界。但夏加尔带着温柔而胆怯的微笑，有一种天然的温暖和情感的外露——在他年老的时候，他会牵着喜欢的人的手，一边和他们说话，一边用手指轻轻地敲打；而瓦瓦则一丝不苟、井井有条，也绝不会乱发脾气。夏加尔为她所作的画像，并没有像老年的毕加索为杰奎琳·罗克或马蒂斯为莉迪娅·德莱托斯卡娅所作的画像那样充满情色的意味。他的画像所强调的，是她身上的坚定特质，如那张匀称的椭圆形脸和若有所思的大眼睛。这些画像的演变——从 1955 年他还在了解她的性格时所描绘的《致瓦瓦》中那局促而热情的表情，到 1966 年他满怀爱意和亲密描绘得很精细的绿脸肖像《瓦瓦肖像》中的威严姿态——表明了她在这段婚姻中逐渐上升的统治地位。他描绘了她，从根本上说意义重大——从 1922 年起，贝拉和伊达一直是他的肖像画中除了自己之外唯有的对象。尽管弗吉尼娅的容貌和体格曾在一些作品中出现过，但他从未为她画过一幅专门的画像。此外，在相隔 11 年的两幅瓦瓦的主要画像中，同一个充满了情色意味的大驴头（经常出现的夏加尔的自我形象）依偎在瓦瓦挺直而镇定的身躯之上，仿佛她能永远坚如磐石而保持清醒，夏加尔可以把自己交给她，靠在她身上安歇。关于戴维的事务，弗吉尼娅是与瓦瓦，而不是夏加尔通信。由于不了解情况，她大方地表明，瓦瓦是夏加尔"完美的守护者和保护者，他的财产的管理者，他的生活中清醒而富有想象力的组织者，所有这些都让他感到高兴"。夏加尔将瓦瓦称为"我的总采购人"：就像他和贝拉的婚姻中也存在着的商业伙伴关系一样，现在瓦瓦成了硬派，夏加尔则扮演着她软弱无助的同伴。

事实并非如此简单。夏加尔曾在 20 世纪 30 年代告诉贝拉，再多的钱也无法让他安心，他总有驱使着白手起家的流浪犹太人们前行的那种不安全感。晚年的时候，他与世界进行了一场双重谈判：一方面是为了财务安全，就算没必要他也会情不自禁地这样做；另一方面是他在艺术史上的地位，正如皮埃尔·马蒂斯领会到的，他一直对此感到焦虑。前者导致了低质量作品的过度生产，以及小小的贪婪；后者则推动着他去创作公众艺术，在世界范围内吸引大量观众，让他在俄国革命时期为大众创造艺术的梦想能够得以实现。于是，两重身份一直在他内心斗争到最后：一重是善良、睿智、先知般的形象，他将一种珍贵的精神层面的艺术和慰藉奉献给了一个饱受战争摧残的世界；另一重，则是一位紧张、多疑、投机取巧的流亡者。但他也能把所有的想象力和同情心，投入到一些较小的、他所热爱的项目中，比如图德利——肯特郡的一个小村庄——的小教堂的 12 扇彩绘玻璃窗。这些作品是由德阿维格多 - 戈德斯米德（d'Avigdor-Goldsmid）夫人委托制作的，以纪念她在一次航行事故中溺水身亡的 24 岁的女儿。夏加尔用明亮的蓝色背景代表大海和天空，这个被海水吞没的女孩骑着她最心爱的马威风凛凛地掠过一个十字架，仿佛奔向了天堂。全心全意地投入到这个项目中的夏加尔非常真诚，担心弗莱或伯格鲁恩这样的人会来敲诈自己的夏加尔也很真诚，而这两种真诚并无区别。

弗吉尼娅在 20 世纪 50 年代说过，他越富有，就越不信任别人。"我的生活就是工作，我只知道工作。我没有什么朋友。"他告诉沃尔特·厄尔本。在

夏加尔，《瓦瓦肖像》，布面油画，1966 年

战前的大部分朋友都已去世，而又与许多人疏远后，他合作过的工匠——两个查尔斯、索利尔、马尔克以及弗尔南多·莫洛特，是部分他最后几十年中可以信赖的朋友。一些以前的朋友在生命快要结束时，发表了一些对夏加尔极为苛刻的评论，如桑德拉尔和克莱尔·戈尔。就在桑德拉尔于 1961 年去世前不久，他们共同的朋友马尔罗好心地安排了一场希望能让他们重修旧好的聚会。在 1969 年写了一本关于这位艺术家的书的让-保罗·克雷斯佩勒（Jean-Paul Crespelle）的眼里，夏加尔是一个"精力充沛的人"，有着"一种坦率的农牧神般的笑容，他会突然就由快乐变得忧郁……是查理·卓别林和恶魔令人惊叹的结合"，别人对他的"热情稍有欠缺就会让他受伤害"，对他的批评会让他陷入绝望和愤怒。夏加尔的外孙们说道，在 20 世纪六七十年代，他一直在绝望地渴望着被爱。"外祖父总会很疑惑又不好意思地问我们，他的画会被人喜欢或是理解吗？我们喜欢他的画吗？"贝拉·迈耶（Bella Meyer）回忆道，"然后在我们有点被迫的肯定回答的鼓舞下，他通常会回到创作中，并说道，'啊，现在它只需更夏加尔一些了。'""你喜欢夏加尔吗？"他会问所有的访客，仿佛"夏加尔"指的是一种名誉，而不是一个活生生的人。1946 年后，在巴黎售卖毕加索、马蒂斯和夏加尔晚期作品的伯格鲁恩认为，夏加尔对于得到赞美有一种无法抑制而远超常人的渴望。

这是不是因为，除却名声和奉承，夏加尔始终无法忽视，就连《时代》杂志的谄媚文章都不得不承认的"艺术机构倾向认为他的主要成就建立在 1922 年之前"的声音呢？弗朗兹·迈耶是他在艺术史上最雄辩的捍卫者，在 1961 年完成了有关他的岳父的学术著作。他在战后的宗教和文化危机的背景下，将夏加尔早期的象征主义作品与他 20 世纪 60 年代作品中流畅的色彩紧密相连，从而最大程度地回应了这种批评。迈耶如此定论："我们正遭受一种不平衡。在这种不平衡中，所有的精神世界都受到了威胁。只有一条出路：把灵魂——人类这种生灵最难理解的部分——放在首位。夏加尔的作品，便是献给这场革命的。"但事实上，迈耶已经失去了兴趣：为了在瓦瓦的控制中写完这部吃力不讨好的著作，在这本书最后的阶段，他被卷入了一场精疲力竭的斗争。书写完时，他爱上了美国的抽象主义。这标志着他与伊达的距离越来越远，因为伊达仍然对父亲深深着迷。这对夫妇于 20 世纪 70 年代离婚。虽然与继母不合，但伊达仍然沉迷在对父亲这个孤独而悲惨的角色的宣扬中。

早期的作品广受赞誉，近期的作品却不被接受——这样的艺术家并不少见。已故的马蒂斯和毕加索也引发过公众的不满——很少有人把马蒂斯的剪纸艺术当回事；而在 1973 年，毕加索去世几个月后在亚维农展出的最后一批作品，几乎受到了普遍的嘲笑。当时展出的作品，大体上就是艺术评论家大卫·西尔维斯特（David Sylvester）所谓的"衍生的艺术"（art of an aftermath），这也已成为一个广为接受的观点。西尔威斯特在 1957 年发表的一篇文章中列举了十几位现代大师，包括马蒂斯、毕加索、蒙克、布拉克、德兰、弗拉曼克、鲁阿尔、柯科施卡、德基里科和夏加尔，他们在职业生涯的早期便"达到了后来无以为继的水平"，并补充道：

> 伟大创作时期的艺术和它衍生的艺术之间的经典关系是，后者以一种极端的角度、一种狭隘的方式，在一种较低的情感温度下，发展前者的某些独到之处，并倾向于将这些独到之处与它们的背景隔离开来，从而夸大它们的特性。这本质上是一种再造，因而虽然富于独创性，但缺乏力量。

然而，马蒂斯和毕加索仍在更新和改变他们的作品，他们对自己的艺术进步有着不可动摇的内在信心，这一点已得到了证明——现在，他们晚期的作品，无论是在自己的作品序列中还是在艺术史中，都被认为是重要的、具有开创性的。但夏加尔的情况并非如此。彩绘玻璃窗、马赛克和壁画部分地掩盖了这种更新和改变，同时也激发了他在油画上的某些创新。然而，尽管他的公众艺术仍给人们带来了快乐和安慰，但后期的油画作品却是经过精心编排的尾声，是对过去的重新组合，不具备任何新的内容。他最近几十年一直追求着幸存者的活力、对童年和犹太主题的忠诚、乐观主义以及在新媒体中重塑这些主题的各种能力。然而，从根本上说，他已经没有战斗可打，没有可以引发激情的同某个艺术机构的冲突，而与此同时，一直赋予他艺术力量的东西——压倒一切的自我表达诉求——现在已变得很虚弱，因为他的故事已接近尾声，对流亡生涯的重塑已经结束。这种衰落，在一幅名为《在画前》的晚期自画像中表现得淋漓尽致：在一个巨大的画架上，驴一样的艺术家把自己描绘成被钉在深黑色土地上的年轻人；他的父亲和母亲注视着他如同影子一般从旧照片中凝成实体。

20 世纪 60 年代，蔚蓝海岸越来越多的房子让夏加尔和瓦瓦苦恼不堪，尤其是莱斯·科林斯附近耸立起来的新楼房，这意味着他们的生活会被人居高临下地窥视。他们于 1966 年从旺斯搬到了附近的圣保罗，在那里有了一栋新房子：拉·科林。房子底层建有一个更便于使用的画室。这座房子不如莱斯·科林斯那么有个性，但有安全的大门，而且实用——它只有两层楼，瓦瓦在两层楼之间安装了电梯——周围是树林。夏加尔也因与梅格夫妇的亲密关系而感到安心，随着他年龄渐高，梅格夫妇越来越多地承担起了他的监护人和调解人的角色。20 世纪 60 年代，新的梅格基金会成了该地区的一股文化力量，那时候夏加尔喜欢去那里走走，徜徉在点缀着贾科梅蒂和米罗的雕塑的花园里。尽管这儿似乎具有符号意义地将夏加尔夫妇与外界隔绝，但新的画室给夏加尔的架上绘画带来了新的推动力。1967—1968 年，他创作了一些在晚期油画中最具实验性、最耐人寻味的作品，这些油画受到了他在别的媒介上的作品的激发，它们仿佛为他打开了一个新的与自己熟悉主题的对话。

大型花卉画《圣保罗的画室》（1967 年）开启了这个系列。这是他那些充满喜悦的花束画的回声，那些花束似乎要迸发出来填满整个画布。他常常在感到满足的时候画这样的画，如 1955 年的《白色窗户》。《圣保罗的画室》有着和 1955 年的作品一样自由的色彩和轻快的节奏，某些一样的内在和外在世界之间的张力——透过一扇窗户，可以看到地中海蓝色和橄榄绿色的水花。但这幅画的光线更为晶莹剔透，表面呈现出破碎的颗粒状，表明夏加尔的马赛克作品所带来的影响。这样的效果有一种不稳定性，凸显了汹涌的花束的短暂性，让人想起勃纳尔晚期作品中的不平衡。"生命的终点是一束鲜花。"夏加尔常这样说——他指的不仅仅是给予他的荣誉，更是即将到来的腐朽，完结时不可避免的死亡。填满了拉·科林的那些花束一出现萎蔫的迹象，瓦瓦便会将之扔掉。《圣保罗的画室》讲述的是大自然的绝望，以及大自然的美。

在同样完成于 1967 年的《紫红色裸体》中，一种粗糙、疏松的结构被应用于夜景的描绘之中。深色的画面上，许多彩色碎片被勾勒得如同涂鸦一般，与小丑、驴和大量的经典裸体形象结合在一起。切割般的线条和闪亮的珐琅质地的色彩，表明了他的陶瓷实验作品的影响，得益于夏加尔对彩绘玻璃技法的掌握的夜色中的色彩，唤起了在黑暗中闪耀的光芒。鲜为人知的《紫红色裸体》将和谐与分裂、东方色彩与古典形式融为一体，展现了即使已80高龄的夏加尔是如何继续前行的：对自己的文化根源，他持有融合与继承结合的态度；对新潮流，他保持着警惕。这种图层的叠加和结构的布局，在1968—1970年的几件作品中都得到了呼应：在《演员们》和《魔术师》中，主要形象由破碎的几何图形组合而成，几乎是立体主义的拼贴画；在由5个抽象的色彩区域组成《波罗斯岛的阳光》中，以及在水粉拼贴画、印度水墨拼贴画、纸上布拼贴画和报纸拼贴画中，如《情侣与红山羊》、《紫红背景的舞者》、《小丑》以及少见的毕加索式（甚至是德·库宁式）性感的《红绿双手的女郎》。所有这些，都表明夏加尔应对抽象主义和图像的碎片化，以及作为20世纪60年代艺术特征的结构既定规则的能力。此时的他在陶瓷和雕塑上的创作越来越少，他已将对他来说很重要的因素吸收入油画领域。正是在此时，布拉克称夏加尔为"油画的守护者"。

1968年的两幅影响深远的大型宗教油画《先知耶利米》和《逾越节》，是如同用黑色的铅条在半透明的彩色玻璃上制作出来的作品。其戏剧性的构图和色彩的对比，在夏加尔所有的油画作品中最为突出，这要归功于夏加尔在众多大小教堂的彩绘玻璃窗创作。被明亮的黄色浸透的耶利米，是1933年的《孤独》中悲惨而孤独的拉比，以及更早的1914—1915年他在维捷布斯克所创作的犹太老人的延续。这幅画中的孤独和虔诚，一如前述那些作品。他的激情是通过从黑色的背景中迸发出来的色彩力量，主要是以黄色（夏加尔表达神秘的色彩）来表达的，辅以斜切贯穿画面右半部分的天使的白色。

天堂与人间、神圣的奥秘和人类的向往，以相似的形式在《逾越节》中并存。在红绿相间的闪亮色块下的，是黑白的基础色调。4名由潦草线条描绘的犹太老人披着祈祷巾，蜷缩在维捷布斯克歪斜的木屋外。唯有逾越节酒的深红，缓解了画面的阴郁。天空风雨交加，一个犹太乡村沐浴在一轮明月的冷光中，突出了4位信徒毫无遮盖的危险情形。但是在他们上方，也有一位长着翅膀的天使在飞翔；一个动物巨大的黄色的脸从深色的网格中浮现出来，注视着这一切，其色彩给这个朦胧的场景带来了温暖。"逾越节！……没有什么比

《哈加达》[1]让我更兴奋的了，那上面的字行、那上面的图画，以及满杯满杯的红酒。"夏加尔在回忆童年时写道。

> 在其深紫色的倒影中，可以看到为犹太人划分出来的聚居区，以及历经千难万险才穿越而过的阿拉伯沙漠的热浪。夜灯的光芒从吊着的油灯上倾泻而下——让我感到多么沉重！……我的父亲举起酒杯，叫我去开门。在这么晚的时候开门，外面的大门，为的是迎接先知以利亚？一簇白色的星星，在天鹅绒般蓝色的天空中闪烁着银光，刺入我的眼睛，刺入我的心。但是，以利亚和他的白色马车在哪里？

在将近 70 年之后，夏加尔已不再是一个不敢逾矩的犹太人。在为图德利的教堂创作精密的彩绘玻璃画的同时，夏加尔创作了这幅犹太教油画。他的这些作品都传达着一个令人欣慰的信息：在威胁到人类生存的场景中，信仰赋予了悲剧以意义。

20 世纪 60 年代后期，夏加尔优先关注宗教主题。他一住进拉·科林的新房子，注意力就集中到为《圣经》主题画建造一个家的计划之中。1969 年，地处尼斯郊区的丘陵地带国立马克·夏加尔圣经讯息美术馆，在希米耶区一个景色壮丽的小镇上奠基。同年，夏加尔和瓦瓦前往以色列，参加以色列国会为位于耶路撒冷的新国会大厦所举行的落成仪式。在这座大楼里，有他的马赛克画《哭墙》，以及他主要的 3 幅织锦画《以赛亚预言》、《出埃及记》和《主耶稣进圣城耶路撒冷》。这些作品是在他的监督下，在巴黎的哥白林工厂里历时 5 年制作而成的。回家后，他开始着手为他到当时为止规模最为宏大、最为全面的展览做准备：在巴黎大皇宫举行的 474 件作品的展览"向夏加尔致敬"。这个展览从 1969 年 12 月一直开放到 1970 年 3 月，广受欢迎。这是一种胜利的回顾，往往是在艺术家死后才会进行的。而当夏加尔步入高龄时，他正在成为自己一生的纪念碑。

注释

【1】《哈加达》(Haggadah)：犹太教著作，由《圣经·旧约》中的各种传奇故事的讲解，以及叙述性的布道两部分组成。

第 25 章

"我是个好艺术家，不是吗？"

圣保罗，1971—1985

　　1971 年，夏加尔再次对童年时代逾越节的重要形象进行创作，完成了《以利亚的马车》的原型创作，即他为圣经讯息美术馆外立面所作的马赛克画。在接下来的两年里，他和瓦瓦一直在为其开放进行磋商和准备。在安德烈·马尔罗的斡旋下，这项典型的"瓦瓦主导下的夏加尔式"交易达成：由夏加尔捐赠作品，而由法国政府出资建造博物馆。这是一座光线充足的白色低矮建筑，其一流的建筑设计出自建筑大师柯布西耶的追随者安德烈·赫尔曼特（André Hermant）之手。夏加尔经常造访建筑工地，也参与了设计的每一个阶段，他的彩绘玻璃窗是其中不可或缺的一部分。奇妙之处不仅在于 85 岁的夏加尔亲自监督建造了自己的纪念馆，还在于这座博物馆是对 50 年前"夏加尔的盒子"的最后一次且不可逆转的再造——这儿为他提供了一组墙壁，以及一个由他控制一切的舞台。因此，他与赫尔曼特和法国博物馆馆长让·查特拉因（Jean Chatelain）发生了旷日持久的争论。于是查尔斯·马尔克作为玻璃专家被召唤前来，为夏加尔提供支持。

　　就在这儿，人生的旋律第一次与他的作品产生了匹配。就在博物馆开馆前不久，他收到了等待了半个世纪的邀请：苏联文化部长叶卡捷琳娜·福尔采娃（Ekaterina Furtseva）邀请他前往列宁格勒，并前往莫斯科重新参观原来的"夏加尔的盒子"。一年前，他在铁幕后的第一次回顾展于布达佩斯成功开幕。但在苏联，他的作品仍鲜为人知，他的名字也很少被提及。

6 月，他和瓦瓦前往俄国，带着一位来自蔚蓝海岸的俄国朋友——费尔南德·莱热的遗孀纳迪娅·莱热（Nadya Léger）。费尔南德在去世 3 年前和纳迪娅结婚，从此她便一直守护着他的名声。纳迪娅·莱热原名为纳迪娅·霍达谢维奇（Nadya Khodasevich）——有时也被称为旺达·霍达谢维奇（Wanda Khodasevich），1904 年出生在白俄罗斯的一个村庄，是一个俗艳招摇、故作姿态的人——夏加尔最不可能与之成为朋友的那种人。她是一位至上主义画家，足够讽刺的是，她曾跟马列维奇学习过。和莱热一样，她是一名共产主义者。她还与克格勃有关联。夏加尔知道这些，或在乎这些吗？交了这样一个朋友，是他毕生离不开俄国的首要体现；带着她去俄国，也是他此时神经过敏的体现。

夏加尔拒绝访问维捷布斯克："在 86 岁的时候，有的回忆是不能破灭的。我已经有 60 年没到过维捷布斯克了。如果现在我去那儿，看到的一切一定会让我无法理解。此外，构成我的画的活元素之一，将被证明是不存在的，那就太悲哀了，我会无法忍受。"在列宁格勒，他和幸存的两个妹妹莉萨和玛丽亚斯佳以及她们的家人团聚；在莫斯科，他还展出了自己的版画。他最想看见的犹太剧院的壁画被卷了起来，存放在一个被特列季亚科夫用作储藏室的教堂中。除 1966 年一位画面修复师曾对之进行过检查外，画廊里几乎无人见过这些作品。是伊达作为开路先锋，通过与博物馆馆长们和历史学家们交朋友，为他们铺平了道路。这些馆长和历史学家很崇拜夏加尔，但他们害怕公开发表这样的言论。尤其是弗谢沃洛德·沃洛达尔斯基（Vsevolod Volodarsky），季亚科夫画廊"俄国 19 世纪及 20 世纪初艺术部"的主任，帮助她为弗朗兹·迈耶的书找到了她父亲的作品的照片，并将她为表示感谢送的夏加尔亲笔签名视若珍宝。"我的同事们都知道我'为夏加尔疯狂'，他们对我的态度，不是带着傲慢，就是带着怜悯。"他写道。此时——1973 年 6 月 8 日，沃洛达尔斯基和一众的博物馆馆长、画面修复师来到画廊的谢罗夫展室，欢迎着夏加尔的到来。在谢罗夫的印象派名画《女孩与桃子》和《女演员叶莫拉耶夫肖像》下，

莫斯科红场上的夏加尔，摄于 1973 年

那些面板从卷轴上展开，在地板上排成两行。

在得到夏加尔的允许后，沃洛达尔斯基做了笔记，留下了这次访问感人而详尽的记录——这也是夏加尔晚年的一个光辉时刻。"我们拉开窗帘，走进房间，突然发现自己陷入了一场复杂的舞蹈之中，舞步错综复杂，所有人都被吸引了进去。"他写道。

夏加尔坚定地沿着房间左手边的走廊大步走下去，目光一直聚焦在那些躺在地板上的油画上，然后又回到右手边，回到中间，回到门口。他几乎是在房间里飞跃穿行，其余的人都被带入他的脚步之中。只有瓦伦蒂娜·格利高里耶夫娜（Valentina Grigoryevna）和纳迪娅·莱热在门口看到第一幅画后立即停下脚步，展开了热烈的讨论。夏加尔的飞行，结束得和开始一样突然。他呆立在《舞台上的爱情》面前。所有人都陷入了沉默，而我突然听到他小声嘀咕着，"噢，多么美妙的乐手，多么美妙的乐手！"我看到他盯着面板的下半部分。他再次走到《犹太剧院的序曲》面前，没有抬起眼睛，开始断断续续地说话，一字一顿，"你们的画面修复师太棒了……修复师们太聪明了……保存得这么好——我真没想到！这些画可以继续展出……展出效果会很好！"

面对修复组的负责人科瓦列夫（Kovaliev），他将自己描述为"你知道我的风格——用紫罗兰色画画的人"，并与他详细讨论了修复和展览的可能。然后，他赞扬了《婚宴》："啊，那是为你准备的色彩！那是修拉留下的最好的色彩！"在有人指出壁画没有签名之后，

> 他满腔热情地宣布，"我要为它们签名——就现在！"然后，他沉默下来，用完全不同的语气继续说道，"但我没有签名的权力。"过了一会儿，他又改变了主意，"不，我要在上面签名。"有人给他一支黑色毛毡笔，他在我的笔记本上画了两条线试了一下。"不，太黑了。""松节油油漆怎么样？"科瓦列夫建议道。夏加尔容光焕发，"对，没错！"有人急忙给他取颜料时，他又看了很久自己的作品，并对瓦伦蒂娜·格利高里耶夫娜说："我是个很好的艺术家，不是吗？这个人物已经有点褪色了……哦，那时我还年轻！当时我简直太年轻了，这是用灵魂画出来的！"

然后，他再次惊慌失措——一名摄影师差点踩到其中一幅画上——忘记了如何写西里尔字母"G"，"他变得相当激动……'我不知道该签哪一边。'他近乎绝望地叫道。'那就两边都签吧。'瓦伦蒂娜·格利高里耶夫娜平静地建议。他立刻平静下来，冷冰冰地回答说：'不，不，对公众来说，这是一幅画。'并轻声补充道，'否则，他们会把它切成两半。'"

夏加尔回家后，有关修复和展览的话题就销声匿迹了，那些壁画也被直

接放回了储藏室。它们一直待在那里，直到 1991 年，瑞士的马蒂尼基金会资助了其修复工作。现在，这些作品在特列季亚科夫画廊进行固定展出。夏加尔的访问，被认为是苏联的一次重大公关行动，许多西方人士认为这位老艺术家被愚弄了。但他的想法是超越政治的：他已是一个 85 岁的老人家，只是想再看看他的祖国和他最伟大的作品。

回到圣保罗后，他径直从过去走向了未来：1973 年 7 月 7 日，在他 86 岁生日那天，国立马克·夏加尔圣经讯息美术馆开放了。安德烈·马尔罗出席了开幕式，夏加尔为博物馆大厅设计的彩绘玻璃窗三联画《创世记》受到了好评。但也有人对此提出了批评。毕加索于 1973 年 4 月去世，享年 91 岁。有人说，就算是毕加索也不得不等到去世后，才能以他的名字开设博物馆。夏加尔是法国历史上第一位在有生之年就有博物馆的艺术家。他的神来之笔是即使在他人生的最后阶段，也将灵性先知的角色发挥到了极致。"我在画画时祈祷"是他晚年的口头禅。"圣经讯息"这一称号，以其无教条或派系的非宗教精神，减少了对他的个性的强调，更多地强调了 20 世纪 70 年代初国际友好、世界和平并赢得胜利的理想。他的美术馆成了一个地标性建筑——连同梅格基金会、马蒂斯的玫瑰园教堂和博物馆，以及安提布的献给毕加索的战争与和平博物馆——在 20 世纪 50 年代至 70 年代，蔚蓝海岸借此确立了文化朝圣之地的地位。到了 21 世纪，他的美术馆和上述其他几个地方一样，充满了从古典到现代的各种气息。

在谈到夏加尔的晚年时，一名纽约画商表示，"他接下委托的艺术项目太多了，忙得没有时间去死。"皮埃尔·施耐德评论道："他似乎挫败了时间的蹂躏，就像一个逃过了 100 次警察围捕的难民。这位 80 多岁的老人体力惊人，精神旺盛。他双眼的眼神时而嘲弄、时而温柔，总是面带笑容，步伐和语速都很快。"到了 20 世纪 70 年代，他仍在继续承接大规模的项目：兰斯圣母院大教堂唱诗席的 3 扇彩绘玻璃窗，1974 年芝加哥第一国家广场的马赛克镶嵌画《四季》，奇切斯特大教堂的一扇彩绘玻璃窗，芝加哥艺术学院的 3 扇彩绘玻璃窗，以及 1979 年德国美因茨市圣史蒂芬大教堂 9 扇彩绘玻璃窗的第一扇——《生命之树》。最后一个委托，是夏加尔反抗失败、在瓦瓦的压力下非常勉强地接受的。但他仍然拒绝去德国。瓦瓦的母亲战后在柏林住过。在没有夏加尔陪同的情况下，瓦瓦曾访问这个国家，并与美因茨颇为干瘦的神父克劳斯·迈耶（Klaus Mayer）建立了友谊。迈耶神父钦佩她聪敏的才智，并称她为"一位杰出的女性"。瓦瓦敦促夏加尔一扇一扇地完成这个项目，这表明她广为传播他的艺术的意图得到了他的支持。随着他年龄的增长，她也同样阻拦他与意第绪语世界的交往，并避免让他看见可能会令他不安的来自以色列的意第绪语报纸或新闻。在明亮的蓝色背景下，高耸在美因茨的那些《圣经》人物形象成为希望与和解的强烈象征，在德国独一无二。

到了 20 世纪 70 年代后期和 80 年代，除了美因茨的彩绘玻璃窗（在他死后由查尔斯·马尔克完成）外，夏加尔的重点逐渐转移到较小的作品上。一系列蚀刻画、版画和插画给他带来了特别的乐趣。就像彩绘玻璃画让他有机会通过不熟悉的媒介与他的传统形象进行对话一样，给书籍作插画为他打开了一扇进入别人的想象的窗户，为他的想象注入了活力。1974—1975 年，莫洛特出版社出版了由他作插画的两卷本的《尤利西斯》，其中包括 82 幅版画。大型油画《伊卡洛斯》（1975 年），画面的一半是以白色颜料构成的和谐旋涡；而《俄耳甫斯神话》（1977 年）则是由几何形状的色块——绿蓝色、黄色、红色——在深色的背景上构造而成的，这也反映了他对通过 20 世纪抽象主义的手法来展现地中海古典神话的兴趣。

瓦瓦在 1975 年年底向皮埃尔·马蒂斯报告说："一如既往，来来往往的访客们，或多或少都会提出些真诚的建议。"这种势利的腔调颇具代表性。欲与夏加尔接触的人们，现在都得通过瓦瓦这个渠道，也渐渐习惯了这种腔调。"我们俩都挺好的。夏加尔的工作很忙。他现在正在为马尔罗写的一本书准备插画。这给他带来了大量的工作和牵累。所以他很忙，但他觉得自己需要这样。"为书籍作插画，让夏加尔与作者、编辑、出版商和印刷商保持了联系，让他的创造力在极高龄时免于枯竭。他和贝拉 20 世纪 20 年代在巴黎的第一个朋友圈中仅剩的几位，都在 20 世纪 70 年代去世：雅克·马利坦于 1973 年（蕾伊莎已于 1960 年去世），克莱尔·戈尔于 1977 年，索尼娅·德劳内于 1979 年。夏加尔为《在地球上》创作了 15 幅蚀刻画，就圣经讯息美术馆的建立感谢了马尔罗。为此从 1975—1976 年，这位艺术家和作家之间，还进行了长达一年的振奋人心的书信往来。到 20 世纪 70 年代末，夏加尔还为莎士比亚的《暴风雨》（由蒙特卡罗的绍雷特出版）制作了 50 幅版画，为路易·阿拉贡（Louis Aragon）的诗集《说无话可说的话的人》（由艾梅·梅格的儿子阿德里安出版）制作了 24 幅雕版画，并为《大卫圣歌》（1979 年由杰拉尔德·克莱默在日内瓦出版）制作了 30 幅赭色背景的蚀刻画。夏加尔一直是杰出的书本插画家，也许反映了犹太民族是一个爱书的民族。就像 20 世纪 20 年代的《死魂灵》和《拉封丹寓言》一样，此时的他完全沉浸在文字中，制作能以新的方式对之进行强化和说明的插画。"夏加尔对每一部作品的每一页书所给予的特别关怀，反映在他对自己的汗水、他人的汗水，以及制作精良的作品本身的热爱和深切尊重上。"他的外孙女梅列特·迈耶写道，她见过他对这些后期插画工作的参与，"纸张的美，书的美，排版的流程，设计，每一种元素的出现和留白的重要作用——同样的艺术关注伴随着这一切。他的目光坚定，眨眼间就做出判断：他的手抚着纸，对书要表达的信息了然于胸，以黑色和彩色将之表现出来。突然之间，有关祈祷书的记忆又浮现出来。"

在《浪子回家》中，89 岁的夏加尔想象回到了维捷布斯克，得到了他已去世将近 60 年的父亲的拥抱。这幅画的背后，是对藏于冬宫的伦勃朗最后一幅未完成的油画《浪子回头》的回忆。这些伦勃朗画作在 70 年前让他从圣彼得堡艺术学校的不愉快中逃离出来。第二年，他在尼斯的地中海宫庆祝了自己的 90 岁生日，姆斯蒂斯拉夫·罗斯特罗波维奇（Mstislav Rostropovich）、艾萨克·斯特恩和赫尔曼·普勒（Hermann Prey）为他举行了音乐会。那一年，他获得的荣誉有荣誉军团大十字勋章，这是他在巴黎的爱丽舍宫与喜气洋洋的 60 岁的伊达一同获得的，由法国总理雅克·沙邦 - 戴尔马（Jacques Chaban-Delmas）授予；此外，还有耶路撒冷市长泰迪·科尔列克（Teddy Kollek）授予的"耶路撒冷荣誉公民"称号。纽约的皮埃尔·马蒂斯画廊也为他举办了一场备受欢迎的展览。"为我保留一点友谊吧，因为在我心中你是个很重要的朋友。"伊达写信给皮埃尔，"看起来你的展览已以一种非常华丽的方式完成，这种方式可能已经不存在了。从各个方面，我听到的都是赞美。我很高兴这次'庆典'是你在以你的才华向爸爸的青春致敬。我欣慰无比，对你的感激无以言表。"父亲的艺术仍然是她生活中的亮点，但她自己的健康状况不佳，并开始酗酒。1981 年，在梅格基金会的某个开幕式上的一张照片中，夏加尔居于

夏加尔，《艺术家与模特儿》，纸上印度墨水画，1975 年

他的妻子和女儿之间，而她们二人外表上的差距令人震惊：76 岁的瓦瓦容光焕发，机警而时尚，自信地扶着她 94 岁的丈夫；而伊达则显得臃肿不堪、睡眼惺忪，深陷的面容透露出一个中年人无法掩盖的孤独和沮丧。

对于一个高龄老人来说，要在 20 世纪 80 年代保持适应社会的能力，比在 21 世纪要难得多。而夏加尔正好有此能力。90 多岁的他继续保持着良好的健康状况，外出短途旅行（去佛罗伦萨，去瑞士苏黎世圣母大教堂安装一扇小玫瑰窗，以及去看医生），并不断进行创作。1980 年时，他仍然对彩色平版印刷非常热衷。就在艾梅·梅格获得了一些特别大的印版石后，他立即开始制作有史以来最大的彩色石版画：共 13 件作品的一个系列，每件约 95 厘米 × 60 厘米。这些作品包括《黄昏的情侣》《歌剧的天空》《庆典》《红色母亲》等，以宏大的篇幅呈现出他所熟悉的题材——情人、花朵、杂技演员、维捷布斯克、巴黎——的合集。他也对圣经讯息美术馆的项目产生了浓厚的兴趣：1980 年，他装饰了美术馆的美国朋友们送给他的古钢琴的盖琴下沿；1984 年春天，他戴着墨镜、打扮戏谑地出现在梅格基金会的"致敬米罗"展览上，低声咕哝着对展出作品的不满。

米罗于1983年去世，让夏加尔成了欧洲唯一存世的现代主义大师。他也比那些有着与他相似的流亡生涯的著名俄国贵族们更为长寿：尤苏波夫王子1967年在巴黎去世，弗拉基米尔·纳博科夫1977年在蒙特勒去世。夏加尔也有许多令人意想不到的年轻朋友，滚石乐队的比尔·怀曼（Bill Wyman）便是其中之一，他在拉·科林附近建了一所房子，经常招待夏加尔和瓦瓦喝下午茶。夏加尔很少说他的儿子戴维的好话，事实上很少提及他（他们已几乎没有联系，而陷入困境的戴维正在变成一个酒鬼），但他也通过吹嘘戴维作为吉他手和词曲作者的非凡才能，令其在业界保持着与怀曼相当的声望。（戴维曾写过一首关于他父亲的歌《魔术师》，但夏加尔拒绝听。）怀曼也于此时变身为视觉艺术家，为高龄的夏加尔和瓦瓦拍摄了一些有史以来最温柔、最轻松、最快乐的照片。

和所有在极高龄时继续创作的艺术家一样，到90多岁的时候，夏加尔的

夏加尔和瓦瓦在圣保罗拉·科林，约摄于1977年。在他们身后是《牲口贩子》和1952年的青铜雕塑《圣母与圣婴》

手有时很有力，有时却摇摆不定。而自贝拉死后他的画便开始具有的不够清晰、形式模糊和色彩混乱的特点，此时变得更加明显。在访问俄国时，他曾提到过修拉；此时，他那浓重的色块和泼洒的笔触，如同点彩画法。他的创作主题比以往任何时候都更囿于回忆：在《红色背景中的情侣》（1983 年）中，他和贝拉躺在德维纳河岸边；在《梦》（1984 年）中，天空中的一对新婚夫妇和鲜花融为一体；《背靠背》（1984 年）是一幅自画像，画的是年轻时候的他在一个奇幻的场景中，与一名乐手背靠背地待在一起。

到此时为止，在很大程度上他已生活在自己的艺术所创造出来的神话世界中；而凡间的伤痛——伊达和戴维——基本上已不在他的视线范围之内。"马克并不像有的人所认为的那样是个软弱的人，而是一个由内而外的坚强的人，因他对得到保护的渴望而变得脆弱。"弗吉尼娅写道。在 20 世纪 80 年代，她与第四任丈夫一起生活，撰写回忆录以便在夏加尔去世后立即出版。"我意识到，"她总结道，"马克的生活完全是他想要的样子。"

> 他得到了他所希望的所有荣誉，还有许多他从未梦想过的荣誉。他比他那一代所有最杰出的艺术家们都要长寿，就要达到 97 岁高龄了，而且从未放下过画笔。他获得了可观的财富。他有忠诚的妻子、孩子和孙子，还有无数的崇拜者。从地球的这一端到那一端，他已举世闻名。人们为他建起了美术馆，为他写下了鸿篇巨著。他的灵魂已得到宁静。

但弗吉尼娅已成局外人。瓦瓦更清楚：即使是金鸟笼，也无法保护夏加尔免受自己的伤害。1984 年，他的健康状况开始恶化，双腿再也不听使唤。自此之后，去任何地方他都得由一名叫安德烈的护工用轮椅推着。夏加尔仍在画画。当他的身体虚弱得不能出门后，每天都会有大束大束的鲜花被送进画室。瓦瓦写信给查尔斯·马尔克道："你是唯一了解马克的情况和他此时想法的人。尽管他被关心和爱包围，但他仍然会感到痛苦，因为正如他所说，他被囚禁了。但这就是人生，别无选择，一个人不得不接受现实。这句话也适用于我们。"

1984 年夏天，他的作品在梅格基金会进行了一次展览。接着，1985 年 1

月，一次重大的回顾展在伦敦皇家艺术学院开幕。就在这次展览快要结束前的 3 月 28 日，在画室安静地工作了一天后的夏加尔，心脏病发作，当场死亡。当时，他正从画室乘电梯前往拉·科林的生活区。

在生前，他迷信地拒绝为葬礼做准备；一时之间震惊得一反常态的瓦瓦，忙着应付各种询问而无法主持葬礼；伊达也不具备主持葬礼的能力。圣保罗德旺斯的市长提供了一块美丽的小墓地，墓地两旁种满了柏树，像岩石一样矗立在村子尽头。而令夏加尔的许多犹太崇拜者感到无法接受的是，瓦瓦接受了这个基督教的墓地，并将他葬于其中。4 月 1 日，伊达和她的孩子们参加了葬礼；39 岁的戴维也参加了葬礼，但他未被允许和家人们坐在一起，只能独自站在角落哭泣。葬礼上没有举行宗教纪念仪式，但法国文化部长杰克·朗（Jack Lang）发表了简短讲话。一名意第绪语记者要求吟诵犹太祷文，被伊达拒绝了，但伊达的儿子皮特却坚持要吟诵。于是，当棺木被放入土中时，这位名不见经传的年轻人从人群中站了出来，默默地为死者吟诵着犹太祷文。

临终前的夏加尔

译后记

黄异辉

"马蒂斯死后，夏加尔是唯一真正懂得色彩的画家。"毕加索说道，"我对他那些公鸡、驴、会飞的小提琴家和所有的民间传说并不感兴趣，但他的画的确是创作出来的，而不是拼凑出来的。他最近在旺斯的几件作品让我相信，自雷诺阿之后，没人能像夏加尔那样富有光感。"这是 20 世纪 50 年代，毕加索在跟某位艺术评论家谈话时对夏加尔所做的评价。当时，夏加尔和毕加索这两位伟大的画家都已步入晚年。他们的住处离得不远，但他们之间的关系并不融洽。载着客人开车经过毕加索的住处时，夏加尔只是目不斜视地向右弹弹拇指嘀咕道，"这里住着个西班牙人。"而毕加索在见到跟夏加尔较为熟悉的人时，他也只会这样问话去打听有关夏加尔的动向："那个俄国人怎么样？"

马克·夏加尔，犹太人，1887 年出生于维捷布斯克（现白俄罗斯城市）。1906 年，夏加尔开始跟随家乡的美术老师佩恩学习画画，这应该被视为夏加尔艺术生涯的开端。之后他继续到圣彼得堡、巴黎谋求艺术上的发展。1914年他在柏林的首次个展可以说是他的生活和命运的转折点：在此之后他回维捷布斯克参加他妹妹的婚礼，和他的未婚妻贝拉重逢，但他回到法国的想法却因战争而搁浅，被迫留在了俄国。直至 1922 年，夏加尔才在别人的帮助下辗转抵达柏林；年底，夏加尔的妻子贝拉和女儿伊达也到达柏林，一家团聚。次年，夏加尔一家人回到巴黎，开始了在法国的生活。1941 年，因第二次世界大战的关系，作为犹太人的夏加尔一家人不得不逃亡美国。在美国流亡 7 年后，夏加尔才返回法国。1985 年，夏加尔在法国的旺斯去世。

夏加尔是 20 世纪最受爱戴，同时也最令人费解的艺术家之一。他既是油画家，又是水彩画家、水粉画家、素描画家，同时也是雕塑家和版画家，曾做过大量著名的戏剧和芭蕾舞剧的舞台美术设计和服装设计，晚年还曾制作过大量教堂的彩绘玻璃画和马赛克画（瓷砖镶嵌画）。有人将夏加尔归为超现实主义或表现主义的宗师，但夏加尔自己从未承认过。应该说，在夏加尔漫长的一生中，他的创作风格受到过立体主义、表现主义、超现实主义、至上主义等的影响，但他一直保持着自己独有的特色，一直是那个独一无二的夏加尔。

在本书中作者指出，夏加尔的作品从未偏离他的三个中心——犹太教、俄国和爱，这一点是众所周知的。而在此书中，作者的视角独特、眼光冷静，客观地提出了许多独到的见解，这是在阅读此书时最值得读者引起注意的地方。作者完全不会为了神化大师而避重就轻，试图给读者带来一个掩藏在光环之下的夏加尔，而是将夏加尔作为一个有血有肉的人对待。比如，夏加尔的第一任妻子贝拉，一直是他的缪斯女神，对他的艺术之路和人生之路起到举足轻重的作用，可以说是影响着夏加尔一生的最特殊的一个角色，而作者也在本书之中通过他们之间来往的信件等，揭示了他们两人之中更为复杂艰难的、苦乐参半的关系，这种关系常常被她一贯的"缪斯女神"形象所掩盖。

本书作者杰姬·伍施拉格，是英国《金融时报》的首席视觉艺术评论家，在写作本书之前，她对夏加尔的研究兴趣已经持续了数十年。在本书的创作过程中，她曾与夏加尔的外孙女、夏加尔的第二任伴侣弗吉尼娅做过大量谈话，查阅了全球各地大量档案馆和博物馆的史实材料。本书结构宏观，史料翔实，是一部基于史实和严谨的考证的学术性研究作品；而难能可贵的是，同时此书的行文生动有趣，毫无晦涩难懂之处，可谓雅俗共赏，实属不可多得的人物传记中的上上之作。相信无论是对于美术史学家还是普通艺术爱好者，本书都经得起考究，是一部非常值得阅读和珍藏的作品。

插图附录

内文：

彩页

Chagall, To Russia, Asses and Others, 1912, oil on canvas

Chagall, I and the Village, 1912, oil on canvas

Chagall, Golgotha, 1912, oil on canvas

Chagall, The Cattle Dealer, 1912, oil on canvas

Chagall, The Violinist, 1913, oil on canvas

russia, 1914–1922

Chagall, Jew in Red, 1914, oil on canvas

Chagall, Praying Jew (Jew in Black and White), 1914, oil on canvas

Chagall, Lovers in Green, 1915, oil and gouache on cardboard

Chagall, Lovers in Pink, 1916, oil on canvas

Chagall, The Cemetery Gate, 1917, oil on canvas

Chagall, The Apparition, 1917–18, oil on canvas

Chagall, Jewish Theatre Murals: Music, 1920, tempera and gouache on canvas

Chagall, Jewish Theatre Murals: Dance, 1920, tempera and gouache on canvas

Chagall, Jewish Theatre Murals: Theatre, 1920, tempera and gouache on canvas

Chagall, Jewish Theatre Murals: Literature, 1920, tempera and gouache on canvas

Chagall, Over Vitebsk, 1915–20, oil on canvas

family portraits and self-portraits

Chagall, Father and Grandmother, 1914, tempera, paper on board

Chagall, My Mother, 1914, gouache and pencil on cardboard

Chagall, Self- portrait with Brushes, 1909, oil on canvas

Chagall, My Fiancée in Black Gloves, 1909, oil on canvas

Chagall, Self- portrait with Seven Fingers, 1913, oil on canvas

Chagall, Self- portrait, 1914, oil on canvas

Chagall, The Birthday, 1915, oil on canvas

Chagall, Bella with White Collar, 1917, oil on canvas

Chagall, Double Portrait with Wineglass, 1918, oil on canvas

exile, 1923–1985

Chagall, Ida at the Window, 1924, oil on canvas

Chagall, Bella with a Carnation, 1925, oil on canvas

Chagall, Equestrian, 1931, oil on canvas illustrations xvii

Chagall, Nude over Vitebsk, 1933, oil on canvas

Chagall, White Crucifixion, 1938, oil on canvas

Chagall, Tribe of Simeon, 1961, stained-glass window for Hadassah Hospital, Ain-Kerem, Jerusalem (Reproduced by courtesy of Hadassah, The Women's Zionist Organization of America, Inc.)

Chagall, stained-glass windows for All Saints, Tudeley, installed 1967–85, East Window of All Saints Church, Tudeley, Kent, England (Reproduced by permission of Tudeley PCC. Detail of angel from window with inscription "VAVA," All Saints Church, Tudeley, Kent. Reproduced by permission of Tudeley PCC.)

Chagall, Clowns at Night, 1957, oil on canvas

Chagall, The Prophet Jeremiah, 1968, oil on canvas

《夏加尔：爱与流亡》正文引文参考来源